Handbuch GmbH-Geschäftsführer

Hon.-Prof. Dr. Georg Schima M.B.L.-HSG, LL.M. (Vaduz)
Rechtsanwalt
Honorarprofessor für Unternehmens- und Arbeitsrecht, WU Wien

Mag. Valerie Toscani
Rechtsanwältin

2. Auflage

Linde

Zitiervorschlag: *Schima/Toscani,* Handbuch GmbH-Geschäftsführer[2] (2020) Seite

Bibliografische Information der Deutschen Nationalbibliothek

Die Deutsche Nationalbibliothek verzeichnet diese Publikation in der Deutschen Nationalbibliografie; detaillierte bibliografische Daten sind im Internet über http://dnb.d-nb.de abrufbar.

Hinweis: Aus Gründen der leichteren Lesbarkeit wird auf eine geschlechtsspezifische Differenzierung verzichtet. Entsprechende Begriffe gelten im Sinne der Gleichbehandlung für beide Geschlechter.

Es wird darauf verwiesen, dass alle Angaben in diesem Fachbuch trotz sorgfältiger Bearbeitung ohne Gewähr erfolgen und eine Haftung der Autoren oder des Verlages ausgeschlossen ist.

ISBN 978-3-7073-3775-4

1210 Wien, Scheydgasse 24, Tel.: 01/24 630
www.lindeverlag.at

Druck: Hans Jentzsch & Co GmbH
1210 Wien, Scheydgasse 31
Dieses Buch wurde in Österreich hergestellt.

201920002
PRINTED IN AUSTRIA

mit biologischen Druckfarben
Jentzsch

Vorwort

Schon im Jahr 2017 teilte der Verlag den Autoren mit, dass das Werk beinahe ausverkauft sei und wir über eine zweite Auflage nachdenken sollten.

Seit diesem ersten Anstoß ist einige Zeit vergangen. Die Aufspaltung der fast 25 Jahre auf dem Markt agierenden *Kunz Schima Wallentin Rechtsanwälte GmbH* und die anschließende Verschmelzung zur *Schima Mayer Starlinger Rechtsanwälte GmbH* banden viele Kräfte. Und sie führten auch dazu, dass das Autorenteam sich verkleinerte. Mag. *Daniel Liemberger* erlaubte uns aber, das von ihm verfasste Manuskript (Kapitel 3, 4 und 7) für die zweite Auflage weiterhin zu verwenden und zu überarbeiten, wofür wir ihm danken.

In der zweiten Auflage wurden insbesondere folgende Punkte überarbeitet:

Neue Kapitel wurden verfasst zu den Themen Handhabung von Insichgeschäften im Konzern, Bekämpfungsmöglichkeiten bei ungerechtfertigter Beendigung des Anstellungsvertrages, Außenhaftung des gewerberechtlichen Geschäftsführers; ergänzt wurden die Kapitel Errichtung einer Compliance-Organisation (neue Aspekte zum Konzern), Arbeitnehmereigenschaft (Ergänzungen zum freien Dienstnehmer), Nebentätigkeiten im Anstellungsvertrag, Entgelt (All-In-Verträge und Sachbezugswerte), Übernahme von Verwaltungsstrafen und Verfahrenskosten; vereinfachte Gründung der GmbH, Verschulden und Beweislastverteilung bei der Schadenshaftung (neue Rsp, insb zum Mitverschuldenseinwand).

Wesentlich zu überarbeiten waren auch die Ausführungen zum gerichtlichen Strafrecht in Kapitel 6, weil das Strafrechtsänderungsgesetz 2015, das 2016 in Kraft trat, wichtige Neuerungen brachte. Eingearbeitet in Kapitel 7 wurden die Neuerungen der Verwaltungsstrafrechts-Novelle aus Juli 2018 (Stichwort „Beraten statt Strafen"), und in Kapitel 1 die Neuerungen zum Geschäftsgeheimnisschutz gemäß der Geschäftsgeheimnis-RL der europäischen Union, die im Jänner 2019 im UWG umgesetzt wurde, und der zweiten Aktionärsrechte-RL der europäischen Union, umgesetzt seit Juni 2019 im AktG zum Thema related party transactions.

Darüber hinaus erfolgten an zahlreichen Stellen kleinere Bearbeitungen, die sich aus Erfahrungen in der anwaltlichen Praxis der Autoren ergeben.

Dem Linde Verlag sind wir für die uns erneut entgegengebrachte Geduld und das Vertrauen sehr dankbar.

Danken möchten wir außerdem: Mag. *Andreas Kezer*, Mag. *Eleonora Stipetic*, *Gabriel Wolf*, *Philipp Hempel*, *Mark Fröhlich*, *Laurenz Götzinger*, *Katrin Hohenecker*, *Caroline Wenisch*, *Anna-Sophie Steigerwald*, *Barbara Müller*, *Nora-Victoria Panholzer*, Mag. *Petra Wieser*, Dipl.-Jur. *Klara Bothe* und *Lena Dannenmaier* für die Unterstützung bei der Überarbeitung.

Die beiden Autoren tragen gemeinsam die Gesamtverantwortung für die Überarbeitung; die Grundlage für die zweite Auflage bildet die ursprüngliche Aufteilung der Kapitel (*Georg Schima* Kapitel 1., 5.2. und 6., *Daniel Liemberger* Kapitel 3., 4. und 7. und *Valerie Toscani* Kapitel 2., 4.4. und 5.1.).

Für Kritik und Anregungen sind die Autoren dankbar.

Wien, im Dezember 2019

Georg Schima
Valerie Toscani

Inhaltsverzeichnis

Literaturverzeichnis

Österreichische Literatur

A

Adensamer/Eckert, Vorstandshaftung nach österreichischem Recht, in *Kalss* (Hrsg), Vorstandshaftung in 15 europäischen Ländern (2005) 165

Aicher, Die Auftragsvergabe der Kapitalgesellschaften der öffentlichen Hand, GesRZ 1982, 66

Aigner D. J./Aigner H.-J./Aigner J., Corporate Governance (Teil II), CFOaktuell 2017, 148

Aigner D./Bräumann/Kofler/Tumpel, Methodisch richtige Ermittlung der insolvenzrechtlichen Zahlungsunfähigkeit durch Buchsachverständige, Sachverständige 2018, 149

Andrae, Änderung des Bilanzstichtages bei der GmbH und AG, NZ 2003/85

Apathy/Iro/Koziol, Bankvertragsrecht II[2] (2008)

Arnold, Zur gesellschaftsrechtlichen Zulässigkeit der Drittanstellung von Geschäftsführern (Vorstandsmitgliedern), ÖStZ 2009, 120

Artmann, Haftungsrisiken für Gesellschafter, in *Artmann/Rüffler/U. Torggler* (Hrsg), Gesellschafterpflichten in der Krise (2015) 45

Artmann, Wirtschaftskriminalität und Gesellschaftsrecht, in *Studiengesellschaft für Wirtschaft und Recht* (Hrsg), Wirtschaftsstrafrecht (2008) 233

Artmann/Karollus, Kommentar zum Aktiengesetz[6] (Stand 1.9.2019)

Auer, Zum GmbH-Beirat, der ein fakultativer Aufsichtsrat sein soll, GeS 2007, 183

B

Bachner, Aufgaben der Organe von Kapitalgesellschaften in der Insolvenz, in *Konecny* (Hrsg), Insolvenz-Forum 2008 (2009) 145

Bachner, Keine Spezialvollmacht für Vorstand und Geschäftsführer, ecolex 2005, 282

Band, Befristeter Arbeitsvertrag mit Kündigungsmöglichkeit. Gibt es Grenzen bei der Kombination von Befristung und Kündigungsklausel? Zugleich eine Besprechung von OGH 27.8.2003, 9 Ob A 43/03v und OGH 24.6.2004, 8 Ob A 42/04s, ZAS 2004/47

Barbist, Die Unschuld kehrt halb zurück, ecolex 2018, 949

Bartsch/Pollak/Buchegger (Hrsg), Österreichisches Insolvenzrecht II/2[4] (2004)

Berka, Geschlechterklauseln in Gesellschaftsverträgen und verfassungsrechtliche Diskriminierungsverbote, GES 2017, 347

Bertl/Mandl (Hrsg), Handbuch zum Rechnungslegungsgesetz (19. Lfg 2015)
Binder M., Zur Beweislast bei Vertragsverletzung, JBl 1990, 814
Birklbauer/Reindl-Krauskopf, Leitlinien im Umgang mit allfälligen Korruptionssachverhalten an Universitäten (2013)
Birnbauer, Vereinfachtes amtswegiges Löschungsverfahren im Recht der eingetragenen Einzelunternehmen und Personengesellschaften? GesRZ 2009, 268
Birnbauer, Zur Änderung des Firmenbuchgesetzes durch das ReLÄG 2004, GeS 2005, 99
Birnbauer, Zur Bestellung eines GmbH-Geschäftsführers mit Wirkung ab Firmenbucheintragung, GeS 2006, 104
Bollenberger/Wess, Libro-Straferkenntnis: Untreue und Gesellschaftsrecht, RdW 2014/273
Brandstetter/Rauch/Wegscheider, Korruptionsstrafrecht NEU – der „private Bereich" Struktur und Grundzüge der relevanten Tatbestände, JSt 2008, 155
Breiter, Fahrlässige Krida nach Zahlungsunfähigkeit (1998)
Briem, Zustimmungspflichtige Geschäfte, in *Kalss/Kunz* (Hrsg), Handbuch für den Aufsichtsrat[2] (2016) 351
Brugger, Unternehmenserwerb – Der Unternehmens- und Anteilskauf aus juristischer Sicht (2014)
Bundesministerium für Justiz, Sektion Strafrecht (Hrsg), Fibel zum Korruptionsstrafrechtsänderungsgesetz 2012 (2012)
Burgstaller, Das Fahrlässigkeitsdelikt im Strafrecht (1974)
Burgstaller/Deixler-Hübner (Hrsg), Exekutionsordnung – Kommentar[27] (1.4.2019)
Burgstaller/Pilgerstorfer, Die Zurücknahme von Firmenbuchanmeldungen – Zugleich eine Anmerkung zu OGH 21.5.2003, 6 Ob 229/02y, NZ 2004, 278
Bydlinski F., Zur Haftung der Dienstleistungsberufe in Österreich und nach dem EG-Richtlinienvorschlag, JBl 1992, 341

C

Csoklich, Gesellschaftsrechtliches Zahlungsverbot nach Insolvenzeintritt, ZIK 2018, 8

D

Dellinger, Genossenschaftsgesetz samt Nebengesetzen[2] (2014)
Dellinger, Vorstands- und Geschäftsführerhaftung im Insolvenzfall: Insbesondere gegenüber sogenannten Neugläubigern (1991)
Dellinger/Oberhammer/Koller, Insolvenzrecht[4] (2018)
Derntl, Nochmals: Strafbarkeit gem § 153c StGB nach Zahlungsanfechtung, ZIK 2007/127
Derntl, Strafbarkeit gem § 153c StGB nach Zahlungsanfechtung, ZIK 2007/9
Dittrich, Die Untreuestrafbarkeit von Aufsichtsratsmitgliedern bei der Festsetzung überhöhter Vorstandsvergütungen (2007)

Dokalik/Birnbauer, Das neue Verfahren zur Erzwingung der Offenlegung nach den §§ 277 ff UGB, GesRZ 2011, 22
Dollenz/Wielinger, Das Instrument der Sanierungstreuhand in der Unternehmenskrise, ÖBA 2019, 97
Doralt P., Die Geschäftsführer der GmbH & Co KG im Handelsrecht, in *Kastner/Stoll* (Hrsg), Die GmbH & Co KG im Handels-, Gewerbe- und Steuerrecht[2] (1977) 235
Doralt P./Ch. Nowotny/Kalss, Kommentar zum Aktiengesetz I[2] (2012)
Doralt W., Steuerrecht 2018/19 (2018)
Dürager, Datenschutz beim Unternehmenskauf – Welche datenschutzrechtlichen Grenzen im Rahmen eines Share Deal oder Asset Deal zu beachten sind, jusIT 2010, 209

E

Eckert, Die Abberufung des GmbH-Geschäftsführers (2003)
Eckert/Linder, Verjährung von Ersatzansprüchen gegen Vorstandsmitglieder, ecolex 2005, 449
Eckert/Tipold, Strafbare Dividenden, GeS 2013, 59
Ehart/Singer/Hagenhofer, Bilanzierungsfehler durch die falsche Zuordnung von Immobilien – wann haftet die Geschäftsleitung? (Teil I), DJA 2018, 133
Eiselsberg/Schenk/Weißmann, Firmenbuchgesetz (1991)
Engelbrecht/Horak, Geschäftsgeheimnisse im Arbeitsverhältnis, ecolex 2019, 527

F

Fabrizy, StGB[13] (2018)
Fantur/Zehetner, Nochmals: zur Beendigung des Anstellungsverhältnisses des GmbH-Geschäftsführers, ecolex 1998, 918
Fasching/Konecny, Kommentar zu den Zivilprozessgesetzen[3] (Stand 1.11.2017)
Feil, Insolvenzordnung[7] (2010)
Feil, Insolvenzordnung[8] (2014)
Feldbauer-Durstmüller/Schlager, Krisenmanagement (2007)
Feltl, Die Leitungsverantwortung des Vorstands im Konzern, ecolex 2010, 358
Feyl, Gedanken zur Business Judgment Rule, GesRZ 2007, 89
Flume, Transaktionstransparenz und Vermögensbindung in der AG, GesRZ 2019, 230
Fritz, Der GmbH-Geschäftsführer und andere Leitungsfunktionen von Kapitalgesellschaften (2008)
Frotz G., Grundsätzliches zu den Rechten und Pflichten des Aufsichtsrates und seiner bestellten und entsendeten Mitglieder, ÖZW 1978, 44
Frotz G., Grundsätzliches zur Haftung von Gesellschaftsorganen und für Gesellschaftsorgane, GesRZ 1982, 98

Frotz S./Schörghofer P., Aufgaben des Aufsichtsrates, in *Kalss/Kunz* (Hrsg), Handbuch für den Aufsichtsrat[2] (2016) 329
Fuchs/ Schima G./Pilz, Das neue Verbandsverantwortlichkeitsgesetz, in *Institut Österreichischer Wirtschaftsprüfer* (Hrsg), Wirtschaftsprüfer Jahrbuch 2007 (2007) 331

G

Gahleitner, Die Arbeitnehmervertreter, in *Kalss/Kunz* (Hrsg), Handbuch für den Aufsichtsrat[2] (2016) 301
Gassner/Wabl, Insolvenzverschleppung und Zahlungsverbot: Aktuelle Entwicklungen und Bedeutung für Geschäftsführer, ecolex 2018, 908
Gellis/Feil, GmbH-Gesetz[7] (2009)
Geppert, GmbH-Novelle BGBl 1980/320: Zweifelsfragen im Zusammenhang mit dem Aufsichtsrat, GesRZ 1984, 84
Geppert/Moritz, Gesellschaftsrecht für Aufsichtsräte (1979)
Gleißner, Die neuen Regeln gegen Unterentlohnung, ZAS 2015/4
Gordon, Der unrichtige Bilanzstichtag im GmbH-Recht, NZ 1999, 47
Granzer, Vollübertritt in Abfertigung Neu als Benefit für Mitarbeiter, ARD 6419/6/2014
Grossmayer, Überwachungspflichten und Mitverschuldenseinwand bei der Geschäftsführerhaftung, ecolex 2017, 424
Gruber/Harrer (Hrsg), GmbHG (2014)
Gruber/Harrer (Hrsg), GmbHG[2] (2018)
Gruber/Mitterlechner/Wax, D&O-Versicherung mit internationalen Bezügen (2012)
Gruber/Paliege-Barfuß, GewO[7], 16. Ergänzungslieferung (Stand 1.10.2017)
Grünwald, Die Aufsichtsratspflicht im GmbH-Konzern (I) NZ 1984, 228
Grünwald, Die Aufsichtsratspflicht im GmbH-Konzern (II), NZ 1985, 7
Gumpoldsberger/Baumann, UWG (2006)

H

Haberer, Zwingendes Kapitalgesellschaftsrecht (2009)
Hanusch, Kommentar zur Gewerbeordnung I, inkl 13. Ergänzungslieferung (Stand 1.11.2005)
Harrer, Abberufung des Geschäftsführers und Beendigung des Anstellungsverhältnisses, wbl 2000, 255
Harrer, Die Haftung des Geschäftsführers im Wettbewerbsrecht, in *Kramer/Schuhmacher* (Hrsg), Beiträge zum Unternehmensrecht – Festschrift Hans-Georg Koppensteiner (2001) 407
Harrer, Haftungsprobleme bei der GmbH (1990)
Heidinger M., Aufgaben und Verantwortlichkeit von Aufsichtsrat und Beirat der GmbH (1989)
Heidinger M., Besonderheiten des Aufsichtsrats in der GmbH, in *Kalss/Kunz* (Hrsg), Handbuch für den Aufsichtsrat[2] (2016) 1345

Hinterhofer/Rosbaud, Strafrecht Besonderer Teil II: §§ 169–321 StGB[5] (2012)
Hirschler, Kommentar zum Bilanzrecht (2010)
Hollaender, Keine Straflosigkeit trotz Zustimmung der Aktionäre, AnwBl 2014/8397
Holoubek, Die Wahl des Abschlussprüfers zwischen Unternehmens- und Vergaberecht, ÖZW 2009, 2
Honsell, Der Befugnismissbrauch im Untreuetatbestand des § 153 StGB, wbl 2018, 661
Höpfel/Ratz (Hrsg), Wiener Kommentar zum StGB, 1.–237. Lieferung (Stand 1.9.2019)
Huber N., Die Organuntreue zu Lasten von Kapitalgesellschaften (2012)
Huber P., Fakultativer Aufsichtsrat, Beirat und Arbeitnehmermitwirkung in der GmbH, ecolex 1995, 807
Huemer, Größenabhängige Erleichterungen bei der Rechnungslegung (2002)
Hügel, Aufsichtsratsveto und Entscheidungsbefugnis der Gesellschafterversammlung, GesRZ 1982, 305

J

Jabornegg, Kommentar zum HGB: Handelsgesetzbuch mit Firmenbuchgesetz und Handelsmaklerrecht (1997)
Jabornegg/Artmann (Hrsg), Kommentar zum UGB I[2] (2010)
Jabornegg/Resch, Kommentar zum Arbeitsverfassungsgesetz, inkl 54. Lieferung (Stand 1.4.2019)
Jabornegg/Strasser (Hrsg), Kommentar zum Aktiengesetz II[5] (2010)
Jaufer, Das Unternehmen in der Krise[3] (2013)
Jordis, Zustimmungspflichtige Geschäfte gem § 95 Abs 5 AktG, in *Kalss/Kunz* (Hrsg), Handbuch für den Aufsichtsrat (2010) 241

K

Kalss, Das interne Kontrollsystem (IKS) als Angelpunkt der Corporate Governance in Kapitalgesellschaften in *Bernat/Böhler/Weilinger* (Hrsg), Festschrift für Heinz Krejci (2001) 699
Kalss, Leitung und Überwachung im Konzern, AR aktuell 2009/3, 4
Kalss, Verschmelzung – Spaltung – Umwandlung[2] (2010)
Kalss, Die Nichtbestellung eines Gesellschafters zum Geschäftsführer aus wichtigem Grund, RdW 2010/485
Kalss, Gesellschaftsrechtliche Folgen strafrechtlich relevanten Handelns von Vorstands- und Aufsichtsratsmitgliedern in der Aktiengesellschaft, in *Lewisch* (Hrsg), Jahrbuch Wirtschaftsstrafrecht und Organverantwortlichkeit 2011, 131
Kalss, Die Übernahme von verwaltungsrechtlichen Geldstrafen durch die Gesellschaft, GesRZ 2015, 78

Kalss, Vertretungsbefugnis des Aufsichtsrats und die Beiziehung eines Sachverständigen, in *Kalss/Kunz* (Hrsg), Handbuch für den Aufsichtsrat² (2016) 751

Kalss, Gesellschaftsrechtliche Anmerkungen zur Libro-Entscheidung, ecolex 2014, 496

Kalss, Gesellschaftsrechtliche Folgen strafrechtlich relevanten Handelns von Vorstands- und Aufsichtsratsmitgliedern in der Aktiengesellschaft, in *Lewisch* (Hrsg), Jahrbuch Wirtschaftsstrafrecht und Organverantwortlichkeit 2011, 131

Kalss, Vertretungsbefugnis des Aufsichtsrats und die Beiziehung eines Sachverständigen, in *Kalss/Kunz* (Hrsg), Handbuch für den Aufsichtsrat² (2016) 751

Kalss, Beratungsverträge und sonstige Organgeschäfte von Aufsichtsratsmitgliedern mit der Gesellschaft, in *Kalss/Kunz* (Hrsg), Handbuch für den Aufsichtsrat² (2016) 391

Kalss/ Nowotny Ch./Schauer, Österreichisches Gesellschaftsrecht² (2017)

Kalss/Eckert, Der maßgebliche Zeitpunkt für die Änderung des Bilanzstichtags, NZ 2006/83

Kalss/Probst, Familienunternehmen (2013)

Kapsch/Kier, Untreuestrafbarkeit zulasten einer Aktiengesellschaft, JBl 2014, 599

Karollus, Einlagenrückgewähr und verdeckte Gewinnausschüttung im Gesellschaftsrecht, in *Leitner* (Hrsg), Handbuch verdeckte Gewinnausschüttung (2010) 9

Karollus, Funktion und Dogmatik der Haftung aus Schutzgesetzverletzung, zugleich ein Beitrag zum Deliktssystem des ABGB und zur Haftung für casus mixtus (1992)

Karollus, Neues zur Konkursverschleppungshaftung und zur Geschäftsführerhaftung aus culpa in contrahendo, ÖBA 1995, 7

Kastner, Aufsichtsrat und Realität, in *Schwarz/Spielbüchler/Martinek/Grillberger/Jabornegg* (Hrsg), Möglichkeiten und Grenzen der Rechtsordnung – Festschrift für Rudolf Strasser (1983) 863

Kastner, Bemerkungen zu § 35 Abs 1 Z 7 GmbH Gesetz, GesRZ 1980, 97

Kastner, Gesellschaft mbH Gesetz-Novelle 1980, JBl 1980, 617

Kastner, Zur Mitgliedschaft an mehreren Organen derselben Gesellschaft, in *Barfuß/Hauer/H. Torggler/Wiltschek/Kucsko* (Hrsg), Wirtschaftsrecht in Theorie und Praxis. Gedenkschrift für Fritz Schönherr (1986) 196

Kastner, Beiräte im österreichischen Gesellschaftsrecht, RdW 1983, 98

Kastner/Doralt P./Nowotny Ch., Grundriß des österreichischen Gesellschaftsrecht⁵ (1990)

Keppelmüller, Internationales Konkursrecht (1997)

Kert, Verbandsverantwortlichkeit und Finanzstrafgesetz, in *Leitner* (Hrsg), Finanzstrafrecht 2006 (2007) 9

Kiehl/Lindtner, Update: Untreue, ecolex 2018, 987

Kienapfel/Schmoller, Studienbuch Strafrecht Besonderer Teil II (2003)

Klang, ABGB² IV/1 (1968)

Kletečka/Schauer, ABGB-ON – Kommentar zum Allgemeinen Bürgerlichen Gesetzbuch (Update 3/2019, Stand 1.8.2019)

Knauder/Sima, Vertragsvorbereitende und -begleitende Maßnahmen beim Unternehmenskauf, ZUS 2011, 52
Köck, Verwaltungsstrafen im Arbeitsverhältnis: Tragung und Übernahme durch die Gesellschaft. Theoretisches und Praktisches zu einem alten Problem, ZAS 2016/52
Köck, Wirtschaftsstrafrecht (2007)
Kodek/ Nowotny G. /Umfahrer, Firmenbuchgesetz (2005)
Konecny/Schubert, Insolvenzgesetze, 59.–66. Lieferung (Stand 1.9.2018)
Königsberger, Überzahlungen in Bezug auf Lohn- und Sozialdumping, RdW 2015/225
Konwitschka, Business Judgement Rule – Unmittelbare Geltung und analoge Anwendung oder anerkannter Rechtsgrundsatz? GesRZ 2016, 113
Koppensteiner, Einpersonengesellschaften – eine Skizze, GES 2015, 1
Koppensteiner, Zum Gewinnabführungsvertrag der GmbH, RdW 1985, 170
Koppensteiner/Rüffler, GmbHG³ (2007)
Koppensteiner, GmbHG² (1999)
Koppensteiner, Zum sachlichen Anwendungsbereich der Stimmverbote nach § 39 Abs 4 GmbHG, wbl 2013, 61
Körber-Risak, KA-AZG neu: Grundsatzfragen der Dienstplangestaltung für Ärzte in Krankenanstalten, ecolex 2015, 313
Kostner/Umfahrer, GmbH⁵ (1998)
Koziol, Österreichisches Haftpflichtrecht I³ (1997)
Koziol, Österreichisches Haftpflichtrecht II² (1984)
Koziol/ Bydlinski P./Bollenberger (Hrsg), Kurzkommentar zum ABGB⁵ (2017)
Koziol-Welser/Kletečka, Bürgerliches Recht I¹⁴ (2014)
Krejci, Der neugierige Aufsichtsrat, GesRZ 1993, 2
Krejci, Gesellschaftsrecht I (2005)
Krejci, Verschwiegenheitspflicht des AG-Vorstandes bei due diligence-Prüfungen, RdW 1999, 574
Kretschmer, Compliance im Unternehmen, in *Petsche/Mair* (Hrsg), Handbuch Compliance² (2013) 60
Kunz P., Würde die Übernahme des § 93 Abs 1 dAktG in das österreichische Aktienrecht zu mehr Rechtssicherheit in Bezug auf nützliche Gesetzesverletzungen führen? GesRZ 2007, 91
Kuras, Handbuch Arbeitsrecht, inkl 31. Ergänzungslieferung (Stand: 1.10.2019)
Kutschera, Zur Haftung des Geschäftsführers gem § 25 GmbHG, GesRZ 1982, 243

L

Lang, Datenschutz bei Due-Diligence-Prüfungen, ASok 2015, 42
Lechner/Egger/Schauer, Einführung in die Allgemeine Betriebswirtschaftslehre²⁵ (2010)

Lehner, Die Beweislastverteilung bei der GmbH-Geschäftsführerhaftung, GesRZ 2005, 128

Leukauf/Steininger, StGB[3] (1992)

Leukauf/Steininger StGB[4] (2017)

Leupold/Ramharter, Nützliche Gesetzesverletzungen – Innenhaftung der Geschäftsleiter wegen Verletzung der Legalitätspflicht? GesRZ 2009, 253

Lewisch, Warum – und inwieweit – Compliance? in *Lewisch* (Hrsg), Zauberwort Compliance? Grundlagen und aktuelle Praxisfragen (2012) 1

Lewisch, Gesellschaftsrecht und Strafrecht nach „Libro“, in *Lewisch* (Hrsg), Jahrbuch Wirtschaftsstrafrecht und Organverantwortlichkeit 2014, 19

Lewisch, Untreue und Korruption, in *Lewisch* (Hrsg), Jahrbuch Wirtschaftsstrafrecht und Organverantwortlichkeit 2017, 169

Lewisch/Fister/Weilguni, VStG Verwaltungsstrafgesetz[2] (2017)

Lewisch/Huber, Untreue zulasten einer Kapitalgesellschaft trotz Gesellschafterzustimmung? RdW 2014/627

Lichtkoppler/Reisch (Hrsg), Handbuch Unternehmenssanierung[2] (2018)

Löschnigg, Die Entsendung der Betriebsräte in den Aufsichtsrat (1985)

Löschnigg, Arbeitsrecht[12] (2015)

Löschnigg/Schick, Vermittlungsprovisionen für Betriebsratskredite und Versicherungsverträge – arbeits- und strafrechtliche Problemlagen, DRdA 2005, 229

Lukas, Anwaltshaftung Beweislast, JBl 1994, 62

Luschin, Die Geschäftsführerhaftung bei Ressortverteilung, RdW 2000/2

M

Madl, Publike Verpfändung von GmbH-Anteilen, ecolex 1998, 306

Manfreda, Ausformungen des internen Kontrollsystems bei Kapitalgesellschaften, RWZ 1999, 272

Mandl D., Das große Lexikon Rechnungswesen und Rechnungslegung (2004)

Mandl D., Rechnungswesen und Internes Kontrollsystem gem IRÄG 1997, RWZ 1997, 356

Marek/Jerabek, Korruption und Amtsmissbrauch[6] (2013)

Marhold, Aufsichtsratstätigkeit und Belegschaftsvertretung (1980)

Mayer, Keine Tatbestandsmäßigkeit des § 153c StGB nach Zahlungsanfechtung, ZIK 2007/66

Mayer, Nochmals: Keine Tatbestandsmäßigkeit des § 153c StGB nach Zahlungsanfechtung, ZIK 2007/128

Mazal, Organmitglieder als überlassene Arbeitskräfte, ecolex 2001, 763

Mazal/Risak (Hrsg), Das Arbeitsrecht – System und Praxiskommentar[33] (8.8.2019)

Milla/Rödler/Köll, Auswahl und Beauftragung des Abschlussprüfers, in *Kalss/Kunz* (Hrsg), Handbuch für den Aufsichtsrat[2] (2016) 663

Milla/Vcelouch-Kimeseder/Weber, Unternehmensrechts-Änderungsgesetz (2008)

Moser, Neue Bestimmungen für Vorstand und Aufsichtsrat im AktG und im UGB, GES 2012, 271
Moser, Das Rechnungslegungs-Änderungsgesetz 2014, GES 2015, 116
Mosler, Arbeitsrechtliche Aspekte der Beendigung des Anstellungsverhältnisses des Geschäftsführers einer GmbH, wbl 2002, 49

N

Napokoj (Hrsg), Risikominimierung durch Corporate Compliance (2010)
Neumayr, Die Entlastung des Geschäftsführers, JBl 1990, 273
Neumayr/Reissner, Zeller Kommentar zum Arbeitsrecht[3] (2018)
Nitsche, Aufsichtsratsmandat und Interessenskollision, in *Bernat/Böhler/Weilinger* (Hrsg), Festschrift für Heinz Krejci (2001) 758
Nowotny Ch., „Due diligence" und Gesellschaftsrecht, wbl 1998, 145
Nowotny Ch., Beglaubigte Einreichung des Jahresabschlusses – eine nicht gebotene Belastung, RdW 1998, 53
Nowotny Ch., Beirat – Aufsichtsrat – Ausschuss. Fragen der Gestaltung dualer Kontrollstrukturen, RdW 2008/647
Nowotny Ch., Beschlussfassung und Beschlussanfechtung, RdW 2006/635
Nowotny Ch., Bewertung der Kapitalgesellschaft: wer trägt die Kosten? RdW 2001/6
Nowotny Ch., Selbstkontrahieren im Gesellschaftsrecht – eine Übersicht, RdW 1987, 35

P

Patka, Die richtige Einstufung des Arbeitnehmers: Ein „Unterentlohnungs-Minenfeld", PVP 2015/18
Petsche/Larcher, Materielle Compliance-Gebiete, in *Petsche/Mair* (Hrsg), Handbuch Compliance[2] (2013) 206
Pilgerstorfer, Verwirrung im Zwangsstrafenverfahren des Firmenbuchs, RdW 2000/433
Pöltner, Der Notgeschäftsführer in der GmbH (2002)

R

Raschauer N. /Wessely, VStG[2] (2016)
Rauter/Ratka, Zivil- und unternehmensrechtliche Haftung des Geschäftsführers, in *Ratka/Rauter* (Hrsg), Handbuch Geschäftsführerhaftung[2] (2011) 61
Rechberger/Klicka, Zivilprozessordnung[5] (2019)
Reich-Rohrwig, Bestellung und Anstellung des GmbH-Geschäftsführers, GeS 2011, 4
Reich-Rohrwig, Der Beirat der GmbH, ÖJZ 1981, 509
Reich-Rohrwig, GmbH-Recht (1983)
Reich-Rohrwig, Pfändung ausstehender Stammeinlagen nach dem Firmenbuchgesetz, ecolex 1991, 248
Reich-Rohrwig, Gesellschaftsrechtsänderungsgesetz 1993, ecolex 1993, 602
Reich-Rohrwig, GmbH-Recht I[2] (1996)

Reich-Rohrwig, Ermessensspielraum für AR-Mitglieder bei „Golden Handshakes" an Vorstandsmitglieder für deren vorzeitiges Ausscheiden, ecolex 2008/346
Reischauer, Der Entlastungsbeweis des Schuldners (§ 1298 ABGB) (1975)
Reissner, Angestelltengesetz Kommentar[2] (2015)
Reissner/Neumayr, Zeller Handbuch Arbeitsvertrags-Klauseln[2] (Stand 1.6.2019)
Resch, Drittanstellung von Organperson und Arbeitsrecht, GesRZ 2005, 76
Resch, Zur Ressortverteilung im Vorstand der Aktiengesellschaft, GesRZ 2000, 2
Risak, Arbeitsvertragsklauseln 2016 – Pauschalentgeltvereinbarungen, Konkurrenzklausel. Ausbildungskostenrückersatz, ZAS 2016/10
Ritz, Bundesabgabenordnung: Kommentar[3] (2005)
Robertson, Der Schadensumfang bei der Insolvenzverschleppungshaftung des GmbH-Geschäftsführers, ecolex 2018, 150
Rüffler, Organaußenhaftung für Anlegerschäden, JBl 2011, 69
Rüffler, Schadenersatzpflicht der Vorstandsmitglieder einer Bankaktiengesellschaft bei Unterschreitung der Eigenmittelerfordernisse, zugleich ein Beitrag zur sog nützlichen Gesetzesverletzung, GES 2012, 375
Rüffler, Strafrechtliche Untreue und Gesellschaftsrecht, in *Grünwald/Zollner/Schummer* (Hrsg), Unternehmensrecht in Wissenschaft und Praxis – Festschrift Waldemar Jud (2012) 533
Rüffler, Organhaftung im Konzern, in *Artmann/Rüffler/U. Torggler*, Organhaftung zwischen Ermessensentscheidung und Haftungsfalle (2013) 19
Rummel, ABGB I[3] (2000)
Rummel, ABGB II/2a[3] (2007)
Rummel/Lukas, ABGB[4] (2014)
Runggaldier/ Schima G., Abschluss von Vorstandsverträgen im Aufsichtsratsplenum, GesRZ 1992, 157
Runggaldier/Schima G., Die Rechtsstellung von Führungskräften (1991)
Runggaldier/Schima G., Manager-Dienstverträge[3] (2006)
Runggaldier/Schima G., Manager-Dienstverträge[4] (2014)

S

Schauer, Das österreichische Versicherungsvertragsrecht[3] (1995)
Schauer, Zivilrechtliche Verantwortlichkeit des Aufsichtsrats, in *Kalss/Kunz* (Hrsg), Handbuch für den Aufsichtsrat (2010) 1041
Schedle, Vertragliche Flexibilisierungsmöglichkeiten bei der Managervergütung, in *Geiger/Huber/Sindelar* (Hrsg), Handbuch Managervergütungen (2019)
Schiemer, Handkommentar zum Aktiengesetz[2] (1986)
Schima G., Die Sozialversicherungspflicht des Geschäftsführers einer GmbH, ZAS 1987, 121
Schima G., Vorzeitiges Ausscheiden von Vorstandsmitgliedern und Aufsichtsratssorgfalt, RdW 1990, 448
Schima G., Zulässigkeit von Treuepflichtklauseln in Pensionsverträgen innerhalb und außerhalb der Geltung des Betriebspensionsgesetzes (Teil I), JBl 1993, 430

Schima G., Der GmbH-Geschäftsführer und der Wille des Mehrheitsgesellschafters (I), GesRZ 1999, 100

Schima G., Der GmbH-Geschäftsführer und der Wille des Mehrheitsgesellschafters (II), GesRZ 1999, 159

Schima G., Zur Effizienz von Syndikatsverträgen, insb bei der AG, in *Bernat/Böhler/Weilinger* (Hrsg), Festschrift für Heinz Krejci (2001) 825

Schima G., Gestaltungsfragen bei Vorstandsverträgen in der AG, ecolex 2006, 452

Schima G., Business Judgment Rule und Verankerung im österreichischen Recht, GesRZ 2007, 93

Schima G., Business Judgment Rule und Beweislastverteilung bei der Vorstandshaftung nach US-, deutschem und österreichischem Recht, in *Baudenbacher/Kokott/Speitler* (Hrsg), Aktuelle Entwicklungen des Europäischen und Internationalen Wirtschaftsrechts (2010) 369

Schima G., Der Vorstandsvorsitzende als „Über-Vorstand"? GeS 2010, 260

Schima G., Zulässigkeitsgrenzen von „Golden Handshakes" – zugleich Anmerkung zu OGH 11.6.2008, 7 Ob 58/08t, in *Barta/Radner/Rainer/Scharnreitner* (Hrsg), Analyse und Fortentwicklung im Arbeits-, Sozial- und Zivilrecht – Festschrift Martin Binder (2010) 851

Schima G., Die Beweislastverteilung bei der Geschäftsleiterhaftung, in *Grünwald/Zollner/Schummer* (Hrsg), Unternehmensrecht in Wissenschaft und Praxis – Festschrift Waldemar Jud (2012) 571

Schima G., Zustimmungsvorbehalte als Steuerungsmittel des Aufsichtsrates in der AG und im Konzern, GesRZ 2012, 35

Schima G., Unternehmerisches Ermessen und die Business Judgment Rule, in *Konecny*, Insolvenz-Forum 2011 (2012) 131

Schima G., Dividendenausschüttung, Einlagenrückgewähr und Untreue in *Hainz/Krejci* (Hrsg), Festschrift für Johannes Reich-Rohrwig (2014) 161

Schima G., Untreue im Strafrecht: Polemik überschattet die Diskussion, Format 19.5.2015

Schima G., Reform des Untreue-Tatbestandes und gesetzliche Verankerung der Business Judgment Rule im Gesellschaftsrecht, RdW 2015/261

Schima G., Einlagenrückgewähr und Untreue bei Aktionärszustimmung, RdW 2015/314

Schima G., Der Aufsichtsrat als Gestalter des Vorstandsverhältnisses (2016)

Schima G., Die Begründung, Gestaltung und Beendigung der Vorstandstätigkeit durch den Aufsichtsrat, in *Kalss/Kunz* (Hrsg), Handbuch für den Aufsichtsrat[2] (2016) 497

Schima G., Say on Pay und Related Party Transactions, GesRZ 2019, 110

Schima G., Die Außenhaftung des gewerberechtlichen Geschäftsführers wegen Schutzgesetzverletzung, in *Kietaibl/Mosler/Pacic* (Hrsg), Gedenkschrift Robert Rebhahn (2019) 527

Schima G. /Arlt, Leitung und Überwachung – Corporate Governance im Konzern, in *Haberer/Krejci* (Hrsg), Konzernrecht (2016) 279

Schima G. /Eichmeyer, Zur (Un-)Zulässigkeit von Schiedsklauseln in Geschäftsführer- und Vorstandsdienstverträgen nach dem SchiedsRÄG 2006, RdW 2008/679

Schima G. /Körber-Risak, Einseitige Eingriffe in und Ablaufstörungen bei erfolgsbezogenen Vergütungsbestandteilen – Rechtsprobleme von Bonusregelungen und Zielvereinbarungen, ZAS 2013/11

Schima G. /Toscani, Die Vertretung der AG bei Rechtsgeschäften mit dem Vorstand (§ 97 Abs 1 AktG), JBl 2012, 482 (Teil I); 570 (Teil II)

Schima G. /Toscani, Die Anwendung der Business Judgment Rule bei Fragen der Abberufung des Stiftungsvorstands, JEV 2016, 74

Schirmer/Uitz, Syndikatsvertrag, ecolex 2007, 609

Schlosser, Die Organhaftung der Vorstandsmitglieder der Aktiengesellschaft (2002)

Schopper, Compliance im Konzern, in *Kalss/U. Torggler* (Hrsg), Compliance (2016) 53

Schopper, Zur Konkursverschleppungshaftung des ausgeschiedenen Geschäftsführers, GeS 2008, 4

Schopper/Walch, Unternehmensrechtliche Verjährungsregeln und ihr Verhältnis zum allgemeinen Zivilrecht, ÖBA 2013, 418

Schrank, Übernahme von Geldstrafen und Verfahrenskosten der Geschäftsleiter durch die Gesellschaft, ÖBA 2016, 885

Schrank, Inhaltliche Reichweite des neuen „Lohndumping-“ bzw Unterzahlungsverbots, RdW 2015/224

Schrank, Neue Grundgehaltsangabe und All-in-Klauseln – nur bessere Transparenz? RdW 2016/29

Schrank, Übernahme von Strafen durch die Gesellschaft. Ein Fall fürs Strafgericht? CFO aktuell 2013, 59

Schrank/Kollar, Business Judgement Rule – der (neue) Sorgfaltsmaßstab auch für Aufsichtsratsmitglieder, AR aktuell 2016/6

Schröckenfuchs, Der Gleichheitsgrundsatz und die Information der Aktionäre durch die Gesellschaft, JBl 2003, 541

Schulev-Steindl, Verwaltungsverfahrensrecht[6] (2018)

Schumacher, Neues zur Zahlungsunfähigkeit und Zahlungsstockung, ÖBA 2012, 816

Schwimann, ABGB Praxiskommentar IV[3] (2006)

Schwimann, ABGB Praxiskommentar VI[3] (2006)

Schwimann/Kodek, ABGB Praxiskommentar IV[4] (2014)

Schwimann/Kodek, ABGB Praxiskommentar V[4] (2014)

Schwimann/Kodek, ABGB Praxiskommentar VI[4] (2016)

Schwimann/Neumayr, ABGB Taschenkommentar[4] (2017)

Semler, Zur Leitungsbefugnis des Vorstands und ihren Grenzen, in P. *Doralt/Ch. Nowotny* (Hrsg), Kontinuität und Wandel – Beiträge zum Unternehmensrecht Festschrift für Walther Kastner (1992) 397

Spatz/Gurmann, Stimmverbote im Syndikat, GesRZ 2008, 274

Steininger, Verbandsverantwortlichkeitsgesetz (2006)
Stöger, Die verwaltungsstrafrechtliche Verantwortlichkeit und die Möglichkeiten ihrer Übertragung auf andere Personen, in *Ratka/Rauter* (Hrsg), Handbuch Geschäftsführerhaftung² (2011) 283
Stoll, Bundesabgabenordnung (1994)
Strasser, Treuepflicht und „due diligence"-Prüfung, ecolex 2001, 748
Straube/Ratka/Rauter, Wiener Kommentar zum GmbH-Gesetz, 115. Lieferung (Stand 1.10.2019)
Straube/Ratka/Rauter, Wiener Kommentar zum Unternehmensgesetzbuch – UGB (Stand 1.9.2019)
Straube/Rauter, Aufsichtsratspflicht und Konzernsachverhalte im GmbH-Recht, GeS 2008, 88
Szöky, Der Geschäftsführer-Rücktritt aus Sicht der Firmenbuchpraxis, GeS 2003
Szöky, Firmenbuchverfahren² (2008)

T

Tichy, Syndikatsvertrag als Beschlußanfechtungsgrund, ecolex 2000, 204
Told, Zum Entlastungsbeweis bei der Managerhaftung, wbl 2012, 181
Told, Business Judgment Rule und ihre Anwendbarkeit in Österreich, GES 2015, 60
Tonninger, Zur Reichweite des § 10 UWG, ecolex 2019/234
Torggler H., Die Rechtsstellung des GmbH-Geschäftsführers (I), GesRZ 1974, 4
Torggler H., Die Rechtsstellung des GmbH-Geschäftsführers (II), GesRZ 1974, 44
Torggler H., Zur Verpfändung von Gesellschaftsanteilen, ÖBA 1998, 434
Torggler H., Zur Verpfändung von GmbH-Geschäftsanteilen, GesRZ 1977, 77
Torggler U., Insichgeschäft, insb Doppelvertretung bei der Einpersonen-GmbH, wbl 2000, 389
Torggler U., Business Judgment Rule und unternehmerische Ermessensentscheidungen, ZfRV 2002, 133
Torggler U., Fünf (Anti-)Thesen zum Haftungsdurchgriff, JBl 2006, 85
Torggler U., Zur Angemessenheit der Abfertigung von Vorstandsmitgliedern und zur Haftung des Aufsichtsrats, wbl 2008, 287
Torggler U., Interessenkonflikte, insb bei „materiellen Insichgeschäften", ecolex 2009, 920
Torggler U., Von Schnellschüssen, nützlichen Gesetzesverletzungen und spendablen Aktiengesellschaften – Zum Ermessensspielraum bei der gesellschaftsrechtlichen Organhaftung, wbl 2009, 168
Torggler U., Gestaltungsfreiheit bei der GmbH, GesRZ 2010, 185
Torggler U., Abdingbarkeit, Umwälzbarkeit, Versicherbarkeit, in *Artmann/Rüffler/U. Torggler*, Organhaftung zwischen Ermessensentscheidung und Haftungsfalle (2013) 35
Torggler U., GmbH-Gesetz (2014)
Torggler U., UGB³ (2019)

Triffterer/Rosbaud/Hinterhofer (Hrsg), Salzburger Kommentar zum Strafgesetzbuch, 30. Lieferung (2014)
Triffterer/Rosbaud/Hinterhofer (Hrsg), Salzburger Kommentar zum Strafgesetzbuch, 34. Lieferung (2016)

U

Umfahrer, GmbH Handbuch für die Praxis[6] (2008)

V

Vogt-Majarek/Schulz, Die Auswirkungen des Arbeitsrechts-Änderungsgesetzes 2015 in der Praxis, ARD 6481/5/2016

W

Wachter, Der sogenannte freie Dienstvertrag, DRdA 1984, 405
Wagner, Die Haftung des gewerberechtlichen Geschäftsführers Dritten gegenüber, RdU-UT 2018/8, 26
Wagner/Knechtel, Kommentar zur Notariatsordnung[6] (Stand 1.1.2007, rdb.at)
Wallisch, Implizite Befristung und Durchsetzung von Syndikatsverträgen, ÖZW 2004, 55
Walter/Thienel, Die österreichischen Verwaltungsverfahrensgesetze II[2] (2000)
Weigand, Firmenbuchrechtliche Prüfungspflicht bei Anmeldungen von Bestellung und Abberufung vertretungsbefugter Personen, NZ 2003, 65
Weilinger, Feststellung und Aufstellung des Jahresabschlusses (1997)
Welser, Schadenersatz statt Gewährleistung (1994)
Welser/Zöchling-Jud, Bürgerliches Recht II[14] (2015)
Wenger, Beirat als Aufsichtsrat, RWZ 2006, 356
Wiebe/Kodek, UWG Gesetz gegen den unlauteren Wettbewerb[2] inkl 58. Lieferung (2018)
Wiesinger, Lohndumping: Was zählt zum Entgelt? ecolex 2015, 92
Wilhelm, Verwirrung um die Beweislastumkehr des § 1298 ABGB, ecolex 1990, 733
Wilhelm, Irreführende Werbung und ihre rechtsgeschäftlichen und Haftungsfolgen, ecolex 2009, 929
Wolf, Rechnungslegungs-Änderungsgesetz 2014. Die wichtigsten Änderungen im Überblick und ihre praktischen Auswirkungen, RdW 2015/63
Wünsch, Zur Lehre vom Selbstkontrahieren im Gesellschaftsrecht, in *Wünsch* (Hrsg), Festschrift für Hermann Hämmerle (1972) 451
Wünsch, Das Wettbewerbsverbot des GmbH-Geschäftsführers, GesRZ 1982, 269
Wünsch, Kommentar zum GmbHG (1987)
Wünsch, Zur gesellschaftsinternen Bestellung des GmbH-Geschäftsführers, GesRZ 1990, 57

Wünsch, Die Änderung der Vorschriften über die Abschlussprüfung durch das RLG im Lichte der Europäischen Integration, in *Enzinger/Hügel/Dillenz* (Hrsg), Aktuelle Probleme des Unternehmensrechts: Festschrift Gerhard Frotz (1993) 883

Wünsch, Die Abstimmung im schriftlichen Wege nach § 34 GmbHG, GesRZ 1996, 61

Z

Zehentmayer, Wirtschaftlicher Eigentümer einer Kapitalgesellschaft, GesRZ 2018, 245

Zehetner, Beglaubigte Einreichung des Jahresabschlusses nicht erforderlich – Kein Antrag auf Eintragung des Tages der Einreichung, SWK 1998/26 W 135

Zehetner, Folgen der Nichtoffenlegung des Jahresabschlusses, ecolex 1998, 473

Zehetner, Offenlegung und Zwangsstrafen: Zum Verhältnis der § 283 HGB, § 24 FBG, § 258 AktG, § 125 GmbHG und § 87 GenG, ecolex 2001, 280

Zib, Die gestohlene AG – Einberufungsmängel und Beschlussnichtigkeit im Aktienrecht, in *Kramer/Schuhmacher* (Hrsg), Beiträge zum Unternehmensrecht – Festschrift Hans-Georg Koppensteiner (2001) 277

Zib/Dellinger, UGB I/1 (2010)

Zib/Dellinger, UGB III/1 (2013)

Zollner, Gesellschafterbeschlüsse und Untreue – Eine Anmerkung zu 12 Os 117/12s, ÖJZ 2014, 938

Zollner, Organuntreue und Einverständnis der Gesellschafter, in *Hainz/Krejci* (Hrsg), Festschrift Reich-Rohrwig(2014) 265

Deutsche Literatur

B

Bachmann, Reformbedarf bei der Business Judgement Rule? ZHR 177 (2013) 1

Baumbach/Hueck, GmbHG[21] (2017)

Bayer, Legalitätspflicht der Unternehmensleitung, nützliche Gesetzesverstöße und Regress bei verhängten Sanktionen, in *Bitter/Lutter/Priester/Schön/Ulmer* (Hrsg), Festschrift Karsten Schmidt (2009) 85

Beisheim/Hecker, Compliance-Verantwortung im Licht der „Siemens/Neubürger"-Entscheidung – auch bei Unternehmen der öffentlichen Hand, KommJur 2015, 49

F

Fleischer, Aktienrechtliche Compliance-Pflichten im Praxistest: Das Siemens/Neubürger-Urteil des LG München I, NZG 2014, 321

Fleischer, Vorstandsverantwortlichkeit und Fehlverhalten von Unternehmensangehörigen – von der Einzelüberwachung zur Errichtung einer Compliance-Organisation, AG 2003, 291

Fleischer, Aktienrechtliche Legalitätspflicht und „nützliche" Pflichtverletzungen von Vorstandsmitgliedern, ZIP 2005, 141

Fleischer, Buchführungsverantwortung des Vorstands und Haftung der Vorstandsmitglieder für fehlerhafte Buchführung, WM 2006, 2021
Fleischer, Kartellverstöße und Vorstandsrecht, BB 2008, 1070
Fleischer, Aktuelle Entwicklungen der Managerhaftung, NJW 2009, 2337
Fleischer, Zum Inhalt des „Unternehmensinteresses" im GmbH-Recht, GmbHR 2010, 1307

G

Goette/Habersack, Münchener Kommentar zum Aktiengesetz: AktG I[5] (2019), II[5] (2019)
Göppert, Die Reichweite der Business Judgment Rule bei unternehmerischen Entscheidungen des Aufsichtsrates der Aktiengesellschaft (2010)
Gruber/Mitterlechner/Wax, D&O-Versicherung mit internationalen Bezügen (2012)

H

Hauschka/Moosmayer/Lösler, Corporate Compliance[2] (2010)
Henze, Prüfungs- und Kontrollaufgaben des Aufsichtsrates in der Aktiengesellschaft – die Entscheidungspraxis des Bundesgerichtshofes, NJW 1998, 3309
Hirte/Mülbert/Roth, Großkommentar AktG IV/2[5] (2015)
Horn, Die Haftung des Vorstands der AG nach § 93 AktG und die Pflichten des Aufsichtsrats, ZIP 1997, 1129
Hüffer/Koch, Aktiengesetz[13] (2018)

K

Krause, Managerhaftung und Strategien zur Haftungsvermeidung, BB 2009, 1370
Krieger, Personalentscheidungen des Aufsichtsrates (1981)

L

Lange, Praxisfragen der D&O-Versicherung, DStR 2002, 1626
Lange, D&O-Versicherung und Managerhaftung (2014)
Leyens, Information des Aufsichtsrats (2006)
Lutter, Buchbesprechung zu Leyens, Information des Aufsichtsrats, JZ 2007, 835
Lutter, Die Business Judgment Rule in Deutschland und Österreich, GesRZ 2007, 79
Lutter, Die Business Judgment Rule und ihre praktische Anwendung, ZIP 2007, 841
Lutter, Konzernphilosophie vs konzernweite Compliance und konzernweites Risikomanagement, in *Habersack/Hommelhoff* (Hrsg), Festschrift für Wulf Goette (2011) 289
Lutter/Hommelhoff, GmbH-Gesetz Kommentar[18] (2012)
Lutter/Krieger/Verse, Rechte und Pflichten des Aufsichtsrates[6] (2014)

M

Merkt, Buchbesprechung zu Leyens, Information des Aufsichtsrats, NJW 2007, 1862
Merkt, US-amerikanisches Gesellschaftrecht[3] (2013)
Mutter, Unternehmerische Entscheidungen und Haftung des Aufsichtsrates der Aktiengesellschaft (1994)

R

Raape, Die Beweislast bei positiver Vertragsverletzung, Archiv für die Zivilistische Praxis [1941] Band 147, 217
Roth/Altmeppen, GmbHG[8] (2015)
Rowedder/Schmidt-Leithoff, Gesetz betreffend die Gesellschaften mit beschränkter Haftung: GmbHG[6] (2017)

S

Scholz, GmbHG II[10] (2007)
Schönke/Schröder, Strafgesetzbuch. Kommentar[29] (2014)
Schramm, Untreue und Konsens (2005)
Spindler in MünchKommAktG II[5]
Spindler, Compliance in der multinationalen Bankengruppe, WM 2008, 905
Spindler, Die Haftung von Vorstand und Aufsichtsrat für fehlerhafte Auslegung von Rechtsbegriffen, in *Heldrich/Prölss/Koller/Langenbucher/Grigoleit/Hager/Hey/Neuner/Petersen/Singer* (Hrsg), Festschrift für Claus-Wilhelm Canaris II (2007) 403
Spindler/Stilz, Kommentar zum Aktiengesetz (2007)
Spindler/Stilz, Kommentar zum Aktiengesetz I[3] (2015)

T

Thole, Managerhaftung für Gesetzesverstöße, ZHR 2009, 528

U

Ulmer, Die Aktionärsklage als Instrument zur Kontrolle des Vorstands- und Aufsichtsratshandelns, ZHR 1999, 290

W

Wiedemann, Gesellschaftsrecht I (1980)

Z

Ziemons/Jaeger, BeckOK GmbHG (31. Edition, 2017)
Zimmermann, Kartellrechtliche Bußgelder gegen Aktiengesellschaft und Vorstand: Rückgriffsmöglichkeiten, Schadensumfang und Verjährung, WM 2008, 433
Zöllner, Kölner Kommentar zum Aktiengesetz I[2] (1988)
Zöllner, Kölner Kommentar zum Aktiengesetz II/1[3] (2009)
Zöllner/Noack, Kölner Kommentar zum Aktiengesetz II/1[3] (2009)

1. Der GmbH-Geschäftsführer als Leitungsorgan(-mitglied)

1.1. Stellung des GmbH-Geschäftsführers im Organgefüge der GmbH

Die GmbH ist nicht nur die in Österreich weitaus am meisten verbreitete Gesellschaftsform (es gibt rund 151.000 GmbHs,[1] im Jahr 2018 wurden 4.008 neue GmbHs[2] gegründet) sie eignet sich auch sowohl für ganz kleine als auch für sehr große Unternehmen. Ein dementsprechend vielfältiges Bild bietet die GmbH in Österreich. Darüber hinaus gibt es – dies ist der Regelfall – GmbHs ohne Aufsichtsrat und solche, die – weil sie bestimmte Größenkriterien überschreiten (zB bei Beschäftigung von mehr als 300 Arbeitnehmern) – einen Aufsichtsrat haben müssen. Nicht selten verfügen GmbHs, die keinen Aufsichtsrat haben (manchmal aber auch solche mit Aufsichtsrat), über einen sog Beirat, dem insb in Familiengesellschaften mit vielen Gesellschaftern wesentliche Bedeutung und eine unter Umständen nicht nur beratende, sondern auch steuernde Funktion zukommen kann.

Dies alles wirkt sich klarerweise auf die Stellung des Geschäftsführers oder der Geschäftsführer in der GmbH aus. Im Vergleich zB zur Aktiengesellschaft besteht ein deutlich breiterer Gestaltungsspielraum auch und gerade in Bezug auf die Frage, wie (rechtlich)[3] abhängig die Geschäftsführung von anderen Organen der GmbH ist.

1.1.1. Geschäftsführer als den Gesellschaftern weisungsgebundenes Organ

Im Gegensatz zum Vorstand einer Aktiengesellschaft oder einer Sparkasse ist die Geschäftsführung einer GmbH (die ebenfalls aus einem oder mehreren Mitgliedern

---

1 Im Jahr 2017 waren in Österreich rund 151.000 GmbHs im Firmenbuch eingetragen, vgl *Gruber/Harrer*, GmbHG² (2018) Vor §§ 1 ff Rz 6. Die Zahlen stiegen also seit dem Erscheinen der Vorauflage dieses Buches. (Mit Stichtag 10.9.2013 gab es in Österreich 129.429 GmbHs, vgl *Gruber/Harrer*, GmbHG [2014] § 15 Rz 12).

2 WKO Statistik, Unternehmensneugründungen nach Rechtsform, Stand Juli 2019. Abrufbar unter http://wko.at/statistik/ng/ng-rf.pdf?_ga=2.4177528.990444783.1576681678-1115202531.1573828165.

3 Faktische Abhängigkeit muss man davon unterscheiden: in Konzernen ist es letztlich klar, dass der Mehrheits- oder Alleingesellschafter idR bestimmt, was geschieht. Auch der in rechtlicher Hinsicht unabhängige und weisungsfreie (§ 70 AktG) Vorstand der AG muss das in der Praxis zur Kenntnis nehmen.

bestehen kann) kein unabhängiges und die Geschäfte der Gesellschaft weisungsfrei führendes Organ. Auf die GmbH trifft vielmehr die Charakterisierung in besonderem Maße zu, dass es sich dabei um eine „Veranstaltung der Gesellschafter“[4] handelt. Diese bilden das oberste Organ innerhalb der GmbH.[5]

1.1.1.1. Weisungsrecht der Gesellschafter

§ 20 Abs 1 GmbHG verpflichtet die Geschäftsführer, alle Beschränkungen einzuhalten, die im Gesellschaftsvertrag, durch Beschluss der Gesellschafter oder in einer für die Geschäftsführer verbindlichen Anordnung des Aufsichtsrates für den Umfang ihrer Befugnis, die Gesellschaft zu vertreten, festgesetzt sind.

Die gesetzliche Formulierung ist einerseits etwas missverständlich und andererseits zu eng gefasst;[6] der Sache nach geht es nicht um Beschränkungen der Vertretungsbefugnis, dh der Fähigkeit der Geschäftsführer, die Gesellschaft nach außen wirksam zu verpflichten (solche Einschränkungen sind nach österreichischem Recht gar nicht möglich),[7] sondern vielmehr um Beschränkungen der Geschäftsführung. § 20 Abs 1 GmbHG wird einhellig als gesetzliche Grundlage für ein **umfassendes Weisungsrecht der Gesellschafter** gegenüber den Geschäftsführern verstanden.[8]

Dieses Weisungsrecht der Gesellschafter ist nicht etwa auf „bedeutsame“ Geschäfte oder gar nur auf Fragen der Unternehmensstrategie beschränkt; es erstreckt sich vielmehr auch auf das Tagesgeschäft.

Dies bedeutet – mit anderen Worten –, dass die Gesellschafter den Geschäftsführern auch in einem Unternehmen mit vielen hundert Mitarbeitern die Weisung erteilen können, eine bestimmte Person als Bürolehrling aufzunehmen oder einen bestimmten Arbeitnehmer zu kündigen. Selbst die Weisung an den Geschäftsführer, sein eigenes Büro mit Möbeln einer bestimmten Marke auszustatten, ist vom Grundsatz her unbedenklich. Zur Frage, ob und wie sich der Geschäftsführer gegen zu „kleinliche“ Weisungen wehren kann, siehe unten Kap 1.1.1.2.

Das Weisungsrecht steht freilich nicht einzelnen Gesellschaftern oder dem Mehrheitsgesellschafter zu, sondern nur den Gesellschaftern in ihrer Gesamtheit.[9]

---

4 Vgl *Wiedemann*, Gesellschaftsrecht I (1980) 627.

5 *Nowotny* in *Kalss/Nowotny/Schauer*, Österreichisches Gesellschaftsrecht[2] (2017) Rz 4/31.

6 Vgl *Runggaldier/G. Schima*, Die Rechtsstellung von Führungskräften (1991) 24; *Koppensteiner/Rüffler*, GmbHG[3] (2007) § 20 Rz 1.

7 § 20 Abs 2, erster Satz GmbHG: vgl *Koppensteiner/Rüffler*, GmbHG[3] § 20 Rz 20; *N. Arnold/Pampel* in *Gruber/Harrer*, GmbHG[2] § 20 Rz 34.

8 Vgl *Runggaldier/G. Schima*, Führungskräfte 24; *Reich-Rohrwig*, GmbH-Recht (1983) 125 f; *Reich-Rohrwig*, GmbH-Recht I[2] (1996) Rz 2/259; *Koppensteiner/Rüffler*, GmbHG[3] § 20 Rz 9; *Enzinger* in *Straube/Ratka/Rauter*, WK GmbHG § 20 Rz 31 f (Stand 1.8.2013, rdb.at).

9 OGH 9.11.1977, 1 Ob 690/77 HS 11.434 = SZ 50/140 = GesRZ 1978, 34; OGH 11.3.1992, 2 Ob 559/91 RdW 1992, 272; RIS-Justiz RS 0060024; *Runggaldier/G. Schima*, Führungskräfte 24; *G. Schima*, Der GmbH-Geschäftsführer und der Wille des Mehrheitsgesellschafters (I), GesRZ 1999, 100 (104) mwN.

Auch ein über 99 % der Anteile verfügender Mehrheitsgesellschafter hat als solcher kein Weisungsrecht.[10] Weisungen müssen vielmehr in Beschlussform erteilt werden.

Die Gesellschafter einer GmbH haben grundsätzlich nur zwei Möglichkeiten, ihren Willen zu artikulieren: Entweder in einer ordnungsgemäß einberufenen **Generalversammlung** oder durch das in § 34 GmbHG geregelte **schriftliche Umlaufbeschluss-Verfahren**. Während die Fassung eines Beschlusses in einer Generalversammlung schon wegen der Beachtung gesetzlicher und/oder satzungsmäßiger Einberufungs-Mindestfristen ein in zeitlicher Hinsicht eher schwerfälliges Instrument (insb für Weisungen an die Geschäftsführer im Tagesgeschäft) ist, kann ein schriftliches Umlaufbeschlussverfahren nach § 34 GmbHG jederzeit in Gang gesetzt werden. Dieses kann – betrachtet man § 34 Abs 1 GmbHG – auf zweierlei Arten erfolgen: entweder dadurch, dass sämtliche Gesellschafter einem bestimmten Beschlussinhalt schriftlich zustimmen oder dadurch, dass sämtliche Gesellschafter sich – schriftlich, mündlich oder auch bloß stillschweigend[11] – damit einverstanden erklären, dass die Abstimmung auf schriftlichem Wege erfolgen kann. Für die inhaltliche Abstimmung selbst gelten dann die gesetzlichen oder satzungsmäßigen Mehrheitserfordernisse.[12] In der Praxis werden die beiden Abstimmungsvorgänge freilich regelmäßig miteinander so verbunden, dass auf dem entsprechenden Antrags-Formular eine Spalte für das Einverständnis mit dem schriftlichen Abstimmungsprozedere und eine Spalte für die inhaltliche Abstimmung betreffend den Beschlussinhalt vorgesehen ist.

Es gibt somit eine wesentliche Voraussetzung für die Zulässigkeit schriftlicher Umlaufbeschlüsse: Jeder Gesellschafter, mag sein Anteil noch so gering sein, kann durch Verweigerung der Zustimmung zur Beschlussfassung auf schriftlichem Wege das Zustandekommen eines schriftlichen Umlaufbeschlusses verhindern und damit eine Generalversammlung erzwingen.[13] Dieses Recht kann einem einzelnen Gesellschafter richtigerweise auch nicht durch die Satzung genommen werden.[14] Strittig ist, ob in der Satzung vorgesehen werden kann, dass das Unterbleiben eines Widerspruchs gegen die Abstimmung auf schriftlichem Wege als

---

10 OGH 22.12.1976, 1 Ob 802/76 (1 Ob 797/76) SZ 49/163, 50/140; *Runggaldier/G. Schima*, Führungskräfte 24; *G. Schima*, GesRZ 1999, 104; *Kastner/Doralt/Nowotny*, Grundriß des österreichischen Gesellschaftsrechts[5] (1990) 380 Fn 97; *Koppensteiner/Rüffler*, GmbHG[3] § 20 Rz 9.

11 Dh das bloße Einverständnis, dass schriftlich abgestimmt wird, muss selbst nicht auch schriftlich erteilt werden. Eine Einverständniserklärung kann daher auch formlos und konkludent erteilt werden: *Harrer* in *Gruber/Harrer*, GmbHG[2] § 34 Rz 60; für Deutschland vgl *Zöllner/Noack* in *Baumbach/Hueck*, GmbHG[21] (2017) § 48 Rz 35.

12 *Harrer* in *Gruber/Harrer*, GmbHG[2] § 34 Rz 55.

13 *Runggaldier/G. Schima*, Führungskräfte 24; *Runggaldier/G. Schima*, Manager-Dienstverträge[4] (2014) 13; *Koppensteiner/Rüffler*, GmbHG[3] § 34 Rz 19; *Kostner/Umfahrer*, GmbH[5] (1998) Rz 432; *Wünsch*, Die Abstimmung im schriftlichen Wege nach § 34 GmbHG, GesRZ 1996, 61 (64); *Harrer* in *Gruber/Harrer*, GmbHG[2] § 34 Rz 51 ff, 71.

14 *Koppensteiner/Rüffler*, GmbHG[3] § 34 Rz 22; *Harrer* in *Gruber/Harrer*, GmbHG[2] § 34 Rz 77.

Zustimmung gilt („Widerspruchsklauseln" bzw „Zustimmungsfiktionen").[15] Die besseren Gründe sprechen wohl nach wie vor dafür, solchen Klauseln in der Satzung ablehnend gegenüberzustehen. Denn auch wenn ein Gesellschafter sich dazu in der Satzung verpflichtet und die Abgabe des Widerspruches ja in seiner Macht liegt, darf nicht übersehen werden, dass im konkreten Fall daran uU nicht mehr gedacht wird[16] und vor allem wegen der typischen Kurzfristigkeit des schriftlichen Umlaufbeschlussverfahrens, wo den Gesellschaftern oft nur ein Tag oder ganz wenige Tage Zeit für eine Entscheidung gegeben wird/werden, Schwierigkeiten und Unklarheiten in puncto Erreichbarkeit des Gesellschafters bei Widerspruchsklauseln geradezu vorprogrammiert sind. Wenn man satzungsmäßig Widerspruchsklauseln anerkennt, ist klar, dass deren nachträgliche Einführung wegen § 50 Abs 4 GmbHG der Zustimmung des in seinen Rechten verkürzten Gesellschafters (hier konkret also der Zustimmung aller Gesellschafter) verlangt.[17]

In Syndikatsverträgen können Beschränkungen oder Verzichte auf dieses Zustimmungsrecht freilich vorgesehen und zwecks besserer Durchsetzbarkeit[18] mit Konventionalstrafen sanktioniert werden.[19]

Nur im Falle der Existenz bloß **eines** Gesellschafters sind alle Formerfordernisse für Gesellschaftsbeschlüsse hinfällig. In diesem Falle genügt auch die formlose, dh zB mündliche/telefonische Willensäußerung des Alleingesellschafters, die dann die rechtliche Bedeutung eines Gesellschafterbeschlusses hat.[20]

Uneingeschränkt gilt das Gesagte indes nur dann, wenn der Alleingesellschafter eine natürliche Person ist. In diesem Falle reicht in der Tat eine mündliche bzw eine über das Telefon abgegebene Anweisung, um den bzw die Geschäftsführer zu einem bestimmten Verhalten zu verpflichten oder es ihm bzw ihnen zu untersagen.

---

15 Dagegen OGH ZBl 1920/12; *Reich-Rohrwig*, GmbH-Recht 324; *Wünsch*, GesRZ 1996, 65; *Koppensteiner/Rüffler*, GmbHG[3] § 34 Rz 22; dafür möglicherweise *Ch. Nowotny*, Beschlussfassung und Beschlussanfechtung, RdW 2006/635 (686) (der von *Koppensteiner/Rüffler*, aaO, als Vertreter der Gegenmeinung geführt wird, der sich freilich zu einem etwas anderen, wenn auch verwandten Problem, nämlich der Kombinierung von Generalversammlung und schriftlicher Stimmabgabe, äußert); dafür mit Einschränkung auch *Harrer* in *Gruber/Harrer*, GmbHG[2] § 34 Rz 78.

16 Als Mindestmaßnahme für die Zulässigkeit solcher Satzungsklauseln wäre daher zu fordern, dass bei jedem Abstimmungsvorgang die Gesellschafter auf die Folgen unterbliebenen Widerspruches hingewiesen werden.

17 *Harrer* in *Gruber/Harrer*, GmbHG[2] § 34 Rz 78.

18 Im omnilateralen, dh alle Gesellschafter erfassenden GmbH-Syndikat hat der OGH (E vom 5.12.1995, 4 Ob 588/95 ecolex 1996, 271) vor einiger Zeit ja die syndikatsvertragswidrige Stimmabgabe auf die Wirksamkeit des Beschlusses durchschlagen lassen.

19 Syndikatsvertraglich können sich Gesellschafter ja – viel weiterreichend – dazu verpflichten, in bestimmten Angelegenheiten inhaltlich in gewisser Weise oder nicht gegen bestimmte andere Gesellschafter abzustimmen.

20 OGH 7.1.1959, 1 Ob 482/58 SZ 32/2; *Koppensteiner/Rüffler*, GmbHG[3] § 34 Rz 26; *G. Schima*, GesRZ 1999, 105; *Enzinger* in *Straube/Ratka/Rauter*, WK GmbHG § 34 Rz 60 (Stand 1.8.2013, rdb.at); *Runggaldier/G. Schima*, Führungskräfte 24 ff; *Runggaldier/G. Schima*, Manager-Dienstverträge[4] 13.

Ist der Alleingesellschafter hingegen selbst eine juristische Person (zB GmbH), die über ein kollegial zusammengesetztes Leitungsorgan verfügt, müssen die Vertretungsregeln beachtet werden, die für dieses Organ gelten. Gibt nämlich ein bloß kollektiv vertretungsbefugter Geschäftsführer des Alleingesellschafters eine Weisung, muss diese nicht unbedingt wirksam sein. Erforderlich ist für die Wirksamkeit zwar nicht ein gleichzeitiges Handeln des oder der anderen kollektiv vertretungsbefugten Organmitglieder, wohl aber zumindest eine entweder vorweg (und sei es nur stillschweigend) erteilte Zustimmung oder zumindest eine nachträgliche Genehmigung. Für den angewiesenen Geschäftsführer kann dies in der Praxis problematisch sein, weil er in solchen Fällen im Zeitpunkt der Weisungserteilung nicht immer zu überblicken vermag, ob die Weisung zumindest formal korrekt, dh wirksam ist. In einigermaßen gut organisierten Unternehmensgruppen sollte freilich in aller Regel geklärt sein, welcher Geschäftsführer bzw welches Vorstandsmitglied der Obergesellschaft für Weisungen an die Geschäftsführungen welcher Tochtergesellschaften zuständig ist.

Die von der Rsp des OGH gebilligte Praxis unterscheidet neben der Beschlussfassung in Generalversammlungen und der Abstimmung auf schriftlichem Wege gem § 34 GmbHG freilich noch eine dritte Form gültiger Willensbildung: Wenn **sämtliche** Gesellschafter übereinstimmend ihren Willen in einer bestimmten Angelegenheit zum Ausdruck bringen, wird dies als wirksamer Gesellschafterbeschluss auch dann angesehen, wenn weder eine Generalversammlung einberufen wurde noch die Regeln über das schriftliche Umlaufbeschlussverfahren beachtet worden sind.[21] Dies gilt jedenfalls und uneingeschränkt, wenn sämtliche Gesellschafter persönlich anwesend sind und zB übereinstimmend dem Geschäftsführer den Auftrag erteilen, den zuletzt besprochenen Vertrag über eine bestimmte Investition mit einem Dritten abzuschließen. Überzeugend ist es aber, gleichzeitige persönliche Anwesenheit für solche Fälle nicht zu fordern, sondern auch zB die Abhaltung einer Telefon- oder Videokonferenz unter zustimmender Beteiligung sämtlicher Gesellschafter genügen zu lassen.[22]

1.1.1.2. Weisungsfreier Mindestbereich?

Die Frage, ob der Geschäftsführer einer GmbH einen „weisungsfreien Mindestbereich" besitzt, in den die Gesellschafter nicht eingreifen dürfen, ist oft diskutiert worden. Diesbezüglich gilt nach weitgehend übereinstimmender Auffassung im Schrifttum, an dem die Praxis sich orientieren kann, Folgendes:

Gewisse Weisungen muss und darf der Geschäftsführer aus inhaltlichen Gründen nicht befolgen. Dabei handelt es sich um Weisungen, die entweder gesetz-

21 Vgl OGH 22.12.1976, 1 Ob 802/76 (1 Ob 797/76) SZ 26/58, SZ 49/163; OGH 28.4.1987, 5 Ob 553/87 RdW 1987, 371; OGH 20.12.1995, 7 Ob 633/95 (7 Ob 634/95) wbl 1996, 249; *Koppensteiner/Rüffler*, GmbHG[3] § 34 Rz 26; *Harrer* in *Gruber/Harrer*, GmbHG[2] § 34 Rz 74 mit Praxisbeispiel.

22 *Harrer* in *Gruber/Harrer*, GmbHG[2] § 34 Rz 75; für Deutschland *K. Schmidt/Seibt* in *Scholz*, GmbHG II[10] § 48 Rz 67; abl *Zöllner/Noack* in *Baumbach/Hueck*, GmbHG[21] § 48 Rz 41.

lich verboten sind, den Geschäftsführer haftbar oder (insb strafrechtlich oder verwaltungsstrafrechtlich) verantwortlich machen würden, oder die in jene Bereiche eingreifen, die das Gesetz zwingend den Geschäftsführern zugeordnet hat (wie zB die Durchführung der erforderlichen Firmenbuchanmeldungen).

Einen „weisungsfreien Mindestbereich" in der Weise, dass der Geschäftsführer bestimmte Weisungen deshalb nicht zu befolgen hat, weil sie zu „kleinlich" sind, dh nur unbedeutende Fragen oder Angelegenheiten des Tagesgeschäftes betreffen, gibt es hingegen nicht.[23]

Das bedeutet: Der Geschäftsführer kann nicht die Befolgung einer einzelnen Weisung deshalb ablehnen, weil die Angelegenheit wirtschaftlich zu unbedeutend ist. Nach überwiegender Meinung kann der Geschäftsführer aber dann von seinem Mandat zurücktreten und den Anstellungsvertrag vorzeitig aus wichtigem Grund auflösen (Austritt), wenn die Gesellschafter den Geschäftsführer durch fortlaufende Weisungen selbst in kleineren Angelegenheiten des Tagesgeschäftes **bei der Wahrnehmung seiner Führungsaufgabe in unzumutbarer Weise lahmlegen**.[24]

Ein Geschäftsführer, der – gestützt auf eine solche Argumentation – beabsichtigt, sein Mandat niederzulegen und den Anstellungsvertrag durch vorzeitigen Austritt aus wichtigem Grund und ohne Einhaltung einer Kündigungsfrist aufzulösen, sollte sehr vorsichtig und bedacht vorgehen. Denn die Grenze zwischen jenen Eingriffen der Gesellschafter, die noch dem „typischen Leitbild" einer GmbH entsprechen und einer Situation, in der die Gesellschafter den Geschäftsführer zum reinen Exekutivorgan machen und der Sache nach selbst die Geschäfte führen,[25] ist sehr schwer zu ziehen. Darüber hinaus fehlt Rsp zu dieser Frage in Österreich völlig. Anzuraten ist dem Geschäftsführer einerseits, schon längere Zeit vor dem dann erklärten Rücktritt und vorzeitigen Austritt die **Weisungen und Anordnungen der Gesellschafter zu dokumentieren**, was insb dann erforderlich ist, wenn solche Weisungen (weil vom Alleingesellschafter oder allen Gesellschaftern gemeinsam stammend) nur mündlich erteilt wurden. In diesem Falle sind Aktennotizen das Mindeste, was als Vorsichtsmaßnahme dem Geschäftsführer anzuraten ist. Bei heikleren mündlichen Weisungen kann es sich darüber hinaus empfehlen, ein Bestätigungs-E-Mail an den/die weisungserteilenden Gesell-

23 *Runggaldier/G. Schima*, Führungskräfte 26; *Reich-Rohrwig*, GmbH-Recht 126; *Reich-Rohrwig*, GmbH-Recht I² Rz 2/259; *G. Schima*, GesRZ 1999, 102 ff; *Koppensteiner/Rüffler*, GmbHG³ § 20 Rz 9; *H. Torggler*, Die Rechtsstellung des GmbH-Geschäftsführers (II), GesRZ 1974, 44 (45); offenbar auch aM *Hügel*, Aufsichtsratsveto und Entscheidungsbefugnis der Gesellschafterversammlung, GesRZ 1982, 305 (312 Fn 36).

24 *Runggaldier/G. Schima*, Führungskräfte 25 ff; *Runggaldier/G. Schima*, Manager-Dienstverträge⁴ 14; so auch *Nowotny* in *Kalss/Nowotny/Schauer*, Gesellschaftsrecht² Rz 4/179.

25 *Runggaldier/G. Schima*, Führungskräfte 27.

schafter zu schicken. Das Verlangen an die Gesellschafter, eine mündlich gegebene Weisung schriftlich zu erteilen, wird in der Praxis vielfach zu Verstimmungen führen.

Darüber hinaus ist einem wegen „Knebelung bei der Unternehmensführung" rücktritts- und austrittswilligen Geschäftsführer anzuraten, seinen Rücktritt und Austritt vorher **anzukündigen,** dh den Gesellschaftern die Gelegenheit zur Behebung des nicht zumutbaren Zustandes zu geben. Eine solche Vorgangsweise ist aus zweierlei Gründen sinnvoll: Einerseits erhöht sich damit die Chance, dass Rücktritt und Austritt im Streitfall vom Gericht als rechtmäßig anerkannt werden, und zweitens wird mittels einer solchen Ankündigung des Rücktritts und Austritts die Angelegenheit in der Praxis häufig ohne Streit jener Lösung zugeführt werden können, die aus der Sicht des Geschäftsführers einem Rechtsstreit in aller Regel vorzuziehen ist. Da die Berechtigung des Rücktritts und frühzeitigen Austritts, wie erörtert, nicht an der Unzulässigkeit einzelner Weisungen anknüpft, sondern es um die Beurteilung eines Gesamtbildes geht, ist aus praktischer Sicht kaum zu erwarten, dass die Gesellschafter auf eine Rücktritts- und Austrittsdrohung des Geschäftsführers mit einer Änderung ihres Weisungsverhaltens reagieren werden. Näher liegt es, dass in diesem Falle die Gesellschafter von sich aus die Initiative ergreifen, um sich vom Geschäftsführer entweder durch Abberufung und Kündigung des Anstellungsvertrages (sofern dieser kündbar und nicht befristet ist) oder einvernehmlich zu trennen. Damit ist regelmäßig eine (vollständige oder zumindest teilweise) Abgeltung jener anstellungsvertraglichen Ansprüche verbunden, um die ein Geschäftsführer, der wegen unzumutbarer Eingriffe in die Unternehmensführung sein Mandat niederlegt und den Anstellungsvertrag fristlos aufkündigt, mit an Sicherheit grenzender Wahrscheinlichkeit vor Gericht kämpfen müsste.

1.1.1.3. Genehmigungspflichtige Geschäfte

Das GmbHG macht die Gesellschafter (Generalversammlung) zwar zum obersten Willensbildungsorgan in der Gesellschaft[26] und stattet die Gesellschafter, wie schon erläutert, mit einem umfassenden Weisungsrecht gegenüber der Geschäftsführung aus, enthält aber – anders als dies für den Aufsichtsrat vorgesehen ist – keinen Katalog von Geschäftsführungsmaßnahmen, die nur mit Zustimmung der Gesellschafter gesetzt werden dürfen.

§ 35 Abs 1 GmbHG nennt nur jene Angelegenheiten, die „der Beschlussfassung der Gesellschafter unterliegen", nennt dabei aber keine Angelegenheiten der laufenden Geschäftsführung, sondern bloß bestimmte „Grundlagengeschäfte", die überwiegend die Rechtsverhältnisse innerhalb der Körperschaft betreffen.

26 *Nowotny* in *Kalss/Nowotny/Schauer*, Gesellschaftsrecht² Rz 4/31.

Die Gesellschafter müssen beschließen über

- die Prüfung und Feststellung des Jahresabschlusses, die Verteilung des Bilanzgewinns, falls Letzterer im Gesellschaftsvertrag einer besonderen Beschlussfassung von Jahr zu Jahr vorbehalten ist,[27] und die Entlastung der Geschäftsführer sowie des etwa bestehenden Aufsichtsrates; diese Beschlüsse sind in den ersten acht Monaten jedes Geschäftsjahres für das abgelaufene Geschäftsjahr zu fassen;
- die Einforderung von Einzahlungen auf die Stammeinlagen;
- die Rückzahlung von Nachschüssen;
- die Entscheidung, ob Prokura oder Handlungsvollmacht zum gesamten Geschäftsbetriebe erteilt werden darf;
- die Maßregeln zur Prüfung und Überwachung der Geschäftsführung;
- die Geltendmachung der Ersatzansprüche, die der Gesellschaft aus der Errichtung oder Geschäftsführung gegen die Geschäftsführer, deren Stellvertreter oder den Aufsichtsrat zustehen, sowie die Bestellung eines Vertreters zur Prozessführung, wenn die Gesellschaft weder durch die Geschäftsführer noch durch den Aufsichtsrat vertreten werden kann;
- sog „Nachgründungen", worunter man den Abschluss von Verträgen versteht, durch die die Gesellschaft vorhandene oder herzustellende, dauernd zu ihrem Geschäftsbetriebe bestimmte Anlagen oder unbewegliche Gegenstände für eine den Betrag von 20 % des Stammkapitals übersteigende Vergütung erwerben soll, sowie die Abänderung solcher Verträge zu Lasten der Gesellschaft, sofern es sich nicht um den Erwerb von Liegenschaften im Wege der Zwangsversteigerung handelt.[28] Durch den Gesellschaftsvertrag können zwar die Gegenstände, die einer Beschlussfassung der Gesellschafter bedürfen, vermehrt oder verringert werden; über die Prüfung und Feststellung des Jahresabschlusses sowie die Entlastung, außerdem über die Rückzahlung von Nachschüssen und die Geltendmachung von Schadenersatzansprüchen gegen die Geschäftsführung und die Aufsichtsratsmitglieder müssen aber immer die Gesellschafter entscheiden und über Nachgründungsverträge zumindest dann, wenn sie in den ersten zwei Jahren nach der Eintragung der Gesellschaft ins Firmenbuch geschlossen werden (§ 35 Abs 2 GmbHG).

Typischer und für die Praxis geradezu unverzichtbarer Bestandteil von GmbH-Verträgen sind aber mehr oder weniger umfangreiche „Geschäftsführungskataloge", in denen jene Maßnahmen der Geschäftsführung bezeichnet werden, vor deren Durchführung die Geschäftsführer die Gesellschafter zu befragen haben.[29]

Solche gesellschaftsvertraglichen „Geschäftsführungskataloge" orientieren sich nicht selten an dem, was § 30j Abs 5 GmbHG in Bezug auf jene Geschäfte vorsieht, die

27 Üblicherweise sehen Gesellschaftsverträge vor, dass über die Verteilung des Bilanzgewinnes die Gesellschafter jährlich Beschluss zu fassen haben. Fehlt eine solche Bestimmung, hat jeder Gesellschafter einen (klagbaren) Anspruch auf Auszahlung seines Anteiles am ausschüttungsfähigen Gewinn, soweit der Gesellschaftsvertrag nicht eine Gewinnverwendungsregel beinhaltet, also zB bestimmt, dass bestimmte Anteile in eine Gewinnrücklage etc einzustellen sind: *Koppensteiner/Rüffler*, GmbHG[3] § 35 Rz 13 f; *Harrer* in *Gruber/Harrer*, GmbHG[2] § 35 Rz 18.

28 Hier ordnet das Gesetz (§ 35 Abs 1 Z 7 GmbHG) außerdem an, dass der Beschluss nur mit einer Mehrheit von drei Viertel der abgegebenen Stimmen gefasst werden kann.

29 Vgl *Koppensteiner/Rüffler*, GmbHG[3] § 35 Rz 47; *Harrer* in *Gruber/Harrer*, GmbHG[2] § 35 Rz 78 ff; *Kastner/Doralt/Nowotny*, Gesellschaftsrecht[5] 385.

der Zustimmung des Aufsichtsrates (sofern vorhanden) bedürfen. Die Praxis ist indes vielfältig und gute Satzungen enthalten „Geschäftsführungskataloge", die auf den konkreten Unternehmensgegenstand und die Verhältnisse der Gesellschaft möglichst genau zugeschnitten sind.

Für den Geschäftsführer ist es **wichtig, die Zuständigkeiten der Gesellschafter genau zu beachten**. Haftungspotenziale drohen – wie die Praxis lehrt – vor allem dort, wo das geschäftsführende Organ gesetzliche oder satzungsmäßige Kompetenzen anderer Organe missachtet, also insb keine Genehmigungen von Aufsichtsrat und/oder Gesellschaftern einholt, wo dies vorgeschrieben ist. Dabei sollte insb auch bedacht werden, dass die satzungsmäßigen „Geschäftsführungskataloge" von der Geschäftsführung tunlichst nicht restriktiv, sondern unter Zugrundelegung eines wirtschaftlichen Verständnisses ausgelegt und praktisch gehandhabt werden sollten. Vertragliche Formulierungen können nie in perfekter Weise sämtliche sich später ergebende Lebenssachverhalte abbilden, sodass auch der beste „Geschäftsführungskatalog" in einer GmbH-Satzung sich in der praktischen Anwendung bald als lückenhaft erweisen kann. Wenn die Satzung zB die „Gewährung von Krediten" durch die Gesellschaft in bestimmter Höhe an die vorangehende Zustimmung der Gesellschafter bindet, dann sollte den Geschäftsführern klar sein, dass zB auch das nicht mehr verkehrsübliche Stehenlassen von Lieferantenkrediten in untypischem Ausmaß oder die Finanzierung einer Tochtergesellschaft den satzungsmäßigen Genehmigungstatbestand bei sinnbezogenem Verständnis erfüllen kann.

Die Geschäftsführer sind jedenfalls gut beraten, im Zweifel die Gesellschafter um Zustimmung zu fragen, oder zumindest deren Meinung darüber einzuholen, ob nach Auffassung der Gesellschafter ein genehmigungspflichtiges Geschäft vorliegt oder nicht.

Eine solche vorsichtige und im Zweifel eine Genehmigung anstrebende Vorgangsweise ist den Geschäftsführern noch aus einem anderen Grunde anzuraten: Nach weitgehend unbestrittener Auffassung sind die Geschäftsführer auch dann verpflichtet, die Gesellschafter vor der Durchführung außergewöhnlicher, dh über den gewöhnlichen Geschäftsbetrieb hinausgehender Geschäfte und Maßnahmen um Zustimmung zu fragen, wenn der Gesellschaftsvertrag nichts Derartiges anordnet.[30]

Die Abgrenzung zwischen zum gewöhnlichen Geschäftsbetrieb zählenden und „außergewöhnlichen" Geschäften mag im Einzelfall nicht immer leicht fallen; die

30 *P. Doralt*, Die Geschäftsführer der GmbH & Co KG im Handelsrecht, in *Kastner/Stoll*, Die GmbH & Co KG² (1977) 235 (273); *Geppert/Moritz*, Gesellschaftsrecht für Aufsichtsräte 159; *Kastner/Doralt/Nowotny*, Gesellschaftsrecht⁵ 388; *Kastner*, Bemerkungen zu § 35 Abs 1 Z 7 GmbH Gesetz, GesRZ 1980, 97; *Reich-Rohrwig*, GmbH-Recht I² Rz 2/253 f; *Koppensteiner*, Zum Gewinnabführungsvertrag der GmbH, RdW 1985, 170; *G. Schima*, GesRZ 1999, 106 ff; *Runggaldier/G. Schima*, Manager-Dienstverträge⁴ 16; *Koppensteiner/Rüffler*, GmbHG³ § 20 Rz 4; *N. Arnold/Pampel* in *Gruber/Harrer*, GmbHG² § 20 Rz 12; OGH 14.11.1996, 2 Ob 2146/96v RdW 1997, 202 = SZ 69/254.

in § 30j Abs 5 GmbHG genannten Geschäfte, die bei Existenz eines Aufsichtsrates dessen Zustimmung bedürfen, werden zumindest im Regelfall den Charakter außergewöhnlicher Geschäfte haben und somit unabhängig von der konkreten Ausgestaltung des Gesellschaftsvertrages (auch) der Zustimmung der Gesellschafter unterliegen.[31] Das einzelne Geschäft muss, um als außergewöhnlich gelten zu können, nicht unbedingt als solches weitreichende finanzielle Auswirkungen haben. Auch der Abschluss einer Schiedsvereinbarung kann darunter fallen.[32]

Können sich die Gesellschafter bei außergewöhnlichen Geschäften nicht auf einen bestimmten Willen einigen, kommt also keine Mehrheit für oder gegen das Geschäft zustande, müssen die Geschäftsführer selbst nach pflichtgemäßem Ermessen entscheiden, ob das Geschäft durchgeführt werden soll. Pflichtwidriges Handeln der Geschäftsführung kann bei Beachtung dieser Grundsätze somit nicht gegeben sein.[33]

1.1.1.4. Verbotene, nichtige und rechtswidrige Weisungen

Das Weisungsrecht der Gesellschafter gem § 20 Abs 1 GmbHG besteht nicht schrankenlos. Bestimmte Weisungen muss, ja darf ein Geschäftsführer nicht befolgen. Tut er es dennoch, greift nicht nur die Haftungsbefreiung gegenüber der Gesellschaft bei weisungskonformem Handeln (§ 25 Abs 5 GmbHG; dazu unten Kap 1.1.1.5.) nicht ein, sondern kann/können sich der/die Geschäftsführer uU auch unmittelbar gegenüber Dritten haftbar machen (zur Haftung gegenüber Dritten siehe unter Kap 5.2.).

Die Aussage, die Gesellschafter könnten die Geschäftsführung mittels Weisung nicht zu rechtswidrigem Verhalten zwingen, ist in dieser Form zu weit gefasst.[34]

Unbeachtlich sind jedenfalls solche Weisungen, die und/oder deren Befolgung einen Gesetzesverstoß bedeutet, der den Weisungsbeschluss absolut nichtig macht. Dazu zählen einerseits Weisungen, deren Inhalt ein gerichtlich strafbares Verhalten[35] ist,[36] andererseits Weisungsbeschlüsse, deren Befolgung einen Verstoß gegen im Interesse der Gläubiger oder im öffentlichen Interesse bestehende Gesetzesvorschriften verwirklicht. Dies gilt zB für die Weisung an die Geschäftsführung, ein gegen das Einlagenrückgewährverbot des § 82 GmbHG verstoßendes Rechtsgeschäft mit einem Gesellschafter abzuschließen (durch das Letzterer oder eine

---

31 In diesem Sinne *N. Arnold/Pampel* in *Gruber/Harrer*, GmbHG² § 20 Rz 12.

32 Vgl *Bachner*, Keine Spezialvollmacht für Vorstand und Geschäftsführer, ecolex 2005, 282; *N. Arnold/Pampel* in *Gruber/Harrer*, GmbHG² § 20 Rz 12, wobei das in dieser Verallgemeinerung freilich nicht zutrifft, sondern schon darauf abgestellt werden muss, ob der Vertrag, der eine Schiedsvereinbarung enthalten soll, von entsprechender Bedeutung ist.

33 OGH 23.5.2007, 3 Ob 59/07h GeS 2007, 334; *N. Arnold/Pampel* in *Gruber/Harrer*, GmbHG² § 20 Rz 13.

34 So aber anscheinend *Koppensteiner/Rüffler*, GmbHG³ § 20 Rz 9, die meinen, „*Weisungen dürfen allerdings nicht rechtswidrig sein*".

35 Bei solchem bedeutet die Weisungserteilung als Bestimmungstäterschaft iSd § 12 StGB ebenso die Deliktsverwirklichung wie die Weisungsbefolgung.

36 Vgl OGH 11 Os 52/15d wbl 2016/35; OGH 24.3.1988, 6 Ob 515/88 RdW 1988, 290; *Koppensteiner/Rüffler*, GmbHG³ § 20 Rz 9, § 41 Rz 13 ff.

diesem nahestehende Person von der Gesellschaft Vermögenswerte um ein klar unter dem Marktpreis liegendes Entgelt erwirbt).[37]

Beispiel

Die Gesellschafter A, B und C weisen die Geschäftsführer an, dem Gesellschafter C ein Grundstück der GmbH um die Hälfte des Markpreises zu verkaufen (weil C mit A und B anderweitig gute Geschäfte macht). Die Befolgung einer solchen Weisung verwirklicht zumindest dann, wenn A, B und C über 100 % des Gesellschaftskapitals verfügen, wegen Einwilligung des Machtgebers zwar nicht den Straftatbestand der Untreue gem § 153 StGB,[38] ist aber sehr wohl verbotene Einlagenrückgewähr iSd § 82 GmbHG, denn ein Verstoß gegen diese Norm wird wegen ihres gläubigerschützenden Charakters auch nicht durch Konsens sämtlicher Anteilseigner geheilt.[39] Der Weisungsbeschluss ist daher nichtig (siehe oben), und die Weisung muss und darf nicht befolgt werden. Am Ergebnis ändert sich nichts, wenn der Verkauf im gewählten Beispiel nicht an den Gesellschafter C erfolgt, sondern an dessen Frau, weil Gesellschaftern nahestehende Personen bei der Einlagenrückgewähr wie Gesellschafter behandelt werden.[40]

Erteilen die Gesellschafter A, B und C hingegen dem Geschäftsführer die Weisung, das besagte Grundstück um einen viel zu niedrigen Preis an einen nicht mit den Gesellschaftern verbundenen Dritten zu verkaufen, dann hat der Geschäftsführer diese Weisung selbst dann zu befolgen, wenn kein wirtschaftlich nachvollziehbarer Grund für diese Vorgangsweise erkennbar ist (was zB der Fall wäre, wenn es sich um einen bedeutenden Kunden handelt, mit dem die Gesellschaft noch deutlich stärker ins Geschäft zu kommen hofft). Täte der Geschäftsführer Derartiges ohne Gesellschafterweisung, beginge er zweifellos Untreue (§ 153 StGB). Durch die Einwilligung der hier den Machtgeber vertretenden Gesellschafter liegt aber ein den Tatbestand ausschließender Grund vor.[41]

---

37 OGH 22.10.2003, 3 Ob 287/02f GesRZ 2004, 57 = wbl 2004, 192; *Koppensteiner/Rüffler*, GmbHG³ § 20 Rz 9, § 41 Rz 13; *N. Arnold/Pampel* in *Gruber/Harrer*, GmbHG² § 20 Rz 28.

38 Vgl *Kirchbacher* in WK-StGB § 153 Rz 37; *N. Huber*, Die Organuntreue zu Lasten von Kapitalgesellschaften (2012) 151 ff; zur Einwilligung bei der Untreue durch Beschluss bzw Willenseinigung der Gesellschafter siehe auch *G. Schima*, Zulässigkeitsgrenzen von „Golden Handshakes" – zugleich Anmerkung zu OGH 11.6.2008, 7 Ob 58/08t, in FS M. Binder (2010) 817 (851 ff); aus deutscher Sicht *Dietrich*, Die Untreuestrafbarkeit von Aufsichtsratsmitgliedern bei der Festsetzung überhöhter Vorstandsvergütungen (2007) 228, 266 ff.

39 Unstrittig: vgl *Auer* in *Gruber/Harrer*, GmbHG² § 82 Rz 3, 62.

40 Vgl *Koppensteiner/Rüffler*, GmbHG³ § 82 Rz 18; OGH 24.3.1926, 1 Ob 211/26 SZ 8/91 = GesRZ 1985, 96 (*Arnold*); *Doralt/Winner* in MünchKomm AktG I⁵ (2019) § 57 Rz 375; Zuwendungen an sonstige nahestehende Personen (zB Eltern, Geschwister, volljährige Kinder) werden nur dann vom Ausschüttungsverbot erfasst, wenn diese auf Veranlassung des Anteilsinhabers erfolgen oder ihm zumindest mittelbar ein wirtschaftlicher Vorteil zukommt (*Lutter* in KölnKomm AktG I² [1988] § 57 Rz 44).

41 Fraglich könnte hier höchstens sein, ob für die strafrechtliche Unbedenklichkeit des Verhaltens ein Mehrheitsbeschluss ausreicht. Die Frage ist jedenfalls zu bejahen und folgt bereits daraus, dass nach ganz einhelliger Ansicht die Geschäftsführung in der GmbH auch diese wirtschaftlich nachteiligen Weisungen der Gesellschafter zu befolgen hat. § 25 Abs 5 GmbHG (e contrario) ordnet ja gerade für diesen Fall ausdrücklich die Haftungsfreiheit des Geschäftsführers für schadenstiftendes Verhalten gegenüber der Gesellschaft an, es sei denn, der Schadenersatzanspruch der Gesellschaft ist zur Befrie-

Nichtig und nicht befolgbar ist darüber hinaus zB ein Weisungsbeschluss der Gesellschafter, trotz Vorliegens der Voraussetzungen (Zahlungsunfähigkeit oder Überschuldung) entgegen § 69 Abs 2 IO keinen Insolvenzantrag zu stellen.[42]

Letztlich ist es eine Frage der Bedeutung des Gesetzesverstoßes, ob der Beschluss nichtig (und damit nicht einmal einer Anfechtung zugänglich; dazu unten) ist oder nicht. Weisungsbeschlüsse, die mit dem „Wesen der GmbH" unvereinbar sind, fallen richtigerweise ebenfalls in diese Kategorie. Deshalb wäre die Anweisung der Geschäftsführer, dass zB für ein bestimmtes Projekt den Gesellschaftern die Vertretungsmacht zugeordnet werde und diese statt der Geschäftsführer die relevanten Verträge abschließen würden, absolut nichtig.[43]

Schwieriger zu beurteilen ist die Frage sittenwidriger Weisungsbeschlüsse (wobei sich das Problem nicht nur auf Weisungsbeschlüsse beschränkt). Denn die zentrale Frage ist, nach welchen Wertungsgesichtspunkten eine – dann überzeugenderweise zur Nichtigkeit des Beschlusses führende[44] – Sittenwidrigkeit geprüft wird. Überzeugend ist es, sich vor allem an den schutzwürdigen Interessen jener Dritten zu orientieren, die zur Anfechtung des Beschlusses nicht berechtigt sind.[45]

Beispiel

Weist der Mehrheitsgesellschafter der Gesellschaft A deren Geschäftsführung dazu an, auf eine Forderung gegenüber der Gesellschaft B zu verzichten, an der dem Mehrheitsgesellschafter von A nahestehende Personen beteiligt sind,[46] dann spricht viel dafür, den Weisungsbeschluss wegen Schädigung der an der Gesellschaft A beteiligten Minderheitsgesellschafter als sittenwidrig und nichtig zu qualifizieren.[47]

Nicht jede Weisung, die die Geschäftsführung zu einem „schlicht" rechtswidrigen Verhalten anhält, ist dagegen unwirksam und nicht folgepflichtig.

digung der Gesellschaftsgläubiger erforderlich. Wenn das Gesetz zivilrechtliche Haftungsfreiheit anordnet, ist es nicht vertretbar, strafrechtlich Verantwortung eingreifen zu lassen. Überzeugender ist aber wohl folgende Überlegung: die Befolgung der Gesellschafterweisung nimmt dem Verhalten des Geschäftsführers die Rechtswidrigkeit (so auch *Koppensteiner/Rüffler*, GmbHG³ § 25 Rz 24, weshalb ein wissentlicher Missbrauch einer Verfügungsbefugnis iSd § 153 StGB von vornherein ausscheide).

42 *Koppensteiner/Rüffler*, GmbHG³ § 41 Rz 13; *Dellinger* in *Konecny/Schubert*, § 69 KO Rz 113; *Feil*, Insolvenzordnung § 69 Rz 8.

43 Zutr *Koppensteiner/Rüffler*, GmbHG³ § 41 Rz 15.

44 So OGH 24.3.1988, 6 Ob 515/88 NZ 1989, 158; OGH 26.5.1983, 6 Ob 786/82 SZ 56/84; *Harrer*, Haftungsprobleme bei der GmbH (1990) 81 f; *Reich-Rohrwig*, GmbH-Recht 394; tendenziell dafür auch *Koppensteiner/Rüffler*, GmbHG³ § 41 Rz 16; aM und für bloße Anfechtbarkeit OGH 3.11.1954, 1 Ob 705/54 SZ 27/276.

45 *Koppensteiner/Rüffler*, GmbHG³ § 41 Rz 16.

46 Solche Fallkonstellationen können uU nicht mehr oder nur mit großem argumentativen Aufwand als von § 82 GmbHG erfasst gelten, weil die Einbeziehung von einem Gesellschafter nahestehenden Personen und deren Gleichsetzung mit Gesellschaftern zu den schwierigen Fragen des Einlagenrückgewähr-Rechts zählt (vgl dazu zB *Auer* in *Gruber/Harrer*, GmbHG² § 82 Rz 23).

47 IdS *Koppensteiner/Rüffler*, GmbHG³ § 41 Rz 16; vgl auch *Zib*, Die gestohlene AG – Einberufungsmängel und Beschlussnichtigkeit im Aktienrecht, in FS Koppensteiner (2001) 277 (286 ff).

Die Abgrenzung ist im Einzelnen schwierig; beachtet werden muss der Grundsatz, dass die Gesellschafter, deren „Veranstaltung" die GmbH bekanntlich ist, letztlich über das wirtschaftliche Schicksal der Gesellschaft bestimmen und es – anerkanntermaßen – auch in ihrer Macht steht, der Geschäftsführung Weisungen zu erteilen, die ein (aus der Sicht der Geschäftsführer oder auch objektiviert) für die Gesellschaft wirtschaftlich nachteiliges Verhalten zum Gegenstand haben.[48]

Anweisungen der Geschäftsführung, die ein „einfach-rechtswidriges" Verhalten, wie zB eine Vertragsverletzung zum Gegenstand haben, müssen uE daher grundsätzlich von den Geschäftsführern befolgt werden.

Beispiel

Ein von der GmbH betriebenes Werk ist vollkommen ausgelastet, sodass absehbar ist, dass einzelne Lieferverpflichtungen von der Gesellschaft nicht fristgerecht erfüllt werden können. Wenn die Gesellschafter nun die Geschäftsführer anweisen, die Erfüllung von Aufträgen bestimmter Kunden (die zB weniger wichtig sind als andere) hintanzustellen, also deren Verträge zu verletzen, um anderen Lieferverpflichtungen nachkommen zu können, dann haben die Geschäftsführer solche Weisungen zu befolgen. Dies gilt umso mehr, als die Geschäftsführer in so einem Fall gegenüber der Gesellschaft nicht bloß wegen § 25 Abs 5 GmbHG haftungsfrei sind, sondern auch, weil in einer solchen Konstellation – rationales Handeln im Rahmen vernünftigen unternehmerischen Ermessens vorausgesetzt – ein Schaden regelmäßig fehlen wird, hätte doch die Erfüllung anderer Lieferverpflichtungen uU zu noch größeren Nachteilen geführt.[49]

Ebenso kann eine Weisung an die Geschäftsführung zulässig sein und letztere folgepflichtig machen, wenn die Gesellschafter auf einen Geschäftspartner der GmbH durch Nichterfüllung oder Hinauszögern der Erfüllung eines Vertrages deshalb Druck ausüben wollen, weil dieser Geschäftspartner in einem anderen Projekt mit der Gesellschaft Schwierigkeiten bereitet, also zB nach Meinung der Gesellschafter überhöhte Forderungen stellt.

Anders sieht es bei Weisungen an die Geschäftsführung aus, deren Befolgung die Geschäftsführer *unmittelbar gegenüber Dritten haftbar* machen. Dazu zählen insb Weisungen, die die Geschäftsführer zu verwaltungsstrafrechtlich verpöntem Verhalten anhalten. Dass solche Weisungen grundsätzlich nicht zu befolgen sind, folgt zum einen aus dem Umstand, dass dabei meist gegen im Interesse der Allgemeinheit oder bestimmter schutzwürdiger Gruppen bestehende Gesetzesvorschriften verstoßen würde und leitet sich zum anderen auch aus dem Umstand

48 *Runggaldier/G. Schima*, Führungskräfte 26; *Reich-Rohrwig*, GmbH-Recht 126; *Reich-Rohrwig*, GmbH-Recht I^2 Rz 2/259; *U.H. Schneider* in *Scholz*, GmbHG II^{10} § 37 Rz 38; so offenbar auch *Koppensteiner/Rüffler*, $GmbHG^3$ § 20 Rz 9.

49 Ein derartiges Verhalten – Verletzung von Lieferverpflichtungen, um andere erfüllen zu können – ist daher auch regelmäßig kein Verstoß gegen das die Geschäftsführung grundsätzlich treffende Legalitätsgebot.

ab, dass die Gesellschaft den Geschäftsführer ex ante von einer Haftung gegenüber der Gesellschaft gar nicht freistellen könnte, weil der OGH in stRsp[50] solchen Verträgen wegen Sittenwidrigkeit keine verbindliche Kraft zuerkennt.

Hier können sich in der Praxis freilich durchaus prekäre Problemlagen ergeben.

Beispiel

Das von einer GmbH betriebene Bauunternehmen arbeitet an einem für das Unternehmen ganz wesentlichen Großauftrag, dessen Fertigstellung knapp bevorsteht und bei nicht exakt termingerechter Erledigung mit enormen Pönalen belastet ist. Die Gesellschafter und die Geschäftsführung registrieren, dass eine fristgerechte Beendigung des Projektes den Einsatz von Mitarbeitern erfordern wird, der nach den geltenden arbeitszeitrechtlichen Vorschriften auch unter Inanspruchnahme der diversen kollektivarbeitsrechtlichen Flexibilisierungsmöglichkeiten nicht rechtskonform ist. Gleichzeitig ist abschätzbar, dass die aus den potenziellen Arbeitszeitüberschreitungen resultierenden Strafen bei Weitem nicht die Höhe der sonst anfallenden Pönale gegenüber dem Vertragspartner erreichen können. Eine unternehmerisch denkende Geschäftsführung wird in so einer Situation oft von sich aus die Risiken verwaltungsstrafrechtlicher Verantwortung in Kauf nehmen und klugerweise davor die Gesellschafter informieren, um zumindest deren Wohlmeinung einzuholen. Regelmäßig kann eine Geschäftsführung in einem solchen Fall ja damit rechnen, dass zumindest im Nachhinein die Gesellschaft die Verwaltungsstrafen übernimmt, was zwar einen lohnsteuerpflichtigen Vorteil bedeutet, aber nicht verboten ist.[51]

Wollen die Gesellschafter die Geschäftsführung dagegen mittels Weisung dazu *zwingen*, betriebswirtschaftlich sinnvolle Verwaltungsübertretungen zu begehen, könnte sich die Geschäftsführung mit dem Argument widersetzen, dass ihr das Haftungsrisiko rechtsgültig ex ante gar nicht abgenommen werden kann und darauf gestützt die Beschlussbefolgung verweigern.

Eine spannende und kontroversiell beurteilte Frage lautet, wie die Geschäftsführung mit solchen Weisungsbeschlüssen umzugehen hat, die zwar nicht (zB wegen strafgesetzwidrigen Verhaltens oder Verstoßes gegen zwingende Gläubigerschutzvorschriften) absolut nichtig (dh unwirksam), aber immerhin anfechtbar sind.

Vertreten werden dazu unterschiedliche Meinungen. So wird gesagt, solche Beschlüsse müsse die Geschäftsführung befolgen, wenn sie diese nicht anfechte, wobei es aber eine Anfechtungsobliegenheit nicht gäbe.[52]

---

50 Vgl OGH 23.2.1955, 3 Ob 96/55 SZ 28/56; OGH 18.5.1955, 3 Ob 264/55; OGH 16.12.1992, 9 ObA 284/92 wbl 1993, 157; OGH 15.10.1997, 3 Ob 2400/96d SZ 70/203; OGH 11.9.2003, 6 Ob 281/02w; RIS-Justiz RS 0016830; *Runggaldier/G. Schima*, Führungskräfte 225 f; *Runggaldier/G. Schima*, Manager-Dienstverträge[4] 78; *G. Schima*, Die Begründung, Gestaltung und Beendigung der Vorstandstätigkeit durch den Aufsichtsrat, in *Kalss/Kunz*, Handbuch für den Aufsichtsrat[2] (2016) Rz 17/143; *G. Schima*, Der Aufsichtsrat als Gestalter des Vorstandsverhältnisses (2016) Rz 392.

51 OGH 23.2.1955, 3 Ob 96/55 SZ 28/56; OGH 16.12.1992, 9 ObA 284/92 wbl 1993, 157; *Krejci* in *Rummel/Lukas*, ABGB[4] (2014) § 879 Rz 165; *Runggaldier/G. Schima*, Manager-Dienstverträge[3] (2006) 66; *Runggaldier/G. Schima*, Manager-Dienstverträge[4] (2014) 79 f; *G. Schima* in *Kalss/Kunz*, Handbuch Aufsichtsrat[2] Rz 17/143; *G. Schima*, Der Aufsichtsrat als Gestalter des Vorstandsverhältnisses Rz 392.

52 So *Koppensteiner/Rüffler*, GmbHG[3] § 20 Rz 9.

Demgegenüber wird auch die Ansicht vertreten, dass die Geschäftsführer selbst nach Ablauf der Anfechtungsfrist des § 41 Abs 4 GmbHG zur Nichtbefolgung eines Gesellschafterbeschlusses stets berechtigt, ja sogar verpflichtet seien, wenn und soweit der Gesellschaft daraus ein Schaden entstehen könne.[53] Diese Auffassung überzeugt freilich nicht und übersieht, dass § 25 Abs 5 GmbHG eine Schadenersatzpflicht gegenüber der Gesellschaft für beschlussgemäßes Verhalten der Geschäftsführung nur bei Gefährdung von Gläubigerinteressen kennt.[54]

Gleichwohl sprechen die besseren Gründe **dafür**, dass „*es wirksame, wiewohl anfechtbare, aber gleichwohl unverbindliche Weisungsbeschlüsse gibt*".[55]

Dies gilt zB dann, wenn ein Gesellschafterbeschluss gegen ein Weisungsverbot des Gesellschaftsvertrages verstößt.[56]

Dass der Beschluss in einem solchen Fall anfechtbar ist,[57] rechtfertigt es nicht, bei klarem Satzungsverstoß dem Geschäftsführer die Anfechtungsobliegenheit aufzubürden, ihn aber anderenfalls folgepflichtig zu machen. Unabhängig davon, ob man davon ausgeht, dass die Geschäftsführung über das Anfechtungsrecht auch die Aufgabe hat, die Interessen der Gesellschaft gegen den Willen der Gesellschafter durchzusetzen,[58] dürfen die nachteiligen Folgen rechtswidrigen Verhaltens nicht ohne Not jener Seite zugewiesen werden, die Adressat eines solchen Verhaltens ist. Im Übrigen ist die Auffassung, mangels Anfechtung müsse die anfechtbare Weisung befolgt werden, nicht praktikabel, weil ein gerichtliches Anfechtungsverfahren immer so lange dauern wird, dass die Befolgung der Weisung nach Ablauf des Verfahrens entweder sinnlos wäre oder nicht mehr dieselbe Bedeutung hätte wie im Zeitpunkt der Weisungserteilung.

Sinnvollerweise könnte man daher der Geschäftsführung nur anheimstellen, bei Einbringung einer Anfechtungsklage selbst entscheiden zu dürfen, ob die Weisung befolgt wird oder nicht. Dann freilich verliert der Anfechtungsprozess typischer-

53 So *Kutschera*, Zur Haftung des Geschäftsführers gem § 25 GmbHG, GesRZ 1982, 243 (248).

54 *Runggaldier/G. Schima*, Führungskräfte 25 f; *Kastner/Doralt/Nowotny*, Gesellschaftsrecht[5] 386 Fn 146 mwN.

55 Ausdrücklich aM *Koppensteiner/Rüffler*, GmbHG[3] § 20 Rz 9, die meinen, eine solche Konstellation ließe sich allenfalls bei nachträglicher Änderung der Umstände anerkennen, wobei dann aber die Gesellschafter erneut zu konsultieren seien. Richtigerweise gibt es – entgegen der ganz hM – sogar wirksame, *nicht einmal* anfechtbare und dennoch nicht folgepflichtig machende Beschlüsse, nämlich beim Verstoß des Weisungsbeschlusses gegen eine *anstellungsvertragliche* Beschränkungsklausel (siehe im Text).

56 *G. Schima*, GesRZ 1999, 102 f; OGH 15.3.1961, 6 Ob 50/61 SZ 34/40; gegenteilig *Koppensteiner/Rüffler*, GmbHG[3] § 20 Rz 9.

57 Zutr *Koppensteiner/Rüffler*, GmbHG[3] § 20 Rz 9.

58 Verneinend und wohl grds überzeugend *Koppensteiner/Rüffler*, GmbHG[3] § 20 Rz 9. Daraus folgt, dass die Geschäftsführer zumindest im Regelfall nicht verpflichtet sind, anfechtbare Weisungsbeschlüsse auch tatsächlich anzufechten.

weise jede Bedeutung, weil der die Weisung im Falle freier Wahlmöglichkeit wohl idR nicht befolgende Geschäftsführer dieser Weisung nach einem langen Rechtsstreit vermutlich gar nicht mehr sinnvoll nachkommen kann.

Aus praktischer Sicht ist freilich anzumerken, dass wegen der Unklarheit der Rechtslage einem Geschäftsführer, der eine Weisung wegen bloß einfacher Rechtswidrigkeit (zB Verstoß gegen ihm satzungsmäßig oder vertraglich zugesicherte Rechte) nicht befolgen möchte, gut beraten ist, sicherheitshalber den Weisungsbeschluss gleichzeitig mit der Anfechtungsklage zu bekämpfen.[59]

Verstößt ein Weisungsbeschluss gegen eine dem Geschäftsführer gemachte anstellungsvertragliche Zusage, so vertritt die ganz hM, dass eine solche Weisung zwar gegen ein schuldrechtliches Verbot verstieße, aber körperschaftsrechtlich wirksam und daher zu befolgen sei.[60] Eine überzeugende Begründung für diese Sphärentrennung gibt es jedoch nicht (siehe dazu ausführlicher unten Kap 1.1.1.6.). Beim Verstoß gegen anstellungsvertragliche Weisungsverbote ist außerdem zu bedenken, dass die Geschäftsführung auch gar nicht die Möglichkeit der Anfechtung des Weisungsbeschlusses hat, weil kein nach § 41 GmbHG anerkannter Anfechtungsgrund vorliegt. Im Ergebnis würde mit der körperschaftsrechtlichen Unmaßgeblichkeit des schuldrechtlich verbotenen Weisungsbeschlusses bewirkt, dass dem Geschäftsführer zwar vertragliche Zusagen gemacht werden können, deren Erzwingbarkeit jedoch nicht gegeben ist. Ein solch ungewöhnliches Ergebnis bedürfte spezieller Rechtfertigung durch höher geordnete Interessen, die hier nicht zu sehen sind (siehe näher unten Kap 1.1.1.6.).

1.1.1.5. Haftung(sbefreiung) des Geschäftsführers bei Befolgung von Weisungen

§ 25 Abs 5 GmbHG bestimmt, dass die Verpflichtung der Geschäftsführer zur Leistung von Schadenersatz an die Gesellschaft nicht dadurch aufgehoben wird, dass die Geschäftsführer in Befolgung eines Gesellschafterbeschlusses gehandelt haben, soweit der Ersatz zur Befriedigung der Gläubiger erforderlich ist.

Aus dieser Vorschrift wird im Umkehrschluss gefolgert, dass die Geschäftsführer einer GmbH grundsätzlich gegenüber der Gesellschaft haftungsfrei sind, wenn aus ihrem Handeln zwar ein Schaden für die Gesellschaft entsteht, dies aber darauf zurückzuführen ist, dass die Geschäftsführer eine Weisung der Gesellschafter befolgt haben.[61]

---

59 *Harrer* in *Gruber/Harrer*, GmbHG² § 35 Rz 54 weist jedoch darauf hin, dass das Anfechtungsrecht für den Geschäftsführer eine wenig praktikable Lösung bietet, nicht zuletzt wegen der idR jederzeitigen und grundlosen Abberufbarkeit des Geschäftsführers.

60 Vgl *Koppensteiner/Rüffler*, GmbHG³ § 20 Rz 10; *N. Arnold/Pampel* in *Gruber/Harrer*, GmbHG² § 20 Rz 32; *Reich-Rohrwig*, GmbH-Recht I² Rz 2/255; für Deutschland *U.H. Schneider* in *Scholz*, GmbHG II¹⁰ § 37 Rz 50.

61 *Koppensteiner/Rüffler*, GmbHG³ § 25 Rz 17; *Feltl/Told* in *Gruber/Harrer*, GmbHG² § 25 Rz 157.

Weisungen müssen grundsätzlich in Beschlussform gefasst werden. Ein einzelner Gesellschafter, selbst wenn er über eine überwältigende Mehrheit verfügt, besitzt kein Weisungsrecht.[62]

Bloß beim Alleingesellschafter sind alle Formerfordernisse hinfällig; seine – selbst formlose (zB mündliche) – Willensäußerung hat die Wirkung eines Gesellschafterbeschlusses.[63] Auch die formlose Einigung aller Gesellschafter außerhalb einer Generalversammlung oder eines schriftlichen Umlaufbeschlussverfahrens hat die Kraft eines Gesellschafterbeschlusses.[64]

Was für Gesellschafterbeschlüsse gilt, findet auch Anwendung auf Beschlüsse anderer Organe, denen zulässigerweise ein Weisungsrecht übertragen wurde, so zB bei entsprechender Satzungsgestaltung oder Vorliegen eines Delegierungsbeschlusses der Gesellschafter für Weisungen des Aufsichtsrates.[65] Ähnliches gilt für Weisungen eines Beirates, wenn diesem ein Weisungsrecht übertragen wurde.

Aus der Formulierung des § 25 Abs 5 GmbHG leitet die wohl noch immer herrschende, aber nicht überzeugende Meinung ab, dass Schadenersatzansprüche gegen die Geschäftsführer, die aus einem weisungskonformen Verhalten resultieren, das der Gesellschaft einen Schaden zugefügt hat, gleichsam schwebend wirksam existieren und erst dann endgültig rechtlich verschwinden, wenn nach Ablauf der Verjährungsfrist feststeht, dass der Ersatzanspruch der Gesellschaft gegenüber den Geschäftsführern nicht zur Befriedigung der Gesellschaftsgläubiger erforderlich ist.[66] Bei der in Kap 5.1.7. behandelten Beurteilung von Vergleichen und Verzichtsleistungen der Gesellschaft über Schadenersatzansprüche gegen die

62 Vgl *Kastner/Doralt/Nowotny*, Gesellschaftsrecht[5] 380; *Nowotny* in *Kalss/Nowotny/Schauer*, Gesellschaftsrecht[2] Rz 4/179; *Runggaldier/G. Schima*, Führungskräfte 24; *Koppensteiner/Rüffler*, GmbHG[3] § 25 Rz 17; *Feltl/Told* in *Gruber/Harrer*, GmbHG[2] § 25 Rz 153. Dies gilt natürlich auch für „Konzernsachverhalte", dh Weisungen einer Muttergesellschaft an die Tochter. *Koppensteiner/Rüffler*, GmbHG[3] § 25 Rz 10 sowie von diesen anscheinend unkrit übernehmend *Feltl/Told* in *Gruber/Harrer*, GmbHG § 25 Rz 153 Fn 579 verstehen meine Ausführungen (*Runggaldier/G. Schima*, Manager-Dienstverträge[3] 168) falsch, wenn sie monieren, wir würden die Ansicht vertreten, dass im Konzern auch der Mehrheitsgesellschafter ein Weisungsrecht hätte. Die betreffende Textpassage besagt vielmehr ausdrücklich, dass die Geschäftsführung der über einen Mehrheitsanteil verfügenden Muttergesellschaft der Geschäftsführung der Tochter dann Weisungen erteilen kann, „*sofern die weisungserteilenden Geschäftsführer der Obergesellschaft sich dabei auf einen vorgefassten Generalversammlungsbeschluss bzw einen schriftlichen Gesellschafterbeschluss stützen können*". Zumindest anerkennen *Feltl/Told* in *Gruber/Harrer*, GmbHG[2] § 25 Rz 153 Fn 668 die hier, auch in der Vorauflage vertretene Rechtsansicht. Vgl auch OGH 9.11.1977, 1 Ob 690/77 GesRZ 1978, 34; vgl zum Mehrheitsgesellschafter der GmbH *G. Schima*, GesRZ 1999, 104.

63 OGH 7.1.1959, 1 Ob 482/58 SZ 32/2; OGH 29.3.1990, 6 Ob 704/89 ecolex 1990, 419; *Runggaldier/G. Schima*, Führungskräfte 24 f; *Koppensteiner/Rüffler*, GmbHG[3] § 25 Rz 17.

64 Zutr OGH 20.12.1995, 7 Ob 633/95 (7 Ob 634/95) HS 26.193 = RdW 1996, 249 = ecolex 1996, 373 = ÖBA 1996, 647.

65 *Reich-Rohrwig*, GmbH-Recht I[2] Rz 2/407; *Wünsch*, GmbHG § 25 Rz 80; *Koppensteiner/Rüffler*, GmbHG[3] § 25 Rz 17.

66 So *Reich-Rohrwig* in *Straube/Ratka/Rauter*, WK GmbHG § 25 Rz 214 (Stand 1.6.2015, rdb.at); *Reich-Rohrwig*, GmbH-Recht I[2] Rz 2/408; *Nowotny* in *Kalss/Nowotny/Schauer*, Gesellschaftsrecht[2] Rz 4/241; sich der neueren Ansicht anschließend jedoch *Feltl/Told* in *Gruber/Harrer*, GmbHG[2] § 25 Rz 164.

Geschäftsführer herrscht dieselbe Problematik. Ein mit dem Geschäftsführer abgeschlossener Vergleich oder ein Verzicht auf Ersatzansprüche soll gem § 25 Abs 7 iVm § 10 Abs 6 GmbHG nur unter der Voraussetzung (vorerst) wirksam sein, dass der Ersatzanspruch nicht noch zur Befriedigung der Gläubiger der Gesellschaft benötigt wird.

Diese Sichtweise überzeugt für die Frage der Haftung bei der Befolgung von Gesellschafterweisungen aber noch weniger als bei Verzichten und Vergleichen über Schadenersatzansprüche gegen Geschäftsführer. Denn, wie schon erwähnt, sind die Geschäftsführer verpflichtet, auch solche Weisungen der Gesellschafter auszuführen, die für die Gesellschaft wirtschaftlich nachteilig sind.[67] Die Haftungsentlastung der Geschäftsführer tritt richtigerweise auch dann ein, wenn der Ersatz des durch die Weisungsbefolgung verursachten Schadens letztlich erforderlich wäre, um die Gesellschaftsgläubiger zu befriedigen. Denn in so einem Fall entsteht aufgrund der rechtfertigenden Weisung der Gesellschafter ein Schadenersatzanspruch gar nicht.[68]

Voraussetzung für die Haftungsbefreiung der Geschäftsführer ist bloß, dass diese die Gesellschafter bei Erkennbarkeit der Schädlichkeit der Weisung und berechtigter Annahme, dass die Gesellschafter die Lage nicht ausreichend überblicken, auf die Folgen der Weisung hinweisen.[69] Beharren die Gesellschafter dennoch auf ihrem Willen, kann der Geschäftsführung kein haftungsbegründender Vorwurf gemacht werden.

Das Gesagte gilt nur dann nicht, wenn die Gesellschafter den Geschäftsführern eine Weisung erteilen, bei der die Geschäftsführer objektiv absehen müssen, dass ihre Befolgung unmittelbar zur Gläubigergefährdung und Insolvenzreife führen kann. Die Befolgung einer solchen Weisung muss nämlich ohnehin abgelehnt werden.

Freilich fragt sich, welcher Anwendungsbereich § 25 Abs 5 GmbHG wirklich verbleibt, wenn beschlusskonformes Handeln der Vorgangsweise der Geschäftsführer die Rechtswidrigkeit als notwendige Voraussetzung eines Schadenersatzanspruches nimmt und andererseits, wie oben (Kap 1.1.1.4.) beschrieben, wegen Verstoßes gegen zwingendes Gesetzesrecht oder Sittenwidrigkeit unwirksame Weisungen von vorneherein keine Haftungsentlastung auslösen.

Dazwischen existiert nur mehr der Bereich jener Weisungen, die von der Geschäftsführung angefochten werden *könnten* (zB gegen satzungsmäßige Weisungs-

67 Vgl Reich-Rohrwig, GmbH-Recht 126; *Runggaldier/G. Schima*, Führungskräfte 26; *U.H. Schneider* in *Scholz*, GmbHG II[10] § 37 Rz 38; offengelassen vom OGH 22.12.1976, 1 Ob 797/76 (1 Ob 802/76) SZ 49/163.

68 Zutr *Koppensteiner/Rüffler*, GmbHG[3] § 25 Rz 24.

69 Vgl *Nowotny* in *Kalss/Nowotny/Schauer*, Gesellschaftsrecht[2] Rz 4/240; OGH 26.6.1996, 7 Ob 2006/96t SZ 69/153 = JBl 1997, 114.

freistellungsklauseln verstoßen), aber nicht angefochten werden, sondern die die Geschäftsführung befolgt. In so einem Fall ließe sich argumentieren, dass das Verhalten der Geschäftsführer rechtswidrig und damit potenziell schadenersatzbegründend ist und die Haftungsbefreiung uU erst nach Ablauf der Verjährungsfrist feststeht, wenn sich ergeben hat, dass der Schadenersatzanspruch zur Befriedigung der Gesellschaftsgläubiger nicht erforderlich ist.

Die entscheidende Frage ist indes, ob beschlusskonformes Handeln der Geschäftsführung dann rechtswidrig ist, wenn die Weisung anfechtbar ist. Gerade beim Verstoß gegen satzungsmäßige Weisungsbeschränkungsklauseln wird man das kaum annehmen können, sofern die Klausel nicht im konkreten Fall erkennbar dem Minderheitenschutz dient. Vorbehaltlos bejahen kann man Rechtswidrigkeit bei Befolgung anfechtbarer Weisungen ohnehin nur, wenn man entgegen der hier vertretenen Ansicht eine Anfechtungsobliegenheit der Geschäftsführung annimmt. Verneint man hingegen eine solche und stellt man es der Geschäftsführung nach verantwortlichem Ermessen frei, anfechtbare Weisungen entweder zu befolgen oder abzulehnen, dann fehlt einem Verhalten, das sich im Rahmen dieses Ermessens bewegt und in der Befolgung der Weisung besteht, ebenfalls das Merkmal der Rechtswidrigkeit als Voraussetzung dafür, dass ein Schadenersatzanspruch der Gesellschaft gegen die Geschäftsführer überhaupt entsteht.

1.1.1.6. Vertragliche und satzungsmäßige Weisungsfreistellung

Die Gesellschafter einer GmbH können ihr Weisungsrecht dadurch einschränken, dass sie es ganz oder teilweise auf einen bestehenden Aufsichtsrat oder Beirat übertragen.[70] Diese Befugnis der Gesellschafter folgt einerseits aus § 20 Abs 2 GmbHG[71] und andererseits aus der Organisationsautonomie der Gesellschafter.[72] Aus Sicht des Geschäftsführers bedeutet eine solche Übertragung des Weisungsrechts freilich keine „Einschränkung", denn er erhält die Weisungen statt von den Gesellschaftern einfach von einem anderen Organ. Davon wird unten noch die Rede sein.

Zuerst soll hier die Frage behandelt werden, ob und wie die Weisungsbefugnis gegenüber Geschäftsführern nicht nur formell, sondern auch tatsächlich/inhaltlich beschränkt werden kann, sodass Weisungen gegenüber einem, mehreren oder sämtlichen Geschäftsführern in bestimmten Bereichen gar nicht mehr erteilt

70 Vgl dazu *Runggaldier/G. Schima*, Führungskräfte 27 f; *Reich-Rohrwig*, GmbH-Recht 297 mwN in Fn 49; *Kastner/Doralt/Nowotny*, Gesellschaftsrecht^5 385 Fn 139 mwN; *Nowotny* in *Kalss/Nowotny/Schauer*, Gesellschaftsrecht^2 Rz 4/179; *Koppensteiner/Rüffler*, GmbHG^3 § 20 Rz 12, 18; *Reich-Rohrwig*, GmbH-Recht I^2 Rz 4/320, 4/373 ff, 4/506; *Kostner/Umfahrer*, GmbH^5 Rz 430; zur Übertragung von Weisungsbefugnissen an einen Beirat vgl OLG Wien 27.9.1982, 5 R 106/82 NZ 1983, 94; *M. Heidinger*, Besonderheiten des Aufsichtsrats in der GmbH, in *Kalss/Kunz*, Handbuch Aufsichtsrat^2 Rz 40/28.

71 Zutr *Koppensteiner/Rüffler*, GmbHG^3 § 20 Rz 18.

72 *Koppensteiner/Rüffler*, GmbHG^3 § 20 Rz 18.

werden können. In diesem Zusammenhang geht es um die Einschränkung des Weisungsrechts der Gesellschafter auf drei verschiedene mögliche Arten:

- durch die Satzung (den Gesellschaftsvertrag),
- durch mit dem Geschäftsführer getroffene anstellungsvertragliche Absprachen,
- durch sonstige vertragliche Vereinbarungen, an denen der Geschäftsführer nicht beteiligt sein muss (zB durch Syndikatsverträge).

Eine Beschränkung des Weisungsrechts durch die Satzung ist zulässig, auch wenn das österreichische Recht – anders als § 37 Abs 1 dGmbHG – keine ausdrückliche Ermächtigung beinhaltet, im Gesellschaftsvertrag das Weisungsrecht der Gesellschafter an die Geschäftsführer zu beschränken.[73]

Eine solche Einschränkung des Weisungsrechts via Satzung kann auch gegenüber dem Fremdgeschäftsführer erfolgen, der an der Gesellschaft nicht beteiligt ist.[74] Jedenfalls gilt dies hinsichtlich einer Befreiung von Weisungen im „Tagesgeschäft".

Eine solche wird im Übrigen von manchen schon dann angenommen, wenn einem Gesellschafter-Geschäftsführer im Gesellschaftsvertrag ein *Sonderrecht auf Geschäftsführung* eingeräumt wurde.[75] Diese Ansicht ist wegen der erschwerten, nur über das Gericht möglichen Abberufbarkeit von Gesellschafter-Geschäftsführern mit Sonderrecht auf Geschäftsführung nicht unproblematisch, weil sie ein gewisses Ungleichgewicht zu Lasten der GmbH hervorrufen kann, falls der betroffene Geschäftsführer seine Stellung zum eigenen Vorteil auszunutzen versucht.[76] Gleichwohl ist dieser Ansicht einer Freistellung von Geschäftsführern mit Sonderrecht auf Geschäftsführung im Tagesgeschäft der Vorzug zu geben, weil man dieses Sonderrecht völlig aushöhlen würde, gestattete man den Gesellschaftern (sofern sie gemeinsam zumindest über eine einfache Mehrheit verfügen) auch im Tagesgeschäft den sonderberechtigten Geschäftsführer jederzeit anzuweisen.[77]

Einem (gleichgültig, ob an der Gesellschaft beteiligten oder fremden) Geschäftsführer kann außerdem im Anstellungsvertrag oder durch sich auf den Anstellungsvertrag beziehende Absprache mit den Gesellschaftern Weisungsfreiheit zugesichert werden. Soweit sich diese Weisungsfreiheit auf das „Tagesgeschäft" bezieht und nicht auf ungewöhnliche Maßnahmen, ist eine solche Freistellung unproblematisch.[78]

---

73 *Runggaldier/G. Schima*, Führungskräfte 28; *Koppensteiner/Rüffler*, GmbHG[3] § 20 Rz 9; *N. Arnold/Pampel*, in *Gruber/Harrer*, GmbHG[2] § 20 Rz 18 ff, 24.

74 Vgl *Runggaldier/G. Schima*, Führungskräfte 29; *Kastner/Doralt/Nowotny*, Gesellschaftsrecht[5] 274.

75 So für Deutschland *U.H. Schneider* in *Scholz*, GmbHG II[10] § 37 Rz 54; vgl dazu *Runggaldier/G. Schima*, Führungskräfte 28.

76 Solche Bedenken bei *Runggaldier/G. Schima*, Führungskräfte 28 f.

77 Meine in *Runggaldier/G. Schima*, Führungskräfte 28 f geäußerten Bedenken gebe ich daher im Ergebnis auf.

78 *Runggaldier/G. Schima*, Führungskräfte 30; *Koppensteiner/Rüffler*, GmbHG[3] § 20 Rz 11; *Wünsch*, GmbHG § 20 Rz 24; *U.H. Schneider*, in *Scholz*, GmbHG II[10] § 37 Rz 56a; OLG Wien 29.3.1996, 9 Ra 180/95 ARD 4680/30/95.

Die anstellungsvertragliche Weisungsfreistellungsklausel bedarf aber als Änderung des Organisationsstatuts (Gesellschaftsvertrages) zumindest eines Gesellschafterbeschlusses mit einer Mehrheit von drei Viertel der abgegebenen Stimmen (vgl § 50 Abs 1 GmbHG).[79] Eine Weisungsfreistellung im Anstellungsvertrag, die ohne diese qualifizierte Beschlussfassung vereinbart wird, hat hingegen nur schuldrechtliche Wirkung. Der Geschäftsführer hätte dann bei Verstoß der Gesellschafter gegen das anstellungsvertragliche Weisungsverbot einen wichtigen Grund zurückzutreten und den Anstellungsvertrag zu beenden, ist aber aus gesellschaftsrechtlicher Sicht verpflichtet, die Weisung zu befolgen.[80]

Anstellungsvertragliche Weisungsfreistellungsklauseln können sich dagegen nach überzeugender Auffassung nicht auf ungewöhnliche, dem gewöhnlichen Geschäftsbetrieb nicht mehr zurechenbare Geschäfte und Maßnahmen beziehen, weil in solchen Fällen die Geschäftsführer die Gesellschafter auch ohne Weisung[81] und damit uE selbst dann, wenn ihnen Weisungsfreiheit zugesichert wurde, um Zustimmung zu fragen haben.[82]

Schließlich kann das Weisungsrecht der Gesellschafter auch eingeschränkt werden durch Verträge, die mit der Satzung der Gesellschaft oder dem Geschäftsführer-Anstellungsvertrag unmittelbar nichts zu tun haben. Zu denken ist hier an Syndikatsverträge, in denen sich Gesellschafter verpflichten können, der Geschäftsführung einer bestimmten Gesellschaft in einzelnen Fragen oder auch generell im „Tagesgeschäft“ keine Weisungen zu erteilen.[83]

Aus der Sicht des Geschäftsführers von besonderer Bedeutung, aber nicht ganz einfach zu beantworten ist die Frage, wie mit Weisungsbeschlüssen umzugehen ist, die gegen eine satzungsmäßige, anstellungsvertragliche oder syndikatsvertragliche Beschränkungsklausel verstoßen.[84]

79 *Runggaldier/G. Schima*, Führungskräfte 30; *U.H. Schneider* in *Scholz*, GmbHG II[10] § 37 Rz 56. Ob man darüber hinaus aber auch § 50 Abs 4 GmbHG analog anwendet und damit die Zustimmung jedes einzelnen Gesellschafters fordert (so für satzungsmäßige Weisungsbeschränkungsklauseln *Runggaldier/G. Schima*, Führungskräfte 28), wäre eine zu diskutierende Frage.

80 So wohl *N. Arnold/Pampel* in *Gruber/Harrer*, GmbHG[2] § 20 Rz 32 unter Verweis auf *Enzinger* in *Straube*, WK GmbHG § 20 Rz 42. Diese Konstellation ist jedoch problematisch und birgt Widersprüche, weil sich die Gesellschaft mit einfacher Mehrheit zivilrechtlich zur Unterlassung eines Verhaltens verpflichtet, zu dem sie gesellschaftsrechtlich weiterhin befugt ist, und auch die zivilrechtlichen Konsequenzen zu tragen hat (den Rücktritt und Austritt des Geschäftsführers).

81 Vgl *P. Doralt* in *Kastner/Stoll*, Die GmbH & Co KG[2] 273; *H. Torggler*, GesRZ 1974, 45; *G. Schima*, GesRZ 1999, 106 f.

82 *Runggaldier/G. Schima*, Führungskräfte 30.

83 Vgl *Runggaldier/G. Schima*, Führungskräfte 29; *Koppensteiner/Rüffler*, GmbHG[3] § 20 Rz 10; für die GmbH und Co KG OGH 22.12.1976, 1 Ob 797/76 (1 Ob 802/76) SZ 49/163, wobei der erste Leitsatz dieser Entscheidung vollkommen im Gegensatz zum Inhalt aussagt, dass vertragliche Ausnahmen von der Bindung der Geschäftsführer der GmbH an die in Beschlussform gefassten Weisungen der Gesellschafter *nicht* vereinbart werden könnten (auf diese Antinomie weisen auch *Kastner/Doralt/Nowotny*, Gesellschaftsrecht[5] 385 f Fn 141 hin).

84 Vgl *Koppensteiner/Rüffler*, GmbHG[3] § 20 Rz 9; vgl zur Nichtigeit und Anfechtbarkeit von Beschlüssen ausführlich *Harrer* in *Gruber/Harrer*, GmbHG[2] §§ 41, 42 Rz 3 ff, sowie zur Anfechtung wegen eines Verstoßes gegen Stimmbindungsvereinbarungen Rz 149 ff.

Verstößt der Beschluss gegen eine in der Satzung enthaltene Beschränkungsklausel, ist er jedenfalls gem § 41 Abs 1 Z 2 GmbHG anfechtbar, sofern nicht die beim Beschluss gegebene Mehrheit auch für Veränderungen des Gesellschaftsvertrages ausreicht (was gem § 50 Abs 1 GmbHG bei einer Mehrheit von drei Viertel der abgegebenen Stimmen der Fall ist).

Damit ist aber die Frage noch nicht entschieden, ob ein satzungswidriger Weisungsbeschluss vom Geschäftsführer *befolgt* werden muss. Der OGH[85] hat dies in einer älteren Entscheidung zu Recht verneint.[86] Diese Meinung hat die besseren Gründe für sich als die Gegenansicht.[87]

Das für die Verbindlichkeit solcher satzungswidriger Weisungsbeschlüsse ins Treffen geführte Argument, der Beschluss sei anfechtbar,[88] überzeugt beim Gesellschafter-Geschäftsführer schon deshalb nicht, weil die satzungsmäßige Beschränkungsklausel ja auch als Zusage gegenüber dem an der Gesellschaft beteiligten Geschäftsführer zu qualifizieren ist. Eine Obliegenheit zur Anfechtung parallel zur Pflicht, die satzungswidrige Weisung zu befolgen, kann allenfalls in jenen Fällen vertreten werden, in denen der Umfang der satzungsmäßigen Beschränkungsklausel unklar ist und die Gesellschafter sich im konkreten Fall auf deren Unanwendbarkeit berufen. Solche Fälle können in der Praxis verhältnismäßig leicht auftreten, wenn zB eine Weisungsfreistellung für das „Tagesgeschäft“ oder die „Maßnahmen des gewöhnlichen Geschäftsbetriebes“ vereinbart ist und die Zuordnung eines bestimmten Geschäftes zu dieser Kategorie zweifelhaft ist. In solchen Fällen ist Unterordnung des Geschäftsführers unter den Willen der Gesellschafter mit gleichzeitiger Möglichkeit, in einem Anfechtungsprozess den eigenen Rechtsstandpunkt durchzusetzen, sachadäquat.

Bei klarem Verstoß gegen die Satzung gilt das hingegen nicht. Dass der Beschluss bei Unterbleiben einer Anfechtungsklage nach Ablauf der Anfechtungsfrist wirksam bleibt, kann nicht automatisch bedeuten, dass der Geschäftsführer, dessen Rechte durch den Beschluss verletzt wurden, diesem nachkommen muss.

Allein beim nicht an der Gesellschaft beteiligten Fremdgeschäftsführer liegen die Dinge insofern anders, als diesem zwar richtigerweise in der Satzung ebenfalls beschränkte Weisungsfreiheit zugesichert werden kann, eine solche Satzungsklausel sich aber regelmäßig auf die jeweiligen Geschäftsführer der Gesellschaft bezieht und diesen außer bei Vorliegen besonderer Umstände, die die Existenz eines echten Vertrages zugunsten Dritter nahelegen, keine subjektiven Rechte verschafft. Auch hier sind die Geschäftsführer gemeinsam gem § 41 Abs 3 GmbHG

85 OGH 15.3.1961, 6 Ob 50/61 SZ 34/40.

86 Ebenso *G. Schima*, GesRZ 1999, 103 ff.

87 Für Folgepflicht der Geschäftsführer wegen Anfechtbarkeit des Beschlusses *Koppensteiner/Rüffler*, GmbHG[3] § 20 Rz 9.

88 So *Koppensteiner/Rüffler*, GmbHG[3] § 20 Rz 9.

zur Anfechtung berechtigt, und hier ist es auch sachgerecht, ihnen die Anfechtung zuzumuten, sie im Übrigen aber mangels Verletzung vertraglicher Rechte zur Befolgung des Beschlusses zu verpflichten.

Beim Verstoß von Weisungsbeschlüssen gegen syndikatsvertragliche Beschränkungen hat zumindest in den Fällen, in denen die weisungsgebundenen Geschäftsführer nicht gleichzeitig Vertragsbeteiligte sind, der Syndikatsvertragsverstoß keine Auswirkung auf die Verbindlichkeit der Weisung. Diese muss befolgt werden.[89]

Syndikatsvertragswidrige Weisungsbeschlüsse werden manchmal auch nicht einmal anfechtbar sein, wenn und weil die Voraussetzungen des § 41 GmbHG nicht vorliegen.

Bloß für das omnilaterale GmbH-Syndikat, also für Stimmbindungsverträge, an denen *sämtliche* Gesellschafter beteiligt sind, hat der OGH[90] vor einigen Jahren anderes vertreten und ausgesprochen, dass die Syndikatsvertragswidrigkeit auf den Beschluss durchschlägt. Dieser ist freilich nur dann anfechtbar, nicht aber absolut nichtig.

Verstößt der Weisungsbeschluss gegen eine anstellungsvertragliche, zugunsten des Geschäftsführers vereinbarte Weisungsfreistellungsklausel, vertritt die ganz herrschende Meinung, dass der die anstellungsvertraglichen Rechte des Geschäftsführers verletzende Weisungsbeschluss wirksam und vom Geschäftsführer zu befolgen ist.[91]

Behauptet wird, Weisungsbeschränkungen des Anstellungsvertrages wirkten *„nur schuld-, nicht gesellschaftsrechtlich“*[92], was bedeute, dass *„entgegenstehende Anordnungen zwar als Vertragsverletzung zu qualifizieren sind, aber gleichwohl beachtet werden müssen.“*[93] Zugestanden wird den Geschäftsführern von den Vertretern der herrschenden Ansicht in diesem Fall nur die mögliche sofortige Amtsniederlegung mit ggf fristloser Auflösung des Anstellungsvertrages aus wichtigem Grund (vorzeitiger Austritt).[94]

Diese Ansicht von der Verbindlichkeit anstellungsvertragswidriger Weisungsbeschlüsse der Gesellschafter überzeugt indes nicht.

89 So für die GmbH & Co KG OGH 22.12.1976, 1 Ob 797/76 (1 Ob 802/76) SZ 49/163; *Koppensteiner/Rüffler*, GmbHG³ § 20 Rz 10.

90 OGH 5.12.1995, 4 Ob 588/95 HS 26.194 = RdW 1996, 165 = wbl 1996, 125 = ecolex 1996, 271; vgl dazu *Tichy*, Syndikatsvertrag als Beschlußanfechtungsgrund, ecolex 2000, 204; *Schirmer/Uitz*, Syndikatsvertrag, ecolex 2007, 609; *Wallisch*, Implizite Befristung und Durchsetzung von Syndikatsverträgen, ÖZW 2004, 55; *Spatz/Gurmann*, Stimmverbote im Syndikat, GesRZ 2008, 274.

91 So zB *Koppensteiner/Rüffler*, GmbHG³ § 15 Rz 19, § 20 Rz 10 f; *N. Arnold/Pampel* in *Gruber/Harrer*, GmbHG² § 20 Rz 32; für Deutschland *Wisskirchen/Kuhn* in Beck'scher Online-Kommentar GmbHG § 37 Rz 16 ff; *Rowedder/Schmidt-Leithoff/Koppensteiner/Gruber*, GmbHG § 37 Rn 28.

92 *Koppensteiner/Rüffler*, GmbHG³ § 20 Rz 10, § 15 Rz 19.

93 *Koppensteiner/Rüffler*, GmbHG³ § 20 Rz 10.

94 *Koppensteiner/Rüffler*, GmbHG³ § 20 Rz 10.

Schon die Prämisse, die körperschaftsrechtliche und schuldrechtliche Sphären müssten streng getrennt werden, überzeugt gerade in der hier interessierenden Fallkonstellation nicht, wenn man bedenkt, dass die Rechtsquelle für den anstellungsvertraglichen Weisungsbeschluss und für die Beschränkungsklausel im Anstellungsvertrag *dieselbe* ist, nämlich ein Beschluss der Gesellschafter. Nur diese sind bekanntlich dem Geschäftsführer gegenüber *innerhalb der GmbH*[95] zum Abschluss des Anstellungsvertrages berechtigt.[96] Ja es ist sogar so, dass die anstellungsvertragliche Weisungsbeschränkungsklausel insofern „höherrangig" ist, als richtiger Ansicht zufolge die Vereinbarung einer derartigen Klausel als Änderung des Organisationsstatuts (Gesellschaftsvertrages) der Gesellschaft zumindest eines Gesellschafterbeschlusses mit einer Mehrheit von drei Viertel der abgegebenen Stimmen des iSd § 50 Abs 1 GmbHG bedarf.[97]

Für den Weisungsbeschluss genügt dagegen nach allgemeinen Regeln und vorbehaltlich einer anderslautenden Satzungsbestimmung die einfache Mehrheit. Warum einen mit geringerer Mehrheit gefassten Gesellschafterbeschluss die Kraft zuerkannt werden solle, im Ergebnis die Wirkungen eines mit höherer Mehrheit gefassten Beschlusses zu neutralisieren, ist unerfindlich.

Darüber hinaus ist es aber auch nicht überzeugend, die (wie gesagt, fragwürdige) Prämisse der Trennung von körperschaftsrechtlicher und schuldrechtlicher Sphäre im Falle anstellungsvertragswidriger Weisungsbeschlüsse nur dann als verwirklicht zu sehen, wenn dem Geschäftsführer eine Folgepflicht in Bezug auf solche Beschlüsse auferlegt wird. Denn dass der anstellungsvertragliche Weisungsbeschluss zunächst wirksam ist, kann ja keinem Zweifel unterliegen. Er wird in aller Regel auch wirksam *bleiben*, weil die Anfechtungsvoraussetzungen des § 41 GmbHG bei bloßen Verstößen gegen den Anstellungsvertrag des Geschäftsführers nicht vorliegen. Der Geschäftsführer hat daher ungeachtet der bestehenden Anfechtungslegitimation gar *keine Möglichkeit, den Beschluss mittels Klage zu vernichten.*

Der wesentlichste Gesichtspunkt ist aber der, dass die Gesellschafter mit dem Weisungsbeschluss ein von ihnen selbst eingeräumtes vertragliches Recht missachten und ein ihnen vertraglich nicht zukommendes Gestaltungsrecht ausüben. Jede andere Rechtsfolge als die Unwirksamkeit der Gestaltung und deren mangelnde Verbindlichkeit für den Vertragspartner widerspräche allgemeinen Prinzipien des Zivilrechts. Die Gesellschafter verkörpern gegenüber dem typischer-

95 Die „Drittanstellung" von GmbH-Geschäftsführern ist ein vor allem in Unternehmensgruppen und in der GmbH & Co KG verbreitetes Phänomen: der Anstellungsvertrag wird dann nicht mit der GmbH abgeschlossen, die der GF leitet, sondern mit einer anderen (Konzern-)Gesellschaft (bzw in der GmbH & Co KG mit der KG). Vgl dazu *Runggaldier/G. Schima*, Führungskräfte 98 ff; *Resch*, Drittanstellung von Organperson und Arbeitsrecht, GesRZ 2005, 76; *Arnold*, Zur gesellschaftsrechtlichen Zulässigkeit der Drittanstellung von Geschäftsführern (Vorstandsmitgliedern), ÖStZ 2009, 120.

96 Vgl *Koppensteiner/Rüffler*, GmbHG[3] § 15 Rz 20; OGH 31.3.1977, 6 Ob 575/77 SZ 50/51 = GesRZ 1980, 94.

97 *Runggaldier/G. Schima*, Führungskräfte 31; für Deutschland *U.H. Schneider* in *Scholz*, GmbHG II[10] § 37 Rz 56.

weise Arbeitnehmereigenschaft besitzenden Geschäftsführer den Arbeitgeber. Der Geschäftsführer ist aber dann kein Arbeitnehmer, wenn er einen beherrschenden Einfluss auf die Willensbildung der Gesellschaft hat, wofür eine „Sperrminorität" genügt, mit der der Geschäftsführer die Erteilung von Weisungsbeschlüssen verhindern kann[98] (siehe auch Kap 2.2.3.1.). Vor diesem Hintergrund leuchtet in keiner Weise ein, warum die arbeitsvertragswidrige Weisung eines zB als natürliche Person existierenden Arbeitgebers selbstverständlich unbeachtlich ist und den Arbeitnehmer gerade *nicht folgepflichtig* macht, jedoch anderes gelten soll, wenn der Arbeitgeber eine GmbH ist.

Den Geschäftsführer hier bloß auf das Rücktritts- und Austrittsrecht zu beschränken,[99] ist in keinem Fall eine adäquate Sanktion, weil sie den Geschäftsführer aus einem von ihm möglicherweise nach wie vor gewollten Rechtsverhältnis zwingt, bloß weil der *andere* Vertragsteil sich rechtswidrig verhalten hat!

Richtigerweise sind daher anstellungsvertragswidrige Gesellschafterweisungen vom Geschäftsführer *nicht* zu befolgen. In Anbetracht der dem entgegenstehenden, wohl herrschenden Auffassung und bestimmter Judikatur-Tendenzen ist aus praktischer Sicht dem Geschäftsführer aber eine solche Vorgangsweise eher nicht zu empfehlen. Vielmehr sollte ein vorsichtiger Geschäftsführer die Gesellschafter auf die Vertragswidrigkeit der Weisung hinweisen und ggf Sanktionen aus dem Arbeitsvertrag ankündigen.

1.1.1.7. Der Geschäftsführer und der Mehrheitsgesellschafter

Das auf § 20 Abs 1 GmbHG gestützte Weisungsrecht der Gesellschafter steht diesen nur in ihrer Gesamtheit zu, nicht hingegen einem einzelnen Gesellschafter.[100] Dies gilt auch für den an der Gesellschaft mehrheitlich oder gar mit ganz erdrückender Mehrheit beteiligten Gesellschafter.[101]

Das bedeutet – mit anderen Worten –, dass eine gültige Gesellschafterweisung nicht schon dann vorliegt, wenn sie vom Willen der Gesellschaftermehrheit bzw des Mehrheitsgesellschafters getragen ist; die Weisung muss vielmehr in Beschlussform entweder in einer Generalversammlung oder unter Einhaltung des schriftlichen Umlaufbeschlussverfahrens nach § 34 GmbHG ergehen.[102]

---

98 Vgl zur Arbeitnehmereigenschaft von GmbH-Geschäftsführern *Runggaldier/G. Schima*, Führungskräfte 8 ff; *Windisch-Graetz* in *Neumayr/Reissner* (Hrsg), Zeller Kommentar zum Arbeitsrecht³ (2018) § 36 ArbVG Rz 12; *Löschnigg*, Arbeitsrecht¹² (2015) Rz 4/175.

99 So *Koppensteiner/Rüffler*, GmbHG³ § 20 Rz 10.

100 *Runggaldier/G. Schima*, Führungskräfte 24; *Koppensteiner/Rüffler*, GmbHG³ § 20 Rz 9, *N. Arnold/Pampel* in *Gruber/Harrer*, GmbHG² § 20 Rz 26; OGH 9.11.1977, 1 Ob 690/77 HS 11.434 = SZ 50/140 = GesRZ 1978, 34; OGH 22.12.1976, 1 Ob 797/76 (1 Ob 802/76) SZ 49/163; OGH 11.3.1992, 2 Ob 559/91 RdW 1992, 272; RIS-Justiz RS 0060024.

101 *Kastner/Doralt/Nowotny*, Gesellschaftsrecht⁵ 380 Fn 97; *Nowotny* in *Kalss/Nowotny/Schauer*, Gesellschaftsrecht² Rz 4/179; *G. Schima*, GesRZ 1999, 104.

102 *Kastner/Doralt/Nowotny*, Gesellschaftsrecht⁵ 380; *Runggaldier/G. Schima*, Führungskräfte 24; *Nowotny* in *Kalss/Nowotny/Schauer*, Gesellschaftsrecht² Rz 4/275 ff; OGH 9.11.1977, 1 Ob 690/77 HS 11.434 = SZ 50/140 = GesRZ 1978, 34.

Beschlusskraft hat sonst nur die (auch formlose) Willensäußerung des Alleingesellschafters[103] oder der – auch formlose – Konsens *sämtlicher* Gesellschafter.[104]

Für den Geschäftsführer ist es deshalb so wichtig, diese Fälle genau auseinanderzuhalten, weil die aus § 25 Abs 5 GmbHG ableitbare Haftungsfreiheit gegenüber der Gesellschaft nur dann eintritt, wenn die Geschäftsführer in Befolgung einer gültigen Gesellschafterweisung gehandelt haben.[105]

Insb in Konzernbeziehungen kommt es praktisch nicht selten vor, dass eine Gesellschaft an einer nachgeordneten Gesellschaft über eine sehr hohe, fast 100 % erreichende Mehrheit verfügt. Gelegentlich befinden sich Zwerganteile im Besitz einer dritten Gesellschaft aus grunderwerbsteuerrechtlichen Erwägungen (um den Erwerbstatbestand der Anteilsvereinigung in einer Hand zu vermeiden). Nicht selten ist es so, dass einem Mehrheitsgesellschafter zB auf syndikatsvertraglicher oder sonstiger Basis die „industrielle Führung" der Gruppe übertragen ist. Dann kommt es sehr häufig dazu, dass die Geschäftsführung bloß durch Repräsentanten des Mehrheitsgesellschafters angewiesen wird. Soweit darin nicht eine – rechtlich zulässige und gültige – Bevollmächtigung des Mehrheitsgesellschafters durch den/die anderen Gesellschafter zu erblicken ist,[106] agiert der Geschäftsführer bei Befolgung solcher Weisungen „ohne Sicherheitsnetz", weil im Schadensfall die Haftungsbefreiung nicht einmal gegenüber der Gesellschaft eintritt. Eine saubere Lösung ist in diesem Fall nur die Übertragung des Weisungsrechtes (zumindest im Tagesgeschäft oder innerhalb festzulegender Grenzen) an den Mehrheitsgesellschafter.[107]

Einen Schadenersatzanspruch im Falle des Schadenseintrittes wird der Geschäftsführer bei Befolgung der Weisung bloß des Mehrheitsgesellschafters auch nicht mit dem Argument abwehren können, im Falle rechtmäßigen Alternativverhaltens,[108] nämlich bei Fassung eines Gesellschafterbeschlusses, wäre der Schaden genauso eingetreten, weil das Beschlussergebnis nicht anders gelautet hätte, als dem Willen des Mehrheitsgesellschafter ohnehin entsprach. Die Berufung auf rechtmäßiges Alternativverhalten ist im Schadenersatzrecht zwar anerkannt, versagt aber nach überzeugender Auffassung und Ansicht der Rsp in jenen Fällen, in denen bestimmte Rechtsnormen ein ordnungsgemäßes Verfahren oder zB den

103 OGH 7.1.1959, 1 Ob 482/58 SZ 32/2; OGH 29.3.1990, 6 Ob 704/89 ecolex 1990, 419; *Runggaldier/G. Schima*, Führungskräfte 24 f; *Koppensteiner/Rüffler*, GmbHG³ § 20 Rz 9; *G. Schima*, GesRZ 1999, 105.

104 OGH 20.12.1995, 7 Ob 633/95 (7 Ob 634/95) HS 26.193 = ecolex 1996, 373 = ÖBA 1996, 647 = RdW 1996, 263 = wbl 1996, 249.

105 *Runggaldier/G. Schima*, Führungskräfte 25; *G. Schima*, Der GmbH-Geschäftsführer und der Wille des Mehrheitsgesellschafters (II), GesRZ 1999, 159 (162).

106 Vgl dazu *G. Schima*, GesRZ 1999, 159 f.

107 Vgl *G. Schima*, GesRZ 1999, 163.

108 Vgl zu dieser Rechtsfigur im Schadenersatzrecht *Koziol*, Österreichisches Haftpflichtrecht I³ (1997) 3/58 Fn 174, 16/12 ff.

Schutz von Grundrechten oder im Gesellschaftsrecht den Schutz von Minderheiten gewährleisten sollen.[109]

Unbeachtlich ist der Wille des Mehrheitsgesellschafters für den Geschäftsführer gleichwohl auch aus rechtlicher Sicht nicht. Faktisch wird eine umsichtige Geschäftsführung diesen ohnehin beachten. Artikuliert der Mehrheitsgesellschafter nämlich einen bestimmten Willen, indem er zB einer geplanten Maßnahme der Geschäftsführung nicht zustimmt, dann darf die Geschäftsführung richtiger Ansicht zufolge nicht die Maßnahme trotzdem setzen, solange nicht in einer ordnungsgemäß einberufenen und abgehaltenen Generalversammlung die Gesellschafter die Vorgangsweise untersagen (was zu spät kommen kann, weil ja die Einberufungsfristen beachtet werden müssen). Denn es ist anerkannt, dass die Geschäftsführer vor der Durchführung ungewöhnlicher, nicht zum gewöhnlichen Geschäftsbetrieb zählender Geschäfte und Maßnahmen die Gesellschafter auch dann zu fragen haben, wenn dies in der Satzung nicht festgelegt ist.[110]

„Ungewöhnlich“ ist ein Geschäft aber nicht nur dann, wenn es seiner Bedeutung nach aus dem laufenden Geschäftsbetrieb, also dem „Tagesgeschäft“ herausfällt, sondern auch wenn sein Abschluss dem vermuteten Willen der Gesellschaftermehrheit widerspricht.[111] Hat die Geschäftsführung vom Willen der Gesellschaftermehrheit deshalb Kenntnis, weil der Mehrheitsgesellschafter sich schon vorweg und bevor eine Generalversammlung zusammentreten kann, geäußert hat, darf das Geschäft daher ohne Befragung der Gesellschafter in ihrer Gesamtheit nicht abgeschlossen werden, sofern nicht Gefahr in Verzug ist.[112]

1.1.2. Geschäftsführer und Aufsichtsrat

Nur ein relativ kleiner Bruchteil der österreichischen GmbHs verfügt über einen Aufsichtsrat, weil ein solcher nach dem Gesetz erst dann verpflichtend ist, wenn das von der Gesellschaft betriebene Unternehmen bestimmte Größenkriterien erfüllt, die bei der ganz überwiegenden Mehrzahl der GmbHs nicht erfüllt sind.

109 Vgl dazu aus der Rsp exemplarisch OGH 15.7.1981, 1 Ob 35/80 SZ 54/108 = JBl 182, 259 = RIS-Justiz RS 0027498 – Verderben von Pflanzen in einem Gewächshaus aufgrund Verhaftung ohne erforderlichen richterlichen Befehl; für gesellschaftsrechtliche Fallkonstellationen vgl *Rauter/Ratka*, Zivil- und unternehmensrechtliche Haftung des Geschäftsführers, in *Ratka/Rauter*, Handbuch Geschäftsführerhaftung² (2011) Rz 2/19; *Kodek* in *Kletečka/Schauer*, ABGB-ON¹·⁰³ § 1295 Rz 10 (Stand 1.1.2018, rdb.at): so ist der Einwand bei der Verhaftung ohne richterlichen Haftbefehl unzulässig, dass die Haft ohnehin genehmigt worden wäre; *Runggaldier/G. Schima*, Manager-Dienstverträge⁴ 201 f; *Reich-Rohrwig* in *Straube/Ratka/Rauter*, WK GmbHG § 25 Rz 188 (Stand 1.6.2015, rdb.at).

110 *P. Doralt* in *Kastner/Stoll*, Die GmbH & Co KG² 273; *Runggaldier/G. Schima*, Führungskräfte 13 f; *Koppensteiner/Rüffler*, GmbHG³ § 20 Rz 4; *Nowotny* in *Kalss/Nowotny/Schauer*, Gesellschaftsrecht² Rz 4/178; *G. Schima* GesRZ 1999, 106 f.

111 *G. Schima*, GesRZ 1999, 107 f; *P. Doralt* in *Kastner/Stoll*, GmbH & Co KG² 273 verlangt, dass die geplante Maßnahme dem mutmaßlichen Willen der Gesellschaftermehrheit zuwiderläuft; *H. Torggler*, GesRZ 1974, 45; *Reich-Rohrwig*, GmbH-Recht I² Rz 2/254 mwN stellt in Fn 11 offenbar nicht auf den mutmaßlichen Mehrheitswillen ab.

112 *G. Schima*, GesRZ 1999, 108 ff.

Freiwillige Aufsichtsräte sind selten – nicht zuletzt deshalb, weil auch ein freiwilliger Aufsichtsrat zwingend den Regeln über die Arbeitnehmer-Mitbestimmung gem § 110 ArbVG unterliegt,[113] somit ein Drittel der Aufsichtsratsmitglieder vom Betriebsrat aus dem Kreise seiner Mitglieder entsandt wird. Freilich dürfen dem Aufsichtsrat als Belegschaftsvertreter nur solche Betriebsratsmitglieder angehören, denen das aktive Wahlrecht zum Betriebsrat zukommt (§ 110 Abs 1, 1. Satz ArbVG), weshalb Gewerkschaftsfunktionäre, die wegen § 53 Abs 4 ArbVG im Falle eines zumindest vierköpfigen Betriebsrates in diesen gewählt werden können, nicht auch dem Aufsichtsrat angehören dürfen.[114] Der Sinn und Zweck dieser Regelung besteht in der Wahrung höchstmöglicher Vertraulichkeit, der Aufsichtsratsmitglieder einer GmbH unterliegen.[115]

1.1.2.1. Aufsichtsratspflichtige GmbHs

Einen Aufsichtsrat bestellen müssen Gesellschaften mit beschränkter Haftung:

- sofern die Gesellschaft ein Stammkapital von mehr als 70.000 € hat und die Anzahl der Gesellschafter 50 übersteigt (§ 29 Abs 1 Z 1 GmbHG);
- sofern die Anzahl der Arbeitnehmer im Durchschnitt 300 übersteigt (§ 29 Abs 1 Z 2 GmbHG), wobei die Aufsichtsratspflicht erst ab einer Arbeitnehmeranzahl von mehr als 500 eingreift, wenn die Gesellschaft unter der einheitlichen Leitung einer aufsichtsratspflichtigen Kapitalgesellschaft (dh AG oder aufsichtsratspflichtigen GmbH) steht oder von einer solchen aufgrund einer unmittelbaren Beteiligung von mehr als 50 % beherrscht wird (§ 29 Abs 2 Z 1 GmbHG);
- falls die GmbH Aktiengesellschaften oder aufsichtsratspflichtige GmbHs oder nur wegen § 29 Abs 2 Z 1 GmbHG nicht aufsichtsratspflichtige GmbHs im konzernmäßigen Sinne einheitlich leitet (§ 15 Abs 1 AktG) oder aufgrund einer unmittelbaren Beteiligung von mehr als 50 % beherrscht und in beiden Fällen die Anzahl der Arbeitnehmer der GmbH und der geleiteten bzw beherrschten Gesellschaften zusammen im Durchschnitt 300 übersteigt (§ 29 Abs 1 Z 3 GmbHG);
- falls es sich um eine GmbH & Co KG handelt und die Anzahl der Arbeitnehmer im Unternehmen der GmbH und im Unternehmen der KG im Durchschnitt zusammen 300 übersteigt (§ 29 Abs 1 Z 4 GmbHG);
- falls aufgrund der Bestimmungen des VIII. Teiles des Arbeitsverfassungsgesetzes (ArbVG) die Organe zur Vertretung der Arbeitnehmer einer aus einer grenzüberschreitenden Verschmelzung hervorgehenden Gesellschaft das Recht haben, einen Teil der Mitglieder des Aufsichtsrates zu wählen oder zu bestellen oder deren Bestellung zu empfehlen oder abzulehnen (§ 29 Abs 1 Z 5 GmbHG). Dabei geht es um Fälle der Hineinverschmelzung ins Inland, wo den Arbeitnehmern Mitbestimmungsrechte gesichert werden sollen.[116]

113 Vgl *Windisch-Graetz* in ZellKomm[3] § 110 ArbVG Rz 4; OGH 27.9.2006, 9 ObA 130/05s Arb 12.630 = GeS 2007, 183 = SWK 2007, W1.

114 Vgl *Jabornegg* in *Jabornegg/Resch/Strasser*, ArbVG § 110 Rz 104.

115 Vgl *Jabornegg* in *Jabornegg/Resch/Strasser*, ArbVG § 110 Rz 104.

116 Vgl dazu *Straube/Rauter*, Aufsichtsratspflicht und Konzernsachverhalte im GmbH-Recht, GeS 2008, 88 (93 f).

Für die Geschäftsführung ist es wesentlich, die Voraussetzungen für die Aufsichtsratspflicht der GmbH zu kennen, weil die Geschäftsführer insb die Verpflichtungen zur Firmenbuchanmeldung treffen (siehe Kap 3.). Im Regelfall ist die Frage nach dem Bestehen der Aufsichtsratspflicht einer GmbH auch eindeutig oder verhältnismäßig einfach beantwortbar. Der häufigste Fall in der Praxis ist das Überschreiten einer Arbeitnehmeranzahl von 300.

In bestimmten Sonderkonstellationen, insb bei konzernmäßiger Verflechtung, können sich aber diffizile Rechtsfragen stellen, die die Klärung der Aufsichtsratspflicht deutlich erschweren und uU gar keine eindeutige Antwort zulassen.

So könnte zB der Fall eintreten, dass in mehrstufigen Konzernen die Arbeitnehmeranzahl der Enkelgesellschaft sowohl für die Aufsichtsratspflicht sowohl der Mutter- als auch der Tochtergesellschaft zu berücksichtigen wäre, sofern es möglich ist, dass eine Gesellschaft von einer anderen Gesellschaft einheitlich geleitet wird und gleichzeitig von einem anderen Unternehmen beherrscht werden kann.[117]

1.1.2.2. Überwachungsaufgabe des Aufsichtsrates

Wie in der AG hat auch in der GmbH der Aufsichtsrat (gleichgültig, ob obligatorisch oder fakultativ[118]) die Geschäftsführung zu überwachen (§ 30j Abs 1 GmbHG).[119]

Dass in der GmbH die Gesellschafter das oberste Organ bilden,[120] dem sich auch der Aufsichtsrat gegebenenfalls zu beugen hat,[121] hat auf die Stellung des Aufsichtsrates in einer GmbH uU sowohl faktische als auch (vor allem in puncto Verantwortlichkeit) rechtliche Auswirkungen; am Bestehen der gesetzlichen und auch dem fakultativen Aufsichtsrat nicht entziehbaren[122] Mindestzuständigkeiten

117 IdS *Grünwald*, Die Aufsichtsratspflicht im GmbH-Konzern (I), NZ 1984, 228 (231 f); *Grünwald*, Die Aufsichtsratspflicht im GmbH-Konzern (II), NZ 1985, 7; gegenteilig *Löschnigg*, Die Entsendung der Betriebsräte in den Aufsichtsrat (1985) 130; dazu auch *Nowotny* in *Kalss/Nowotny/Schauer*, Gesellschaftsrecht² Rz 4/255 Fn 465.

118 Es gibt zwei Formen fakultativer Aufsichtsräte in einer GmbH: den im Gesellschaftsvertrag zwingend vorgesehenen, der aber nach dem Gesetz nicht gebildet werden müsste, und außerdem den gesellschaftsvertraglich fakultativen Aufsichtsrat, der aufgrund einer Bestimmung in der Satzung errichtet werden kann (vgl OLG Linz 16.9.1987, 4 R 210/87 NZ 1989, 18; vgl dazu *Nowotny* in *Kalss/Nowotny/Schauer*, Gesellschaftsrecht² Rz 4/254 f; *Koppensteiner/Rüffler*, GmbHG³ § 29 Rz 17; *Reich-Rohrwig*, GmbH-Recht I² Rz 4/22 ff).

119 Vgl *Koppensteiner/Rüffler*, GmbHG³ § 30j Rz 1 ff; *A. Heidinger* in *Gruber/Harrer*, GmbHG² § 30j Rz 5 ff; *Nowotny* in *Kalss/Nowotny/Schauer*, Gesellschaftsrecht² Rz 4/266; *Reich-Rohrwig*, GmbH-Recht 283; *Reich-Rohrwig*, GmbH-Recht I² Rz 4/306 ff; *Hügel*, Aufsichtsratsveto und Entscheidungsbefugnis der Gesellschafterversammlung, GesRZ 1982, 305 (312).

120 *Koppensteiner/Rüffler*, GmbHG³ § 34 Rz 2; *Harrer* in *Gruber/Harrer*, GmbHG² § 34 Rz 1 ff; *Nowotny* in *Kalss/Nowotny/Schauer*, Gesellschaftsrecht² Rz 4/275.

121 Vgl *Reich-Rohrwig*, GmbH-Recht I² Rz 4/378; *Koppensteiner/Rüffler*, GmbHG³ § 30j Rz 20; *Nowotny* in *Kalss/Nowotny/Schauer*, Gesellschaftsrecht² Rz 4/269; *Kastner*, Gesellschaft mbH Gesetz-Novelle 1980, JBl 1980, 617 (617 f).

122 *Koppensteiner/Rüffler*, GmbHG³ § 29 Rz 18 mwN.

ändert die Existenz der Gesellschafterversammlung aber zunächst nichts. Vor allem dann, wenn die Gesellschafter – sei es in bewusster Entscheidung, sei es aufgrund der Unfähigkeit, einen gemeinsamen Willen zu bilden – von ihren Weisungskompetenzen nicht Gebrauch machen (also zB nicht Beschlüsse des Aufsichtsrates über zustimmungspflichtige Geschäfte außer Kraft setzen; dazu unten Kap 1.1.2.5.), ist der Aufsichtsrat „ganz normal" gefordert.

Der Aufsichtsrat kann von den Geschäftsführern jederzeit einen Bericht über die Angelegenheiten der Gesellschaft einschließlich ihrer Beziehungen zu einem Konzernunternehmen verlangen. Auch ein einzelnes Mitglied kann einen Bericht, jedoch nur an den Aufsichtsrat als solchen, verlangen; lehnen die Geschäftsführer die Berichterstattung ab, so kann der Bericht nur dann verlangt werden, wenn ein anderes Aufsichtsratsmitglied das Verlangen unterstützt. Der Vorsitzende des Aufsichtsrates kann einen Bericht auch ohne Unterstützung eines anderen Aufsichtsratsmitglieds verlangen (§ 30j Abs 2 GmbHG).[123]

Die Geschäftsführer sollten die Berichtspflichten gegenüber dem Aufsichtsrat besonders ernst nehmen.

Ob bei Unterbleiben von rechtmäßig angeforderten Berichten der Aufsichtsrat diese von den Geschäftsführern einklagen kann, ist umstritten.[124] Jedenfalls können die Geschäftsführer aber über § 125 GmbHG durch Zwangsstrafen mit bis zu 3.600 € vom Firmenbuch zur Abgabe der Berichte verhalten werden.

Darüber hinaus setzen sich die Geschäftsführer der Verletzung von im Gesetz formell verankerten Pflichten besonders leicht der Gefahr der Abberufung und ggf sogar fristlosen Auflösung des Anstellungsvertrages und bei entsprechender Sachverhaltskonstellation auch der Gefahr persönlicher Haftung aus, wenn sich die Gesellschaft zB in besonders schwieriger Lage befindet und sich später herausstellt, dass bei rechtzeitiger und korrekter Berichterstattung an den Aufsichtsrat dieser früher geeignete Gegenmaßnahmen hätte ergreifen oder bei den Gesellschaftern hätte anregen können.

Der Aufsichtsrat kann darüber hinaus die Bücher und Schriften der Gesellschaft sowie die Vermögensgegenstände, namentlich die Gesellschaftskasse und die Bestände an Wertpapieren und Waren einsehen und prüfen, und er kann damit auch einzelne Mitglieder oder für bestimmte Aufgaben auch besondere Sachverständige beauftragen (§ 30j Abs 3 GmbHG).[125]

---

123 Dazu *A. Heidinger* in *Gruber/Harrer*, GmbHG² § 30j Rz 27; *Nowotny* in *Kalss/Nowotny/Schauer*, Gesellschaftsrecht² Rz 4/266; *Koppensteiner/Rüffler*, GmbHG³ § 30j Rz 8 ff; *Reich-Rohrwig*, GmbH-Recht I² Rz 4/325; *Reich-Rohrwig*, GmbH-Recht 286.

124 Dafür *Reich-Rohrwig*, GmbH-Recht I² Rz 4/328; *Wünsch*, GmbHG § 30j Rz 44; für die AG: *Kalss* in *Doralt/Nowotny/Kalss* AktG I² § 95 Rz 50; dagegen *Koppensteiner/Rüffler*, GmbHG³ § 30j Rz 9 mwN zur Gegenmeinung in Deutschland.

125 Vgl *A. Heidinger* in *Gruber/Harrer*, GmbHG² § 30j Rz 34 ff; *Nowotny* in *Kalss/Nowotny/Schauer*, Gesellschaftsrecht² Rz 4/266; *Koppensteiner/Rüffler*, GmbHG³ § 30j Rz 15f; *Reich-Rohrwig*, GmbH-Recht I² Rz 4/340 ff; *Reich-Rohrwig*, GmbH-Recht 288.

Dieses – manchmal als „kleine Sonderprüfung" bezeichnete – Recht des Aufsichtsrates reicht sehr weit, weil es die gesamte Gebarung der Gesellschaft umfasst;[126] es verdichtet sich zur Pflicht, wenn der Aufsichtsrat begründeten Anlass dafür hat, dass Missstände bzw aufklärungsbedürftige Umstände bei der Geschäftsführung vorliegen.[127]

Der Aufsichtsrat kann in Wahrnehmung seines Einsichts- und Prüfrechtes nach § 30j Abs 3 GmbHG (das § 95 Abs 3 AktG nachgebildet ist) auch externe Sachverständige (zB Wirtschaftsprüfer, Rechtsanwälte) beiziehen.[128] Im Rahmen der Kompetenz des Aufsichtsrates nach § 30j Abs 3 GmbHG (bzw § 95 Abs 3 AktG) kommt dem Aufsichtsrat auch die Vertretungsmacht zum Abschluss von Berateraufträgen zu.[129] Dies folgt nicht erst aus § 30l Abs 1 GmbHG (bzw für die Aktiengesellschaft: aus § 97 Abs 1 AktG), sondern unmittelbar aus § 30j Abs 3 GmbHG (bzw § 95 Abs 3 AktG).[130]

Eine in der Praxis immer wieder Anlass zu Konflikten zwischen Geschäftsführer und Aufsichtsrat gebende Frage lautet, ob und inwieweit der Aufsichtsrat berechtigt ist, sich jene Informationen, die nach dem Gesetz an sich die Geschäftsführung/der Vorstand schuldet, auch bei Dritten – zB leitenden Angestellten des Unternehmens oder dessen Geschäftspartnern – zu beschaffen.

Nach herrschender und traditioneller Sichtweise sind derartige Direktkontakte des Aufsichtsrates nur in Ausnahmefällen, nämlich dann gestattet, wenn die vom Vorstand abgegebenen Berichte und erteilten Informationen Anlass zu Zweifeln an deren Richtigkeit und/oder Vollständigkeit geben.[131]

126 Vgl zur vergleichbaren Vorschrift im Aktienrecht *Kalss* in *Doralt/Nowotny/Kalss*, AktG I² § 95 Rz 56 ff.

127 Vgl *Koppensteiner/Rüffler*, GmbHG³ § 30j Rz 16; *Wünsch*, GmbHG § 30j Rz 59.

128 Vgl *S. Frotz/P. Schörghofer*, Aufgaben des Aufsichtsrates, in *Kalss/Kunz*, Handbuch Aufsichtsrat² Rz 11/27 ff; ausführlich *Kalss*, Vertretungsbefugnis des Aufsichtsrats und die Beiziehung eines Sachverständigen, in *Kalss/Kunz*, Handbuch Aufsichtsrat² Rz 23/1 ff.

129 Vgl *Kalss* in *Kalss/Kunz*, Handbuch Aufsichtsrat² Rz 23/58.

130 Anders offenbar *Kalss* in *Kalss/Kunz*, Handbuch Aufsichtsrat² Rz 23/56, die die Vertretungsbefugnisse in der AG anscheinend (nur) aus § 97 AktG ableitet und außerdem die – de lege lata nicht überzeugende – Ansicht vertritt, die Geschäftsführer bzw der Vorstand verlören dadurch die Vertretungsbefugnis: *Kalss* in *Doralt/Nowotny/Kalss*, AktG I² Rz 8; Richtiger Ansicht zufolge besteht die Vertretungsmacht von Aufsichtsrat und geschäftsführendem Organ in solchen Fällen konkurrierend, doch ist völlig klar, dass die Geschäftsführung bzw der Vorstand die sie/ihn treffenden Pflichten verletzt, wenn durch die Vergabe von Berateraufträgen (zB an den Vorstand oder der Geschäftsführung genehme Dritte) die Überwachungsaufgabe des Aufsichtsrates unterlaufen wird, vgl ausführlich *G. Schima/Toscani*, Die Vertretung der AG bei Rechtsgeschäften mit dem Vorstand (§ 97 Abs 1 AktG), JBl 2012, 482 [486 f] mwN in Fn 35. Eine solche Vorgangsweise würde einen Abberufungs- und im Extremfall sogar Entlassungsgrund verwirklichen.

131 Vgl *Nitsche*, Aufsichtsratsmandat und Interessenskollision, in FS Krejci II (2001) 758 f; *Krejci*, Der neugierige Aufsichtsrat, GesRZ 1993, 2 (4 ff); für Deutschland *Lutter/Krieger*, Rechte und Pflichten des Aufsichtsrates⁶ Rz 246; *Koppensteiner/Rüffler*, GmbHG³ § 30j Rz 9.

In jüngerer Zeit ist – wohl unter dem Einfluss der immer stärkeren Ausweitung der Aufgaben des Aufsichtsrates durch den Gesetzgeber, Corporate-Governance-Kodizes etc – die Ansicht im Vordringen begriffen, dass der Aufsichtsrat iZm besonderen Zuständigkeiten, insb jenen, die den Prüfungsausschuss treffen (Überprüfung der Wirksamkeit des internen Kontrollsystems, des Rechnungslegungsprozesses und des Risikomanagement-Systems der Gesellschaft gem § 30g Abs 4a GmbHG bzw § 92 Abs 4a AktG), befugt ist, die damit unmittelbar befassten Unternehmensangehörigen auch dann zu kontaktieren, wenn das Berichts- und Informationsverhalten des Vorstandes/der Geschäftsführung keinerlei Anlass zu Misstrauen gibt.[132]

Dieser jüngeren Auffassung ist insb für die genannten besonderen den Aufsichtsrat bzw zuständigen Ausschuss stark fordernden Zuständigkeiten der Vorzug zu geben, weil der Aufsichtsrat andernfalls seiner Aufgabe zu schwerfällig nachkommen könnte, wäre er allein auf unmittelbare Informationen und Kontakte von bzw mit der Geschäftsführung angewiesen.

Das dargestellte Problem betrifft freilich nicht nur eine Rechtsfrage, sondern spiegelt in der Unternehmenspraxis oft die tatsächlichen Machtverhältnisse wider. Das gilt für die AG noch mehr als für die GmbH, deren Geschäftsführer ja weisungsunterworfen sind (und möglicherweise auch Weisungen des Aufsichtsrates zu befolgen haben: dazu unten Kap 1.1.2.4.). Ein starker Aufsichtsratsvorsitzender wird – Aktien- oder GmbH-Recht hin oder her – sich die erforderlichen Informationen zwanglos auch bei anderen Unternehmensangehörigen als den Mitgliedern des Geschäftsführungsorgans beschaffen und wird – wie die Praxis manchmal zeigt – solchen Dritten auch eigenständige Aufträge zur Herstellung von Berichten und Übersichten erteilen. Ein sehr starker Vorstand bzw eine starke Geschäftsführung wird wiederum dies nicht oder zumindest nicht in solchem Ausmaß dulden und den Mitarbeitern die strikte Anweisung geben, vom Aufsichtsrat gewünschte Informationen stets über den Vorstand weiterzuleiten (was grundsätzlich auch zulässig ist).

1.1.2.3. Zustimmungspflichtige Geschäfte

§ 30j Abs 5 GmbHG enthält einen – § 95 Abs 5 AktG nachgebildeten – Katalog von Geschäften, die nur mit Zustimmung des Aufsichtsrates vorgenommen werden „sollen", worunter aber nach einhelliger Meinung „dürfen" zu verstehen ist.[133]

132 Vgl für Deutschland *Leyens*, Information des Aufsichtsrats (2006) 191 ff; ebenso *Merkt*, Buchbesprechung zu Leyens, Information des Aufsichtsrats, NJW 2007, 1862; dagegen *Lutter*, Buchbesprechung zu Leyens, Information des Aufsichtsrats, JZ 2007, 835; für Österreich *Milla/Vcelouch-Kimeseder/Weber*, Unternehmensrechts-Änderungsgesetz 2008, 161 f; *S. Frotz/P. Schörghofer* in *Kalss/Kunz*, Handbuch Aufsichtsrat² Rz 11/30.

133 *A. Heidinger* in *Gruber/Harrer*, GmbHG² § 30j Rz 45; *Koppensteiner/Rüffler*, GmbHG³ § 30j Rz 18; *Kalss* in *Doralt/Nowotny/Kalss*, AktG I² § 95 Rz 89; *Reich-Rohrwig*, GmbH-Recht I² Rz 4/354; *Kastner/Doralt/Nowotny*, Gesellschaftsrecht⁵ 388; *Wünsch*, GmbHG § 30j Rz 91.

Es handelt sich dabei um folgende Geschäfte:

- der Erwerb und die Veräußerung von Beteiligungen (§ 189a Z 2 UGB)[134] sowie der Erwerb, die Veräußerung und Stilllegung von Unternehmen und Betrieben;
- der Erwerb, die Veräußerung und die Belastung von Liegenschaften, soweit dies nicht zum gewöhnlichen Geschäftsbetrieb gehört;
- die Errichtung und die Schließung von Zweigniederlassungen;
- Investitionen, die bestimmte Anschaffungskosten im Einzelnen und insgesamt in einem Geschäftsjahr übersteigen;
- die Aufnahme von Anleihen, Darlehen und Krediten, die einen bestimmten Betrag im Einzelnen und insgesamt in einem Geschäftsjahr übersteigen;
- die Gewährung von Darlehen und Krediten, soweit sie nicht zum gewöhnlichen Geschäftsbetrieb gehört;
- die Aufnahme oder Aufgabe von Geschäftszweigen und Produktionsarten;
- die Festlegung allgemeiner Grundsätze der Geschäftspolitik;
- die Festlegung von Grundsätzen über die Gewährung von Gewinn- oder Umsatzbeteiligungen und Pensionszusagen an Geschäftsführer und leitende Angestellte iSd § 80 Abs 1 AktG 1965;
- der Abschluss von Verträgen mit Mitgliedern des Aufsichtsrates, durch die sich diese außerhalb ihrer Tätigkeit im Aufsichtsrat gegenüber der Gesellschaft oder einem Tochterunternehmen iSd § 189a Z 7 UGB zu einer Leistung gegen ein nicht bloß geringfügiges Entgelt verpflichten. Dies gilt auch für Verträge mit Unternehmen, an denen ein Aufsichtsratsmitglied ein erhebliches wirtschaftliches Interesse hat;
- die Übernahme einer leitenden Stellung (iSd § 80 AktG) in der Gesellschaft innerhalb von zwei Jahren nach Zeichnung des Bestätigungsvermerks durch den Abschlussprüfer, durch den Konzernabschlussprüfer, durch den Abschlussprüfer eines bedeutenden verbundenen Unternehmens oder durch den den jeweiligen Bestätigungsvermerk unterzeichnenden Wirtschaftsprüfer sowie eine für ihn tätige Person, die eine maßgeblich leitende Funktion bei der Prüfung ausgeübt hat, soweit dies nicht gem § 271c UGB untersagt ist.

Betreffend den Erwerb und die Veräußerung bzw Belastung von Beteiligungen und Liegenschaften (§ 30j Abs 5 Z 1 und 2 GmbHG) *kann* der Gesellschaftsvertrag Betragsgrenzen festsetzen; bei Investitionen, Darlehensaufnahme und Darlehensgewährung *muss* er Betragsgrenzen festsetzen. Das Unterbleiben der Festsetzung bedeutet in jedem Fall, dass *jedes* darunterfallende Geschäft genehmigungspflichtig ist; darüber hinaus darf bei zwingend festzusetzenden Betragsgrenzen die Gesellschaft mangels entsprechender Satzungsfestlegung gar nicht eingetragen werden.[135]

Wichtig ist, dass nicht nur die Satzung, sondern auch der Aufsichtsrat die Möglichkeit hat, mittels Beschlusses weitere „*Arten*“ von Geschäften der Zustimmung des Aufsichtsrates zu unterwerfen.

134 Vor BGBl I 2015/22 waren Beteiligungen in § 228 UGB geregelt. Seit 20.7.2015 enthält § 189a UGB die Begriffsbestimmungen.

135 *Koppensteiner/Rüffler*, GmbHG³ § 30j Rz 22.

Aus der gesetzlichen Formulierung geht hervor, dass nicht Einzelgeschäfte der Genehmigung unterworfen werden dürfen,[136] sondern generell-abstrakte Merkmale festzusetzen sind. Die für die Aktiengesellschaft bestehenden Bedenken dagegen, alle „über den gewöhnlichen Geschäftsbetrieb hinausgehende" Geschäfte als eigene „Art" an die Zustimmung des Aufsichtsrates zu binden,[137] tragen in der GmbH deshalb nicht, weil bei derartigen Geschäften die Geschäftsführer zumindest die Gesellschafter nach ganz hA ohnehin immer und auch bei Fehlen ausdrücklicher Satzungsbestimmungen vorher um Zustimmung zu fragen haben[138] und es sinnvoll sein kann, diese Verpflichtung auch in Richtung Aufsichtsrat „umzuleiten".

Soweit der Aufsichtsrat auf der Grundlage einer entsprechenden Satzungsbestimmung oder durch Gesellschafterbeschluss mit einem Weisungsrecht gegenüber der Geschäftsführung ausgestattet ist (dazu unten Kap 1.1.2.4.), kann an der Zulässigkeit eines solchen erweiterten Genehmigungsvorbehaltes durch Aufsichtsratsbeschluss ohnehin kein Zweifel bestehen.

Die Geschäftsführer müssen die Zustimmung des Aufsichtsrates *im Vorhinein* einholen; bloß dann, wenn akute Gefahr in Verzug ist und der Gesellschaft durch weiteres Zuwarten ein erheblicher Nachteil droht, darf oder muss im Extremfall sogar ohne Aufsichtsratsbeschluss gehandelt, ein solcher aber im Nachhinein tunlichst erwirkt werden.[139]

Die Geschäftsführer sollten die Genehmigungsvorbehalte des Aufsichtsrates besonders ernst nehmen, weil die Verletzung der entsprechenden gesetzlichen Bestimmungen oder ergänzenden Aufsichtsratsbeschlüsse nicht nur – sofern nicht ein bloß geringfügiger und auf leichter Fahrlässigkeit beruhender Verstoß vorliegt – einen Abberufungs- und uU sogar einen Entlassungsgrund bilden wird,[140] sondern weil die Geschäftsführung bei genehmigungspflichtigen, aber genehmigungslos verwirklichten Geschäften auch ein besonderes Haftungsrisiko

---

136 Eine Ausnahme wird im Schrifttum befürwortet, wenn es sich um ein bestimmtes besonders bedeutsames Geschäft handelt (vgl *A. Heidinger* in *Gruber/Harrer*, GmbHG² § 30j Rz Rz 66).

137 Vgl dazu grds ablehnend zB *Habersack* in MünchKomm AktG II⁵ § 111 Rz 120; *G. Schima*, Zustimmungsvorbehalte als Steuerungsmittel des Aufsichtsrates in der AG und im Konzern, GesRZ 2012, 35 (36 f).

138 Vgl *G. Schima*, GesRZ 1999, 106 f; *P. Doralt* in *Kastner/Stoll*, GmbH & Co KG² 273; *H. Torggler*, GesRZ 1974, 45 f.

139 Vgl *A. Heidinger* in *Gruber/Harrer*, GmbHG² § 30j Rz 45, der hingegen darauf abstellt, dass mit der Zustimmung des AR auch zu rechnen sein muss; *Jordis*, Zustimmungspflichtige Geschäfte gem § 95 Abs 5 AktG, in *Kalss/Kunz*, Handbuch für den Aufsichtsrat (2010) Rz 9/14 f, die zutr darauf hinweist, dass eine solche Konstellation im Zeitalter modernster und schneller Kommunikationstechniken nur ganz selten vorliegen wird; *Kalss*, Beratungsverträge und sonstige Organgeschäfte von Aufsichtsratsmitgliedern mit der Gesellschaft, in *Kalss/Kunz*, Handbuch Aufsichtsrat² Rz 13/47; *Koppensteiner/Rüffler*, GmbHG³ § 30j Rz 18. Etwas strenger hingegen *Briem*, Zustimmungspflichtige Geschäfte, in *Kalss/Kunz*, Handbuch Aufsichtsrat² Rz 12/81 der angesichts der modernen Kommunikationsmittel die Einholung einer Vorabzustimmung idR für möglich hält.

140 Vgl für die AG *G. Schima* in *Kalss/Kunz*, Handbuch Aufsichtsrat² Rz 17/184 f; OGH 29.1.2010, 1 Ob 190/09m; für die GmbH allgemein zu den zustimmungspflichtigen Maßnahmen *A. Heidinger* in *Gruber/Harrer*, GmbHG² § 30j Rz 44 ff; *Reich-Rohrwig*, GmbH-Recht I² Rz 2/131.

trifft.[141] Erweist sich das Geschäft nämlich als Fehlschlag oder entsteht der Gesellschaft ein Verlust, müssten die Geschäftsführer beweisen, dass sie dennoch bei der Planung und Umsetzung des Geschäftes die Sorgfalt eines ordentlichen Geschäftsleiters in jeder Form walten ließen, oder dass der Aufsichtsrat dem Geschäft auch bei entsprechender Vorlage die Zustimmung erteilt hätte. Ob letzterer Nachweis des „rechtmäßigen Alternativverhaltens" in diesem Fall überhaupt zulässig ist, kann indes bezweifelt werden.[142]

Die Geschäftsführer sind daher verpflichtet, dem Aufsichtsrat im Vorlagebericht ein möglichst getreues und aussagekräftiges Bild von Inhalt, Bedeutung und Konsequenzen des geplanten Geschäftes bzw der geplanten Maßnahme zu liefern. Eine Zustimmung, die die Geschäftsführung durch – und sei es bloß fahrlässige – Fehlinformation des Aufsichtsrates erwirkt hat, bedeutet in haftungsrechtlicher Hinsicht für das Geschäftsführungsorgan letztlich dasselbe wie eine nicht eingeholte Zustimmung.

Ändern sich die Verhältnisse nachträglich und kann darauf bei der Durchführung des Geschäftes noch Rücksicht genommen werden, ist der Aufsichtsrat erneut zu befassen, im anderen Fall zumindest nachträglich zu informieren.[143]

1.1.2.4. Weisungsrecht des Aufsichtsrates

Grundsätzlich hat auch in der GmbH der Aufsichtsrat gegenüber dem geschäftsführenden Organ kein Weisungsrecht. Anders als in der AG beruht dieser Zustand aber nicht auf zwingendem Recht, sondern kann durch Gesellschaftsvertrag, uU auch durch Gesellschafterbeschluss im Einzelfall geändert werden.[144]

Die Rechtsgrundlagen dafür sind mannigfaltig. Zum Teil wird die Möglichkeit der Übertragung von Weisungsbefugnissen an den Aufsichtsrat aus § 20 GmbHG abgeleitet,[145] zum Teil aus § 30l Abs 4 GmbHG,[146] zum Teil daraus, dass in § 30j Abs 5 GmbHG vom Gesetzgeber bewusst die in § 95 Abs 5 AktG enthaltene Anordnung nicht übernommen wurde, wonach dem Aufsichtsrat Maßnahmen

141 Vgl *G. Schima*, Die Beweislastverteilung bei der Geschäftsleiterhaftung, in FS W. Jud (2012) 571 (583 f); zur Beweislastverteilung auch schon viel früher *Runggaldier/G. Schima*, Führungskräfte 230 ff.

142 Vgl dazu *G. Schima*, Zustimmungsvorbehalte als Steuerungsmittel in der AG und im Konzern, GesRZ 2012, 35 f.

143 Vgl *A. Heidinger* in *Gruber/Harrer*, GmbHG² § 30j Rz 45; für die AG *Kalss* in *Doralt/Nowotny/Kalss*, AktG I² § 95 Rz 22 ff; *Briem* in *Kalss/Kunz*, Handbuch Aufsichtsrat² Rz 12/82.

144 Vgl *A. Heidinger* in *Gruber/Harrer*, GmbHG² § 30j Rz 18, § 30l Rz 14; *Nowotny* in *Kalss/Nowotny/Schauer*, Gesellschaftsrecht² Rz 4/268 f; *Reich-Rohrwig*, GmbH-Recht I² Rz 4/320, 4/373 ff; *Runggaldier/G. Schima*, Führungskräfte 27 f; *Kastner/Doralt/Nowotny*, Gesellschaftsrecht⁵ 387 f; vgl auch *M. Heidinger*, Aufgaben und Verantwortlichkeit von Aufsichtsrat und Beirat der GmbH (1989) 296 ff.

145 § 20 Abs 1 GmbHG erwähnt *„verbindliche Anordnungen des Aufsichtsrates"*; *Koppensteiner/Rüffler*, GmbHG³ § 20 Rz 18.

146 *A. Heidinger* in *Gruber/Harrer*, GmbHG² § 30l Rz 12; *Koppensteiner/Rüffler*, GmbHG³ § 20 Rz 18, § 30l Rz 12; *Runggaldier/G. Schima*, Führungskräfte 27 f.

der Geschäftsführung nicht übertragen werden könnten,[147] teilweise aus der Organisationsautonomie der Gesellschafter.[148]

Die Gesellschafter delegieren damit einen Teil ihres Weisungsrechtes.[149]

Die generelle Einräumung von Weisungsrechten an den Aufsichtsrat bedarf gesellschaftsvertraglicher Regelung.[150]

Für eine Delegierung des Weisungsrechtes im Einzelfall genügt ein Gesellschafterbeschluss[151] mit (mangels abweichender Satzungsbestimmung) einfacher Mehrheit.

Diese Unterscheidung hat auch für die „Rückholung" der gem § 20 Abs 1 GmbHG den Gesellschaftern zustehenden Weisungskompetenz Bedeutung. Bei gesellschaftsvertraglicher Übertragung des Weisungsrechtes ist eine generelle Rückholung nur durch Änderung des Gesellschaftsvertrages möglich.[152]

Auch ohne Gesellschaftsvertragsänderung können die Gesellschafter aber aufgrund ihrer Stellung als oberstes Organ in der Gesellschaft durch Beschluss im Einzelfall auch auf gesellschaftsvertraglicher Kompetenzübertragung beruhende Weisungsbeschlüsse gegenüber den Geschäftsführern außer Kraft setzen.[153]

Grundsätzlich können die Gesellschafter an den Aufsichtsrat ihre Weisungsbefugnis so weit übertragen, als diese selbst reicht. Wenn im Schrifttum zum Teil gesagt wird, der Aufsichtsrat dürfe von seinem Weisungsrecht nicht so intensiv Gebrauch machen, dass den Geschäftsführern der erforderliche Freiraum für die eigenverantwortliche Ausübung ihrer Organpflichten genommen werde,[154] dann wäre dies grundsätzlich nur so zu verstehen, wie es auch für die Gesellschafter gilt: Degradieren diese die Geschäftsführung zum reinen Exekutivorgan, kann dies die Möglichkeit zum vorzeitigen Rücktritt und Austritt aus dem Anstellungsvertrag begründen (vgl oben Kap 1.1.1.2.).

Dass ein weisungsberechtigter Aufsichtsrat zwar nicht hinsichtlich der sachlichen Reichweite des Weisungsrechtes an sich,[155] wohl aber hinsichtlich der Intensität

147 Vgl *Runggaldier/G. Schima*, Führungskräfte 27 f; *Kastner/Doralt/Nowotny*, Gesellschaftsrecht[5] 387 f mwN in Fn 152.

148 *Koppensteiner/Rüffler*, GmbHG[3] § 20 Rz 18.

149 *Runggaldier/G. Schima*, Führungskräfte 28.

150 *Koppensteiner/Rüffler*, GmbHG[3] § 20 Rz 18; *A. Heidinger* in *Gruber/Harrer*, GmbHG[2] § 30j Rz 18, der auch einen Gesellschafterbeschluss mit satzungsändernder Mehrheit genügen lässt; ebenso *Reich-Rohrwig*, GmbH-Recht I[2] Rz 4/320.

151 Vgl *Nowotny* in *Kalss/Nowotny/Schauer*, Gesellschaftsrecht[2] Rz 4/179; *Koppensteiner/Rüffler*, GmbHG[3] § 20 Rz 18; *Kastner/Doralt/Nowotny*, Gesellschaftsrecht[5] 387 f.

152 Vgl *Reich-Rohrwig*, GmbH-Recht I[2] Rz 2/255 ff; *Runggaldier/G. Schima*, Führungskräfte 28; *Reich-Rohrwig*, GmbH-Recht 297 mwN in Fn 49.

153 *Nowotny* in *Kalss/Nowotny/Schauer*, Gesellschaftsrecht[2] Rz 4/269; *Runggaldier/G. Schima*, Führungskräfte 28; *Kastner/Doralt/Nowotny*, Gesellschaftsrecht[5] 385 Fn 139.

154 So *Reich-Rohrwig*, GmbH-Recht I[2] Rz 4/375; vgl auch *A. Heidinger* in *Gruber/Harrer*, GmbHG[2] § 30j Rz 18; *M. Heidinger*, Aufgaben und Verantwortlichkeit von Aufsichtsrat und Beirat der GmbH (1989) 300.

155 So aber zB *Feltl/Told* in *Gruber/Harrer*, GmbHG[2] § 25 Rz 155, die ein Weisungsrecht für den Aufsichtsrat im Tagesgeschäft generell für unzulässig halten.

von dessen Ausübung engeren Schranken als die Gesellschafter unterliegt, folgt jedoch aus dem Trennungsprinzip des § 30e GmbHG, wonach Aufsichtsratsmitglieder nicht zugleich Geschäftsführer oder dauernd Vertreter von geschäftsführender Gesellschaft oder ihrer Tochterunternehmen sein können. Daraus ergibt sich, dass auch ein weisungsbefugter Aufsichtsrat nicht zum faktischen Geschäftsführungsorgan werden darf.[156]

Eine weitere, generelle Delegierung des dem Aufsichtsrat gesellschaftsvertraglich übertragenen Weisungsrechtes ist richtiger Ansicht zufolge nicht gestattet. Der Aufsichtsrat kann daher nicht – weil dies „praktisch" wäre – den Aufsichtsratsvorsitzenden zum Weisungsberechtigten machen. Dies könnten allenfalls die Gesellschafter durch Satzungsregelung erlauben.

Eine Bevollmächtigung des Aufsichtsratsvorsitzenden durch den Aufsichtsrat im Einzelfall, zB die Ausstattung mit Weisungsbefugnissen bei der Abwicklung eines konkreten Projektes, begegnet hingegen keinen entscheidenden Bedenken.

Haben die Geschäftsführer Bedenken, Weisungen des Aufsichtsrates zu folgen, weil sie die Weisungsbefolgung für die Gesellschaft für schädlich halten, besteht die Verpflichtung, die Gesellschafter damit zu befassen.[157]

Wichtig ist im Zusammenhang mit Weisungsrechten des Aufsichtsrates folgender Hinweis zur Klarstellung: Wenn oben von der Einräumung von „Weisungsrechten" an den Aufsichtsrat die Rede war, so sind damit Weisungsrechte gemeint, die die Geschäftsführer in ihrer Geschäftsführung beeinflussen, also zB zur Durchführung eines bestimmten Geschäftes verpflichten. Auch ohne gesellschaftsvertragliche oder auf Gesellschafterbeschluss im Einzelfall beruhende Übertragung von Weisungsrechten hat aber der Aufsichtsrat – und dies gilt für GmbH und AG sowie für jeden Aufsichtsrat gleichermaßen – bestimmte Weisungsrechte gegenüber der Geschäftsführung, soweit diese zur Wahrnehmung der Überwachungsaufgabe und der die Geschäftsführung gegenüber dem Aufsichtsrat treffenden Informationspflichten unerlässlich sind.[158]

Der Aufsichtsrat kann daher der Geschäftsführung sehr wohl vorschreiben, wie Berichte an den Aufsichtsrat formal und in puncto Ausführlichkeit etc auszusehen haben, wie die Geschäftsführer Tischvorlagen gestalten sollen und wann bestimmte Unterlagen vor Aufsichtsratssitzungen dem Aufsichtsrat übermittelt werden müssen.[159]

156 *A. Heidinger* in *Gruber/Harrer*, GmbHG² § 30j Rz 18; *M. Heidinger*, Besonderheiten des Aufsichtsrates in der GmbH, in *Kalss/Kunz*, Handbuch Aufsichtsrat² Rz 40/29.

157 *A. Heidinger* in *Gruber/Harrer*, GmbHG² § 30j Rz 18; *Rauter* in *Straube/Ratka/Rauter*, WK GmbHG § 30 j Rz 69 (Stand 1.9.2013, rdb.at); *Reich-Rohrwig*, GmbH-Recht I² Rz 4/379.

158 Vgl *Kalss* in *Doralt/Nowotny/Kalss*, AktG I² § 95 Rz 10.

159 Vgl *M. Heidinger* in *Kalss/Kunz*, Handbuch Aufsichtsrat² Rz 40/28 f; *Kastner/Doralt/Nowotny*, Gesellschaftsrecht⁵ 387; *M. Heidinger*, Aufgaben 297.

Derartige „Weisungen“ des Aufsichtsrates müssen von den nur in der GmbH, nicht aber in der AG möglichen „Geschäftsführungs-Weisungen“ streng unterschieden werden.

1.1.2.5. Verhältnis zwischen Generalversammlung und Aufsichtsrat

Aufgrund der Stellung der Gesellschafter in der GmbH als deren oberstes Organ hat der Aufsichtsrat in der GmbH nicht dieselbe vergleichsweise unabhängige Stellung wie in der Aktiengesellschaft.[160] Für die Geschäftsführung der GmbH ist es enorm wichtig, sich in dem Spannungsfeld zwischen Gesellschaftern und Aufsichtsrat (sofern vorhanden) richtig zu orientieren und zu wissen, wie im Falle von Meinungsverschiedenheiten zwischen Gesellschaftern und Aufsichtsrat vorzugehen ist. Dies dient nicht zuletzt der Vermeidung von persönlicher Haftung.

Aus der hervorgehobenen Stellung der Gesellschafter folgt, dass diese sowohl Weisungsbeschlüsse[161] des Aufsichtsrates als auch dessen Beschlüsse über die Zustimmung oder die Verweigerung der Zustimmung zu bestimmten Geschäftsführungsmaßnahmen oder Rechtsgeschäften nach § 30j Abs 5 GmbHG[162] in der Weise außer Kraft setzen können, dass für die Geschäftsführer nur der von der Generalversammlung geäußerte Wille und nicht der Wille des Aufsichtsrates maßgebend ist.

Das bedeutet mit anderen Worten: Wenn der Aufsichtsrat für ein Geschäft, das seiner Genehmigung unterliegt, diese erteilt, können dennoch die Gesellschafter dem Geschäft widersprechen, ja sogar die Geschäftsführer auf der Grundlage von § 20 Abs 1 GmbHG dazu *anweisen*, das Geschäft nicht auszuführen. Umgekehrt kann eine verweigerte Zustimmung des Aufsichtsrates durch die Zustimmung der Gesellschafter substituiert werden.

Bei Geschäften, die der Zustimmung des Aufsichtsrates unterliegen, sind die Geschäftsführer nur in zwei Fällen dazu *verpflichtet*, zusätzlich zum Aufsichtsratsbeschluss die Meinung der Gesellschafter einzuholen: Wenn die Geschäftsführer der Ansicht sind, dass eine Verweigerung der Zustimmung zu einem Antrag der Geschäftsführer dem Wohl der Gesellschaft zuwiderläuft[163] oder wenn die Geschäftsführer (dies gilt sowohl im Falle der Zustimmung als auch der

---

160 Vgl *M. Heidinger* in *Kalss/Kunz*, Handbuch Aufsichtsrat² Rz 40/4, 23 ff mwN.

161 Vgl *A. Heidinger* in *Gruber/Harrer*, GmbHG² § 30j Rz 18; *M. Heidinger* in *Kalss/Kunz*, Handbuch Aufsichtsrat² Rz 40/30; *Runggaldier/G. Schima*, Führungskräfte 28; *Kastner/Doralt/Nowotny*, Gesellschaftsrecht⁵ 385 Fn 139.

162 *Nowotny* in *Kalss/Nowotny/Schauer*, Gesellschaftsrecht² Rz 4/269; *Reich-Rohrwig*, GmbH-Recht I² Rz 4/378 ff; *Runggaldier/G. Schima*, Führungskräfte 28; *Kastner/Doralt/Nowotny*, Gesellschaftsrecht⁵ 385 Fn 139.

163 So wohl auch *A. Heidinger* in *Gruber/Harrer*, GmbHG² § 30j Rz 18, der dies zwar nur auf den Fall von gegen das Gesellschaftswohl verstoßenden Weisungsbeschlüssen des Aufsichtsrates bezieht; konsequenterweise kann aber für die Verweigerung der Zustimmung zu genehmigungspflichtigen Geschäften nichts anderes gelten, weil die Interessenlage identisch ist.

Ablehnung durch den Aufsichtsrat) begründeten Anlass für die Vermutung haben, dass die Entscheidung des Aufsichtsrates dem mutmaßlichen Willen der Gesellschaftermehrheit widerspricht.[164]

Somit können die Gesellschafter jeden auf Zustimmung oder Verweigerung der Zustimmung zu einem genehmigungspflichtigen Geschäft lautenden Beschluss des Aufsichtsrates ins Gegenteil verkehren. Nicht beschränkbar ist jedoch die durch § 30j Abs 5 GmbHG dem Aufsichtsrat an sich verschaffte Kompetenz. Dies bedeutet, dass die Gesellschafter nicht mittels Satzung oder Gesellschafterbeschluss den Kreis der der Aufsichtsratszustimmung unterliegenden Geschäfte einengen können. Unzulässig ist auch die Beseitigung oder Beschränkung der vom Gesetz dem Aufsichtsrat eingeräumten Befugnis, den Kreis der genehmigungspflichtigen Geschäfte durch Aufsichtsratsbeschluss zu erweitern.[165]

Die Gesellschafter können also nicht dem Aufsichtsrat untersagen, durch Beschluss über den gesetzlichen Katalog hinaus weitere Geschäfte seiner Zustimmung vorzubehalten. Bloß den Inhalt einer konkreten Genehmigungs- oder Untersagungsentscheidung des Aufsichtsrates vermögen die Gesellschafter wie eben beschrieben umzustoßen.

Auch in jenen Fällen, in denen die Geschäftsführer nicht verpflichtet sind, nach einer Entscheidung des Aufsichtsrates (zB Verweigerung der Genehmigung zu einem von der Geschäftsführung beabsichtigten Geschäft) die Gesellschafter anzurufen, hat die Geschäftsführung zumindest das Recht, dies zu tun.

Revidiert eine Gesellschafterversammlung häufiger Entscheidungen des Aufsichtsrates, dann leidet darunter zweifellos dessen Autorität. Typischerweise wird es in der Praxis in solchen Fällen über kurz oder lang auch zu Umbesetzungen im Aufsichtsrat kommen.

Dennoch sind die Geschäftsführer auch in jenen Fällen, in denen ihnen bekannt ist, dass das „letzte Wort" ohnehin immer erst in der Gesellschafterversammlung gesprochen wird, nicht berechtigt, den Aufsichtsrat überhaupt auszuschalten bzw zu umgehen. Pflichtwidrig ist es daher bei genehmigungspflichtigen Geschäften, gleich direkt die Gesellschafterversammlung zu befragen, den Aufsichtsrat dagegen nicht. Hat die Gesellschafterversammlung einem (auch) der Aufsichtsratsgenehmigung unterliegenden Geschäft zugestimmt und haben die Geschäftsführer dieses vorgenommen, ohne den gleichfalls zuständigen Aufsichtsrat zu fragen, verletzen sie nicht nur ihre gesetzlichen Pflichten (die aus § 30j Abs 5 GmbHG

164 Es ist anerkannt, dass die Geschäftsführer die Gesellschafter eigeninitiativ und unabhängig von der Formulierung in Gesellschaftsverträgen dann um Zustimmung fragen müssen, wenn es sich um ungewöhnliche, über das Tagesgeschäft hinausgehende Maßnahmen handelt oder die Geschäftsführer davon ausgehen müssen, dass sie dem mutmaßlichen Gesellschafterwillen zuwiderhandeln (vgl näher zur Maßgeblichkeit des mutmaßlichen Willens des Mehrheitsgesellschafters *G. Schima*, GesRZ 1999, 108).

165 *A. Heidinger* in *Gruber/Harrer*, GmbHG[2] § 30j Rz 3; *Koppensteiner/Rüffler*, GmbHG[3] § 30j Rz 3.

folgen), sondern sie gehen auch ein haftungsrechtliches Risiko ein. Entsteht aus der Durchführung des Geschäftes der Gesellschaft ein Schaden, dann werden die Geschäftsführer richtigerweise nicht allein mit dem Einwand durchdringen, auch im Falle rechtmäßigen Alternativverhaltens (Vorlage des Geschäftes auch an den Aufsichtsrat) wäre dieses genehmigt worden, weil die Gesellschafter dem Geschäft ja zugestimmt hätten und einen gegenteiligen Beschluss des Aufsichtsrates außer Kraft setzen könnten. Dieser Einwand könnte hier deshalb versagen, weil im Fall einer Zustimmungsverweigerung durch den Aufsichtsrat vor Befassung der Gesellschafter diese möglicherweise zu einem anderen Ergebnis (nämlich ebenfalls zur Verweigerung der Zustimmung) gelangt wären, hätten sie von den Bedenken des Aufsichtsrates konkret Kenntnis erlangt.

Dies führt zur für die Geschäftsführer aus praktischer Sicht bedeutsamen Frage, in welcher Reihenfolge ggf Aufsichtsrat und Gesellschafter zu befassen sind. Die Antwort kann grundsätzlich nur so lauten, dass der *Aufsichtsrat zuerst gefragt* werden muss. Das folgt nicht nur daraus, dass seine Zuständigkeit gesetzlich ja klar umrissen ist, sondern auch aus dem Umstand, dass die Entscheidung und allfällige Begründung des Aufsichtsrates in Bezug auf eine vorgelegte Geschäftsführungsmaßnahme eine wichtige Entscheidungshilfe für die Gesellschafter bei ihrer eigenen Entscheidung sein kann. Die Gesellschafter selbst sollten also großen Wert darauf legen, dass die Geschäftsführer bei genehmigungspflichtigen Geschäften den Aufsichtsrat immer *vor* den Gesellschaftern befassen und Letzteren auch die Entscheidung des Aufsichtsrates und eine allfällige Begründung vorgelegt werden. Da die Gesellschafter mit der Übertragung eines Weisungsrechtes an den Aufsichtsrat entweder durch Gesellschaftsvertrag oder Gesellschafterbeschluss im Einzelfall ein ihnen selbst zukommendes Recht delegieren, versteht es sich von selbst, dass die Geschäftsführer in Anwendung des § 25 Abs 5 GmbHG gegenüber der Gesellschaft auch dann haftungsfrei werden, wenn der Schaden aus einem Verhalten bzw Geschäft resultiert, das auf Weisung des Aufsichtsrates gesetzt bzw abgeschlossen wurde.[166]

1.1.2.6. Belegschaftsvertreter im Aufsichtsrat

In GmbHs, die einen Aufsichtsrat haben (unabhängig davon, ob dieser zwingend oder fakultativ ist), entsendet das zuständige Organ der Belegschaftsvertretung (Zentralbetriebsrat oder Betriebsrat) aus dem Kreis der Betriebsratsmitglieder, denen das aktive Wahlrecht zum Betriebsrat zusteht,[167] für je zwei von den Gesell-

166 *Feltl/Told* in *Gruber/Harrer*, GmbHG[2] § 25 Rz 157; *Koppensteiner/Rüffler*, GmbHG[3] § 25j Rz 17; skeptisch noch *Runggaldier/G. Schima*, Führungskräfte 243, die darauf hinwiesen, dass dem Wortlaut des Gesetzes zufolge nur Gesellschafterbeschlüsse haftungsbefreiend wirkten. Dies ist zwar richtig, doch kann bei zulässiger Übertragung des Weisungsrechtes an ein anderes Organ für dessen Weisungen nichts anderes in puncto Haftung der Geschäftsführer gelten.

167 Funktionäre von Gewerkschaften, die gem § 53 Abs 4 ArbVG bei einem mindestens vierköpfigen Betriebsrat in diesen gewählt werden können, dürfen also nicht als Belegschaftsvertreter in den Aufsichtsrat einer Gesellschaft einziehen. Dies dient dem Vertraulichkeitsschutz (vgl *Jabornegg* in *Jabornegg/Resch/Strasser*, ArbVG II [2006] § 110 Rz 104).

schaftern durch die Satzung, Gesellschafterbeschluss oder Entsendung bestellte Aufsichtsratsmitglieder einen Arbeitnehmervertreter in den Aufsichtsrat. Dies wird in der Praxis – sprachlich etwas verunglückt – als „Drittelparität" bezeichnet. Wenn die Zahl der Kapitalvertreter ungerade ist, muss ein weiterer Arbeitnehmervertreter entsendet werden (vgl näher § 110 Abs 1 ArbVG), weshalb die Gesellschafter in der Praxis darauf achten, eine gerade Anzahl an Kapitalvertretern zu bestellen.

Der Gesetzgeber ordnet ausdrücklich an, dass die Belegschaftsvertreter im Aufsichtsrat grundsätzlich dieselben Rechte und Pflichten wie die Kapitalvertreter haben (§ 110 Abs 3, 6. Satz ArbVG).

Bloß der Bestellungsvorgang ist ein anderer, und aus der vom Gesetz vorgeschriebenen Ehrenamtlichkeit und der Arbeitnehmerstellung ergibt sich, dass Regelungen über die Vergütung (§ 98 AktG) oder die Unvereinbarkeit von Arbeitnehmerstellung und Aufsichtsratsfunktion (§ 90 Abs 1, 2. Satz und Abs 2 AktG) keine Anwendung finden (§ 110 Abs 3, 2. Satz ArbVG).[168]

Für die Geschäftsführung bedeutet der Umgang mit den Belegschaftsvertretern im Aufsichtsrat manchmal eine gewisse Herausforderung. In der – juristisch wenig reflektierten und von gewissen Vorurteilen geprägten – Wahrnehmung mancher Manager und Unternehmer rangieren Belegschaftsvertreter im Aufsichtsrat manchmal als Aufsichtsratsmitglieder zweiter Klasse, denen man außerdem heikle Informationen ohnehin nicht anvertrauen könne, weil sie sofort zu Gewerkschaft oder Arbeiterkammer liefen und die Vertraulichkeit der Informationen daher nicht mehr gewährleistet wäre.

Der wahre Kern an solchen Einschätzungen bzw Befürchtungen besteht darin, dass Belegschaftsvertreter im Aufsichtsrat sich tatsächlich in einer gewissen Zwickmühlen-Situation, in einem Interessen-Spannungsfeld, befinden, auf das der Gesetzgeber nicht wirklich Rücksicht genommen hat, und dass viele Belegschaftsvertreter im Aufsichtsrat sich tendenziell mehr den Interessen der Arbeitnehmer verpflichtet fühlen als jenen des Unternehmens in seiner Gesamtheit, was nicht selten dazu führt, dass Konsultationen mit gesetzlichen oder beruflichen Interessenvertretungen stattfinden.

Gleichwohl weist der Gesetzgeber, wie aufgezeigt, auch den vom Betriebsrat entsandten Aufsichtsratsmitgliedern dieselben Rechte und Pflichten zu. Sie haften für Fehlverhalten nach ganz herrschender Ansicht auch in gleicher Weise wie Kapitalvertreter und können sich nicht etwa auf die Beschränkungen des Dienstnehmerhaftpflichtgesetzes (DHG) berufen.[169]

168 Vgl näher zur Rechtsstellung von Belegschaftsvertretern im Aufsichtsrat *Löschnigg*, Arbeitsrecht[12] Rz 11/293 ff; *Windisch-Graetz* in ZellKomm[3] § 110 ArbVG Rz 23; *Jabornegg* in *Jabornegg/Resch/Strasser*, ArbVG II (2006) § 110 Rz 216 ff.

169 Vgl *Jabornegg* in *Jabornegg/Resch/Strasser*, ArbVG II (2006) § 110 Rz 256 f.

Auch in puncto Verschwiegenheitspflicht kennt das Gesetz keine Ausnahme für Belegschaftsvertreter. Freilich ist es diesen – genauso wie Kapitalvertretern – gestattet, sich insb in Fragen, in denen dem Aufsichtsratsmitglied selbst die fehlende Sachkunde fehlt, mit externen Beratern zu besprechen und Expertenmeinungen einzuholen. Wirklich unproblematisch ist dies freilich nur bei solchen Beratern, die einer speziellen, gesetzlich verankerten Verschwiegenheitspflicht unterliegen. Bei Arbeiterkammer und Gewerkschaft ist dies nicht der Fall. Andererseits bedeutet der Jahresabschluss – entgegen einer in der Praxis manchmal vorherrschenden Sichtweise unter Unternehmern und Managern – kein Betriebs- und Geschäftsgeheimnis, weshalb die Erörterung von mit dem Jahresabschluss zusammenhängenden Fragen mit Experten wie zB der Arbeiterkammer keinen entscheidenden Bedenken begegnet.

Im Übrigen zeigt langjährige praktische Erfahrung, dass Kapitalvertreter in Aufsichtsräten in bestimmten Situationen nicht weniger dazu neigen, Verschwiegenheitspflichten zu verletzen als Belegschaftsvertreter. Die österreichische Wirtschaftsgeschichte ist reich an Beispielen von Indiskretionen, die schon ihrem Inhalt nach nicht auf Initiativen der Belegschaftsvertreter, sondern nur auf solche von Kapitalvertretern zurückzuführen sein können. Jedenfalls ist es der Geschäftsführung nicht gestattet, Belegschaftsvertretern im Aufsichtsrat (oder generell Aufsichtsratsmitgliedern) Unterlagen mit dem Argument vorzuenthalten, diese würden die Vertraulichkeit nicht wahren.[170]

Bloß in extremen Ausnahmefällen – die dann aber gleichermaßen auf Kapital- wie auch Belegschaftsvertreter zutreffen können – ist es denkbar, dass die Geschäftsführung (die in einem solchen Fall unbedingt das Einverständnis mit dem Aufsichtsratsvorsitzenden bzw Präsidium suchen sollte) die an die Aufsichtsratsmitglieder zB vor einer Sitzung zu verteilenden Unterlagen und Informationen entsprechend kanalisiert, um eine sonst der Gesellschaft aus einer mit hoher Wahrscheinlichkeit zu erwartenden Verschwiegenheitspflichtverletzung drohende Schädigung hintanzuhalten.[171]

1.1.3. Geschäftsführer und Beirat

Es ist unbestritten, dass in der GmbH weitere, im Gesetz nicht explizit geregelte Organe eingerichtet werden können (arg § 20 Abs 2 GmbHG).[172] Das in der Praxis wichtigste zusätzliche Organ ist der Beirat, für den es freilich auch andere gebräuchliche Bezeichnungen wie Gesellschafterausschuss oder Verwaltungsrat gibt.[173]

170 Vgl zu dieser Problematik *Marhold*, Aufsichtsratstätigkeit und Belegschaftsvertretung (1980) 191 ff, insb 209 ff; *Jabornegg* in *Jabornegg/Resch/Strasser*, ArbVG II (2006) § 110 Rz 262 ff; EA Linz 16.7.1986, Re 90/86 Arb 10.545 = ARD 3893/18/87.

171 Vgl zu solchen Konstellationen *Gahleitner* in *Kalss/Kunz*, Handbuch Aufsichtsrat² Rz 10/60 f.

172 Vgl *A. Heidinger* in *Gruber/Harrer*, GmbHG² § 29 Rz 59.

173 *A. Heidinger* in *Gruber/Harrer*, GmbHG² § 29 Rz 55.

Die Zulässigkeit von Beiräten in der GmbH ist grundsätzlich unbestritten und kann sich schon auf die Gesetzesmaterialien zum GmbHG stützen.[174]

Vielfältig wie die Bezeichnungen sind auch die Ausgestaltungen und Aufgaben, die in der Praxis GmbH-Beiräten übertragen werden. Wenn der Beirat ein Organ der Gesellschaft sein soll, bedarf er gesellschaftsvertraglicher Verankerung.[175]

Der Beirat kann dabei gesellschaftsvertraglich zwingend oder gesellschaftsvertraglich fakultativ gestaltet sein. Im ersten Fall ordnet der Gesellschaftsvertrag an, dass die Gesellschaft einen Beirat *hat*, dh besitzen *muss*, im zweiten Fall „*kann*" nach dem Gesellschaftsvertrag ein Beirat errichtet werden, wofür ein (mit zu definierender Mehrheit gefasster) Gesellschafterbeschluss nötig ist.

Beiräte mit bloß beratender Funktion sind – selbst wenn sie im Gesellschaftsvertrag statuiert sind (was in diesem Fall nicht erforderlich ist) – keine Organe der Gesellschaft.[176]

Grundsätzlich können Beiräte in der GmbH unabhängig davon bestellt werden, ob die Gesellschaft einen – zwingenden oder fakultativen – Aufsichtsrat hat. Existiert ein Aufsichtsrat, dann müssen freilich dessen zwingende gesetzliche Mindestzuständigkeiten beachtet werden. Diese können nicht auf einen Beirat verlagert werden.[177] Wenn gesagt wird, dass die Aufsichtsratsbefugnisse auch nicht „mittelbar vom Beirat unterlaufen werden" dürften,[178] so ist das nur mit der Maßgabe richtig, dass die Gesellschafter auch bei Existenz eines Aufsichtsrats sehr wohl die Möglichkeit haben, Befugnisse, die aus ihrer Stellung als oberstes Organ in der GmbH resultieren, auf den Beirat zu übertragen und diesem damit die Rechtsmacht zu verleihen, Aufsichtsratsentscheidungen der Sache nach außer Kraft zu setzen. Wenn die Gesellschafter in der Lage sind, eine auf Zustimmung oder Ablehnung betreffend ein genehmigungspflichtiges Geschäft nach § 30j Abs 5 GmbHG lautende Entscheidung des Aufsichtsrates umzudrehen, also den Geschäftsführern ein vom Aufsichtsrat verbotenes Geschäft zu gestatten (ja sie sogar zu dessen Vornahme anzuweisen) oder ein

174 Vgl zur Stammfassung ErläutRV 236 BlgHH 17. Sess 63; OGH 27.9.2006, 9 ObA 130/05s SZ 2006/138 = GesRZ 2007, 197 mit abl Anm *Feltl* = RWZ 2006, 356 mit abl Anm *Wenger*; *A. Heidinger* in *Gruber/Harrer*, GmbHG² § 29 Rz 59; *Kalss/Probst*, Familienunternehmen (2013) Rz 13/153; *Straube/Rauter* in *Straube/Ratka/Rauter*, WK GmbHG § 29 Rz 87 (Stand 1.9.2013, rdb.at); *Nowotny* in *Kalss/Nowotny/Schauer*, Gesellschaftsrecht² Rz 4/255; *Ch. Nowotny*, Beirat – Aufsichtsrat – Ausschuss, RdW 2008, 699 (700); *Koppensteiner/Rüffler*, GmbHG³ § 35 Rz 53; *Reich-Rohrwig*, GmbH-Recht I² Rz 4/497; *Kastner/Doralt/Nowotny*, Gesellschaftsrecht⁵ 401; *M. Heidinger*, Aufgaben 378; *Kastner*, Aufsichtsrat und Realität, in FS Strasser (1983) 863; *Kastner*, Beiräte im österreichischen Gesellschaftsrecht, RdW 1983, 98; *Reich-Rohrwig*, Der Beirat der GmbH, ÖJZ 1981, 509.

175 *A. Heidinger* in *Gruber/Harrer*, GmbHG² § 29 Rz 56; *Reich-Rohrwig*, GmbH-Recht I² Rz 4/495; *M. Heidinger*, Aufgaben 369 f.

176 Vgl *A. Heidinger* in *Gruber/Harrer*, GmbHG² § 29 Rz 57; *M. Heidinger*, Aufgaben 371.

177 *A. Heidinger* in *Gruber/Harrer*, GmbHG² § 29 Rz 63.

178 So *A. Heidinger* in *Gruber/Harrer*, GmbHG² § 29 Rz 63.

vom Aufsichtsrat erlaubtes Geschäft zu verbieten[179] (vgl dazu oben Kap 1.1.2.5.), dann kann diese Befugnis gesellschaftsvertraglich auch auf einen Beirat verlagert werden. Der Beirat kann aber auch mit Kompetenzen ausgestattet werden, die dem Aufsichtsrat zwar gesellschaftsvertraglich ebenfalls übertragen werden können, ihm aber nicht schon kraft Gesetzes zustehen. Dies gilt zB für die Bestellung von Prokuristen[180] und insb auch für die Einräumung eines Weisungsrechts gegenüber den Geschäftsführern.[181]

Nichts Entscheidendes spricht auch dagegen, den Beirat parallel zum Aufsichtsrat mit dessen Kontroll- und Überwachungsbefugnissen auszustatten und den Geschäftsführern zB vorzuschreiben, dass sie dieselben Arten von Geschäften sowohl dem Aufsichtsrat als auch dem Beirat zur Genehmigung vorlegen müssen.[182] Freilich wird eine solche Gestaltung nur in Ausnahmefällen praktikabel sein.

Besteht in der Gesellschaft kein Aufsichtsrat, dann ist die Gestaltungsfreiheit hinsichtlich der Übertragung von Befugnissen an den Beirat noch größer.[183] Die Unterschiede zwischen aufsichtsratsloser und Aufsichtsrats-GmbH in Bezug auf die dem Beirat aus rechtlicher Sicht übertragbaren Befugnisse sind freilich wegen der Zulässigkeit einer Parallelkontrolle gering.

Wenn der Beirat im Gesellschaftsvertrag mit bestimmten Zuständigkeiten ausgestattet ist, dann können die Gesellschafter richtiger Ansicht zufolge dessen Entscheidungen nicht einfach durch Gesellschafterbeschluss (und auch nicht mit satzungsändernder Mehrheit) aufheben, weil durch den Gesellschaftsvertrag die Zuständigkeiten zunächst entsprechend verteilt werden. Es bedarf daher einer Gesellschaftsvertragsänderung.[184]

Großen Staub aufgewirbelt hat die Auffassung des OGH,[185] dass ein Beirat, dem im Wesentlichen die Zuständigkeiten eines Aufsichtsrates übertragen sind, wie ein solcher behandelt werden muss, was unter anderem die zwingende Geltung der Arbeitnehmermitbestimmung bedeutet. Der OGH konnte sich dabei auf ent-

179 Vgl *Koppensteiner/Rüffler*, GmbHG³ § 30j Rz 28; *Nowotny*, RdW 2008, 700; *A. Heidinger* in *Gruber/Harrer*, GmbHG² § 29 Rz 63; *Hügel*, GesRZ 1982, 312; *Schima*, GesRZ 1999, 112; *Reich-Rohrwig*, GmbH-Recht I² Rz 4/378; OGH 29.8.1995, 5 Ob 554/94 ecolex 1996, 25.

180 Vgl *A. Heidinger* in *Gruber/Harrer*, GmbHG² § 29 Rz 63; *Koppensteiner/Rüffler*, GmbHG³ § 35 Rz 53; *Reich-Rohrwig*, GmbH-Recht I² Rz 4/511.

181 *A. Heidinger* in *Gruber/Harrer*, GmbHG² § 29 Rz 63; *Koppensteiner/Rüffler*, GmbHG³ § 35 Rz 55, die aber anscheinend der – nicht begründeten und auch nicht zutreffenden – Ansicht sein dürften, Weisungsrechte könnten dem Beirat nur bei Fehlen eines Aufsichtsrates übertragen werden; *Reich-Rohrwig*, GmbH-Recht I² Rz 4/506.

182 So offenbar auch *A. Heidinger* in *Gruber/Harrer*, GmbHG² § 29 Rz 63.

183 *A. Heidinger* in *Gruber/Harrer*, GmbHG² § 29 Rz 64; *Koppensteiner/Rüffler*, GmbHG³ § 35 Rz 55; vgl auch *Reich-Rohrwig*, GmbH-Recht I² Rz 4/501 ff.

184 So zutr *A. Heidinger* in *Gruber/Harrer*, GmbHG² § 29 Rz 64; *Koppensteiner/Rüffler*, GmbHG³ § 35 Rz 55; gegenteilig *M. Heidinger*, Aufgaben 398.

185 OGH 27.9.2006, 9 ObA 130/05s SZ 2006/138 = GesRZ 2007, 197 mit abl Anm *Feltl* = RWZ 2006, 356 mit abl Anm *Wenger*.

sprechende Lehrmeinungen stützen[186] und erntete auch teilweise Zustimmung,[187] im neuen Schrifttum aber überwiegend Ablehnung.[188]

Gegen die Ansicht des OGH wurde von den Kritikern ins Treffen geführt, dass das von der Gegenansicht vorgebrachte Argument, ein Beirat hätte „Täuschungspotenzial“, nicht valide sei. Mit diesem Argument ua begründete die Gegenansicht ihre für einen aufsichtsratsähnlichen Beirat vorgesehenen Rechtsfolgen, nämlich die Behandlung als Aufsichtsrat oder überhaupt die Unzulässigkeit eines derartigen Beirats. Anders als beim fakultativen Aufsichtsrat, bei dem wegen der Namensgleichheit der Verkehr annehme, dass ihm auch die Befugnisse des Aufsichtsrates und dessen Verantwortung zukämen, bestünde eine solche Vermutung beim Beirat nicht, weil der Rechtsverkehr mit diesem keine konkrete Funktionsvorstellung verbinde.[189]

Auch das Argument, selbst bei einem fakultativen Aufsichtsrat greife zwingend die Arbeitnehmermitbestimmung, weshalb dies auf einen funktionsgleichen oder funktionsähnlichen Beirat erstreckt werden müsse, lehnt ein Teil der Lehre ab. Wenn nämlich ein Aufsichtsrat von Gesetzes wegen nicht eingerichtet werden müsse, dann habe dies zur Folge, dass die Gesellschafter eben darüber entscheiden könnten, *ob* Mitbestimmung stattfände oder nicht. Deshalb könne es ihnen auch nicht verwehrt sein, Zuständigkeiten, die den Gesellschaftern selbst zukämen, auf ein Organ zu übertragen, an dem die Arbeitnehmer nicht beteiligt seien.[190]

Die Kritik am OGH ist zum Teil berechtigt; sie ist es aber insoweit nicht, als die gesetzliche Wertungsentscheidung, auch bei einem freiwilligen Aufsichtsrat die Arbeitnehmermitbestimmung zwingend eingreifen zu lassen, tatsächlich nicht ganz beiseite geschoben werden kann.[191]

Dass die Gesellschafter – sofern nicht die zwingenden gesetzlichen Voraussetzungen für eine Errichtung bestehen – darüber entscheiden können, *ob* ein Aufsichtsrat errichtet wird, verleiht ihnen nicht die Rechtsmacht, durch andere „Etikettierung“

186 Vgl *M. Heidinger*, Aufgaben 378 ff; *Löschnigg*, Entsendung 53 f, 108 f; *Kastner* in FS Strasser 864 ff; *Kastner*, RdW 1983, 101; *Reich-Rohrwig*, ÖJZ 1981, 511; mit geänderter und gegenteiliger Meinung jedoch *Reich-Rohrwig*, GmbH-Recht I² Rz 4/498f.

187 Vgl *Kalss/Probst*, Familienunternehmen Rz 13/157; *M. Heidinger* in *Kalss/Kunz*, Handbuch Aufsichtsrat² Rz 40/43 ff; *Ch. Nowotny*, RdW 2008, 700.

188 Gegen die Ansicht des OGH vgl *Enzinger* in *Straube/Ratka/Rauter*, WK GmbHG § 35 Rz 122 (Stand 1.8.2013, rdb.at); *Auer*, Zum GmbH-Beirat, der ein fakultativer Aufsichtsrat sein soll, GeS 2007, 183 ff; *Feltl*, GesRZ 2007, 201f; *Koppensteiner/Rüffler*, GmbHG³ § 35 Rz 54; *Wenger*, Beirat als Aufsichtsrat, RWZ 2006, 356 (357); ähnlich *U. Torggler*, Gestaltungsfreiheit bei der GmbH, GesRZ 2010, 185 ff (189 f); vgl auch *Haberer*, Zwingendes Kapitalgesellschaftsrecht (2009) 229 f.

189 *Koppensteiner/Rüffler*, GmbHG³ § 35 Rz 54; diesem Gedanken stimmte auch der OGH in der zitierten E vom 27.9.2006, 9 ObA 130/05s zu.

190 *Koppensteiner/Rüffler*, GmbHG³ § 35 Rz 54; ähnlich *Reich-Rohrwig*, GmbH-Recht I² Rz 4/499; *Auer*, GeS 2007, 184; *Feltl*, GesRZ 2007, 202; *Wenger*, RWZ 2006, 356 (357); *P. Huber*, Fakultativer Aufsichtsrat, Beirat und Arbeitnehmermitwirkung in der GmbH, ecolex 1995, 807 (809 f).

191 So auch *A. Heidinger* in *Gruber/Harrer*, GmbHG² § 29 Rz 61.

eines im Übrigen funktionsgleichen Organes die Arbeitnehmermitbestimmung zu umgehen. Denn um klassische Gesetzesumgehung und deren Grenzen geht es.[192]

Freilich ist Gesetzesumgehung nicht leichtfertig anzunehmen. Das Vorliegen eines „funktionsgleichen" Beirats bzw eines, dem praktisch alle Aufsichtsratsbefugnisse übertragen werden und der daher mitbestimmungsrechtlich eine Gleichbehandlung mit dem (fakultativen) Aufsichtsrat erfordert, bedarf genauer Prüfung. Insb reicht es richtigerweise nicht aus, wenn dem Beirat bloß – etwa parallel zu den Gesellschaftern oder in Ergänzung zu den Kompetenzen der Generalversammlung – Zustimmungs- bzw Ablehnungsbefugnisse in Bezug auf bestimmte wichtige Geschäfte und Maßnahmen der Geschäftsführung übertragen werden.

Bloße Berichtspflichten der Geschäftsführung gegenüber dem Beirat und die Einräumung von Einschau- und Kontrollrechten, reichen ebenfalls nicht aus, wenn dem Beirat die Kompetenz zur Genehmigung oder Ablehnung bestimmter Geschäfte fehlt.

Und nicht ausreichend sind schließlich Befugnisse, die der Aufsichtsrat kraft Gesetzes gar nicht hat, sondern die ihm nur durch Gesellschaftsvertrag übertragen werden können: Wird ein Beirat, ohne sonst aufsichtsratsgleiche Befugnisse zu haben, mit einem Weisungsrecht gegenüber der Geschäftsführung ausgestattet, dann ist er in puncto Mitbestimmung nicht einem Aufsichtsrat gleichzusetzen.

Für die Geschäftsführer ist es wichtig, sich darüber klar zu werden, ob ein aufsichtsratsgleicher Beirat vorliegt oder nicht. Denn Beiräte und ihre Mitglieder sind nicht in das Firmenbuch einzutragen, Aufsichtsratsmitglieder dagegen schon. Im Falle von Gesetzesumgehung durch einen aufsichtsratsgleichen Beirat, der dem Firmenbuch nicht gemeldet wird, verletzen uU die Geschäftsführer ihre Anmeldepflichten und könnten mit Firmenbuchstrafen konfrontiert werden.

Wer Mitglied im Beirat ist, hat der Gesellschaftsvertrag zu bestimmen. Im Zweifelsfall werden die Mitglieder von den Gesellschaftern gewählt, wobei es zulässig ist, die Mitgliederwahl dem Aufsichtsrat zu übertragen.[193]

Es spricht nichts dagegen, dass Aufsichtsratsmitglieder auch dem Beirat angehören, weil es keine Inkompatibilität zwischen Gesellschafterstellung und Aufsichtsratsmitgliedschaft gibt und die Gesellschafter mit der Einrichtung eines Beirates bloß ihnen selbst zukommende Befugnisse verteilen.[194] Für die Geschäftsführer stellen

192 Ganz ähnlich *A. Heidinger* in *Gruber/Harrer*, GmbHG^2 § 29 Rz 61.

193 *A. Heidinger* in *Gruber/Harrer*, GmbHG^2 § 29 Rz 66.

194 OLG Wien 27.9.1982, 5 R 106/82 NZ 1983, 94; *A. Heidinger* in *Gruber/Harrer*, GmbHG^2 § 29 Rz 66; *Koppensteiner/Rüffler*, GmbHG^3 § 35 Rz 56; nicht überzeugende Bedenken bei *M. Heidinger*, Aufgaben 393 und *Kastner*, Zur Mitgliedschaft an mehreren Organen derselben Gesellschaft in GedS Schönherr (1986) 196.

sich bei parallelem Vorhandensein von Gesellschafterversammlung und Beirat ähnliche Fragen in Bezug auf genehmigungspflichtige Geschäfte und Maßnahmen wie in der GmbH mit Aufsichtsrat. Noch weiter verkompliziert werden können sie in den (seltenen) Fällen einer GmbH mit Aufsichtsrat *und* Beirat.

Der Sache nach geht es, wie schon oben (Kap 1.1.1.3.) dargelegt, darum, wie die Geschäftsführer mit den auf verschiedene Organe verteilten Zustimmungskompetenzen in Bezug auf wichtige Geschäftsführungsmaßnahmen umzugehen haben. Als Maxime hat auch hier zu gelten, dass die Geschäftsführer die Entscheidungsbefugnis des obersten Willensbildungsorgans Generalversammlung zu respektieren haben, wobei diese aber, wie schon erörtert, mittels Gesellschaftsvertrages teilweise auf den Beirat verlagert werden kann. Denkbar ist also zB auch die Konstellation, dass die GmbH einen Aufsichtsrat hat, dem die unter § 30j Abs 5 GmbHG fallenden Geschäfte zur Genehmigung vorgelegt werden müssen, dass aber die Gesellschafter einen zB aus ihrer Mitte gebildeten Beirat („Gesellschafterausschuss") gebildet haben, der Befugnisse der Generalversammlung betreffend genehmigungspflichtige Geschäfte ausübt und daher Aufsichtsratsentscheidungen auch ins Gegenteil zu verkehren vermag. Auch in diesem Fall sollten die Geschäftsführer darauf achten, den Aufsichtsrat *zuerst* zu befragen, weil dessen Entscheidung für die Gesellschafter bzw den Beirat eine wesentliche Entscheidungsgrundlage bilden kann.

Wurde dem Beirat ein Weisungsrecht zulässigerweise eingeräumt und handeln die Geschäftsführer in Befolgung einer solchen Beiratsweisung, dann gilt für die Haftungsbefreiung der Geschäftsführer gegenüber der Gesellschaft ebenfalls § 25 Abs 5 GmbHG: Soweit der Ersatzanspruch gegen die Geschäftsführer nicht zur Befriedigung der Gesellschaftsgläubiger erforderlich ist, werden sie gegenüber der Gesellschaft haftungfrei, weil bei abgeleiteter Weisungsbefugnis (des Beirates oder eines Aufsichtsrates) nichts anderes gelten kann als bei direkter Gesellschafterweisung.[195]

Richtigerweise gilt die Haftungsfreistellung gegenüber der Gesellschaft auch dann, wenn die Gesellschafter ihr Weisungsrecht zB im Einzelfall nicht auf gesellschaftsvertraglicher Grundlage, sondern via Bevollmächtigungsbeschluss übertragen.[196]

Bloße Genehmigung eines Geschäftes durch den Beirat entlastet hingegen, so wie die bloße Genehmigung durch den Aufsichtsrat,[197] die Geschäftsführer nicht.

195 *Feltl/Told* in *Gruber/Harrer*, GmbHG² § 25 Rz 155, 157; *Koppensteiner/Rüffler*, GmbHG³ § 25 Rz 17; *Reich-Rohrwig*, GmbH-Recht I² Rz 2/407.

196 *G. Schima*, GesRZ 1999, 160 ff; aM, aber ohne Begründung *Koppensteiner/Rüffler*, GmbHG³ § 25 Rz 17. Es gibt auch keine tragfähige Begründung dafür, warum eine Übertragung des Weisungsrechts mittels ordnungsgemäßer Bevollmächtigung mit ausreichender Spezifizierung des Geschäftes andere Rechtsfolgen zeitigen soll als die Ausübung des Weisungsrechtes durch den Machthaber.

197 Vgl *Feltl/Told* in *Gruber/Harrer*, GmbHG² § 25 Rz 166.

1.1.4. Geschäftsführer und Abschlussprüfer

Gesellschaften mit beschränkter Haftung sind nicht generell prüfungspflichtig, sondern nur dann, wenn sie bestimmte Größenkriterien erreichen bzw überschreiten. Nur in diesen Fällen muss der – von den Geschäftsführern innerhalb von fünf Monaten nach Bilanzstichtag aufzustellende[198] und um den Anhang erweiterte – Jahresabschluss (bestehend aus Bilanz, Gewinn- und Verlustrechnung sowie Anhang) von einem Wirtschaftsprüfer geprüft werden.

Jeder Gesellschafter einer GmbH hat einen durchsetzbaren Rechtsanspruch gegen die Gesellschaft, dass der Jahresabschluss von den Geschäftsführern aufgestellt wird.[199] Die Durchsetzung erfolgt im Außerstreitverfahren.[200]

Nach dem Gesetz werden kleine, mittlere und große, und seit 2015 auch „kleinste" Kapitalgesellschaften nach den folgenden Kriterien unterschieden:

	Bilanzsumme	Umsatzerlöse	Arbeitnehmer
Kleinstgesellschaft	< 350.000 €	< 700.000 €	< 10
Klein	< 5 Mio €	< 10 Mio €	< 50
Mittel	5 – 20 Mio €	10 – 40 Mio €	50 – 250
Groß	≥ 20 Mio €	≥ 40 Mio €	≥ 250

Diese Größenklassen sind in § 221 UGB festgelegt und traten am 20. Juli 2015 in Kraft.[201]

Die Kategorie der Kleinstkapitalgesellschaften wurde per 20. Juli 2015 neu eingeführt. Eine Kleinstgesellschaft liegt vor, wenn mindestens zwei der drei oben aufgezählten Schwellenwerte nicht überschritten werden (§ 221 Abs 1a UGB). Kleinstgesellschaften brauchen keinen Anhang zum Jahresabschluss aufzustellen (§ 242 Abs 1 UGB), sofern sie unter der Bilanz Angaben über den Gesamtbetrag der Haftungsverhältnisse (§ 237 Abs 1 Z 2 UGB) und über die an Vorstands-/ Geschäftsführungs- und Aufsichtratsmitglieder gewährten Vorschüsse und Kredite machen (§ 237 Abs 1 Z 3 UGB).[202]

198 § 222 UGB; vgl dazu *Bergmann* in *U. Torggler*, UGB³ (2019) § 222 Rz 1 ff; *Wagenhofer/Groß* in *Zib/Dellinger*, UGB III/1 (2013) § 222 Rz 6 ff.

199 OGH 6.6.2001, 6 Ob 119/01w ecolex 2001, 842; OGH 19.6.1997, 6 Ob 33/97i HS 28.107 = RdW 1997, 596; *Wagenhofer/Groß* in *Zib/Dellinger*, UGB III/1 § 222 Rz 34; *Reich-Rohrwig*, GmbH-Recht I² Rz 3/218.

200 *Wagenhofer/Groß* in *Zib/Dellinger*, UGB III/1 § 222 Rz 34; *Nowotny* in *Straube/Ratka/Rauter*, UGB II/RLG³ § 222 Rz 13 (Stand 1.6.2017, rdb.at).

201 Vgl die Übergangsbestimmungen in § 906 Abs 28 und 29 UGB. Vor den Änderungen durch das Rechnungslegungs-Änderungsgesetz 2014 (RÄG 2014, BGBl I 2015/22) gab es keine Kleinstgesellschaften und es galten Schwellen von 4,84 Mio € Bilanzsumme und 9,68 Mio € Umsatzerlös für kleine Gesellschaften bzw 19,25 Mio € Bilanzsumme und 38,5 Mio € Umsatzerlös für die Abgrenzung von mittleren von großen Gesellschaften.

202 Siehe zu den Neuerungen des RÄG 2014 *Wolf*, Rechnungslegungs-Änderungsgesetz 2014. Die wichtigsten Änderungen im Überblick und ihre praktischen Auswirkungen, RdW 2015, 50.

Kleine Gesellschaften mit beschränkter Haftung, das sind gem § 221 Abs 1 UGB solche, die mindestens zwei der drei in der obigen Tabelle angeführten Merkmale für kleine Gesellschaften nicht überschreiten, müssen gem § 268 Abs 1 UGB ihren Jahresabschluss und Anhang nicht durch einen Abschlussprüfer prüfen lassen. Eine Ausnahme besteht nur, wenn eine kleine GmbH aufgrund gesetzlicher Vorschriften einen Aufsichtsrat haben muss.

Mittelgroß ist eine GmbH, wenn sie zwar mindestens zwei der Merkmale der kleinen Gesellschaft, aber nicht mehr als eines der Merkmale für große Gesellschaften überschreitet (§ 221 Abs 2 UGB).

Eine große GmbH überschreitet mindestens zwei der drei in § 221 Abs 2 UGB genannten Kriterien für große Gesellschaften (siehe die vierte Zeile der Tabelle).

Jedenfalls groß ist eine GmbH gem § 221 Abs 3 UGB aber dann, wenn sie ein „Unternehmen von öffentlichem Interesse“ gem § 189a Z 1 UGB ist. Dies sind nach § 189a Z 1 lit a UGB Unternehmen, deren übertragbare Wertpapiere zum Handel an einem geregelten Markt eines Mitgliedstaates der Europäischen Union oder des EWR zugelassen sind. Auch eine GmbH kann durch die Ausgabe von Schuldverschreibungen unter diese Bestimmung fallen.[203]

Unternehmen von öffentlichem Interesse, die unabhängig von den in § 221 UGB festgelegten Schwellenwerten als große Gesellschaften gelten, sind nach der neuen gesetzlichen Definition des § 189a Z 1 lit b – d UGB außerdem Kreditinstitute und Versicherungsunternehmen sowie Gesellschaften, die ein Bundesgesetz als „Unternehmen von öffentlichem Interesse“ bezeichnet.

§ 221 Abs 4 erster Satz UGB ordnet an, dass die Größenmerkmale an den Abschlussstichtagen von zwei aufeinanderfolgenden Geschäftsjahren überschritten bzw nicht mehr überschritten werden müssen, damit es zu einer Neueinstufung der Gesellschaft im darauffolgenden Geschäftsjahr kommt.[204] Es müssen in den beiden Jahren aber nicht dieselben zwei Kriterien über- bzw unterschritten werden. Vielmehr ist es möglich, dass die Gesellschaft im ersten Jahr einen entsprechenden Anstieg oder eine Reduktion bei Umsatzerlösen und Arbeitnehmeranzahl verzeichnet und im darauffolgenden Jahr bei Bilanzsumme und Arbeitnehmeranzahl.[205]

Während vor der Gesetzesänderung 2014[206] umstritten war, wie im Geschäftsjahr der Neugründung einer GmbH vorzugehen wäre, enthält § 221 Abs 4 zweiter Satz UGB nun eine Klarstellung.[207] Im Falle der Umgründung oder Neugründung (Ausnahme: Rechtsformwechel) sind die Größenmerkmale von § 221 Abs 1 bis 3

203 *Nowotny* in *Kalss/Nowotny/Schauer*, Gesellschaftsrecht² Rz 4/367.
204 Vgl *Nowotny* in *Kalss/Nowotny/Schauer*, Gesellschaftsrecht² Rz 4/367.
205 *Schiebel* in *U. Torggler*, UGB³ § 221 Rz 23 mwN in Fn 24.
206 Durch das RÄG 2014, BGBl I 2015/22.
207 ErläutRV BlgNR 367 25. GP 9.

UGB schon ab dem ersten Abschlussstichtag beachtlich, sodass die Rechtsfolgen gleich eintreten und nicht – wie früher teilweise angenommen[208] – erst ab dem folgenden Geschäftsjahr.

Der Abschlussprüfer wird vor Ablauf des Geschäftsjahres von den Gesellschaftern gewählt (§ 270 Abs 1, 1. Satz UGB). Das Gesetz möchte verhindern, dass sich das zu prüfende (geschäftsführende) Organ den eigenen Prüfer aussucht. Faktisch sieht dies insb in kleineren Gesellschaften und solchen, deren Gesellschafter nicht aktiv am Unternehmensgeschehen teilnehmen, oft anders aus.

Existiert in der Gesellschaft ein – zwingender oder fakultativer – Aufsichtsrat,[209] hat dieser einen Wahlvorschlag zu erstatten. Dabei hat der Aufsichtsrat jene Informationen, die ein in Aussicht genommener Wirtschaftsprüfer gem § 270 Abs 1a UGB liefern muss, nämlich

- eine nach Leistungskategorien gegliederte Aufstellung über das für das vorangegangene Geschäftsjahr von der Gesellschaft erhaltene Entgelt;
- Bericht über die Einbeziehung des Prüfers in ein gesetzliches Qualitätssicherungssystem;
- Darlegung aller Umstände und deren Dokumentation, die eine mögliche Befangenheit oder Ausgeschlossenheit des Wirtschaftsprüfers begründen könnten;
- Darlegung jener Schutzmaßnahmen, die getroffen worden sind, um eine unabhängige und unbefangene Prüfung sicherzustellen,

zu verwerten.[210]

Wenn die GmbH einen Aufsichtsrat hat, schließt dieser (wie es in der AG mit obligatorischem Aufsichtsrat immer der Fall ist) den Prüfungsauftrag/Prüfungsvertrag ab, zu dem auch die mit dem Abschlussprüfer zu vereinbarende Entlohnung zählt. Besteht kein Aufsichtsrat wie in der ganz überwiegenden Mehrzahl der GmbHs, schließt den Prüfungsauftrag die Geschäftsführung ab.

Die Wahl des Abschlussprüfers und der Abschluss des Prüfungsvertrages mit diesem bilden insofern eine Einheit, als die Abschlussprüferbestellung erst mit

208 *Reich-Rohrwig*, GmbH-Recht I² Rz 3/56 und *Nowotny* in *Kalss/Nowotny/Schauer*, Gesellschaftsrecht² Rz 4/367 waren der Ansicht, dass im ersten Geschäftsjahr die GmbH als kleine Kapitalgesellschaft (mit der Konsequenz, dass keine Abschlussprüfung erforderlich ist) zu behandeln sei. Überzeugender war damals bereits die Auffassung von *Huemer* (*Huemer*, Größenabhängige Erleichterungen bei der Rechnungslegung [2002] 101 f), der zufolge sich die Einstufung auch schon im ersten Jahr nach den Zahlen des ersten Stichtages richtet. Wieder anders *Geist* in *Jabornegg*, HGB (1997) § 221 Rz 24.

209 Der Wahlvorschlag kann auch von einem Ausschuss des Aufsichtsrates erstellt werden. Wenn ein gesetzlich eingerichteter Prüfungsausschuss besteht, fällt die Erstattung des Wahlvorschlages in die Zuständigkeit des Prüfungsausschusses (*Steckel* in *U. Torggler*, UGB³ § 270 Rz 5).

210 Vgl *Steckel* in *U. Torggler*, UGB³ § 270 Rz 5; vgl auch *Milla/Rödler/Köll*, Auswahl und Beauftragung des Abschlussprüfers, in *Kalss/Kunz*, Handbuch Aufsichtsrat² Rz 21/13 ff.

Abschluss des Prüfungsvertrages abgeschlossen ist. Bis dahin können die Gesellschafter die Wahl noch mittels Beschlusses abändern.[211]

Es ist auch zulässig und zweckmäßig, wenn die Gesellschafter in den Bestellungsbeschluss die wesentlichen Rahmenbedingungen des Prüfungsvertrages aufnehmen.[212]

An einen Wahlvorschlag des Aufsichtsrates sind die Gesellschafter nicht gebunden, sondern können einen anderen, die gesetzlichen Voraussetzungen erfüllenden Prüfer bestellen.[213]

Klar ist, dass die Geschäftsführer nicht die Bestellung eines ihnen nicht genehmen Abschlussprüfers dadurch vereiteln können, dass sie diesem im Prüfungsvertrag finanziell unattraktive Bedingungen anbieten. Aufgrund des den Gesellschaftern gegenüber der Geschäftsführung zukommenden Weisungsrechts (§ 20 Abs 1 GmbHG) können die Gesellschafter – anders als Aktionäre dies bei der AG gegenüber dem den Prüfungsauftrag zwingend abschließenden Aufsichtsrat tun können – Weisungen hinsichtlich der inhaltlichen Gestaltung des Prüfungsvertrages erteilen. Solche Weisungen haben die Geschäftsführer zu befolgen, soweit diese nicht gesetzwidrig sind.

Geschäftsführer (bzw in der AG Aufsichtsräte) gefallen sich in der Praxis meist darin, das Honorar des Abschlussprüfers möglichst stark zu drücken. Im Bereich der Abschlussprüfung besteht – was in Anbetracht des zumindest für große Gesellschaften herrschenden Angebotsoligopols durch die „Big Four" erstaunlich ist – ein harter Preiswettkampf. Faktisch ist es so, dass viele Prüfungsgesellschaften die nicht wirklich gewinnbringenden Honorare bei der Pflicht-Abschlussprüfung durch Zusatzaufträge (Sonderprüfungen, forensic services etc) hereinzubringen trachten. Die dadurch oft ausgelösten Interessenkonflikte können durchaus problematisch sein. Von solchen Zusatzaufträgen abhängig gemacht werden darf die Bestellung zum Abschlussprüfer freilich nicht. Dies verbietet das Gesetz ausdrücklich (§ 270 Abs 1, letzter Satz UGB).[214]

Die Vereinbarung von Dumping-Honoraren für die Abschlussprüfung ist sowohl aus der Sicht der Geschäftsführung als auch jener der Gesellschafter kurzsichtig. Denn es ist unmittelbar einsichtig, dass sich dies auf die Qualität der

211 *Steckel* in *U. Torggler*, UGB[3] § 270 Rz 14; *Völkl* in *Straube/Ratka/Rauter*, UGB II/RLG[3] § 270 Rz 9, 17 (Stand 1.6.2011, rdb.at); *Walter* in *Hirschler*, Kommentar zum Bilanzrecht (2010) § 270 Rz 5; *Gelter* in *Bertl/Mandl* (Hrsg), Handbuch zum Rechnungslegungsgesetz (19. Lfg 2015) zu § 270 UGB Einzelfragen 1.1.5.

212 *Steckel* in *U. Torggler*, UGB[3] § 270 Rz 11; *Völkl* in *Straube/Ratka/Rauter*, UGB II/RLG[3] § 270 Rz 13 (Stand 1.6.2011, rdb.at).

213 *Steckel* in *U. Torggler*, UGB[3] § 270 Rz 10; *Milla/Rödler/Köll* in *Kalss/Kunz*, Handbuch Aufsichtsrat[2] Rz 21/55; *Gelter* in *Bertl/Mandl*, Handbuch § 270 UGB Einzelfragen 1.1.2 c; aM *Holoubek*, Die Wahl des Abschlussprüfers zwischen Unternehmens- und Vergaberecht, ÖZW 2009, 2.

214 Vgl *Steckel* in *U. Torggler*, UGB[3] § 270 Rz 19.

Abschlussprüfung und den Personaleinsatz des Prüfers nachteilig auswirken muss.[215]

In einen fachlich kompetenten Abschlussprüfer ein angemessenes Honorar zu investieren, ist bei einer Gesellschaft, deren Gesellschafter und Unternehmensführungen an Transparenz interessiert sind, eine zweifellos gute Investition.

Vor allem in kleineren Gesellschaften und solchen, deren Gesellschafter am Unternehmensgeschehen nicht aktiv teilnehmen, wird die Geschäftsführung zumindest de facto in die Wahl des Prüfers und in die Verhandlungen aktiv eingebunden sein. Gerade in solchen Fällen trifft die Geschäftsführung aber auch eine besondere Aufklärungs- und Beratungspflicht gegenüber den Gesellschaftern. Dies gilt insb für die Beachtung und Einhaltung der dem Abschlussprüfer gesetzlich auferlegten Kriterien in puncto Unabhängigkeit und Qualitätssicherung. Die Geschäftsführer müssen daher die Gesellschafter, wenn diese erkennbar nicht kompetent genug sind, vor der Wahl eines nicht geeigneten Abschlussprüfers oder gar eines solchen, der bestimmte gesetzliche Kriterien nicht erfüllt, warnen. In so einem Fall kann die Geschäftsführung auch die Unterzeichnung des Prüfungsvertrages verweigern – dies freilich nur, wenn der Prüfer tatsächlich gesetzliche Voraussetzungen nicht erfüllt. Sind die Geschäftsführer bloß der begründeten Meinung, dass die Gesellschafter einen formal die Voraussetzungen erfüllenden, aber nicht ausreichend befähigten Prüfer bestellt haben, müssen sie mE die Gesellschafter zwar darauf hinweisen, haben aber bei deren Beharren den Prüfungsvertrag abzuschließen.

Zu einer gerichtlichen Bestellung eines Abschlussprüfers kann es nach § 270 Abs 3 UGB dann kommen, wenn die Geschäftsführer, der Aufsichtsrat oder Gesellschafter, deren Anteil zusammen fünf Prozent des Stammkapitals oder einen Betrag von 350.000 € erreichen, den Antrag stellen, einen anderen Abschlussprüfer zu bestellen. Dies ist nur dann möglich, wenn ein in der Person des gewählten Prüfers gelegener wichtiger Grund vorliegt, der die Umbestellung geboten erscheinen lässt, was insb durch das Vorhandensein von Ausschlussgründen nach § 271 Abs 2–5 UGB, § 271a UGB oder anderer gesetzlicher Bestimmungen der Fall ist. Auch wenn der Abschlussprüfer wegen bestimmter Umstände als befangen zu betrachten ist, kann eine Umbestellung vom Gericht auf Antrag verfügt werden. Wenn der Ausschluss- oder Befangenheitsgrund erst nach der Wahl bekannt wird oder erst nach der Wahl eintritt, ist der Antrag binnen eines Monats nach dem Tag zu stellen, an dem der Antragsberechtigte Kenntnis davon erlangt hat oder ohne grobe Fahrlässigkeit hätte erkennen können.[216]

---

215 In dem schon vor rund 20 Jahren die Gerichte beschäftigenden Fall der Bank Burgenland (die ihre Abschlussprüfer auch klagte) kam heraus, dass die Bank insgesamt für die beiden Abschluss- bzw Bankprüfer einen Betrag von bloß rund 1,2 Mio ATS aufwenden musste – ein auch damals viel zu geringer Betrag, bei dem nicht verwunderte, dass die Prüfungen oberflächlich abliefen (bei den Arbeiten am Jahresabschluss 1999 stellte sich heraus, dass Forderungen an die HOWE-Gruppe im Ausmaß von mindestens 170.781.160,29 ATS uneinbringlich sein würden; vgl auch OGH 4.4.2006, 1 Ob 251/05a SZ 2006/53) und in einem beträchtlichen Ausmaß Ferialpraktikanten eingesetzt wurden.

216 Vgl dazu zB *Steckel* in *U. Torggler*, UGB[3] § 270 Rz 23 ff mwN.

Von der gerichtlichen Ersatzbestellung ist die gerichtliche Notbestellung zu unterscheiden. Nach § 270 Abs 4 UGB hat das zuständige Handelsgericht einen Prüfer zu bestellen, wenn bis zum Ablauf des zu prüfenden Geschäftsjahres kein Abschlussprüfer gewählt wurde oder die Wahl nichtig war oder wenn der gewählte Abschlussprüfer den Abschluss des Prüfungsvertrages abgelehnt hat, weggefallen ist oder am rechtzeitigen Abschluss der Prüfung verhindert ist und ein anderer Abschlussprüfer nicht gewählt worden ist.

Antragsberechtigt sind die Geschäftsführer, mindestens zwei Mitglieder des Aufsichtsrates und jeder Gesellschafter. Die Geschäftsführer sind zur Stellung des Antrages verpflichtet.

Der vom Gericht gem § 270 Abs 3 oder Abs 4 UGB bestellte Abschlussprüfer hat Anspruch auf angemessene Entlohnung und Ersatz der notwendigen Barauslagen (§ 270 Abs 5 UGB).

Der Prüfungsvertrag, der nach überwiegender Ansicht als Werkvertrag[217] qualifiziert wird,[218] kann weder von der Gesellschaft noch vom gewählten Prüfer frei beendet werden. Die Gesellschaft kann den Prüfungsvertrag ordentlich, dh ohne wichtigen Grund, überhaupt nicht kündigen. Wenn ein wichtiger Grund vorliegt, kann die Gesellschaft die gerichtliche Ersatzbestellung beantragen.[219] Auch eine einvernehmliche Auflösung ohne Vorliegen eines wichtigen Grundes ist nach richtiger Ansicht unzulässig.[220] Der Abschlussprüfer kann den Prüfungsvertrag nur aus einem wichtigen Grund kündigen (§ 270 Abs 6, 1. Satz UGB). Als wichtige Gründe werden angesehen:

- eine gerichtliche Ersatzbestellung gem § 270 Abs 3 UGB;
- das nachträgliche Auftreten eines Ausschlussgrundes gem den §§ 271 ff UGB oder eines Ablehnungsgrundes gem § 88 WTBG;
- schwere persönliche Differenzen zwischen Prüfer und Gesellschaftsorganen.

Zusammenfassung:

- Der Jahresabschluss einer GmbH muss nur dann von einem Abschlussprüfer geprüft werden, wenn diese eine „mittelgroße" oder „große" GmbH ist.
- Eine „kleine" GmbH, die zumindest zwei der folgenden drei Kriterien – Bilanzsumme von 5 Mio €, Umsatzerlöse von 10 Mio € und 50 Arbeitnehmer – nicht überschreitet, muss ihren Jahresabschluss nicht prüfen lassen.

217 *Wünsch*, Die Änderung der Vorschriften über die Abschlussprüfung durch das RLG im Lichte der Europäischen Integration, in FS G. Frotz (1993) 883 (893); *Kastner/Doralt/Nowotny*, Gesellschaftsrecht[5] 281; *Steckel* in *U. Torggler*, UGB[3] § 270 Rz 18.

218 Er enthält daneben freilich auch deutliche Merkmale einer Geschäftsbesorgung, ist aber dessen ungeachtet ein Zielschuldverhältnis, weil auf ein bestimmtes Endprodukt gerichtet.

219 *Steckel* in *U. Torggler*, UGB[3] § 270 Rz 30; *Völkl* in *Straube/Ratka/Rauter*, UGB II/RLG[3] § 270 Rz 42 (Stand 1.6.2011, rdb.at).

220 *Steckel* in *U. Torggler*, UGB[3] § 270 Rz 30; *Gelter* in *Bertl/Mandl*, Handbuch § 270 UGB Einzelfragen 2.3. mwN.

- Der Abschlussprüfer wird von den Gesellschaftern gewählt; besteht ein Aufsichtsrat, hat dieser Wahlvorschläge zu erstatten, an die die Gesellschafter aber nicht gebunden sind.
- Besteht ein Aufsichtsrat, ist dieser zum Abschluss des Prüfungsvertrages berufen – fehlt (wie meist in der GmbH) ein Aufsichtsrat, ist dies Aufgabe der Geschäftsführer.
- Die Geschäftsführer trifft – insb bei weniger kundigen Gesellschaftern – die Verpflichtung, die Gesellschafter auf Mängel des Wahlvorganges bzw auf Hindernisse hinzuweisen, die der Bestellung des in Aussicht genommenen Abschlussprüfers entgegenstehen.
- Die Vereinbarung von „Dumping-Honoraren" mit dem Abschlussprüfer ist entgegen weit verbreiteter Ansicht und Praxis unternehmerisch nicht klug, weil es sich negativ auf die Qualität der Prüfung auswirken muss.
- Sowohl die Gesellschaft als auch der Abschlussprüfer können den Prüfungsvertrag nur aus wichtigem Grund kündigen; bloße Meinungsverschiedenheiten zwischen der Gesellschaft bzw ihren Organen und dem Prüfer reichen dafür nicht aus.
- Die Geschäftsführer, der Aufsichtsrat oder Gesellschafter, die über mindestens fünf Prozent des Stammkapitals oder einen Anteil an diesem von mindestens 350.000 € verfügen, können aus wichtigem Grund eine gerichtliche Umbestellung des Prüfers beantragen.
- Das Gericht hat einen Prüfer dann zu bestellen, wenn nicht bis zum Ablauf des Geschäftsjahres ein Abschlussprüfer gewählt worden ist oder wenn der Prüfer den Abschluss des Prüfungsvertrages abgelehnt hat, weggefallen oder am Abschluss der Prüfung verhindert und ein anderer Abschlussprüfer nicht gewählt worden ist.

1.2. Die Leitungsaufgabe des GmbH-Geschäftsführers

1.2.1. Führung des von der Gesellschaft betriebenen Unternehmens

1.2.1.1. Wahrung des Unternehmensinteresses

Im GmbHG fehlt eine dem § 70 Abs 1 AktG vergleichbare Bestimmung. Die aktienrechtliche Vorschrift lautet: „*Der Vorstand hat unter eigener Verantwortung die Gesellschaft so zu leiten, wie das Wohl des Unternehmens unter Berücksichtigung der Interessen der Aktionäre und der Arbeitnehmer sowie des öffentlichen Interesses es erfordert.*"

Der Hinweis auf die Leitung „*unter eigener Verantwortung*" im Aktienrecht wird als gesetzliche Verankerung der Weisungsfreiheit des AG-Vorstandes verstanden.[221] Dies passt auf den GmbH-Geschäftsführer in der Tat nicht, weil dieser ja nicht weisungsfrei agiert, sondern bekanntlich den Weisungen der Gesellschafter in umfassender Weise (§ 20 Abs 1 GmbHG) unterworfen ist.[222]

Abgesehen von der fehlenden Weisungsfreiheit des GmbH-Geschäftsführers ist dieser aber bei der Leitung des von der GmbH betriebenen Unternehmens – insb

221 Vgl *Runggaldier/G. Schima*, Manager-Dienstverträge^4 75; *Nowotny* in *Doralt/Nowotny/Kalss*, AktG I^2 § 70 Rz 6; *Runggaldier/G. Schima*, Führungskräfte 238.

222 Darauf hinweisend auch *Feltl/Told* in *Gruber/Harrer*, GmbHG^2 § 25 Rz 42.

soweit Weisungen der Gesellschafter fehlen – denselben Interessen verpflichtet wie der Vorstand einer AG.

Die im Schrifttum mehrfach zu findende Sichtweise, es bestünden in Bezug auf das vom GmbH-Geschäftsführer zu berücksichtigende Unternehmensinteresse und die diversen Partikularinteressen von „Stakeholdern" relevante Unterschiede gegenüber dem AG-Vorstand, vermögen nicht zu überzeugen. So wird behauptet, mangels entsprechender Ableitungsbasis ließe sich eine besondere *Verpflichtung* des Geschäftsführers zur Berücksichtigung von Arbeitnehmerinteressen oder Gemeinwohlbelangen nicht begründen.[223] Eine prinzipielle **Berechtigung** zur besonderen Berücksichtigung dearartiger *Stakeholder*-Interessen sei dem Geschäftsführer umgekehrt aber durchaus zuzubilligen, zumal auch eine GmbH auf den Rückhalt ihrer Belegschaft sowie – abhängig von Größe und Branche – ihre öffentliche Wahrnehmung als *good corporate citizen* angewiesen sei.[224]

Damit wird jedoch einerseits die in § 70 Abs 1 AktG statuierte Interessenpluralität überschätzt und andererseits verkannt, dass GmbH-Geschäftsführer und AG-Vorstand in gleicher Weise dem Unternehmensinteresse im Sinne langfristiger Rentabilität bzw Renditeerzielung[225] verpflichtet sind. Vor allem berücksichtigen diese Meinungen nicht, dass die in § 70 Abs 1 AktG genannten „Partikularinteressen" (Shareholder- und Stakeholder-Interessen), nämlich das Interesse der Aktionäre, der Arbeitnehmer und das öffentliche Interesse,[226] sich stets dem Interesse an langfristiger Gewinnerzielung und Rentabilität unterzuordnen haben und das so verstandene Unternehmensinteresse den Partikularinteressen „teleologisch vorgeordnet" ist.[227] Die genannten Partikularinteressen lassen sich – bei Nähe besehen – zwanglos als Teilinteressen des im obigen Sinne verstandenen Unternehmensinteresses als „Oberziel" interpretieren. In aller Regel wird die langfristige Steigerung des Unternehmenswertes nicht nur der Verfolgung des Gesellschaftsinteresses dienen, sondern auch im Interesse der Aktionäre, der Arbeitnehmer und der Öffentlichkeit und naturgemäß auch der Gesellschafts-

223 So *Feltl/Told* in *Gruber/Harrer*, GmbHG² § 25 Rz 42 unter Berufung auf *Altmeppen* in *Roth/Altmeppen*, GmbHG⁸ (2015) § 43 Rz 7: „*Eine Verpflichtung der Geschäftsführer gegenüber dem öffentlichen Interesse … hat aber im GmbHG keinen Niederschlag gefunden.*".

224 So *Feltl/Told* in *Gruber/Harrer*, GmbHG² § 25 Rz 42 unter Berufung auf MünchKommGmbHG/*Fleischer* § 43 Rz 19 und *Fleischer*, Zum Inhalt des „Unternehmensinteresses" im GmbH-Recht, GmbHR 2010, 1307 (1309).

225 Vgl *Koppensteiner*, Einpersonengesellschaften – eine Skizze, GES 2015, 1 (7); *Hüffer/Koch*, Aktiengesetz¹³ (2018) § 76 Rz 34; *Reich-Rohrwig* in *Artmann/Karollus*, AktG II⁶ § 70 Rz 83 (Stand 1.10.2018, rdb.at); *Strasser* in *Jabornegg/Strasser*, AktG II⁵ (2010) § 70 Rz 24.

226 Unerwähnt lässt das Gesetz die Interessen der Gesellschaftsgläubiger, was in der Literatur zu Recht als konstruktives Manko beschrieben wurde. Es ist aber aufgrund zahlreicher anderer Vorschriften im GmbHG und AktG (vgl zB § 25 Abs 5 GmbHG) ohnehin unstrittig, dass die Gläubigerinteressen großes Gewicht haben und von der Geschäftsleitung besonders berücksichtigt werden müssen, andernfalls Haftungsfolgen drohen.

227 G. *Schima*, Vorzeitiges Ausscheiden von Vorstandsmitgliedern und Aufsichtsratssorgfalt, RdW 1990, 448; vgl auch *Schiemer*, AktG² (1986) Anm 2.1. zu § 70 mwN; für Deutschland *Krieger*, Personalentscheidungen des Aufsichtsrates 22 ff.

gläubiger liegen.[228] Dies muss aber nicht stets so sein, weil zB die Aktionäre gelegentlich an Maßnahmen interessiert sein können, die zu kurzfristigen Kurssteigerungen führen, aber der langfristigen Ertragswertsteigerung zuwiderlaufen. Und dass sich Zielkonflikte zwischen Letzterer und den Interessen der Belegschaft ergeben können, liegt ohnehin auf der Hand.[229]

Jedenfalls ist es nicht nachvollziehbar, warum die Geschäftsführung einer GmbH *„regelmäßig in geringerem Umfang als die AG – auf den Rückhalt ihrer Belegschaft und die gesellschaftliche Akzeptanz als good corporate citizen angewiesen"* sein soll.[230]

Viel eher ist hier der Unterschied zwischen großen, stärker im Licht der Öffentlichkeit stehenden Gesellschaften und kleinen (insb Familien-)Gesellschaften zu machen. Richtig ist zwar, dass zur Gruppe der Ersteren vor allem auch börsenotierte Gesellschaften zählen und es sich dabei nicht um GmbHs handeln kann, doch ist es für eine große GmbH mit einer vierstelligen Arbeitnehmeranzahl, die vielleicht die Tochtergesellschaft eines großen multinationalen Konzerns ist, ungleich wichtiger, in der Öffentlichkeit als „Good Corporate Citizen" dazustehen, als für eine kleine Familien-AG.

Für den „Rückhalt" der Belegschaft gilt Ähnliches: Soweit hier gemeint ist, dass kollektive Kampfmaßnahmen der Belegschaft dem Unternehmen schweren Schaden zufügen können, gilt dieser Aspekt grundsätzlich für sämtliche Unternehmen, tendenziell aber stärker für größere. Die Rechtsform spielt dabei gar keine Rolle.

228 Nach hM ist die interessenplurale Zielkonzeption maßgebend für das Leistungsermessen des Vorstandes (*Hüffer/Koch*, AktG[13] § 76 Rz 28). Dass sich daraus keine Reihenfolge der maßgebenden (und in § 76 Abs 1 dAktG 1965 – anders als in § 70 Abs 1 öAktG – nicht mehr explizit aufgezählten) Interessen und insb kein „leichter Vorrang" der Aktionärsinteressen ergeben soll (*Hüffer/Koch*, AktG[13] § 76 Rz 31), überzeugt indes nicht ganz. Denn nicht nur die GmbH, sondern auch die AG ist (wenn auch in eingeschränkterem Umfang) eine „Veranstaltung der Aktionäre" (*Seibt* in *K. Schmidt/Lutter*, AktG[3] [2015] § 76 Rz 12; die Formulierung stammt wohl von *Wiedemann*, Gesellschaftsrecht I [1980] 627; für die GmbH *U.H. Schneider* in *Scholz*, GmbHG II[10] § 43 Rz 63; übernommen in Ö zB von *U. Torggler*, Von Schnellschüssen, nützlichen Gesetzesverletzungen und spendablen Aktiengesellschaften – Zum Ermessensspielraum bei der gesellschaftsrechtlichen Organhaftung, wbl 2009, 168 ff, 176), sodass bei echten Zielkonflikten zwischen Aktionärs- und Belegschaftsinteressen mE Ersteren im Zweifel der Vorrang gebührt. Richtigerweise verhalten sich aber auch bei der GmbH die Dinge nicht entscheidend anders, dh einen unbedingten und vorbehaltlosen Vorrang des von den Gesellschaftern verkörperten Interesses an langfristiger Ertragswertsteigerung und Rentabilität vor allen anderen Interessen gibt es auch dort nicht.

229 Bsp: Der Vorstand möchte eine längst unrentabel gewordene Betriebsstätte schließen und bietet dem Betriebsrat alternativ an, dies gleich zu tun oder die Schließung vorerst um zwei Jahre aufzuschieben (und währenddessen nach Alternativen zu suchen), sofern die gesamte Belegschaft auf 10 % ihres Gehaltes verzichtet. An diesem Bsp kann man auch gut sehen, dass es nicht immer nur Interessen von *Teilen* der Arbeitnehmerschaft sind, die in Konflikt mit dem Unternehmensinteresse geraten können.

230 So noch *Feltl/Told* in *Gruber/Harrer*, GmbHG § 25 Rz 42, während in der Neuauflage dieses Kommentars (*Feltl/Told* in *Gruber/Harrer*, GmbHG[2] § 25 Rz 42) dieses Argument offenbar fallengelassen wurde.

Die angeführten Literaturmeinungen, die bei der GmbH die „Interessenpluralität“ leugnen, neigen darüber hinaus zu einer Überinterpretation des § 70 Abs 1 AktG. Denn die dort verankerten Interessen insb der Arbeitnehmer und der Öffentlichkeit haben auch bei der AG – richtig verstanden – nicht die eigenständige Bedeutung in der Weise, dass der Vorstand ihnen das im Sinne langfristiger Renditeerzielung zu verstehende Unternehmensinteresse auch nur punktuell zu opfern verpflichtet ist. Auch der Vorstand einer AG – das dürfte unbestritten sein – ist nicht nur nicht verpflichtet, sondern auch gar nicht berechtigt, eine unwirtschaftlich gewordene Fabrik, für deren Arbeitnehmer es keine sinnvolle Beschäftigung mehr gibt, deshalb aufrechtzuerhalten, weil die Fabrik in einer strukturschwachen Region gelegen ist, die meisten freizusetzenden Mitarbeiter von längerer Arbeitslosigkeit betroffen wären und die örtlichen Politiker den Vorstand beknien, von einer Schließung Abstand zu nehmen. Dies gilt auch dann, wenn das Unternehmen insgesamt sich die Aufrechterhaltung einer völlig unrentabel gewordenen Produktionsstätte an sich „leisten“ könnte. Natürlich kann es Situationen geben, in denen ein solches Szenario zB durch öffentliche Proteste, Bürgerinitiativen, Konsumenten-Boykotte etc eine Eigendynamik entfaltet, die den Vorstand dazu veranlasst, umzudenken und die Produktionsstätte vielleicht doch nicht zu schließen, sondern nur zu verkleinern oder – selbst unter Inkaufnahme von Kosten- bzw Rentabilitätsnachteilen – andere unternehmerische Aktivitäten in diese Produktionsstätte zu verlagern. Handelt ein Vorstand so, berücksichtigt er aber nicht ein eigenständiges „öffentliches Interesse“, das sich gegen das Unternehmensinteresse durchsetzt, sondern letztlich eben genau dieses, weil er die drohenden – durchaus auch finanziellen – Nachteile der Betriebsschließung gegen die kostenmäßigen Vorteile abwägt. Genau solche Überlegungen muss die Geschäftsführung einer GmbH aber in einer vergleichbaren Situation in gleicher Weise wie der Vorstand einer AG anstellen.

Der einzige Vorbehalt bei dieser Aussage betrifft die umfassende Weisungsgebundenheit des Geschäftsführers. Wie oben (Kap 1.1.1.4.) schon ausführlich dargelegt, sind die Gesellschafter auch berechtigt, der Geschäftsführung für das Unternehmen wirtschaftlich nachteilige Weisungen zu erteilen.[231] Während der Vorstand einer AG daher (sofern nicht die gerade beschriebenen besonderen Umstände vorliegen) eine nur mehr Verluste produzierenden Betriebsstätte letztlich zu schließen hat und sich allenfalls über § 103 Abs 2 AktG aus der Affäre ziehen kann, indem er die Hauptversammlung entscheiden lässt, könnten die Gesellschafter einer GmbH der Geschäftsführung die Weisung erteilen, die unwirtschaftlich gewordene Betriebsstätte weiterzuführen. Soweit diese Weisung für die Geschäftsführer nicht als unmittelbar existenzvernichtend und insolvenzauslösend erkennbar ist, haben sie diese zu befolgen. Ein eigenständiges, dh von

231 *Kalss*, Gesellschaftsrechtliche Anmerkungen zur Libro-Entscheidung, ecolex 2014, 496 (498); *U.H. Schneider* in *Scholz*, GmbHG II¹⁰ § 37 Rz 38; vgl auch *Koppensteiner/Rüffler*, GmbHG³ § 20 Rz 9; *Reich-Rohrwig*, GmbH-Recht I² Rz 2/253 ff; *Reich-Rohrwig*, GmbH-Recht 126.

den Interessen der Gesamtheit ihrer Aktionäre losgelöstes Interesse der Gesellschaft an ihrem eigenen Bestand gibt es richtiger Ansicht zufolge auch bei der AG nicht,[232] umso weniger bei der GmbH.

Die obigen Ausführungen und der Hinweis darauf, dass Geschäftsführer einer GmbH – soweit und solange die Gesellschafter ihnen nicht zulässigerweise andere Weisungen erteilen – keiner anderen Interessenbindung bei der Leitung des von der Gesellschaft betriebenen Unternehmens unterliegen als der Vorstand der AG und auch Letzteren insb keine eigenständige Verpflichtung zur Wahrung von „Gemeinwohlinteressen" trifft, ist deshalb wichtig, weil der OGH in der „Libro-Entscheidung" vom 30.1.2014[233] unter anderem gerade aus § 70 Abs 1 AktG den – ganz unzutreffenden – Schluss gezogen hat, nicht einmal der Alleinaktionär bzw die Gesamtheit aller Aktionäre könne durch eine ex ante erteilte Zustimmung zu einer (gesellschaftsrechtlich an sich verbotenen) Ausschüttung verhindern, dass das Verhalten des Vorstandes als Untreue iSd § 153 StGB zu beurteilen wäre.[234] Obwohl der OGH dies nicht klar ausspricht, scheint dahinter die Vorstellung zu stehen, dass das Vermögen der AG auch „Gemeinwohl gebunden" sei, und deshalb die Aktionäre nicht die Legitimation hätten, den Vorstand – und sei es bloß zugunsten der Aktionäre – zu Vermögensverfügungen zu autorisieren, die „die Gesellschaft an sich" schädigten. Abgesehen davon, dass damit – wie gerade erläutert – § 70 Abs 1 AktG völlig überstrapaziert und falsch interpretiert wird, könnte es strafrechtlich ja nur darauf ankommen, ob § 153 StGB als Rechtsgut auch das öffentliche Interesse schützt. Dies ist aber ganz unbestrittenermaßen nicht der Fall, weil Zweck der Bestimmung ausschließlich der Schutz des Machtgebervermögens ist.[235]

1.2.1.2. Berichtspflicht gegenüber Generalversammlung und Aufsichtsrat

Das GmbHG kennt keine ausdrückliche Verankerung einer Berichtspflicht der Geschäftsführer gegenüber den Gesellschaftern. Der Gesetzgeber hielt dies wohl deshalb für entbehrlich, weil die Gesellschafter als oberstes Willensbildungsorgan

232 Vgl überzeugend, *Koppensteiner/Rüffler*, GmbHG[3] § 61 Rz 5; vgl auch *Koppensteiner*, GES 2015, 5; so auch *Bollenberger/Wess*, Libro-Straferkenntnis: Untreue und Gesellschaftsrecht, RdW 2014, 248; *G. Schima*, Dividendenausschüttung, Einlagenrückgewähr und Untreue – Zum Auseinanderdriften von Gesellschaftsrecht und Strafrecht – aus Anlass der „Libro-Entscheidung" des OGH, in FS Reich-Rohrwig (2014) 161 (182 f); *Nowotny* in *Doralt/Nowotny/Kalss*, AktG I[2] § 70 Rz 11; anders *Jabornegg* in *Jabornegg/Strasser*, AktG I[5] § 1 Rz 21; vgl OGH 30.1.2014, 12 Os 117/12s (12 Os 118/12p), wo ein Strafrechtssenat des OGH in der „Libro-Entscheidung" das Eigenbestandsinteresse der Aktiengesellschaft bejaht. Abwägend zu dem Thema *Artmann/Karollus* in *Artmann/Karollus*, AktG I[6] § 1 Rz 16-18 (Stand 1.5.2018, rdb.at).

233 OGH 30.1.2014, 12 Os 117/12s (12 Os 118/12p) AnwBl 2014, 326 (*Hollaender*); ecolex 2014, 496 (*Kalss*); JBl 2014, 599 (*Kapsch/Kier*); GesRZ 2014, 351 (*Arlt*); GesRZ 2014, 379 (*Kier*).

234 Ablehnend zB *Bollenberger/Wess*, RdW 2014, 247 (249); ausführlich *G. Schima* in FS Reich-Rohrwig 182 f.

235 *Kalss*, ecolex 2014, 496; *G. Schima* in FS Reich-Rohrwig 161; *Flora* in *Leukauf/Steininger*, StGB[4] (2017) § 153 Rz 2; *Löschnigg/Schick*, Vermittlungsprovisionen für Betriebsratskredite und Versicherungsverträge – arbeits- und strafrechtliche Probleme, DRdA 2005, 229; *Lewisch*, Grundsatzfragen der Untreue (neu), in *Kodek*, Untreue NEU (2017) 105 (111 f).

in der GmbH ohnehin kraft des ihnen zustehenden, umfassenden Weisungsrechtes (§ 20 Abs 1 GmbHG; vgl oben Kap 1.1.1.1.) dazu in der Lage sind, der Geschäftsführung genaue Vorgaben in puncto Berichtspflichten zu machen. Soweit den Geschäftsführern diesbezüglich nicht freie Hand gelassen wird, enthält die von den Gesellschaftern beschlossene Geschäftsordnung üblicherweise entsprechende Regelungen, die nicht selten jenen nachgebildet sind, die das GmbHG in § 28a für GmbHs mit Aufsichtsrat beinhaltet.

Dies bedeutet jedoch nicht, dass die Geschäftsführer dann, wenn die Gesellschafter ihnen keine konkreten Vorgaben in puncto Berichtspflicht machen, auch keine Berichtspflichten treffen.

Eine wesentliche Informationspflicht ergibt sich zB aus den in GmbH-Verträgen und/oder Geschäftsordnungen für die Geschäftsführung üblicherweise enthaltenen Katalogen zustimmungspflichtiger Geschäfte.[236] Denn es versteht sich von selbst, dass die Gesellschafter nur dann in der Lage sind, eine sachgerechte Entscheidung über die Zustimmung oder Ablehnung des an sie herangetragenen Geschäftes zu fällen, wenn die Geschäftsführer zeitgerecht aussagekräftige Informationen liefern.

Dass die Geschäftsführer zur satzungs- und geschäftsordnungsgemäßen Information anderer Organe verpflichtet sind,[237] versteht sich von selbst.

Die Geschäftsführer haben aber darüber hinaus die Gesellschafter nicht nur auf deren Verlangen, sondern unaufgefordert von wichtigen unternehmerischen Planungen und bedeutsamen Entwicklungen zu informieren.[238]

Auch wenn § 28a GmbHG nur auf GmbHs mit Aufsichtsrat anwendbar ist, erscheint es durchaus sachgerecht, auch in der aufsichtsratslosen GmbH und bei Fehlen einer dem § 28a GmbHG nachgebildeten Regelung in einer Geschäftsordnung das Ausmaß der die Geschäftsführer treffenden Berichtspflichten an § 28a GmbHG zu orientieren.[239] Dies wird namentlich für § 28a Abs 1, letzter Satz, 1. Halbsatz GmbHG zu gelten haben, wonach die Geschäftsführer bei *„wichtigem Anlass"* dem Aufsichtsratsvorsitzenden unverzüglich zu berichten haben. Übertragen auf die aufsichtsratslose GmbH wird dies bedeuten, dass die Geschäftsführer dem/der Vorsitzenden der Gesellschafterversammlung (sofern es eine derartige Funktion gibt) bei wichtigem Anlass formlos und zeitnah berichten müssen.

Außerdem entspricht es ganz herrschender und zutreffender Ansicht, dass die Geschäftsführer die Gesellschafter auch bei Fehlen entsprechender Regelungen im Gesellschaftsvertrag oder in der Geschäftsordnung vor der Durchführung

236 Vgl § 30j Abs 5 GmbHG und für die AG § 95 Abs 5 AktG.
237 *Feltl/Told* in *Gruber/Harrer*, GmbHG^2 § 25 Rz 47; *Koppensteiner/Rüffler*, GmbHG^3 § 25 Rz 12.
238 *Koppensteiner/Rüffler*, GmbHG^3 § 25 Rz 12, 47; *Reich-Rohrwig*, GmbH-Recht I^2 Rz 2/317.
239 Vgl *Hochedlinger* in *Gruber/Harrer*, GmbHG^2 § 28a Rz 25.

ungewöhnlicher, dh nicht zum gewöhnlichen Geschäftsbetrieb gehörender Geschäfte zu informieren und um Genehmigung zu fragen haben.[240]

Dies lässt sich in den verallgemeinernden Grundsatz fassen, dass die Geschäftsführer die Gesellschafter stets dann unaufgefordert zu informieren haben, wenn damit gerechnet werden muss, dass die Gesellschafter mit der Problematik befasst werden wollen.[241]

Hat die GmbH einen Aufsichtsrat, gilt § 28a GmbHG. Diese der aktienrechtlichen Vorschrift (§ 81 AktG) völlig nachgebildete Regelung besagt Folgendes:

„(1) Die Geschäftsführer haben dem Aufsichtsrat mindestens einmal jährlich über grundsätzliche Fragen der künftigen Geschäftspolitik des Unternehmens zu berichten sowie die künftige Entwicklung der Vermögens-, Finanz- und Ertragslage einer Vorschaurechnung darzustellen (Jahresbericht). Die Geschäftsführer haben weiters dem Aufsichtsrat regelmäßig, mindestens vierteljährlich, über den Gang der Geschäfte und die Lage des Unternehmens im Vergleich zur Vorschaurechnung unter Berücksichtigung der künftigen Entwicklung zu berichten (Quartalsbericht). Bei wichtigem Anlass ist dem Vorsitzenden des Aufsichtsrats unverzüglich zu berichten; ferner ist über Umstände, die für die Rentabilität oder Liquidität der Gesellschaft von erheblicher Bedeutung sind, dem Aufsichtsrat unverzüglich zu berichten (Sonderbericht).

(2) Der Jahresbericht und der Quartalsberichte sind schriftlich zu erstatten und auf Verlangen des Aufsichtsrats mündlich zu erläutern; sie sind jedem Aufsichtsratsmitglied auszuhändigen. Die Sonderberichte sind schriftlich oder mündlich zu erstatten.“

§ 28a GmbHG gilt unabhängig davon, ob der Aufsichtsrat in der GmbH (wegen Erreichens der gesetzlichen Größenkriterien) obligatorisch oder nur fakultativ ist.[242] Zur Berichterstattung verpflichtet sind die Geschäftsführer, wobei bei fehlendem Einvernehmen innerhalb der Geschäftsführung über den Berichtsinhalt abweichende Versionen zu erstatten und zu erläutern sind.[243] Dies gilt auch im Falle einer uneinigen zweiköpfigen Geschäftsführung,[244] sofern nicht einer der beiden Geschäftsführer zum Vorsitzenden der Geschäftsführung ernannt und mit Dirimierungsrecht ausgestattet wurde.

Wenn für die Erstattung der Berichte an den Aufsichtsrat das Mehrheitsprinzip vereinbart ist, sind die überstimmten Geschäftsführer berechtigt, aber richtiger-

240 Vgl *G. Schima*, GesRZ 1999, 159 mwN; *P. Doralt* in *Kastner/Stoll*, GmbH&CoKG² 272.

241 *Feltl/Told* in *Gruber/Harrer*, GmbHG² § 25 Rz 47; *Koppensteiner/Rüffler*, GmbHG³ § 25 Rz 12.

242 *Hochedlinger* in *Gruber/Harrer*, GmbHG² § 28a Rz 4; *U. Torggler*, GmbHG § 28a Rz 1; *Koppensteiner/Rüffler*, GmbHG³ § 28a Rz 2.

243 *U. Torggler* GmbHG § 28a Rz 4; *Gaggl* in *Straube/Ratka/Rauter*, WK GmbHG § 28 a Rz 14 (Stand 1.9.2013, rdb.at).

244 *Hochedlinger* in *Gruber/Harrer*, GmbHG § 28a Rz 5.

weise nicht generell verpflichtet, ihre abweichende Meinung bzw Bedenken gegen die Mehrheitsmeinung dem Aufsichtsrat zur Kenntnis zu bringen.[245]

Überstimmte Geschäftsführer werden vor allem dann gut beraten sein, ihre abweichende Meinung dem Aufsichtsrat mitzuteilen, wenn sie befürchten, aus der Meinung der Mehrheit könnte der Geschäftsführung ein haftungsmäßiges Risiko erwachsen.

Der vorgeschriebene Jahresbericht hat eine Vorschaurechnung zu beinhalten und muss anhand einer solchen die künftige Entwicklung der Vermögens-, Finanz- und Ertragslage darstellen.[246]

Die Gesetzesmaterialien verweisen hinsichtlich der Gestaltung auf den *„jeweiligen Stand der Betriebswirtschaftslehre"* und führen aus, dass die Vorschaurechnung aus Planbilanz, Plan-Gewinn- und Verlustrechnung sowie Plan-Geldflussrechnung zu bestehen hat.[247]

Daneben hat der Jahresbericht eine Darstellung der grundsätzlichen Fragen der künftigen Geschäftspolitik des Unternehmens zu beinhalten, worunter die nähere Angabe der Unternehmensziele und aussagekräftige Informationen über die zur Verwirklichung der Ziele erforderlichen Geldmittel zu verstehen sind.[248]

Zu informieren ist insb über wesentliche geplante Investitionen, Änderungen im Produkt- bzw Dienstleistungsprogramm des Unternehmens, neue Vertriebsformen, geplante wesentliche Rationalisierungsmethoden wie die Schließung von Betriebsstätten oder die Verlagerung in andere Länder.

Die Vorschaurechnung sollte grundsätzlich einen mehrjährigen Planungshorizont aufweisen.[249]

---

245 Anscheinend etwas abweichend, aber nicht ganz klar *Hochedlinger* in *Gruber/Harrer*, GmbHG² § 28a Rz 5, der meint, wenn ein einstimmiger Beschluss nicht möglich sei, wäre der Aufsichtsrat *„in einem von der Mehrheit der Geschäftsführer verfassten Bericht (auch) über die Nichtmitwirkung einzelner Geschäftsführer am Bericht bzw über gravierende Bedenken und „dissenting opinions" einzelner Geschäftsführer zu informieren."* Außerdem bestehe *„für die überstimmten Geschäftsführer die Möglichkeit, den Aufsichtsrat in gesonderten Berichten selbst über diverse Bedenken in Kenntnis zu setzen"*, was *„auch für den Fall* (gelte), *dass für die Entscheidungsfindungen der Geschäftsführer das Mehrheitsprinzip vereinbart"* sei.
Nun ist es zwar überzeugend, dass Geschäftsführer, die überstimmt wurden, den Aufsichtsrat von gravierenden Bedenken gegen die Berichterstattung der Mehrheit zu informieren haben, wenn diese Bedenken geeignet erscheinen könnten, die Willensbildung des Aufsichtsrates zu beeinflussen; eine generelle Verpflichtung, bei Mehrheitsentscheidungen auch die Minderheitsmeinungen dem Aufsichtsrat zukommen zu lassen, besteht aber nicht. Eine solche Verpflichtung müsste man sonst ganz allgemein bei Geschäftsführer-Mehrheitsbeschlüssen insb gegenüber den Gesellschaftern annehmen, was so mit gutem Grund nicht vertreten wird.

246 Vgl *Hochedlinger* in *Gruber/Harrer*, GmbHG² § 28a Rz 7; *U. Torggler*, GmbHG § 28a Rz 2.

247 Gesetzesmaterialien zum IRÄG 1997 ErläutRV 734 BlgNR 20. GP 62; *Hochedlinger* in *Gruber/Harrer*, GmbHG² § 28a Rz 7; *U. Torggler*, GmbHG § 28a Rz 2.

248 *Hochedlinger* in *Gruber/Harrer*, GmbHG² § 28a Rz 8; *Koppensteiner/Rüffler*, GmbHG³ § 28a Rz 3.

249 *U. Torggler*, GmbHG § 28a Rz 2; *Nowotny* in *Doralt/Nowotny/Kalss*, AktG I² § 81 Rz 5.

Die gesetzlich in § 28a Abs 1, 2. Satz GmbHG vorgeschriebenen Quartalsberichte beschreiben schon nach dem gesetzlichen Wortlaut bloß einen Mindest-Rhythmus (*„regelmäßig, mindestens vierteljährlich“).*[250] Vor allem in größeren Unternehmen und insb solchen, die in eine multinational organisierte Unternehmensgruppe eingebunden sind, ist monatliche Berichterstattung durchaus üblich.

Die Quartalsberichte enthalten einen statischen Teil, nämlich den Bericht über die Lage des Unternehmens und einen dynamischen Teil, in dem „der Gang der Geschäfte“ darzustellen ist.[251] Kerninhalt der Berichte ist ein Soll-Ist-Vergleich zwischen der Vorschaurechnung und dem tatsächlichen Geschäftsgang.[252] Zweck dieses Vergleiches ist es vor allem, im Falle der Existenz wesentlicher (negativer) Abweichungen herannahende Krisen besser und schneller erkennen zu können.[253]

Entsprechend den in den Gesetzesmaterialien zum Jahresbericht enthaltenen Erläuterungen haben die Geschäftsführer grundsätzlich Quartals-Gewinn- und Verlustrechnungen, Quartalsbilanzen und Quartals-Geldflussrechnungen vorzulegen.[254] Eine Inventur wird freilich zum Quartal in der Regel nicht stattfinden.[255] Hinsichtlich des bei den Quartalsberichten einzuhaltenden Rhythmus empfiehlt sich eine Verständigung zwischen Geschäftsführung und Aufsichtsrat, denn grundsätzlich nimmt das Gesetz betreffend die Lieferung der Quartalsberichte nicht Rücksicht auf den Rhythmus der Aufsichtsratssitzungen;[256] es ist aber selbstverständlich sinnvoll, wenn die Berichte so geliefert werden, dass relativ zeitnah danach eine Aufsichtsratssitzung stattfindet.

Anders als Jahres- und Quartalsberichte sind Sonderberichte iSd § 28a Abs 1, letzter Satz iVm § 28a Abs 2 GmbHG wahlweise mündlich oder schriftlich zu erstatten.

Die Möglichkeit mündlicher Sonderberichte soll darauf Rücksicht nehmen, dass es sich dabei manchmal um ganz plötzliche Ereignisse handelt, die am besten zB in einem Telefonat mit dem/der Aufsichtsratsvorsitzenden kommuniziert werden, weil die Verfassung eines detaillierten schriftlichen Berichtes zu viel Zeit in Anspruch nähme.[257] Man denke etwa an den (keineswegs erfundenen) Fall, dass ein Geschäftsführer von einem Journalisten den Hinweis erhält, ein bestimmtes

250 *Egger,* Die Vorschaurechnung und der vierteljährliche Soll-Ist-Vergleich gem § 81 AktG (§ 28a GmbHG) idF IRÄG 1997, RWZ 1997, 327 (328); *Hochedllinger* in *Gruber/Harrer,* GmbHG² § 28a Rz 10.

251 *Hochedlinger* in *Gruber/Harrer,* GmbHG² § 28a Rz 10.

252 *Gaggl* in *Straube/Ratka/Rauter,* WK GmbHG § 28 a Rz 11 (Stand 1.9.2013, rdb.at); *Koppensteiner/Rüffler,* GmbHG³ § 28a Rz 5.

253 *Nowotny,* Neues für den Aufsichtsrat, RdW 1997, 577.

254 Vgl *Hochedlinger* in *Gruber/Harrer,* GmbHG² § 28a Rz 9.

255 Vgl *Gedlicka,* der ua darauf hinweist, dass zu den einzelnen Quartalsenden idR keine körperliche Inventur stattfinden wird (*Gedlicka,* JfB 2001, 4, 10).

256 Vgl *Hochedlinger* in *Gruber/Harrer,* GmbHG² § 28a Rz 10.

257 Vgl *Hochedlinger* in *Gruber/Harrer,* GmbHG² § 28a Rz 12; *Nowotny* in *Doralt/Nowotny/Kalss,* AktG I² § 81 Rz 8; *Kalss,* Das Informationsregime des Aufsichtsrates, in *Kalss/Kunz,* Handbuch Aufsichtsrat² Rz 26/66 f.

Medium plane für den nächsten oder übernächsten Tag einen Bericht über eine angebliche „Korruptionsaffäre" im Unternehmen. Hier kommt es ganz entscheidend darauf an, sofort professionell zu reagieren, und auch wenn die Kommunikation nach außen der Geschäftsführung obliegt, wäre dies ein Beispiel, wo zweifellos ein Aufsichtsratsvorsitzender unverzüglich zu informieren ist.

„*Wichtige Anlässe*" iSd § 28a Abs 1, letzter Satz GmbHG müssen daher keinesfalls nur solche sein, die unmittelbar für die Rentabilität oder Liquidität der Gesellschaft von erheblicher Bedeutung sind, wenn auch solche wohl das typische Beispiel bilden.

Adressat der Jahres- und Quartalsberichte ist der Aufsichtsrat als Kollegialorgan;[258] beim Sonderbericht kann auch nur dem Aufsichtsratsvorsitzenden berichtet werden.

Nach herrschender Ansicht sind die schriftlichen Jahres- und Quartalsberichte von der Geschäftsführung jedem einzelnen Aufsichtsratsmitglied zu übermitteln.[259] Die Mindermeinung, wonach die Übermittlung an den Aufsichtsratsvorsitzenden genügt, der die Berichte sodann allen Aufsichtsratsmitgliedern zur Verfügung stellt,[260] sollte sich die Geschäftsführung nur zu eigen machen, wenn sie dies mit dem Aufsichtsratsvorsitzenden abgestimmt hat.

1.2.1.3. Dokumentation wesentlicher Geschäftsfälle

Grundsätzlich haben die Geschäftsführer die Gesellschaft so zu organisieren, dass die Realisierung des Gesellschaftszwecks gefördert und der Informationsfluss so gestaltet wird, dass sich die Geschäftsführung jederzeit einen zuverlässigen Überblick über die wirtschaftliche und finanzielle Situation des Unternehmens verschaffen kann.[261]

Damit die Geschäftsführung diesen Anforderungen gerecht werden kann, ist es unabdingbar, dass wesentliche Geschäftsfälle schriftlich erfasst und dokumentiert werden und auch dafür Sorge getragen wird, dass die Dokumentation in einer verkehrsüblichen Weise und für den nach der Sachlage erforderlichen Zeitraum erhalten bleibt.

258 *Hochedlinger* in *Gruber/Harrer*, GmbHG² § 28a Rz 4; *U. Torggler*, GmbHG § 28a Rz 4.

259 *Gaggl* in *Straube/Ratka/Rauter*, WK GmbHG § 28 a Rz 15 (Stand 1.9.2013, rdb.at); *Nowotny* in *Doralt/Nowotny/Kalss*, AktG I² § 81 Rz 6; *Koppensteiner/Rüffler*, GmbHG³ § 28a Rz 6.

260 So *Strasser* in *Jabornegg/Strasser*, AktG II⁵ §§ 77–84 Rz 8. Ohne konkrete Aussage zur Regelberichterstattung in der Neuauflage: *J. Reich-Rohrwig/Cl. Grossmayer* in *Artmann/Karollus*, AktG II⁶ § 81 Rz 22 (Stand 1.10.2018, rdb.at); für den Sonderbericht wegen verschlechteter Rentabilität oder Liquidität soll aber eine Übermittlung an den Vorsitzenden reichen, der den Bericht an die übrigen Mitglieder des AR weiterleitet (vgl Rz 42).

261 *Feltl/Told* in *Gruber/Harrer*, GmbHG² § 25 Rz 58; *Feltl*, Der Vorstand der AG, in *Ratka/Rauter*, Geschäftsführerhaftung² Rz 9/186; *Feltl/Pucher*, Corporate Compliance im österreichischen Recht – Ein Überblick, wbl 2010, 265.

Die Dokumentationspflicht wichtiger Geschäftsfälle geht über die in § 22 GmbHG geregelte Buchführungspflicht hinaus. Aus § 22 GmbHG ergibt sich, dass die Geschäftsführer die Buchführung auf eine Art und Weise zu organisieren haben, dass sich die einzelnen Geschäftsvorfälle aus den Büchern der Gesellschaft jederzeit richtig und vollständig ableiten lassen.[262] Die Dokumentationspflicht bezieht sich hingegen auch und gerade auf solche geschäftlichen Vorgänge, die in der Buchhaltung oder gar Bilanz keinen Niederschlag finden müssen.

Zur ordnungsgemäßen Dokumentation gehört jedenfalls die Einhaltung des Grundsatzes, dass Verträge (ungeachtet ihrer in aller Regel auch bei mündlichem Abschluss gegebenen Verbindlichkeit) unbedingt schriftlich abgeschlossen werden sollten. Dies gilt auch für nachträgliche Vertragsänderungen.

Die schriftliche Dokumentation reicht freilich nicht immer aus; maßgebend ist auch deren entsprechende Aufbewahrung.

Vereinbart zB die GmbH mit einem Arbeitnehmer nachträglich einen dreijährigen Kündigungsverzicht zugunsten des Mitarbeiters, reicht zwar eine E-Mail-Korrespondenz als Dokumentation typischerweise aus. Wird diese freilich nicht im Personalakt des entsprechenden Mitarbeiters gespeichert/aufbewahrt, besteht die große Gefahr, dass die Dokumentation nach gewisser Zeit nicht mehr auffindbar ist.

Wichtig ist dies vor allem auch unter dem Blickwinkel der Geschäftsführerhaftung. Denn Geschäftsführer, die nicht durch Aufstellung entsprechender Regeln dafür sorgen, dass wesentliche Geschäftsfälle schriftlich dokumentiert und die Dokumentation entsprechend archiviert wird oder die die Einhaltung einmal aufgestellter Regeln in keiner Weise kontrollieren, könnten zur Haftung herangezogen werden, wenn aus dem Umstand, dass ein Geschäftsfall nicht ausreichend dokumentiert ist, der Gesellschaft ein Schaden entsteht.

Beispiel

Die GmbH ist Partei eines – von ihr zunehmend als wirtschaftlich nachteilig empfundenen – langfristigen Liefervertrages. Dieser ist auf bestimmte Zeit abgeschlossen und enthält eine „Kettenklausel", verlängert sich also immer um einen weiteren Zeitraum (zB um drei Jahre), wenn nicht zu einem bestimmten Zeitpunkt (zB drei Monate vor dem nächsten Fristablauf) mitgeteilt wird, dass der Vertrag nicht verlängert wird. Wird nun verabsäumt, für diese „Nichtverlängerungsmitteilung" einen Kalendervormerk zu setzen und verpasst die Gesellschaft deshalb den Ausstieg aus dem wirtschaftlich nachteilig gewordenen Liefervertrag für weitere drei Jahre, kann dies für die Gesellschaft einen grundsätzlich ersatzfähigen Vermögensschaden bedeuten.

262 Vgl dazu OGH 28.11.1985, 6 Ob 757/83 GesRZ 1986, 32; *Feltl/Told* in *Gruber/Harrer*, GmbHG² § 25 Rz 65.

Ob dafür die Geschäftsführer zur Haftung herangezogen werden können, hängt freilich davon ab, ob ihnen in diesem Zusammenhang ein relevantes Organisationsversagen vorgeworfen werden kann. Nicht jedes (nicht vorhersehbare) Fehlverhalten eines Mitarbeiters löst eine Haftung der Geschäftsführer aus.

1.2.1.4. Einrichtung eines zeitgemäßen Rechnungswesens

§ 22 Abs 1 GmbHG ordnet an, dass die Geschäftsführer dafür zu sorgen haben, dass ein Rechnungswesen und ein internes Kontrollsystem geführt wird, die den Anforderungen des Unternehmens entsprechen.

Zwar ist der Begriff des Rechnungswesens gesetzlich nicht definiert,[263] doch gibt es immerhin – anders als beim internen Kontrollsystem, zu dessen Einrichtung die zitierte Norm ebenfalls verpflichtet – zahlreiche Normen im UGB, die die Buchführungspflicht und die Rechnungslegungsvorschriften betreffen. Das dritte Buch des UGB trägt denn auch die Überschrift „Rechnungslegung“. Dessen erster Abschnitt behandelt die Pflicht zur Buchführung und Inventarisierung (§§ 189–192 UGB), die Pflicht zur Aufstellung einer Bilanz, deren inhaltliche Gestaltung (§§ 193–200 UGB), Bewertungsvorschriften und sonstige Bilanzfragen wie zB Abschreibungen (§§ 201–211 UGB) und die Pflicht zur Aufbewahrung von Unterlagen (§§ 212–216 UGB).

Im zweiten Abschnitt (§§ 221–243d UGB) sind ergänzende Vorschriften für Kapitalgesellschaften enthalten, im dritten Abschnitt (§§ 244–267c UGB) Bestimmungen über den Konzernabschluss und den Konzernlagebericht, und im vierten Abschnitt (§§ 268–285 UGB) finden sich Vorschriften über die Prüfung, Offenlegung und Veröffentlichung des Jahresabschlusses samt Bestimmungen über Zwangsstrafen bei Verstößen.

Das „Rechnungswesen“ umfasst als wesenstypische Bestandteile die Buchhaltung, Kalkulation, Planung bzw Vorschaurechung und betriebswirtschaftliche Statistik.[264]

Anders formuliert, gehören zum „Rechnungswesen“ alle Rechensysteme, die Geld- und Leistungsströme im Unternehmen erfassen, dokumentieren, auswerten, steuern oder überwachen.[265]

Wesentlich ist die Unterscheidung zwischen externer Rechnungslegung, die in den §§ 189 ff UGB geregelt ist, und dem internen Rechnungswesen.[266]

Nur die externe Rechnungslegung ist gesetzlich (ausführlich) normiert; für den Inhalt des internen Rechnungswesens enthält das Gesetz aber – vergleichbar dem

263 *Temmel/Peric* in *Gruber/Harrer*, GmbHG² § 22 Rz 4.

264 Vgl *Temmel/Peric* in *Gruber/Harrer*, GmbHG² § 22 Rz 4 unter Verweis auf *Lechner/Egger/Schauer*, Einführung in die Allgemeine Betriebswirtschaftslehre²⁵ (2010) 587.

265 *D. Mandl*, Das große Lexikon Rechnungswesen und Rechnungslegung (2004) 685; zitiert bei *U. Torggler*, GmbHG § 22 Rz 4.

266 *U. Torggler*, GmbHG § 22 Rz 4.

internen Kontrollsystem (dazu unten Kap 1.2.1.5.) – keine gesetzlichen Vorgaben. Art und Umfang dieses internen Rechnungswesens bestimmen sich vielmehr – wie schon aus § 22 Abs 1 GmbHG hervorgeht – nach den konkreten Anforderungen des Unternehmens.[267]

Zum internen Rechnungswesen gehören üblicherweise Kosten- und Planungsrechnung,[268] aber auch mögliche alternative Berechnungen wie Rentabilitätsrechnungen und Planrechnungen aller Art, Soll-Ist-Vergleiche und Liquiditätsrechnungen.[269]

Die Geschäftsführer haben innerhalb der ersten fünf Monate nach Ende eines Geschäftsjahres einen aus Bilanz, Gewinn- und Verlustrechnung und Anhang sowie (außer bei kleineren GmbHs) Lagebericht aufzustellen und – sofern in der GmbH vorhanden – den Mitgliedern des Aufsichtsrates vorzulegen (§ 222 Abs 1, 1. Satz UGB).

Jahresabschluss, Lagebericht und Corporate-Governance-Bericht (Letzterer betrifft GmbHs nicht), sowie – falls erforderlich – der Bericht über Zahlungen an staatliche Stellen (§ 243d UGB), sind von sämtlichen gesetzlichen Vertretern zu unterzeichnen (§ 222 Abs 1, 2. Satz UGB). Mit dieser erst durch das URÄG 2008 eingeführten Unterschriftenregelung ist zwar die kollektive Verantwortung der Geschäftsführer klargestellt,[270] was aber nicht automatisch bedeutet, dass die Aufstellung des Jahresabschlusses auf einem einstimmigen Geschäftsführerbeschluss basieren muss.[271] Mit Ausnahme von kleinen (iSd § 221 Abs 1 UGB) GmbHs ohne gesetzliche Verpflichtung zur Bildung eines Aufsichtsrates sind Jahresabschluss und Lagebericht durch einen Abschlussprüfer zu prüfen (§ 268 UGB).

Die Verletzung der gesetzlichen Verpflichtung zur Einrichtung eines ordnungsgemäß und den Anforderungen des Unternehmens entsprechenden, hinsichtlich der internen Rechnungslegung daher im Wesentlichen durch den Stand der Betriebswirtschaftslehre determinierten Rechnungswesens, kann die Geschäftsführer haftbar machen. Ein Schutzgesetz iSd § 1311 ABGB ist § 22 Abs 1 GmbHG aber nach richtiger Ansicht nicht.[272]

Auch der OGH steht dem Schutzgesetzcharakter von § 22 Abs 1 GmbHG offenbar ablehnend gegenüber, führte aber auch aus, dass ein Geschäftsführer sich nicht

267 *U. Torggler*, GmbHG § 22 Rz 7.
268 Vgl Gesetzesmaterialien zum IRÄG 1997 ErläutRV 734 BlgNR 20. GP 64, 68.
269 Vgl *Koppensteiner/Rüffler*, GmbHG³ § 22 Rz 5a; *D. Mandl*, Rechnungswesen und Internes Kontrollsystem gem IRÄG 1997, RWZ 1997, 356 f.
270 Vgl Gesetzesmaterialien zum URÄG 2008 ErläutRV 467 BlgNR 23. GP 11.
271 Vgl *Bergmann* in *U. Torggler*, UGB³ § 222 Rz 5; *Nowotny* in *Straube/Ratka/Rauter*, UGB II/RLG³ § 222 Rz 15/4 (Stand 1.6.2017, rdb.at).
272 Vgl *U. Torggler*, GmbHG § 22 Rz 13; *Koppensteiner/Rüffler*, GmbHG³ § 22 Rz 18; so auch im Zusammenhang mit dem IKS *Kalss*, Das interne Kontrollsystem (IKS) als Angelpunkt der Corporate Governance in Kapitalgesellschaften, in FS Krejci (2001) 699 (718 f); vgl auch OGH 14.7.1994, 1 Ob 553/94 SZ 67/128 = ÖBA 1995, 59 (*Schumacher*).

der Haftung wegen Verletzung der Konkursantragspflicht dadurch entziehen könne, dass ein aussagekräftiges Rechnungswesen fehle. Im Ergebnis haftet daher der Geschäftsführer, wenn er deshalb die Insolvenzreife nicht erkennt, doch unmittelbar gegenüber den Gesellschaftsgläubigern.[273] Denn § 69 IO ist ein Schutzgesetz.

Wenngleich es sich bei Buchführung und Rechnungslegung um Kardinalpflichten der Geschäftsführer handelt, bei denen die Rsp auch eine Ressortverteilung (freilich nicht ganz zu Recht) nur sehr eingeschränkt als haftungsmildernd oder haftungsbefreiend für die nicht ressortzuständigen Geschäftsführer anerkennt,[274] müssen die Geschäftsführer die damit verbundenen Verpflichtungen natürlich nicht alle höchstpersönlich ausführen.

In einem arbeitsteilig organisierten Unternehmen ist die Aufteilung auch der im Rahmen des Rechnungswesens zu besorgenden Aufgaben auf entsprechend qualifizierte Mitarbeiter selbstverständlich.[275] Die von der Rsp vertretene Auffassung, jeder Geschäftsführer, dh auch ein nicht Ressortzuständiger, sei zur aktiven Überwachung der Einhaltung der Vorschriften betreffend Rechnungswesen und der Richtigkeit des Jahresabschlusses verpflichtet,[276] ist aber überzogen und berücksichtigt vor allem die Gegebenheiten in größeren Unternehmen nicht ausreichend.[277]

In der GmbH ist freilich noch eine weitere Konstellation im Zusammenhang mit der Delegierung von Rechnungswesen-Agenden zu beachten. Die Weisung der Gesellschafter an die Geschäftsführung, entweder kein oder ein nicht den Anforderungen entsprechendes Rechnungswesen zu führen, ist auch von der durch § 20 Abs 1 GmbHG eingeräumten Rechtsmacht nicht gedeckt und unbeachtlich.[278]

Es kommt aber in GmbHs, die zu einem Unternehmensverbund gehören, vor, dass die Muttergesellschaft bestimmte Funktionen auch im Zusammenhang mit dem Rechnungswesen (zB Innenrevision, aber auch internes Kontrollsystem etc) bei sich selbst ansiedelt oder eine andere Konzerngesellschaft als „erledigende Stelle" bestimmt.

---

273 OGH 14.7.1994, 1 Ob 553/94 SZ 67/128 = ÖBA 1995, 59 (*Schumacher*).

274 Vgl OGH 6 Ob 88/13d RWZ 2014/4 S 13 (*Wenger*); OGH 9.3.2006, 6 Ob 46/06t RdW 2006, 499 = RdW 2006, 564; OGH 9.3.2000, 6 Ob 14/00b wbl 2000, 286 = wbl 2000, 251 (*Gruber*) = ecolex 2001, 207 (*Zehetner*).

275 Vgl *U. Torggler*, GmbHG § 22 Rz 11; *Weilinger*, Feststellung und Aufstellung des Jahresabschlusses (1997) Rz 296.

276 Vgl OGH 8.4.1986, 10 Os 206/85 HS 16.266 = RdW 1986, 372; OGH 9.7.1981, 8 Ob 517/81 GesRZ 1982, 56; OGH 11.7.1979, 3 Ob 622/78 SZ 52/116.

277 Dagegen auch *Fleischer*, Buchführungsverantwortung des Vorstands und Haftung der Vorstandsmitglieder für fehlerhafte Buchführung, WM 2006, 2021 (2023).

278 Vgl *G. Schima*, GesRZ 1999, 102 f. Das ergibt sich auch daraus, dass die Vernachlässigung der Buchführungspflicht dem Geschäftsführer als zumindest fahrlässige Pflichtenverletzung zur Last zu legen ist, sodass er sich dann auf die dadurch bedingte Unkenntnis der Zahlungsunfähigkeit bzw Überschuldung nicht berufen kann (OGH 1 Ob 553/94 HS 25.153) (*Unger* in *Straube/Ratka/Rauter*, WK GmbHG § 22 Rz 63 [Stand 1.8.2013, rdb.at]).

Eine solche Vorgangsweise ist zulässig, und sie hat auch Auswirkungen auf die Verantwortung und Haftung der Geschäftsführung der betroffenen GmbH. Da § 22 Abs 1 GmbHG, wie gesagt, per se nicht gläubigerschützende Wirkung hat und kein Schutzgesetz iSd § 1311 ABGB ist, kann aus der Befolgung einer derartigen Anordnung der Gesellschafter der Geschäftsführung kein haftungsbegründender Vorwurf gemacht werden. Denn insofern ist die Rechtsmacht der Gesellschafter und ihr Weisungsrecht sehr wohl beachtlich, als diese anordnen können, dass bestimmte Agenden des Rechnungswesens oder auch dieses insgesamt von Vertretern der Muttergesellschaft besorgt werden. Die Frage ist nur, ob und welche Kontrollrechte sich die Geschäftsführung der abhängigen GmbH einräumen lassen muss. Soweit es um das durch gesetzliche Vorschriften nicht determinierte interne Rechnungswesen geht (siehe oben), wird eine solche Kontrollpflicht nicht zwingend anzunehmen sein, wenn und weil die Gesellschafter dies nicht wünschen.

Beim externen Rechnungswesen verhalten sich die Dinge anders, weil hier gesetzliche Vorschriften, die zum Teil auch Schutzgesetzcharakter haben können, betroffen sind und die Geschäftsführung sich im Falle der Besorgung diese Agenden durch eine andere Konzerngesellschaft oder die Obergesellschaft – grundsätzlich wie bei der Delegierung an einen konzernexternen Dritten – davon angemessen vergewissern muss, ob die Aufgaben ordnungsgemäß erledigt werden.

1.2.1.5. Einrichtung eines internen Kontrollsystems (IKS)

§ 22 Abs 1 GmbHG schreibt den Geschäftsführern außerdem vor, ein internes Kontrollsystem zu führen, das den Anforderungen des Unternehmens entspricht.

Diese Regelung wurde mit dem Insolvenzrechtsänderungsgesetz (IRÄG) 1997 eingeführt. „Internes Kontrollsystem (IKS)“ bezeichnet nach den Gesetzesmaterialien alle aufeinander abgestimmten Methoden und Maßnahmen, die der Sicherung des Vermögens und der Qualität der Abrechnungsdaten sowie der Unterstützung der Geschäftspolitik dienen.[279]

Der Begriff „IKS“ ist gesetzlich nicht umschrieben; seine nähere Ausgestaltung wird vielmehr im Wesentlichen der Betriebswirtschaftslehre überlassen.[280] Diese gibt quasi vor, was der heutige Stand der betriebswirtschaftlichen Methoden und Prozessabläufe im Rahmen der unternehmensinternen Kontrolle ist.[281]

Wenn man bedenkt, dass die Verletzung der gesetzlichen Verpflichtung zur Führung eines geeigneten IKS die Geschäftsführer nach § 25 Abs 1 GmbHG gegenüber der Gesellschaft zur Haftung verpflichten kann (dazu unten), ist diese fehlende gesetzliche Determiniertheit unter rechtsstaatlichen Gesichtspunkten ein gewisses Problem. Dieses ist gegenüber der oben (Kap 1.2.1.4.) beschriebenen Problematik

279 Gesetzesmaterialien zum IRÄG 1997 ErläutRV 734 BlgNR 20. GP 64, 68.
280 *Kalss* in FS Krejci 699 ff (702).
281 *Kalss* in FS Krejci 699 ff (702 f).

beim – gesetzlich ebenfalls nicht näher ausgestalteten – internen Rechnungswesen insofern noch verschärft, als das IKS eben der noch deutlich jüngere Begriff ist, über dessen konkreten Inhalt noch weniger Konsens besteht.

Die Aufgaben des IKS betreffen

- die Sicherung und den Schutz des vorhandenen Vermögens;
- die Gewinnung genauer, zeitnaher und aussagekräftiger Aufzeichnungen;
- die darauf aufbauende Förderung der betrieblichen Effizienz und
- die Unterstützung der Unternehmenspolitik und Zielerreichung.[282]

Wesentliche Voraussetzung für die Etablierung eines funktionierenden IKS ist eine entsprechende Organisation der Arbeitsabläufe und Zuständigkeiten, die Etablierung von Funktionstrennungen und die laufende integrierte Kontrolle durch die beteiligten Personen.[283]

Letztlich wurde mit der Einführung der Pflicht zur Etablierung eines geeigneten IKS im Jahr 1997 kein originär neues Recht geschaffen,[284] weil auch schon davor die Geschäftsleitung zur laufenden und nachträglichen Kontrolle von Durchführung und Erfolg delegierter Geschäftsführungsaufgaben[285] verhalten war. Dabei handelt es sich um eine zentrale Führungsaufgabe des Leitungsorgans, dh in der GmbH der Geschäftsführer.[286]

Das interne Kontrollsystem ist Bestandteil der Jahresabschlussprüfung, weil der Abschlussprüfer sich nach den International Standards on Auditing (ISA) 315 ein Verständnis vom Unternehmen zu verschaffen hat, was die Prüfung der internen Kontrollmechanismen bedingt.[287] Dies gilt zumindest insoweit, als das IKS der Qualitätssicherung der Rechnungslegung dient.[288]

In GmbHs, die gem § 30g Abs 4a GmbHG einen Prüfungsausschuss zu bestellen haben,[289] hat der Prüfungsausschuss gem § 30g Abs 4a Z 2 GmbHG auch das IKS zu überwachen.[290]

---

282 *Kalss* in FS Krejci 699 ff (703 f) unter Berufung auf *Manfreda*, Ausformungen des internen Kontrollsystems bei Kapitalgesellschaften, RWZ 1999, 272.

283 *Kalss* in FS Krejci 699 ff (704); *Manfreda*, RWZ 1999, 272.

284 Vgl *Kalss* in FS Krejci 699 (708 f); *Koppensteiner*, GmbHG² § 22 Rz 25a iVm Rz 5a.

285 *Kalss* in FS Krejci 699 (707).

286 *Kalss* in FS Krejci 699 (707); *Semler*, Zur Leitungsbefugnis des Vorstands und ihren Grenzen, in FS Kastner II (1992) 397.

287 *Temmel/Peric* in *Gruber/Harrer*, GmbHG² § 22 Rz 26.

288 *U. Torggler*, GmbHG § 22 Rz 10; *Manfreda*, RWZ 1999, 272 (274).

289 Dies sind aufsichtsratspflichtige, fünffachgroße GmbHs (dh solche, bei denen das Fünffache eines der in Euro ausgedrückten Größenmerkmale einer großen Gesellschaft gem § 221 Abs 3 UGB überschritten wird, die somit entweder > 100 Mio € Bilanzsumme oder > 200 Mio € Umsatzerlöse aufweisen), sowie GmbHs iSv § 189a Z 1 lit a und d UGB, dh Unternehmen von öffentlichem Interesse, die entweder Wertpapiere ausgegeben haben, die an einem geregelten Markt eines Mitgliedsstaats der EU oder eines Vertragsstaats des EWR zum Handel zugelassen sind.

290 *A. Heidinger* in *Gruber/Harrer*, GmbHG² § 30g Rz 58; *U. Torggler*, GmbHG § 22 Rz 10.

GmbHs, deren übertragbare Wertpapiere zum Handel an einem geregelten Markt eines EU-Mitgliedstaats oder eines EWR-Vertragsstaatszugelassen sind, müssen im (Konzern-)Lagebericht die wichtigsten Merkmale des IKS beschreiben (§ 243a Abs 2, § 267 Abs 3b UGB).[291]

Was die Delegierungsmöglichkeiten beim IKS betrifft, so gilt im Wesentlichen das zum Rechnungswesen oben Gesagte (vgl Kap 1.2.1.4.). Da das IKS aber „kein separates Computerprogramm“[292] ist, sondern begriffsnotwendig aus der Gesamtheit der in einem Unternehmen eingerichteten Kontrollmaßnahmen besteht, die notwendigerweise mit Menschen verbunden sind, ist eine Delegierung hinsichtlich der *Einrichtung* des IKS nicht wirklich denkbar. Denn dieses setzt ja voraus, dass Mitarbeiter des Unternehmens selbst in Kontrollmaßnahmen eingebunden werden.

Sehr wohl delegierbar ist freilich die Überwachung der Funktionsweise des IKS, dh die Kontrolle des Kontrollsystems.

Auch hier gilt das schon oben zum Rechnungswesen Ausgeführte: in einer konzernverbundenen GmbH kann die Muttergesellschaft kraft des den Gesellschaftern zukommenden Weisungsrechtes (§ 20 Abs 1 GmbHG) solche Kontrollfunktionen ohne weiteres entweder an sich ziehen oder eine dritte Stelle (andere Konzerngesellschaft) damit betrauen. Grundsätzlich werden die Geschäftsführer zwar in Anbetracht der in § 22 Abs 1 GmbHG verankerten, gesetzlichen Etablierungspflicht gehalten sein, sich von Zeit zu Zeit davon zu vergewissern, ob die damit betraute Stelle die Funktionsweise der Kontrollmaßnahmen auch prüft; soweit ihr das aber von der Muttergesellschaft nicht ermöglicht wird, scheidet schon in Anbetracht des § 25 Abs 5 GmbHG eine Haftung der Geschäftsleiter gegenüber der Gesellschaft aus, sofern die Kontrollmaßnahmen sich in der Folge als unzureichend erweisen und daraus der Gesellschaft ein Schaden entsteht.

Ein Schutzgesetz ist § 22 Abs 1 GmbHG auch in Bezug auf die Einrichtung des IKS nicht.[293] Die Verletzung der Verpflichtung zur Etablierung eines adäquaten internen Kontrollsystems macht per se die Geschäftsführer daher nicht gegenüber Gesellschaftsgläubigern oder sonstigen Dritten verantwortlich.

1.2.1.6. Personalmanagement

Eine wesentliche Aufgabe der Geschäftsführer einer GmbH besteht auch darin, ein funktionsfähiges, den Gegebenheiten und der Größe des Unternehmens angemessenes Personalmanagement einzurichten.

Dazu gehört zunächst die aus der erwarteten Geschäftsentwicklung abzuleitende Personalbedarfsplanung[294] und die Einrichtung einer entsprechenden, arbeits-

291 Vgl *Nowotny* in *Straube/Ratka/Rauter*, UGB II/RLG³ § 243a Rz 46 ff (Stand 1.2.2018, rdb.at).
292 So pointiert *Temmel/Peric* in *Gruber/Harrer*, GmbHG² § 22 Rz 25.
293 *Hopt* in GroßKomm AktG IV/2⁵ (2015) § 93 Rz 620; *Kalss* in FS Krejci 699 (718 f).
294 Vgl *Feltl/Told* in *Gruber/Harrer*, GmbHG² § 25 Rz 69.

teiligen Personalorganisation. Je größer ein Unternehmen ist, desto mehr Aufgaben müssen von der Geschäftsleitung nach unten delegiert werden. Delegierung befreit aber nicht generell von der die Geschäftsführer treffenden Leitungsverantwortung.[295]

Haben die Geschäftsführer freilich für eine ordnungsgemäße Organisation der Betriebsabläufe gesorgt und die entsprechenden Positionen mit kompetenten Mitarbeitern besetzt, deren Verantwortungsbereiche entsprechend definiert und voneinander abgegrenzt sind und die auch einer gewissen wechselseitigen Kontrolle unterliegen, sind die Geschäftsführer ihrer *vertikalen Überwachungspflicht* nachgekommen und haften dann nicht für Schäden, die Mitarbeiter durch individuelles Fehlverhalten der Gesellschaft zufügen.[296] Die Mitarbeiter sind keine Erfüllungsgehilfen der Geschäftsführer bei der Führung der Geschäfte der Gesellschaft,[297] sie sind vielmehr Gehilfen der Gesellschaft.[298] Der Geschäftsführer ist jedoch für die Auswahl und Überwachung der Mitarbeiter verantwortlich – eine zumindest leicht fahrlässige Verletzung dieser Pflichten kann grundsätzlich die Haftung des Geschäftsführers zur Folge haben. In größeren Unternehmen gebietet die Überwachungspflicht unter Umständen, interne Kontrollinstanzen, wie etwa eine Revision einzurichten. Gibt es solche Einrichtungen, ist der Geschäftsführer weiterhin verpflichtet, zumindest die Funktionsfähigkeit der internen Kontrollen zu überwachen.

Die Geschäftsführer haben aber auch dafür zu sorgen, dass das von der Gesellschaft beschäftigte Personal entsprechend den gesetzlichen und kollektivvertraglichen Regelungen beschäftigt wird und die von der Rechtsordnung ermöglichten unternehmerischen Spielräume (zB in puncto Arbeitszeitflexibilisierung) zum Vorteil des Unternehmens auch genützt werden. Dafür ist es erforderlich, ein Personalmanagement einzurichten, das in Abhängigkeit von der Unternehmensgröße mit den – in Großunternehmen unter Umständen sehr komplexen und vielfältigen (zB mehrere Kollektivverträge betreffenden) – Normen vertraut ist und es entweder selbst versteht, diese korrekt anzuwenden oder sachkundige Hilfe von dritter Seite beizieht.[299]

Gerade im Arbeitszeitrecht lauern größere Gefahren, aber auch Chancen. Denn zum einen erlauben das Gesetz und viele Kollektivverträge gewisse Flexibilisierungsmöglichkeiten, die im Regelfall den Abschluss von Betriebsvereinbarungen voraus-

295 Vgl BGH 15.10.1996, VI ZR 319/95 NJW 1997, 130; *Feltl/Told* in *Gruber/Harrer*, GmbHG² § 25 Rz 70.

296 Vgl *Feltl/Told* in *Gruber/Harrer*, GmbHG² § 25 Rz 72; *Fleischer*, Aktuelle Entwicklungen der Managerhaftung, NJW 2009, 2337 f.

297 *Feltl/Told* in *Gruber/Harrer*, GmbHG² § 25 Rz 72 unter Berufung auf OLG Karlsruhe 7.11.2012, 7 U 32/12 GmbHR 2013, 267 f.

298 OGH 30.1.2017 6 Ob 84/16w wbl 2017, 292.

299 Nur ein Beispiel in diesem Zusammenhang: allein der Umgang mit der Mehrfach- Kollektivvertragsunterworfenheit eines Arbeitgebers iSd § 9 ArbVG und die Ermittlung der auf unterschiedliche Unternehmensbereiche möglicherweise anwendbaren verschiedenen Kollektivverträge überfordert, wie die Praxis zeigt, manchen Personalleiter selbst mit größerer einschlägiger Erfahrung.

setzen;[300] zum anderen sind gerade Verstöße gegen arbeitszeitrechtliche Vorschriften empfindlich sanktionsbewehrt und können für ein Unternehmen zu einer sehr teuren Angelegenheit werden, wenn zB größere Gruppen von Arbeitnehmern laufend in einer nicht dem Gesetz entsprechenden Weise eingesetzt werden.

Die Verschärfungen betreffend Lohndumping[301] bedeuten für Unternehmen ebenfalls ein nicht zu unterschätzendes Haftungs- und Verwaltungsstrafrisiko. Bedenkt man, wie schwammig und unpräzise oft kollektivvertragliche Beschäftigungsgruppen definiert sind, kann es auch in gut geführten Unternehmen verhältnismäßig leicht passieren, dass aufgrund von Fehleinstufungen Unterentlohnungen entstehen.

Die Geschäftsführer müssen dafür Sorge tragen, dass derartige Risiken zumindest bestmöglich minimiert werden, was wiederum voraussetzt, dass entsprechend kompetente Mitarbeiter in der Personalverwaltung eingesetzt werden, die im Bedarfsfall externen Rat einholen.

Dass zur ordnungsgemäßen Personalverwaltung es auch gehört, Mitarbeiter, die den Anforderungen nicht entsprechen oder an deren Vertrauenswürdigkeit gar ernste Zweifel bestehen, abzuziehen oder zumindest ihre Befugnisse einzuschränken bzw ihnen entsprechende Weisungen zu erteilen, eine Vollmacht zu widerrufen etc, versteht sich von selbst.[302]

Die in der eben zitierten Entscheidung des OGH geäußerte Ansicht, eine Einkaufsvollmacht sei jedenfalls mit Eintritt der Zahlungsunfähigkeit der Gesellschaft zu widerrufen,[303] ist aber überzogen und nicht sachgerecht.[304]

1.2.2. Legalitätspflicht und nützliche Gesetzesverletzung

Geschäftsleiter von Körperschaften – dies gilt für GmbH und AG sowie Genossenschaft, Sparkasse, etc gleichermaßen – haben bei ihrer Mandatsausübung die geltenden Gesetze zu beachten (Legalitätspflicht).[305]

300 Vgl dazu die §§ 4, 5 AZG; §§ 3, 4 KA-AZG; vgl auch *Körber-Risak*, KA-AZG neu: Grundsatzfragen der Dienstplangestaltung für Ärzte in Krankenanstalten, ecolex 2015, 313.

301 Siehe die Strafbestimmungen des § 29 LSD-BG (Lohn- und Sozialdumping-Bekämpfungsgesetz, anwendbar auf Sachverhalte nach dem 31.12.2016 (vormals zB § 7i AVRAG idF des BGBl I 2014/95; vgl dazu *Patka*, Die richtige Einstufung des Arbeitnehmers: Ein „Unterentlohnungs-Minenfeld", PVP 2015/18; *Schrank*, Inhaltliche Reichweite des neuen „Lohndumping-" bzw Unterzahlungsverbots, RdW 2015/224; *Wiesinger*, Lohndumping: Was zählt zum Entgelt? ecolex 2015, 92; zur Frage, inwiefern (Über-)Zahlung anderer Entgeltbestandteile zum Ausgleich einer Grundlohnunterschreitung herangezogen werden kann: *Königsberger*, Überzahlungen in Bezug auf Lohn- und Sozialdumping, RdW 2015, 225).

302 Vgl OGH 26.3.1980, 1 Ob 545/80 SZ 53/53; *Feltl/Told* in *Gruber/Harrer*, GmbHG² § 25 Rz 70.

303 Anscheinend zustimmend *Feltl/Told* in *Gruber/Harrer*, GmbHG² § 25 Rz 70 Fn 327.

304 So zutreffend *Reich-Rohrwig* in *Straube/Ratka/Rauter*, WK GmbHG § 25 Rz 57 (Stand 1.6.2015, rdb.at).

305 Vgl *Feltl/Told* in *Gruber/Harrer*, GmbHG² § 25 Rz 38; *Reich-Rohrwig* in *Straube/Ratka/Rauter*, WK GmbHG § 25 Rz 40 (Stand 1.6.2015, rdb.at); vgl ausführlich *Leupold/Ramharter*, Nützliche Gesetzesverletzungen – Innenhaftung der Geschäftsleiter wegen Verletzung der Legalitätspflicht? GesRZ 2009, 253.

Abgeleitet werden kann dies ua aus § 1009 ABGB, wonach der Gewalthaber verpflichtet ist, das Geschäft seinem Versprechen und der Vollmacht gemäß, emsig und redlich zu besorgen und allen aus dem Geschäft entspringenden Nutzen dem Machtgeber zu überlassen.[306] Das Gesetz besagt zwar nicht ausdrücklich, dass der Gewalthaber (der Beauftragte) nur rechtmäßige bzw gesetzmäßige Mittel anwenden darf, doch wird dies zumindest vom Grundsatz her zu Recht angenommen.[307]

Heikel und umstritten ist aber die Frage, ob tatsächlich jede Gesetzesverletzung durch einen Geschäftsleiter auch im Innenverhältnis eine Pflichtverletzung dieses Geschäftsleiters gegenüber der Gesellschaft bedeutet.[308]

Die ganz überwiegende Meinung in Österreich[309] und Deutschland[310] nimmt dies grundsätzlich an. Abweichende Stimmen differenzieren hingegen nach der „Bedeutung" der Gesetzesverletzung und nehmen eine Pflichtverletzung des Geschäftsleiters im Innenverhältnis, dh gegenüber der Gesellschaft, insb dann nicht an, wenn es sich um „weniger gravierende" Pflichtverletzungen bzw solche handelt, bei denen – wie insb bei Wettbewerbsverstößen oder gewissen Verwaltungsübertretungen – mit dem Einverständnis der Gesellschafter gerechnet werden kann.[311]

Grundsätzlich ist der Auffassung beizupflichten, dass zumindest die *bewusste Gesetzesverletzung* durch Geschäftsleiter auch eine Pflichtverletzung im Innenverhältnis gegenüber der Gesellschaft bedeutet.[312]

Mit der Pflichtwidrigkeit im Innenverhältnis ist freilich nur ausgesagt, dass das Verhalten des Geschäftsleiters auch gegenüber der Gesellschaft rechtswidrig ist und damit einen tauglichen Ausgangspunkt einerseits für Schadenersatzansprüche der Gesellschaft gegenüber dem Geschäftsleiter (Geschäftsführer, Vorstandsmitglied) und andererseits eine mögliche Grundlage für die fristlose Auflösung des Anstellungsvertrages bzw des Geschäftsleiter-Mandats bildet.[313] Dass es tatsäch-

306 Vgl *Leupold/Ramharter,* GesRZ 2009, 253 (255).

307 Vgl *Apathy* in *Schwimann/Kodek,* ABGB IV[4] (2014) § 1009, Rz 3; so schon *Leupold/Ramharter,* GesRZ 2009, 253 (255).

308 Vgl dazu *Leupold/Ramharter,* GesRZ 2009, 253 (253 ff).

309 Vgl *Leupold/Ramharter,* GesRZ 2009, 253 (253 ff); *Kalss* in *Kalss/Nowotny/Schauer,* Gesellschaftsrecht[2] Rz 3/435; *Feyl,* Gedanken zur Business Judgment Rule, GesRZ 2007, 89; *Koppensteiner/Rüffler,* GmbHG[3] § 25 Rz 7; *Lutter,* Die Business Judgment Rule in Deutschland und Österreich, GesRZ 2007, 79 (81 f); *G. Schima,* Business Judgment Rule und Verankerung im österreichischen Recht, GesRZ 2007, 93 (95 ff); *Schlosser,* Die Organhaftung der Vorstandsmitglieder der Aktiengesellschaft (2002) 39; *Aicher,* Die Auftragsvergabe der Kapitalgesellschaften der öffentlichen Hand, GesRZ 1982, 66 (73 f).

310 Vgl für alle *Fleischer,* Aktienrechtliche Legalitätspflicht und „nützliche" Pflichtverletzungen von Vorstandsmitgliedern, ZIP 2005, 141.

311 Vgl *U. Torggler,* Von Schnellschüssen, nützlichen Gesetzesverletzungen und spendablen Aktiengesellschaften – Zum Ermessensspielraum bei der gesellschaftsrechtlichen Organhaftung, wbl 2009, 168 (171 ff); *P. Kunz,* Würde die Übernahme des § 93 Abs 1 dAktG in das österreichische Aktienrecht zu mehr Rechtssicherheit in Bezug auf nützliche Gesetzesverletzungen führen? GesRZ 2007, 91.

312 Im Wesentlichen überzeugend *Leupold/Ramharter,* GesRZ 2009, 253 (257 ff).

313 Der Widerruf des Mandats ist in der GmbH ja typischerweise (vgl § 16 Abs 1 GmbHG) nicht an wichtige Gründe gebunden; bei Gesellschafter-Geschäftsführern kann dies aber gem § 16 Abs 3 GmbHG vereinbart werden, und bei Vorstandsmitgliedern einer AG schreibt § 75 Abs 4 AktG dies ausdrücklich vor und nennt *„grobe Pflichtverletzung"* als einen Abberufungsgrund.

lich zu einer Haftung kommt bzw der Pflichtverstoß tatsächlich so gravierend ist, dass er die fristlose Vertragsauflösung rechtfertigt, ist damit noch nicht gesagt.

In der Tat kann bei einer normativen Betrachtung den Gesellschaftern, deren „Veranstaltung" die Gesellschaft richtigerweise ist,[314] nicht unterstellt werden, sie würden sich gesetzwidrig verhalten wollen,[315] mag es auch de facto manchmal so sein, dass insb Wettbewerbsverstöße oder Verwaltungsübertretungen (zB im Arbeitnehmerschutzrecht, insb auch im Arbeitszeitrecht) von den Gesellschaftern durchaus in Kauf genommen und manchmal sogar bewusst gebilligt werden.[316]

Das Problem lässt sich aber auch nicht so lösen, dass die Geschäftsleiter die Gesellschafter vor der bewussten Begehung einer Gesetzesverletzung um Zustimmung fragen, bei Erteilung dieser Zustimmung (oder gar Erteilung einer Weisung, die in der GmbH ja grundsätzlich möglich ist) den Gesetzesverstoß bewirken und damit pflichtgemäß handeln. Denn wie sich den gesellschaftsrechtlichen Normen entnehmen lässt, sind Beschlüsse der Gesellschafter nichtig, mit denen bewusst das Gesetz verletzt wird. Dies folgt für die Aktiengesellschaft unmittelbar aus § 199 Abs 1 AktG, wonach Beschlüsse der Hauptversammlung nichtig sind, wenn diese durch ihren Inhalt Vorschriften verletzen, die im öffentlichen Interesse gegeben sind (§ 199 Abs 1 Z 3 AktG) oder ihrem Inhalt nach gegen die guten Sitten verstoßen (§ 199 Abs 1 Z 4 AktG). Das in § 84 Abs 4 AktG verankerte „Haftungsprivileg" für Vorstandsmitglieder greift dann eben nicht, weil es voraussetzt, dass die Handlung des Vorstandsmitgliedes „auf einem gesetzmäßigen Beschluss der Hauptversammlung beruht" (§ 84 Abs 4 erster Satz AktG).[317]

Leupold/Ramharter[318] ziehen daraus den zutreffenden Größenschluss, dass der Vorstand nicht den Willen der Gesellschaft bilden könne, gesetzwidrig zu handeln, wenn es nicht einmal der Hauptversammlung offenstehe, einen gültigen Willen zu bilden, der drauf gerichtet sei, Gesetze zu brechen.

In der GmbH fehlen zwar mit § 70 Abs 1 und § 84 Abs 4 AktG vergleichbare Vorschriften. Anerkannt ist indes, dass ungewöhnliche, über den Tagesbetrieb hinausgehende Geschäfte den Gesellschaftern vor dem Abschluss zur Zustimmung vorzulegen sind.[319] Dies gilt auch für solche Geschäfte und Maßnahmen, bei

314 So *Wiedemann*, Gesellschaftsrecht I (1980) 627; ihm folgend *U. Torggler*, wbl 2009, 168 (171 ff); vgl auch *Schauer*, Zivilrechtliche Verantwortlichkeit des Aufsichtsrats, in *Kalss/Kunz*, Handbuch Aufsichtsrat Rz 34/36; *P. Kunz*, GesRZ 2007, 91 ff.

315 Überzeugend *Leupold/Ramharter*, GesRZ 2009, 253 ff (255).

316 Darauf weist *U. Torggler*, wbl 2009, 168 (172) hin, wenn er meint, dass Gesellschafter *„beim Einstreifen der Gewinne gar nicht zimperlich"* seien, *„auch selbst gelegentlich Verwaltungsübertretungen begehen und sich mit dem mehr oder weniger aggressiven Geschäftsstil ihrer Gesellschaft sogar identifizieren."* Die Konsequenz daraus kann aber nicht sein, dass ein Geschäftsleiter einer Gesellschaft, deren Anteilseigner ein mit laufenden Gesetzesverstößen verbundenes Geschäftsmodell gutheißen, sich deshalb im Innenverhältnis rechtmäßig verhält, wenn er diesem Geschäftsmodell folgt.

317 Überzeugend *Leupold/Ramharter*, GesRZ 2009, 253 (256 ff).

318 *Leupold/Ramharter*, GesRZ 2009, 253 (258).

319 Vgl *Leupold/Ramharter*, GesRZ 2009, 253 (258); *G. Schima*, GesRZ 1999, 100, 159 mwN; *P. Doralt* in *Kastner/Stoll*, GmbH & Co KG[2] 273.

denen die Geschäftsführer damit rechnen müssen, dass die Gesellschafter informiert sein bzw das Geschäft ihrer Zustimmung vorbehalten wollen.[320] Eine Zustimmung der Gesellschafter zu einem bewussten Gesetzesbruch würde aber auch in der GmbH den Beschluss mit Nichtigkeit belasten, sodass eine gültige Einwilligung in den bewussten Gesetzesbruch auch bei der GmbH nicht möglich ist.[321] Die Legalitätspflicht der Geschäftsleitung ist grundsätzlich auch nicht davon abhängig, ob es sich um bedeutendere oder weniger bedeutende Gesetzesverstöße handelt.[322] Der berühmte Fall aus den USA, wo der Vorstand eines Zustelldienst-Unternehmens die Mitarbeiter angewiesen hatte, Halte- und Parkverbote zu ignorieren, um die Zustellungen besser bewerkstelligen zu können, was zu Bußgeldern iHv 1,5 Mio USD führte, ist richtigerweise daher auch in Österreich so zu lösen, wie das Gericht dies in den USA tat: Es liegt ein pflichtwidriges Verhalten des Vorstandes vor, das grundsätzlich zum Schadenersatz iH der Bußgelder verpflichtet.[323] Die Frage, die sich in diesem Fall – jedenfalls aus österreichischer Perspektive – darüber hinaus stellt, lautet, ob das Vorstandsmitglied den Einwand erheben kann, den zu zahlenden Bußgeldern stünden durch die schnellere Zustellung erwirtschaftete Unternehmensgewinne gegenüber, und ob die Pflichtverletzung so gravierend ist, dass sie die fristlose Auflösung des Anstellungsvertrages (Entlassung) rechtfertigt.

Insb bei weniger bedeutsamen Verwaltungsübertretungen, wie Straßenverkehrsdelikten, muss freilich zusätzlich immer geprüft werden, ob überhaupt eine Verletzung von Geschäftsleiterpflichten vorliegt. Das ist zwar in dem erwähnten US-amerikanischen Beispiel der Fall, wenn der Vorstand seine Mitarbeiter anweist, bewusst kalkuliert und systematisch Park- und Halteverbotsvorschriften zu missachten, keineswegs aber dann, wenn zB das Vorstandsmitglied, um einen wichtigen Termin zu erreichen, die höchstzulässige Geschwindigkeit überschreitet oder falsch parkt. Denn in solchen Fällen werden – genauso wie bei einem Verkehrsunfall mit Personenschaden auf einer Dienstfahrt – von vornherein keine Pflichten verletzt, die dem Geschäftsleiter gegenüber der Gesellschaft obliegen.[324] Rechtlich sind solche Fälle nicht anders zu behandeln als zB die Konstellation, dass ein Geschäftsführer/Vorstandsmitglied beim Bau eines privaten Hauses sich bewusst über Vorschriften der Bauordnung hinwegsetzt.

Das Problem der *schadenersatzrechtlichen Vorteilsausgleichung* ist ein durchaus brisantes: Insb bei Geschäften, die einem Unternehmen durch unlautere Mittel,

---

320 Vgl *Leupold/Ramharter,* GesRZ 2009, 253 (258); *Nowotny* in *Kalss/Nowotny/Schauer*, Gesellschaftsrecht² Rz 4/178; *Koppensteiner/Rüffler*, GmbHG³ § 20 Rz 4; *G. Schima,* GesRZ 1999, 100, 159.

321 Zutr *Leupold/Ramharter,* GesRZ 2009, 253 (258).

322 *Leupold/Ramharter,* GesRZ 2009, 253 (262); anders *U. Torggler,* wbl 2009, 168 (172 f); *P. Kunz,* GesRZ 2007, 91.

323 So auch *Lutter*, GesRZ 2007, 79; *Leupold/Ramharter,* GesRZ 2009, 253 (262); aM *U. Torggler*, wbl 2009, 168 (172 f); *P. Kunz,* GesRZ 2007, 91.

324 Anscheinend anders, aber möglicherweise missverständlich *Leupold/Ramharter,* GesRZ 2009, 253 (263).

wie zB Bestechung, Wettbewerbsverstöße oder Kartellrechtsverletzungen, verschafft wurden, stehen den dem Unternehmen in Form von Strafen, Bußgeldern oder auch Schadenersatzzahlungen erwachsenen finanziellen Nachteilen oft ökonomische Vorteile gegenüber, die diese Nachteile uU deutlich übersteigen.[325]

Als Grundsatz hat zu gelten, dass nach der im Schadenersatzrecht relevanten Differenzmethode derartige Vorteile, wenn sie aus demselben Geschäft stammen, zugunsten des Schädigers anrechenbar sind.[326]

Dies gilt jedoch dann nicht, wenn die aus der schädigenden Handlung resultierenden Vorteile speziell dem Geschädigten zugutekommen sollen und/oder eine wertende Betrachtung ergibt, dass eine Vorteilsanrechnung mangels Schutzwürdigkeit des Schädigers nicht adäquat ist.

Zuzustimmen ist freilich der Ansicht, dass Präventionserwägungen allein die Verhinderung des Vorteilsausgleiches nicht zu tragen vermögen, weil Zweck des Schadenersatzrechts der Ausgleich von Schäden ist.[327]

Daraus folgt, dass auch bei mittels Bestechung erlangten Geschäften der Vorteilsausgleich nicht grundsätzlich ausscheidet.[328]

Freilich wird bei „aufgedeckten Korruptionsdelikten“, wenn die Gesellschaft tatsächlich gegen den/die involvierten Geschäftsleiter vorgeht, die dadurch und durch das öffentliche Bekanntwerden der Vorfälle ausgelöste „Anspruchslawine“ den positiven Saldo zugunsten des Geschäftsleiters schnell zunichtemachen. Der „Fall Siemens“ ist diesbezüglich sicher das krasseste Beispiel aus jüngerer Zeit. Nicht nur, dass durch korruptives Handeln erlangte Geschäfte zivilrechtlich anfechtbar sind, können sich die Bußgeldzahlungen und nicht zuletzt auch die Rechtsberatungskosten – insb dann, wenn die US-amerikanische Jurisdiktion mit betroffen ist (wie im Fall Siemens) – zu derart hohen Beträgen summieren, dass von der Vorteilsanrechnung nichts mehr übrig bleibt. Hinzu kommen die

325 Vgl *Leupold/Ramharter,* GesRZ 2009, 253 (262); vgl auch *Kodek/Leupold* in *Wiebe/Kodek,* UWG² (2018) § 16 Rz 98 ff.

326 So auch explizit *Schauer* in *Kalss/Kunz,* Handbuch Aufsichtsrat Rz 34/36; *Leupold/Ramharter,* GesRZ 2009, 253 (262).

327 *Bayer,* Legalitätspflicht der Unternehmensleitung, nützliche Gesetzesverstöße und Regress bei verhängten Sanktionen, in FS K. Schmidt (2009) 85, 95; *Leupold/Ramharter,* GesRZ 2009, 253 (264); *Fleischer,* Kartellverstöße und Vorstandsrecht, BB 2008, 1070; *Zimmermann,* Kartellrechtliche Bußgelder gegen Aktiengesellschaft und Vorstand: Rückgriffsmöglichkeiten, Schadensumfang und Verjährung, WM 2008, 433, 438 f; *Fleischer,* ZIP 2005, 141, 151f, aM *Thole,* Managerhaftung für Gesetzesverstöße, ZHR 173 (2009) 528.

328 RIS-Justiz RS 0094565, OGH 26.02.2019 17 Os 8/18g: „Für die Aufrechenbarkeit von Vermögensverringerung und -vermehrung kommt es nicht auf deren exakte Gleichzeitigkeit, sondern darauf an, dass es sich um unmittelbare Auswirkungen derselben rechtsgeschäftlichen Vertretungshandlung handelt, was insbesondere bei einander im Austauschverhältnis gegenüberstehenden Leistungen der Fall ist. Dann ist eine Gegenleistung auch aufrechenbar, wenn sie vor dem Vermögensabfluss erbracht wurde. (T8) Beisatz: Auf Anfechtbarkeit, Rechtsungültigkeit oder zivilrechtliche Einklagbarkeit der Gegenleistung kommt es nicht an. (T9)“

Schwierigkeiten für den Geschäftsleiter bei der Ermittlung des in Unternehmensgewinnen bestehenden Vorteils in puncto Sachverhalt und Beweisführung, vor denen umgekehrt die Gesellschaft nicht steht, wenn sie den Geschäftsleiter mit den aufgrund der Bestechungsvorfälle anfallenden Strafen und Beratungskosten belasten möchte.

Anders als der bewusste und kalkulierte Gesetzesbruch ist indes jene Situation zu behandeln, in der die *Rechtslage unklar* ist und die Geschäftsleitung keinen wohlkalkulierten und bewussten Gesetzesbruch begeht, sondern nach sorgfältiger Abwägung[329] eine zwar risikobehaftete, aber im Unternehmensinteresse vertretbare Entscheidung trifft, bei der sich bloß später herausstellt, dass ein Gesetz verletzt wurde. Hier liegt grundsätzlich keine Pflichtverletzung des Geschäftsleiters gegenüber der Gesellschaft vor, sodass das Verhalten von vornherein nicht rechtswidrig ist, und deshalb auch nicht die Basis für Schadenersatzansprüche bilden kann.[330]

Auch im Falle eines bewussten und kalkulierten Gesetzesbruches muss die dadurch verwirklichte Pflichtverletzung des Geschäftsführers/Vorstandsmitgliedes gegenüber der Gesellschaft nicht unbedingt so gravierend sein, dass eine fristlose Auflösung des Anstellungsvertrages (Entlassung) bzw eine an wichtige Gründe gebundene Beendigung des Mandates gerechtfertigt ist. Denn es kann Fälle geben, in denen sich der Geschäftsleiter in einer zumindest „notstandsähnlichen" Situation befindet und beim Gesetzesbruch dennoch im wohlverstandenen Interesse des Unternehmens, der Gesellschafter und auch der Mitarbeiter handelt.

Beispiel:

Ein Bauunternehmen bietet für ein größeres Baulos an und kalkuliert bei seiner Teilnahme an der Ausschreibung seine Konditionen so, dass es von einem genehmigten „Dekadenbetrieb" ausgeht. Ein solcher ist an den Abschluss eines Kollektivvertrages gebunden (§ 4c Abs 1 AZG), der aber in der Folge mangels Einigung mit der Gewerkschaft nicht zustande kommt. Wenn die Geschäftsführung nun wohlkalkuliert das Risiko der Verletzung von Arbeitszeitvorschriften und der Verhängung von Verwaltungsstrafen gegen die Kosten einer (schuldhaften) Nichterfüllung oder Schlechterfüllung des Vertrages mit den daran geknüpften Pönalezahlungen abwägt und sich für die erstere Variante entscheidet, handelt der oder handeln die Geschäftsführer zwar rechtswidrig, doch wird man typischer Weise nicht sagen könne, dass er/sie seine/ihre Verpflichtungen gegenüber der Gesellschaft in so grober Weise verletzt hat/haben, dass eine Entlassung gerechtfertigt wäre.

329 Darauf kommt es natürlich schon an: vgl *Reich-Rohrwig* in *Straube/Ratka/Rauter*, WK GmbHG § 25 Rz 55 (Stand 1.6.2015, rdb.at); *Leupold/Ramharter*, GesRZ 2009, 253 (262, 264 f).

330 Vgl *Thole*, ZHR 173 (2009) 521 ff; *U. Torggler*, wbl 2009, 168 (171 ff); *Spindler*, Die Haftung von Vorstand und Aufsichtsrat für fehlerhafte Auslegung von Rechtsbegriffen, in FS Canaris II (2007) 403, *G. Schima*, GesRZ 2007, 93 (96); *Fleischer*, ZIP 2005, 141 ff.

In solchen Fällen wird auch eine Vorteilsanrechnung betreffend die aus dem Geschäft erlangten Vorteile in Betracht kommen und – sofern die unternehmerische Entscheidung für den Arbeitszeitrechtsverstoß sorgfältig getroffen wurde – einen Schadenersatzanspruch gegen den Geschäftsführer ausschließen.

Was die schadenersatzrechtlichen Folgen anbelangt, kann der Geschäftsleiter in Anbetracht des oben Gesagten auch bei Genehmigung eines bewussten Gesetzesbruches durch die Gesellschafter sich *nicht bei der Gesellschaft* für über den Geschäftsleiter zB verhängte Verwaltungsstrafen etc regressieren und bei der Inanspruchnahme durch die Gesellschaft grundsätzlich auch nicht deren Mitverschulden einwenden.[331]

In solchen Fällen – insb wenn die Gesellschafter den Geschäftsführer mittels (wenn auch verbotener) Weisung zum rechtswidrigen Verhalten zwingen wollen – kann aber uU das für einen Schadenersatzanspruch gegen den Geschäftsleiter erforderliche Verschulden fehlen.[332]

Ein Regress bzw eine Schadensteilung für den Geschäftsleiter ist freilich gegenüber jenen *Gesellschaftern* denkbar, die den Geschäftsleiter zu einem bewussten Gesetzesbruch angestiftet bzw in Form einer – wenn auch rechtlich unbeachtlichen – Gesellschafterweisung angeleitet haben.[333]

Das zu bewussten Gesetzesverstößen Gesagte lässt sich auf *bewusste Vertragsverletzungen* nicht unbesehen übertragen. In solchen Fällen liegt zwar unzweifelhaft ein rechtswidriges Verhalten der (vom Vorstand/Geschäftsführer vertretenen) Gesellschaft gegenüber dem Vertragspartner vor, nicht notwendigerweise aber eine Pflichtwidrigkeit des Geschäftsführers gegenüber der Gesellschaft. Verträge genießen eben nicht denselben rechtlichen Schutz wie Gesetze, weil ihre Einhaltung im Regelfall nicht oder jedenfalls nicht in diesem Maße öffentlichen Interessen dient und daher auch Gesellschafterbeschlüsse, die auf Vertragsverletzungen gerichtet sind, jedenfalls nicht schlechthin der Nichtigkeit anheimfallen.

Es kann durchaus Fälle geben, in denen eine bewusste Vertragsverletzung im wohlverstandenen Interesse des Unternehmens geschieht, weder pflichtwidrig und schon gar nicht schadenersatzbegründend ist. Steht eine Gesellschaft zB wegen unvorhergesehenen Maschinenausfalls vor einem Kapazitätsengpass und vermag daher nicht alle Lieferverpflichtungen vertragskonform und pünktlich zu erfüllen, muss die Geschäftsleitung eine wertende Entscheidung danach treffen, welche Lieferverträge eingehalten und welche verletzt werden. Dabei handelt es sich um eine unternehmerische Entscheidung, für die die Business Judgment Rule (dazu unten Kap 1.2.4.) gilt. Vorsicht ist bei bewussten Vertragsverletzungen dennoch geboten, denn in Einzelfällen können diese zu einer Außenhaftung des Geschäftsführers führen (vgl Kap 5.2.3.).

331 Vgl *Leupold/Ramharter*, GesRZ 2009, 253 (265 f).
332 Vgl *Leupold/Ramharter*, GesRZ 2009, 253 (265 f).
333 Zutr *Leupold/Ramharter*, GesRZ 2009, 253 (266 f).

1.2.3. Verpflichtung zur Errichtung einer Compliance-Organisation

In den letzten Jahren wurde verstärkt – vor allem, aber nicht nur im Zusammenhang mit größeren und in korruptionsgefährdeten Auslandsmärkten tätigen Unternehmen – die Frage diskutiert, ob und inwieweit der Vorstand/die Geschäftsführung verpflichtet ist, eine sog „Compliance-Organisation" einzurichten, dh ein System aus organisatorischen Zuständigkeiten sowie Kontroll- und Überwachungsmechanismen, das Gesetzesverstößen – vor allem in den besonders haftungsträchtigen Bereichen Korruption und Kartellrecht – bestmöglich vorbeugen und sie im Falle ihres Eintritts rasch entdecken und abstellen helfen soll.[334] Unter Compliance wird man darüber hinaus zweckmäßigerweise jene Anforderungen an die Organisation des Unternehmens verstehen, die Regelverstöße verhindern sollen.[335]

Großes Aufsehen erregte Ende 2013/Anfang 2014 in Deutschland, aber auch zum Teil in Österreich, ein Urteil des Landgerichtes München vom 10. Dezember 2013.[336] Dieses betraf die Klage der deutschen Siemens AG gegen ihr früheres Finanz-Vorstandsmitglied, die auf Zahlung von 15 Mio € gerichtet war und damit begründet wurde, dass das Vorstandsmitglied sich nicht ausreichend darum gekümmert habe, dass ein Compliance-System aufgebaut und dessen Funktion laufend überwacht wurde, das insb korruptives Gebaren im Zusammenhang mit Nigeria und den ungeklärten Abfluss von Geldern für „Beratungsverträge" hätte verhindern können.[337]

Das Landgericht München gab der Klage auf Zahlung von 15 Mio € statt und sprach Folgendes aus:

> „Im Rahmen seiner Legalitätspflicht hat ein Vorstandsmitglied dafür Sorge zu tragen, dass das Unternehmen so organisiert und beaufsichtigt wird, dass keine Gesetzesverstöße wie Schmiergeldzahlungen an Amtsträger eines ausländischen Staates oder an ausländische

334 Vgl dazu für Deutschland *Hopt/M. Roth* in GroßKomm AktG IV/2[5] § 93 Rz 182 ff; *Spindler* in Münch Komm AktG II[5] § 91 Rz 52 ff; *Lutter*, Konzernphilosophie vs. konzernweite Compliance und konzernweites Risikomanagement, in FS Goette (2011) 289 (291); *Fleischer* in *Spindler/Stilz*, AktG I[3] (2015) § 93 Rz 23; *Bayer* in FS K. Schmidt (2009) 85 (89 f); *Mertens/Cahn* in KölnKomm AktG II/1[3] (2009) § 91 Rz 34 f; *Fleischer*, Vorstandsverantwortlichkeit und Fehlverhalten von Unternehmensangehörigen – von der Einzelüberwachung zur Errichtung einer Compliance-Organisation, AG 2003, 291 (299 f); für Österreich vgl *Feltl/Told* in *Gruber/Harrer*, GmbHG[2] § 25 Rz 58 ff; *Kretschmer*, Compliance im Unternehmen, in *Petsche/Mair*, Handbuch Compliance[2] (2013) 60; *Napokoj* in *Napokoj*, Risikominimierung durch Corporate Compliance (2010) Rz 31 ff mwN.

335 *Rüffler*, Organhaftung im Konzern, in *Artmann/Rüffler/U. Torggler*, Organhaftung zwischen Ermessensentscheidung und Haftungsfalle (2013) 13 (19) mwN.

336 LG München I 10.12.2013, 5 HK O 1387/10 openJur 2014, 6390.

337 Der Fall endete letztlich in einer menschlichen Tragödie. Das vom Landgericht München auf Zahlung von 15 Mio € an Siemens verurteilte frühere Vorstandsmitglied (das noch im September 2014 beim deutschen Juristentag in Hannover als viel beachteter Redner aufgetreten war) nahm sich – just nach Erzielung einer Einigung mit Siemens auf einen deutlich geringeren Betrag in der Größenordnung von 2 Mio € – das Leben. Mit den anderen Vorstandsmitgliedern hatte Siemens Vergleiche erzielt gehabt, die auch einen Freistellungsanspruch der vom Vergleich betroffenen früheren Vorstandsmitglieder beinhalteten. Das beklagte Vorstandmitglied, Herr Neubürger, hatte sich dagegen jedoch gewehrt und es auf einen Prozess ankommen lassen.

> Privatpersonen erfolgen. Seiner Organisationspflicht genügt ein Vorstandsmitglied **bei entsprechender Gefährdungslage**[338] nur dann, wenn es eine auf Schadensprävention und Risikokontrolle angelegte Compliance-Organisation einrichtet.
>
> Entscheidend für den Umfang im Einzelnen sind dabei Art, Größe und Organisation des Unternehmens, die zu beachtenden Vorschriften, die geografische Präsenz wie auch Verdachtsfälle aus der Vergangenheit.
>
> Die Einhaltung des Legalitätsprinzips und demgemäß die Einrichtung eines funktionierenden Compliance-Systems gehört zur Gesamtverantwortung des Vorstandes.
>
> Liegt die Pflichtverletzung eines Vorstandsmitgliedes in einem Unterlassen, beginnt die Verjährung im Falle der Nachholbarkeit der unterlassenen Handlung nicht schon dann, wenn die Verhinderungshandlung spätestens hätte erfolgen müssen, sondern erst dann, wenn die Nachholbarkeit endet.“

Die organisatorische Verankerung der Compliance-Verantwortung trifft den Vorstand bzw die Geschäftsführung als Kollegialorgan. „Compliance ist Chefsache“ und grundsätzlich delegationsfeindlich.[339] Das bedeutet nicht mehr, aber auch nicht weniger, als dass der Vorstand/die Geschäftsführung alle grundlegenden Entscheidungen über die Einrichtung einer Compliance-Organisation selbst treffen und sich regelmäßig von deren Wirksamkeit überzeugen muss (Organisations-, System- und Überwachungsverantwortung).[340] Eine interne Arbeitsteilung ist möglich, entbindet aber die übrigen Vorstandsmitglieder/Geschäftsführer nicht von ihrer Verantwortung, die compliancebezogene Aufgabenwahrnehmung laufend zu beobachten (Residualpflicht).[341]

Aus der Entscheidung des LG München lässt sich – und das gilt auch für Österreich – aber *keine allgemeine* Pflicht zur Einrichtung einer Compliance-Organisation und *keine über die durch § 22 GmbHG im Zusammenhang mit dem internen Kontrollsystem verbundenen Pflichten hinausgehende Organisationspflicht ableiten.*[342]

Gleichwohl unterliegen Geschäftsführer und Vorstandsmitglieder bei ihrem Handeln stets einer Sorgfalts- und Legalitätspflicht.[343] Die organschaftliche Legalitätspflicht hat zwei Ebenen: Im Außenverhältnis die Einhaltung sämtlicher Rechtsvorschriften, die das Unternehmen als Rechtssubjekt treffen[344] und im Innen-

338 Hervorhebung durch die Verfasser.

339 *Fleischer*, Aktienrechtliche Compliance-Pflichten im Praxistest: Das Siemens/Neubürger-Urteil des LG München I, NZG 2014, 321 (323); *Fleischer* in *Spindler/Stilz*, AktG I³ § 91 Rz 58 mwN.

340 *Fleischer*, NZG 2014, 321 (323); *Bürkle* in *Hauschka/Moosmayer/Lösler*, Corporate Compliance² (2010) § 8 Rz 12; *Mertens/Cahn* in KölnKomm AktG II/1³ § 91 Rz 36.

341 *Fleischer*, NZG 2014, 323.

342 Vgl *Rüffler*, Organhaftung und Konzern, in *Artmann/Rüffler/U. Torggler*, Die Organhaftung (2013) 13, 19 f; *Nowotny* in *Doralt/Nowotny/Kalss*, AktG I² § 84 Rz 8 mit Verweis auf *Hüffer* in Roth-FS 133, 137 ff und *Kindler* in Roth-FS 179 f; *Napokoj* in *Napokoj*, Risikominimierung Rz 34; aA *Spindler*, Compliance in der multinationalen Bankengruppe, WM 2008, 905 f.

343 *Beisheim/Hecker*, Compliance-Verantwortung im Licht der „Siemens/Neubürger“-Entscheidung – auch bei Unternehmen der öffentlichen Hand, KommJur 2015, 49; vgl dazu Kap 1.1.2.

344 *Fleischer*, NZG 2014, 322 mwN.

verhältnis die Einhaltung der bestehenden Pflichten aus den für eine Gesellschaft privater Rechtsform und ihre Organe maßgeblichen Regelungen, insb jenen des GmbHG oder AktG, der Satzung und der Geschäftsordnung.[345] Ein rechtswidriges Verhalten im Außenverhältnis bildet nach hM in aller Regel (wenn auch nicht unbedingt) eine Pflichtverletzung im Innenverhältnis.[346] Aus beiden Ebenen folgt eine – freilich abgestufte und gefährdungslagenbezogene – Legalitätskontrollpflicht des Geschäftsleitungsorgans gegenüber den nachgeordneten Unternehmensangehörigen.[347] Das LG München sprach daher aus, dass einer derartigen Organisationpflicht der Vorstand bei entsprechender Gefährdungslage (Tätigkeit in als hochkorruptiv bekannten Ländern wie Nigeria) nur dann genüge tut, wenn er eine auf Schadensprävention und Risikokontrolle angelegte Compliance-Organisation einrichte.

Die hier vertretene Rechtsansicht spiegelt sich auch in der L-Regel 15 des österreichischen Corporate-Governance-Kodex (der bekanntlich nur börsenotierte Aktiengesellschaften anspricht) wider. Die Bestimmung lautet in ihrem zweiten Satz: *„Der Vorstand trifft geeignete Vorkehrungen zur Sicherstellung der Einhaltung der für das Unternehmen relevanten Gesetze."* Die Regel 15 ist zwar als L-Regel ausgestaltet (gibt also nach Meinung der Kodexverfasser geltendes Gesetzesrecht wieder), lässt aber auch nicht erkennen, die Kodexverfasser seien der Meinung gewesen, es müsse generell in jedem Unternehmen ein eigenes Compliance-System eingerichtet werden.

Diese Verpflichtung gilt in der Tat in jedem Unternehmen, auch in der GmbH. Sie ist aber eben abgestuft in Abhängigkeit von der Unternehmensgröße und Komplexität der Organisation zu sehen und vor allem entscheidend abhängig davon ob – im Sinne der Terminologie des Landgerichtes München – eine *„Gefährdungslage"* besteht. Ein Unternehmen, dessen „risikoträchtigste" Gesetzesmaterien das Arbeitszeitrecht oder das Ladenschlussgesetz sind, muss anders agieren als ein weltweit tätiger Konzern, der auf stark korruptionsgefährdeten Auslandsmärkten tätig ist oder ein marktbeherrschendes Unternehmen, das bei fast jeder seiner Handlungen im Wettbewerb gleichsam den Atem der Bundeswettbewerbsbehörde und des Kartellgerichtes im Nacken spürt.

Auch bei Siemens in Deutschland verhielt es sich ja so, dass das größte Bedrohungspotenzial für das Unternehmen nicht in der Verhängung von – gleichwohl enormen – Strafen und Bußgeldern (zB durch die US-amerikanische Börsenaufsichtsbehörde SEC) – bestand, sondern in der drohenden Gefahr des Ausschlusses

345 *Beisheim/Hecker*, KommJur 2015, 49.

346 *Fleischer*, NZG 2014, 322; *Fleischer* in *Spindler/Stilz*, AktG I³ § 91 Rz 24; *Hopt* in GroßKomm AktG IV/2⁵ § 93 Rz 133; *Mertens/Cahn* in KölnKomm AktG II/1³ § 93 Rz 71.

347 *Beisheim/Hecker*, KommJur 2015, 49 (50); *Fleischer*, NZG 2014, 322; vgl BGH, NZG 2013, 293 Rz 22: *„Vorstandsmitglieder verletzen ihre Pflichten nicht nur dann, wenn sie eigenhändig tätig werden oder Kollegialentscheidungen treffen, sondern auch, wenn sie pflichtwidrige Handlungen anderer Vorstandsmitglieder oder von Mitarbeitern anregen oder pflichtwidrig nicht dagegen einschreiten."*

von öffentlichen Aufträgen auf dem US-Markt. Risiken im Zusammenhang mit Korruption können vor allem bei Unternehmen, die (auch) an einer US-Börse notieren und die daher die SEC (Securities and Exchange Commission) zu fürchten und den Foreign Corrupt Practices Act (FCPA) gleichsam als lex contractus (Vertragsschablone)[348] anzuwenden haben, durchaus existenzbedrohende Ausmaße annehmen.

Insoweit ergibt sich die Verpflichtung, vor allem für *solche* Bereiche eine funktionierende und auf Funktionsfähigkeit laufend kontrollierte Compliance-Organisation einzurichten, auch aus dem grundsätzlich anerkannten Verbot für Geschäftsleiter, zu Lasten des Unternehmens existenzgefährdende Risiken einzugehen.[349]

Auf Konzernebene ist zwar – abgesehen von Sondervorschriften für bestimmte Branchen – kein umfassendes Kontrollsystem verpflichtend einzuführen. Unter Berücksichtigung der allgemeinen Konzernleitungsverantwortung ist jedoch dafür zu sorgen, dass die eigene Gesellschaft durch Handeln der von ihr beherrschten Unternehmen keinen Schaden erleidet. Der Geschäftsführer einer Konzernobergesellschaft hat sich daher auch um Compliance in den beherrschten Gesellschaften zu sorgen. Es gilt nicht nur Schäden aufgrund von Strafen wegen Gesetzesverstößen zu vermeiden, die zur Folge haben, dass die Beteiligungen weniger wert werden, sondern auch – insbesondere bei Markenidentität – Schäden, die durch negative Medienberichterstattung (Reputationsschäden) auch direkt bei der leitenden Gesellschaft und anderen Konzerngesellschaften entstehen können.[350]

Ein Compliance-System soll daher zum einen der umfassenden Kontrolle der Tätigkeit innerhalb der Konzerngesellschaften dienen, zum anderen wird durch ein Compliance-System eine entsprechende Informationskultur geschaffen. Im Rahmen des Informationsaustausches ist allerdings zu beachten, dass auf Ebene jeder Gesellschaft zu berücksichtigen ist, inwieweit Informationen an andere Konzern-/Muttergesellschaften weitergegeben werden können. Eine reine Konzernlegalitätskontrolle wird grundsätzlich unproblematisch sein, wobei aus Sicht der Tochtergesellschaft der Abschluss von Vertraulichkeitsvereinbarungen geboten sein kann.[351]

Die Verantwortung für das Compliance-System und die Einführung im Konzern hat – wie auch in der Einzelgesellschaft – das geschäftsleitende Organ. Da – wie

348 Denn selbstverständlich „gilt" ein US-amerikanisches Gesetz nicht in einer österreichischen oder deutschen Gesellschaft oder ihrer rumänischen Konzerntochter. Es muss aber bei in den USA gelisteten Gesellschaften konzernweit beachtet werden, andernfalls in den USA aufsichtsrechtliche Sanktionen drohen.

349 Vgl zu diesem Verbot *Kalss* in MünchKomm AktG II[4] § 93 Rz 346; *Lutter*, GesRZ 2007, 79 (84, 85); *Adensamer/Eckert*, Vorstandshaftung nach österreichischem Recht, in *Kalss*, Vorstandshaftung in 15 europäischen Ländern (2005) 165 (176, 362 ff); *U. Torggler*, Business Judgment Rule und unternehmerische Ermessensentscheidungen, ZfRV 2002, 133 (136, 139).

350 *Schima/Arlt* in *Haberer/Krejci*, Konzernrecht Rz 9.114; *Hüffer/Koch*, AktG13 § 76 Rz 20 ff.

351 *Schima/Arlt* in *Haberer/Krejci*, Konzernrecht Rz 9.114; *Hüffer/Koch*, AktG13 § 76 Rz 20 ff.

oben beschrieben – es schon bei Einzelgesellschaften keine uneingeschränkte allgemeine Pflicht zur Einführung eines konzernweiten Compliance-Systems gibt, kann eine solche mittels Größenschluss umso weniger für Geschäftsführer einer Konzernobergesellschaft verpflichtend sein.[352] Weder jene Bestimmungen, die punktuell die Einrichtung konzernweiter Systeme vorschreiben (§ 82 AktG bzw § 22 GmbHG betreffend das IKS) noch branchenspezifische Sondervorschriften (zB jene für Kreditinstitutsgruppen in §§ 42 Abs 7 iVm 30 BWG oder einen Verbund von Kreditinstituten gemäß § 30a Abs 7 BWG) sind gesamtanalogiefähig. Die Einstufung von Regel 15 Satz 2 ÖCGK als L-Regel und gar die Beimessung konzernrechtlicher Dimension (arg „Unternehmen" statt „Gesellschaft") ist daher durchaus gewagt. Die – in aller Regel sinnvolle – Erlassung von Richtlinien für die konzernweite Compliance-Organisation bedarf gemäß § 30j Abs 5 Z 8 GmbHG (bzw § 95 Abs 5 Z 8 AktG) der Zustimmung des Aufsichtsrates der Konzernobergesellschaft (sollte in der GmbH ein Aufsichtsrat vorhanden sein), weil es sich dabei um „Festlegung allgemeiner Grundsätze der Geschäftspolitik" handelt.[353]

Ein Compliance-System ist somit je nach Konzernstruktur im Ermessen des geschäftsleitenden Organs zu etablieren.[354] Bei der Frage der Etablierung eines Compliance-Systems (dies gilt für den Konzern wie für die Einzelgesellschaft) handelt es sich grundsätzlich um eine unternehmerische Entscheidung, für die die Business Judgment Rule (§ 25 Abs 1a GmbHG, § 84 Abs 1a AktG) gilt.[355] Erst müssen die relevanten Bestimmungen (Gesetze, interne Regelungen, Bescheide) aufgearbeitet werden, dann die möglichen Verstöße und Strafen ermittelt und diverse Parameter in die Risikoeinschätzung miteinbezogen werden (Unternehmensgröße, Branche, Rechtsform des Unternehmensträgers, Unternehmenszweck, Geschäftsmodell und Geschäftsaktivitäten, die Konzerneinbindung, sowie die Internationalisierung des Unternehmens).[356] Es sind daher, wie oben erwähnt, die relevanten Risiken (Eintrittswahrscheinlichkeit, potentielle Schadenshöhe) gegen die Kosten abzuwägen, um ein Handeln auf informierter Grundlage sicherzustellen.[357]

Die vom LG München im Siemens/Neubürger-Urteil aufgestellten Kriterien mögen – bezogen auf den konkreten Fall (es handelte sich um ein nicht für Compliance ressortzuständiges Vorstandsmitglied, das immerhin einige Aktivi-

352 *Schima/Arlt* in *Haberer/Krejci*, Konzernrecht Rz 9.114.

353 Vgl für die AG *Schopper*, Compliance im Konzern, in *Kalss/Torggler* (Hrsg), Compliance (2016) 53 (60 ff); *G. Schima*, Zustimmungsvorbehalte als Steuerungsmittel des Aufsichtsrates in der AG und im Konzern, GesRZ 2012, 35 (39).

354 *Fleischer* in *Spindler/Stilz*, AktG I^3 § 91 Rz 43; *Kalss*, Leitung und Überwachung im Konzern, AR aktuell 2009/3, 4 (4); *Feltl*, Die Leitungsverantwortung des Vorstands im Konzern, ecolex 2010, 358 (360).

355 *Schrank/Kollar*, Business Judgement Rule – der (neue) Sorgfaltsmaßstab auch für Aufsichtsratsmitglieder, AR aktuell 2016/6, 5 (6).

356 *D. J. Aigner/H.-J. Aigner/J. Aigner*, Corporate Governance (Teil II), CFOaktuell 2017, 148 (148 f).

357 *Schopper* in *Kalss/Torggler*, Compliance 58.

täten entfaltet und auch gegenüber den anderen Vorstandsmitgliedern Defizite beim Compliance-System moniert hatte) – zu streng sein;[358] es lassen sich aus der Entscheidung aber einige verallgemeinerungsfähige Kriterien ableiten, die Compliance-Systeme grundsätzlich zu erfüllen haben, mögen diese auch nach Art und Umfang je nach Unternehmensgröße und Risikoumfeld völlig unterschiedlichen konkreten Anforderungen genügen müssen.

Es lassen sich hier folgende wesentliche Grundsätze herausarbeiten:

- **klare Zuständigkeiten innerhalb des Leitungsorgans**:
  das üblicherweise kollegial zusammengesetzte Geschäftsleitungsorgan muss eine Regelung schaffen, wer auf Ebene der Geschäftsführung/des Vorstandes für Compliance die Hauptverantwortung zu tragen hat. Dies vermisste das LG München im Falle von Siemens, wobei diese Pflicht vom Gericht auch mit der Unternehmensgröße begründet wurde, obwohl mE eine klare Zuständigkeit grundsätzlich auch im kollegialen Geschäftsleitungsorgan einer kleineren Gesellschaft sinnvoll und geboten ist.
- **klare Regeln und Vorgaben für die betroffenen Mitarbeiter und Stellen im Unternehmen**:
  es müssen klare Handlungsanleitungen gegeben werden, wie mit sensiblen Bereichen umzugehen ist (Beispiel: Verbot von „Beraterverträgen“ mit Unternehmen, die nicht in der Lage sind, ein detailliertes Leistungsverzeichnis vorzulegen und den Beratungsgegenstand möglichst exakt zu umschreiben). Checklisten und Richtlinien für Vertragsabschlüsse in sensiblen Bereichen erleichtern die Einhaltung der Vorgaben ebenso wie ein Krisenmanagementplan.[359]
- **Anordnungsbefugnis mit Sanktionskompetenz für die zur Überwachung berufenen Mitarbeiter**:
  dies erfordert, dass bei einer funktionierenden Compliance-Organisation Weisungs- und Anordnungsbefugnisse auch „quer“, dh abweichend von der sonst herrschenden Hierarchiestruktur geschaffen werden. Stellt der Vorstand/die Geschäftsführung das nicht sicher, kann dies haftungsrechtliche Konsequenzen haben.[360]
- **Einrichtung eines funktionierenden Informationssystems für die obersten Verantwortlichen**:
  das für Compliance im Vorstand/der Geschäftsführung zuständige Organmitglied muss dafür Sorge tragen, dass es regelmäßig und angemessen über die Funktionsfähigkeit des Systems, über „Störfälle“ und ihre Abstellung und Ahndung informiert wird.

358 Dies gilt zB auch für die in dieser Verallgemeinerung nicht tragfähige Aussage, die Delegierung der Durchsetzung der im Rahmen des Compliance-Systems zu setzenden Maßnahmen an die unter der Vorstandsebene angesiedelten „Bereichsvorstände“ sei als zentrale Aufgabe des aktienrechtlichen Organvorstands nicht zulässig gewesen und habe selbst eine Pflichtverletzung bewirkt. Selbstverständlich ist eine unzulässige Aufgabendelegierung „als eigene Pflichtverletzung zu würdigen“ (vgl *Hüffer/Koch*, AktG[13] § 93 Rz 46; *Krause*, Managerhaftung und Strategien zur Haftungsvermeidung, BB 2009, 1370 [1373]), doch ist es insb in einem weltumspannenden Riesen-Konzern sogar unumgänglich, auch bei „zentralen Vorstandsaufgaben“ qualifizierte Mitarbeiter zu beauftragen.

359 *Petsche/Larcher*, Materielle Compliance-Gebiete, in *Petsche/Mair*, Handbuch Compliance[2] 206.

360 Im Siemens/Neubürger-Fall berief sich das beklagte Ex-Vorstandsmitglied zB darauf, gegenüber den kaufmännischen Leitern der Bereiche keine Weisungsrechte gehabt zu haben, was das Gericht – grundsätzlich zutreffend – gerade als Umstand bewertete, der das Fehlen eines funktionierenden Compliance-Systems aufzeige.

Zusätzlich zu den vom BGH entwickelten Grundsätzen empfiehlt sich die fortlaufende Analyse von Gefahrenpotenzialen und rechtlichen Risiken von korruptionsgefährdeten Unternehmensbereichen und Geschäftsmodellen als Präventionsmaßnahme.[361] Das Erkennen von Korruptionsverstößen wird durch wirksame Kontrollsysteme wie Standard Audits, Compliance-Reviews und Tests erreicht.[362] Eine durchsetzungsfähige Compliance-Abteilung mit notwendigen Befugnissen befreit den Geschäftsführer zwar nicht von seiner Überwachungsverantwortung, kann ihn bei dieser Aufgabe aber wirkungsvoll unterstützen. Eine sog „Whistleblowing-Hotline" richtet sich dagegen an Mitarbeiter, die bestenfalls anonym einfach und unverfänglich Hinweise auf potenzielle Regelverstöße anzeigen können.[363] Diese müssen intern durch Befragung und Analyse der notwendigen Dokumente geprüft sowie durch Einholung externer rechtlicher und forensischer Expertise untersucht werden.[364] Schließlich darf auch ein Sanktionenkatalog nicht fehlen, der spezial- und generalpräventive Wirkung haben muss.[365]

Die haftungsrechtlichen Folgen eines nicht ausreichenden Compliance-Systems für die betroffenen Geschäftsleiter können fatal sein, wie gerade das Siemens/Neubürger-Urteil des LG München zeigt. Die Verurteilung des beklagten Vorstandsmitgliedes betraf nur zu einem geringen Teil (2,15 Mio €) aus dem Unternehmensvermögen abgeflossene Gelder mit ungeklärter Mittelverwendung (also anscheinend Bestechungszahlungen nach Nigeria), zum weit größeren Teil (12,85 Mio €) hingegen Kosten einer mit forensischen Untersuchungen beauftragten US-amerikanischen Rechtsanwaltssozietät. Das Gericht nahm hierbei – schadenersatzrechtsdogmatisch ziemlich großzügig – die Kausalität des in einer Unterlassung bestehenden Fehlverhaltens des beklagten Vorstandsmitgliedes für die entstandenen Anwaltshonorare an. Die Auffassung, die Kosten für anwaltliches Tätigwerden als Folge von Pflichtverletzungen eines Vorstandsmitgliedes bedeuteten dann einen ersatzfähigen Schaden, wenn *„sie aus der Sicht der Geschädigten zur Wahrnehmung ihrer Rechte erforderlich und zweckmäßig sind"*,[366] schießt freilich über das Ziel. Denn es kann für das Ausmaß des in Kosten für forensische Untersuchungen durch Rechtsanwälte oder Wirtschaftsprüfer etc bestehenden Schadens nicht einfach auf die Sicht des Geschädigten, sondern nur auf das objektivierbar adäquate Maß ankommen. Freilich darf dabei nicht vermutet werden, dass die aufgewendeten Kosten exzessiv sind; vielmehr trifft den Schädiger dafür die Behauptungs- und Beweislast.

361 *Petsche/Larcher* in *Petsche/Mair*, Handbuch Compliance[2] 206.
362 *Petsche/Larcher* in *Petsche/Mair*, Handbuch Compliance[2] 207.
363 *Petsche/Larcher* in *Petsche/Mair*, Handbuch Compliance[2] 207.
364 *Petsche/Larcher* in *Petsche/Mair*, Handbuch Compliance[2] 207.
365 *Petsche/Larcher* in *Petsche/Mair*, Handbuch Compliance[2] 207.
366 Dabei berief sich das LG München auf BGH 18.1.2005, VI ZR 73/04 NJW 2005, 1112; BGHZ 127, 348 (350 ff) = NJW 1995, 446 (447). Nach der ständigen Rsp des BGH (vgl Senatsurteile BGHZ 127, 348 [350 f] = NJW 1995, 446; VersR 1968, 1145 [1147]; BGHZ 39, 73 [74] = NJW 1963, 640; NJW 2004, 444 [446], jeweils mwN) hat der Schädiger allerdings nicht schlechthin alle durch das Schadensereignis adäquat verursachten Rechtsanwaltskosten zu ersetzen, sondern nur solche, die aus der Sicht des Geschädigten zur Wahrnehmung seiner Rechte erforderlich und zweckmäßig waren. (BGH 18.1.2005 VI ZR 73/04 NJW 2005, 1112).

1.2.4. Unternehmerische Entscheidungen und Business Judgment Rule

Die „Business Judgment Rule" ist eine aus dem US-amerikanischen Richterrecht stammende und vor allem für die Verteilung der Beweislast im Schadenersatzprozess relevante Regel.[367]

Dieser ursprünglich in Großbritannien vor mehr als 250 Jahren entwickelten[368] und von den US-amerikanischen Gerichten seit der ersten Hälfte des 19. Jahrhunderts fortentwickelten und vor hundert Jahren weitgehend in ihre heutigen Gestalt gebrachten[369] Regel zufolge sind Entscheidungen des Managements einer gerichtlichen Überprüfung dann entzogen („no second guessing"), wenn die Entscheidung auf der Basis angemessener Informationen („informed judgment"),[370] frei von Interessenkonflikten („disinterested judgment")[371] in der begründeten Annahme („rational belief")[372] getroffen wurde, im besten Interesse des Unternehmens zu handeln.[373]

Nach US-amerikanischem Recht muss jemand, der das Management verklagt (dies sind in den USA meist Aktionäre im Wege sog *derivative suits*) beweisen, dass die Voraussetzungen der Business Judgment Rule nicht vorliegen,[374] nicht hingegen der beklagte Manager deren Vorliegen. Damit verdient die Business Judgment Rule in den USA tatsächlich die Bezeichnung einer „Safe-harbour"-Regelung für die Direktoren von Gesellschaften.

Der deutsche Gesetzgeber führte 2005 in § 93 Abs 1 dAktG ebenfalls die Business Judgment Rule ein[375] (vergaß dabei freilich auf das Kriterium des Handelns frei

---

367 Vgl *Told*, Business Judgment Rule und ihre Anwendbarkeit in Österreich, GES 2015, 60; *Merkt*, US-amerikanisches Gesellschaftrecht³ (2013) Rz 922 ff, 923; *G. Schima*, Unternehmerisches Ermessen und die Business Judgment Rule, in *Konecny*, Insolvenz-Forum 2011 (2012) 131 (134, 141 ff); *G. Schima*, Business Judgment Rule und Beweislastverteilung bei der Vorstandshaftung nach US, deutschem und österreichischem Recht, in *Baudenbacher/Kokott/Speitler*, Aktuelle Entwicklungen des europäischen und internationalen Wirtschaftsrechts XII (2010) 369 (400 ff); *G. Schima*, GesRZ 2007, 97 f; vgl auch *Lutter*, GesRZ 2007, 79 ff; *Lutter*, Die Business Judgment Rule und ihre praktische Anwendung, ZIP 2007, 841 (846).

368 Vgl den Fall *Charitable Corp v Sutton* aus dem Jahr 1742.

369 Als erster historischer Vorläufer der Anwendung der BJR wird die Entscheidung des Louisiana Supreme Court aus 1829 im Fall *Percy v Millaudon* verstanden (vgl *Block/Barton/Radin*, Business Judgment Rule 9 ff). Als Geburtsstunde der Business Judgment Rule wird in der Literatur manchmal die Entscheidung des Federal Supreme Court in der Sache United Copper Securities Co v Amalgamated Copper Co aus dem Jahr 1917 betrachtet (261, 263-4, 37 S. Ct. at 510 – Justice *Brandeis*).

370 *Merkt*, US-amerikanisches Gesellschaftsrecht³ Rz 938 ff.

371 *Merkt*, US-amerikanisches Gesellschaftsrecht³ Rz 935 ff.

372 *Merkt*, US-amerikanisches Gesellschaftsrecht³ Rz 949.

373 Vgl *Told*, GES 2015, 60 (62); *G. Schima* in *Konecny*, Insolvenz-Forum 2011, 134; *G. Schima* in *Baudenbachen/Kokott/Speitler* 369 (380 ff).

374 *Merkt*, US-amerikanisches Gesellschaftsrecht³ Rz 923.

375 BGBl I 2005/60, 2802 ff, Gesetz zur Unternehmensintegrität und Modernisierung des Anfechtungsrechts (UMAG), das am 22.9.2005 beschlossen wurde und am 1.11.2015 in Kraft getreten ist; vgl auch *Told*, GES 2015, 60; *Bachmann*, Reformbedarf bei der Business Judgment Rule? ZHR 177 (2013) 1 f; *Göppert*, Die Reichweite der Business Judgment Rule bei unternehmerischen Entscheidungen des

von Interessenkonflikten),[376] ohne jedoch die management-freundliche Beweislastverteilung zu übernehmen,[377] wobei die Frage, wie die Beweislastverteilung wirklich aussieht, auch in Deutschland nicht abschließend geklärt ist.

Ein österreichischer parlamentarischer Initiativantrag, der Ende April 2015 im Parlament eingebracht wurde und dessen Inhalt seit 1. Jänner 2016 in Form des jeweiligen Abs 1a in § 84 AktG und § 25 GmbHG in Kraft getreten ist, verschaffte dem österreichischen Gesellschaftsrecht ebenfalls eine Kodifizierung der Business Judgment Rule. Die Bestimmung im GmbHG lautet:

> „Ein Geschäftsführer handelt jedenfalls im Einklang mit der Sorgfalt eines ordentlichen Geschäftsmannes, wenn er sich bei einer unternehmerischen Entscheidung nicht von sachfremden Interessen leiten lässt und auf der Grundlage angemessener Information annehmen darf, zum Wohle der Gesellschaft zu handeln."

Inhaltlich ändert sich mit dieser gesetzlichen Implementierung der Business Judgment Rule, mit der Österreich dem deutschen und liechtensteinischen[378] Vorbild folgt, wohl nichts Wesentliches. Der OGH urteilte kurz nach Inkrafttreten der neuen Regelungen, aber für einen Fall, der sich vorher zutrug, dass die Business Judgment Rule ein rechtsformübergreifender anerkannter Grundsatz ist.[379] Konkret ging es in der Entscheidung um die Abberufung von Mitgliedern des Vorstands einer Privatstiftung.

Schon bisher hat der OGH – auch wenn er den Terminus Business Judgment Rule meist nicht in den Mund nahm – der Sache nach anerkannt, dass der Geschäftsleitung bei der Fällung unternehmerischer Entscheidungen ein relativ breiter Ermessensspielraum zusteht und eine Haftung von Geschäftsleitern nur bei eklatanter („krasser") Überschreitung dieses Spielraums in Betracht kommt, womit gemeint wird, dass der oberste denkbare Bereich des Ermessens klar überschritten wird.[380]

Damit der besagte Ermessensspielraum besteht, muss grundsätzlich eine „unternehmerische" Entscheidung vorliegen.[381]

Aufsichtsrates der Aktiengesellschaft (2010) 122 f; *Lutter*, ZIP 2007, 841 (842); *Lutter*, GesRZ 2007, 79; bereits zuvor *Ulmer*, Die Aktionärsklage als Instrument zur Kontrolle des Vorstands- und Aufsichtsratshandelns, ZHR 163 (1999) 290; *Henze*, Prüfungs- und Kontrollaufgaben des Aufsichtsrates in der Aktiengesellschaft – die Entscheidungspraxis des Bundesgerichtshofes, NJW 1998, 3309; *Horn*, Die Haftung des Vorstands der AG nach § 93 AktG und die Pflichten des Aufsichtsrats, ZIP 1997, 1129, 1134; *Mutter*, Unternehmerische Entscheidungen und Haftung des Aufsichtsrates der Aktiengesellschaft (1994).

376 Freilich wird in Deutschland dieses Kriterium „hinzugedacht": vgl zB *Hopt/M. Roth* in GroßKomm AktG IV/2[5] § 93 Rz 90; *Lutter*, GesRZ 2007, 79 (82 f) unter Hinweis auf die Gesetzesmaterialien.

377 Kritisch dazu *G. Schima in Baudenbachen/Kokott/Speitler* 369 ff (402).

378 Art 182 Abs 2 2. Satz liechtensteinisches PGR.

379 OGH 23.2.2016, 6 Ob 160/15w ZfS 2016, 58 (*Karollus*).

380 Sehr deutlich und fast zu milde mit den beklagten Aufsichtsratsmitgliedern OGH 11.6.2008, 7 Ob 58/08t GesRZ 2008, 378 (*Kalss/Zollner*) = ecolex 2008/346 (*Reich-Rohrwig*) = wbl 2008/287 (*U. Torggler*); ausführlich zu der Entscheidung *G. Schima* in FS M. Binder 854.

381 Vgl *Hopt/M. Roth* in GroßKomm AktG IV/2[5] § 93 Rz 80; *G. Schima* in *Konecny*, Insolvenz-Forum 2011, 134; *G. Schima* in FS M. Binder 833.

Die im Schrifttum üblicherweise vorzufindende Unterscheidung zwischen unternehmerischen (Ermessens-)Entscheidungen und gesetzlich gebundenen Entscheidungen[382] lässt sich freilich in dieser Schärfe oft nicht treffen und überzeugt vor allem auch anhand der in der Literatur manchmal konkret vorgetragenen Beispiele nicht wirklich.

Denn es darf nicht übersehen werden, dass auch gesetzlich gebundene Entscheidungen häufig einen nicht kleinen Ermessensspielraum offenlassen und dann hinsichtlich ihrer Behandlung den „rein" unternehmerischen Entscheidungen sehr nahe stehen.[383]

Ein Beispiel dafür bildet zB die ehemals in § 48d Abs 2 BörseG, nunmehr unmittelbar in Art 17 (a) der Marktmissbrauchs-VO[384] vorgesehene Möglichkeit der Aufschiebung einer Ad-hoc-Meldung im Wege der Selbstbefreiung, wenn die Meldung zB laufende Verhandlungen gefährdet und dem Unternehmen Nachteile zufügen könnte. Genau darum ging es im Übrigen auch – freilich vom OGH praktisch nicht beachtet – in der Hirsch-Servo-Entscheidung.[385]

Die Entscheidung des Aufsichtsrates (oder auch des aktuellen Vorstandes) bzw der Geschäftsführung, frühere Geschäftsleiter wegen Schadenersatzes in Anspruch zu nehmen,[386] ist – entgegen manchen Äußerungen – im Schrifttum sehr wohl eine unternehmerische Entscheidung und keineswegs ein bloßes „legal judgment". Dafür gelten daher die Regeln der Business Judgment Rule. Niemand würde dies zB bei der Entscheidung bezweifeln, ob ein wichtiger, aber vorübergehend in Zahlungsschwierigkeiten geratener Kunde auf Erfüllung seiner Zahlungsverpflichtungen geklagt oder ob damit zugewartet oder gar ein (teilweiser) Schulderlass verhandelt werden soll. Bei der Frage der Inanspruchnahme von (ehemaligen) Geschäftsleitern verhält es sich nicht anders – natürlich mit der Maßgabe, dass selbstverständlich das für die Entscheidung über die Klagsführung zuständige Organ vorher die *rechtlichen Chancen* sorgfältig zu prüfen hat, um in einem ersten Schritt klären zu können, ob die Ansprüche überhaupt mit entsprechender Aussicht zu Recht bestehen. Nur wenn dies der Fall ist, ergeben sich weitere Prüfungsschritte; diese ähneln aber dann genau jenen, die auch bei unternehmerischen Ermessensentscheidungen wie zB der Inanspruchnahme eines säumigen Geschäftspartners vonstattengehen.

---

382 Vgl *Hopt/M. Roth* in GroßKomm AktG IV/2^5 § 93 Rz 70.

383 Vgl *G. Schima* in FS M. Binder 833.

384 Verordnung (EU) 596/2014 des Europäischen Parlaments und des Rates vom 16. April 2014 über Marktmissbrauch (Marktmissbrauchsverordnung) und zur Aufhebung der Richtlinie 2003/6/EG des Europäischen Parlaments und des Rates und der Richtlinien 2003/124/EG, 2003/125/EG und 2004/72/EG der Kommission.

385 Vgl dazu *Kalss/Zollner*, GesRZ 2008, 378; ausführlich *G. Schima* in FS M. Binder 825.

386 Vgl dazu die zu Berühmheit gelangte und in Deutschland als Anwendungsfall der Business Judgment Rule vor deren gesetzlicher Verankerung betrachtete ARAG Garmenbeck-Entscheidung des BGH 21.4.1997, II ZR 175/95 BGHZ 135, 244; *Lutter*, GesRZ 2007, 79; *Lutter*, ZIP 2007, 841.

Selbstverständlich gibt es aber auch rechtlich gebundene Entscheidungen, wo dem Vorstand/der Geschäftsführung kein oder fast kein Spielraum verbleibt und die nicht als „unternehmerisch" zu betrachten sind.

Beispiel

Legt die Satzung oder ein Aufsichtsratsbeschluss nach § 95 Abs 5, letzter Satz AktG oder ein Beschluss der Gesellschafter einer GmbH oder ein Aufsichtsratsbeschluss gem § 30j Abs 5, letzter Satz GmbHG fest, dass bei Investitionen über 5 Mio € der Aufsichtsrat bzw die Gesellschafter zu befragen ist/sind, dann bedeutet die Nichtbeachtung dieser Genehmigungsgrenze eine Pflichtwidrigkeit, und der Geschäftsleiter kann die Bussines Judgment Rule nicht für sich in Anspruch nehmen.[387]

Aber selbst dieses Beispiel zeigt, dass es Konstellationen geben kann, wo die Geschäftsleitung sehr wohl wieder in die Situation versetzt ist, eine unternehmerische Ermessensentscheidung zu treffen. Handelt es sich nämlich im Falle der dem Aufsichtsrat vorbehaltenen Genehmigung um ein besonders wichtiges und dringliches Geschäft, bei dem der Vorstand vermuten darf, dass der Aufsichtsrat zustimmen würde, ist der Vorstand berechtigt, uU sogar verpflichtet, ausnahmsweise ohne Genehmigung zu handeln (um Schaden von der Gesellschaft abzuwenden) und diese nachträglich einzuholen.[388] Ob diese Kriterien vorliegen, kann aber nur nach sorgfältiger Abwägung im Rahmen unternehmerischen Ermessens entschieden werden. Und im Beispiel der GmbH muss man den Fall nur geringfügig variieren und davon ausgehen, dass die Gesellschafter keine starren Wertgrenzen für genehmigungsbedürftige Investitionen oder sonstige Geschäfte vorgegeben haben. Dann bleibt es bei dem im GmbH-Recht allgemein anerkannten Grundsatz, wonach die Geschäftsführer bei ungewöhnlichen Geschäften vorher die Gesellschafter zu befragen haben.[389] Das zu beurteilen, erfordert wieder eine Entscheidung mit zumindest begrenztem Ermessen.

Schwierigkeiten bereitet in der Praxis manchmal die Frage, ob eine Geschäftsleitung auf „ausreichender Informationsgrundlage" gehandelt hat.

Dies wird in den USA treffend damit charakterisiert, dass die Entscheidung, darüber, wie viel an Informationsgrundlage die directors in ihre unternehmerische Entscheidung einfließen lassen, wiederum ein „business judgment" ist.[390]

387 Zutr *Lutter*, GesRZ 2007, 79 (81).

388 Vgl *Jordis* in *Kalss/Kunz*, Handbuch Aufsichtsrat Rz 9/15; strenger *Briem* in *Kalss/Kunz*, Handbuch Aufsichtsrat² Rz 12/81.

389 OGH 14.11.1996, 2 Ob 2146/96v RdW 1997, 202 = SZ 69/254; vgl *N. Arnold/Pampel* in *Gruber/Harrer*, GmbHG² § 20 Rz 12; *Runggaldier/G. Schima*, Manager-Dienstverträge⁴ 16; *Koppensteiner/Rüffler*, GmbHG³ § 20 Rz 4; *G. Schima*, GesRZ 1999, 106 ff; *Reich-Rohrwig*, GmbH-Recht I² Rz 2/253 f; *Kastner/Doralt/Nowotny*, Gesellschaftsrecht⁵ 388; *Koppensteiner*, Zum Gewinnabführungsvertrag der GmbH, RdW 1985, 170; *Kastner*, Bemerkungen zu § 35 Abs 1 Z 7 GmbH-Gesetz, GesRZ 1980, 97; *Geppert/Moritz*, Gesellschaftsrecht für Aufsichtsräte (1979) 159; *P. Doralt* in *Kastner/Stoll*, Die GmbH & Co KG² 273.

390 Vgl dazu *G. Schima* in *Baudenbachen/Kokott/Speitler* (2010) 369, 382; *U. Torggler*, wbl 2009, 168 (175).

Es ist eben eine unternehmerische Ermessensfrage, ob bei einem geplanten Unternehmenskauf sich der Vorstand mit einer „fairness opinion“ zufriedengibt oder zwei oder gar drei verlangt, ob eine Liegenschaft durch einen oder zwei (unabhängige) Sachverständige geschätzt wird und ob man ein oder gar mehrere Rechtsgutachten zu einer heiklen Rechtsfrage einholt.

Betreffend das Vorliegen von Interessenkonflikten und den Umgang damit siehe sogleich Kap 1.2.5.

1.2.5. Handhabung von Interessenkonflikten

Interessenkonflikte von Organmitgliedern in Körperschaften können in vielfältiger Form auftreten.

Eine klassische Konstellation besteht darin, dass Geschäftsleiter namens der Gesellschaft Geschäfte mit Personen abschließen, die dem Geschäftsleiter nahestehen (zB enge Blutsverwandte oder Ehe- oder Lebenspartner).[391]

Interessenkonflikte können aber auch insb im Unternehmensverbund (Konzern) dadurch auftreten, dass ein Geschäftsführer/Vorstandsmitglied Organfunktionen sowohl in der Mutter- als auch in einer Tochtergesellschaft ausübt und es nun zB um die Schließung einer noch rentablen Produktionsstätte aus „Konzernräson“ geht.[392]

In der GmbH, deren Geschäftsführer viel häufiger als in der Aktiengesellschaft auch Gesellschafter sind, tritt daher ein bestimmter Interessenkonflikt ungleich häufiger auf: der zwischen der Geschäftsführerposition und der Rolle als Gesellschafter.[393]

Nicht abschließend geklärt ist die Frage, ob das Handeln im Interessenkonflikt – zumindest unter bestimmten Voraussetzungen – per se pflichtwidrig, also rechtswidrig ist oder andere Elemente hinzutreten müssen. Die Bedeutung dieser Frage liegt insb darin, dass ein pflichtwidriges Verhalten – selbst wenn es zu keinem Schaden führt – zur Abberufung des Geschäftsführers und zur fristlosen Auflösung des Anstellungsvertrages mit den dadurch ausgelösten negativen finanziellen Konsequenzen führen kann. Abgesehen davon, dass bei der GmbH gem § 16 Abs 1 GmbHG die Abberufung des Geschäftsführers im Regelfall ohnehin nicht an wichtige Gründe gebunden ist, könnte der Geschäftsführer wegen eines Pflichtverstoßes daher selbst dann abberufen werden, wenn das namens der GmbH mit einem Unternehmen der Ehefrau eines Geschäftsführers abgeschlossene Geschäft zu marktüblichen Konditionen abgeschlossen wurde.

391 OGH 4.3.2013, 8 Ob 20/13v RWZ 2013, 139 = GesRZ 2013, 189 (*Kalss/Winner*); vgl dazu auch *Moser*, Neue Bestimmungen für Vorstand und Aufsichtsrat im AktG und im UGB, GES 2012, 271 (273 f); *Lutter*, GesRZ 2007, 79 (82f); *G. Schima*, GesRZ 2007, 93 ff (95); *U. Torggler*, ZfRV 2002, 133 (139).

392 So das Beispiel von *Lutter*, GesRZ 2007, 79 (83).

393 *Lutter*, GesRZ 2007, 79 (88).

Wenn gesagt wird, das Handeln im Interessenkonflikt in Form des Abschlusses von Verträgen namens der GmbH mit nahen Angehörigen des Geschäftsführers bzw von Unternehmen, die von nahen Angehörigen kontrolliert werden, sei nicht per se pflichtwidrig, denn es gäbe ja kein Verbot von Verträgen mit nahen Angehörigen,[394] so kann diese Feststellung in ihrer Allgemeinheit nicht ganz überzeugen.[395] Man muss das Problem vielmehr differenziert sehen.

Richtig ist, dass es kein explizit verankertes Verbot von Verträgen der Gesellschaft mit nahen Angehörigen eines Geschäftsleiters gibt. Aber Pflichtwidrigkeit/Rechtswidrigkeit des Verhaltens von Geschäftsleitern kann sich bekanntlich nicht nur aus dem Verstoß gegen gesatztes Recht – sei es in Gesetzesform, in Form von Verordnungen, Satzungen, Verträgen oder Statuten – ergeben. Rechtswidrigkeit kann auch das Resultat einer wertenden Betrachtung sein, dass das Verhalten des Geschäftsleiters von jenem Standard abweicht, der von einem ordentlichen und gewissenhaften Geschäftsleiter nach dem Stand von Technik, Betriebswirtschaft und moderner Corporate Governance bzw Unternehmensethik verlangt werden kann.

Und der Trend geht klar in die Richtung, Rechtsgeschäfte mit nahestehenden Personen strenger zu reglementieren, sowohl was Verfahrensregeln als auch Transparenz betrifft. Seit 10. Juni 2019 gilt im österreichischen Aktienrecht § 95a AktG, der für börsenotierte AGs betreffend die sogenannten „related party transactions“, also Geschäfte der Gesellschaft mit nahestehenden Personen oder Unternehmen, Regeln einführte.[396]

Schon bisher ließ sich durchaus fragen, ob nicht zumindest bei börsenotierten Unternehmen bzw solchen, die an einem Kapitalmarkt notierende Papiere ausgeben (dies kann auch bei einer GmbH der Fall sein) schon der schlichte Abschluss solcher „Angehörigen-Verträge“ ohne Genehmigung durch ein dazu berufenes Organ (dazu unten) objektiv sorgfaltswidrig, dh rechtwidrig ist.[397] Insb bei Familienunternehmen (sofern sie nicht gleichzeitig börsenotiert sind) mag hier ein anderer Standard gelten, weil es gerade dort ja nicht unüblich ist, dass Verträge mit nahestehenden Personen und Familienangehörigen abgeschlossen werden.

Verfehlt das Vorstandsmitglied einer börsenotierten Gesellschaft, das beim Unternehmen seines Lebenspartners sämtliche neue Büromöbel kauft (und davor nicht einmal den Aufsichtsrat um Zustimmung ersucht), auch dann die an das Verhalten eines Leitungsorgans in Publikumsgesellschaften zu richtenden Anforderungen, wenn der Vertrag erst nach einer Ausschreibung an den Bestbieter vergeben wurde?

Für Sachverhalte, die sich in einer börsenotierten AG nach dem 10. Juni 2019 zutragen, gibt es nunmehr recht klare Regeln: **wesentliche** Geschäfte, das sind

394 So *Lutter*, GesRZ 2007, 79 (84).

395 Gegenteilig und kritisch gegenüber dieser These *G. Schima*, GesRZ 2007, 93 ff (95).

396 AktRÄG 2019, BGBl I 2019/63. Vgl ausführlich *G. Schima*, Say on Pay und Related Party Transactions, GesRZ 2019, 110.

397 In diesem Sinne *G. Schima*, GesRZ 2007, 93 ff (95); offenbar aM *U. Torggler*, wbl 2009, 168 (175).

solche, deren Wert 5 % der Bilanzsumme der Gesellschaft übersteigen, die die Gesellschaft mit einer **nahestehenden Person/Unternehmen** abschließt, bedürfen der vorherigen **Zustimmung** des **Aufsichtsrates**. Ab einer Dimension von >10 % der Bilanzsumme müssen solche Geschäfte öffentlich bekannt gemacht werden (§ 95a Abs 5 AktG).

Wer als „related party“, also als nahestehendes Unternehmen oder nahestehende Person gilt, ist durch einen dynamischen Verweis auf die internationalen Rechnungslegungsstandards, insb IAS 24 definiert: im Kern handelt es sich um (i) beherrschende Aktionäre (dh mit mindestens 20 % der Stimmrechte), (ii) um Organmitglieder oder das Management in Führungspositionen, sowie (iii) die jeweiligen Familienangehörigen dieser Personen. Nahestehende Unternehmen (bzw besser: nahstehende Rechtsträger) sind ua Gesellschaften derselben Unternehmensgruppe, Joint Ventures sowie Gesellschaften, die durch eine nahestehende natürliche Person beherrscht werden.[398]

Der oben geschilderte Fall des Vertrages der Gesellschaft mit dem Unternehmen des Lebenspartners des Vorstandsmitglieds, wäre also nur dann vorab zustimmungspflichtig, wenn der Wert des Geschäftes die (doch sehr hoch angesetzte) Schwelle von 5 % der Bilanzsumme der Gesellschaft überschreitet. Eine Zustimmung wäre aber dann entbehrlich, wenn das Geschäft gem § 95a Abs 6 AktG „im gewöhnlichen Geschäftsbetrieb und zu marktüblichen Bedingungen“ geschlossen würde.[399] Ob ein Geschäft, dessen Wert über 5 % der Bilanzsumme der Gesellschaft ausmacht, eines des ordentlichen Geschäftsbetriebs ist, hängt von den Umständen des Unternehmens, dessen Geschäftstätigkeit ab und ist letztlich eine Betrachtung des Einzelfalls.[400]

Abseits dieser neu eingeführten Normen, die sich in der Praxis erst bewehren müssen, ist die Frage des pflichtgemäßen Handelns iZm related party transactions in Österreich weitgehend ungeklärt; Rsp existiert nicht. Deshalb kann für nicht-börsenotierte Gesellschaften oder GmbHs in der Tat nicht verlässlich gesagt werden, ob ein Geschäftsleiter, der sich so verhält und zB seinen Ehe- oder Lebenspartner mit einem lukrativen Auftrag (zu Marktbedingungen, dh ohne der Gesellschaft dadurch Schaden zuzufügen!) verschafft, rechtswidrig handelt und damit eine in letzter Konsequenz mit Abberufung und vorzeitiger Auflösung des Anstellungsvertrages zu ahndende Pflichtverletzung begeht.

Schon um diese Unsicherheit zu beseitigen und im Sinne guter Corporate Governance empfiehlt sich daher aus Sicht der Gesellschaft die Verankerung entsprechender *Klauseln in den Anstellungsverträgen* von Geschäftsführern/Vorstandsmitgliedern.

---

398 Vgl *Flume*, Transaktionstransparenz und Vermögensbindung in der AG, GesRZ 2019, 230 (232 f).

399 Vgl für eine ausführliche Auseinandersetzung mit dieser Ausnahmebestimmung *Flume*, GesRZ 2019, 230 (234 ff).

400 Vgl *G. Schima*, GesRZ 2019, 110 (119).

Eine solche Klausel kann zB folgendermaßen formuliert sein:

„Der Geschäftsführer ist verpflichtet, bei seiner Tätigkeit für die Gesellschaft deren Interesse und das Unternehmenswohl vor die eigenen Interessen zu stellen. Dem Geschäftsführer ist ohne Einwilligung der Generalversammlung der Abschluss von Geschäften namens der Gesellschaft untersagt, an deren Abschluss entweder der Geschäftsführer selbst oder ein naher Angehöriger oder einem Geschäftsführer oder einem nahen Angehörigen nahestehendes Unternehmen ein eigenes geschäftliches Interesse besitzt.

Nahe Angehörige im Sinne dieser Bestimmung sind Ehepartner, eingetragene Partner, Lebensgefährten, Eltern, eheliche und uneheliche Kinder, Wahl- und Pflegekinder und Geschwister. Unter nahestehende Unternehmen im Sinne dieser Bestimmung sind – in welcher Rechtsform immer organisierte – Unternehmen zu verstehen, an denen der Geschäftsführer oder ein im obigen Sinne naher Angehöriger direkt oder indirekt – gegebenenfalls mit anderen nahen Angehörigen des Geschäftsführers oder weiteren nahestehenden Unternehmen – in einer Weise beteiligt ist, die wesentlichen, wenn auch nicht bestimmenden oder beherrschenden Einfluss auf die Führung des Unternehmens vermittelt.

Außerdem sind darunter Unternehmen beliebiger Rechtsform zu verstehen, in denen der Geschäftsführer oder ein naher Angehöriger des Geschäftsführers eine Funktion als Arbeitnehmer in einer Managementposition oder als Berater bekleidet. Bei der Handhabung dieser Vertragsbestimmung ist eine wirtschaftliche und keine formalistische Betrachtungsweise zugrunde zu legen.“[401]

Das zu Verträgen mit nahen Angehörigen Gesagte lässt sich natürlich nicht unbesehen auf alle Interessenkonflikte übertragen. Regelmäßig wird aber die Rechtmäßigkeit des Vorgehens davon abhängen, dass das Verhalten im Vorhinein durch ein anderes, zur Entscheidung berufenes Organ (Gesellschafter, Aufsichtsrat, Beirat etc) genehmigt wird. Eine solche Genehmigung kann natürlich nur dann entlastend wirken, wenn daran selbst unbefangene und nicht in einem Interessenkonflikt verhaftete Personen mitwirken. § 95a Abs 4 AktG sieht im Lichte dieses Gedankens vor, dass an der Abstimmung im Aufsichtsrat über die Zustimmung zu einem Geschäft jene Personen nicht teilnehmen dürfen, die als nahestehende Personen anzusehen sind.

Auch der österreichische Corporate-Governance-Kodex enthält – wenngleich er sich nicht an GmbHs, sondern an börsenotierte Aktiengesellschaften wendet – diverse Regelungen über Interessenkonflikte:

So heißt es zB in L-Regel 22:

„Der Vorstand fasst seine Beschlüsse frei von Eigeninteressen und Interessen bestimmender Aktionäre, sachkundig und unter Beachtung aller relevanten Rechtsvorschriften.“

401 Vertragsbestimmung aus dem Anstellungsvertrag mit dem Geschäftsführer einer GmbH zitiert nach *Runggaldier/G. Schima*, Manager-Dienstverträge[4] 297.

Die Regel ist zu Recht eine L-Regel, gibt also das wieder, was zwar uU das Gesetz nicht explizit so ausdrückt, aber nach gesichertem Meinungsstand in Lehre und Judikatur dem Gesetzesinhalt entspricht. Für die GmbH kann in diesem Zusammenhang nichts anderes gelten.

Dasselbe lässt sich für die L-Regel 23 des Corporate-Governance-Kodex sagen:

„Vorstandsmitglieder müssen wesentliche persönliche Interessen an Transaktionen der Gesellschaft und deren Konzernunternehmen sowie sonstige Interessenkonflikte dem Aufsichtsrat gegenüber offen legen. Sie haben außerdem die anderen Vorstandsmitglieder unverzüglich darüber zu informieren."

Übertragen auf die GmbH, die in aller Regel keinen Aufsichtsrat hat, bedeutet dies, dass Geschäftsführer wesentliche persönliche Interessen an Transaktionen der Gesellschaft den Gesellschaftern bekannt geben müssen und ihre Mitgeschäftsführer zu informieren haben.

Und die L-Regel 24 des Corporate-Governance-Kodex regelt die oben gerade behandelten Angehörigen-Geschäfte folgendermaßen:

„Alle Geschäfte zwischen der Gesellschaft bzw Konzernunternehmen und Vorstandsmitgliedern sowie ihnen nahestehenden Personen oder Unternehmen müssen den branchenüblichen Standards entsprechen. Derartige Geschäfte und deren Konditionen müssen im Voraus durch den Aufsichtsrat genehmigt werden, ausgenommen Geschäfte des täglichen Lebens."

Damit brachten die Verfasser des Kodex zum Ausdruck, dass ihrer Einschätzung nach es schon vor Einführung der Zustimmungsvorbehalte in § 95a AktG dem Inhalt des gesetzlichen Aktienrechts entsprach, dass Angehörigen-Transaktionen vom Vorstand nur nach vorheriger Genehmigung durch den Aufsichtsrat durchgeführt werden dürfen und jedes andere Verhalten rechtswidrig ist. Dies entspricht der hier vertretenen Meinung, dass ein solcher Standard für börsenotierte Unternehmen auch schon vor Juni 2019 tatsächlich einzufordern war, genehmigungsloses Handeln daher selbst dann als pflichtwidrig/rechtswidrig zu beurteilen war, wenn die Konditionen des Geschäfts einem Drittvergleich standhalten.

Für eine „gewöhnliche GmbH", insb für ein Familienunternehmen, lässt sich ein solcher Sorgfalts-Standard nicht von vornherein ausmachen bzw ist zumindest fraglich.

Keinem Geschäftsleiter kann aber empfohlen werden, namens der GmbH ein Geschäft mit einem nahen Angehörigen oder einem von einem nahen Angehörigen kontrollierten Unternehmen abzuschließen, ohne vorher die Gesellschafter (oder bei Existenz eines solchen den Aufsichtsrat) ausdrücklich um Zustimmung zu fragen. Denn seine Funktion riskiert ein solcher Geschäftsführer, der nicht fragt, uU selbst dann, wenn sich daraus noch kein entlassungswürdiger Pflichtverstoß ableiten lässt. Und die Pflicht zur vorangehenden Information der Gesellschafter ergibt sich schon daraus, dass Geschäftsführer dies bei jedem Geschäft tun müssen, das entweder ungewöhnlich ist oder bei dem damit gerechnet werden muss, dass die Gesellschafter informiert werden bzw das Geschäft ihrer Genehmigung vorbehalten wollen.[402]

1.2.5.1. Corporate Opportunities

Aus dem US-amerikanischen Recht kommt die Corporate Opportunity Doctrine.

Sie besagt im Wesentlichen, dass ein „Gesellschafts-Insider" (dies kann ein director, aber auch ein Mehrheitsaktionär sein), der eine „business opportunity", dh eine Gelegenheit zum Abschluss eines Geschäftes, selbst nutzt, obwohl diese Geschäftsgelegenheit der Gesellschaft zustehen würde, seine Treuepflichten verletzt und sich schadenersatzpflichtig macht.[403]

Die US-Gerichte und das Schrifttum haben diesbezüglich unterschiedliche Ansätze für die Prüfung entwickelt, ob eine corporate opportunity vorliegt: neben dem „interest test", der relativ streng prüft, ob die Gesellschaft schon ein rechtlich begründetes Interesse oder zumindest eine begründete Erwartung hatte, von der Geschäftschance zu profitieren,[404] unterscheidet man den „line of business test", wo danach gefragt wird, ob das Geschäft unter den Kreis jener Geschäftstätigkeiten zu subsumieren ist, die die Gesellschaft ausübt oder auch nur auszuüben plant,[405] den „fairness test", der anhand ethischer Maßstäbe fallbezogen prüft, ob das Gebot der Fairness verletzt ist[406] und schließlich einen „combined test", der sich aber nicht durchgesetzt hat.[407]

Aus österreichischer Sicht ist in diesem Zusammenhang zu sagen, dass viele Fälle der „Corporate Opportunity Doctrine" bereits mit dem gesetzlichen Wettbewerbsverbot zu erfassen sind, an das der GmbH-Geschäftsführer gem § 24 GmbHG (dazu unten in Kap 1.2.7. und 2.2.4.4.) gebunden ist (für das Vorstandsmitglied einer AG gilt ganz ähnlich § 79 AktG).

402 Vgl OGH 14.11.1996, 2 Ob 2146/96v RdW 1997, 202 = SZ 69/254; vgl *N. Arnold/Pampel* in *Gruber/Harrer*, GmbHG² § 20 Rz 12; *Runggaldier/G. Schima*, Manager-Dienstverträge⁴ 16; *Koppensteiner/Rüffler*, GmbHG³ § 20 Rz 4; *G. Schima*, GesRZ 1999, 106 ff; *Reich-Rohrwig*, GmbH-Recht I² Rz 2/253 f; *Kastner/Doralt/Nowotny*, Gesellschaftsrecht⁵ 388; *Koppensteiner*, Zum Gewinnabführungsvertrag der GmbH, RdW 1985, 170; *Kastner*, Bemerkungen zu § 35 Abs 1 Z 7 GmbH-Gesetz, GesRZ 1980, 97; *Geppert/Moritz*, Gesellschaftsrecht für Aufsichtsräte (1979) 159; *P. Doralt* in *Kastner/Stoll*, Die GmbH & Co KG² 273.

403 Vgl dazu näher *Merkt*, US-amerikanisches Gesellschaftsrecht³ Rz 995 ff mwN.

404 Vgl dazu *Merkt*, US-amerikanisches Gesellschaftsrecht³ Rz 1001 mwN.

405 Vgl dazu *Merkt*, US-amerikanisches Gesellschaftsrecht³ Rz 1002 mwN.

406 *Merkt*, US-amerikanisches Gesellschaftsrecht³ Rz 1004.

407 *Merkt*, US-amerikanisches Gesellschaftsrecht³ Rz 1005.

Insofern als sich die Nutzung einer Geschäftschance der Gesellschaft durch einen Geschäftsleiter als Verstoß gegen das gesetzliche Wettbewerbsverbot darstellt, ergeben sich die schadenersatzrechtlichen Konsequenzen und der Anspruch auf Herausgabe des Vorteils direkt aus dem Gesetz.

Auch abgesehen davon ist es aber nach hM in Österreich und Deutschland per se pflichtwidrig und damit rechtswidrig, wenn ein Geschäftsleiter (Vorstandsmitglied oder Geschäftsführer) sich in eine Geschäftschance der Gesellschaft drängt.[408]

Gewiss ist es eine Frage des Einzelfalles, ob tatsächlich eine der Gesellschaft „zustehende" Geschäftschance vorliegt. Im Zweifel ist aber der Geschäftsleiter dazu verpflichtet, die Gesellschaft davon in Kenntnis zu setzen und ihr, dh unbefangenen Organmitgliedern in Vertretung der Gesellschaft, die Entscheidung darüber zu überlassen, ob die Geschäftschance wahrgenommen werden soll. Dafür sind eine aussagekräftige Information und auch eine gewisse Einschätzung der Chancen und Risiken der Geschäftschance durch den Geschäftsleiter erforderlich. Andernfalls kann diese Entscheidung der Gesellschaft, die Geschäftschance nicht wahrnehmen zu wollen, den Geschäftsleiter haftungsmäßig nicht entlasten.

Hinweis

Um einer Haftung wegen des Verstoßes gegen das Wettbewerbsverbot gem § 24 GmbHG zu entgehen, genügt es nicht, die Gesellschafter über eine der Gesellschaft zustehende Geschäftschance zu informieren. Selbst wenn die Gesellschaft die Geschäftschance nämlich nicht wahrnehmen will, ist damit nicht unbedingt die Einwilligung verbunden, dass der Geschäftsführer selbst diese Geschäftschance wahrnehmen darf. Der Geschäftsführer muss auch darauf hinweisen, dass er selbst diese wahrnehmen möchte und die Entscheidung der Gesellschaft über die Befreiung vom Wettbewerbsverbot einholen (vgl zum Wettbewerbsverbot auch Kap 1.2.7.).

Strittig ist hingegen die Frage, ob auch Geschäftschancen, die zwar der Gesellschaft selbst keinen Nutzen bringen, sehr wohl aber einem anderen dem Konzern angehörigen Unternehmen nützen, von der Treuepflicht des Geschäftsleiters (Vorstandsmitglied oder Geschäftsführer) erfasst sind.[409] Für die Aktiengesellschaft wird eine derartige Erstreckung insbesondere aufgrund der Synergie- und Effizienzvorteile, die derartige Geschäfte für die Gesellschaft versprechen, befürwortet.[410] Auch der Geschäftsführer einer GmbH darf Geschäftschancen, die die Gesellschaft nur

408 OGH 23.2.1999, 4 Ob 27/99w SZ 72/32 = ecolex 1999/218; OGH 10.7.2007, 4 Ob 123/07b RIS-Justiz RS 0111527; *G. Schima* in *Kalss/Kunz*, Handbuch Aufsichtsrat² Rz 17/164 mit Verweis auf BGHZ 1985, 1484, 1485 (Annahme einer vom Vorstand privat erlangten, auch für die Gesellschaft vorteilhaften Geschäftschance) und BGH WM 1956, 865; *G. Schima*, Der Aufsichtsrat als Gestalter des Vorstandsverhältnisses Rz 452; BGH NJW 1986, 585 (Ausnutzung von *corporate opportunities*); *Lutter*, GesRZ 2007, 79 (82).

409 *Spindler* in MünchKomm AktG II⁵ § 88 Rz 63; *Schneider* in *Scholz/K. Schmidt*, GmbhG¹⁰ § 43 Rz 49, 420.

410 *Fleischer* in *Spindler/Stilz*, Kommentar zum AktG (2007) § 93 Rz 130.

indirekt über Konzernunternehmen wahrnehmen kann, nicht an sich ziehen. Erlangt daher der Geschäftsführer im Rahmen der Konzernleitung Informationen über Vorgänge in Tochter- und Enkelgesellschaften, ist es ihm nicht erlaubt, diese Informationen im eigenen Interesse zu verwerten, weil zu den Geschäftsführungspflichten eines Geschäftsleiters auch die getreue Konzernleitung gehört.[411]

Nach der Ansicht von *Spindler* sei dies jedoch wegen der grundsätzlich nur gegenüber der eigenen Aktiengesellschaft bestehenden Treuepflicht erheblich zweifelhaft.[412] Denn ebenso wenig wie sich die Vorstandspflichten auf den gesamten Konzern beziehen würden, erstrecke sich der Schutzzweck der Treuepflichten des Vorstandsmitglieds „seiner" Aktiengesellschaft gegenüber auf alle anderen Konzernunternehmen. *Spindler* bejaht eine solche Zurechnung nur für den Fall, dass sich die Geschäftschancen einer anderen Konzerngesellschaft unmittelbar in dem Verlust eines damit zusammenhängenden Geschäfts bei der eigenen Aktiengesellschaft des Vorstandsmitglieds niederschlagen.[413]

Diese Bedenken überzeugen indes nicht, denn der Geschäftsleiter einer Obergesellschaft ist zur sorgfältigen und vermögenssichernden Verwaltung der (Konzern-)Beteiligungen verpflichtet und durch ein solches Verhalten schädigt er unmittelbar eine Konzerngesellschaft und beeinträchtigt daher den Wert einer Beteiligung.

1.2.5.2. Insichgeschäfte

Unter „Insichgeschäften" bezeichnet man üblicherweise Geschäfte, die ein Geschäftsführer einerseits im Namen der GmbH und andererseits im eigenen Namen (also zwischen der GmbH und sich selbst) abschließt („Selbstkontrahieren") und außerdem Geschäfte, bei denen der Geschäftsführer als Vertreter zweier Parteien, also der GmbH und eines Dritten, der auch eine Konzerngesellschaft sein kann, auftritt (sog „Doppelvertretung").[414] Die Terminologie ist dabei freilich uneinheitlich: während manche das „Insichgeschäft" als Oberbegriff verstehen und darunter Selbstkontrahieren und Doppelvertretung subsumieren,[415] stellen andere das Selbstkontrahieren dem Insichgeschäft gleich und es der Doppelvertretung gegenüber.[416]

---

411 *Schneider* in *Scholz*, GmbHG[10] § 43 Rz 49, 206; *Mertens/Cahn* in KölnKomm AktG II/1[3] § 88 Rz 13.

412 Vgl ebenso *Nowotny* in *Doralt/Nowotny/Kalss* AktG[2] § 79 Rz 14: *„Eine Ausdehnung auf die Nutzbarkeit auf Konzerngesellschaften ist abzulehnen."*

413 *Spindler* in MünchKomm AktG II[5] § 88 Rz 63.

414 Vgl *Feltl/Told* in *Gruber/Harrer*, GmbHG[2] § 25 Rz 115.

415 OGH 15.12.1982, 3 Ob 647/82 RIS-Justiz RS 0019621, zuletzt OGH 29.8.2017, 5 Ob 146/17g; *Apathy* in *Schwimann/Kodek*, ABGB IV[4] § 1009 Rz 14; *Feltl/Told* in *Gruber/Harrer*, GmbHG[2] § 25 Rz 115; *Koziol-Welser/Kletečka*, Bürgerliches Recht I[14] (2014) Rz 679; *U. Torggler*, Interessenkonflikte, insb bei „materiellen Insichgeschäften", ecolex 2009, 920 (921); *U. Torggler*, Insichgeschäft, insb Doppelvertretung bei der Einpersonen-GmbH, wbl 2000, 389; *Reich-Rohrwig*, GesmbH-Recht I[2] Rz 2/228; *Koppensteiner/Rüffler*, GmbHG[3] § 18 Rz 23b.

416 *P. Bydlinski* in *Koziol/Bydlinski/Bollenberger* (Hrsg), Kurzkommentar zum ABGB[5] (2017) § 1017 Rz 5; *Nowotny* in *Kalss/Nowotny/Schauer*, Gesellschaftsrecht[2] Rz 4/208 ff mit Verweis auf OGH 12.4.2000, 4 Ob 71/00w RdW 2000/505; *Strasser* in *Rummel*, ABGB I[3] (2000) § 1009 Rz 21; so offenbar auch *Nowotny*, Selbstkontrahieren im Gesellschaftsrecht – eine Übersicht, RdW 1987, 35 (36).

Hier wird der Begriff „Insichgeschäft" als Oberbegriff für Selbstkontrahieren und Doppelvertretung verwendet.

Zivilrechtlicher Ausgangspunkt der Behandlung von Insichgeschäften im Gesellschaftsrecht ist eine Übertragung der in § 277 ABGB verkörperten Gedanken.[417] Die zitierte Bestimmung betrifft ihrem Wortlaut nach zwar nur die Vertretung von minderjährigen oder sonst nach § 21 Abs 1 ABGB schutzberechtigter Personen durch ihren gesetzlichen Vertreter, doch lässt sich die dahinterstehende Ratio auch auf andere Fallkonstellationen von Insichgeschäften übertragen.

§ 277 Abs 2 ABGB ordnet an, dass bei widerstreitenden Interessen einer minderjährigen oder schutzberechtigten Person und ihres gesetzlichen Vertreters das Gericht einen Kurator zu bestellen hat. Der zweite Fall in § 277 Abs 2 ABGB ist die Kollision der Interessen zweier von demselben Vertreter vertretenen Personen. Der Vertreter darf keine der Personen vertreten – für beide ist ein Kurator zu bestellen. Dessen bedarf es aber dann nicht, wenn eine Gefährdung der Interessen der zu vertretenden Person nicht zu besorgen ist (diese allgemeine Voraussetzung für die Kuratorbestellung ist in § 277 Abs 1 ABGB enthalten).[418] § 277 ABGB regelt daher sowohl den Fall des Selbstkontrahierens als auch der Doppelvertretung.

Werden diese Grundsätze nicht beachtet, dh liegt ein Fall sowohl formeller als auch materieller Kollision vor, und wird trotzdem ein Vertrag abgeschlossen, dann ist dieser nichtig.[419]

1.2.5.2.1. Selbstkontrahieren

Ein Geschäft, das der Geschäftsführer im eigenen Namen und namens der GmbH abschließt, ist grundsätzlich unwirksam,[420] sofern nicht bestimmte Voraussetzungen erfüllt sind.

Wirksam ist das Geschäft nur dann, wenn es der Gesellschaft ausschließlich rechtliche Vorteile bringt (also zB eine Schenkung, sofern diese nicht mit bestimmten Auflagen und Lasten verbunden ist[421]) oder wenn nicht einmal die abstrakte Gefahr einer Schädigung für die Gesellschaft besteht. Eine solche soll nach einer Mindermeinung im Schrifttum[422] selbst dann nicht ausgeschlossen sein, wenn der Geschäfts-

417 Ehemals §§ 271 f ABGB, vgl dazu auch *Nowotny,* RdW 1987, 35. Im Zuge der Novellierung des ABGB durch das 2. Erwachsenenschutz-Gesetz (BGBl I 2017/59), in Kraft seit 1. Juli 2018, wurden die Bestimmungen über die Kuratel aus dem bisherigen Sachwalterrecht abgekoppelt und in ein eigenes Hauptstück gestellt. Inhaltlich änderte sich an den Bestimmungen doch im Wesentlichen nichts, vgl *Pfurtscheller* in *Schwimann/Neumayr,* ABGB Taschenkommentar^4 (2017) § 277 Rz 1 ff.

418 *Pfurtscheller* in *Schwimann/Neumayr,* ABGB Taschenkommentar^4 § 277 Rz 9.

419 Noch zur alten Rechtslage: OGH 6.10.1970, 8 Ob 203/70 JBl 1971, 200; *Tschugguel/Parapatits* in *Kletečka/Schauer,* ABGB-ON$^{1.03}$ § 273 Rz 9 (Stand September 2014, rdb.at).

420 OGH 15.12.1982, 3 Ob 647/82 EvBl 1983/39; vgl *Reich-Rohrwig* in *Straube/Ratka/Rauter,* WK GmbHG § 25 Rz 160 (Stand 1.6.2015, rdb.at); *Feltl/Told* in *Gruber/Harrer,* GmbHG^2 § 25 Rz 115.

421 Vgl *Feltl/Told* in *Gruber/Harrer,* GmbHG^2 § 25 Rz 116; *Wünsch,* GmbHG (1993) § 25 Rz 90.

422 *Wünsch,* GmbHG (1993) § 25 Rz 91; ihm folgend *Feltl/Told,* in *Gruber/Harrer,* GmbHG^2 § 25 Rz 116.

führer zu einem festen Markt- oder Börsepreis abschließt, weil er schwankende Kurse zum eigenen Vorteil und zum Nachteil der Gesellschaft ausnützen könnte.

Diese Meinung ist aber überzogen; derartigen Verhaltensweisen ist mit den Mitteln des Schadenersatzrechtes beizukommen.

Es ist deshalb davon auszugehen, dass bei Abschluss zum Börse- oder Marktpreis die Gefahr der Interessenbeeinträchtigung grundsätzlich nicht besteht und das Geschäft daher auch genehmigungslos (dazu im Folgenden) gültig ist.[423]

Wenn diese Ausnahmen nicht gegeben sind, dh eine Interessengefährung bei der Gesellschaft befürchtet werden muss, hängt die Gültigkeit des Insichgeschäftes davon ab, ob der Vertretene (die GmbH) wirksam zustimmt, wobei die Zustimmung sowohl im Vorhinein als auch danach (§ 1016 ABGB) erteilt werden kann.[424]

Wer für die GmbH die Zustimmung zu erteilen hat, ordnet § 25 Abs 4 GmbHG im Gewande einer Schadenersatznorm an: danach haftet der Geschäftsführer der Gesellschaft auch für einen ihr aus einem Rechtsgeschäft erwachsenen Schaden, das er mit ihr im eigenen oder fremden Namen abgeschlossen hat, ohne vorher die **Zustimmung des Aufsichtsrates** oder, wenn kein Aufsichtsrat besteht, sämtlicher **übriger Geschäftsführer** erwirkt zu haben. Für den OGH gelten als „übrige Geschäftsführer“, die einem Insichgeschäft zustimmen könnten, nur alleinvertretungsbefugte Geschäftsführer.[425] Dies gilt wohl nur, wenn die Geschäftsführung aus zwei Personen besteht. Gibt es mehrere Geschäftsführer, die jeweils zu zweit vertreten dürfen, muss uE die Zustimmung der beiden anderen, zusammen vertretungsbefugten Geschäftsführer genügen.

GmbHs haben nur ganz selten einen Aufsichtsrat, so dass diese Form der Zustimmung namens der GmbH meist ausscheidet.

Hat die Gesellschaft außerdem nur einen Geschäftsführer, scheidet auch die im Gesetz alternativ angeführte Möglichkeit der Zustimmung durch alle anderen Geschäftsführer aus. Gibt es also keinen Aufsichtsrat und nur einen Geschäftsführer, so ist die **Genehmigung der Gesellschafter** einzuholen, was sich schon aus dem Grundsatz ergibt, dass deren Genehmigung, weil es sich um das oberste Willensbildungsorgan handelt, die Zustimmung des Aufsichtsrates auch sonst (dh zB beim Abschluss von gem § 30j Abs 5 GmbHG zustimmungspflichtigen Geschäften) zu ersetzen vermag.[426]

---

423 OGH 1.3.2005, 2 Ob 126/04z GesRZ 2005, 136; OGH 12.4.2000, 4 Ob 71/00w SZ 73/68; OGH 23.2.1998, 3 Ob 2106/96v wbl 1999, 129 = ecolex 1998, 548 (*Wilhelm); Koppensteiner/Rüffler*, GmbHG³ § 20 Rz 23; *Strasser* in *Rummel*, ABGB I³ § 1009 Rz 21; *Reich-Rohrwig*, GmbH-Recht I² Rz 2/229 ff; *Kastner/Doralt/Nowotny*, Gesellschaftsrecht⁵ 390; *P. Doralt* in *Kastner/Stoll*, GmbH & Co KG² 290 ff.

424 OGH 23.2.1998, 3 Ob 2106/96v RdW 1998, 548; *Nowotny* in *Kalss/Nowotny/Schauer*, Gesellschaftsrecht² Rz 4/208; *Koppensteiner/Rüffler*, GmbHG³ § 20 Rz 23; *Reich-Rohrwig*, GmbH-Recht I² Rz 2/229 ff.

425 OGH 28.2.2018, 6 Ob 11/18p. Kritisch dazu *Zehentmayer* in GesRZ 2018, 245 mit Verweis auf die überwiegende Lehre, die der Ansicht des OGH zustimmt.

426 Zutr *Nowotny* in *Kalss/Nowotny/Schauer*, Gesellschaftsrecht² Rz 4/208.

Für das Selbstkontrahieren des einzigen Gesellschafter-Geschäftsführers der GmbH sieht § 18 Abs 5 und Abs 6 GmbHG eine Sonderregelung vor. Bis zum Gesellschaftsrechtsänderungsgesetz 1996 war bei Geschäften, die der einzige Geschäftsführer und Alleingesellschafter der GmbH mit dieser abschloss, ein Kollisionskurator zu bestellen.[427]

Nach dem geltenden Recht, das in Umsetzung der Einpersonengesellschaft-Richtlinie erlassen wurde, kann der einzige Gesellschafter einer GmbH als Geschäftsführer Geschäfte abschließen, bei denen er sowohl im eigenen Namen auftritt als auch die Gesellschaft vertritt.[428] Der Bestellung eines Kollisionskurators bedarf es nicht.

Der Geschäftsführer muss aber unverzüglich eine Urkunde errichten, wobei vorzusorgen ist, dass nachträgliche Änderungen des Inhalts und Zweifel über den Zeitpunkt des Abschlusses ausgeschlossen sind.

Wenn das Geschäft zum gewöhnlichen Geschäftsbetrieb gehört und zu geschäftsüblichen Bedingungen abgeschlossen wird, ist gem § 18 Abs 6 GmbHG auch die Errichtung einer Urkunde nicht erforderlich.

Strittig ist nach wie vor, ob die Dokumentationspflicht Wirksamkeitserfordernis für das Geschäft ist. Die besseren Gründe und die Gesetzesmaterialien sprechen dagegen.[429]

Verstößt nämlich das Geschäft gegen das Verbot der Einlagenrückgewähr, wird also die Gesellschaft zugunsten eines Gesellschafters benachteiligt, ist der Vertrag ohnehin nichtig.[430] § 18 Abs 5 GmbHG gilt – was schon aus dem Wortlaut folgt – nicht nur für jene Fälle, in denen der einzige Gesellschafter der Gesellschaft als Geschäftsführer agiert. Die Vorschrift ist daher auch dann anzuwenden, wenn der Alleingesellschafter in dieser Eigenschaft Vertretungsmacht für die GmbH besitzt, weil er zB den Anstellungsvertrag mit dem Geschäftsführer (dh sich selbst) abschließt.[431]

1.2.5.2.2. Doppelvertretung

Auch Geschäfte, die der Geschäftsführer sowohl in Vertretung der GmbH als auch in Vertretung eines Dritten (dies kann auch eine Konzerngesellschaft sein, dazu im nächsten Kapitel) abschließt, sind grundsätzlich unwirksam.[432]

427 OGH 3.7.1985, 3 Ob 51/85 RdW 1986, 39; *Nowotny* in *Kalss/Nowotny/Schauer*, Gesellschaftsrecht² Rz 4/209 Fn 288; *Nowotny*, RdW 1987, 35 (36).
428 *Nowotny* in *Kalss/Nowotny/Schauer*, Gesellschaftsrecht² Rz 4/209.
429 *Koppensteiner/Rüffler*, GmbHG³ § 18 Rz 23d mwN; *Aicher/U. Torggler*, Insichgeschäfte des GmbH-Alleingesellschafters nach dem EU-GesRÄG, GesRZ 1996, 197 (211).
430 *Koppensteiner/Rüffler*, GmbHG³ § 18 Rz 23d.
431 Überzeugend *Koppensteiner/Rüffler*, GmbHG³ § 18 Rz 23b.
432 Vgl *Feltl/Told* in *Gruber/Harrer*, GmbHG² § 25 Rz 115; *Reich-Rohrwig* in *Straube/Ratka/Rauter*, WK GmbHG § 25 Rz 62 (Stand 1.6.2015, rdb.at).

Hier gelten dieselben Voraussetzungen für die Wirksamkeit des Geschäftes. Genehmigungslos ist es daher nur dann zulässig und wirksam, wenn erstens der Abschlusswille sich so manifestiert hat, dass er nicht unkontrollierbar zurückgenommen werden kann (Manifestationsakt)[433] und außerdem ein Interessenkonflikt schon abstrakt ausscheidet, weil das Geschäft der Gesellschaft nur Vorteile bringt (zB Schenkung) oder aufgrund feststehender Markt- oder Börsepreise eine Interessenbeeinträchtigung nicht droht.[434]

Sind diese Voraussetzungen nicht gegeben, bedarf es der Genehmigung, für die wiederum § 25 Abs 4 GmbHG einschlägig ist: entweder es stimmt der Aufsichtsrat zu oder alle übrigen Geschäftsführer.[435]Fehlen weitere vertretungsbefugte Geschäftsführer und ein Aufsichtsrat, müssen die Gesellschafter um Zustimmung befragt werden. Dafür bedarf es der Zustimmung *aller* Gesellschafter nur, wenn diese außerhalb einer Generalversammlung oder eines schriftlichen Umlaufbeschlusses iSd § 34 GmbHG zustimmen.

Die Regeln für Insichgeschäfte sind analog anzuwenden auf jene Konstellationen, in denen der Geschäftsführer namens der GmbH mit einer Gesellschaft kontrahiert, an der er selbst (unmittelbar oder mittelbar) maßgebend beteiligt ist.[436]

1.2.5.2.3. Insichgeschäfte im Konzern

Im Konzern kann die Problematik der Insichgeschäfte besonders in der Form von Doppelvertretungen vorkommen, sofern Personen aufgrund von Organverflechtungen und Doppelorganschaft beim Vertragsabschluss zugleich im Namen von zwei Konzerngesellschaften vertreten müssen. Erfasst sind beispielsweise Geschäfte zwischen der Mutter- und der Tochtergesellschaft oder zwischen Schwestergesellschaften. Sollte die Zustimmung der Gesellschaft wegen des Inhalts des Geschäfts kein Erfordernis sein, steht dem eigenständigen Abschluss von Doppelvertretungsgeschäften grundsätzlich nichts entgegen.

---

433 Vgl *Feltl/Told* in *Gruber/Harrer*, GmbHG § 25 Rz 116; *Wünsch*, Zur Lehre vom Selbstkontrahieren im Gesellschaftsrecht, in FS Hämmerle (1972) 451 ff (457).

434 Vgl *Feltl/Told* in *Gruber/Harrer*, GmbHG² § 25 Rz 116; *Koppensteiner/Rüffler*, GmbHG³ § 20 Rz 23.

435 Dh entweder ein alleinvertretungsbefugter Geschäftsführer oder mehrere, in vertretungsbefugter Anzahl (RIS-Justiz RS 0059772).

436 OGH 11.6.2002, 5 Ob 99/02y RdW 2003, 310; OGH 12.4.2000, 4 Ob 71/00w SZ 73/68; *Feltl/Told* in *Gruber/Harrer*, GmbHG² § 25 Rz 117; *Koppensteiner/Rüffler*, GmbHG³ § 20 Rz 23. Für das Privatstiftungsrecht, wo es auch eine eigene Bestimmung betreffend Insichgeschäfte des Stiftungsvorstands gibt (§ 17 Abs 5 PSG), hat der OGH in zwei jüngeren Entscheidungen festgehalten, dass die Genehmigung (gem § 17 Abs 5 PSG: der übrigen Mitglieder des Stiftungsvorstands und des Gerichts) auch bei Geschäften erforderlich ist, die die Stiftung nicht mit dem Vorstandsmitglied persönlich, sondern mit einer Gesellschaft abschließt, deren einziger Gesellschafter und Geschäftsführer das Vorstandsmitglied ist (OGH 27.4.2017, 2 Ob 52/16k). In der E OGH 28.2.2018, 6 Ob 35/18t führte der OGH etwas weiter gehend aus, dass die Bestimmung auf all jene Fälle anzuwenden sei, in denen der Geschäftsabschluss zumindest wirtschaftlich einem solchen mit dem Mitglied des Stiftungsvorstands gleichkomme. Maßgeblicher Anknüpfungspunkt sei die Frage, ob im Einzelfall eine Interessenkollision zu befürchten sei.

Ist jedoch für das konkrete Geschäft die Zustimmung der betroffenen Gesellschaft notwendig, besteht die Möglichkeit – um eine Belastung des konzerninternen Geschäftsverkehrs zu vermeiden – einer vorweg erteilten Globalzustimmung. Eine solche Vorauszustimmung wird derart erteilt, dass die Organe, die zur Erteilung bzw Verweigerung der Zustimmung zuständig sind, einen diesbezüglichen allgemeinen Beschluss fassen und diesen dem Doppelvertreter auch mitteilen. Existiert im Konzern hingegen keine derartige Globalzustimmung, ist für das zustimmungspflichtige Geschäft die Zustimmung der betroffenen Gesellschaft (bei einer GmbH also des Aufsichtsrates, der übrigen Geschäftsführer oder der Gesellschafter) einzuholen.

Auch in Fällen des Selbstkontrahierens sind derartige allgemeine Vorauszustimmungen zwar zulässig, aber sie sind gefährlicher als bei konzernbezogenen Doppelvertretungen, insbesondere aus dem Grund, dass bei Selbstkontrakten die persönlichen Interessen des Geschäftsführers im Vordergrund stehen können, während bei Doppelvertretungen diese Gefahr eher nicht besteht.

Unseres Erachtens sollten interne Regelwerke über Rechtsgeschäfte mit Organmitgliedern oder Mitarbeitern jedenfalls eine konzernweite Perspektive abdecken, weil auch Interessenkonflikte durch die Beherrschung bzw das hierarchische Gefälle entstehen können, ohne dass der Tatbestand des Selbstkontrahierens oder der Doppelvertretung vorliegen (zB der Vorstandsvorsitzende des Baustoffhandels-Konzernes bestellt bei der Tochtergesellschaft für private Zwecke Material zu vergünstigten Konditionen).

1.2.5.3. Der Geschäftsführer der Zielgesellschaft beim Unternehmenskauf

Befindet sich die GmbH in einem Verkaufsprozess, dh möchten entweder sämtliche Gesellschafter, der Alleingesellschafter oder zumindest eine Gesellschaftermehrheit oder ein Kerngesellschafter seine/ihre Anteile an der Gesellschaft veräußern, können die Geschäftsführer der GmbH sehr rasch in heikle Interessenkonflikte und, wenn sie sich nicht geschickt verhalten, auch in Haftungsprobleme geraten.

Ein natürlicher Interessengegensatz wird schon dadurch begründet, dass die Geschäftsführer den Gesellschaftern verpflichtet und in der GmbH von ihnen auch in besonderer Weise abhängig und ihren Weisungen unterworfen sind (vgl zB § 20 Abs 1 GmbHG), dass aber nach dem Anteilsverkauf „neue Herren im Haus" einziehen und der Verkaufsprozess naturgemäß von gegenläufigen Interessen der derzeitigen und zukünftigen Eigentümer geprägt ist. Aus der Sicht der gegenwärtigen Eigentümer besteht daher immer die latente Gefahr, dass die Geschäftsführer sich „geistig" bereits an den künftigen Eigentümern orientieren. Ab Signing (spätestens Closing) der Transaktion tritt bei den Mitgliedern des geschäftsführenden Organs üblicherweise der „Frontwechsel" ein.[437]

437 *Brugger*, Unternehmenserwerb – Der Unternehmens- und Anteilskauf aus juristischer Sicht (2014) Rz 556.

Vor Wirksamwerden des Verkaufes haben nur die verkaufenden Gesellschafter Zugriff auf die Geschäftsführer, und nur sie können diese daher zu bestimmtem Verhalten im Zusammenhang mit dem Verkaufsprozess anweisen.

Diverse Rechtsfragen können sich im Zusammenhang mit der Durchführung einer „Due-Diligence-Prüfung" ergeben, die regelmäßig eine Verkaufstransaktion begleitet.[438] Bei Due-Diligence-Prüfungen ergibt sich nicht selten ein Spannungsverhältnis zu Geheimhaltungsinteressen der Gesellschaft.[439] In der GmbH besteht zumindest die Möglichkeit, dass die Gesellschafter darüber disponieren und die Geschäftsführung entsprechend anweisen bzw ihre Zustimmung zur Preisgabe bestimmter Informationen an Dritte (potenzielle Käufer) erteilen und damit den Geschäftsführer von der Haftung gegenüber der Gesellschaft befreien (§ 25 Abs 5 GmbHG). Davon kann der weisungsfreie und eigenverantwortlich handelnde Vorstand einer AG nicht Gebrauch machen.

Es sind aber nicht immer nur Geheimhaltungsinteressen der Gesellschaft, die einer Due-Diligence-Prüfung Grenzen setzen; vielmehr werden durch Due-Diligence-Untersuchungen oft auch Datenschutzinteressen Dritter (zB von Arbeitnehmern) tangiert.[440]

Zu denken ist auch an vertragliche Geheimhaltungspflichten, gesetzliche Verschwiegenheitspflichten zB bei der Veräußerung von Unternehmen von Wirtschaftstreuhändern, Rechtsanwälten und Ärzten, an das Bankgeheimnis nach § 38 BWG oder das Versicherungsgeheimnis nach § 108a VAG und § 11a Abs 5 VersVG.[441]

All dem steht das Interesse des Käufers gegenüber, möglichst umfassende Informationen zu erhalten, um seinen Kaufwillen auf entsprechender Grundlage bilden zu können.[442]

Die Verletzung einer Gleichbehandlungspflicht in Bezug auf die Gesellschafter wird im Regelfall nicht vorliegen, wenn eine Due Diligence zu Gunsten eines (kaufwilligen) Gesellschafters eröffnet wird, weil dann eben nicht gleiche Voraussetzungen bei allen Gesellschaftern vorliegen und eine Ungleichbehandlung bei ungleichen Voraussetzungen sachlich gerechtfertigt ist.[443]

438 Vgl zur Due Diligence *Nowotny*, „Due diligence" und Gesellschaftsrecht, wbl 1998, 145; *Krejci*, Verschwiegenheitspflicht des AG-Vorstandes bei due diligence-Prüfungen, RdW 1999, 574; *Strasser*, Treuepflicht und „due diligence"-Prüfung, ecolex 2001, 748; *Brugger*, Unternehmenserwerb Rz 468 ff.

439 Vgl *Brugger*, Unternehmenserwerb Rz 511 ff mwN; *Knauder/Sima*, Vertragsvorbereitende und -begleitende Maßnahmen beim Unternehmenskauf, ZUS 2011, 52 (55); *Dürager*, Datenschutz beim Unternehmenskauf – Welche datenschutzrechtlichen Grenzen im Rahmen eines Share Deal oder Asset Deal zu beachten sind, jusIT 2010, 209 (213 f).

440 Vgl *Lang*, Datenschutz bei Due-Diligence-Prüfungen, ASok 2015, 42 (45); *Brugger*, Unternehmenserwerb Rz 509 f.

441 *Brugger*, Unternehmenserwerb Rz 509.

442 *Brugger*, Unternehmenserwerb Rz 511.

443 Vgl *Schröckenfuchs*, Der Gleichheitsgrundsatz und die Information der Aktionäre durch die Gesellschaft, JBl 2003, 541; *Brugger*, Unternehmenserwerb Rz 513.

Allergrößte Vorsicht ist geboten, wenn die Zielgesellschaft die Kosten für die Bewertung des Unternehmens und für eine vom Verkäufer/den Verkäufern veranlasste Due Diligence (Vendors Due Diligence) tragen soll.

Die Kostenübernahme durch die Gesellschaft wird nämlich in aller Regel verbotene Einlagenrückgewähr zu Gunsten des/der verkaufenden Gesellschafter/-s sein[444] und lässt sich auch nicht einfach damit rechtfertigen, dass der Kauf im konkreten Fall im Interesse des Unternehmens gelegen ist (zB weil der Käufer sich zu Kapitaleinschüssen verpflichtet).

Die Geschäftsführung der Zielgesellschaft kann hier in eine sehr heikle Situation geraten, wenn die Rechnungen für diese Leistungen auf Verlangen der Gesellschafter von der Gesellschaft bezahlt werden sollen. Verbotene Einlagenrückgewähr kann nach ganz unbestrittener Ansicht auch nicht durch Zustimmung sämtlicher Gesellschafter gesellschaftsrechtlich saniert werden;[445] eine Weisung wäre daher unbeachtlich. In Anbetracht der vielbeachteten und vielkritisierten „Libro-Entscheidung"[446] des OGH wäre aus derzeitiger Sicht die Geschäftsführung bei einer Anweisung der Gesellschafter, die Beträge namens der Gesellschaft zu entrichten, nicht einmal vor strafrechtlicher Verfolgung sicher. Denn der OGH sprach in der zitierten Entscheidung aus, dass die Ausschüttung einer (wegen eines falschen Jahresabschlusses überhöhten) Dividende an die Alleinaktionärin mit deren Zustimmung strafbare Untreue iSd § 153 StGB sei.

Vorsicht ist auch geboten, wenn die Geschäftsführer der Zielgesellschaft für ihre „Bemühungen" im Zusammenhang mit dem Verkaufsprozess – insb zwecks Erzielung eines möglichst hohen Kaufpreises für die Verkäufer – eine *besondere Entlohnung* erhalten sollen. Grundsätzlich muss man ja davon ausgehen, dass Tätigkeiten, die üblicherweise mit einem Anteilsverkauf verbunden sind, wie die Organisation und Überwachung einer Due-Diligence-Prüfung, sich in der Regel aus der Geschäftsleitertätigkeit selbst ergeben und daher mit dem anstellungsver-

444 So zutr *Brugger*, Unternehmenserwerb Rz 517; aM *Nowotny*, Bewertung der Kapitalgesellschaft: wer trägt die Kosten? RdW 2001, 3.

445 Vgl OGH 22.10.2003, 3 Ob 287/02f GesRZ 2004, 57; *Kalss*, ecolex 2014, 498; *G. Schima* in FS Reich-Rohrwig 179 f; *Karollus*, Einlagenrückgewähr und verdeckte Gewinnausschüttung im Gesellschaftsrecht, in *Leitner*, Handbuch verdeckte Gewinnausschüttung (2010) 9 (19); *Koppensteiner/Rüffler*, GmbHG[3] § 20 Rz 9.

446 OGH 30.1.2014, 12 Os 117/12s (12 Os 118/12p) GES 2014, 240; kritisch dazu *Bollenberger/Wess*, RdW 2014, 273; *Hollaender*, Keine Straflosigkeit trotz Zustimmung der Aktionäre, AnwBl 2014/8383; *Kalss*, ecolex 2014, 496; *Kapsch/Kier*, Untreuestrafbarkeit zulasten einer Aktiengesellschaft, JBl 2014, 599; *Lewisch/Huber*, Untreue zulasten einer Kapitalgesellschaft trotz Gesellschafterzustimmung? RdW 2014/627; *Lewisch*, Gesellschaftsrecht und Strafrecht nach „Libro", in *Lewisch* (Hrsg), Jahrbuch Wirtschaftsstrafrecht und Organverantwortlichkeit 2014, 19; *G. Schima* in FS Reich-Rohrwig 161; *G. Schima*, Einlagenrückgewähr und Untreue bei Aktionärszustimmung, RdW 2015, 344; *Zollner*, Gesellschafterbeschlüsse und Untreue – Eine Anmerkung zu 12 Os 117/12s, ÖJZ 2014, 938; *Zollner*, Organuntreue und Einverständnis der Gesellschafter, in FS Reich-Rohrwig 265; Zur Strafbarkeit einer Dividendenausschüttung noch vor dem Libro-Urteil s *Eckert/Tipold*, Strafbare Dividenden, GeS 2013, 59; grundsätzlich zur Problematik *N. Huber*, Organuntreue 151.

traglichen Entgelt abgegolten sind. Wenn nun die Gesellschafter den Geschäftsführern eine zusätzliche Entlohnung dafür gewähren, dann muss darauf geachtet werden, ob damit nicht Leistungen der Geschäftsführer abgegolten werden, die in Wahrheit für die verkaufswilligen Gesellschafter und nicht für die Gesellschaft erbracht werden. Soweit die Gesellschafter selbst natürliche Personen sind und daher über eigenes Vermögen disponieren, kann ihr Verhalten zwar nicht – wie bei Aufsichtsratsmitgliedern einer Aktiengesellschaft auf der Grundlage der vom deutschen BGH im Mannesmann-Urteil[447] geäußerten Überlegungen – als Untreue zu Lasten der Gesellschaft beurteilt werden; möglich ist aber ein Verstoß gegen das Einlagenrückgewährverbot des § 82 GmbHG.

In der Praxis wird dies so gut wie nicht problematisiert.[448] Wenn aber die Geschäftsleiter dafür entlohnt werden sollen, dass der Kaufpreis ein bestimmtes Maß überschreitet und/oder dass die Geschäftsleiter Verhandlungen für die Verkäufer führen, handelt es sich um Leistungen zu Gunsten der Gesellschafter, die von diesen zu entlohnen wären. Der darin liegende Verstoß gegen das Einlagenrückgewährverbot (§ 82 GmbHG) kann, wie schon gesagt, nicht durch Zustimmung sämtlicher Gesellschafter saniert werden.

Als Lösung böte sich grundsätzlich ein Abschluss von Vergütungszusagen zwischen Geschäftsleitern und verkaufenden Gesellschaftern an. Die in einer Aktiengesellschaft in einem solchen Falle zweifellos nötige Genehmigung des Aufsichtsrates zu einer solchen „Nebentätigkeit“ entfällt zwar in der GmbH typischerweise, weil die Zustimmung der Gesellschaft zur Erbringung solcher Zusatzleistungen mit der Vergütungszusage gleichzeitig als erteilt gilt.

Die Frage ist aber, ob die Geschäftsleiter diese Vergütung nicht gem § 1009 ABGB an die Gesellschaft herausgeben müssen, weil es sich um einen von dritter Seite gewährten Vorteil handelt, den der Auftragnehmer grundsätzlich seinem Machtgeber zu überlassen hat.

Eine solche Herausgabepflicht wird freilich nur bei solchen Tätigkeiten zu bejahen sein, die von den normalen Vorstands- bzw Geschäftsführerpflichten abgedeckt sind. Handelt es sich hingegen um Tätigkeiten der Geschäftsführer, die über ihre übliche Mandatstätigkeit hinausgehen, wie zB das Führen von Verhandlungen für die Verkäufer oder mit Investmentbanken, greift § 1009 ABGB nicht ein.

Hier stellt sich aber ein anderes Problem, nämlich ob solche Tätigkeiten, die zwar über die übliche Geschäftsführertätigkeit hinausgehen, von den Geschäftsführern

447 BGH 21.12.2005, 3 StR 470/04, NZG 2006, 141; dazu *Dittrich*, Die Untreuestrafbarkeit von Aufsichtsratsmitgliedern bei der Festsetzung überhöhter Vorstandsvergütungen (2007) 226; *G. Schima* in FS M. Binder 854; *Ransiek*, Anerkennungsprämie und Untreue – Das „Mannesmann“-Urteil des BGH, NJW 2006, 814; *Schärf*, Die strafrechtliche Verantwortung der Mitglieder des Aufsichtsrates – BGH im Fall „Mannesmann“, RdW 2006, 329.

448 Vgl zB *Brugger*, Unternehmenserwerb Rz 554 ff, der dies offenbar für unbedenklich hält.

aber nur aufgrund ihrer speziellen Position und ihrer Erfahrung bzw ihres Wissens aus dem Geschäftsführermandat erbracht werden, nicht unter Umständen als *Leistungen der Gesellschaft* zu qualifizieren sind. Es ließe sich nämlich argumentieren, dass tatsächlich die Gesellschaft diese Leistungen durch die Geschäftsführer erbringt oder aber diese zumindest indirekt durch die Geschäftsführervergütung finanziert. Wenn dies bejaht wird, wären Leistungen der Geschäftsführer als geldwerte Leistungen der Gesellschaft zu beurteilen, die gegen das Verbot der Einlagenrückgewähr nur dann nicht verstoßen, wenn die begünstigten Gesellschafter *an die Gesellschaft* (und nicht an die Geschäftsführer!) ein marktkonformes Entgelt entrichten. Folgt man diesem Ergebnis, wären die Gesellschafter gegenüber der Gesellschaft verpflichtet, eine fremdübliche Gegenleistung zu erbringen (Marktwert der Leistungen). Diese Frage ist – soweit ersichtlich – in der Judikatur noch gar nicht thematisiert worden.

1.2.6. Verschwiegenheitspflicht des Geschäftsführers

Obwohl § 25 Abs 1 GmbHG – anders als § 84 Abs 1 AktG – keine ausdrückliche Regelung beinhaltet, dass Geschäftsführer „bei vertraulichen Angaben Stillschweigen zu bewahren“ haben, ist allgemein anerkannt, dass der Geschäftsführer einer GmbH schon kraft seiner Sorgfalts- und Treuepflicht dazu angehalten ist, über alle Angelegenheiten Stillschweigen zu bewahren, an deren Vertraulichkeit und Geheimhaltung die Gesellschaft ein schutzwürdiges Interesse haben könnte.[449]

Wenn gesagt wird, dass die – gesetzlich ungeschriebene – Verschwiegenheitspflicht des Geschäftsführers „in engem Zusammenhang mit dem Wettbewerbsverbot“ stünde,[450] dann ist damit gemeint, dass von der Geheimhaltungspflicht in Anlehnung an die nach der Rsp für Arbeitnehmer geltenden Grundsätze[451] insb all jene Umstände erfasst sind, an deren Geheimhaltung die Gesellschaft deshalb ein schutzwürdiges Interesse hat, weil sie für die *Wettbewerbsfähigkeit der Gesellschaft von Bedeutung* sein können. Darunter fallen – wie man unschwer erkennen kann – nicht nur Betriebs- oder Geschäftsgeheimnisse im engeren Sinn, dh Informationen über besondere Fertigungsverfahren, Vertriebsmethoden, Kunden des Unternehmens etc, sondern generell solche Tatsachen, deren Offenbarung den Ruf der Gesellschaft und ihr „Standing“ am Markt beeinträchtigen könnte. Ist zB in einer Bank oder auch einem Handelsunternehmen ein größerer Geldbetrag „abhandengekommen“, dessen Verbleib ungeklärt ist bzw gerade geprüft wird, dann hat das Unternehmen ein vitales Interesse dran, dass solche Umstände nicht in der Öffentlichkeit ausgeplaudert werden. Denn es könnte das Vertrauen von Kunden, aber auch von (potenziellen) Arbeitnehmern in dieses Unternehmen beeinträchtigt werden.

449 Vgl *Koppensteiner/Rüffler*, GmbHG³ § 24 Rz 13; *Reich-Rohrwig*, GmbH-Recht I² Rz 2/304 f; *Nowotny* in *Kalss/Nowotny/Schauer*, Gesellschaftsrecht² Rz 4/219 f.

450 So *Nowotny* in *Kalss/Nowotny/Schauer*, Gesellschaftsrecht² Rz 4/219.

451 Vgl OGH 27.11.2014, 9 ObA 111/14k ARD 6446/8/2015 (*Sabara*); OGH 25.6.2003, 9 ObA 66/03a ARD 5451/2/2003; OGH 5.7.2001, 8 ObA 122/01a; OGH 13.5.1992, 9 ObA 92/93.

Da sich die Verschwiegenheitspflicht, wie gesagt, schon aus der Sorgfalts- und Treuepflicht des Geschäftsführers ergibt, bedarf es einer vertraglichen Vereinbarung (im Anstellungsvertrag) nicht. Gleichwohl sind solche Klauseln allgemein üblich.

Hinweis

Seit Jänner 2019 gibt es im österreichischen Recht eine Definition des Begriffs „Geschäftsgeheimnis", geregelt in den §§ 26a bis 26j UWG.[452]

Geschäftsgeheimnisse sind Informationen,

- die geheim sind,
- gerade deshalb von kommerziellem Wert sind und
- Gegenstand von den Umständen entsprechenden angemessenen Geheimhaltungsmaßnahmen sind.[453]

Neu im Vergleich zur bisherigen Rechtslage ist der Umstand, dass nicht mehr ein Geheimhaltungsinteresse des Geheimnisinhabers ausreicht, sondern dass angemessene Geheimhaltungsmaßnahmen gesetzt werden müssen, um geheime und wertvolle Informationen als Geschäftsgeheimnis gelten zu lassen.[454]

Für die Geschäftsführerin einer GmbH sind diese Neuerungen daher in zweifacher Hinsicht wichtig zu beachten: einerseits wenn es um die Einhaltung ihrer eigenen Verschwiegenheitspflicht geht, und andererseits, weil sie im Rahmen ihrer Leitungsverantwortung für die Gesellschaft verpflichtet sind, den Geheimnisschutz im Unternehmen so zu organisieren, dass jene Informationen, die für die Gesellschaft vital sind, tatsächlich ausreichend gegen interne und externe Zugriffe geschützt sind.

Die Verschwiegenheitspflicht kann auch mittels Konventionalstrafe (Vertragsstrafe) gesichert werden. Solche Regelungen mögen zusätzlich präventiv, dh abschreckend wirken; aus praktischer Sicht muss man aber konstatieren, dass das Problem derartiger Klauseln primär darin besteht, dass der Nachweis einer Verletzung der Verschwiegenheitspflicht nur in den seltensten Fällen gelingt. In diesem Falle hilft auch die Schadenspauschalierung nichts, weil zumindest der Verstoß von der Gesellschaft bewiesen werden müsste. Bei der rechtswidrigen Offenlegung (oder Nutzung) von Geschäftsgeheimnissen hat die Gesellschaft auch Unterlassungs- und Beseitigungsansprüche (§ 26c UWG). Rechtswidrig ist die Offenlegung dann, wenn das Geschäftsgeheimnis rechtswidrig erworben wurde oder die Geschäftsführerin mit der Offenlegung gegen eine Vertraulichkeitsvereinbarung oder eine sonstige Verpflichtung zur vertraulichen Behandlung oder Nutzung der Geheimnisse verstößt.[455]

452 Diese Bestimmungen wurden in Umsetzung der Geschäftsgeheimnis-RL der europäischen Union in das UWG eingefügt (BGBl I 2018/109 v 28.12.2018 [UWG-Nov 2018]). Vgl RL (EU) 2016/943 über den Schutz vertraulichen Know-hows und vertraulicher Geschäftsinformationen (Geschäftsgeheimnisse), ABl L 2016/157, 1.

453 Vgl die etwas ausführlichere Definition in § 26b Abs 1 UWG.

454 Vgl *Engelbrecht/Horak*, Geschäftsgeheimnisse im Arbeitsverhältnis, ecolex 2019, 527 (528).

455 Vgl *Engelbrecht/Horak*, ecolex 2019, 527 (529).

Die Verschwiegenheitspflicht dauert nach zutreffender Ansicht über die Beendigung der Tätigkeit des Geschäftsführers, dh über das Ende vom Mandat und/ oder Anstellungsvertrag hinaus an, soweit damit das berufliche Fortkommen des Geschäftsführers nicht in inadäquater Weise beeinträchtigt wird.[456]

Daraus folgt, dass dem Geschäftsführer nicht dauerhaft verboten sein kann, die in seiner früheren Tätigkeit für die GmbH erworbenen Kenntnisse tatsächlich zu verwerten, also zB in einer späteren Funktion für einen Mitbewerber ihm aus der Tätigkeit bekannte Kunden seines ehemaligen Arbeitgebers zu kontaktieren. Das bedeutet jedoch nicht, dass der Geschäftsführer gebündeltes Wissen (zB im Nachhinein aus dem Gedächtnis erstellte oder gar kopierte Kundenlisten) an Dritte weitergeben darf.

Im oben angeführten Beispiel betreffend ungeklärte Geldabflüsse bei einer Bank oder einem Handelsunternehmen besteht gar kein Interesse des Geschäftsführers, solche Informationen später zu verwerten. Denn ein Stillschweigen darüber beeinträchtigt in keiner Weise das berufliche Fortkommen des Geschäftsführers.

1.2.7. Wettbewerbsverbot

Geschäftsführer unterliegen ab ihrer Bestellung bis zum Ausscheiden aus der Funktion dem gesetzlichen Wettbewerbsverbot des § 24 GmbHG. Den Geschäftsführern einer GmbH ist es ohne Zustimmung der Gesellschaft untersagt, Geschäfte in deren Geschäftszweig für eigene oder fremde Rechnung zu machen oder sich bei einer Gesellschaft des gleichen Geschäftszweiges als persönlich haftende Gesellschafter zu beteiligen oder eine Stelle im Vorstand oder Aufsichtsrat oder als Geschäftsführer zu bekleiden.[457]

Anders als das Vorstandsmitglied der AG, dem generell, also unabhängig von einer Konkurrenzierung, die Führung eines selbständigen kaufmännischen Unternehmens und jegliche Beteiligung als persönlich haftender Gesellschafter an einer unternehmerisch tätigen Gesellschaft gem § 79 Abs 1 AktG untersagt ist, unterliegt der Geschäftsführer der GmbH bloß dem **Verbot konkurrenzierender Tätigkeiten**. Denn es ist heute auch so gut wie unbestritten, dass ungeachtet der missverständlichen Formulierung das Verbot der Bekleidung einer Stelle als Vorstands- oder Aufsichtsratsmitglied oder Geschäftsführer sich nur auf Konkurrenzunternehmen bezieht.[458] Das Wettbewerbsverbot des § 24 GmbHG hat also nicht zum Zweck, der Gesellschaft die Arbeitskraft des Geschäftsführers zu erhalten,

456 Vgl *Nowotny* in *Kalss/Nowotny/Schauer*, Gesellschaftsrecht² Rz 4/220; *Reich-Rohrwig*, GmbH-Recht I² Rz 2/303.

457 Vgl dazu allgemein *Temmel/Peric* in *Gruber/Harrer*, GmbHG² § 24 Rz 4; *Runggaldier/G. Schima*, Manager-Dienstverträge⁴ 104 ff; *Enzinger* in *Straube/Ratka/Rauter*, WK GmbHG § 24 Rz 16 ff (Stand 1.8.2013, rdb.at); so *Nowotny* in *Kalss/Nowotny/Schauer*, Gesellschaftsrecht² Rz 4/214 ff.

458 Vgl *Wünsch*, Das Wettbewerbsverbot des GmbH-Geschäftsführers, GesRZ 1982, 269 (270); *Temmel/Peric* in *Gruber/Harrer*, GmbHG² § 24 Rz 24.

sondern will verhindern, dass interne Informationen zum Nachteil der Gesellschaft an Mitbewerber weitergegeben werden.[459]

Einem unerlaubten Geschäftsführungsmandat ist es gleichzuhalten, wenn der Geschäftsführer an einer **konkurrierenden Kapitalgesellschaft so maßgeblich beteiligt** ist, dass er (faktischen) Einfluss auf die Geschäftsführung ausüben kann.[460]

Beispiel

Die Geschäftsführerin eines Handelsunternehmens für Sportartikel erfährt von einem günstigen Abverkauf eines Warenlagers. Für die GmbH sind die angebotenen Waren (diverse Schuhe für den Wintersport) weniger interessant, weil die Gesellschaft mit dem eigenen Lagerbestand und Bestellungen von neuer Ware für die Wintersaison gut ausgestattet ist. Die Geschäftsführerin kauft das Warenlager dennoch für einen befreundeten Unternehmer, der Bedarf hat. Sie verstößt gegen § 24 GmbHG, weil sie ein Geschäft auf fremde Rechnung im Geschäftszweig der GmbH tätigt.

Ist der GmbH-Geschäftsführer auch Arbeitnehmer der Gesellschaft, was bei Fehlen einer die Erteilung von Weisungen verhindernden Beteiligung des Geschäftsführers („Sperrminorität") der Fall ist (vgl Kap 2.2.3.1.),[461] gilt für ihn auch § 7 AngG, dh grundsätzlich neben § 24 GmbHG.[462] Freilich wird § 7 AngG insoweit verdrängt, als § 24 GmbHG einen abweichenden Inhalt besitzt, weil § 24 GmbHG gegenüber dem Angestelltengesetz die speziellere Norm ist.[463]

Das Wettbewerbsverbot bezieht sich vom Grundsatz her auf die tatsächlich von der Gesellschaft ausgeübten Geschäftszweige, nicht auf einen von der tatsächlichen Tätigkeit uU stark entfernten oder wesentlich weiter gefassten Unternehmensgegenstand.[464]

459 Vgl *Reich-Rohrwig*, GmbH-Recht I² Rz 2/290; *Koppensteiner/Rüffler*, GmbHG³ § 24 Rz 1.

460 Vgl *Reich-Rohrwig*, GmbH-Recht I² Rz 2/292.

461 Vgl OGH 14.2.1990, 9 ObA 41/90 ecolex 1990, 434.

462 *Runggaldier/G. Schima*, Manager-Dienstverträge⁴ 105; *Temmel/Peric* in *Gruber/Harrer*, GmbHG² § 24 Rz 6; *Nowotny* in *Kalss/Nowotny/Schauer*, Gesellschaftsrecht² Rz 4/214.

463 Vgl *Runggaldier/G. Schima*, Manager-Dienstverträge⁴ 105; auch schon *Runggaldier/G. Schima*, Führungskräfte 154 f; aM *Binder*, Zur Vertragssuspension eines GmbH-Geschäftsführers mit Nebenbeschäftigungsverbot, DRdA 2006, 497 (498).

464 OGH 10.10.1995, 4 Ob 52/95 SZ 68/178; RIS-Justiz RS 0060112; *Koppensteiner/Rüffler*, GmbHG³ § 24 Rz 4; missverständlich formulierend, aber offenbar ebenso *Temmel/Peric* in *Gruber/Harrer*, GmbHG² § 24 Rz 16, die der Ansicht sind, dass unter Geschäftszweig der Gesellschaft *„nicht nur der im Gesellschaftsvertrag umschriebene Unternehmensgegenstand, sondern auch die tatsächlichen Betätigungsfelder der Gesellschaft, dh deren faktisch ausgeübte Tätigkeit, zu verstehen sei."* Aus dem nächsten Satz, wonach *„kein Formalverbot"* bestünde, wird aber deutlich, dass auch *Temmel/Peric* der Meinung sind, faktisch nicht ausgeübte Geschäftszweige, die vom Unternehmensgegenstand gedeckt sind, seien nicht von § 24 GmbHG erfasst. Freilich muss der Geschäftsführer auf Ausweitungen der Geschäftstätigkeit durch die Gesellschaft entsprechend reagieren (zutr *Koppensteiner/Rüffler*, GmbHG³ § 24 Rz 4).

Bloße Kapitalbeteiligungen an Konkurrenzunternehmen, die keinerlei (bestimmenden) Einfluss vermitteln, insb der Erwerb von börsenotierten Aktien oder die Beteiligung als Kommanditist, fallen nicht unter das Konkurrenzverbot.[465]

Wenn die Gesellschaft innerhalb ihres satzungsmäßigen Unternehmensgegenstandes ihre faktische Tätigkeit ausweitet, muss der Geschäftsführer entsprechend reagieren, um konkurrenzierende Tätigkeiten zu vermeiden, sofern er über keine Einwilligung der Gesellschaft gem § 24 Abs 2 GmbHG verfügt.[466]

Die Einwilligung der Gesellschaft in die Ausübung einer konkurrenzierenden Tätigkeit kann bei Gesellschafter-Geschäftsführern allgemein im Gesellschaftsvertrag ausgesprochen werden und ist darüber hinaus dann anzunehmen, wenn bei Bestellung eines Gesellschafters zum Geschäftsführer den übrigen Gesellschaftern eine Konkurrenztätigkeit oder entsprechende Beteiligung des Geschäftsführers bekannt war und sie dennoch deren Beendigung nicht ausdrücklich verlangten (§ 24 Abs 2 GmbHG). Diese Einwilligung ist jederzeit widerruflich.[467] Ein Widerruf ist auch dann möglich, wenn die Einwilligung im Gesellschaftsvertrag (einem Gesellschafter-Geschäftsführer) erteilt wurde, sofern die Befreiung vom Wettbewerbsverbot nicht als Sonderrecht eingeräumt wurde.[468]

Der Gesellschafter-Geschäftsführer ist nach herrschender Ansicht bei der Entbindung vom gesetzlichen Wettbewerbsverbot iSd § 39 Abs 4 GmbHG nicht stimmberechtigt.[469]

Dasselbe gilt für den Widerruf der Einwilligung zu konkurrenzierenden Nebentätigkeiten, obwohl hier nach dem Gesetzeswortlaut kein Fall des § 39 Abs 4 GmbHG vorliegt.[470]

Nach Ansicht mancher soll die Einwilligung im Gesellschaftsvertrag nur bei Gesellschafter-Geschäftsführern zulässig sein.[471] UE ist es hingegen möglich, auch Fremdgeschäftsführer im Gesellschaftsvertrag vom Wettbewerbsverbot zu befreien. Denn wenn – wie die hL annimmt – Fremdgeschäftsführer mit Gesellschafter-

---

465 *Temmel/Peric* in *Gruber/Harrer,* GmbHG² § 24 Rz 15, 21 ff.

466 *Temmel/Peric* in *Gruber/Harrer,* GmbHG² § 24 Rz 17; *Enzinger* in *Straube/Ratka/Rauter,* WK GmbHG § 24 Rz 21 ff (Stand 1.8.2013, rdb.at).

467 Vgl *Runggaldier/G. Schima,* Manager-Dienstverträge³ 105; *Temmel* in *Gruber/Harrer,* GmbHG § 24 Rz 27 ff, 32.

468 *Temmel/Peric* in *Gruber/Harrer,* GmbHG² § 24 Rz 32; *Koppensteiner/Rüffler,* GmbHG³ § 24 Rz 10.

469 *Wünsch,* Das Wettbewerbsverbot des GmbH-Geschäftsführers, GesRZ 1982, 269 (273); *Runggaldier/G. Schima,* Manager-Dienstverträge⁴ 105; *Enzinger* in *Straube/Ratka/Rauter,* WK GmbHG § 24 Rz 21 (Stand 1.8.2013, rdb.at); *Nowotny* in *Kalss/Nowotny/Schauer,* Gesellschaftsrecht² Rz 4/216; *Koppensteiner/Rüffler,* GmbHG³ § 24 Rz 10; *Reich-Rohrwig,* GmbH-Recht I² Rz 2/293.

470 So auch OGH 12.10.2006, 6 Ob 139/06v SZ 2006/149 = RWZ 2007, 12 = ecolex 2007, 115 = GesRZ 2007, 54; *Runggaldier/G. Schima,* Manager-Dienstverträge⁴ 105; *Temmel/Peric* in *Gruber/Harrer,* GmbHG² § 24 Rz 32; *Enzinger* in *Straube/Ratka/Rauter,* WK GmbHG § 24 Rz 29 (Stand 1.8.2013, rdb.at); *Wünsch,* GesRZ 1982, 269 (274).

471 Vgl *Koppensteiner/Rüffler,* GmbHG³ § 24 Rz 10; nicht eindeutig, ob die Freistellung allgemein oder konkret gefasst sein muss hingegen *Temmel/Peric* in *Gruber/Harrer,* GmbHG² § 24 Rz 28.

beschluss und einfacher Mehrheit von § 24 GmbHG befreit werden,[472] muss dies umso mehr zulässig sein, wenn sich die satzungsgebende Mehrheit der Gesellschafter dafür ausspricht.[473]

Abgesehen von oder zusätzlich zu einer Regelung im Gesellschaftsvertrag können die Gesellschafter per **Beschluss mit einfacher Mehrheit** die Einwilligung gem § 24 GmbHG erteilen, sowohl in Bezug auf Fremd- als auch auf Gesellschafter-Geschäftsführer.[474]

Die Gesellschafter können ihre Einwilligung zur Ausübung von Nebentätigkeiten auch im Anstellungsvertrag mit dem (Gesellschafter-)Geschäftsführer erteilen, für dessen Abschluss sie ja zuständig sind.[475]

Strittig ist, ob die Einwilligung analog zu § 24 Abs 2 GmbHG auch bei nicht an der Gesellschaft beteiligten Fremdgeschäftsführern jederzeit widerruflich ist. Dies wird zu Recht für jene Fallkonstellationen verneint, in denen dem Fremdgeschäftsführer eine anstellungsvertragliche Zusage gemacht wird.[476]

Für die freie Widerruflichkeit auch der anstellungsvertraglichen Befreiung vom Wettbewerbsverbot des Fremdgeschäftsführers wird ins Treffen geführt, ein solcher Widerruf sei zwar vertragsverletzend und könne Sanktionen des Geschäftsführers, wie dessen vorzeitigen Austritt auslösen, wäre aber organisationsrechtlich wirksam.[477]

Gegen eine solche Sichtweise sprechen aber ganz ähnliche Erwägungen wie jene, die oben (Kap 1.1.1.6.) dafür ins Treffen geführt wurden, dass anstellungsvertragswidrige Weisungsbeschlüsse der Gesellschafter entgegen der ganz hM vom Geschäftsführer nicht befolgt werden müssen und diesem nicht bloß die Sanktion des sofortigen Rücktritts und vorzeitigen Austritts aus dem Anstellungsvertrag zugestanden wird.[478]

Denn die Gesellschafter, die gegenüber dem Geschäftsführer den Arbeitgeber vertreten, missachten mit dem einseitigen (vertraglich nicht vorbehaltenen; dazu unten) Widerruf ein dem Geschäftsführer von ihnen selbst eingeräumtes vertragliches Recht. Dem anderen Vertragspartner nur die Möglichkeit zu lassen, das

472 Vgl *Reich-Rohrwig*, GmbH-Recht I[2] Rz 2/300; *Koppensteiner/Rüffler*, GmbHG[3] § 24 Rz 11.

473 So auch *Enzinger* in *Straube/Ratka/Rauter*, WK GmbHG § 24 Rz 22 mwN (Stand 1.8.2013, rdb.at).

474 Vgl *Enzinger* in *Straube/Ratka/Rauter*, WK GmbHG § 24 Rz 21 mwN (Stand 1.8.2013, rdb.at).

475 *Enzinger* in *Straube/Ratka/Rauter*, WK GmbHG § 24 Rz 25 (Stand 1.8.2013, rdb.at).

476 *Runggaldier/G. Schima*, Manager-Dienstverträge[4] 105; *Reich-Rohrwig*, GmbH-Recht I[2] Rz 2/300; ebenso offenbar *Kastner/Doralt/Nowotny*, Gesellschaftsrecht[5] 379; *Wünsch*, GesRZ 1982, 274; aM *Koppensteiner/Rüffler*, GmbHG[3] § 24 Rz 9, 12; *Enzinger* in *Straube/Ratka/Rauter*, WK GmbHG § 24 Rz 28 f (Stand 1.8.2013, rdb.at); offenbar auch *Temmel/Peric* in *Gruber/Harrer*, GmbHG[2] § 24 Rz 30, welche lapidar meinen, § 24 Abs 2 GmbHG gelte analog auch für Fremdgeschäftsführer (dazu einschränkend *Koppensteiner/Rüffler*, GmbHG[3] § 24 Rz 11, die § 24 Abs 2 zweiter Satz GmbHG analog anwenden wollen).

477 So *Koppensteiner/Rüffler*, GmbHG[3] § 24 Rz 12; zust *Enzinger* in *Straube/Ratka/Rauter*, WK GmbHG § 24 Rz 29 (Stand 1.8.2013, rdb.at).

478 So aber insb *Koppensteiner/Rüffler*, GmbHG[3] § 24 Rz 10.

Rechtsverhältnis aus wichtigem Grund zu beenden (und damit auch uU einen zur Bestreitung des Lebensunterhaltes nötigen Arbeitsplatz aufzugeben), weil der andere Vertragsteil sich rechtswidrig verhalten hat, ist keine adäquate Sanktion für ein solches Verhalten und die entsprechende Ansicht daher rechtlich nicht tragfähig.

Selbstverständlich können sich die Gesellschafter bei der Befreiung vom Wettbewerbsverbot auch gegenüber dem nicht beteiligten Fremdgeschäftsführer den Widerruf vertraglich vorbehalten.[479]

Bei Verletzung des Wettbewerbsverbotes kann der Geschäftsführer gem § 24 Abs 3 GmbHG „ohne Verpflichtung zur Leistung einer Entschädigung vorzeitig abberufen werden". Die vorzeitige Abberufung des Fremdgeschäftsführers bedarf gem § 16 Abs 1 GmbHG ohnehin keines wichtigen Grundes; ist die Abberufung bei einem Gesellschafter-Geschäftsführer gem § 16 Abs 3 GmbHG auf wichtige Gründe beschränkt, wird die Verletzung des Wettbewerbsverbotes einen solchen wichtigen Grund idR verwirklichen.[480]

Der Widerruf „ohne Verpflichtung zur Leistung einer Entschädigung" bedeutet, dass die Gesellschaft den Anstellungsvertrag des Geschäftsführers vorzeitig aus wichtigem Grund auflösen kann (Entlassung).[481]

Neben der vorzeitigen Abberufung kann die Gesellschaft Schadenersatz[482] fordern oder verlangen, dass die für Rechnung des Geschäftsführers geschlossenen Geschäfte als für ihre Rechnung geschlossen angesehen werden. Dieses Wahlrecht kann die Gesellschaft nur einmal ausüben; die getroffene Wahl kann nicht zurückgenommen werden.[483] Das Eintrittsrecht der Gesellschaft besteht unabhängig vom Nachweis eines Schadens.[484]

Beispiel

Die Geschäftsführerin des Handelsunternehmens für Sportartikel hat das Warenlager selbst erworben, weil sie es für eine günstige Gelegenheit hält. Die Gesellschafter können verlangen, dass der Kaufvertrag auf die Gesellschaft als Käufer übergeht. Die Gesellschaft muss freilich auch den Kaufpreis zahlen.

Außerdem kann die Gesellschaft die Herausgabe der Vergütung, die für die auf fremde Rechnung geschlossenen Geschäfte bezogen wurde, oder die Abtretung

479 *Runggaldier/G. Schima*, Manager-Dienstverträge[4] 105.

480 OGH 2.10.1985, 3 Ob 555/85; im konkreten Fall gegenteilig OGH 17.12.2008, 6 Ob 213/07b; *Temmel/Peric* in *Gruber/Harrer*, GmbHG[2] § 24 Rz 37.

481 Vgl *Runggaldier/G. Schima*, Manager-Dienstverträge[4] 105; *Koppensteiner/Rüffler*, GmbHG[3] § 24 Rz 14; *Reich-Rohrwig*, GmbH-Recht I[2] Rz 2/296, 302.

482 Nach der Rsp ist § 24 Abs 4 GmbHG gegenüber der Haftung gem § 25 GmbHG die speziellere Norm (OGH 10.10.1995, 4 Ob 52/95 SZ 68/178; RIS-Justiz RS 0060112).

483 *Temmel/Peric* in *Gruber/Harrer*, GmbHG[2] § 24 Rz 36.

484 *U. Torggler* in *U. Torggler*, GmbHG § 24 Rz 9.

des Vergütungsanspruches begehren (§ 24 Abs 3 GmbHG). Diese Ansprüche können bei entsprechender Vertragsgestaltung neben einer im Vertrag bedungenen Konventionalstrafe geltend gemacht werden.[485] Denn weder § 7 AngG (den § 40 AngG nicht erwähnt) noch § 24 Abs 3 GmbHG sind einseitig zu Gunsten des Angestellten bzw Geschäftsführers zwingend,[486] sodass selbst bei den für eigene Rechnung geschlossenen Geschäften der Eintritt in das Geschäft kumulativ mit pauschaliertem Schadenersatz vereinbart werden kann.[487]

Konsequenzen des Verstoßes gegen das Wettbewerbsverbot:

- Abberufung und Auflösung des Anstellungsvertrags aus wichtigem Grund;
- Schadenersatzansprüche,
- oder stattdessen: Eintritt in das für Rechnung des Geschäftsführers gemachte Geschäft;
- bei auf fremde Rechnung geschlossenen Geschäften: Herausgabe des erlangten Vorteils.

Die in § 24 Abs 3 GmbHG genannten Ansprüche der Gesellschaft gegen den Geschäftsführer bei Verletzung des Wettbewerbsverbotes erlöschen nach drei Monaten ab dem Tage, an dem sämtliche Mitglieder des Aufsichtsrates oder, wenn kein Aufsichtsrat besteht, die übrigen Geschäftsführer von dem Verstoß gegen das Konkurrenzverbot tatsächlich Kenntnis erlangt haben, spätestens aber, dh unabhängig von der Kenntnisnahme durch die genannten Organe, in fünf Jahren vom Entstehen der Ansprüche an (§ 24 Abs 4 GmbHG).[488]

§ 24 Abs 4 GmbHG geht als Spezialnorm der fünfjähren Verjährungsfrist des § 25 Abs 6 GmbHG für Schadenersatzansprüche gegen Geschäftsführer vor.[489]

Die Dreimonatsfrist in § 24 Abs 4 GmbHG ist nach herrschender Ansicht eine Präklusivfrist und keine Verjährungsfrist.[490]

Besitzt die Gesellschaft weder einen Aufsichtsrat noch weitere Geschäftsführer, beginnt die dreimonatige Frist mit der Kenntnis durch alle Gesellschafter.[491] Dass

485 *Runggaldier/G. Schima*, Manager-Dienstverträge[4] 106; vgl zur zivilrechtlichen Gestaltung *Größ* in *Kletečka/Schauer*, ABGB-ON[1.01] § 1336 Rz 4; *Danzl* in *Koziol/Bydlinski/Bollenberger*, ABGB[5] § 1336 Rz 2; *Harrer* in *Schwimann*, ABGB VI[3] (2006) § 1336 Rz 7; es hängt von der konkreten Vereinbarung ab, ob die Konventionalstrafe neben der Erfüllung oder nur statt dieser verlangt werden kann; vgl auch *Wünsch*, GeszRZ 1982, 276.

486 Ebenso OGH 15.5.1979, 1 Ob 596/79; OGH 5.10.1976, 4 Ob 361/76; *Temmel/Peric* in *Gruber/Harrer*, GmbHG[2] § 24 Rz 44.

487 *Runggaldier/G. Schima*, Manager-Dienstverträge[4] 106.

488 *Runggaldier/G. Schima*, Manager-Dienstverträge[4] 106; *Temmel/Peric* in *Gruber/Harrer*, GmbHG[2] § 24 Rz 40 ff.

489 Vgl OGH 21.4.2010, 7 Ob 23/10y GES 2010, 129 = RdW 2010, 629; OGH 10.10.1995, 4 Ob 52/95 SZ 68/178; OGH 20.6.1989, 2 Ob 516/89 wbl 1989, 339 = RdW 1990, 48 = ecolex 1990, 153; *Feltl/Told* in *Gruber/Harrer*, GmbHG[2] § 25 Rz 119; *Temmel/Peric* in *Gruber/Harrer*, GmbHG[2] § 24 Rz 43.

490 *Temmel/Peric* in *Gruber/Harrer*, GmbHG[2] § 24 Rz 40; *Koppensteiner/Rüffler*, GmbHG[3] § 24 Rz 15; *Reich-Rohrwig*, GmbH-Recht I[2] Rz 2/298.

491 So überzeugend *Koppensteiner/Rüffler*, GmbHG[3] § 24 Rz 15; zust *Temmel/Peric* in *Gruber/Harrer*, GmbHG[2] § 24 Rz 41.

das Gesetz auf die Kenntnis der übrigen Geschäftsführer abstellt (ein Aufsichtsrat besteht in der GmbH ja nur ganz selten) ist rechtspolitisch unverständlich, weil es beim Wettbewerbsverbot des Geschäftsführers um ein Rechtsverhältnis zur Gesellschaft geht, die in diesem Zusammenhang von den *Gesellschaftern* vertreten wird.[492] Es sind auch die Gesellschafter, die über die Ausweitung oder Einschränkung des Wettbewerbsverbots oder die Zustimmung zu einer konkurrenzierenden Tätigkeit entscheiden.

Sofern Mitgeschäftsführer des gegen das Wettbewerbsverbot verstoßenden Geschäftsführers beim Verstoß involviert sind, wird nach allgemeinen Grundsätzen der Lauf der Frist mit deren Kenntnis nicht in Gang gesetzt.

1.3. Der Geschäftsführer als Kollegialorgan

1.3.1. Geschäftsführung und Vertretung

Das GmbHG ordnet in § 15 Abs 1 nur an, dass die Gesellschaft einen oder mehrere Geschäftsführer haben muss. Es gibt daher im GmbH-Recht weder eine Mindest- noch eine Höchstzahl. Vielmehr ist es Sache der Gesellschafter, zu bestimmen, wie viele Geschäftsführer die Gesellschaft haben soll.[493] Die Satzung enthält üblicherweise einen zahlenmäßigen Rahmen, zB die Bestimmung: „Die Gesellschaft hat einen, zwei, drei oder vier Geschäftsführer".

Sondervorschriften für bestimmte Branchen regeln das Vier-Augen-Prinzip, ordnen also an, dass die Gesellschaft mindestens zwei Geschäftsführer haben muss (so zB § 5 Abs 1 Z 12 BWG für Gesellschaften, die Bankgeschäfte betreiben).[494]

Rechtlich bedeutet es einen erheblichen Unterschied, ob die Geschäftsführung nur aus einer Person oder aus zwei oder mehreren besteht.

Bei bloß einem Geschäftsführer ergeben sich die wesentlichen Organisationsfragen rechtlich von selbst: der **einzige Geschäftsführer muss einzelvertretungs- und einzelgeschäftsführungsbefugt sein**;[495] eine Ressortbildung und Ressortvergabe erübrigt sich, weil der einzige Geschäftsführer zwangsläufig für den gesamten Geschäftsbereich der Gesellschaft zuständig ist. Deshalb bedarf es bei bloß einem Geschäftsführer im Grunde auch gar keiner Geschäftsordnung (dazu Kap 1.3.3.), wenn man davon absieht, dass die Geschäftsordnung auch für den Alleingeschäftsführer sinnvolle Regelungen enthalten kann: zB die Konkreti-

492 Ganz ähnlich *Temmel/Peric* in *Gruber/Harrer,* GmbHG² § 24 Rz 41, die eine Gesetzesänderung befürworten.

493 So *Koppensteiner/Rüffler*, GmbHG³ § 15 Rz 6; *Arnold/Pampel* in *Gruber/Harrer,* GmbHG² § 15 Rz 13.

494 *Koppensteiner/Rüffler*, GmbHG³ § 15 Rz 6; *Arnold/Pampel* in *Gruber/Harrer,* GmbHG² § 15 Rz 12.

495 Eine Regelung, die den einzigen Geschäftsführer (oder generell Geschäftsführer, auch wenn mehrere existieren) nur gemeinsam mit einem Prokuristen zur Vertretung beruft, ist unzulässig und unwirksam: Vgl OGH 6.11.2008, 6 Ob 186/08h; 29.11.1983, 4 Ob 145/83 SZ 56/177; RIS-Justiz RS 0059956; *Gellis/Feil,* GmbHG⁷ (2009) § 18 Rz 14; *Koppensteiner/Rüffler*, GmbHG³ § 18 Rz 22; *Wünsch,* Zur Ausübung der Vertretungsmacht durch GmbH-Geschäftsführer, GesRZ 1992, 229 (234).

sierung von Berichtspflichten gegenüber den Gesellschaftern oder Regelungen, die den Allein-Geschäftsführer zu bestimmter Dokumentation verpflichten.

Die **Geschäftsführung** betrifft zum Unterschied von der Vertretung nach außen das **Innenverhältnis**. Sie obliegt **allen Geschäftsführern gemeinsam**, sofern der Gesellschaftsvertrag dies nicht abweichend regelt (vgl § 21 Abs 1 GmbHG).[496]

Bei Gefahr in Verzug darf aber jeder Geschäftsführer auch bei Gesamtgeschäftsführung allein handeln (§ 21 Abs 1 GmbHG).[497] „Gefahr in Verzug" bedeutet letztlich, dass der Gesellschaft ein konkreter Vermögensnachteil droht, was sowohl ein echter Schaden als auch ein entgehender Gewinn aus einem lukrativen Geschäft sein kann.[498]

Der Gesellschaftsvertrag kann von diesen Grundsätzen abweichen, zB Einzelgeschäftsführung vorsehen oder ein anderes Gesellschaftsorgan zur Regelung der Geschäftsführung ermächtigen.[499] Die Geschäftsführungsagenden können auch nach Materien differenziert und zB vorgesehen werden, dass bestimmte Bereiche und Ressorts der Alleingeschäftsführungsbefugnis eines Geschäftsführers unterliegen, in anderen Bereichen hingegen Gesamtgeschäftsführung gilt.[500]

Falls der Gesellschaftsvertrag Einzelgeschäftsführung normiert, dann muss dennoch die Geschäftsführungsmaßnahme durch den zuständigen Geschäftsführer unterbleiben, wenn ein anderer Geschäftsführer der Handlung widerspricht (§ 21 Abs 2 GmbHG). Dieser Widerspruch bedarf keiner sachlichen Begründung bzw Rechtfertigung.[501]

Der von einem Widerspruch eines Geschäftsführerkollegen betroffene Geschäftsführer mit Einzelgeschäftsführungsbefugnis kann aber (wie jeder andere Geschäfts-

---

496 Vgl *Reich-Rohrwig*, GmbH-Recht I² Rz 2/256; *Koppensteiner/Rüffler*, GmbHG³ § 20 Rz 4; *Nowotny* in *Kalss/Nowotny/Schauer*, Gesellschaftsrecht² Rz 4/182; OGH 15.6.1976, 4 Ob 48/76 HS 9632 = GesRZ 1977, 66.

497 Vgl *N. Arnold/Babinek* in *Gruber/Harrer*, GmbHG² § 21 Rz 15; *Nowotny* in *Kalss/Nowotny/Schauer*, Gesellschaftsrecht² Rz 4/182; *Wünsch*, GmbHG § 21 Rz 9 f.

498 *N. Arnold/Babinek* in *Gruber/Harrer*, GmbHG² § 21 Rz 15; einschränkend *Koppensteiner/Rüffler*, GmbHG³ § 21 Rz 6, die einen bloßen Gewinnentgang nicht ausreichen lassen. Diese Differenzierung überzeugt aber nicht, weil der drohende Entgang eines lukrativen Geschäftes einerseits vergleichbare Bedeutung mit zB dem Schaden aus dem Bruch einer Maschine haben kann und weil andererseits die Differenzierung auch gar nicht trennscharf durchgeführt werden kann. Bedarf es zB des raschen Abschlusses einer Änderungsvereinbarung zu einem bestehenden Dauerschuldverhältnis mit einem Geschäftspartner, der andernfalls (wenn auch rechtswidrig) mit Nichterfüllung droht, die der Gesellschaft Schaden zuzufügen geeignet ist, dann ist wertungsmäßig nicht einzusehen, warum dieser Fall anders zu beurteilen sein sollte als jener, dass ein Geschäftsführer ein Unternehmen rasch mit der Sicherung wertvollen Ladeguts gegen Abrutschen und Beschädigung beauftragen muss.

499 *Koppensteiner/Rüffler*, GmbHG³ § 21 Rz 8; *Nowotny* in *Kalss/Nowotny/Schauer*, Gesellschaftsrecht² Rz 4/183; *N. Arnold/Babinek* in *Gruber/Harrer*, GmbHG² § 21 Rz 17 ff.

500 *N. Arnold/Babinek* in *Gruber/Harrer*, GmbHG² § 21 Rz 19; *Koppensteiner/Rüffler*, GmbHG³ § 21 Rz 10.

501 *N. Arnold/Babinek* in *Gruber/Harrer*, GmbHG² § 21 Rz 34; *Nowotny* in *Kalss/Nowotny/Schauer*, Gesellschaftsrecht² Rz 4/185; *Koppensteiner/Rüffler*, GmbHG³ § 21 Rz 9; *Reich-Rohrwig*, GmbH-Recht I² Rz 2/265; ggt *Karollus*, Grenzen des Widerspruchsrechts des Geschäftsführers nach § 21 Abs 2 GmbHG, ecolex 2007, 184.

führer auch) in solchen Fällen einen Weisungsbeschluss der Gesellschafter einholen.[502]

Der Gesellschaftsvertrag bietet auch hier Gestaltungsspielraum für abweichende Regelungen, die das Widerspruchsrecht zB einschränken und an eine Begründung binden oder überhaupt ausschließen oder bei Vorliegen eines Widerspruches zB einen Mehrheitsbeschluss der Geschäftsführer anordnen.[503]

Bei einer kollegial zusammengesetzten Geschäftsführung ist es auch zulässig, im Gesellschaftsvertrag unterschiedliche (einfache und qualifizierte) Beschlussmehrheiten für die Entscheidungsfindung in der Geschäftsführung vorzusehen. Sofern der Gesellschaftsvertrag diese Möglichkeit enthält, kann ein Geschäftsführer zum Vorsitzenden der Geschäftsführung bestellt und mit einem Dirimierungsrecht ausgestattet werden (vgl Kap 2.1.1.3.). Das Dirimierungsrecht kann sowohl bei Stimmengleichheit zulässig angeordnet werden als auch in Form eines Alleinentscheidungsrechtes, dh gegen die Stimmen sämtlicher anderer Geschäftsführer.[504] Die beim Vorstand der AG bestehenden Bedenken gegen ein Alleinentscheidungsrecht im Allgemeinen oder ein Dirimierungsrecht bei einem bloß zweigliedrigen Vorstand[505] bestehen in der GmbH in der Weisungsgebundenheit der Geschäftsführer nicht bzw nur in deutlich geringerem Maße.

Auch ein Vetorecht einzelner Geschäftsführer – allenfalls beschränkt auf bestimmte Sachmaterien – ist zulässig.[506]

Eine allfällige Vereinbarung, durch die ein Geschäftsführer von jeder Mitwirkung an der Geschäftsführung ausgeschlossen würde, ist nach der Rechtsprechung allerdings von vornherein unwirksam.[507]

Die **Vertretungsbefugnis** der Geschäftsführer, dh deren Befugnis, die GmbH nach außen im Rechtsverkehr zu berechtigen und zu verpflichten, ist nach der Grundkonzeption des GmbHG eine **Gesamtvertretungsbefugnis**, wenn der Gesellschaftsvertrag keine abweichenden Bestimmungen enthält.[508]

---

502 *N. Arnold/Babinek* in *Gruber/Harrer*, GmbHG² § 21 Rz 34; *Nowotny* in *Kalss/Nowotny/Schauer*, Gesellschaftsrecht² Rz 4/185.

503 Vgl *Nowotny* in *Kalss/Nowotny/Schauer*, Gesellschaftsrecht² Rz 4/185; *Koppensteiner/Rüffler*, GmbHG³ § 21 Rz 10.

504 *Enzinger* in *Straube/Ratka/Rauter*, WK GmbHG § 21 Rz 18 (Stand 1.8.2013, rdb.at); *Koppensteiner/Rüffler*, GmbHG³ § 21 Rz 10.

505 Für Zulässigkeit des Dirimierungsrechts beim zweigliedrigen Vorstand *Nowotny* in *Kalss/Nowotny/Schauer*, Gesellschaftsrecht² Rz 4/184; ebenso *Reich-Rohrwig* in *Artmann/Karollus*, AktG II⁶ § 70 Rz 172 (Stand 1.10.2018, rdb.at). AA *Strasser* in *Jabornegg/Strasser*, AktG II⁵ § 70 Rz 52 f (gegen Dirimierungsrecht beim Zweier-Vorstand und Alleinentscheidungsrecht); ebenso *G. Schima*, Der Vorstandsvorsitzende als „Über-Vorstand"? GeS 2010, 260 (264).

506 *G. Schima*, GeS 2010, 260 (265 f) mit Verweis auf *Kalss* in MünchKomm AktG II³ § 77 Rz 75; *Kalss* in *Kalss/Nowotny/Schauer*, Gesellschaftsrecht² Rz 3/456; *Nowotny* in *Kalss/Nowotny/Schauer*, Gesellschaftsrecht² Rz 4/184; *Koppensteiner/Rüffler*, GmbHG³ § 21 Rz 10.

507 RIS-Justiz RS 0059832.

508 *Nowotny* in *Kalss/Nowotny/Schauer*, Gesellschaftsrecht² Rz 4/201; *Koppensteiner/Rüffler*, GmbHG³ § 21 Rz 5; *N. Arnold/Pampel*, in *Gruber/Harrer*, GmbHG² § 18, Rz 26.

In der Praxis besonders oft anzutreffen ist die gemischte Gesamtvertretung: die Gesellschaft wird durch zwei Geschäftsführer gemeinsam oder einen Geschäftsführer mit einem Prokuristen vertreten.[509]

Nach der Art der Geschäfte darf die Vertretungsregelung nicht differenziert werden.[510]

Eine Vertretung der Gesellschaft ohne Prokuristen muss, wie oben schon festgehalten, immer möglich sein.[511]

Wenn der Gesellschaftsvertrag – allenfalls auch mittelbar über eine gesellschaftsvertragliche Ermächtigung der Generalversammlung zur Regelung der Vertretungsbefugnis[512] – Einzelvertretungsbefugnis vorsieht, dann ist im Zweifel auch Einzelgeschäftsführungsbefugnis anzunehmen.[513]

Umgekehrt gilt dies jedoch nicht: wenn der Gesellschaftsvertrag Einzelgeschäftsführungsbefugnis vorsieht, bleibt es dennoch bei der gesetzlichen Gesamtvertretungsbefugnis, wenn nicht auch davon explizit im Gesellschaftsvertrag abgewichen wird.[514]

Gesamtvertretungsbefugnis bzw die Regelung, dass nur zwei Geschäftsführer gemeinsam die GmbH vertreten können, bedeutet jedoch nicht, dass die Geschäftsführer alle gemeinsam oder gleichzeitig handeln müssen, und es bedeutet auch nicht, dass zB Verträge, die unter so eine Regelung fallen, die Unterschriften aller oder zweier Geschäftsführer tragen müssen. Hier herrschen in der Praxis manchmal irrige Vorstellungen. Vielmehr kann die Zustimmung des jeweils anderen Geschäftsführers im Vorhinein und im Nachhinein und sogar konkludent (dh stillschweigend) erteilt werden.[515] Wenn auch – wie gerade erwähnt – aus der Einräumung von Einzelgeschäftsführungsbefugnis nicht auf Einzelvertretung geschlossen werden darf, sondern eine solche im Gesellschaftsvertrag vorgesehen werden muss, können die konkreten Umstände bei Einzelgeschäftsführung doch indizieren, dass der oder die anderen Geschäftsführer der Maßnahme des „zuständigen" Geschäftsführers die Zustimmung erteilen. Aus dem Umstand, dass zB ein

509 *Nowotny* in *Kalss/Nowotny/Schauer,* Gesellschaftsrecht² Rz 4/202; *Koppensteiner/Rüffler,* GmbHG³ § 18 Rz 22.

510 *Nowotny* in *Kalss/Nowotny/Schauer,* Gesellschaftsrecht² Rz 4/202; *Koppensteiner/Rüffler,* GmbHG³ § 18 Rz 21; *Reich-Rohrwig,* GmbH-Recht I² Rz 2/207.

511 *Nowotny* in *Kalss/Nowotny/Schauer,* Gesellschaftsrecht² Rz 4/202; *Koppensteiner/Rüffler,* GmbHG³ § 18 Rz 22; *Reich-Rohrwig,* GmbH-Recht I² Rz 2/207; OGH 11.10.1990, 6 Ob 15/90 SZ 63/174 = wbl 1991, 205.

512 *Nowotny* in *Kalss/Nowotny/Schauer,* Gesellschaftsrecht² Rz 4/202; *Koppensteiner/Rüffler,* GmbHG³ § 18 Rz 21; *Reich-Rohrwig,* GmbH-Recht I² Rz 2/205.

513 *Koppensteiner/Rüffler,* GmbHG³ § 21 Rz 8; *Reich-Rohrwig,* GmbH-Recht I² Rz 2/261.

514 *N. Arnold/Babinek* in *Gruber/Harrer,* GmbHG² § 21 Rz 38; *Reich-Rohrwig,* GmbH-Recht I² Rz 2/262.

515 OGH 21.3.1972, 4 Ob 534/72 GesRZ 1973, 83 (*Jahn*); RIS-Justiz RS 0059914, zuletzt OGH 23.3.2007, 2 Ob 170/06y; vgl *N. Arnold/Pampel* in *Gruber/Harrer,* GmbHG² § 18 Rz 33; *Koppensteiner/Rüffler,* GmbHG³ § 18 Rz 15; *Gellis/Feil,* GmbHG⁷ § 18 Rz 6.

Vertrag nur durch einen Geschäftsführer unterschrieben ist, kann im Falle von Gesamtvertretungsbefugnis also nicht automatisch geschlossen werden, dass die GmbH nicht gültig vertreten ist und aus dem Vertrag nicht berechtigt bzw verpflichtet wird, denn es kann der Fall der vorangegangenen oder nachträglichen (ausdrücklichen oder stillschweigenden) Genehmigung der Vertretungshandlung durch den oder die Co-Geschäftsführer vorliegen.

1.3.2. Ressortbildung und Ressortvergabe

Vor allem in etwas größeren Unternehmen ist es unvermeidlich (und alles andere ein Beweis mangelhafter Organisation und Corporate Governance), dass der Verantwortungsbereich des geschäftsführenden Organs in Ressorts (Geschäftsbereiche) aufgeteilt wird. Eine solche Aufteilung könnte zB folgendermaßen aussehen:[516]

Vertrieb	Anlagen-wirtschaft	Fertigung	Finanzierung	Forschung
Personal-wesen	Rechnungs-wesen	Interne Revision	Werbung & Marketing	Beschaffungs-wesen

Bei der erwähnten Aufzählung wäre typischerweise nicht ein Geschäftsführer nur für einen Bereich zuständig (dies gäbe zehn Geschäftsführer), sondern für mehrere.[517]

Eine solche Ressortverteilung, also die Bildung von Geschäftsbereichen und deren Aufteilung auf die Geschäftsführer, kann zwar im Gesellschaftsvertrag statuiert sein; praktisch üblich ist dies aber nicht. Zulässigerweise kann eine Ressortverteilung durch Gesellschafterbeschluss bewirkt werden.[518] Dies entspricht auch der in der Praxis üblichen Vorgehensweise.

Regelt der Gesellschaftsvertrag[519] Einzelgeschäftsführung, können auch die Geschäftsführer unter sich eine Ressortaufteilung treffen und mittels einstimmigen Beschlusses zB Geschäftsführungsbereiche unter sich verteilen.[520] Sofern weder die Gesellschafter noch der Aufsichtsrat eine Geschäftsverteilung erlassen haben, hat die Geschäftsleitung hier klar einen eigenen Spielraum zur Gestaltung und Einteilung der Aufgabenbereiche.

---

516 Vgl *Reich-Rohrwig*, GmbH-Recht 134; *Runggaldier/G. Schima*, Manager-Dienstverträge[4] 194; *N. Arnold/Babinek* in *Gruber/Harrer*, GmbHG[2] § 21 Rz 40 ff.

517 *Runggaldier/G. Schima*, Manager-Dienstverträge[4] 194; vgl auch *Koppensteiner/Rüffler*, GmbHG[3] § 21 Rz 10.

518 *Reich-Rohrwig*, GmbH-Recht I[2] Rz 2/266; *Kastner/Doralt/Nowotny*, Gesellschaftsrecht[5] 381; *Koppensteiner/Rüffler*, GmbHG[3] § 21 Rz 11.

519 *Nowotny* in *Kalss/Nowotny/Schauer*, Gesellschaftsrecht[2] Rz 4/183; *Koppensteiner/Rüffler*, GmbHG[3] § 21 Rz 8; abweichend und die Einräumung von Einzelgeschäftsführungsbefugnis durch Gesellschafterbeschluss bejahend *Reich-Rohrwig*, GmbH-Recht I[2] Rz 2/262.

520 *Koppensteiner/Rüffler*, GmbHG[3] § 21 Rz 11.

Manchmal wird vertreten, dass nur eine durch den Gesellschaftsvertrag, die Gesellschafter oder allenfalls den Aufsichtsrat erlassene Geschäftsverteilung haftungsabstufende Wirkung für die Geschäftsleiter habe, nicht hingegen eine von Vorstand oder Geschäftsführung selbst beschlossene Geschäftsverteilung.[521]

Diese Meinung ist nicht nur bei der AG abzulehnen und ohne gesetzliche Grundlage;[522] auch für die GmbH vermag sie nicht zu überzeugen. Soweit die Gesellschafter juristische Personen sind und von deren Organwaltern vertreten werden, trifft diese eine Pflicht zur sachgerechten, der Beschaffenheit und Größe des Unternehmens entsprechenden Aufteilung der Geschäfte auf die Geschäftsführer. Es kann rechtlich nicht überzeugen, aus der Verfehlung einer derartigen Innenorganisationsverpflichtung und damit aus einem objektiv sorgfaltswidrigen Verhalten der Gesellschafter bzw Aufsichtsratsmitglieder eine haftungsrechtliche Verschlechterung der Situation der Geschäftsleiter abzuleiten.[523] Das an sich zuständige Organ (Gesellschafter bzw in der AG Aufsichtsrat) kann die Befugnis ja jederzeit an sich ziehen.

Wenn von manchen für den Eintritt der haftungsabstufenden Wirkung (vgl dazu Kap 5.1.) einer von den Geschäftsführern selbst vereinbarten Ressortverteilung darauf abgestellt wird, ob diese von den Gesellschaftern gebilligt wurde,[524] dann ist dem zu erwidern, dass es jedenfalls ausreichen muss, wenn die – selbst untätigen – Gesellschafter von einer durch die Geschäftsführer geregelten Geschäftsverteilung Kenntnis haben und nicht dagegen einschreiten. Alles andere wäre eine inadäquate und unbillige Verschiebung der Verantwortlichkeiten. Denn jeder Geschäftsführer (bzw jedes Vorstandsmitglied), der (das) in ein größeres Unternehmen eintritt, hat die berechtigte Erwartungshaltung, die Zuständigkeit nur für ein bestimmtes Ressort übertragen zu bekommen. Da Gesellschaften üblicherweise anstellungsvertragliche Zusagen betreffend bestimmte Ressorts nicht machen (das wäre aus Gesellschaftssicht auch unklug), könnte der betroffene Geschäftsleiter nach abgeschlossenem Anstellungsvertrag und Annahme des Mandats vor der Situation stehen, keine von den Gesellschaftern zumindest „gebilligte" Geschäftsverteilung vorzufinden und dann – so die Vertreter dieser nicht überzeugenden Sichtweise – sich Verfehlungen anderer Geschäftsführerkollegen in deren Ressorts wie eigene Pflichtwidrigkeiten zurechnen lassen müssen.[525]

521 Vgl für die AG *Strasser* in *Jabornegg/Strasser*, AktG[5] § 70 Rz 35; für die GmbH *Rauter/Ratka* in *Ratka/Rauter*, Geschäftsführerhaftung[2] Rz 2/301 mit Verweis auf *Reich-Rohrwig* in *Straube/Ratka/Rauter*, WK GmbHG § 25 Rz 27 (Stand 1.6.2015, rdb.at); aA *Kastner/Doralt/Nowotny*, Gesellschaftsrecht[5], 381; *Reich-Rohrwig* in *Artmann/Karollus*, AktG II[6] § 70 Rz 147 (Stand 1.10.2018, rdb.at).

522 Ausführlich *G. Schima* in *Kalss/Kunz*, Handbuch Aufsichtsrat[2] Rz 17/51; *G. Schima*, Der Aufsichtsrat als Gestalter des Vorstandsverhältnisses Rz 121; *Runggaldier/G. Schima*, Manager-Dienstverträge[4] 196 f.

523 *Runggaldier/G. Schima*, Manager-Dienstverträge[4] 197; *G. Schima* in *Kalss/Kunz*, Handbuch Aufsichtsrat[2] Rz 17/51; *G. Schima*, Der Aufsichtsrat als Gestalter des Vorstandsverhältnisses Rz 121

524 So *Nowotny* in *Kalss/Nowotny/Schauer*, Gesellschaftsrecht[2] Rz 4/233; *Koppensteiner/Rüffler*, GmbHG[3] § 25 Rz 13.

525 So offenbar *Nowotny* in *Kalss/Nowotny/Schauer*, Gesellschaftsrecht[2] Rz 4/233; *Koppensteiner/Rüffler*, GmbHG[3] § 25 Rz 13.

Die Gesellschafter könnten theoretisch diese Situation sogar ganz bewusst ausnützen, selbst nicht in puncto Ressortverteilung aktiv werden, andererseits aber eine von den Geschäftsführern selbst beschlossene Ressortverteilung nicht einmal zustimmend zur Kenntnis nehmen. Ein solches Verhalten mit verstärkter Haftung der Geschäftsführer „zu belohnen" wäre in keiner Weise interessenadäquat.

1.3.3. Geschäftsordnung für die Geschäftsführung

In der Praxis werden die Begriffe „Geschäftsordnung" und „Geschäftsverteilung" oft synonym verwendet und wird nicht genau nach dem Inhalt unterschieden. Tatsächlich enthalten die üblichen Regelwerke in der GmbH typischerweise sowohl Vorschriften über die Ressortverteilung, also die Bildung von Geschäftsbereichen (und allenfalls deren konkrete Zuweisung an einzelne Geschäftsführer) als auch jene Bestimmungen, die den Kerninhalt einer „Geschäftsordnung" ausmachen: die Statuierung von Verfahrensregeln für die Ausübung der den Geschäftsführern zukommenden Befugnisse.[526]

Solche Geschäftsordnungen können je nach Größe der Gesellschaft und Anzahl der Mitglieder der Geschäftsführung uU recht komplexe Regelwerke sein. Geregelt werden insb die Abhaltung und Vorbereitung von Geschäftsführersitzungen, Einberufungsfristen für die Sitzungen, allenfalls Fristen für die Vorlage von Unterlagen, generell der Informationsfluss zwischen den verschiedenen Geschäftsführern, aber auch die nähere Ausgestaltung der den Geschäftsführern gegenüber der Gesellschaft (oder allenfalls dem Aufsichtsrat) bestehenden Berichts- und Informationspflichten.

Zuständig sind für derartige Regelungen in der GmbH (die Satzung enthält diesbezüglich so gut wie nie Bestimmungen) primär die Gesellschafter, die mangels abweichender Satzungsbestimmung mit einfachem Mehrheitsbeschluss solche Geschäftsordnungen erlassen können.[527]

Soweit bloße Verfahrensregeln betroffen sind, greifen Geschäftsordnungen nicht in das gesetzliche Geschäftsführungsregime (§ 21 GmbHG) ein. Sofern die Gesellschafter keine diesbezügliche Geschäftsordnung beschließen, können daher die Geschäftsführer problemlos selbst einen Beschluss fassen; dazu bedarf es nicht der gesellschaftsvertraglichen Einräumung von Einzelgeschäftsführungsbefugnis.

---

526 Vgl *Runggaldier/G. Schima*, Manager-Dienstverträge[4] 45 f; *Resch*, Zur Ressortverteilung im Vorstand der Aktiengesellschaft, GesRZ 2000, 2; *Schiemer*, AktG[2] § 70 Anm 4.2; für den Aufsichtsrat *Reich-Rohrwig*, GmbH-Recht 263.

527 Vgl *N. Arnold/Babinek* in *Gruber/Harrer* GmbHG[2] § 21 Rz 27 f; *Runggaldier/G. Schima*, Manager-Dienstverträge[4] 197; *Nowotny* in *Kalss/Nowotny/Schauer*, Gesellschaftsrecht[2] Rz 4/183; *Koppensteiner/Rüffler*, GmbHG[3] § 21 Rz 11; *Kastner/Doralt/Nowotny*, Gesellschaftsrecht[5] 381; *Reich-Rohrwig*, GmbH-Recht I[2] Rz 2/266; *Kastner*, JBl 1978, 407; für den Aufsichtsrat *Koppensteiner/Rüffler*, GmbHG[3] § 30g Rz 6.

1.3.4. Verpflichtung zur Koordination und wechselseitigen Überwachung zwischen den Geschäftsführern

Es gibt Angelegenheiten, die das Gesetz zwingend der Gesamtverantwortung aller Mitglieder des geschäftsführenden Organs zuweist[528] und bei denen auch eine Ressortverteilung keine haftungsabstufende Wirkung für die Geschäftsführer entfaltet. Dabei handelt es sich zB um die erforderlichen Anmeldungen zum Firmenbuch, die rechtzeitige Beantragung der Eröffnung des Insolvenzverfahrens bei Vorliegen von Zahlungsunfähigkeit oder Überschuldung, die Zustimmung zu Insichgeschäften, die Wahrnehmung diverser öffentlich-rechtlicher Pflichten und nach überwiegender Auffassung auch das Rechnungswesen bzw Überwachen der finanziellen Situation des Unternehmens. Diese Agenden müssen grundsätzlich von den Geschäftsführern gemeinsam besorgt werden.[529]

Diesbezüglich kann ein Geschäftsführer sich daher nicht mit mangelnder Zuständigkeit entschuldigen, sondern muss selbst einschreiten, wenn der zuständige Geschäftsführerkollege seine Pflichten nicht wahrnimmt.[530]

Hindert ein Geschäftsführer den anderen zB daran, bei Vorliegen der gesetzlichen Voraussetzungen das Insolvenzverfahren einzuleiten, muss der betroffene Geschäftsführer entweder – was auch im Falle der Gesamtvertretungsbefugnis möglich ist – den Insolvenzantrag stellen oder – um Haftungsfolgen zu vermeiden – das Mandat mit sofortiger Wirkung zurücklegen, um nicht für Insolvenzverschleppungsschäden haftbar zu werden (vgl Kap 4.2.).[531]

Die anscheinend nach wie vor herrschende Auffassung, auch die Verpflichtung zur Führung eines ordnungs- und zeitgemäßen Rechnungswesens sei nicht durch Ressortverteilung so zuweisbar, dass bei Pflichtverletzungen innerhalb des Ressorts die anderen Geschäftsführer nur im Falle eines Überwachungsfehlverhaltens haften,[532] ist ungeachtet der gesetzlichen Verankerung der Verpflichtung zur Führung eines Rechnungswesens (§ 22 GmbHG) vor allem in größeren Unternehmen und Großunternehmen nicht überzeugend und ganz realitätsfern.[533] Denn der Betreuungsaufwand beim Rechnungswesen oder überhaupt im Finanzbereich ist durchaus dem vergleichbar, der mit der Führung eines anderen wichtigen Ressorts (zB Vertrieb, Fertigung) verbunden ist. Alle diese Bereiche sind aber für ein modernes und größeres Unternehmen unerlässlich und müssen von

528 Vgl *Kastner/Doralt/Nowotny*, Gesellschaftsrecht[5] 382, 394 f; *Reich-Rohrwig*, GmbH-Recht I[2] Rz 2/267; *Koppensteiner/Rüffler*, GmbHG[3] § 21 Rz 12 f; *Reich-Rohrwig* in *Straube/Ratka/Rauter*, WK GmbHG § 25 Rz 30, 181 (Stand 1.6.2015, rdb.at); *Runggaldier/G. Schima*, Manager-Dienstverträge[4] 195.

529 Vgl *N. Arnold/Babinek* in *Gruber/Harrer*, GmbHG[2] § 20 Rz 23, 41 ff; *Runggaldier/G. Schima*, Manager-Dienstverträge[4] 195.

530 Vgl *Runggaldier/G. Schima*, Führungskräfte 235; *N. Arnold/Babinek* in *Gruber/Harrer*, GmbHG[2] § 20 Rz 43 ff mwN.

531 *Runggaldier/G. Schima*, Manager-Dienstverträge[4] 195.

532 Für diese strenge Auffassung offenbar zB *Feltl/Told* in *Gruber/Harrer* GmbHG[2] § 25 Rz 169.

533 *Runggaldier/G. Schima*, Manager-Dienstverträge[4] 195.

kompetenten Geschäftsleitern besorgt werden. Die haftungsmäßige Ungleichbehandlung zB eines Technik-Ressorts und des Finanz- und Rechnungswesens leuchtet nicht ein.

Richtigerweise muss daher auch im Falle von Fehlern im Rechnungswesen ein nicht zuständiger Geschäftsführer erst dann einschreiten, wenn er Mängel und Fehlverhalten bei gehöriger Aufmerksamkeit und einer zumutbaren Kontrolle hätte erkennen müssen. Dabei ist es allenfalls gerechtfertigt, an die Überwachungspflicht betreffend das Rechnungswesen einen strengeren Maßstab anzulegen, weil die Verantwortung für das „Zahlenwerk" der Gesellschaft in der Tat einen besonderen Stellenwert für die Fähigkeit der Geschäftsleiter hat, das Unternehmen sachgerecht zu führen und vor allem Krisensituationen gegenzusteuern.[534]

Bei allen anderen Geschäftsführungsbereichen wie zB Werbung, Einkauf, Vertrieb, Produktion, Personalwesen ist ohnehin allgemein anerkannt, dass eine Ressortverteilung haftungsrechtlich die Auswirkung hat, dass für Fehler innerhalb eines Ressorts primär der ressortzuständige Geschäftsführer haftet und eine Haftung der anderen Geschäftsführer die Verletzung einer sie treffenden Überwachungspflicht voraussetzt.[535]

Grundsätzlich herrscht zwischen Mitgliedern ein und desselben Geschäftsführungsorgans das Vertrauensprinzip. Dies bedeutet, dass jeder Geschäftsleiter sich prinzipiell einmal darauf verlassen darf, dass die anderen Geschäftsleiter ihren Aufgaben ordnungsgemäß nachkommen.[536]

An die Überwachungspflicht dürfen daher keine zu strengen Anforderungen gestellt werden. Wichtig ist aber, dass die Geschäftsleiter selbst ein Berichtssystem einrichten, das jedes Mitglied verpflichtet, regelmäßig über den Geschäftsgang im eigenen Ressort und über besondere Vorkommnisse die anderen Mitglieder zu informieren.

Dies setzt ein gewisses Maß an Innenorganisation voraus und legt es nahe, dass die Geschäftsführer nicht nur regelmäßige Sitzungen abhalten, sondern auch deren wesentlichen Inhalt schriftlich dokumentieren sollten.[537]

Hellhörig muss ein Geschäftsführer dann werden, wenn die aus einem anderen Ressort gelieferten Informationen entweder so spärlich sind, dass sie kein klares Bild vermitteln, oder inkonsistent sind oder sich bereits wiederholt als nicht zu-

---

534 *Runggaldier/G. Schima*, Führungskräfte 235 f; *Runggaldier/G. Schima*, Manager-Dienstverträge[4] 196.

535 Vgl *Feltl/Told* in *Gruber/Harrer* GmbHG[2] § 25 Rz 59, 71 f; *Nowotny* in *Kalss/Nowotny/Schauer*, Gesellschaftsrecht[2] Rz 4/188; *Luschin*, Die Geschäftsführerhaftung bei Ressortverteilung, RdW 2000, 6; für die AG *J. Reich-Rohrwig* in *Artmann/Karollus*, AktG II[6] § 70 Rz 147 (Stand 1.10.2018, rdb.at); *Strasser* in *Jabornegg/Strasser*, AktG [5] §§ 77–84 Rz 104; *Runggaldier/G. Schima*, Manager-Dienstverträge[4] 196.

536 *Reich-Rohrwig* in *Straube/Ratka/Rauter*, WK GmbHG § 25 Rz 181 (Stand 1.6.2015, rdb.at); *Feltl/Told* in *Gruber/Harrer* GmbHG[2] § 25 Rz 171; *Runggaldier/G. Schima*, Manager-Dienstverträge[4] 196.

537 *Runggaldier/G. Schima*, Manager-Dienstverträge[4] 196.

treffend erwiesen haben. Dann bedarf es näherer Kontrolle und im äußersten Falle auch der Information der Gesellschafter oder eines vorhandenen Aufsichtsrates.[538]

Geben sich die anderen Geschäftsführer mit dürftigen oder überhaupt fehlenden oder in sich widersprüchlichen, inkonsistenten Informationen zufrieden, ohne näher nachzufragen, ist es gerechtfertigt, sie ebenfalls für den aus der Pflichtwidrigkeit des ressortzuständigen Geschäftsführerkollegen resultierenden Schaden haften zu lassen.[539] Diese Haftung gilt idR zeitversetzt, bezieht sich also nur auf den ab dem Zeitpunkt, ab dem ordnungsgemäße Kontrolle Abhilfe hätte schaffen können, eingetretenen, dh auf den durch das Kontrollversagen des nicht ressortzuständigen Geschäftsführers kausal herbeigeführten Schaden.

1.4. Der Notgeschäftsführer

Gem § 15a GmbHG muss das Gericht in dringenden Fällen auf Antrag eines Beteiligten einen Geschäftsführer bestellen, soweit die zur Vertretung der Gesellschaft erforderlichen Geschäftsführer fehlen oder sofern kein Geschäftsführer seinen gewöhnlichen Aufenthalt im Inland hat. Ein solcher Geschäftsführer wird als „Notgeschäftsführer" bezeichnet.[540]

Ein Vertretungsmangel bei der GmbH liegt (schon) dann vor, wenn die Gesellschaft aus rechtlichen oder faktischen Gründen nicht mehr aktiv vertreten werden kann. Umso mehr ist ein Vertretungsmangel gegeben, wenn nicht einmal mehr die passive Vertretung möglich ist, für die gem § 18 Abs 4 GmbHG ja lediglich eine vertretungsbefugte Person erforderlich ist.[541] § 18 Abs 2 GmbHG ist insofern einschränkend zu interpretieren, als dass auch eine inländische Zustelladresse ausreicht, die passive Vertretung der Gesellschaft sicherzustellen und es daher auf den gewöhnlichen Aufenthalt des Geschäftsführers im Inland nicht mehr ankommt.[542]

Antragsberechtigte „Beteiligte" sind Gesellschafter, Organmitglieder, aber auch Dritte, wie zB Arbeitnehmer der Gesellschaft oder Gesellschaftsgläubiger, die zB ein Forderungsschreiben oder eine Klage zustellen wollen,[543] und daher ein recht-

---

538 Vgl *Feltl/Told* in *Gruber/Harrer*, GmbHG² § 25 Rz 174: *„Pflichtgemäße Neugier"*; *Runggaldier/G. Schima*, Manager-Dienstverträge⁴ 196.

539 *Runggaldier/G. Schima*, Führungskräfte 236; *Strasser* in *Jabornegg/Strasser*, AktG ⁵ § 70 Rz 41; *Runggaldier/G. Schima*, Manager-Dienstverträge⁴ 196; *Reich-Rohrwig* in *Artmann/Karollus*, AktG II⁶ § 70 Rz 149 (Stand 1.10.2018, rdb.at).

540 Vgl dazu umfassend *Pöltner*, Der Notgeschäftsführer in der GmbH (2002); *Nowotny* in *Kalss/Nowotny/Schauer*, Gesellschaftsrecht² Rz 4/154 ff.

541 Vgl *N. Arnold/Pampel* in *Gruber/Harrer*, GmbHG² § 15a Rz 12 ff; *Koppensteiner/Rüffler*, GmbHG³ § 15a Rz 3.

542 Vgl *Koppensteiner/Rüffler*, GmbHG³ § 15a Rz 4; *N. Arnold/Pampel* in *Gruber/Harrer*, GmbHG² § 15a Rz 19.

543 *Reich-Rohrwig*, GmbH-Recht I² Rz 2/61; *Nowotny* in *Kalss/Nowotny/Schauer*, Gesellschaftsrecht² Rz 4/154.

liches Interesse an der ordnungsgemäßen Organzusammensetzung der Gesellschaft haben.[544]

Wenn ein Gesellschafter den Antrag stellen möchte, muss zuerst Abhilfe durch die Gesellschafterversammlung versucht oder bescheinigt werden, dass ein solches Vorhaben aussichtslos ist.[545]

Beispiel

Einer von zwei gesamtvertretungsbefugten Geschäftsführern verunglückt tödlich, die verbleibende Geschäftsführerin tritt aus wichtigem Grund mit sofortiger Wirkung vom Mandat zurück, die Gesellschafter sind zerstritten und einigen sich nicht auf die Bestellung von Nachfolgern.

Der Antragsteller hat kein Recht auf Bestellung einer bestimmten Person, kann eine solche dem Gericht aber vorschlagen. In der Praxis bestellt das Gericht meist den Vorgeschlagenen, zumal es sich dabei um ein Amt handelt, um das sich in aller Regel niemand drängt.[546]

Als „dringenden Fall" kann man alle Konstellationen verstehen, in denen der Gesellschaft oder dem Dritten ohne Bestellung eines Notgeschäftsführers ein ins Gewicht fallender (wirtschaftlicher) Nachteil droht.[547] Ein typischer Fall ist die Zustellung einer Klage an die GmbH, für die niemand da ist, der zumindest passiv vertretungsbefugt ist, insbesondere wenn die Verjährung des Anspruchs droht.[548]

Nach § 15a Abs 3 GmbHG wird der Beschluss über die Bestellung des Notgeschäftsführers mit dessen Zustimmung sowie, sofern im Beschluss nichts anderes angeordnet ist, mit Zustellung an den Geschäftsführer wirksam. Der Notgeschäftsführer tritt mit der gerichtlichen Bestellung in ein Rechtsverhältnis mit der Gesellschaft und hat Anspruch auf angemessene (vgl § 1152 ABGB) Entlohnung.[549] Die

544 *N. Arnold/Pampel* in *Gruber/Harrer*, GmbHG² § 15a Rz 28.

545 *Koppensteiner/Rüffler*, GmbHG³ § 15a Rz 6; *Nowotny* in *Kalss/Nowotny/Schauer*, Gesellschaftsrecht² Rz 4/154; OGH 15.4.1993, 6 Ob 8/93 HS 24.149 = wbl 1993, 297; vgl auch OGH 6.4.2006, 6 Ob 53/06x RdW 2006/586.

546 *Koppensteiner/Rüffler*, GmbHG³ § 15a Rz 10; *Pöltner*, Notgeschäftsführer 93; OGH 25.3.2004, 6 Ob 26/04y RdW 2004/489.

547 *Reich-Rohrwig*, GmbH-Recht I² Rz 2/59; *Koppensteiner/Rüffler*, GmbHG³ § 15 a Rz 5; *Nowotny* in *Kalss/Nowotny/Schauer*, Gesellschaftsrecht² Rz 4/155.

548 Vgl *Koppensteiner/Rüffler*, GmbHG³ § 15a Rz 5; *Nowotny* in *Kalss/Nowotny/Schauer*, Gesellschaftsrecht² Rz 4/156; verfehlt OGH 30.4.1997, 9 ObA 78/97d GesRZ 1997, 261, wo das Höchstgericht bei einer Gesellschaft ohne Geschäftsführer den Zugang der Erklärung fingierte, was die Bestellung eines Notgeschäftsführers entbehrlich machte (dagegen zu Recht *Nowotny* in *Kalss/Nowotny/Schauer*, Gesellschaftsrecht² Rz 4/156 Fn 78).

549 Vgl *Pöltner*, Notgeschäftsführer 126 ff; *Reich-Rohrwig*, GmbH-Recht I² Rz 1/66; *Koppensteiner/Rüffler*, GmbHG³ § 15a Rz 12; *Nowotny* in *Kalss/Nowotny/Schauer*, Gesellschaftsrecht² Rz 4/157; OGH 12.11.1997, 4 Ob 342/97s RdW 1998, 198.

Bestellung bedarf der Annahme.[550] Zur Eintragung des Notgeschäftsführers ins Firmenbuch siehe Kap 3.7.9.

Die Weigerung eines Geschäftsführers, eine bestimmte Geschäftsführungsmaßnahme zu setzen, hat der OGH zu Recht nicht schlechthin als Fall für die Bestellung eines Notgeschäftsführers gewertet.[551]

550 *Koppensteiner/Rüffler*, GmbHG[3] § 15 a Rz 12; *Nowotny* in *Kalss/Nowotny/Schauer*, Gesellschaftsrecht[2] Rz 4/157.

551 OGH 21.2.1985, 6 Ob 1/85 SZ 58/27 = GesRZ 1985, 100; zuletzt OGH 6 Ob 26/19w GES 2019, 13.

2. Der GmbH-Geschäftsführer als Arbeitnehmer: Mandat und Anstellungsvertrag

2.1. Das Mandat des Geschäftsführers

Als Mandat bezeichnet man das gesellschaftsrechtliche Band zwischen Geschäftsführer und Gesellschaft. Es ist die Summe der sich aus dem Gesetz und dem Gesellschaftsvertrag ergebenden wechselseitigen Rechte und Pflichten. Das Mandatsverhältnis wird durch **Bestellung** seitens der Gesellschaft (in Ausnahmefällen durch das Gericht) und **Annahme** der Bestellung durch den Geschäftsführer[552] begründet. Die Bestellung zum Geschäftsführer ist also ein zweiseitiger Rechtsakt,[553] die Zustimmung kann auch konkludent erfolgen.[554] Auf die Eintragung des neuen Geschäftsführers in das Firmenbuch (vgl dazu Kap 3.7.9.) kommt es für die Wirksamkeit der Bestellung nicht an.[555] Eine Ausnahme bildet nur der Fall, dass ein Gesellschafter mittels Änderung des Gesellschaftsvertrages zum Geschäftsführer bestellt wird. Änderungen des Gesellschaftsvertrages (und somit in diesem Fall auch die Bestellung zum Geschäftsführer) werden gem § 49 Abs 2 GmbHG nämlich erst mit Eintragung im Firmenbuch wirksam.[556]

Bei aufrechtem Mandat treffen den Geschäftsführer die oben in Kap 1.2. und 1.3. beschriebenen Pflichten zur Wahrnehmung der Geschäftsführungsaufgaben und Vertretung der Gesellschaft nach außen. Weitere Rechtsfolgen der Bestellung sind die Anwendung des Wettbewerbsverbots des § 24 GmbHG und die Haftung der Geschäftsführer für die in Ausübung ihrer Funktion der Gesellschaft zugefügten Schäden gem § 25 GmbHG, um nur einige Beispiele zu nennen.

Das Mandatsverhältnis regelt hingegen nicht die arbeitsrechtliche Seite der Geschäftsführertätigkeit. Aspekte wie Entgelt, Arbeitszeit, Urlaub, Pensionsregelung etc, werden meist (aber nicht zwingend[557]) in einem eigenen Vertrag zwischen Geschäftsführer und Gesellschaft vereinbart. Der Geschäftsführer steht also in einer

552 Vgl *Nowotny* in *Kalss/Nowotny/Schauer*, Gesellschaftsrecht² Rz 4/145 mwN.
553 *N. Arnold/Pampel* in *Gruber/Harrer*, GmbHG² § 15 Rz 32.
554 Vgl *Koppensteiner/Rüffler*, GmbHG³ § 15 Rz 11.
555 Die Eintragung ins Firmenbuch hat nur deklarative Wirkung, vgl *Koppensteiner/Rüffler*, GmbHG³ § 15 Rz 7.
556 Vgl *N. Arnold/Pampel* in *Gruber/Harrer*, GmbHG² § 15 Rz 33 mwN.
557 Vgl *Runggaldier/G. Schima*, Führungskräfte 65 f; *G. Schima* in *Kalss/Kunz*, Handbuch Aufsichtsrat² Rz 17/72 f; *G. Schima* Der Aufsichtsrat als Gestalter des Vorstandsverhältnisses Rz 153.

doppelten Rechtsbeziehung zur Gesellschaft. Die beiden Rechtsverhältnisse – Mandat und Vertrag[558] – sind grundsätzlich zu trennen[559] und voneinander unabhängig. Dh, dass einerseits die Ausübung der Geschäftsführungstätigkeit auch allein auf Basis des Mandatsverhältnisses, ohne zusätzlichen Vertrag, möglich ist und andererseits die Begründung oder Beendigung von Mandat oder Vertrag ohne entsprechende Vereinbarung nicht automatisch die Begründung/Beendigung des jeweils anderen Rechtsverhältnisses bedeutet.

Diese grundsätzliche Trennung von Mandat und Vertrag verbietet es aber nicht, dass das zuständige Organ die Bestellung bzw Abberufung des Geschäftsführers einerseits und den Abschluss, die Modifizierung oder Auflösung des Vertrages andererseits in einem Beschluss behandelt.[560]

Begründung des Mandats:

- Bestellung durch Generalversammlungsbeschluss,
- im Gesellschaftsvertrag,
- mit Gerichtsbeschluss (Notgeschäftsführer),
- von öffentlich-rechtlicher Körperschaft,

Ende des Mandats:

- Zeitablauf,
- Verlust der Geschäftsfähigkeit,
- Tod des Geschäftsführers,
- Abberufung durch die Generalversammlung,
- einvernehmliche Beendigung,
- Rücktritt des Geschäftsführers,
- Abberufung durch gerichtliche Entscheidung,
- Enthebung des Notgeschäftsführers durch das Gericht,
- Erlöschen des Mandats bei Löschung der Gesellschaft nach Liquidation,
- nach bestimmten Umgründungsvorgängen (Verschmelzung, Aufspaltung, aber auch formwechselnde Umwandlung in eine AG) erlöschen die Geschäftsführungsmandate der übertragenden Gesellschaft.

2.1.1. Bestellung zum Geschäftsführer

Zum Geschäftsführer kann jede handlungsfähige natürliche Person bestellt werden (§ 15 Abs 1 GmbHG), nicht aber juristische Personen wie Gesellschaften oder Vereine. Das GmbHG normiert keine darüberhinausgehenden (persönlichen oder fachlichen) Voraussetzungen für die Bestellung zum Geschäftsführer. Im Falle des Eintritts der Geschäftsunfähigkeit endet das Mandat ex lege[561] und

558 Der Vertrag wird meist als „Anstellungs“-, „Geschäftsführer“- oder „Dienstvertrag“ bezeichnet.

559 *Nowotny* in *Kalss/Nowotny/Schauer*, Gesellschaftsrecht² Rz 4/152.

560 Vgl für die AG *Nowotny*, Suspendierung und vorzeitige Abberufung eines in eine Tochtergesellschaft entsandten Vorstands, DRdA 1989, 427 (429 f), *Runggaldier/G. Schima*, Abschluss von Vorstandsverträgen im Aufsichtsratsplenum, GesRZ 1992, 157 (170).

561 Vgl *Koppensteiner/Rüffler*, GmbHG³ § 15 Rz 15.

unabhängig von der Löschung der Vertretungsbefugnis im Firmenbuch.[562] Die Eröffnung des Konkurses über einen Geschäftsführer bedeutet jedoch kein Hindernis für die Ausübung der Funktion.[563]

Hinweis

Ein Aufsichtsratsmitglied kann – außer im Ausnahmefall für einen im Voraus bestimmten Zeitraum (§ 30e Abs 2 GmbHG) – nicht gleichzeitig Mitglied der Geschäftsführung der Gesellschaft oder einer ihrer Tochtergesellschaften (gem § 189a Z 7 UGB) sein (§ 30e Abs 1 GmbHG). Für ein Mitglied der Geschäftsführung ist diese Funktion daher ein absolutes Hindernis für die Bestellung in den Aufsichtsrat derselben Gesellschaft bzw der Muttergesellschaft.[564]

Auf die Staatsbürgerschaft der Geschäftsführer kommt es nicht an, ebenso wenig auf den Wohnsitz oder gewöhnlichen Aufenthalt.[565] Hat jedoch keiner der Geschäftsführer seinen gewöhnlichen Aufenthalt im Bundesgebiet, ist zumindest nach dem Wortlaut von § 15a GmbHG ein Notgeschäftsführer vom Gericht zu bestellen. Europarechtskonform muss diese Bestimmung allerdings so ausgelegt werden, dass auch der gewöhnliche Aufenthalt der Geschäftsführer in anderen EU-Mitgliedstaaten ausreicht.[566] Sofern mindestens ein Geschäftsführer seinen gewöhnlichen Aufenthalt im Inland oder innerhalb der EU oder EWR hat, liegt kein Vertretungsmangel vor. Alternativ kann auch eine Zustelladresse im Inland eingerichtet werden (siehe Kap 1.4.)

Betreffend die Anzahl der Geschäftsführer schreibt das GmbHG als Mindestvariante die Bestellung eines Geschäftsführers vor. Eine darüber hinausgehende Anzahl kann im Gesellschaftsvertrag festgelegt werden,[567] und zwar entweder eine fixe Zahl oder eine Bandbreite zwischen Mindest- und/oder Höchstanzahl von Geschäftsführern.[568] Manche Sondergesetze (zB § 5 Abs 1 Z 12 BWG für Kreditinstitute: mindestens zwei Geschäftsleiter; § 3 Abs 1 Z 13 BörseG) sehen davon abweichend eine Mindestanzahl von Geschäftsführern vor.[569]

Das GmbH-Recht überlässt es also den Gesellschaftern, im Gesellschaftsvertrag die (Höchst- oder Mindest-)Anzahl der Geschäftsführer festzulegen oder bestimmte Kriterien betreffend Alter, Qualifikation etc aufzustellen.[570]

562 Vgl *N. Arnold/Pampel* in *Gruber/Harrer*, GmbHG² § 15 Rz 21 mwN.
563 Vgl *Nowotny* in *Kalss/Nowotny/Schauer*, Gesellschaftsrecht² Rz 4/142 mwN.
564 Vgl *N. Arnold/Pampel* in *Gruber/Harrer*, GmbHG² § 15 Rz 25, noch mit Verweis auf die Vorgängerbestimmung im UGB, § 228 Abs 3.
565 Vgl *Nowotny* in *Kalss/Nowotny/Schauer*, Gesellschaftsrecht² Rz 4/143.
566 *N. Arnold/Pampel* in *Gruber/Harrer*, GmbHG² § 15 Rz 19.
567 Vgl *Koppensteiner/Rüffler*, GmbHG³ § 15 Rz 15.
568 Vgl *N. Arnold/Pampel* in *Gruber/Harrer*, GmbHG² § 15 Rz 13.
569 Vgl *N. Arnold/Pampel* in *Gruber/Harrer*, GmbHG² § 15 Rz 12, *Nowotny* in *Kalss/Nowotny/Schauer*, Gesellschaftsrecht² Rz 4/142 mwN.
570 Vgl *Umfahrer*, GmbHG⁶ (2008) Rz 174.

Hinweis

Auch wenn das GmbH-Gesetz keine besonderen Anforderungen an GmbH-Geschäftsführer stellt, bedeutet dies nicht, dass die Bestellung einer für die Position unqualifizierten Person ohne rechtliche Konsequenzen bliebe. Dem Geschäftsführer, der eine Aufgabe trotz erkennbarer Unterqualifizierung übernimmt, droht die Haftung gem § 25 GmbHG, sofern er der Gesellschaft einen Schaden zufügt.[571] Die Mitglieder des einen erkennbar unfähigen Geschäftsführer bestellenden Organs haften uU auch, sofern sie in bewusster und sittenwidriger Weise einen erkennbar unterqualifizierten Geschäftsführer bestellen, mit dem Vorsatz, durch dessen Misserfolge Gesellschaftsgläubiger zu schädigen.[572]

Bestellt die Generalversammlung einen Geschäftsführer, der die Voraussetzungen des Gesellschaftsvertrages nicht erfüllt (wenn zB die vorgeschriebene Anzahl überschritten wird oder die Person nicht den aufgestellten Kriterien entspricht), ist der Bestellungsbeschluss gem § 41 Abs 1 Z 2, 2. Fall GmbHG **anfechtbar**.[573] Zur Anfechtung, die nur im Wege einer Klage gemacht werden kann, sind neben den Gesellschaftern (vgl die Voraussetzungen in § 41 Abs 2 GmbHG) auch die Geschäftsführer befugt. Gem § 41 Abs 3 GmbHG sind grundsätzlich nur alle Geschäftsführer gemeinsam zur Anfechtung berechtigt;[574] der einzelne Geschäftsführer kann den Beschluss nur dann selbständig anfechten, wenn der Beschluss den Geschäftsführer strafbar oder schadenersatzpflichtig machen würde.[575]

Hinweis

Die Anfechtungsklage, die beim jeweils örtlich zuständigen Handelsgericht, Landesgericht als Handelsgericht oder Bezirksgericht für Handelssachen anhängig zu machen ist,[576] kann nur innerhalb einer Frist von einem Monat geltend gemacht werden (§ 41 Abs 4 GmbHG). Diese Frist beginnt für Geschäftsführer mit dem Zeitpunkt, in dem sie

571 Details bei *N. Arnold/Pampel* in *Gruber/Harrer*, GmbHG² § 15 Rz 28.

572 Diese Konstellation wird nur in seltenen Fällen gegeben sein (vgl *N. Arnold/Pampel* in *Gruber/Harrer*, GmbHG² § 15 Rz 28).

573 Vgl *Enzinger* in *Straube/Ratka/Rauter*, WK GmbHG § 41 Rz 48 (Stand 1.8.2013, rdb.at); *N. Arnold/Pampel* in *Gruber/Harrer*, GmbHG² § 15 Rz 14, 29. Auch wenn der Bestellungsbeschluss angefochten wird, ist er vorläufig wirksam und das Firmenbuchgericht hat die Bestellung einzutragen, vgl *N. Arnold/Pampel* in *Gruber/Harrer*, GmbHG² § 15 Rz 14.

574 Nach *Koppensteiner/Rüffler* (GmbHG³ § 41 Rz 48 mwN) genügt ein Mehrheitsbeschluss der Geschäftsführung, weil dies bei der Anfechtungsbefugnis des Aufsichtsrates ebenso sei. AA *Enzinger* in *Straube/Ratka/Rauter*, WK GmbHG § 41 Rz 59 f (Stand 1.8.2013, rdb.at), der meint, die Regelung sei auf Geschäftsführer nicht anwendbar, weil sie – anders als der Aufsichtsrat – kein Kollektivorgan seien.

575 Die praktische Bedeutung dieser Einzelanfechtungsbefugnis wird in Frage gestellt, weil Weisungen mit (straf-)rechtlich verbotenem Inhalt ohnehin nichtig sind und daher nicht befolgt werden müssen (vgl *Harrer* in *Gruber/Harrer*, GmbHG² § 41 Rz 99; *Koppensteiner/Rüffler*, GmbHG³ § 41 Rz 49; *Enzinger* in *Straube/Ratka/Rauter*, WK GmbHG § 41 Rz 60 [Stand 1.8.2013, rdb.at]).

576 Vgl §§ 51 und 52 JN.

erstmals Kenntnis vom Beschlussinhalt erlangt haben.[577] Die Klage muss innerhalb dieser Frist beim richtigen (dh zuständigen) Gericht eingelangt sein, um nicht als verspätet zurückgewiesen zu werden.[578]

Gem § 27 GmbHG gelten die Regeln über Geschäftsführer auch für deren allfällige **Stellvertreter**. Stellvertretende Geschäftsführer werden daher so wie ordentliche Geschäftsführer bestellt, ins Firmenbuch eingetragen und sind zur Vertretung der Gesellschaft nach außen befugt, im **Innenverhältnis** ist ihre Geschäftsführungsbefugnis jedoch auf Stellvertretungsfälle beschränkt.[579] Dh, dass sie (je nach den im besten Fall möglichst ausführlichen Bestimmungen im Gesellschaftsvertrag) nur dann tätig werden dürfen, wenn ein ordentlicher Geschäftsführer dauernd oder vorübergehend verhindert ist, zB durch Krankheit, Auslandsaufenthalt, im Falle einer Suspendierung. Im Firmenbuch ist die Eigenschaft als Stellvertreter nicht einzutragen (vgl im Detail Kap 3.7.9.).

Ein Geschäftsführer, der unter der aufschiebenden Bedingung bestellt wird, dass ein aktueller Geschäftsführer von der Ausübung seiner Funktion verhindert ist, ist kein Stellvertreter iSd § 27 GmbHG. Die aufschiebend bedingte Bestellung ist vor Eintritt der Bedingung nicht wirksam und daher nicht ins Firmenbuch einzutragen.[580]

2.1.1.1. Für die Bestellung zuständiges Organ

Das GmbH-Gesetz sieht in §§ 15 und 15a vier Kompetenzen für die Bestellung der Geschäftsführer vor:

- Bestellung durch die Generalversammlung (§ 15 Abs 1, dritter Satz GmbHG),
- Bestellung im Gesellschaftsvertrag (§ 15 Abs 1, vierter Satz GmbHG),
- Bestellung durch öffentlichrechtliche Körperschaften, sofern dies im Gesellschaftsvertrag vorgesehen ist (§ 15 Abs 3 GmbHG),
- Bestellung durch das Gericht (§ 15a GmbHG).

Die allgemeine Bestellungskompetenz liegt bei der **Generalversammlung** und kann nach herrschender Ansicht nicht an andere Organe (zB an einen Aufsichtsrat)

577 *Enzinger* in *Straube/Ratka/Rauter*, WK GmbHG § 41 Rz 72 (Stand 1.8.2013, rdb.at).

578 Vgl für Details der Fristenberechnung *Enzinger* in *Straube/Ratka/Rauter*, WK GmbHG § 41 Rz 71 (Stand 1.8.2013, rdb.at).

579 So die in Österreich wohl überwiegende Lehre, vgl *Koppensteiner/Rüffler*, GmbHG³ § 27 Rz 1 ff; *Gellis/Feil*, GmbHG⁷ § 27 Rz 3. Eine andere Ansicht vertritt zB *Reich-Rohrwig* (GmbH-Recht I² Rz 2/27 f), der die Vertretungs-, Mitwirkungs- und Geschäftsführungspflicht nur bei Eintritt des Vertretungsfalles gelten lassen will, sodass zB Stellvertreter außerhalb von Vertretungsfällen bei Eintragungen ins Firmenbuch nicht mitwirken müssen, auch wenn die Mitwirkung sämtlicher Geschäftsführer gesetzlich angeordnet ist. Vgl auch die sehr ausführliche Darstellung *Hochedlingers*, der der hL kritisch begegnet (*Hochedlinger* in *Gruber/Harrer*, GmbHG² § 27 Rz 1 ff).

580 Vgl *Reich-Rohrwig*, GmbH-Recht I² Rz 2/29; *Koppensteiner/Rüffler*, GmbHG³ § 27 Rz 1 mwN.

übertragen werden.[581] Die Generalversammlung fasst den Bestellungsbeschluss – sofern im Gesellschaftsvertrag kein anderes Mehrheitserfordernis vorgesehen ist – gem § 39 Abs 1 GmbHG mit einfacher Mehrheit.

Von der Generalversammlung können sowohl Gesellschafter als auch außenstehende Personen zu Geschäftsführern bestellt werden. Gesellschafter sind beim Generalversammlungsbeschluss, mit dem ihre eigene Bestellung zum Geschäftsführer beschlossen wird, stimmberechtigt (§ 39 Abs 5 GmbHG).[582]

Der Bestellungsbeschluss ist an keine Form gebunden und kann in einer Generalversammlung oder gem § 34 GmbHG schriftlich auf dem Umlaufwege gefasst werden.[583] Bei Umlaufbeschlüssen ist aber zu beachten, dass diese nur wirksam gefasst werden, wenn alle Gesellschafter dieser Beschlussform zustimmen.

Hinweis

Für die Eintragung der Geschäftsführer ins Firmenbuch ist jedoch eine notarielle Beglaubigung des Bestellungsbeschlusses erforderlich (im Detail Kap 3.7.9.).

Gesellschafter können – anders als externe oder sog „Fremdgeschäftsführer" – auch schon im **Gesellschaftsvertrag zu Geschäftsführern bestellt** werden. Die Auslegungsregel in § 15 Abs 2 GmbHG sieht vor, dass eine Bestimmung im Gesellschaftsvertrag, nach der „sämtliche" Gesellschafter zu Geschäftsführern bestellt werden, im Zweifel nur die bei Festlegung dieser Regelung aktuellen Gesellschafter erfasst. Später hinzukommende Gesellschafter sind also im Zweifel keine per Gesellschaftsvertrag bestellten Geschäftsführer;[584] der Gesellschafts-

581 Vgl *Runggaldier/G. Schima*, Führungskräfte 77; *Kastner/Doralt/Nowotny*, Gesellschaftsrecht[5] 370; *Reich-Rohrwig*, GmbH-Recht I[2] Rz 2/68; *H. Torggler*, Die Rechtsstellung des GmbH-Geschäftsführers (I), GesRZ 1974, 4 (5); *Straube/Ratka/Stöger/Völkl* in *Straube/Ratka/Rauter*, WK GmbHG § 15 Rz 25 (Stand 1.8.2013, rdb.at); aA *Koppensteiner/Rüffler*, GmbHG[3] § 15 Rz 14 mwN zur hL; ebenso *N. Arnold/Pampel* in *Gruber/Harrer*, GmbHG[2] § 15 Rz 61; *U. Torggler*, Gestaltungsfreiheit bei der GmbH, GesRZ 2010, 185 (190). Der OGH untermauerte in einer neueren Entscheidung die hL und setzte sich ausführlich auch mit der gegenteiligen Ansicht auseinander (OGH 6 Ob 183/18g GesRZ 2019, 272 [*Kalss*]). Es ging um eine Satzungsbestimmung, die dem Aufsichtsrat ein Vorschlagsrecht für die wieder- oder neuzubestellenden Geschäftsführer einräumte. Die Gesellschafter waren laut Satzung an die Entscheidung gebunden und mussten gemäß dem Vorschlag des AR die Bestellung beschließen. Als eine Gesellschaftergruppe entgegen dem Vorschlag des Aufsichtsrates gegen die Wiederbestellung eines Geschäftsführers abstimmte, klagte die andere Gesellschaftergruppe auf Feststellung, dass der Beschluss doch im Sinne der Wiederbestellung zustande gekommen sei. Die Klage wurde in allen drei Instanzen abgewiesen, mit der Begründung, dass die Gesellschafter die Kompetenz zur Bestellung und Abberufung von Geschäftsführern an niemand anders übertragen könnten, was aus § 15 Abs 1 Satz 3 GmbHG abzuleiten sei. Wenn, wie hier, die Kompetenz der Gesellschafter nur noch pro forma bestehe, wobei sie inhaltlich an den Vorschlag des Aufsichtsrates gebunden wären, sei dies unzulässig und widerspreche der gesetzlichen Wertung.

582 Vgl für Ausnahmen *N. Arnold/Pampel* in *Gruber/Harrer*, GmbHG[2] § 15 Rz 45 mwN.

583 Vgl *Koppensteiner/Rüffler*, GmbHG[3] Rz 11.

584 Vgl *N. Arnold/Pampel* in *Gruber/Harrer*, GmbHG[2] § 15 Rz 3.

vertrag kann freilich so formuliert werden, dass klar ist, dass neue Gesellschafter auch Geschäftsführer sind.[585]

Die Bestellung im Gesellschaftsvertrag kann im Gründungsstadium der GmbH, dh vor deren Eintragung ins Firmenbuch, nur einstimmig geschehen. Nach Entstehen der Gesellschaft ist für Änderungen des Gesellschaftsvertrages gem § 50 Abs 1 GmbHG ein Beschluss mit einer Dreiviertelmehrheit erforderlich.[586]

Zu beachten ist auch, dass bei Abänderung des Gesellschaftsvertrags die Bestellung erst mit Eintragung der Änderung ins Firmenbuch wirksam wird, weil gem § 49 Abs 2 GmbHG Gesellschaftsvertragsänderungen im Allgemeinen ihre Wirkung erst in diesem Zeitpunkt erlangen. In diesem Fall hat also die Eintragung ins Firmenbuch für die Bestellung als Geschäftsführer nicht bloß deklarative, sondern konstitutive Wirkung.[587]

Gesellschafter-Geschäftsführern kann im Gesellschaftsvertrag ein **Sonderrecht auf Geschäftsführung** eingeräumt werden. Dieses Sonderrecht hat zur Folge, dass der Entzug der Geschäftsführungsbefugnis nur mit Zustimmung des betroffenen Gesellschafter-Geschäftsführers möglich ist (vgl § 50 Abs 4 GmbHG).[588] Das Sonderrecht auf Geschäftsführung vermittelt dem Gesellschafter den stärksten Abberufungsschutz (vgl zu den weiteren Möglichkeiten Kap 2.1.2.3.).[589] Im Zweifel ist aber nicht anzunehmen, dass die Gesellschafter ein derartiges Recht vereinbart haben.[590]

§ 15 Abs 3 GmbHG sieht vor, dass **öffentlich-rechtlichen Körperschaften** wie Bund oder Ländern im Gesellschaftsvertrag eine Bestellungskompetenz für Geschäftsführer eingeräumt werden kann. So eine Regelung ergibt genau genommen nur dann Sinn, wenn die Körperschaft an der GmbH nicht mehrheitlich beteiligt ist. Denn der Mehrheitsgesellschafter kann die Bestellung von Geschäftsführern mit seiner Stimmenmehrheit allein beeinflussen.[591] Mit einer solchen Bestellungskompetenz im Gesellschaftsvertrag kann sich die öffentliche Hand also Einfluss auf die Geschäftsführung der Gesellschaft sichern, auch wenn sie nur geringfügig an ihr beteiligt ist.

585 Vgl *Koppensteiner/Rüffler*, GmbHG³ § 15 Rz 9.
586 Vgl *Umfahrer*, GmbHG⁶ Rz 174; *Straube/Ratka/Stöger/Völkl* in *Straube/Ratka/Rauter*, WK GmbHG § 15 Rz 33 (Stand 1.8.2013, rdb.at).
587 Vgl *Reich-Rohrwig*, GmbH-Recht I² Rz 2/47; *N. Arnold/Pampel* in *Gruber/Harrer*, GmbHG² § 15 Rz 56.
588 Diese Bestimmung regelt generell, dass nur mit Zustimmung des betroffenen Gesellschafters die diesem im Gesellschaftsvertrag eingeräumten Rechte verkürzt bzw Pflichten ausgedehnt werden können.
589 Vgl *Reich-Rohrwig*, Bestellung und Anstellung des GmbH-Geschäftsführers, GeS 2011, 4 (5).
590 Vgl *Koppensteiner/Rüffler*, GmbHG³ § 15 Rz 10, § 4 Rz 20.
591 Vgl *Straube/Ratka/Stöger/Völkl* in *Straube/Ratka/Rauter*, WK GmbHG § 15 Rz 4 mwN (Stand 1.8.2013, rdb.at).

Hinweis

Zu beachten ist, dass vom Rechnungshof kontrollierte Gesellschaften für die Besetzung der Geschäftsführungspositionen dem Stellenbesetzungsgesetz unterliegen und die Positionen daher öffentlich auszuschreiben haben.[592]

Im Gesellschaftsvertrag kann vereinbart werden, dass einzelne Gesellschafter über **Entsendungs**- oder **Nominierungsrechte** verfügen. Beim Nominierungsrecht ist der Gesellschafter befugt, eine Person für die Geschäftsführungsfunktion namhaft zu machen, während die übrigen Gesellschafter deren Bestellung nur aus wichtigen Gründen ablehnen dürfen.[593] Beim Entsendungsrecht müssen bzw können die übrigen Gesellschafter an der Bestellung überhaupt nicht mitwirken.[594] Möglich ist auch, Gesellschaftern ein **Zustimmungs- oder Vetorecht** bei der Geschäftsführerbestellung einzuräumen[595] oder die Beschlussmehrheit im Gesellschaftsvertrag abweichend von der Grundregel der einfachen Mehrheit gem § 39 Abs 1 GmbHG so zu erhöhen, dass im Ergebnis ein Minderheitsgesellschafter den Bestellungsbeschluss verhindern kann.[596]

In dringenden Fällen kann das **Gericht auf Antrag** die zur Vertretung erforderlichen Geschäftsführer bestellen, wenn die GmbH sonst handlungsunfähig wäre (§ 15a Abs 1 GmbHG), oder wenn kein Geschäftsführer den gewöhnlichen Aufenthalt im Inland hat. Die Bestellung dieser sog **Notgeschäftsführer** (vgl dazu im Detail in Kap 1.4.) darf nur so lange aufrecht bleiben, bis der Mangel behoben ist (§ 15a Abs 1 GmbHG) und wird mit Zustellung des Beschlusses und Annahme durch die Geschäftsführer wirksam (§ 15a Abs 3 GmbHG).

2.1.1.2. Bestellungsdauer

Die Bestellung kann **mit oder ohne Befristung** erfolgen, sodass der Geschäftsführer zB auf unbestimmte Zeit, für eine bestimmte Anzahl von Jahren oder bis zu einem gewissen Datum bestellt werden kann. Bei befristeter Bestellung endet das Mandat mit Ablauf der Frist automatisch, unbefristete Mandate werden zB durch Abberufung durch die Generalversammlung oder durch Rücktritt des

592 Vgl im Detail *N. Arnold/Pampel* in *Gruber/Harrer*, GmbHG² § 15 Rz 40; *Koppensteiner/Rüffler*, GmbHG³ § 15 Rz 13 mwN; ausführlich dazu (aus der Sicht des Aufsichtsrates der AG) *G. Schima* in *Kalss/Kunz*, Handbuch Aufsichtsrat Rz 12/79 ff; siehe auch *Kalss/Kunz*, Der Aufsichtsrat in öffentlichen Unternehmen, in *Kalss/Kunz*, Handbuch Aufsichtsrat² Rz 34/69 ff; *G. Schima*, Der Aufsichtsrat als Gestalter des Vorstandsverhältnisses Rz 186 f.

593 Vgl *Reich-Rohrwig*, GmbH-Recht I² Rz 2/69.

594 Vgl zu diesen beiden Rechten *G. Schima*, Zur Effizienz von Syndikatsverträgen, insb bei der AG, FS Krejci (2001) 825 (828 f) mwN; *Koppensteiner/Rüffler*, GmbHG³ § 15 Rz 12.

595 Vgl OGH 16.6.1966, 1 Ob 141/66 SZ 39/111 zu einer als zulässig erachteten Vertragsklausel, nach der ohne Zustimmung des Gesellschafter-Geschäftsführers keine weiteren Geschäftsführer oder Prokuristen bestellt werden konnten; *N. Arnold/Pampel* in *Gruber/Harrer*, GmbHG² § 15 Rz 64.

596 Vgl zu derselben Konstellation betreffend die Abberufung *Reich-Rohrwig*, GeS 2011, 4 (5).

Geschäftsführers beendet. Auch die Bestellung unter auflösender Bedingung ist zulässig.[597] Das GmbH-Gesetz enthält keine Vorgaben für die Bestellungsdauer.[598]

Lediglich für im Gesellschaftsvertrag bestellte Gesellschafter-Geschäftsführer gilt, dass deren Funktion mit der Dauer der Gesellschafterstellung begrenzt ist (§ 15 Abs 1 letzter Satz GmbHG). Verkauft also ein im Gesellschaftsvertrag zum Geschäftsführer bestellter Gesellschafter seinen GmbH-Anteil, endet mit dem Ausstieg aus der Gesellschaft auch die Geschäftsführungsposition.[599] In den Gesellschaftsvertrag können unter Beachtung dieser zwingenden Regel aber auch andere Befristungen oder Bedingungen für die Geschäftsführungsfunktion aufgenommen werden.

Selbst im Falle einer Befristung der Funktion kann die Generalversammlung den (Gesellschafter-) Geschäftsführer jederzeit und ohne besonderen Grund mit sofortiger Wirkung abberufen[600] (vgl zur Beschränkung der Abberufbarkeit auf wichtige Gründe Kap 2.1.2.3.).

2.1.1.3. Vorsitzender der Geschäftsführung

Sofern dies im Gesellschaftsvertrag verankert wurde, ist es zulässig, einen Vorsitzenden der Geschäftsführung zu bestellen und diese Funktion mit verschiedenen Befugnissen auszustatten. Der Vorsitz der Geschäftsführung ist zwar – anders als im Aktiengesetz (§ 70 Abs 2 AktG) – nicht eigens erwähnt und ist auch nicht im Firmenbuch einzutragen. Da aber nach herrschender Ansicht zu § 21 GmbHG der Gesellschaftsvertrag einzelnen Geschäftsführungsmitgliedern unterschiedliche Geschäftsführungsbefugnisse, Vetorechte oder ein Dirimierungsrecht bei Stimmengleichstand zuweisen kann,[601] spricht nichts dagegen, solche Sonderrechte unter dem Titel des Vorsitzes der Geschäftsführung zusammenzufassen.

Beispiel

In einer vierköpfigen Geschäftsführung mit Kollektivgeschäftsführungsbefugnis entscheidet bei Stimmengleichheit die Stimme des Vorsitzenden; in einer dreiköpfigen Geschäftsführung sind zwei Mitglieder kollektiv geschäftsführungs- und vertretungsbefugt, während die Vorsitzende allein geschäftsführungs- und vertretungsbefugt ist.

597 *Reich-Rohrwig*, GmbH-Recht I² Rz 2/40.
598 Vgl *Runggaldier/G. Schima*, Führungskräfte 81 f.
599 Vgl *N. Arnold/Pampel* in *Gruber/Harrer*, GmbHG² § 15 Rz 4 mit Verweis auf die Gesetzesmaterialien.
600 Vgl *Ratka* in *Straube/Ratka/Rauter*, WK GmbHG § 16 Rz 1 (Stand 1.8.2013, rdb.at); *N. Arnold/Pampel* in *Gruber/Harrer*, GmbHG² § 16 Rz 7 f; *Runggaldier/G. Schima*, Führungskräfte 190 f; *H. Torggler*, GesRZ 1974, 4.
601 Vgl *Koppensteiner/Rüffler*, GmbHG³ § 21 Rz 10; *Reich-Rohrwig*, GmbH-Recht I² Rz 2/260 f.

Der Gesellschaftsvertrag kann die Bestellung eines Vorsitzenden der Geschäftsführung auch einem Organ (zB den Gesellschaftern oder dem Aufsichtsrat per Beschluss) einräumen.[602] Vgl zu den weiteren Fragen der Geschäftsführungs- und Vertretungsbefugnis Kap 1.3.1.

2.1.2. Abberufung des Geschäftsführers

Der *contrarius actus*, das Gegenstück zur Bestellung des Geschäftsführers, ist dessen Abberufung, bzw wie es in § 16 Abs 1 GmbHG heißt: der Widerruf der Bestellung. Die Abberufung ist nur eine von mehreren Möglichkeiten, das Mandat zu beenden (vgl die Übersicht oben in Kap 2.1.).

Die Abberufung wird wirksam, sobald sie dem Geschäftsführer zugeht, also zB in seiner Anwesenheit in der Generalversammlung erklärt wird, oder der schriftliche Abberufungsbeschluss der Geschäftsführerin zugestellt wird.[603] Der Beschluss ist an keine besondere Form gebunden.[604] Mit Wirksamkeit der Abberufung ist das Mandat entweder sofort, oder mit dem im Beschluss vorgesehenen Datum (zB „per 30. Juli 2020") beendet. Die Abberufung hat zur Folge, dass die Geschäftsführerin ab deren Wirksamkeit nicht mehr zur Vertretung und Geschäftsführung berechtigt ist. Die Eintragung des Erlöschens der Vertretungsbefugnis im Firmenbuch ist auch hier nur deklarativ.[605]

Hinweis

Im Gegensatz zur Bestellung bedarf es für die Eintragung des Ausscheidens als Geschäftsführer nicht der Beglaubigung des Abberufungsbeschlusses (§ 17 Abs 2 GmbHG).[606] Nach dieser Bestimmung ist auch der bereits wirksam abberufene Geschäftsführer berechtigt, die Anmeldung seiner Löschung aus dem Firmenbuch vorzunehmen – siehe Kap 3.7.9.[607]

Wegen der Trennung von Mandat und Anstellung gilt auch bei der Abberufung, dass das Ende des Mandats nicht automatisch das Ende des die Geschäftsführungstätigkeit begleitenden Anstellungsvertrages bedeutet.[608] § 16 Abs 1 GmbHG stellt dies klar, indem geregelt ist, dass der Widerruf der Bestellung „unbeschadet der Entschädigungsansprüche aus bestehenden Verträgen" erfolgt.

602 Vgl *Reich-Rohrwig*, GmbH-Recht I² Rz 2/262; *Koppensteiner/Rüffler*, GmbHG³ § 21 Rz 8.
603 Vgl *Runggaldier/G. Schima*, Führungskräfte 191 f; *Eckert*, Abberufung 16.
604 Vgl *Reich-Rohrwig*, GmbH-Recht I² Rz 2/599.
605 Vgl OGH 15.2.2007, 6 Ob 14/07p GesRZ 2007, 148, RIS-Justiz RS 0059467; *Koppensteiner/Rüffler*, GmbHG³ § 16 Rz 14.
606 Vgl *Eckert*, Abberufung 9 mwN.
607 Vgl *Eckert*, Abberufung 17.
608 Vgl *N. Arnold/Pampel* in *Gruber/Harrer*, GmbHG² § 16 Rz 82.

2.1.2.1. Für die Abberufung zuständiges Organ

Die Abberufung von Geschäftsführern fällt – so wie die Bestellung – in die Kompetenz der Gesellschafter (§ 16 Abs 1 GmbHG), die darüber mit Beschluss entscheiden. Die hL lehnt auch hier eine Übertragung der Abberufungskompetenz an ein anderes Organ der Gesellschaft ab.[609] Für den Abberufungsbeschluss der Generalversammlung genügt ohne anderweitige gesellschaftsvertragliche Regelungen die einfache Mehrheit (§ 39 Abs 1 GmbHG). Wird hingegen ein erhöhtes Mehrheitserfordernis für Abberufungsbeschlüsse im Gesellschaftsvertrag verankert, erschwert dies die Abberufbarkeit der Geschäftsführer allgemein.[610] Das erhöhte Beschlussquorum kann auch bewusst dazu eingesetzt werden, Minderheitsgesellschaftern ein Zustimmungsrecht bei der Abberufung von (Fremd-)Geschäftsführern einzuräumen.[611]

Dem einzelnen Gesellschafter-Geschäftsführer verschafft ein höheres Beschlussquorum außerdem die Möglichkeit, seine eigene Abberufung per Beschluss zu verhindern, wenn er nämlich über die erforderliche Stimmenanzahl (Sperrminorität) verfügt. Denn Gesellschafter sind bei der Abstimmung über ihre Bestellung oder Abberufung als Geschäftsführer gem § 39 Abs 5 GmbHG stimmberechtigt. Dieses Recht ist zwingend und kann auch im Gesellschaftsvertrag nicht ausgeschlossen werden.[612]

Der Abberufungsbeschluss der Gesellschafter ist in einer Generalversammlung oder schriftlich im Umlaufwege zu fassen.[613]

Die Gesellschafter können Gesellschafter-Geschäftsführer mit (einfachem Mehrheits-) Beschluss auch dann abberufen, wenn sie im Gesellschaftsvertrag bestellt wurden. Diese Abberufung wird von Rsp und hL nämlich nicht als Änderung des Gesellschaftsvertrages gesehen, weshalb die Formerfordernisse der §§ 49 ff GmbHG nicht zur Anwendung kommen.[614]

---

609 OGH 25.5.2007, 6 Ob 92/07h WBl 2007, 496 (497), der sich der hM anschloss: *H. Torggler*, GesRZ 1974, 5; *Kastner/Doralt/Nowotny*, Gesellschaftsrecht^5 370; *Wünsch*, GmbHG, § 15 Rz 42, 44; *ders*, Zur gesellschaftsinternen Bestellung des GmbH-Geschäftsführers, GesRZ 1990, 57 (62); *Reich-Rohrwig*, GmbH-Recht I^2 Rz 2/68; *Eckert*, Abberufung 20; *Straube/Ratka/Stöger/Völkl* in *Straube/Ratka/Rauter*, WK GmbHG § 15 Rz 20 ff (Stand 1.8.2013, rdb.at). Die Übertragbarkeit bejahend dagegen *Koppensteiner/Rüffler*, GmbHG^3 § 15 Rz 14, § 16 Rz 5, 11; *Haberer*, Kapitalgesellschaftsrecht, 397 ff, 404.

610 Nach der Rsp ist eine Bestimmung im Gesellschaftsvertrag zulässig, nach der Geschäftsführer mit Dreiviertelmehrheit abberufen werden müssen, vgl OGH 19.9.1973, 5 Ob 611/78 GesRZ 1979, 80, OGH 17.11.2010, 6 Ob 212/10k SZ 2010/147. Ob hingegen auch die Einstimmigkeit für Abberufungsbeschlüsse vereinbart werden kann, ist strittig: dafür *Reich-Rohrwig*, GmbH-Recht I^2 Rz 2/613, *Koppensteiner/Rüffler*, GmbHG^3 § 16 Rz 4; dagegen *Runggaldier/G. Schima*, Führungskräfte 191.

611 Vgl *Reich-Rohrwig*, GeS 2011, 4 (5).

612 Vgl *Runggaldier/G. Schima*, Führungskräfte 191.

613 Vgl *Reich-Rohrwig*, GmbH-Recht I^2 Rz 2/599.

614 Vgl OGH 19.12.1967, 8 Ob 349/67 SZ 40/169, OGH 21.12.2000, 8 Ob 233/99v RdW 2001, 284; *Reich-Rohrwig*, GmbH-Recht I^2 Rz 2/611, *Koppensteiner/Rüffler*, GmbHG^3 § 16 Rz 3.

Nur wenn einem Gesellschafter-Geschäftsführer ein **Sonderrecht auf Geschäftsführung** eingeräumt wurde, kann die Abberufung ausschließlich mittels Änderung des Gesellschaftsvertrages, also mit notarieller Beurkundung[615] (§ 49 Abs 1 GmbHG) und gem § 50 Abs 1 und 4 GmbHG mit Dreiviertelmehrheit **und mit Zustimmung des betroffenen Gesellschafters** erwirkt werden. Die Abberufung ist gem § 49 Abs 2 GmbHG erst mit der Eintragung der Änderung ins Firmenbuch wirksam.[616]

Hinweis

Weil die Abberufung selbst erst mit der Eintragung ins Firmenbuch wirksam wird, muss der abberufene Geschäftsführer bei der Anmeldung auch mitwirken, nachdem § 51 Abs 1 GmbHG die Anmeldung durch sämtliche Geschäftsführer vorschreibt.[617]

Wird der Geschäftsführer nicht vom zuständigen Organ abberufen oder liegen Wirksamkeitsvoraussetzungen der Abberufung nicht vor, ist der Abberufungsbeschluss daher absolut nichtig[618] oder unwirksam und das Firmenbuchgericht darf die Löschung der Vertretungsbefugnis nicht eintragen.[619] Solche Beschlüsse haben auch keine beendigende Wirkung und das Mandat des Geschäftsführers bleibt aufrecht.[620]

Beispiele

Der Gesellschafter-Geschäftsführer mit einem Sonderrecht auf Geschäftsführung wird mit Dreiviertelmehrheit, aber ohne seine eigene Zustimmung abberufen – der Beschluss ist unwirksam.[621]

Die Abberufung des Geschäftsführers erfolgt in einer Generalversammlung, die vor dem Termin wieder abberaumt wurde, aber trotzdem mit der Teilnahme von ein paar Gesellschaftern stattfindet – der Beschluss ist absolut nichtig.[622]

Die Generalversammlung fasst einen Abberufungsbeschluss in Abwesenheit des Geschäftsführers und setzt ihn davon nicht in Kenntnis – der Beschluss ist unwirksam.

Zwei Gesellschafter, die gemeinsam 45 % der Stimmrechte halten, berufen zu zweit den Geschäftsführer ab – der Beschluss ist nichtig.

Zur Anfechtbarkeit des Abberufungsbeschlusses siehe unten in Kap 2.1.2.5.

615 Vgl *Eckert*, Abberufung 9.
616 Vgl *Eckert*, Abberufung 44 f, 47.
617 Vgl *Reich-Rohrwig*, GmbH-Recht I² Rz 2/620; *Eckert*, Abberufung 17 f.
618 Vgl zur Nichtigkeit ausführlich *Enzinger* in *Straube/Ratka/Rauter*, WK GmbHG § 41 Rz 12 ff (Stand 1.8.2013, rdb.at).
619 Vgl *Eckert*, Abberufung 19; *Koppensteiner/Rüffler*, GmbHG³ § 17 Rz 10.
620 Vgl *Ratka* in *Straube/Ratka/Rauter*, WK GmbHG § 16 Rz 27 (Stand 1.8.2013, rdb.at).
621 Vgl *Eckert*, Abberufung 19.
622 Vgl *Koppensteiner/Rüffler*, GmbHG³ § 40 Rz 8; nach der Rsp liegt nicht Nichtigkeit, sondern ein Scheinbeschluss vor.

2.1.2.2. Freie Abberufbarkeit als Grundsatz

Nach § 16 Abs 1 GmbHG können die Gesellschafter die Bestellung zum Geschäftsführer „jederzeit widerrufen". Für den Widerruf der Bestellung bedarf es – im Gegensatz zur Abberufung von Vorstandsmitgliedern einer Aktiengesellschaft – keinerlei Grundes. Sowohl Fremd- als auch Gesellschafter-Geschäftsführer können daher grundsätzlich jederzeit und ohne Grund abberufen werden. Nur bei Gesellschaftern kann die Abberufbarkeit im Gesellschaftsvertrag auf verschiedene Arten eingeschränkt werden (siehe dazu Kap 2.1.2.3.).

Der Grundsatz der freien Abberufbarkeit von Geschäftsführern ist ein wesentliches Strukturelement der GmbH[623] und die Gesellschafter können darauf nicht verzichten.[624] Auch im Anstellungsvertrag kann dem Geschäftsführer die Einschränkung der Abberufung auf wichtige Gründe nicht zugesichert werden.[625]

Die Abberufung eines Geschäftsführers ist auch dann jederzeit zulässig, wenn er auf bestimmte Zeit befristet oder unter einer auflösenden Bedingung bestellt worden ist.[626]

Die Gesellschafter sprechen den Widerruf der Bestellung mit sofortiger Wirkung oder mit Beendigungswirkung zu einem bestimmten Datum aus. Den Anstellungsvertrag mit dem Geschäftsführer können sie ohne Vorliegen eines wichtigen Grundes aber nicht mit sofortiger Wirkung beenden (vgl dazu Kap 2.2.2.), sondern dieser muss unter Einhaltung der vertraglichen oder gesetzlichen Kündigungsfristen zum nächstmöglichen Termin aufgelöst werden. Aus Sicht der Gesellschaft kann es sinnvoll sein, das Ende des Mandats mit dem nächstmöglichen Enddatum des Anstellungsvertrages abzustimmen, um nicht zur Entgeltleistung verpflichtet zu sein, ohne dass der ehemalige Geschäftsführer seinerseits zur Leistung (Geschäftsführungstätigkeit) verpflichtet ist.

2.1.2.3. Beschränkung der Abberufung auf wichtige Gründe

Nur bei Gesellschafter-Geschäftsführern besteht die Möglichkeit, im Gesellschaftsvertrag die Abberufung auf wichtige Gründe zu beschränken (§ 16 Abs 3 GmbHG). Der Gesellschaftsvertrag kann diese Beschränkung generell oder nur für einzelne, namentlich genannte Gesellschafter vorsehen.[627]

---

623 *Runggaldier/G. Schima*, Führungskräfte 190; vgl zur historischen Entwicklung dieses Grundsatzes ausführlich *Eckert*, Abberufung 3 f.

624 Vgl *Reich-Rohrwig*, GmbH-Recht I² Rz 2/601, der aber der Ansicht ist, dass sie die Abberufbarkeit im Gesellschaftsvertrag erschweren können, indem für Abberufungsbeschlüsse eine erhöhte Beschlussmehrheit oder sogar Einstimmigkeit vereinbart wird. *Runggaldier/G. Schima* (Führungskräfte 191 mwN) lehnen die Zulässigkeit von Einstimmigkeit bei der Bestellung von Fremdgeschäftsführern hingegen ab.

625 *Runggaldier/G. Schima*, Führungskräfte 190; vgl *Eckert*, Abberufung 31 f.

626 *H. Torggler*, GesRZ 1974, 7; *N. Arnold/Pampel* in *Gruber/Harrer*, GmbHG² § 16 Rz 8.

627 Vgl *Reich-Rohrwig*, GmbH-Recht I² Rz 2/614.

Das Gesetz definiert nicht, welche Umstände als wichtiger Grund zur Abberufung berechtigen. Den Gesellschaftern ist es unbenommen, Gründe im Gesellschaftsvertrag festzulegen. Sie können auch Gründe als wichtig einstufen, die bei Abstellen auf die Zumutbarkeitsgrenze nicht für eine sofortige Beendigung ausreichen würden.

Beispiel

Als wichtiger Grund wird die (unverschuldete) Schließung von mehreren Betriebsstandorten definiert oder wenn eine bestimmte Person Anspruch auf einen Geschäftsführerposten erhebt.[628]

Gibt es keine Spezifizierung der Gründe im Gesellschaftsvertrag, kann der allgemeine Grundsatz zur Auflösung von Dauerschuldverhältnissen herangezogen werden, nach dem ein wichtiger Grund dann anzunehmen ist, wenn die Weiterbeschäftigung des Geschäftsführers für die Gesellschaft unzumutbar ist.[629] § 16 Abs 2 GmbHG verweist auf §§ 117 Abs 1 und 127 UGB, weshalb jedenfalls **grobe Pflichtverletzungen** und die **Unfähigkeit zur ordnungsgemäßen Geschäftsführung** und Vertretung wichtige Gründe für die Abberufung bedeuten.[630]

Die Beurteilung von möglichen wichtigen Gründen hat sich an den Kriterien des Personengesellschaftsrechts zu orientieren. Es ist also eine Interessenabwägung zwischen den Interessen der Gesellschaft und jenen der Gesellschafter, *einschließlich* des betroffenen Gesellschafter-Geschäftsführers, anzustellen.[631] Unzumutbar ist der Verbleib des Geschäftsführers dann, wenn damit die Belange der Gesellschaft erheblich gefährdet wären.[632] Dabei sind auch der bisherige Verdienst des abzuberufenden Geschäftsführers, ein allfälliges Fehlverhalten der übrigen Geschäftsführer oder Gesellschafter und die möglichen negativen Auswirkungen auf die Zukunft zu berücksichtigen.[633]

Wichtige Gründe können verschuldet (zB grob fahrlässiger Abschluss einer Bürgschaft, ohne die Bonität des Schuldners geprüft zu haben) oder unverschuldet (zB Unfähigkeit zur Berufsausübung wegen lang andauernder Krankheit[634]) verwirklicht werden.

628 Vor allem bei Familienunternehmen könnte dies gewünscht sein, sodass zB ein Gesellschafter-Geschäftsführer der älteren Generation nur dann abberufen werden kann, wenn ein jüngeres Familienmitglied einen Geschäftsführungsposten übernehmen will. Vgl *Runggaldier/G. Schima*, Führungskräfte 195; *N. Arnold/Pampel* in *Gruber/Harrer*, GmbHG² § 16 Rz 25.

629 Vgl *Runggaldier/G. Schima*, Manager-Dienstverträge⁴ 151; *Koppensteiner/Rüffler*, GmbHG³ § 16 Rz 8 mwN; OGH 17.12.2008, 6 Ob 213/07b RWZ 2009/24, 77 (*Wenger*) = GesRZ 2009, 173 (*Rauter*).

630 Vgl *N. Arnold/Pampel* in *Gruber/Harrer*, GmbHG² § 16 Rz 16 mwN.

631 Vgl *Eckert*, Abberufung 38 ff.

632 RIS-Justiz RS 0059623.

633 Vgl ausführlich *Koppensteiner/Rüffler*, GmbHG³ § 16 Rz 8.

634 Vgl OGH 30.5.1990, 4 Ob 507/90 SZ 63/86 = RdW 1990, 444 = GesRZ 1990. 219. In dieser Entscheidung hielt der OGH die Unfähigkeit zur Geschäftsführung bei einem unter Multipler Sklerose und

Beispiele für wichtige Gründe

Die Geschäftsführer schließen ein ungewöhnliches Geschäft ab, ohne die Zustimmung der Gesellschafter einzuholen; Verstoß gegen das Wettbewerbsverbot gem § 24 Abs 1 GmbHG; begründeter Verdacht einer strafrechtlichen Handlung des Geschäftsführers (zB Untreue oder widerrechtliche Entnahmen aus der Kasse), falsche Berichterstattung an die Gesellschafter oder einen Aufsichtsrat etc.[635]

Es gibt keine Frist für die Geltendmachung der Abberufung aus wichtigem Grund.[636] Warten die Gesellschafter nach Kenntnis vom wichtigen Grund mit der Abberufung des Geschäftsführers jedoch lange zu, kann dies ein Indiz dafür sein, dass die Weiterbeschäftigung des Geschäftsführers eben nicht unzumutbar und der Grund daher kein wichtiger ist.[637] Wissen die Gesellschafter schon vor Bestellung des Geschäftsführers über einen Umstand Bescheid, der als wichtiger Grund für eine Abberufung herangezogen werden könnte, und beschließen sie dennoch die Bestellung, ist eine spätere Abberufung aus diesem Grund unzulässig.[638]

Beispiel

Ein Gesellschafter ist seit seiner Geburt auf einen Rollstuhl angewiesen. Er wird im Gesellschaftsvertrag zum Geschäftsführer bestellt und die Abberufung an wichtige Gründe gebunden. Eine spätere Abberufung aus wichtigem Grund, die darauf gestützt ist, dass aufgrund der eingeschränkten Mobilität die Ausübung der Geschäftsführungstätigkeit nicht möglich sei, wäre daher unzulässig.

---

schweren Sprachstörungen leidenden GF einer Familiengesellschaft für nicht gegeben. Die ordnungsgemäße Geschäftsführung sei nur teilweise unmöglich, im Übrigen könne er aber mit der kollektivvertretungsbefugten Co-Geschäftsführerin (Ehefrau) die Geschäftsführung wahrnehmen. Wegen der besonderen Verdienste des Geschäftsführers für das Unternehmen (20-jährige Tätigkeit, Familienunternehmen) sei die teilweise Unfähigkeit in einem milderen Licht zu sehen (kritisch dazu *Reich-Rohrwig/Thiery*, Dauerkrankheit des Geschäftsführers als Abberufungsgrund, ecolex 1990, 685).

635 Vgl für weitere Beispiele wichtiger Abberufungsgründe *Reich-Rohrwig*, GmbH-Recht I² Rz 2/616; *N. Arnold/Pampel* in *Gruber/Harrer*, GmbHG² § 16 Rz 24; *Ratka* in *Straube/Ratka/Rauter*, WK GmbHG § 16 Rz 18 (Stand 1.8.2013, rdb.at).

636 *Eckert*, Abberufung 55.

637 Vgl OGH 17.10.2003, 1 Ob 109/03s GesRZ 2004, 200. Diese Überlegung findet im Arbeitsrecht Ausdruck im Unverzüglichkeitsgrundsatz bei der Entlassung. Der zulässige Zeitraum des Zuwartens ist im Gesellschaftsrecht wohl lockerer zu sehen, auch schon aus dem Grund, dass für die Willensbildung der Gesellschafter über die Abberufung eines Geschäftsführers eine gewisse Zeit erforderlich ist (Einberufung einer Generalversammlung oder Vorbereiten eines Umlaufbeschlusses, Diskussion etc). Vgl dazu Kap 2.2.2.2.

638 Wenn solche wichtigen Gründe bereits vorliegen, bevor eine Person zum Geschäftsführer bestellt wird, soll es laut *Kalss* möglich sein, gleich die Bestellung mittels einstweiliger Verfügung zu verhindern. Es widerspreche der Treuepflicht unter den Gesellschaftern, eine „unzumutbare" Person, die die Interessen der Gesellschaft gefährdet, zum Geschäftsführer zu bestellen (vgl *Kalss*, Die Nichtbestellung eines Gesellschafters zum Geschäftsführer aus wichtigem Grund, RdW 2010, 461 [461 f]).

Auch die Abberufung aus wichtigem Grund erfolgt wie oben in Kap 2.1.2.1. beschrieben mit einfacher Mehrheit, sofern der Gesellschaftsvertrag nichts Abweichendes vorsieht. Der Abberufungsbeschluss ist gem § 16 Abs 3 GmbHG so lange wirksam, als nicht rechtskräftig darüber entschieden wurde, dass ein wichtiger Grund nicht vorliegt (vgl zur Anfechtung und zur Möglichkeit, die Wirkung des Abberufungsbeschlusses durch einstweilige Verfügung aufzuschiebenden unten Kap 2.1.2.5.). Im Abberufungsbeschluss muss zumindest behauptet werden, *dass* ein wichtiger Grund für die Abberufung vorliegt; dieser muss aber nicht unbedingt erläutert werden.[639] Ficht der Gesellschafter-Geschäftsführer den Abberufungsbeschluss wegen Fehlens eines wichtigen Grundes an, muss die Gesellschaft darlegen, auf welchen Grund sie die Abberufung stützt und diesen auch beweisen (vgl dazu unten Kap 2.1.2.5.).[640] *Ein* wichtiger Grund genügt, um die Abberufung zu rechtfertigen.[641]

2.1.2.4. Gerichtliche Abberufung

Nicht immer sind sich die Gesellschafter darüber einig, ob ein Geschäftsführer abberufen werden soll oder ob ein wichtiger Grund für die Abberufung vorliegt. Auch wenn nach der gesetzlichen Grundkonstruktion die einfache Mehrheit ausreicht, finden sich je nach Stimmverhältnissen in der Gesellschaft manchmal nicht genügend Gesellschafter, um die Abberufung zu beschließen. In anderen Fällen blockiert ein Mehrheitsgesellschafter die Abberufung des von ihm bestellten und unterstützten Geschäftsführers. Nachdem gem § 39 Abs 5 GmbHG der Gesellschafter-Geschäftsführer bei der eigenen Abberufung stimmberechtigt ist, kann er bei entsprechendem Stimmgewicht (Mehrheitsbeteiligung oder Sperrminorität) den Abberufungsbeschluss verhindern. Schließlich ist die Abberufung eines Gesellschafter-Geschäftsführers mit Sonderrecht auf Geschäftsführung immer nur mit dessen Zustimmung möglich – verweigert er diese, kann er nicht abberufen werden.

Um solchen „Pattsituationen" abzuhelfen, sieht das GmbH-Gesetz in § 16 Abs 2 die **gerichtliche Abberufung aus wichtigem Grund** vor, die von jedem einzelnen Gesellschafter (unabhängig vom Ausmaß seiner Beteiligung) klageweise geltend

639 Auch für die Eintragung der Abberufung bzw der Löschung der Vertretungsbefugnis müsste die Behauptung eines wichtigen Grundes ausreichen, weil das Firmenbuchgericht die materielle Richtigkeit des Abberufungsbeschlusses nur bei begründetem Zweifel überprüfen muss, das Parteienvorbringen aber sonst für wahr zu halten hat (vgl *Weigand*, Firmenbuchrechtliche Prüfungspflicht bei Anmeldung von Bestellung und Abberufung vertretungsbefugter Personen, NZ 2003/23, 65 [71]). Ob tatsächlich ein wichtiger Grund für die Abberufung vorliegt, ist im Rahmen der Anfechtung nach § 41 GmbHG zu klären, bis zu deren rechtskräftiger Entscheidung die Abberufung vorläufig wirksam ist (§ 16 Abs 3 GmbHG; vgl *Koppensteiner/Rüffler*, GmbHG^3 § 17 Rz 10; *Eckert*, Abberufung 18 mwN). Wenn aber nicht einmal ein wichtiger Grund für die Abberufung behauptet wird, scheidet die Eintragung der Abberufung eines Gesellschafter-Geschäftsführers, der nur aus wichtigem Grund abberufen werden kann, uE aus.

640 Vgl *Eckert*, Abberufung 53 ff.

641 Vgl *Reich-Rohrwig*, GmbH-Recht I^2 Rz 2/616.

gemacht werden kann.[642] Je nachdem, ob ein Gesellschafter-Geschäftsführer oder ein Fremdgeschäftsführer abberufen werden soll, stehen verschiedene Klagen zur Verfügung:

- Die **Klage auf Zustimmung zur Abberufung** gem § 16 Abs 2 1. und 3. Satz GmbHG für die Abberufung von Fremdgeschäftsführern oder um die Beteiligung der übrigen Gesellschafter an der Abberufungsklage gegen einen Gesellschafter-Geschäftsführer zu bewirken (siehe sogleich).

Kläger sind die Gesellschafter, die die Abberufung bewirken wollen und zB in einer Generalversammlung oder einem Umlaufbeschluss (erfolglos) für die Abberufung gestimmt haben. Beklagte sind die Gesellschafter, die gegen die Abberufung gestimmt haben.[643] Die Gesellschafter sind bei Vorliegen eines wichtigen Grundes dazu verpflichtet, für die Abberufung des Geschäftsführers zu stimmen – das gerichtliche Urteil ersetzt in diesem Fall ihre Zustimmung.[644] Voraussetzung für die Klage auf Zustimmung ist daher, dass zuerst der Versuch unternommen wird, den/die Geschäftsführer per Gesellschafterbeschluss abzuberufen.[645]

Der abzuberufende Fremdgeschäftsführer ist nicht Partei des Verfahrens, jedoch muss ihm vom Gericht von Amts wegen der Streit verkündet werden, sodass er als Nebenintervenient dem Verfahren beitreten kann (§ 16 Abs 2, 4. Satz GmbHG).

- Die **Abberufungsklage** nach § 16 Abs 2 1. Satz GmbHG für die Abberufung eines Gesellschafter-Geschäftsführers (auch mit Sonderrecht auf Geschäftsführung).

In diesem Verfahren ist der abzuberufende Gesellschafter-Geschäftsführer als Beklagter am Verfahren beteiligt; der oder die die Abberufung betreibenden Gesellschafter sind Kläger. Wollen einzelne Gesellschafter sich an der Klage nicht beteiligen, müssen die Kläger sie mit der oben beschriebenen Zustimmungsklage auf Zustimmung zur Abberufung klagen.[646] Aufgrund der gesellschaftsrechtlichen Treuepflicht sind nämlich sämtliche Gesellschafter verpflichtet, an der Abberufungsklage mitzuwirken.[647]

Die Abberufungsklage ist eine Rechtsgestaltungsklage – das stattgebende Urteil bewirkt die Abberufung des Geschäftsführers.[648] Es ist unzulässig, die Abbe-

---

642 *N. Arnold/Pampel* in *Gruber/Harrer*, GmbHG² § 16 Rz 55.
643 Vgl *N. Arnold/Pampel* in *Gruber/Harrer*, GmbHG² § 16 Rz 69 f.
644 OGH 6 Ob 212/10k GesRZ 2011, 168 (*Reich-Rohrwig*), vgl *Koppensteiner/Rüffler*, GmbHG³ § 16 Rz 30 f.
645 Vgl *Koppensteiner/Rüffler*, GmbHG³ § 16 Rz 30 b; vgl zum unterschiedlichen Meinungsstand *N. Arnold/Pampel* in *Gruber/Harrer*, GmbHG² § 16 Rz 68.
646 Die beiden Klagen (Abberufungsklage gegen den Gesellschafter-Geschäftsführer und Klage auf Zustimmung gegen die übrigen Gesellschafter) können miteinander verbunden werden, vgl OGH 11.7.1991, 7 Ob 559/91 SZ 64/103 = wbl 1992, 63.
647 RIS-Justiz RS 0059617.
648 Vgl *Reich-Rohrwig*, GmbH-Recht I² Rz 2/639.

rufungsmöglichkeiten durch Klage gem § 16 Abs 2 GmbHG im Gesellschaftsvertrag abzubedingen – sie sind zwingend.[649]

Beweispflichtig für das Vorliegen eines wichtigen Grundes für die Abberufung ist in beiden Klagetypen der Kläger. Die Abberufung wird erst mit Rechtskraft des stattgebenden Urteils wirksam,[650] weshalb der abzuberufende Geschäftsführer bis dahin seine Funktion weiterhin ausüben kann. Nur falls der Gesellschaft durch die Weiterbeschäftigung ein unwiederbringlicher Schaden droht, hat das Gericht dem Geschäftsführer die Befugnisse mittels einstweiliger Verfügung zu entziehen (§ 16 Abs 2, 5. Satz GmbHG).[651]

Wichtige Gründe zur Abberufung von Geschäftsführern sind bei Gesellschafter-Geschäftsführern einerseits die allenfalls im Gesellschaftsvertrag vereinbarten Gründe (siehe dazu Kap 2.1.2.3.), sonst, dh für alle Geschäftsführer, all jene Gründe, die die Weiterbeschäftigung des Geschäftsführers für die Gesellschaft unzumutbar erscheinen lassen.[652]

Beispiele

Der Geschäftsführer verstößt gegen gesetzliche (oder gar strafrechtliche) Vorschriften, die Satzung oder die Geschäftsverteilung oder missachtet Weisungen der Generalversammlung; Ausnutzen von Geschäftschancen zum eigenen Vorteil oder Verwendung von Betriebsmitteln der Gesellschaft für private Zwecke oder gar eine gegen das Wettbewerbsverbot verstoßende Tätigkeit; mangelnde Ausbildung oder Fortbildung des Geschäftsführers oder etwa der Vertrauensverlust seitens wichtiger Geschäftspartner der Gesellschaft.[653]

2.1.2.5. Anfechtung der Abberufung

Absolut nichtige oder unwirksame Abberufungsbeschlüsse (siehe die Beispiele oben Kap 2.1.2.1.) entfalten keine Wirkung und müssen somit vom „abberufenen“ Geschäftsführer nicht bekämpft werden. Bei entsprechendem rechtlichem Interesse kann der Geschäftsführer jedoch eine Klage erheben, die auf Feststellung des aufrechten Mandats gerichtet ist.[654] Manchmal ist am Ende der Generalversammlung gar nicht klar, ob und mit welchem Inhalt ein Beschluss über die Abberufung gefasst worden ist. Das geschieht zum Beispiel, wenn kein Vorsitzender für die Generalversammlung bestellt wurde, der den Beschluss feststellt (weil sich die Gesellschafter nicht einmal auf die Wahl des Vorsitzenden einigen konnten),

649 Vgl *Kastner/Doralt/Nowotny*, Gesellschaftsrecht[5] 377.
650 *N. Arnold/Pampel* in *Gruber/Harrer*, GmbHG[2] § 16 Rz 63.
651 Vgl *Koppensteiner/Rüffler*, GmbHG[3] § 16 Rz 30.
652 Vgl *Runggaldier/G. Schima*, Manager-Dienstverträge[4] 151.
653 Vgl zu all diesen und weiteren Beispielen *Eckert*, Abberufung 41 f.
654 Vgl *Ratka* in *Straube/Ratka/Rauter*, WK GmbHG § 16 Rz 28 (Stand 1.8.2013, rdb.at), differenzierend *Enzinger* in *Straube/Ratka/Rauter*, WK GmbHG § 41 Rz 27, 28 (Stand 1.8.2013, rdb.at).

und die Gesellschafter nicht übereinstimmend von einem konkreten Beschlussergebnis ausgehen. Auch in diesen Fällen können die Gesellschafter mittels Feststellungsklage vorgehen und die Feststellung begehren, dass ein Beschluss mit bestimmtem Inhalt gefasst worden ist.[655]

Trotz des Grundsatzes der freien Abberufbarkeit aus dem Mandat bei Fremdgeschäftsführern, sind Fälle denkbar, in denen die Abberufung des Geschäftsführers wegen eines verpönten Motives (zB Diskriminierung aufgrund des Geschlechts) sittenwidrig ist. In solchen Fällen kommt eine Feststellungs- oder Rechtsgestaltungsklage unter Berufung auf die Nichtigkeit der Abberufung wegen Sittenwidrigkeit in Frage (siehe dazu unten in Kap 2.2.2.3. im Hinblick auf die sittenwidrige oder diskriminierende Beendigung des Anstellungsvertrages).

Abberufungsbeschlüsse, die mit nicht so gravierenden Mängeln behaftet sind, können unter bestimmten Voraussetzungen von bestimmten Personen **gerichtlich angefochten** und so beseitigt werden (§ 41 GmbHG). Bis zum rechtskräftigen Urteil ist die Abberufung jedoch wirksam, sodass der Geschäftsführer währenddessen keine Geschäftsführungs- oder Vertretungshandlungen setzen darf und für diesen Zeitraum auch nicht haftet.[656] Ist die Anfechtungsklage erfolgreich und die Entscheidung rechtskräftig, hat dies die Aufhebung der Abberufung *ex tunc*[657] zur Folge, dh mit dem Ergebnis, als hätte es die Abberufung nie gegeben.

Die vorläufige Wirksamkeit des Abberufungsbeschlusses bedeutet aber auch, dass der **abberufene Fremdgeschäftsführer selbst nicht zur Anfechtung befugt** ist, denn das Mandat und damit die Anfechtungsbefugnis gem § 41 Abs 3 GmbHG erlöschen mit der wirksamen, wenn auch anfechtbaren Abberufung.[658] Zur Anfechtung berechtigt sind neben den Gesellschaftern (§ 41 Abs 2 GmbHG) nämlich auch die (übrigen) Geschäftsführer und der Aufsichtsrat (§ 41 Abs 3 GmbHG) als Organ, oder die einzelnen Geschäftsführungs- und Aufsichtsratsmitglieder, sofern sie sich durch die Ausführung des Beschlusses ersatzpflichtig oder strafbar machen würden.

Zur Anfechtung eines Abberufungsbeschlusses, der in einer **Generalversammlung** gefasst wurde, ist nach § 41 Abs 2 GmbHG jeder **Gesellschafter** berechtigt, der gegen den Beschluss **Widerspruch zu Protokoll** gegeben hat, oder der zur Generalversammlung nicht eingeladen oder zugelassen wurde. Bei schriftlichen Beschlüssen hat jeder Gesellschafter das Anfechtungsrecht, der gegen den Beschluss gestimmt hat oder von der Abstimmung ausgeschlossen wurde. Auch der abberufene Gesellschafter-Geschäftsführer, der den Beschluss über die eigene Abberufung bekämpfen möchte, muss die Voraussetzungen des § 41 Abs 2 GmbHG erfüllen.

655 Vgl jüngst OGH 6 Ob 183/18g GesRZ 2019, 272 (*Kalss*).
656 Vgl *N. Arnold/Pampel* in *Gruber/Harrer*, GmbHG² § 16 Rz 49.
657 RIS-Justiz RS 0060077.
658 Vgl *Reich-Rohrwig*, GmbH-Recht I² Rz 2/630.

Als Anfechtungsgründe kommen in Frage:

- Verfahrensmängel (§ 41 Abs 1 Z 1 GmbHG),
- inhaltliche Mängel (§ 41 Abs 1 Z 2 GmbHG),
- Fehlen eines wichtigen Grundes für die Abberufung (§ 16 Abs 3 GmbHG).

Werden die im GmbH-Gesetz und Gesellschaftsvertrag vorgegebenen **Verfahrensvorschriften** für die Beschlussfassung nicht eingehalten, also zB die Einladungsfrist für die Generalversammlung ignoriert, ein Beschluss trotz fehlender Beschlussfähigkeit gefasst oder einzelne Gesellschafter bei Umlaufbeschluss oder Generalversammlungseinladung übergangen,[659] können die oben aufgezählten Personen den Beschluss anfechten. Der Mangel muss nicht kausal für das Ergebnis des Beschlusses gewesen sein, aber eine gewisse Relevanz aufweisen.[660]

Beispiele

Auf der Tagesordnung einer Generalversammlung finden sich die Punkte I. Begrüßung, II. Feststellung des Jahresabschlusses, III. Entlastung der Geschäftsführung und IV. Allfälliges. Unter Punkt IV. wird über die Abberufung eines Geschäftsführers abgestimmt.

Punkt VIII. einer Tagesordnung lautet „Abberufung von Geschäftsführern“, wobei die Gesellschaft vier Geschäftsführer hat.[661]

Die Beschlüsse in den Beispielen sind anfechtbar, weil der Beschlussgegenstand der Abberufung in der Tagesordnung nicht ordnungsgemäß angekündigt war. Die Gesellschafter haben so keine Möglichkeit, sich auf die Themen und Beschlüsse vorzubereiten.[662] Anwesende Gesellschafter, die Widerspruch zu Protokoll gegeben haben, sowie nicht anwesende Gesellschafter können den Beschluss anfechten.

Inhaltliche Beschlussmängel bei Abberufungsbeschlüssen betreffen zB Verstöße gegen Gesetze, sonstige Rechtsvorschriften oder die guten Sitten, gegen die Satzung oder gegen das Gleichbehandlungsgebot und die Treuepflicht unter den Gesellschaftern.[663]

659 Vgl für weitere Beispiele *Enzinger* in *Straube/Ratka/Rauter*, WK GmbHG § 41 Rz 40 ff (Stand 1.8.2013, rdb.at).

660 Vgl *Harrer* in *Gruber/Harrer*, GmbHG² §§ 41, 42 Rz 52; ausführlich *Enzinger* in *Straube/Ratka/Rauter*, WK GmbHG § 41 Rz 39 (Stand 1.8.2013, rdb.at).

661 Wenn die Identität des Abzuberufenden aus der Tagesordnung nicht erkennbar ist, bedeutet dies nach der herrschenden Lehre in Deutschland einen Anfechtungsgrund, vgl *K. Schmidt/Seibt* in *Scholz*, GmbHG II¹⁰ § 51 Rz 20, aA *Bayer* in *Lutter/Hommelhoff*, GmbHG¹⁸ (2012) § 51 Rz 25. Vgl auch *Enzinger* in *Straube/Ratka/Rauter*, WK GmbHG § 41 Rz 42 (Stand 1.8.2013, rdb.at) zum Mangel der unvollständigen Tagesordnung.

662 Vgl *Harrer* in *Gruber/Harrer*, GmbHG² §§ 41, 42 Rz 47.

663 Vgl für eine umfassende Darstellung *Enzinger* in *Straube/Ratka/Rauter*, WK GmbHG § 41 Rz 43 ff (Stand 1.8.2013, rdb.at).

Beispiele

Der Beschluss wird mit einfacher Mehrheit gefasst, während die Satzung für die Abberufung von Geschäftsführern eine Beschlussmehrheit von drei Viertel der abgegebenen Stimmen vorsieht oder das von der Satzung vorgeschriebene Präsenzquorum von 75 % unterschritten wird (Verstoß gegen die Satzung).[664]

In einem alle Gesellschafter umfassenden Syndikatsvertrag ist geregelt, dass zwei von drei Geschäftsführern aus einer der Unternehmerfamilien stammen müssen. Die Abberufung eines dieser Geschäftsführer und Bestellung eines anderen, diesen Kriterien nicht entsprechenden Geschäftsführers, bedeutet einen Verstoß der Gesellschafter gegen die sie treffende Treuepflicht.[665]

Sittenwidrig könnte etwa die Abberufung einer Geschäftsführerin durch den Mehrheitsgesellschafter sein, wenn die Abberufung nur aus dem Grund erfolgt, dass die Geschäftsführerin zB strafrechtlich relevantes, gesellschaftsschädigendes Handeln des Gesellschafters aufdeckt und dies den anderen Gesellschaftern mitteilt.

Nur ein Gesellschafter-Geschäftsführer, dessen Abberufbarkeit auf wichtige Gründe beschränkt ist (§ 16 Abs 3 GmbHG, vgl oben Kap 2.1.2.3.), kann als **Anfechtungsgrund** außerdem geltend machen, dass **kein wichtiger Grund für die Abberufung** vorliegt. Das Fehlen eines wichtigen Grundes ist ein inhaltlicher Beschlussmangel.

Die Beweislast für das Vorliegen eines wichtigen Grundes trifft die Gesellschaft.[666] Der Geschäftsführer muss hingegen nur nachweisen, dass seine Abberufung auf wichtige Gründe beschränkt war und dass er abberufen wurde und behaupten, dass kein wichtiger Grund gegeben sei.[667] Die Gesellschaft kann im Abberufungsprozess auch noch weitere wichtige Gründe geltend machen, von denen sie später Kenntnis erlangt hat (Nachschieben von Abberufungsgründen). Voraussetzung ist aber, dass die Gesellschafter über diese nachträglichen Abberufungsgründe einen eigenen Abberufungsbeschluss fassen.[668]

Die Anfechtungsklage gegen (Abberufungs-)Beschlüsse muss binnen einem Monat ab dem Zeitpunkt erhoben werden, in dem den Gesellschaftern nach den Bestimmungen von § 40 Abs 2 GmbHG eine Kopie der gefassten Beschlüsse zugeschickt wird (§ 41 Abs 4 GmbHG).[669] Beklagte Partei ist die Gesellschaft, die

664 Vgl OGH 16.12.2003, 4 Ob 241/03z SZ 2003/171 = GesRZ 2004, 138 (Beschlussmehrheit); OGH 21.12.2000, 8 Ob 233/99v RdW 2001, 313 (Präsenzquorum).

665 Vgl *Enzinger* in *Straube/Ratka/Rauter*, WK GmbHG § 41 Rz 47 mwN (Stand 1.8.2013, rdb.at).

666 Vgl OGH 30.5.1974, 6 Ob 8/74 SZ 47/70 = GesRZ 1975, 61.

667 Vgl *Eckert*, Abberufung 54 f.

668 Vgl OGH 25.5.1999, 1 Ob 11/99w GesRZ 1999, 253 (zur Aktiengesellschaft und den Abberufungsbeschlüssen des Aufsichtsrates); nach *Ratka* in *Straube/Ratka/Rauter*, WK GmbHG § 16 Rz 19 (Stand 1.8.2013, rdb.at) ist es daher ratsam, in jedem Abberufungsbeschluss die wichtigen Gründe auszuführen.

669 Vgl zur Problematik des Fristbeginns für die Anfechtung durch die Geschäftsführung oder den Aufsichtsrat siehe *Harrer* in *Gruber/Harrer*, GmbHG[2] §§ 41, 42 Rz 100 ff, 107.

in der Regel von den (verbleibenden) Geschäftsführern vertreten wird (vgl § 42 Abs 1 GmbHG).[670]

In Kombination mit der Anfechtungsklage besteht die Möglichkeit, einen Antrag auf Erlass einer einstweiligen Verfügung gegen die Ausführung des Beschlusses zu stellen (§ 42 Abs 4 GmbHG). Nur so kann die sonst ab Zugang des Beschlusses eintretende Wirksamkeit der Abberufung allenfalls verhindert werden. Voraussetzung für die Gewährung von einstweiligem Rechtsschutz ist jedoch die Bescheinigung eines drohenden unwiederbringlichen Schadens für die Gesellschaft. Die Rsp nennt als Beispiele einen Umsatzrückgang oder die Schädigung des Unternehmensrufes.[671]

2.1.3. Rücktritt des Geschäftsführers und einvernehmliche Beendigung

Als Gegenstück zum Grundsatz der freien Abberufbarkeit verfügt auch der Geschäftsführer über ein jederzeit ausübbares Recht, sein Mandat zu beenden: Nach § 16a Abs 1 GmbHG kann der Geschäftsführer vom Mandat zurücktreten. Die Rechte und Pflichten aus dem Anstellungsvertrag sind vom Rücktritt nicht berührt, sondern gesondert zu beurteilen.

Will der Geschäftsführer **ohne Grund** zurücktreten, wird der Rücktritt erst nach Ablauf von **14 Tagen** nach seiner Erklärung wirksam (§ 16 Abs 1 letzter Fall GmbHG). In den auf die Rücktrittserklärung folgenden 14 Tagen ist der Geschäftsführer daher weiterhin Organmitglied und hat seine Aufgaben ordnungsgemäß zu erfüllen. Der Geschäftsführer kann seinen Rücktritt auch mit Wirksamkeit zu einem späteren, über 14 Tage hinausgehenden Datum erklären, zB zum Monatsletzten des Folgemonats. Generell ist nämlich zu beachten, dass der Geschäftsführer durch die Amtsniederlegung aufhört, die Tätigkeit zu erbringen, zu deren Leistung er sich im Anstellungsvertrag der Gesellschaft gegenüber verpflichtet hat. Der Rücktritt ohne Grund sollte daher nicht unter Heranziehung der gesetzlichen 14-Tage-Frist erklärt werden, sondern im Einklang mit der anstellungsvertraglichen Kündigungsfrist des Geschäftsführers (zB ein Monat gem § 20 Abs 4 AngG).[672] Tut er das nicht, verstößt der Geschäftsführer gegen den Anstellungsvertrag, worauf die Gesellschaft den Vertrag berechtigterweise mit Entlassung sofort beenden könnte[673] und der Geschäftsführer seine Ansprüche daraus verliert.

670 Klagen die Geschäftsführer, vertritt der Aufsichtsrat (falls vorhanden) die Gesellschaft (§ 42 Abs 1, 2. Satz GmbHG), sonst ein vom Gericht zu bestellender Prozesskurator (§ 42 Abs 1, 2. Satz GmbHG), oder ein von der Generalversammlung bestellter Prozessvertreter (vgl § 35 Abs 1 Z 6 GmbHG).

671 RIS-Justiz RS 0059678.

672 Vgl *Runggaldier/G. Schima*, Manager-Dienstverträge[4] 145; *Koppensteiner/Rüffler*, GmbHG[3] § 16a Rz 8.

673 Vgl *Reich-Rohrwig*, GmbH-Recht I[2] Rz 2/675.

Hat der Geschäftsführer hingegen einen **wichtigen Grund** für den **Rücktritt**, kann er seine Funktion mit **sofortiger Wirkung** zurücklegen – § 16a GmbHG definiert jedoch nicht, was mit dem Begriff „wichtiger Grund" gemeint ist. Darunter sind jedenfalls jene Gründe zu verstehen, die den Geschäftsführer zum vorzeitigen Austritt aus dem Anstellungsvertrag berechtigen (vgl § 26 AngG,[674] siehe dazu unten in Kap 2.2.2.) und, so wie bei der Abberufung aus wichtigem Grund, jene Umstände, die die Fortsetzung der Tätigkeit für den Geschäftsführer unzumutbar machen (siehe oben Kap 2.1.2.3.).

Beispiele

Die Gesellschafter erteilen der Geschäftsführerin immer wieder Weisungen, bei deren Befolgung sie gegen das Gesetz verstoßen würde. Auch wenn ein Geschäftsführer solche Weisungen nicht befolgen muss (siehe oben Kap 1.1.1.4.), ist eine weitere Tätigkeit unter diesen Bedingungen wohl nicht mehr zumutbar.

Der Geschäftsführer erhält die Diagnose einer schweren Krankheit und muss sich einer langfristigen medizinischen Behandlung unterziehen – die Tätigkeit als Geschäftsführer kann er nicht mehr (ohne Gefährdung seiner Gesundheit) ausüben (vgl § 26 Z 1 AngG).

Von besonderer Bedeutung ist die Frage, ob als wichtiger Grund für den Rücktritt des Geschäftsführers auch eine drohende Haftung geltend gemacht werden kann. Dabei ist vor allem an die Haftung der Geschäftsführer für nicht (rechtzeitig) abgeführte Sozialversicherungsbeiträge und Abgaben zu denken, die dann virulent wird, wenn die Gesellschaft in der Krise ist.[675] Gerade der Zeitpunkt der Beendigung des Mandats ist dann besonders kritisch, weil es darauf ankommt, ob der Geschäftsführer zum Zeitpunkt der Fälligkeit von Abgabenverpflichtungen seine Funktion noch innehat oder bereits wirksam zurückgetreten ist.

Wenn die Geschäftsführer in der Unternehmenskrise ihre Aufgaben sorgfaltskonform erfüllen und alles in ihrer Macht stehende tun, um eine Insolvenz zu verhindern, diese Maßnahmen aber aus von ihnen nicht zu vertretenden Gründen scheitern, kann die drohende Haftung als wichtiger Grund für den Rücktritt mit sofortiger Wirkung herangezogen werden.[676] Auch nach der Rsp des VwGH sind Geschäftsführer dazu verpflichtet, sich mit rechtlichen Mitteln gegen allfällige Beschränkungen (zB durch die Gesellschafter oder einen faktischen Geschäftsführer) ihrer Geschäftsführungs- oder Kontrollbefugnis über die ordnungsgemäße Zahlung von Sozialversicherungsbeiträgen zu wehren. Sind diese Maßnahmen nicht erfolgreich, kann der Geschäftsführer nur zurücktreten, um der Haftung zu entgehen.[677]

674 Vgl *Koppensteiner/Rüffler*, GmbHG³ § 16a Rz 7.
675 Vgl *Runggaldier/G. Schima*, Manager-Dienstverträge⁴ 142 f.
676 Vgl *Koppensteiner/Rüffler*, GmbHG³ § 16a Rz 7.
677 Vgl VwGH 20.2.2008, 2005/08/0129.

Hat ein Geschäftsführer die Unternehmenskrise hingegen selbst verschuldet, wird die drohende Haftung als wichtiger Grund für den sofortigen Rücktritt wohl ausscheiden bzw der Rücktritt erst nach Ablauf der 14-Tage-Frist wirksam.

Der Geschäftsführer kann selbst dann zurücktreten, wenn er der einzige Geschäftsführer der Gesellschaft ist[678] oder auch Alleingesellschafter-Geschäftsführer.[679] Um sich selbst nicht schadenersatzpflichtig zu machen, sollte der Geschäftsführer jedoch zumindest eine Generalversammlung einberufen, in der ein neuer Geschäftsführer bestellt werden kann und den Zeitpunkt des Rücktritts so wählen, dass der Gesellschaft aus der Handlungsunfähigkeit kein Schaden entsteht.[680] Der Rücktritt zur Unzeit kann nämlich die Haftung des Geschäftsführers zur Folge haben.

Der Rücktritt ist gegenüber der Generalversammlung zu erklären und muss in der Tagesordnung angekündigt werden. Ist aus der Tagesordnung nicht (einwandfrei) erkennbar, dass der Geschäftsführer seinen Rücktritt erklären wird und sind nicht alle Gesellschafter erschienen, ist die Rücktrittserklärung unwirksam.[681] Sind hingegen sämtliche Gesellschafter anwesend, schadet ein Fehler in der Tagesordnung nicht. Außerhalb einer Generalversammlung muss der Rücktritt gegenüber jedem einzelnen Gesellschafter erklärt werden (vgl § 16a Abs 2 GmbHG). Wirksam wird die Rücktritts*erklärung* in der (ordentlich angekündigten) Generalversammlung sofort, bei Erklärung gegenüber den einzelnen Gesellschaftern dann, wenn die Rücktrittserklärung den letzten von ihnen erreicht hat.[682] Die 14-Tage-Frist, in der ein Rücktritt ohne wichtigen Grund wirksam wird, beginnt auch in diesem Moment zu laufen.[683]

In der Ein-Mann-GmbH ist der Rücktritt wegen Identität von Rücktritts-Erklärer und -Empfänger ein einfacher Beschluss, der aber wegen der Bescheinigungspflicht für die Eintragung ins Firmenbuch dokumentiert werden sollte.[684]

Hinweis

Für die Eintragung des Erlöschens der Vertretungsbefugnis im Firmenbuch muss der Zugang der Rücktrittserklärung bescheinigt werden (vgl § 17 Abs 2 GmbHG). Sinnvoll ist daher die Versendung der Rücktrittserklärung mit eingeschriebenem Brief,[685] weil die Vorlage des bzw der Postaufgabescheine/-s für das Firmenbuchgericht idR als Bescheinigung des Zugangs ausreicht.[686] Möglich ist es auch, eine schriftliche Bestäti-

678 RIS-Justiz RS 0059804.
679 OLG Wien 24.7.1998, 28 R 61/98s.
680 Vgl *Ratka* in *Straube/Ratka/Rauter*, WK GmbHG § 16 a Rz 7 mwN (Stand 1.8.2013, rdb.at).
681 Vgl *Szöky*, Der Geschäftsführer-Rücktritt aus Sicht der Firmenbuchpraxis, GeS 2003, 155 (156).
682 Vgl *N. Arnold* in *Gruber/Harrer*, GmbHG² § 16a Rz 17.
683 Vgl *Koppensteiner/Rüffler*, GmbHG³ § 16a Rz 8.
684 Vgl *Koppensteiner/Rüffler*, GmbHG³ § 16a Rz 4.
685 Vgl *N. Arnold* in *Gruber/Harrer*, GmbHG² § 16a Rz 11.
686 *Weigand*, NZ 2003/23, 65 (87 f), der auf die abweichende Ansicht mancher Firmenbuchgerichte hinweist, die ausdrücklich eine Übernahmebestätigung als Bescheinigungsmittel verlangen, zB OLG Wien 10.1.2003, 28 R 147/02x GES 2003, 158.

gung[687] durch die Gesellschafter über den mündlich erklärten Rücktritt, oder das Generalversammlungsprotokoll beim Firmenbuchgericht vorzulegen.[688] Die Bescheinigungsmittel sind – anders als bei der Bestellung – nicht zu beglaubigen (Umkehrschluss aus § 17 Abs 1 GmbHG, wo dies eben nur für Bestellung oder Änderung der Vertretungsbefugnis gefordert wird). Auch der wirksam zurückgetretene Geschäftsführer kann die Löschung seiner Vertretungsbefugnis im Firmenbuch beantragen (unter Vorlage der oben beschriebenen Bescheinigungen des Rücktritts).[689] So kann er selbst den Firmenbuchbestand richtigstellen und ist nicht auf seine ehemaligen Geschäftsführer-Kollegen oder die neuen Geschäftsführer angewiesen.

Gem § 16a Abs 2, 2. Satz GmbHG muss der Geschäftsführer auch seine Geschäftsführer-Kollegen und allenfalls den Aufsichtsratsvorsitzenden von seinem Rücktritt verständigen. Unterbleibt diese Verständigung, berührt dies nicht die Wirksamkeit des Rücktritts,[690] der Geschäftsführer haftet aber für allfällige Schäden, die der Gesellschaft durch sein Versäumnis entstehen.[691]

Nicht immer muss die Beendigung des Mandats ein einseitiger Akt sein bzw auf der Initiative nur einer der Parteien basieren: die **einvernehmliche Beendigung des Mandats** (die wohl meist auch mit jener des Anstellungsverhältnisses verbunden wird) ist zulässig.[692] Die Gesellschaft und der Geschäftsführer können so von den gesetzlichen oder vertraglichen Beendigungsfristen abgehen und auch eine sofortige Mandatsbeendigung beschließen, wenn gar kein wichtiger Grund für den Rücktritt vorliegt. Dazu ist freilich die Zustimmung der Gesellschafter einerseits (Generalversammlung oder Umlaufbeschluss) und des Geschäftsführers anderseits notwendig, wobei bei Gesellschafter-Geschäftsführern diese beiden Willenserklärungen zusammenfallen: Der Gesellschafterbeschluss über die einvernehmliche Beendigung des Mandats beinhaltet sowohl die Zustimmung der Gesellschaft, die in der Regel mit einfacher Mehrheit entscheidet, als auch die Zustimmung des Gesellschafter-Geschäftsführers, der beim Beschluss über die eigene Mandatsbeendigung gem § 39 Abs 5 GmbHG stimmberechtigt ist.

Bei einem Gesellschafter-Geschäftsführer mit Sonderrecht auf Geschäftsführung ist ein Beschluss mit satzungsändernder Mehrheit erforderlich (§ 50 GmbHG: drei Viertel) und für die Wirksamkeit muss der Beschluss notariell beurkundet und ins Firmenbuch eingetragen werden (§ 49 GmbHG).

687 Vgl *N. Arnold* in *Gruber/Harrer*, GmbHG[2] § 17 Rz 38.
688 Vgl zu den verschiedenen Bescheinigungsmitteln ausführlich *Szöky*, GeS 2003, 155 (156 f); *Weigand*, NZ 2003/23, 65 (87 ff); *N. Arnold* in *Gruber/Harrer*, GmbHG[2] § 17 Rz 38.
689 Vgl *Runggaldier/G. Schima*, Manager-Dienstverträge[4] 145.
690 *Umfahrer*, GmbHG[6] Rz 211.
691 *N. Arnold* in *Gruber/Harrer*, GmbHG[2] § 16a Rz 13.
692 Vgl *N. Arnold/Pampel* in *Gruber/Harrer*, GmbHG[2] § 16 Rz 73.

2.1.4. Sonstige Mandatsbeendigungsgründe

2.1.4.1. Vorläufige Beendigung durch Suspendierung

Bei Geschäftsführern, deren Abberufung auf wichtige Gründe beschränkt ist, kann manchmal die Schwierigkeit für die Gesellschafter darin liegen, zu beurteilen, ob tatsächlich ein wichtiger Grund für die Abberufung vorliegt. Wenn der Sachverhalt noch nicht ausreichend geklärt ist, ist es für die Gesellschaft uU riskant, den Geschäftsführer nur auf Verdacht abzuberufen – einerseits, weil damit die Gesellschaft vielleicht ohne Grund eine gute Führungskraft verliert, andererseits weil die unberechtigte Abberufung und die wohl meistens damit verbundene Entlassung aus dem Anstellungsvertrag Schadenersatzpflichten (insb die Kündigungsentschädigung) der Gesellschaft zur Folge hat, wenn sich der wichtige Grund im Anfechtungsverfahren nicht beweisen lässt.[693] Wird der Geschäftsführer ohne wichtigen Grund abberufen, aber nicht entlassen, hat er die Möglichkeit, das Dienstverhältnis seinerseits vorzeitig durch Austritt zu beenden und behält so seine Ansprüche während der gesamten Kündigungsfrist bzw bis zum Ablauf der Vertragslaufzeit.[694]

Die hM bejaht für solche Fälle die Zulässigkeit der vorläufigen Amtsenthebung durch Suspendierung.[695] Die Suspendierung ist nur eine vorläufige Maßnahme, die bis zur Klärung des Sachverhalts (der Vorwürfe) aufrechterhalten werden sollte. Sie bezieht sich nur auf die Geschäftsführungsbefugnis, nicht jedoch auf das Außenverhältnis – die Vertretungsbefugnis des Geschäftsführers bleibt somit während der Suspendierung aufrecht.[696] Da es sowohl im Interesse der Gesellschaft als auch des betroffenen Geschäftsführers ist, die Umstände möglichst rasch zu klären (der Geschäftsführer ist nämlich weiterhin Organmitglied mit den damit zusammenhängenden Pflichten, darf aber keine Geschäftsführungsmaßnahmen setzen), sollte die Suspendierung nicht zu lange aufrechterhalten werden. Je nach Komplexität des zu klärenden Sachverhaltes sind wohl meist ein paar Wochen ausreichend. Eine Suspendierung von der Dauer etwa eines Monats[697] ist nach Ansicht von Vertretern der Lehre unproblematisch, mehr als drei Monate dürften nur in Ausnahmefällen zulässig sein.[698]

---

693 Vgl *Runggaldier/G. Schima*, Manager-Dienstverträge^4 146 mwN; *N. Arnold/Pampel* in *Gruber/Harrer*, GmbHG^2 § 16 Rz 79.

694 Vgl *Ratka* in *Straube/Ratka/Rauter*, WK GmbHG § 16 a Rz 66 mwN (Stand 1.8.2013, rdb.at).

695 Vgl *Koppensteiner/Rüffler*, GmbHG^3 § 16 Rz 17; *Reich-Rohrwig*, GmbH-Recht I^2 Rz 2/609; *Ratka* in *Straube/Ratka/Rauter*, WK GmbHG § 16 a Rz 66 (Stand 1.8.2013, rdb.at); offenlassend, aber mit erkennbarer Präferenz für die Zulässigkeit (bei der AG) OGH 3.2.2005, 2 Ob 285/04g ecolex 2005/242.

696 Vgl *Krejci*, Gesellschaftsrecht I (2005) 116.

697 Vgl für die AG *G. Schima* in *Kalss/Kunz*, Handbuch Aufsichtsrat^2 Rz 17/198; *G. Schima*, Der Aufsichtsrat als Gestalter des Vorstandsverhältnisses Rz 512; für Deutschland zB *Mertens/Cahn* in Köln-Komm AktG II/1^3 § 84 Rz 189.

698 Vgl *G. Schima*, Gestaltungsfragen bei Vorstandsverträgen in der AG, ecolex 2006, 452 (457).

Die Suspendierung ist wie die Abberufung des Geschäftsführers von den Gesellschaftern (in der Generalversammlung oder per Umlaufbeschluss) zu beschließen. Manche Vertreter der Lehre befürworten die Möglichkeit, die Suspendierungsbefugnis dem Aufsichtsrat zu übertragen.[699]

Auch bei Geschäftsführern, deren Abberufung nicht an wichtige Gründe gekoppelt ist, ist die Suspendierung zulässig und in manchen Situationen sinnvoll. Die Suspendierung muss dann nicht besonders begründet sein.[700]

Wird ein Geschäftsführer aus völlig fadenscheinigen oder diskriminierenden Gründen suspendiert oder die Suspendierung unberechtigt über die Grenze des Zumutbaren aufrechterhalten, kann er sich dagegen wehren, indem er seinen Rücktritt erklärt und aus dem Anstellungsvertrag mit sofortiger Wirkung austritt.[701]

Abgesehen davon kann nur ein Gesellschafter-Geschäftsführer, dessen Abberufung nur aus wichtigem Grund zulässig ist, die Suspendierung bekämpfen:[702] Mit Klage gem § 41 GmbHG kann er geltend machen, dass nicht einmal Verdachtsmomente für eine Abberufung aus wichtigem Grund vorliegen.

2.1.4.2. Andere Beendigungsarten

Das Mandat des Geschäftsführers endet auch mit Eintritt der auflösenden Bedingung und mit Ablauf der Befristung der Bestellung.[703]

Verliert der Geschäftsführer zB wegen einer psychischen Erkrankung die Geschäftsfähigkeit, die gem § 15 Abs 1 GmbHG eine Bestellungsvoraussetzung ist, endet das Mandat automatisch.[704]

Von der Insolvenz des Geschäftsführers oder der Gesellschaft wird das Mandat nicht berührt;[705] wird die Gesellschaft aber nach Liquidation gelöscht, erlöschen auch die Mandate der Geschäftsführer (bzw Liquidatoren).[706]

---

699 Vgl *Runggaldier/G. Schima*, Manager-Dienstverträge[4] 146; *Koppensteiner/Rüffler*, GmbHG[3] § 16 Rz 17; *Geppert*, GmbH-Novelle BGBl 1980/320: Zweifelsfragen im Zusammenhang mit dem Aufsichtsrat, GesRZ 1984, 84; *Ratka* in *Straube/Ratka/Rauter*, WK GmbHG § 16 a Rz 66 (Stand 1.8.2013, rdb.at) ist hingegen der Ansicht, dass der AR primär die Pflicht hat, die Generalversammlung einzuberufen.

700 Vgl *Runggaldier/G. Schima*, Führungskräfte 189.

701 Vgl *Koppensteiner/Rüffler*, GmbHG[3] § 16 Rz 17; *Runggaldier/G. Schima*, Manager-Dienstverträge[4] 146.

702 So zumindest *Runggaldier/G. Schima*, Manager-Dienstverträge[4] 147 und auch schon *Runggaldier/G. Schima*, Führungskräfte 189.

703 Vgl *Ratka* in *Straube/Ratka/Rauter*, WK GmbHG § 16 a Rz 62 (Stand 1.8.2013, rdb.at); *Koppensteiner/Rüffler*, GmbHG[3] § 16 Rz 32.

704 Vgl OGH 28.11.2000, 1 Ob 137/00d wbl 2001, 281; *Koppensteiner/Rüffler*, GmbHG[3] § 15 Rz 15.

705 Vgl *Ratka* in *Straube/Ratka/Rauter*, WK GmbHG § 16 a Rz 64 (Stand 1.8.2013, rdb.at).

706 Vgl *Umfahrer*, GmbHG[6] Rz 809.

Geht die Gesellschaft auf andere Weise unter und verliert ihre Rechtspersönlichkeit, was zB bei der formwandelnden Umwandlung einer GmbH in eine AG[707] und bei Verschmelzungen durch Aufnahme oder Neugründung[708] bei der übertragenden Gesellschaft der Fall ist, erlöschen mit ihr auch die Mandate der Geschäftsführer.

2.2. Der Anstellungsvertrag des Geschäftsführers

Wie im vorherigen Kap 2.1. bereits erwähnt, werden die arbeitsrechtlichen Komponenten der Geschäftsführertätigkeit meist in einem eigenen Vertrag geregelt, dessen Bestand grundsätzlich vom Bestand des Mandates zu trennen ist.[709] Es besteht keine Verpflichtung zum Abschluss eines Anstellungsvertrages;[710] die wichtigsten Rechte und Pflichten des Geschäftsführers ergeben sich bereits aus dem GmbH-Gesetz und können durch schuldrechtliche Vereinbarung gar nicht wirksam abgeändert werden.[711] Grundsätzlich ist außerdem von der Entgeltlichkeit der Geschäftsführungstätigkeit auszugehen.[712] Doch wird in Anstellungsverträgen wesentlich mehr geregelt als nur das Entgelt: Aspekte wie Arbeitszeit, Urlaub, Pension, Nebentätigkeiten oder die D&O Versicherung sind typischerweise Gegenstand der Vereinbarung. Die meisten Geschäftsführer und Gesellschaften werden daher – schon aus Beweisgründen – auf einen schriftlichen Vertrag bestehen.

Dabei ist es nicht nötig, dass der Anstellungsvertrag mit derselben Gesellschaft abgeschlossen wird, in der der Geschäftsführer Organmitglied ist (siehe zur sog Drittanstellung Pkt 2.2.1.2.).

2.2.1. Abschluss des Anstellungsvertrages

2.2.1.1. Zuständiges Organ

Das GmbHG regelt die Entscheidungs- und Vertretungsbefugnis der Gesellschaft für den Abschluss des Anstellungsvertrages mit dem Geschäftsführer nicht. Wie die Bestellung des Geschäftsführers und wegen des engen Zusammenhangs der beiden Rechtsakte liegt auch der Abschluss des Anstellungsvertrages grundsätzlich in der Kompetenz der Gesellschafter.[713]

707 Vgl §§ 245 ff AktG. Die umgewandelte Gesellschaft verliert ihre Rechtspersönlichkeit auch bei der Übertragung des Unternehmens auf den Hauptgesellschafter oder der Umwandlung in eine Personengesellschaft gem den Bestimmungen des Umwandlungsgesetztes.

708 Vgl §§ 96 ff GmbHG. Hier geht/gehen die übertragende/-n Gesellschaft/-en unter. Vgl zu diesen Umgründungsvorgängen und den Auswirkungen auf Mandat und Anstellungsvertrag ausführlich *G. Schima*, Umgründungen im Arbeitsrecht (2004) 221 f.

709 *Nowotny* in *Kalss/Nowotny/Schauer*, Gesellschaftsrecht² Rz 4/152.

710 Vgl zur AG *Runggaldier/G. Schima*, Führungskräfte 65 f; *G. Schima* in *Kalss/Kunz*, Handbuch Aufsichtsrat² Rz 17/72; *G. Schima*, Der Aufsichtsrat als Gestalter des Vorstandsverhältnisses Rz 150.

711 Vgl *Neumayr* in *Gruber/Harrer*, GmbHG², Anh § 15: AR, Rz 2; *Koppensteiner/Rüffler*, GmbHG³ § 15 Rz 19.

712 Vgl *Runggaldier/G. Schima*, Führungskräfte 90 ff; *Reich-Rohrwig*, GmbH-Recht I² Rz 2/91.

713 Vgl *Koppensteiner/Rüffler*, GmbHG³ § 15 Rz 21 mwN; *Harrer*, Abberufung des Geschäftsführers und Beendigung des Anstellungsverhältnisses, wbl 2000, 255 (256).

Die Gesellschafter können nach hA diese Kompetenz im Gesellschaftsvertrag oder per Beschluss generell einem anderen Organ – etwa dem Aufsichtsrat – übertragen.[714] Bei der Bestellung des Geschäftsführers wird diese Möglichkeit hingegen verneint. Es ist auch zulässig, dass die Gesellschafter per Beschluss eine (oder mehrere) Person/-en (zB den HR Leiter der Muttergesellschaft) rechtsgeschäftlich zum Abschluss des Anstellungsvertrages bevollmächtigen.[715]

Soll der Abschluss des Anstellungsvertrages mit einem Gesellschafter-Geschäftsführer von der Generalversammlung beschlossen werden, stellt sich die Frage, ob der betroffene Gesellschafter bei der Abstimmung stimmberechtigt ist oder nicht. Einerseits bestimmt § 39 Abs 4 GmbHG, dass Gesellschafter bei Beschlüssen ihr Stimmrecht nicht ausüben dürfen, wenn ihnen mit dem Beschluss ein Vorteil zugewendet wird oder sie von einer Verpflichtung befreit werden. Sie dürfen außerdem bei Beschlüssen nicht mitstimmen, die ein Rechtsgeschäft oder die Einleitung oder Erledigung eines Rechtsstreites zwischen Gesellschaft und dem Gesellschafter zum Inhalt haben. Für die Bestellung oder Abberufung eines Gesellschafters zum Geschäftsführer, Aufsichtsratsmitglied oder Liquidator gilt das Stimmverbot jedoch ausdrücklich nicht (§ 39 Abs 5 GmbHG), obwohl auch hier ein Eigeninteresse des betroffenen Gesellschafters auf der Hand liegt.

Die Lehre vertritt überwiegend die Ansicht, dass der Gesellschafter-Geschäftsführer auch bei Beschlüssen über seinen Anstellungsvertrag stimmberechtigt ist, weil der Gesetzgeber bei der damit sehr eng verbundenen Thematik der Bestellung zum Geschäftsführer in § 39 Abs 5 GmbHG eine explizite Ausnahme vom Stimmverbot gemacht hat.[716] Die entgegengesetzte Ansicht besagt, dass der Gesellschafter-Geschäftsführer nur dann stimmberechtigt ist, wenn das gesamte Entgelt im Anstellungsvertrag angemessen ist und somit ein Interessenkonflikt/eine Befangenheit des Geschäftsführers ausscheidet.[717] Dieses Kriterium ist uE nicht geeignet, um die Frage der Stimmrechtsausübung für den betroffenen Gesellschafter-Geschäftsführer zu klären, weil der Begriff der Angemessenheit einen weiten Beurteilungsspielraum offenlässt. Davon die Zulässigkeit der Stimmrechtsausübung eines Gesellschafters abhängig zu machen, ist nicht praktikabel.

Der OGH hat in einer Entscheidung aus 2010[718] der letztgenannten Lehrmeinung eine Absage erteilt, indem er klarstellte, dass es bei der Abstimmung der Gesellschafter über ein Rechtsgeschäft der Gesellschaft mit einem Gesellschafter-Geschäftsführer nicht darauf ankommt, ob das Rechtsgeschäft vorteilhaft oder

714 Vgl *Nowotny* in *Kalss/Nowotny/Schauer*, Gesellschaftsrecht² Rz 4/153; OGH 9 Ob A 130/05s wbl 2007, 89 mit Verweis auf *Koppensteiner*, GmbHG² (1999) § 15 Rz 21.

715 Vgl OGH 8 ObA 49/11f GeS 2011, 399, wo der OGH die Bevollmächtigung zweier Personen durch Gesellschafterbeschluss zur Kündigung des Anstellungsvertrages für zulässig erachtete.

716 Vgl *Nowotny* in *Kalss/Nowotny/Schauer*, Gesellschaftsrecht² Rz 4/153 Fn 59; *Harrer* in *Gruber/Harrer*, GmbHG² § 39 Rz 68; *Koppensteiner/Rüffler*, GmbHG³ § 15 Rz 21; *Straube/Ratka/Stöger/Völkl* in *Straube/Ratka/Rauter*, WK GmbHG § 15 Rz 57 (Stand 1.8.2013, rdb.at).

717 *Reich-Rohrwig*, GmbH-Recht I² Rz 2/93.

718 OGH 19.3.2010, 6 Ob 169/09k GES 2010, 77 (*Fantur*) = GesRZ 2010, 273 (*Thöni*).

nachteilig ist. Der betroffene Geschäftsführer darf sein Stimmrecht gem § 39 Abs 4 GmbHG in diesen Fällen nie ausüben. Auch wenn der vom OGH zu beurteilende Fall nicht den Anstellungsvertrag eines Gesellschafter-Geschäftsführers betraf, kann man aus der rechtlichen Begründung der Entscheidung ableiten, dass sämtliche Rechtsgeschäfte der Gesellschaft mit einem Gesellschafter dem Stimmverbot von § 39 Abs 4 GmbHG unterliegen. Das würde bedeuten, dass der Gesellschafter-Geschäftsführer bei der Abstimmung über seinen eigenen Anstellungsvertrag (Abschluss, Abänderungen, Verlängerungen) nicht mitstimmen darf.[719]

Aus dem Blickwinkel der Rechtssicherheit bei der Stimmrechtsausübung wäre diese klare Sichtweise zu begrüßen – gleichzeitig tun sich aber mit dem Auseinanderfallen der „Zuständigkeiten“ für Bestellung und Anstellung neue Problemfelder auf. So könnte zB ein (Mehrheits-)Gesellschafter sich zwar bei seiner Bestellung zum Geschäftsführer gegen die anderen Gesellschafter durchsetzen, weil er gem § 39 Abs 5 GmbHG mitstimmen darf, die übrigen Gesellschafter könnten die Geschäftsführung (wirtschaftlich) jedoch „vereiteln“, weil der Gesellschafter bei der Abstimmung über den eigenen Anstellungsvertrag sein Stimmrecht nicht ausüben darf. Auch wenn solche „Pattsituationen“ wohl durch Anfechtung der Gesellschafterbeschlüsse wegen Verletzung der Treuepflicht der Gesellschafter aufgelöst werden können,[720] wäre es uE sinnvoller, für Beschlüsse im Zusammenhang mit dem Anstellungsvertrag des Gesellschafter-Geschäftsführers § 39 Abs 5 GmbHG analog anzuwenden und dem betroffenen Gesellschafter-Geschäftsführer daher das Stimmrecht zu gewähren.

2.2.1.2. „Drittanstellung"

Es ist nicht unüblich, dass Manager in Konzernen nicht nur eine Organfunktion innehaben, sondern zB der Geschäftsführer oder das Vorstandsmitglied der Muttergesellschaft auch Geschäftsführungs- oder Vorstandsmandate in Tochtergesellschaften ausüben. Oft gehört die Übernahme von Organfunktionen in verbundenen Unternehmen zu den Aufgaben, zu denen sich der Geschäftsführer oder das Vorstandsmitglied der Muttergesellschaft dieser gegenüber vertraglich verpflichtet hat. Der Manager schließt also für die Funktion als Geschäftsführer in der Tochtergesellschaft keinen eigenen Anstellungsvertrag ab, sondern die arbeitsrechtlichen Komponenten sind für beide/alle Mandate im Anstellungsvertrag mit der Muttergesellschaft geregelt. Meist wird vereinbart, dass der Manager für die Organfunktionen in Konzernunternehmen keinen Anspruch auf gesonderte Vergütung hat, sondern diese Tätigkeiten vom Gehalt für die Haupttätigkeit (Organfunktion in der Muttergesellschaft) abgedeckt sind.[721]

719 Zu diesem Schluss gelangen auch *Reich-Rohrwig*, Bestellung und Anstellung des GmbH-Geschäftsführers, GeS 2011, 4 (9) und *Runggaldier/G. Schima*, Manager-Dienstverträge[4] 39.

720 Vgl *Reich-Rohrwig*, GeS 2011, 4 (9 f), der aus der Treuepflicht der Gesellschafter ableitet, dass sie „*im Interesse einer gedeihlichen und motivierten Arbeit des bestellten Geschäftsführers auch daran mitwirken müssen, die Rechtsgrundlage für seine Anstellung klarzustellen*“. Dem ist beizupflichten.

721 Vgl *Runggaldier/G. Schima*, Manager-Dienstverträge[4] 42.

Ein weiterer Fall von Drittanstellung ist die Bestellung eines (leitenden) Angestellten der Muttergesellschaft zum Geschäftsführer einer Tochtergesellschaft. Auch hier sind das Mandatsverhältnis und das Anstellungsverhältnis aufgespalten und bestehen zu unterschiedlichen Gesellschaften. Im Anstellungsvertrag sollte hier auf die speziellen Anforderungen der Tätigkeit als Geschäftsführer eingegangen und dem Angestellten ein gewisser Freiraum für die Wahrnehmung der damit verbundenen Aufgaben eingeräumt werden.[722] Der Angestellte wird je nach Tätigkeit zB mehr Dienstreisen machen müssen, jedenfalls wohl aber mehr Flexibilität von Arbeitszeit und Arbeitsort in Anspruch nehmen. Das Weisungsrecht der Vorgesetzten aus dem Anstellungsverhältnis zur Muttergesellschaft darf nicht die Befugnisse und Pflichten des Angestellten als Geschäftsführer einschränken. Verstoßen Bestimmungen aus dem Anstellungsvertrag gegen zwingendes Gesellschaftsrecht, sind sie nichtig,[723] bzw für die Dauer der Geschäftsführerfunktion nicht anwendbar.

Beispiele

Das Weisungsrecht der Gesellschafter darf nicht durch die Vereinbarung im Anstellungsvertrag des Geschäftsführers mit einer anderen Gesellschaft umgangen werden, wonach der Geschäftsführer die Weisungen seines Anstellungsvertragspartners vorrangig befolgen muss.

Der Geschäftsführer kann im Anstellungsvertrag nicht wirksam von gesetzlichen Pflichten der Geschäftsführer, wie zB zur Etablierung eines Rechnungswesens und IKS (§ 22 GmbHG) entbunden werden.[724]

Eine typische Konstellation der Drittanstellung ist auch in der GmbH & Co KG gegeben, wenn der Anstellungsvertrag des Geschäftsführers der Komplementär-GmbH mit der KG geschlossen wird. Nach der Rsp des OGH hat der Geschäftsführer der Komplementär-GmbH nämlich nur dann einen Entgeltanspruch gegen die Kommanditgesellschaft, wenn ein entsprechender Vertrag mit der KG besteht, was den Abschluss des Anstellungsvertrages mit einem Dritten (= der KG) für den GmbH-Geschäftsführer unerlässlich macht.[725]

In Österreich ist die Drittanstellung von Organmitgliedern von Lehre und Rsp anerkannt.[726] Fraglich und insb in der deutschen Lehre strittig ist, ob die Gesellschafter der Gesellschaft, die den Geschäftsführer bestellt hat, auch der Anstel-

722 *Runggaldier/G. Schima*, Manager-Dienstverträge^4 18.

723 Vgl *Resch*, Drittanstellung von Organpersonen und Arbeitsrecht, GesRZ 2005, 76 (78).

724 Vgl *Kleindiek* in *Lutter/Hommelhoff*, GmbH-Gesetz^{18} Anh zu § 6 Rz 11.

725 *Straube/Ratka/Stöger/Völkl* in *Straube/Ratka/Rauter*, WK GmbHG § 15 Rz 59 (Stand 1.8.2013, rdb.at); OGH 30.7.1996, 7 Ob 590/95 SZ 69/173.

726 Vgl *Runggaldier/G. Schima*, Führungskräfte 98 ff; *Reich-Rohrwig*, GmbH-Recht I^2 Rz 2/80; *Koppensteiner/Rüffler*, GmbHG^3 § 15 Rz 20; *Straube/Ratka/Stöger/Völkl* in *Straube/Ratka/Rauter*, WK GmbHG § 15 Rz 59 (Stand 1.8.2013, rdb.at); LGZ Wien 24.1.1935, 46 Cg 4/35 Arb 4542; 3.4.1967, 44 Cg 38/67 Arb 8404.

lung durch die Drittgesellschaft zustimmen müssen.[727] UE ist der Anstellungsvertrag mit der Drittgesellschaft nicht von der Zustimmung der Gesellschafter abhängig. Zwingende gesellschaftsrechtliche Vorschriften können durch den Anstellungsvertrag ohnehin nicht wirksam abgeändert werden und auch für die die Abweichung von dispositiven Bestimmungen des GmbH-Rechts, wie etwa die Erlaubnis von Nebentätigkeiten (§ 24 GmbHG), ist die Zustimmung der Gesellschaft notwendig, in der der Geschäftsführer die Organfunktion ausübt. Insofern überlagert das Gesellschaftsrecht den mit der anderen Gesellschaft geschlossenen Anstellungsvertrag.[728]

2.2.1.3. Anstellungsdauer

Weder über die Dauer der Bestellung (vgl Kap 2.1.1.2.) noch über die Dauer der Anstellung enthält das GmbH-Gesetz Vorgaben. Der Anstellungsvertrag kann auf bestimmte oder unbestimmte Zeit abgeschlossen werden.[729] Ist die Bestellung des Geschäftsführers auf eine bestimmte Zeit befristet, sollte der Anstellungsvertrag (sinnvollerweise) auf dieselbe Zeit befristet sein. Aber auch eine befristete Bestellung zum Geschäftsführer bei einem unbefristeten Anstellungsvertrag ist denkbar, zB wenn ein Manager oder auch ein leitender Angestellter der Konzernmuttergesellschaft mit dieser einen unbefristeten Anstellungsvertrag hat und für eine bestimmte Zeit befristet (auch) zum Geschäftsführer einer Tochtergesellschaft bestellt wird.

Befristete Anstellungsverträge enden mit Zeitablauf, dh die Parteien müssen keine Beendigungserklärung abgeben. Ein „automatisches" Ende findet der Anstellungsvertrag auch bei Tod des Geschäftsführers. Abgesehen von diesen Fällen kann der Anstellungsvertrag nur durch die Beendigungserklärung einer der Parteien (Kündigung, Entlassung oder Austritt) oder durch einvernehmliche Beendigung aufgelöst werden.

2.2.2. Auflösung des Anstellungsvertrages

Sofern die Abberufung nicht auf wichtige Gründe beschränkt ist (was nur bei Gesellschafter-Geschäftsführern zulässig ist), kann die Gesellschaft das Mandat stets ohne (wichtigen) Grund beenden. Auch der Geschäftsführer ist befugt gem § 16a Abs 1 GmbHG ohne wichtigen Grund mit einer 14-tägigen Frist seine Funktion zurückzulegen. Für die ordentliche Auflösung (Kündigung) des Anstel-

727 Für die Notwendigkeit der Zustimmung *Straube/Ratka/Stöger/Völkl* in *Straube/Ratka/Rauter*, WK GmbHG § 15 Rz 59 (Stand 1.8.2013, rdb.at); *Neumayr* in *Gruber/Harrer*, GmbHG[2] Anh § 15: AR Rz 28; ohne eigene Ansicht *Koppensteiner/Rüffler*, GmbHG[3] § 15 Rz 20; in D: für die Zustimmung *Kleindiek* in *Lutter/Hommelhoff*, GmbH-Gesetz[18] Anh zu § 6 Rz 9 mwN: Ohne Zustimmung der Gesellschaft sei der Anstellungsvertrag mit der Drittgesellschaft schwebend unwirksam; aA *U.H. Schneider/Sethe* in *Scholz*, GmbHG[10] § 35 Rz 193.

728 *Mazal*, Organmitglieder als überlassene Arbeitskräfte, ecolex 2001, 763.

729 Ausführlich dazu *Runggaldier/G. Schima*, Führungskräfte 83 f.

lungsvertrages ist ebenfalls **kein wichtiger Grund erforderlich**; es gelten die im Anstellungsvertrag vereinbarten Beendigungsmöglichkeiten (Kündigungsklauseln) oder mangels einer expliziten Regelung die gesetzlichen Regeln. Ist der Geschäftsführer Arbeitnehmer (siehe dazu Kap 2.2.3.1.), darf der Vertrag keine Beendigungsmöglichkeiten vorsehen, die ungünstiger sind als die Bestimmungen des Angestelltengesetzes[730] oder allenfalls eines anwendbaren Kollektivvertrages.

Unterliegt die Abberufung eines Gesellschafter-Geschäftsführers hingegen Beschränkungen (zB Abberufung nur aus wichtigem Grund), gelten diese Beschränkungen im Zweifel auch für die Beendigung des Anstellungsvertrages, sodass dessen Beendigung ebenso nur mit wichtigem Grund zulässig wäre.[731]

Sind sich die Parteien einig, kann das Vertragsverhältnis auch ohne Einhaltung von Kündigungsfristen und -terminen jederzeit einvernehmlich beendet werden.

Wie oben in Kap 2.1.2. geschildert, bewirkt wegen des Trennungsprinzips die Beendigung der Geschäftsführungsfunktion nicht automatisch auch das Ende des Anstellungsvertrages. Die Beendigung des Mandats bei aufrechtem Anstellungsvertrag kann in verschiedenen Konstellationen durchaus gewollt sein, zB wenn ein Mitarbeiter der Gesellschaft für einen bestimmten Zeitraum zum Geschäftsführer bestellt wird und später wieder seine ursprüngliche Position einnimmt oder eine Geschäftsführerin der Konzernmutter die Geschäftsführungsfunktion in einer Tochtergesellschaft zurücklegt und nur ihre Haupttätigkeit weiter ausübt. In anderen Situationen fallen das Ende des Mandats und jenes des Anstellungsvertrages aus rechtlichen Gründen auseinander, etwa wenn ein Geschäftsführer mit sofortiger Wirkung abberufen wird, aber kein wichtiger Grund für eine sofortige Auflösung des Anstellungsvertrages vorliegt. Dann läuft – je nach Vertragsgestaltung – der Anstellungsvertrag bis zum Ende der vertraglichen Befristung weiter oder die Vertragsparteien können unter Einhaltung der vertraglichen oder gesetzlichen Kündigungsfristen und Termine den Vertrag später kündigen.

Die umgekehrte Situation ist hingegen selten vorstellbar: der Geschäftsführer wird wohl kaum den Anstellungsvertrag trotz aufrechten Mandats kündigen und so auf die Gegenleistungen (Entgelt etc) seitens der Gesellschaft verzichten; und auch die Gesellschaft ist nicht berechtigt, den Anstellungsvertrag einseitig zu

730 Vgl *Neumayr* in *Gruber/Harrer*, GmbHG[2] Anh § 15: AR Rz 45, 56.

731 *Reich-Rohrwig*, GmbH-Recht I[2] Rz 2/122. Inwiefern dies auch bei Geschäftsführern gilt, deren Position nur mit erhöhten Mehrheitserfordernissen bei der Beschlussfassung über die Abberufung gesichert ist, ist fraglich, wenn man die oben in Kap 2.2.1.1. geschilderte Rsp des OGH bedenkt. Wenn Gesellschafter bei Abstimmungen über Rechtsgeschäfte zwischen ihnen und der Gesellschaft nicht stimmberechtigt sind, woraus uE wohl abzuleiten ist, dass auch das Stimmrecht bei Beschlüssen über den eigenen Anstellungsvertrag ausgeschlossen ist, dann darf der Gesellschafter-Geschäftsführer weder bei Abschluss noch bei Beendigung des Anstellungsvertrages mitstimmen und kann somit – trotz erhöhtem Beschlussquorums bei der Abberufung – eine Beendigung seines Anstellungsvertrages nicht verhindern. Dies ist ein weiterer Grund, der für die analoge Anwendung von § 39 Abs 5 GmbHG auf Fragen des Anstellungsvertrages spricht.

beenden und sich somit aus ihrer (Gegen-)Leistungspflicht zu befreien.[732] Entweder wird in solchen Fällen die Kündigung des Vertrages auch als Abberufung auszulegen sein, was jedoch im Einzelfall zu prüfen ist, oder der Geschäftsführer hat im Falle der Kündigung des Anstellungsvertrages durch die Gesellschaft das Recht, das Mandat aus wichtigem Grund sofort zurückzulegen, weil ihm nicht zugemutet werden kann, ohne vertragliche Gegenleistung tätig zu werden (siehe zum Rücktritt oben in Kap 2.1.3.).

Eine Beendigungserklärung von Geschäftsführer oder Gesellschaft sollte also sorgfältig formuliert sein, sodass kein Zweifel darüber besteht, ob nur der Anstellungsvertrag oder auch das Mandatsverhältnis aufgelöst werden soll. Im Zweifel ist eine Beendigung der Geschäftsführungsfunktion auch als Beendigung des Anstellungsvertrages zu sehen,[733] jedoch kommt es immer auf die Auslegung im Einzelfall an.

Während die einvernehmliche Auflösung des Anstellungsvertrages durch übereinstimmende Willenserklärungen zustande kommt, wird die einseitige Auflösung (Kündigung) des Vertrages wirksam, wenn die Auflösungserklärung dem Vertragspartner zugeht.

Beispiel

Der Geschäftsführer erhält einen eingeschriebenen Brief an seine Wohnadresse oder persönlich übergeben, oder die Kündigung wird ihm im Rahmen einer Generalversammlung oder von einer bevollmächtigten Person mündlich mitgeteilt.

2.2.2.1. Zuständiges Organ

Bei der Beendigung des Anstellungsvertrages ist zu unterscheiden:

Soll der Vertrag mit einem **aktuellen Geschäftsführer** (das gilt auch bei gleichzeitiger Beendigung des Mandats) aufgelöst werden, muss der Beendigungserklärung ein **Beschluss der Gesellschafter** zugrunde liegen.[734] Die Gesellschafter können aber so wie für den Abschluss des Anstellungsvertrages (siehe oben Kap 2.2.1.1.) die Kompetenz zur Beendigung im Gesellschaftsvertrag oder per Beschluss einem anderen Organ übertragen oder im Einzelfall eine Person zur Abgabe der Beendigungserklärung bevollmächtigen.[735]

732 Vgl *Eckert*, Abberufung 182, unter Verweis auf *Baums*, Der Geschäftsleitervertrag (1987) 351 ff.

733 *Neumayr* in *Gruber/Harrer*, GmbHG² Anh § 15: AR Rz 44 mwN.

734 Anders offenbar *Harrer* in *Gruber/Harrer*, GmbHG² § 39 Rz 75, der offenbar generell die Zuständigkeit für die Beendigung des Anstellungsvertrages der Geschäftsführung zuweist und nur dann die Gesellschafter befassen will, wenn kein Geschäftsführer zur Verfügung steht.

735 Vgl OGH 15.7.2011, 8 ObA 49/11f GeS 2011, 399, wo der OGH die Bevollmächtigung zweier Personen durch Gesellschafterbeschluss zur Kündigung des Anstellungsvertrages eines amtierenden Geschäftsführers für zulässig erachtete, jedoch offen ließ, ob eine generelle Delegation dieser Aufgabe zulässig sei.

Soll hingegen der Anstellungsvertrag eines **ehemaligen Geschäftsführers** beendet werden, fällt dies in die Kompetenz der aktuellen Geschäftsführung.[736]

Beispiele

Ein Arbeitnehmer der Gesellschaft wird interimistisch zum Geschäftsführer bestellt; ein Jahr nach Ablauf des Mandats wird der Anstellungsvertrag seitens der Gesellschaft, vertreten durch die Geschäftsführung, gekündigt.

Ein Fremdgeschäftsführer wird von der Generalversammlung ohne wichtigen Grund abberufen; der Anstellungsvertrag ist befristet und enthält keine Kündigungsklausel, weshalb er aufrecht bleibt. Nach ein paar Monaten entdeckt die Gesellschaft einen schweren Pflichtverstoß, den der ehemalige Geschäftsführer in der Vergangenheit setzte, und entlässt den ehemaligen Geschäftsführer unverzüglich aus dem Anstellungsvertrag. Auch hier obliegt die Beendigungserklärung der Gesellschaft den aktuellen Geschäftsführern.

Es ist umstritten, ob der betroffene Gesellschafter-Geschäftsführer bei Gesellschafterbeschlüssen über die Kündigung oder einvernehmliche Beendigung seines Anstellungsvertrages stimmberechtigt ist.[737] Im Sinne der oben zitierten OGH-Entscheidung[738] ist wohl das Stimmverbot gem § 39 Abs 4 GmbHG anwendbar, auch wenn uE eine analoge Anwendung von § 39 Abs 5 GmbHG und somit ein Stimmrecht des betroffenen Gesellschafters in allen Anstellungsvertragsfragen zu befürworten wäre. Bei der Beschlussfassung über die eigene Entlassung wird hingegen überwiegend angenommen, dass der betroffene Gesellschafter nicht stimmberechtigt ist (vgl Kap 2.2.2.2.).

Geht die Kündigung des Vertrages vom Geschäftsführer aus, muss er seine Auflösungserklärung an das für die Bestellung und den Abschluss des Anstellungsvertrages zuständige Organ richten.[739] In der Regel hat er sich also an die Gesellschafter zu wenden und kann entweder bei entsprechender Ankündigung in der Tagesordnung die Kündigung in der Generalversammlung aussprechen oder sie schriftlich an sämtliche Gesellschafter richten (vgl Kap 2.1.3. zum Rücktritt des Geschäftsführers gem § 16a GmbHG, dessen Bestimmungen hier wohl analog anzuwenden sind). Möchte hingegen ein ehemaliger Geschäftsführer den noch aufrechten Anstellungsvertrag mittels Kündigung beenden, so hat er – im Einklang mit dem oben Gesagten – die Erklärung an die aktuelle Geschäftsführung und nicht an die Gesellschafter zu richten.

736 OGH 29.3.2001, 8 ObA 44/01f SZ 74/59, RS 0115143; aA bzw differenzierter *Fantur/Zehetner*, Nochmal: zur Beendigung des Anstellungsverhältnisses des GmbH-Geschäftsführers, ecolex 1998, 918.

737 Vgl *Neumayr* in *Gruber/Harrer*, GmbHG², Anh § 15: AR Rz 49; für die Stimmberechtigung wohl *Ratka* in *Straube/Ratka/Rauter*, WK GmbHG § 16 Rz 77 (Stand 1.8.2013, rdb.at).

738 Vgl Kap 2.2.1.1., OGH 19.3.2010, 6 Ob 169/09 k GES 2010, 77 (*Fantur*) = GesRZ 2010, 273 (*Thöni*).

739 Vgl *Neumayr* in *Gruber/Harrer*, GmbHG², Anh § 15: AR Rz 51.

2.2.2.2. Auflösung aus wichtigem Grund

Der (befristete oder unbefristete) Anstellungsvertrag kann sowohl von der Gesellschaft als auch vom Geschäftsführer **aus wichtigem Grund** und **mit sofortiger Wirkung** aufgelöst werden. Dieses außerordentliche Auflösungsrecht gilt bei Dauerschuldverhältnissen unabhängig von einer vertraglichen Verankerung[740] und kann auch nicht generell vertraglich ausgeschlossen werden.[741] Bei dieser Art der Auflösung verliert also entweder die Geschäftsführerin mit sofortiger Wirkung sämtliche Entgeltansprüche für die Zukunft (berechtigte Entlassung), oder der Gesellschaft geht bei berechtigtem Austritt sofort die Arbeitskraft des Geschäftsführers verloren, wobei sie weiterhin die finanziellen Ansprüche erfüllen muss.

Was ein wichtiger Grund für die Auflösung ist, richtet sich danach, ob der Umstand es der Vertragspartei **unzumutbar** macht, das Vertragsverhältnis weiter aufrechtzuhalten. Die Unzumutbarkeit ist nach **objektiven Gesichtspunkten** zu beurteilen;[742] es kommt auch nicht darauf an, wie lange das Arbeitsverhältnis noch dauert oder wie viel Zeit bis zum nächsten ordentlichen Beendigungstermin verstreichen würde.[743]

Bei Geschäftsführern, die Arbeitnehmer sind, enthält das Angestelltengesetz einen Katalog von Entlassungs- und Austrittsgründen (vgl §§ 26, 27 AngG, zB Untreue im Dienst, Vertrauensunwürdigkeit, Verstoß gegen das Wettbewerbsverbot des § 7 AngG, ungebührliche Schmälerung des Entgelts durch die Gesellschaft etc). Dieser Katalog ist demonstrativ, dh dass auch darin nicht genannte Umstände Entlassungsgründe sein können, sofern sie nach objektiven Kriterien eine Weiterbeschäftigung unzumutbar machen.[744]

Für freie Dienstnehmer (siehe zur Unterscheidung Kap 2.2.3.1.) gilt derselbe Grundsatz (die ständige Rsp wendet die §§ 1162–1162d ABGB analog an):[745] § 1162 ABGB nennt jedoch keine Gründe, sondern die Generalklausel, dass die Vertragspartner nur aus wichtigem Grund den Vertrag mit sofortiger Wirkung auflösen können. Im Wesentlichen entsprechen die Auflösungsgründe des ABGB jenen des Angestelltengesetzes.

Es ist auch möglich, im Anstellungsvertrag wichtige Gründe zu vereinbaren, die die Entlassung oder den Austritt rechtfertigen, doch sind solche Vereinbarungen

740 So schon *G. Schima*, Zulässigkeit von Treuepflichtklauseln in Pensionsverträgen innerhalb und außerhalb der Geltung des Betriebspensionsgesetzes (Teil I), JBl 1993, 430 (496) mwN.

741 Vgl *Runggaldier/G. Schima*, Führungskräfte 195f; *Pfeil* in *Schwimann/Kodek*, ABGB[4] V (2014) § 1162 Rz 4.

742 *Neumayr* in *Kletečka/Schauer*, ABGB-ON[1.02] § 1162 Rz 26 mwN; RIS-Justiz RS 0028673.

743 RIS-Justiz RS 0028999, RS 0029013.

744 Vgl *Neumayr* in *Kletečka/Schauer*, ABGB-ON[1.02] § 1162 Rz 27.

745 Vgl *Neumayr* in *Gruber/Harrer*, GmbHG[2] Anh § 15: AR Rz 46 mwN; OGH 25.6.2003, 9 ObA 15/03a wbl 2004, 89, RIS-Justiz RS 0028558.

nur wirksam, wenn die gewählten Gründe denselben Schweregrad aufweisen wie die gesetzlichen Gründe, also die Weiterbeschäftigung nach objektiven Kriterien unzumutbar machen. Der vertragliche Verzicht auf die Geltendmachung von solchen objektiven Gründen ist nur von Seiten des Arbeitgebers, nicht aber auf Seiten des Arbeitnehmers (Geschäftsführer) zulässig.[746]

Wichtige Gründe für die Vertragsauflösung können ein Verschulden des Vertragspartners voraussetzen oder verschuldensunabhängig sein.

Beispiele

Krankheit ist ein Austrittsgrund für den Geschäftsführer, wenn sie zu einer dauernden Verhinderung führt (verschuldensunabhängig, vgl § 26 Z 1 AngG), aber kein Entlassungsgrund für die Gesellschaft.

Lang andauernde Dienstverhinderung wegen einer Freiheitsstrafe ist ein (verschuldeter) Entlassungsgrund (vgl § 27 Z 5 AngG).

Unberechtigte Vorenthaltung oder Reduktion des Entgelts berechtigt den Geschäftsführer zum Austritt (vgl § 26 Z 2 AngG).

Schwerwiegende Pflichtverletzungen des Geschäftsführers (zB Verstoß gegen Zustimmungsvorbehalte oder unberechtigtes Ignorieren von Weisungen der Gesellschafter) bedeuten einen verschuldeten Entlassungsgrund (vgl § 27 Z 1 und 4 AngG, Vertrauensunwürdigkeit bzw beharrliche Dienstverweigerung) und berechtigen die Gesellschaft auch zur Abberufung aus wichtigem Grund.

Die wichtigen Gründe für die Beendigung des Anstellungsvertrages müssen nicht immer mit den wichtigen Gründen für die Abberufung aus dem Mandat übereinstimmen: während es zB zulässig wäre, die Abberufung eines Gesellschafter-Geschäftsführers auf wichtige Gründe zu beschränken und als solchen Grund die nachhaltige (auch unverschuldete) wirtschaftliche Erfolgslosigkeit zu vereinbaren, würde dieser Grund die Entlassung aus dem Anstellungsvertrag nicht rechtfertigen.[747] Der Geschäftsführer schuldet aus dem Anstellungsvertrag nämlich nur eine sorgfältige Erfüllung seiner Aufgaben, nicht aber einen bestimmten wirtschaftlichen Erfolg. Sofern der Geschäftsführer daher nicht seine Pflichten verletzt, indem er zB riskante Geschäfte ohne angemessene Informationsgrundlage tätigt oder gar wider besseren Wissens Nachteile für die Gesellschaft in Kauf nimmt, berechtigt bloße wirtschaftliche Erfolglosigkeit die Gesellschaft nicht zur Entlassung.

Eine weitere Voraussetzung für die Auflösung des Vertrages aus wichtigem Grund ist, dass die Auflösung **unverzüglich** nach Kenntnis des Grundes ausgesprochen werden muss. Die Unverzüglichkeit ist ein Merkmal der Unzumut-

746 *Neumayr* in *Kletečka/Schauer*, ABGB-ON[1.02] § 1162 Rz 5.

747 Vgl *Mosler*, Arbeitsrechtliche Aspekte der Beendigung des Anstellungsverhältnisses des Geschäftsführers einer GmbH, wbl 2002, 49 (51).

barkeit: wartet der Auflösungsberechtigte trotz Kenntnis des Umstandes ohne besonderen Grund zu, deutet das darauf hin, dass die Weiterbeschäftigung offenbar doch nicht unzumutbar ist oder der Auflösungsberechtigte auf das Beendigungsrecht verzichtet hat.[748] Kein „schuldhaftes Zögern" des Auflösungsberechtigten bedeutet es hingegen, wenn der Sachverhalt unklar ist und daher für die Beurteilung des Auflösungsgrundes noch weitere Untersuchungen angestellt werden müssen.[749] Dieser Umstand muss dem Gegenüber aber erkennbar sein oder mitgeteilt werden, andernfalls geht das Auflösungsrecht eventuell unter, wenn der andere darauf vertraut, dass nach ein paar Tagen, die ohne Konsequenzen verstrichen sind, keine negativen Folgen mehr drohen. Es ist daher ratsam, sofort nach Kenntnis vom möglichen Auflösungsgrund dem Vertragspartner mitzuteilen, dass man den Sachverhalt prüft und sich sämtliche Schritte vorbehält.

Für die Rechtzeitigkeit der Entlassung seitens der Gesellschaft ist außerdem die Organisation der GmbH zu berücksichtigen: nachdem für die Entscheidung über die Vertragsbeendigung meist ein Kollegialorgan, nämlich die Gesellschafter oder der Aufsichtsrat zuständig ist, darf der Grundsatz der Unverzüglichkeit nicht überstrapaziert werden.[750] Es ist daher zulässig, nach den Bestimmungen des Gesellschaftsvertrages die Willensbildung des Kollegialorgans herbeizuführen, also eine Generalversammlung oder Aufsichtsratssitzung einzuberufen oder einen Beschluss im Umlaufwege zu fassen.

Die in Kap 2.2.2.1. geschilderte Zuständigkeit der Gesellschafter und die Delegierungsmöglichkeiten gelten auch für die Entlassungserklärung der Gesellschaft. Soll ein amtierender Gesellschafter-Geschäftsführer per Beschluss entlassen werden, also ein **wichtiger Grund** für die sofortige Vertragsauflösung geltend gemacht werden, ist er nach wohl überwiegender Ansicht **nicht berechtigt**, sein **Stimmrecht** auszuüben.[751] Andere wiederum halten die Ausübung des Stimmrechtes analog zu § 39 Abs 5 GmbHG für zulässig.[752]

2.2.2.3. Bekämpfung der Beendigung des Anstellungsvertrages

Nicht selten kommt es bei der Beendigung des Anstellungsvertrages zu Unstimmigkeiten zwischen Gesellschaft und Geschäftsführer, sei es, weil Uneinigkeit über Bonusansprüche und deren Berechnung vorherrscht, eine Kündigung frist- oder terminwidrig ausgesprochen wurde oder der Geschäftsführer der Meinung ist, die Entlassung aus dem Anstellungsvertrag sei nicht berechtigt.

748 Vgl *Pfeil* in *Schwimann/Kodek*, ABGB⁴ V § 1162 Rz 30 ff.

749 Vgl *Neumayr* in *Kletečka/Schauer*, ABGB-ON[1.02] § 1162 Rz 17 mwN.

750 Vgl *Neumayr* in *Gruber/Harrer*, GmbHG² Anh § 15: AR Rz 61 f; RIS-Justiz RS 0031789.

751 *Neumayr* in *Gruber/Harrer*, GmbHG² Anh § 15: AR Rz 49; *Harrer* in *Gruber/Harrer*, GmbHG² § 39 Rz 75 mwN aus der deutschen Lehre und Rsp; *Koppensteiner*, Zum sachlichen Anwendungsbereich der Stimmverbote nach § 39 Abs 4 GmbHG, wbl 2013, 61 (66); *Reich-Rohrwig*, GmbH-Recht I² Rz 2/661.

752 *Runggaldier/G. Schima*, Manager-Dienstverträge⁴ 153 f; *Runggaldier/G. Schima*, Führungskräfte 198.

Geschäftsführer haben nicht in vollem Ausmaß dieselben Möglichkeiten, gegen eine ungerechtfertigte Beendigung des Dienstverhältnisses vorzugehen, wie einfache Angestellte. Sie sind nämlich prinzipiell vom betriebsverfassungsrechtlichen Arbeitnehmerbegriff ausgenommen (siehe Kap 2.2.3.2.) und können daher eine von der Gesellschaft ausgesprochene Kündigung oder Entlassung nicht gem §§ 105, 106 ArbVG anfechten.[753] Geschäftsführern ist es also verwehrt, mit dem Argument die Rechtsunwirksamkeit der Kündigung oder Entlassung zu bewirken, dass die Beendigung sozial ungerechtfertigt ist oder ein in § 105 Abs 3 ArbVG aufgezähltes verpöntes Motiv[754] vorliegt. Das bedeutet jedoch nicht, dass ein Geschäftsführer gegen eine fehlerhafte oder ungerechtfertigte Auflösung des Anstellungsvertrages gar nicht (gerichtlich) vorgehen kann – ihm fehlt im Vergleich zu einfachen Angestellten nur die Möglichkeit, auf diese Weise den Fortbestand des Dienstverhältnisses zu erreichen.

Tipp:

Endet das Mandat des Geschäftsführers, bleibt der Anstellungsvertrag jedoch aufrecht, kann im Einzelfall der ehemalige Geschäftsführer wieder zu einem Arbeitnehmer iSv § 36 ArbVG werden. Sofern zB die ehemalige Geschäftsführerin nach Abberufung aus dem Mandat tatsächlich eine Tätigkeit[755] als normale Angestellte ausübt und diese Tätigkeit mindestens sechs Monate andauert, könnte sie eine dann ausgesprochene Kündigung oder Entlassung gem §§ 105 f ArbVG anfechten, weil sie dann (wieder) dem Schutz dieses Gesetzes unterliegt. Das ArbVG sieht nämlich eine sechsmonatige Wartefrist für die Anwendbarkeit der Bestimmungen über Kündigungs- und Entlassungsanfechtung vor. War ein Geschäftsführer schon vor seiner Bestellung Arbeitnehmer, beginnt nach der Rechtsprechung des OGH[756] die Sechsmonatsfrist nach Ende der Geschäftsführerfunktion neu zu laufen. Die Tätigkeit als einfacher Angestellter muss jedoch tatsächlich ausgeübt werden. Eine bloße Dienstfreistellung als Geschäftsführer bei Fortlaufen des Dienstvertrages macht den abberufenen Geschäftsführer hingegen nicht wieder zum Angestellten im Sinne des § 36 ArbVG.

Auch ein Geschäftsführer, gleich ob Angestellter oder freier Dienstnehmer, kann geltend machen, dass zB vertrags- oder gesetzeswidrig eine zu kurze Kündigungsfrist angenommen oder die Kündigung zum falschen Termin ausgesprochen wurde. Solche fehlerhaften Beendigungserklärungen führen zwar zur Auflösung des Anstellungsvertrages zu dem in der Erklärung genannten (falschen) Zeitpunkt, der Geschäftsführer hat jedoch Anspruch auf das Entgelt, das ihm bis zur ordnungsgemäßen Beendigung zugestanden wäre (**Kündigungsentschädigung**).[757]

753 *Neumayr* in *Gruber/Harrer*, GmbHG² Anh § 15: AR Rz 56.

754 ZB Kündigung wegen Beitritt zur Gewerkschaft, wegen Einberufung zum Präsenzdienst etc.

755 Der bloße aufrechte Bestand des Dienstverhältnisses des abberufenen und suspendierten Geschäftsführers reicht hingegen nicht aus, um Arbeitnehmereigenschaft zu begründen, vgl OGH 28.9.1988, 9 Ob A 208/88.

756 OGH 8 Ob A 28/11t ecolex 2011, 846.

757 Vgl *Atria* in *Kuras*, Handbuch Arbeitsrecht Kap. 11.1.5.3. (Stand 1.2.2018, rdb.at).

Auch bei einer ungerechtfertigten Entlassung, also dann, wenn tatsächlich keine Unzumutbarkeit der Weiterbeschäftigung vorlag, wird das Dienstverhältnis zwar mit dem Tag der Entlassung beendet, aber der Geschäftsführer hat Anspruch auf Zahlung jenes Entgelts, das die Gesellschaft ihm bis zur Beendigung des Dienstverhältnisses durch ordentliche Arbeitgeberkündigung hätte zahlen müssen (vgl § 29 AngG bzw § 1162b ABGB analog für freie Dienstnehmer). Solche Ansprüche müssen meist gerichtlich durchgesetzt werden, bei Arbeitnehmer- und arbeitnehmerähnlichen Geschäftsführern vor dem Arbeits- und Sozialgericht (siehe Kap 2.2.3.1. und 2.2.3.6.). Bekämpft ein Geschäftsführer seine Entlassung, dh begehrt er die Zahlung der Kündigungsentschädigung, ist die Gesellschaft behauptungs- und beweispflichtig für das Vorliegen eines Entlassungsgrundes.

In bestimmten Fällen kann jedoch auch ein Geschäftsführer die Unwirksamkeit der Beendigung seines Dienstverhältnisses geltend machen, dann nämlich, wenn diese sittenwidrig und somit nichtig war, aber auch wegen Diskriminierung aufgrund des Alters, des Geschlechts, der Religion und Weltanschauung uÄ. Solche Ansprüche werden unserer Erfahrung nach eher selten erhoben, sind aber manchmal sogar das einzige Mittel, mit dem sich ein Geschäftsführer gegen eine, seiner Meinung nach ungerechtfertigte, Auflösung des Anstellungsvertrages wehren kann.

Das **Gleichbehandlungsgesetz** regelt diverse Verbote der Diskriminierung iZm dem Arbeitsverhältnis, dh bei dessen Begründung und Beendigung, iZm Aufstiegschancen und Bezahlung etc. Mit Arbeitsverhältnis sind im Kontext des Gleichbehandlungsgesetzes sowohl richtige Arbeitsverhältnisse (siehe Kap 2.2.3.1.) gemeint, als auch Verträge mit arbeitnehmerähnlichen Personen (siehe Kap 2.2.3.6.). Das bedeutet, dass auch (Gesellschafter-)Geschäftsführer in einem freien Dienstverhältnis bei entsprechender wirtschaftlicher Abhängigkeit als arbeitnehmerähnliche Person den Schutz des Gleichbehandlungsgesetzes genießen.

Verboten ist die direkte und mittelbare Diskriminierung von Personen aufgrund bestimmter Merkmale:

- Geschlecht, wobei hierzu auch die Diskriminierung iZm Schwangerschaft oder Mutterschaft[758] sowie dem Familienstand[759] gehört,
- ethnische Zugehörigkeit,
- Religion oder Weltanschauung,
- Alter, und
- sexuelle Orientierung.

Personen dürfen also gem § 3 bzw 17 GlBG weder bei der Begründung des Arbeitsverhältnisses noch bei der Festsetzung des Entgelts, der Gewährung von Sozial-

758 *Windisch-Graetz* in *Neumayr/Reissner,* ZellKomm³ § 3 GlBG Rz 8 (Stand 1.1.2018, rdb.at).
759 *Windisch-Graetz* in *Neumayr/Reissner,* ZellKomm³ § 3 GlBG Rz 9ff (Stand 1.1.2018, rdb.at).

leistungen, Ausbildungsmaßnahmen, beruflichem Aufstieg, sonstigen Arbeitsbedingungen und bei der Beendigung des Arbeitsverhältnisses diskriminiert, dh aufgrund eines Merkmals, zB der sexuellen Orientierung, anders behandelt werden. Das Gesetz verbietet, die genannten Merkmale als Differenzierungskriterien heranzuziehen.[760] Irrelevant ist, ob die Diskriminierung gezielt erfolgte, vielmehr wird geprüft, ob eine Maßnahme objektiv diskriminierend wirkt, weil sie eben nur Personen betrifft, die ein bestimmtes Merkmal aufweisen.

Beispiel

Eine Diskrimierung des Alters und des Geschlechts ist es zB, wenn männliche Geschäftsführer von der Gesellschaft generell mit 65, Frauen hingegen schon mit 60 abberufen und gekündigt werden. Unzulässig wäre ebenso die Bestimmung in einem Anstellungsvertrag einer Geschäftsführerin, dass der Vertrag mit Erreichen des gesetzlichen Pensionsalters beendet wird, weil dieses bei Frauen immer noch unter dem Pensionsalter der Männer liegt.

Wenn also der/die GeschäftsführerIn der Ansicht ist, der Anstellungsvertrag wäre nur aus einem diskriminierenden Motiv heraus beendet worden, kann die Kündigung oder Entlassung bei Gericht angefochten, oder das Auslaufen eines befristeten Vertrages bei Gericht bekämpft werden, indem auf die Feststellung des unbefristeten Bestehens des Vertrages geklagt wird (vgl § 12 Abs 7 und § 26 Abs 7 GlBG). Im Gerichtsverfahren hat der Geschäftsführer das Vorliegen des diskriminierenden Motivs glaubhaft zu machen,[761] die Gesellschaft hingegen hat zu beweisen, dass bei objektiver Abwägung aller Umstände es wahrscheinlicher ist, dass ein anderes Motiv ausschlaggebend für die unterschiedliche Behandlung war.

Ziel der Klagen nach dem Gleichbehandlungsgesetz ist also der **aufrechte Bestand des Dienstverhältnisses**. Die Geschäftsführerin kann aber auch die Beendigung gegen sich gelten lassen und stattdessen Schadenersatz (also Entgeltansprüche) und eine **Entschädigung für die erlittene persönliche Beeinträchtigung** (vgl § 12 Abs 14 bzw § 26 Abs 14 GlBG) verlangen. Für die Geltendmachung gibt es kurze Fristen: nach § 15 Abs 1a und § 29 Abs 1a GlBG sind Klagen wegen Kündigungen, Entlassungen und Zeitablauf eines befristeten Vertrages binnen 14 Tagen ab Zugang bzw Zeitablauf gerichtlich einzubringen. Will die Geschäftsführerin stattdessen Schadenersatz, sind diese Ansprüche binnen sechs Monaten ab Zugang bzw Zeitablauf gerichtlich geltend zu machen.

760 *Windisch-Graetz* in *Neumayr/Reissner,* ZellKomm³ § 3 GlBG Rz 2 (Stand 1.1.2018, rdb.at).

761 Bei der Glaubhaftmachung ist das Beweismaß gegenüber dem Regelbeweis herabgesetzt, weil nur eine überwiegende Wahrscheinlichkeit gefordert ist, dh die Darstellung des Klägers wahrscheinlicher zutreffen muss, als jene der beklagten Partei (*Windisch-Graetz* in *Neumayr/Reissner,* ZellKomm³ § 12 GlBG Rz 16 [Stand 1.1.2018, rdb.at]).

Hinweis

Diskriminierend nach den Bestimmungen des GlBG ist es auch, wenn eine Person Ansprüche auf Gleichbehandlung beim Arbeitgeber geltend macht und aus diesem Grund gekündigt wird. Wenn also ein Geschäftsführer bei den Gesellschaftern anmerkt, dass er als einziger von vier Geschäftsführern zB keine variable Vergütung erhält, nur weil er eine andere ethnische Zugehörigkeit hat, oder die Geschäftsführerin sich gegen die Wegnahme von Zuständigkeitsbereichen in der Geschäftsordnung zur Wehr setzt, nachdem sie ein Kind bekommen hat, und die Person anschließend gekündigt wird, ist auch diese Beendigung des Arbeitsverhältnisses diskriminierend. Es handelt sich um den Unterfall der Beendigung des Arbeitsverhältnisses „wegen der nicht offenbar unberechtigten Geltendmachung von Ansprüchen nach diesem Gesetz" (siehe § 12 Abs 7 und § 26 Abs 7 GlBG). Voraussetzung für Ansprüche ist wie gesagt die Glaubhaftmachung des verpönten Motivs durch den Arbeitnehmer.

Auch der Zugang zu selbständiger Erwerbstätigkeit wird seit 2013 vom Gleichbehandlungsgesetz geschützt (vgl § 4 und § 18 GlBG). Ob damit ein maßgeblich beteiligter Gesellschafter-Geschäftsführer, dessen freier Dienstvertrag aus diskriminierenden Motiven beendet wird, auch gegen diese Kündigung vorgehen kann, ist fraglich. §§ 4 und 18, jeweils Z 3, GlBG verbieten nämlich die Diskriminierung bei der „*Gründung, Einrichtung oder Erweiterung eines Unternehmens sowie der Aufnahme jeglicher anderer Art von selbständiger Tätigkeit*". Da der Anstellungsvertrag (freilich nur in Verbindung mit der Bestellung zum Geschäftsführer) den Zugang des Gesellschafter-Geschäftsführers zu dessen selbständiger Tätigkeit als Geschäftsführer betrifft, ist eine Anwendung des Schutzes des GlBG durchaus denkbar.[762] Auch diskriminierende Regelungen im Gesellschaftsvertrag betreffend die Bestellung, Abberufung, Entlohnung oder auch den Ruhestand von Gesellschafter-Geschäftsführern könnten im Einzelfall einen Verstoß bedeuten.

In der rechtsanwaltlichen Praxis kommen einem manchmal Fälle der Beendigung von Geschäftsführer-Dienstverhältnissen unter, die zwar zu keinem der oben beschriebenen Gesetze passen, aber gegen die man dennoch wegen wahrgenommener grober Ungerechtigkeit rechtlich vorgehen möchte. Mögliche Anspruchsgrundlage bildet hier § 879 Abs 1 ABGB. Die guten Sitten ziehen als lückenfüllende Generalklausel[763] die allgemeine Grenze des zulässigen privatautonomen Handelns, nicht nur im Arbeitsrecht. Rechtsgeschäfte und andere Rechtshandlungen, wie die Ausübung von Gestaltungsrechten,[764] die **gegen ein gesetzliches Verbot oder die guten Sitten verstoßen**, sind **nichtig** (§ 879 Abs 1 ABGB).

762 Vgl dazu *Berka*, Geschlechterklauseln in Gesellschaftsverträgen und verfassungsrechtliche Diskriminierungsverbote, GES 2017, 347 (349 f).

763 *Graf* in *Kletečka/Schauer*, ABGB-ON$^{1.04}$ § 879 Rz 60 (Stand 1.10.2017, rdb.at).

764 *Graf* in *Kletečka/Schauer*, ABGB-ON$^{1.04}$ § 879 Rz 71 (Stand 1.10.2017, rdb.at).

Auch die Kündigung oder Entlassung eines Arbeitnehmers kann wegen Sittenwidrigkeit nichtig, also unwirksam sein, sodass das Dienstverhältnis weiterhin aufrecht ist. Sittenwidrig ist eine Kündigung insbesondere dann, wenn der Beweggrund der Kündigung gänzlich unsachlich und insbesondere aus Gründen des Persönlichkeitsschutzes zu missbilligen ist.[765] Die Rsp nennt hier als Motiv etwa das Religionsbekenntnis oder die politische Einstellung,[766] wobei beide Merkmale mittlerweile auch von den Verboten des Gleichbehandlungsgesetzes erfasst sind (II. Teil, Merkmale der Religion und Weltanschauung, wobei Letzteres auch politische Überzeugungen sein können). Letztlich sind auch die in § 105 Abs 3 ArbVG aufgelisteten verpönten Motive eine Konkretisierung von sittenwidrigen Gründen, auf die eine Vertragsbeendigung nicht gestützt werden darf. Sittenwidrig ist ein Verhalten, wenn die Interessenabwägung eine grobe Verletzung rechtlich geschützter Interessen ergibt, oder bei einer Kollision von Interessen ein grobes Missverhältnis zwischen den durch die Handlung geförderten und den durch sie verletzten Interessen vorliegt.[767]

Der Ausspruch einer Kündigung durch den Arbeitgeber, ausschließlich oder zumindest überwiegend, um dem Arbeitnehmer zu schaden, ist ebenfalls sittenwidrig.[768] In diese Fallgruppe wäre auch eine Kündigung/Entlassung einzuordnen, die der Arbeitgeber/die Gesellschaft bloß zu dem Zweck ausspricht, den Geschäftsführer finanziell oder psychisch in die Enge zu treiben oder „auszuhungern". Ebenso könnte eine Beendigungserklärung als sittenwidrig angesehen werden, die als **Retorsionsmaßnahme**, also als Vergeltung für ein Verhalten der Geschäftsführerin ausgesprochen wurde, etwa wenn diese rechtswidriges Verhalten der Gesellschafter aufzeigt oder sich weigert, gesetzeswidrige Weisungen der Gesellschafter zu befolgen. In Anlehnung an § 105 Abs 3 Z 1 lit i ArbVG kann auch eine Beendigungserklärung sittenwidrig sein, wenn sie nur erfolgt, weil der Geschäftsführer nicht offenbar unberechtigte Ansprüche gegenüber der Gesellschaft geltend macht.

In all diesen Konstellationen wird die Beurteilung der Sittenwidrigkeit jedoch eine reine Einzelfallbetrachtung sein und daher nicht verallgemeinerungsfähig. Die Rechtsprechung ist bei der Annahme der Sittenwidrigkeit – meist sicherlich zu Recht – sehr zurückhaltend. So verneinte der OGH[769] in einem Fall, in dem ein Dienstnehmer gekündigt und während (schließlich erfolgreicher) Anfechtung der Kündigung wiederholt hilfsweise entlassen worden war, die Sittenwidrigkeit dieser Eventualentlassung. Die Begründung lautete, dass die Eventualbeendigung eines Dienstverhältnisses zulässig sei, gerade wenn der Arbeitnehmer mit der

765 OGH8 ObA 25/02p RdW 2003/173, 213 = DRdA 2003, 177 = ASoK 2003, 278.
766 RIS-Justiz RS 0016680.
767 RIS-Justiz RS 0045886.
768 OGH 9 Ob A 76/94, RdW 1994, 359. Im konkreten Fall wurde die Sittenwidrigkeit der Kündigung verneint.
769 OGH 27.11.2012 8 Ob A 37/12t.

Anfechtung der ersten Beendigung durchdringt, aber zB die berücksichtigungswürdigen sozialen Gründe später weggefallen seien. Der Grundsatz der Kündigungsfreiheit hätte zur Folge, dass auch eine unberechtigte, grundlose Entlassung wirksam sei und der Arbeitgeber nur eine Entschädigung an den Arbeitnehmer leisten muss. Das Fehlen eines Entlassungsgrundes allein sei daher für die Sittenwidrigkeit der (wiederholten) Entlassung nicht ausreichend. Auch dass die Entlassung soziale Härten bewirken würde, sei nicht ausschlaggebend für die Sittenwidrigkeit.

Der klagende Arbeitnehmer muss bei Geltendmachen der Sittenwidrigkeit behaupten und beweisen,[770] dass die Beendigung allein aus unsachlichen Motiven erfolgte. Dieser Beweis ist oft (auch im konkreten Fall der zitierten OGH-Entscheidung aus 2012) schwer zu erbringen, weil der Arbeitgeber meist irgendeinen mit der Arbeitsleistung des Arbeitnehmers verbundenen Beendigungsgrund plausibel wird vorbringen können.

2.2.3. Arbeitnehmereigenschaft von Geschäftsführern

2.2.3.1. Arbeitsvertragsrechtliche Rechtslage

Geschäftsführer einer GmbH verfügen meist über einen Arbeitsvertrag oder einen freien Dienstvertrag; die konkrete Einstufung hängt vom Inhalt der getroffenen Vereinbarung ab.[771] Freier Dienstvertrag und Arbeitsvertrag haben gemein, dass der Geschäftsführer in einem Dauerschuldverhältnis die Erbringung von Diensten schuldet (anders als bei einem Werkvertrag, wo ein bestimmter Erfolg geschuldet wird).[772] Als Unterscheidungskriterium wird die **persönliche Abhängigkeit** des **Arbeitnehmers** gesehen, die beim freien Dienstnehmer fehlt. Während der Arbeitnehmer typischerweise Anordnungen des Arbeitgebers in Bezug auf Arbeitszeit, Ort und Arbeitsweise, sowie einer Kontrolle durch den Arbeitgeber unterworfen ist,[773] kann der freie Dienstnehmer den Ablauf und Umfang der Dienstleistung idR freier gestalten, ist weniger in den Betrieb des Arbeitgebers eingebunden, verfügt über eigene Arbeitsmittel oder kann sich vertreten lassen.[774]

Bei GmbH-Geschäftsführern ist die persönliche Abhängigkeit anhand der gesamten Rechtsbeziehung zur Gesellschaft zu prüfen, die sich aus dem Gesetz, dem Gesellschaftsvertrag und dem Anstellungsvertrag ergibt.[775] Besonderes Augenmerk ist dabei auf die Frage zu richten, ob dem Geschäftsführer verbindliche Weisungen

770 Vgl allgemein zur Behauptungs- und Beweislast bei behaupteter Sittenwidrigkeit RIS-Justiz RS 0016441.

771 Vgl OGH 9.11.1976, 4 Ob 69/76 Arb 9538 = ZAS 1978/8 (*Buchsbaum*); OGH 29.6.2005, 9 ObA 25/05z dRdA 2006, 324 (*Mayr*).

772 Vgl *Rebhahn* in in *Kletečka/Schauer*, ABGB-ON[1.03] § 1151 Rz 133.

773 Vgl OGH 29.9.1981, 4 Ob 45/81 Arb 10.055, RIS-Justiz RS 0021306.

774 Vgl zu den Abgrenzungskriterien im Allgemeinen *Pfeil* in *Schwimann/Kodek*, ABGB[4] V § 1151 Rz 30 ff; *Rebhahn* in *Kletečka/Schauer*, ABGB-ON[1.03] § 1151 Rz 97 ff.

775 VwGH 20.5.1980, 2397/79 Arb 9876.

erteilt werden können (zu den Möglichkeiten der Weisungsfreistellung vgl Kap 1.1.1.6.). Wenn der Geschäftsführer im Gesellschaftsvertrag oder im Anstellungsvertrag von der **Befolgung von Weisungen ausgenommen** ist, ist er **mangels Fremdbestimmung als freier Dienstnehmer** einzustufen.[776]

Bei Gesellschafter-Geschäftsführern ohne eine anstellungsvertragliche Weisungsfreistellung kommt es darauf an, ob sie einen **beherrschenden Einfluss**[777] auf die Beschlussfassung der Gesellschafter ausüben können. Wenngleich dieser beherrschende Einfluss sich nach Ansicht des OGH[778] auf die „für die persönliche Abhängigkeit wesentlichen Angelegenheiten" beziehen muss, stellt die Rsp im Ergebnis hauptsächlich auf die Beteiligungsverhältnisse unter den Gesellschaftern ab:[779] Kann der Gesellschafter-Geschäftsführer bei 100%iger oder Mehrheitsbeteiligung die Beschlussfassung der Gesellschafter allein beeinflussen oder auch mit einer geringeren Beteiligung mittels Sperrminorität oder Vetorechten in bestimmten Angelegenheiten Weisungsbeschlüsse gegen sich verhindern,[780] ist nach hL und Rsp ein beherrschender Einfluss zu bejahen. Folglich ist die persönliche Abhängigkeit des Gesellschafter-Geschäftsführers zu verneinen und er ist nicht Arbeitnehmer, sondern **freier Dienstnehmer**.

Der Einfluss richtet sich genau genommen nicht nach der Beteiligungsquote am Stammkapital, sondern nach der Mehrheit der mit der Beteiligung verbundenen Stimmrechte sowie nach den gesellschaftsvertraglichen Bestimmungen über die Mehrheitserfordernisse für bestimmte Beschlussinhalte.[781]

Die persönliche Abhängigkeit und somit die Arbeitnehmereigenschaft von Geschäftsführern rein von der Weisungsunterworfenheit abhängig zu machen ist genau genommen nicht unbedingt sachgerecht, weil Weisungen der Gesellschafter gem § 20 GmbHG üblicherweise sachlich und geschäftsbezogen und damit gerade keine persönlichen Weisungen sind.[782] Andererseits liegt auf der Hand, dass jemand, der aufgrund seiner Gesellschafterstellung oder des Anstellungsvertrages jede Art von Weisungen (also auch sachliche) verhindern kann, auch nie persönliche Weisungen erhalten und somit wohl nie in persönliche Abhängigkeit geraten kann.

776 Vgl *Neumayr* in *Gruber/Harrer*, GmbHG² Anh § 15: AR Rz 10 mwN.

777 Vgl zu diesem Begriff RIS-Justiz RS 0077381.

778 OGH 17.10.2002, 8 ObA 68/02m Arb 12.272.

779 Vgl ausführlich *Neumayr* in *Gruber/Harrer*, GmbHG² Anh § 15: AR Rz 14 f mwN.

780 Eine „Sperrminorität" in diesem Sinne liegt jedenfalls bei einer 50%igen Beteiligung des Geschäftsführers vor. Verlangt die Satzung der GmbH jedoch für Weisungsbeschlüsse eine qualifizierte Mehrheit, begründet schon eine entsprechend geringere Beteiligung des Geschäftsführers (zB > 25 % bei einer Dreiviertelmehrheit) eine Sperrminorität.

781 Das OLG Wien bezeichnete als ausschlaggebendes Element in einer jüngeren Entscheidung den „Einfluss auf die Willensbildung in der Generalversammlung" (der GF konnte Weisungen nicht verhindern), nicht den Anteil am Stammkapital (OLG Wien 29.6.2016, 9 Ra 138/15b GES 2016, 226). Das GmbH-Gesetz erlaubt auch eine ganz weitreichende Entkoppelung der Stimmrechte von den Kapitalanteilen, indem zB dem Gesellschafter A für je 100 € und dem Gesellschafter B für je 1.000 € eine Stimme zukommt. Vgl dazu ausführlich *Runggaldier/G. Schima*, Manager-Dienstverträge⁴ 6 f.

782 Vgl *G. Schima*, Die Sozialversicherungspflicht des Geschäftsführers einer GmbH, ZAS 1987, 121 (122 f); *Runggaldier/G. Schima*, Führungskräfte 12 ff.

Zusammenfassung:

- Hauptberuflich tätige Fremdgeschäftsführer ohne Weisungsfreistellung sind Arbeitnehmer.[783]
- Gesellschafter-Geschäftsführer, deren Beteiligung oder Stimmrechte den oben beschriebenen beherrschenden Einfluss vermitteln, sind freie Dienstnehmer.[784]
- Gibt es keine Weisungsfreistellung und keinen beherrschenden Einfluss, sprechen Kriterien wie eine hauptberufliche Tätigkeit, die Verpflichtung, die gesamte Arbeitskraft für die Geschäftsführertätigkeit aufzuwenden, Vorschriften über Urlaub, Arbeitszeiten etc für ein Arbeitsverhältnis, während eine bloß nebenberufliche Tätigkeit, mangelnde Eingliederung in das Unternehmen sowie die Möglichkeit, Arbeitszeit, Ort und Ausmaß selbst einzuteilen auf ein freies Dienstverhältnis hindeuten.[785]

Die Rechtsfolgen der Einstufung sind vielfältig: auf Arbeitnehmer-Geschäftsführer sind ua die arbeitsrechtlichen Vorschriften über **Urlaub** und Urlaubsersatzleistung (vgl die Bestimmungen des Urlaubsgesetzes), über die **Entgeltfortzahlung** im Krankheitsfall (§§ 8, 9 AngG), die Bestimmungen über das Entgelt zB in § 2g AVRAG betreffend All-In-Vereinbarungen und über den Schutz bei **Betriebsübergang** (vgl §§ 3–6 AVRAG) sowie die weitgehend zwingenden Bestimmungen des **Angestelltengesetzes** anzuwenden. Mutterschutz- und Väterkarenzrecht sind ebenfalls anwendbar. Geschäftsführer, die Arbeitnehmer sind, haben außerdem Anspruch auf Insolvenzentgelt. Auch **Kollektivverträge** gelten für Arbeitnehmer-Geschäftsführer, sofern der persönliche Geltungsbereich des jeweiligen Kollektivvertrages dies vorsieht,[786] so zB der Kollektivvertrag für Handelsangestellte. Arbeitsrechtliche Streitigkeiten sind vor den Arbeits- und Sozialgerichten auszutragen (ASGG).

Was die freien Dienstverträge anbelangt, so sind auf diese die arbeitsrechtlichen Bestimmungen analog anwendbar, die nicht von persönlicher Abhängigkeit ausgehen und den Schutz des Schwächeren bezwecken,[787] so zB §§ 1152 (ein angemessenes Entgelt gilt als vereinbart, wenn nichts besonderes vereinbart wurde) und 1155 ABGB[788] (Entgeltfortzahlungspflicht des Dienstgebers bei Verhinderung der Arbeitsleistung aus Gründen, die ihm zuzuordnen sind, und gleichzeitiger Dienstbereitschaft des Dienstnehmers), die §§ 1159 – 1159 b (Kündigungsmodalitäten), §§ 1162 – 1162 d (Auflösung aus wichtigem Grund) und § 1161 ABGB (Verweis auf Bestimmungen des Insolvenzrechts).[789]

783 Vgl schon *Runggaldier/G. Schima*, Führungskräfte 12 ff.
784 Vgl OGH 15.1.1992, 9 ObS 21/91 EvBl 1992/104; 17.10.2002, 8 ObA 68/02m Arb 12.272.
785 Vgl *Neumayr* in *Gruber/Harrer*, GmbHG[2] Anh § 15: AR Rz 11 ff; *Runggaldier/G. Schima*, Manager-Dienstverträge[4] 7.
786 Vgl OGH 23.1.2001, 9 ObA 285/01d ASoK 2002, 420.
787 RIS-Justiz RS 0021758.
788 *Neumayr* in *Gruber/Harrer*, GmbHG[2] Anh § 15: AR Rz 19 mwN.
789 *Rebhahn* in *Kletečka/Schauer*, ABGB-ON[1.03] § 1151 Rz 135 (Stand 1.3.2017, rdb.at).

Freie Dienstverhältnisse sind seit 2007 ebenfalls in die Entgeltsicherung nach dem IESG mit einbezogen.[790] § 1 Abs 6 Z 2 IESG enthält jedoch eine Ausnahme für Gesellschafter, denen ein beherrschender Einfluss auf die Gesellschaft zukommt, auch wenn dieser Einfluss ausschließlich oder teilweise auf der treuhändigen Verfügung von Gesellschaftsanteilen Dritter beruht oder durch treuhändige Weitergabe von Gesellschaftsanteilen.

Auf freie Dienstverhältnisse nicht anwendbar (auch nicht analog) sind zB Bestimmungen über Urlaub, Überstundenvergütung und Sonderzahlungen, die Bestimmungen des ArbVG (also die Möglichkeiten der Kündigungsanfechtung etc) und die spezifisch arbeitsrechtlichen Treue- und Fürsorgepflichten.[791]

2.2.3.2. Betriebsverfassungsrecht

Das Betriebsverfassungsrecht nimmt in § 36 Abs 2 Z 1 ArbVG Mitglieder des Vertretungsorgans von juristischen Personen, also auch Geschäftsführer einer GmbH, explizit vom Anwendungsbereich des II. Teiles des ArbVG aus. Geschäftsführer sind also **keine Arbeitnehmer** im betriebsverfassungsrechtlichen Sinn und werden daher nicht vom Betriebsrat vertreten, fallen nicht in den Geltungsbereich von Betriebsvereinbarungen und können die von der Gesellschaft ausgesprochene Kündigung oder Entlassung nicht nach den Bestimmungen der §§ 105 ff ArbVG wegen Sitten- oder Sozialwidrigkeit beim Arbeits- und Sozialgericht anfechten.[792]

2.2.3.3. Arbeitszeit- und Arbeitsruherecht

Die gesetzlichen Schutzvorschriften des Arbeitszeitgesetzes (AZG) und des Arbeitsruhegesetzes (ARG) gelten für GmbH-Geschäftsführer nicht, selbst wenn diese Arbeitnehmer im arbeitsrechtlichen Sinne sind. Die erwähnten Gesetze nehmen leitende Angestellte, also Personen, denen maßgebliche Führungsaufgaben selbstverantwortlich übertragen sind, von ihrem Anwendungsbereich aus. Geschäftsführer gehören zweifellos zu dieser Gruppe, obliegt ihnen doch die selbständige Leitung des gesamten Unternehmens und auch die Weisungsbefugnis gegenüber den Arbeitnehmern der Gesellschaft. Geschäftsführer unterliegen daher keinen gesetzlichen Beschränkungen der Arbeitszeit oder Regelungen betreffend die Vergütung von Überstunden.[793]

Zu beachten ist jedoch, dass manche Kollektivverträge auch auf Geschäftsführer anwendbar sind und Regelungen über die Arbeitszeit, Überstundenzuschläge, Feiertagsarbeit und Verfallsfristen enthalten.[794]

790 *Neumayr* in *Gruber/Harrer*, GmbHG² Anh § 15: AR Rz 21.
791 Im Detail: *Neumayr* in *Gruber/Harrer*, GmbHG² Anh § 15: AR Rz 19.
792 Vgl OGH 9 ObA 208/88 DRdA 1989, 308; RIS-Justiz RS 0050959.
793 Vgl *Runggaldier/G. Schima*, Manager-Dienstverträge⁴ 94.
794 Vgl *Reich-Rohrwig*, GmbH-Recht I² Rz 2/104.

2.2.3.4. Steuerrechtliches Dienstverhältnis

Das Entgelt, das GmbH-Geschäftsführer für ihre Tätigkeit beziehen, ist in der Regel entweder Einkommen aus selbständiger Tätigkeit (§ 22 EStG), das der Einkommensteuer unterliegt, oder lohnsteuerpflichtiges Einkommen aus nichtselbständiger Arbeit (§ 25 EStG).[795]

Das **steuerrechtliche Dienstverhältnis**, bei dem der Abzug der **Lohnsteuer** durch den Arbeitgeber erfolgt, ist in §§ 47 Abs 1 und 2 iVm 25 Abs 1 Z 1 lit a bzw b EStG umschrieben. Ein (lohnsteuerpflichtiges) Dienstverhältnis liegt demnach dann vor, wenn

- der Arbeitnehmer dem Arbeitgeber seine Arbeitskraft schuldet, also in der Betätigung seines geschäftlichen Willens unter der Leitung des Arbeitgebers steht oder im geschäftlichen Organismus des Arbeitgebers dessen Weisungen zu folgen verpflichtet ist;[796]
- eine bis zu 25 % an einer Kapitalgesellschaft (also auch GmbH) beteiligte Person alle Merkmale eines steuerrechtlichen Dienstverhältnisses iSd § 47 Abs 2 EStG aufweist, aber aufgrund gesellschaftsvertraglicher Sonderbestimmungen nicht verpflichtet ist, den Weisungen eines anderen zu folgen.[797]

Für **Fremdgeschäftsführer** kommt es daher (ähnlich wie bei der Qualifikation als Arbeitnehmer oder freie Dienstnehmer, siehe Kap 2.2.3.1.) auf die **Weisungsgebundenheit** und die **Eingliederung in den Betrieb** an, ob ein steuerrechtliches Dienstverhältnis zu bejahen ist,[798] wobei beide Merkmale kumuliert vorliegen müssen.[799] Der hauptberuflich tätige Fremdgeschäftsführer ist also idR Arbeitnehmer im arbeitsrechtlichen sowie auch im steuerrechtlichen Sinn und daher **lohnsteuerpflichtig**.

Ist der **Fremdgeschäftsführer** hingegen von der Befolgung von **Weisungen befreit** (siehe zu den Freistellungsmöglichkeiten Kap 1.1.1.6.), mangelt es an dem für das steuerrechtliche Dienstverhältnis erforderliche Unterordnungsverhältnis und der Geschäftsführer erzielt Einkünfte aus **selbständiger Arbeit**, genau genommen aus **Verwaltung fremden Vermögens** gem § 22 Z 2, 1. Spiegelstrich EStG.[800]

Gesellschafter-Geschäftsführer, die an der Gesellschaft **wesentlich beteiligt** sind, also Geschäftsanteile der GmbH im Ausmaß von **mehr als 25 %** halten, deren

795 Der gewerberechtliche Geschäftsführer, der seine Tätigkeit nicht aufgrund eines Dienstvertrages ausübt, bezieht Einkünfte aus Gewerbebetrieb; vgl VwGH 21.7.1993, 92/13/0056 ÖStZB 1994, 26.

796 Vgl sinngemäß § 47 Abs 2, 1. Satz iVm § 25 Abs 1 Z 1 lit a EStG.

797 Vgl sinngemäß § 47 Abs 2, 2. Satz iVm § 25 Abs 1 Z 1 lit b EStG.

798 Vgl zu diesen Kriterien *Stanek/Urtz* in *Gruber/Harrer*, GmbHG² Anh § 15: StR Rz 8.

799 Ausführlich zu diesem Thema vgl *Sedlacek*, Freie Berufe: Das besondere Sozialversicherungsverhältnis der nicht wesentlich beteiligten GmbH-Geschäftsführer, ZAS 2018/12, 61 (63).

800 Vgl VwGH 15.7.1998, 97/13/0169; Kritik zu der Annahme des VwGH, dass der Geschäftsführer aufgrund eines Werkvertrages tätig sei von *Runggaldier/G. Schima*, Manager-Dienstverträge⁴ 5. VwGH 21.3.1995, 90/14/0233.

Beschäftigung aber sonst alle Merkmale eines Dienstverhältnisses aufweist, beziehen gem § 22 Z 2, 2. Spiegelstrich EStG Einkünfte aus sonstiger **selbständiger Arbeit** und müssen die Einkommenssteuer selbst abführen. Die Vermittlung der Gesellschaftsanteile durch einen Treuhänder oder eine Gesellschaft stehen der unmittelbaren Beteiligung im Übrigen gleich. Das Steuerrecht zieht hier eine starre Beteiligungsgrenze. Nach Ansicht des VwGH kommt es bei über 25 % beteiligten Geschäftsführern nicht auf die Weisungsgebundenheit an, sondern neben der Beteiligungsquote ist als weiteres wesentliches Merkmal die **Eingliederung in den Organismus des Betriebes** erforderlich,[801] die die Rsp bei längerer kontinuierlicher Erfüllung der Aufgaben als Geschäftsführer annimmt.[802] Es schadet auch nicht, wenn der Geschäftsführer daneben auch Geschäftsführerfunktionen für andere Unternehmen ausübt.[803]

Bei Gesellschafter-Geschäftsführern **ohne wesentliche Beteiligung**, dh **bis zu 25 %**, kommt es wie bei Fremdgeschäftsführern auf die Merkmale eines steuerrechtlichen Dienstverhältnisses gem § 47 Abs 2 EStG an, wobei es gem § 25 Abs 1 Z 1 lit b EStG aber **nicht schadet**, wenn der Gesellschafter-Geschäftsführer wegen **gesellschaftsvertraglicher Sonderbestimmungen nicht dazu verpflichtet ist, Weisungen** eines anderen **zu befolgen**. Das bedeutet, dass ein Gesellschafter-Geschäftsführer selbst dann, wenn seine bis zu 25%ige Beteiligung ihm wegen Sonderregelungen im Gesellschaftsvertrag (zB erhöhtes Mehrheitserfordernis bei Weisungsbeschlüssen der Gesellschafter, im Vergleich zum Ausmaß der Beteiligung höheres Stimmrecht) eine Sperrminorität vermittelt und ihm somit keine Weisungen gem § 20 GmbHG erteilt werden können, dennoch steuerrechtlich als Dienstnehmer gesehen wird und daher **lohnsteuerpflichtig** ist.

Wenn aber ein nicht wesentlich beteiligter Gesellschafter-Geschäftsführer nicht wegen gesellschaftsvertraglicher Regelungen, sondern aufgrund des Anstellungsvertrages von der Befolgung von Weisungen befreit ist, fällt er nicht unter die Lohnsteuerpflicht. Dann ist nämlich § 25 Abs 1 Z 1 lit a bzw b EStG nicht erfüllt, weil nicht „**sonst alle Merkmale eines Dienstverhältnisses**" vorliegen.[804] Der anstellungsvertraglich nicht weisungsgebundene Geschäftsführer ist nicht in einem für Dienstverhältnisse charakteristischen Abhängigkeits- bzw Unterordnungsverhältnis tätig. Auch würde, wie oben beschrieben, eine mangelnde organisatorische Eingliederung des Gesellschafter-Geschäftsführers in den Betrieb der Gesellschaft zum Entfall der Lohnsteuerpflicht führen, weil dies ein wesentliches Merkmal des steuerrechtlichen Dienstverhältnisses ist.

801 Vgl die E des verstärkten Senats des VwGH 10.11.2004, 2003/13/0018.

802 VwGH 26.1.2006, 2005/15/0152.

803 VwGH 25.6.2008, 2006/15/0349. Vgl zu den Voraussetzungen des steuerlichen Dienstverhältnisses des GmbH-Geschäftsführers ausführlich *Stanek/Urtz* in *Gruber/Harrer*, GmbHG^2 Anh § 15: StR Rz 5 ff.

804 Vgl VwGH 19.12.2012, 2010/08/0240 ASoK 2013, 151 (*Shubshizky*). In dieser Entscheidung hatte die belangte Behörde einen mit 10 % beteiligten Gesellschafter-Geschäftsführer als lohnsteuerpflichtig eingestuft und folglich der Pflichtversicherung nach ASVG unterstellt. Der GF hatte keine Sperrminorität, aber eine anstellungsvertragliche Freistellung von persönlichen Weisungen, weshalb der VwGH die persönliche Abhängigkeit verneinte.

Mit der Lohnsteuerpflicht gehen verschiedene Begünstigungen für den von der Gesellschaft gezahlten Bezug einher, wie etwa die begünstigte Besteuerung des 13. und 14. Monatsgehalts.[805] Weiters fallen Kommunalsteuer, der Zuschlag zum Dienstgeberbeitrag und Beiträge zum Familienlastenausgleichsfonds an.

Geschäftsführer, die Einkünfte aus selbständiger Tätigkeit gem § 22 Z 2 EStG erzielen, können die steuerlichen Vorteile in Bezug auf das 13. und 14. Monatsgehalt daher nicht in Anspruch nehmen.[806] Für Gesellschafter-Geschäftsführer, die Einkünfte gem § 22 Z 2, 2. Spiegelstrich EStG beziehen, müssen ebenfalls Kommunalsteuer (§ 2 lit a KommStG), der Zuschlag zum Dienstgeberbeitrag gem § 122 Abs 7 und 8 WKG und der Dienstgeberbeitrag zum Familienlastenausgleichsfonds gem § 41 Abs 2 FLAG gezahlt werden.[807] Anders ist dies bei Einkünften von Fremdgeschäftsführern oder nicht wesentlich beteiligten Gesellschafter-Geschäftsführern, die im freien Dienstverhältnis tätig sind und nach § 22 Z 2, 1. Spiegelstrich EStG versteuern: Sie treffen die eben genannten Beitrags- und Abgabepflichten nicht.[808]

2.2.3.5. Sozialversicherungsrecht

Der Vollversicherung des **ASVG** unterliegen Personen, die im Verhältnis **persönlicher und wirtschaftlicher Abhängigkeit gegen Entgelt** beschäftigt sind (§ 4 Abs 1 Z 1 iVm § 4 Abs 2 ASVG). Ist ein Geschäftsführer unentgeltlich tätig, löst diese Tätigkeit somit keine Pflichtversicherung nach ASVG aus,[809] wobei als Entgelt auch Provisionen, Leistungen von Dritten oder Sachbezüge gelten.[810] Ob die vom ASVG geforderte Abhängigkeit gegeben ist, wird auch anhand der Gestaltung der Vertragsbeziehung beurteilt, wobei es schließlich darauf ankommt, ob bei Beurteilung der **tatsächlichen Beschäftigung** im Rahmen des Gesamtbildes die persönliche und wirtschaftliche Abhängigkeit überwiegt.[811]

Beurteilungskriterien sind die Bindung an Ordnungsvorschriften über den Arbeitsort, die Arbeitszeit, das arbeitsbezogene Verhalten, die persönliche Arbeitspflicht, das Maß an Kontrolle durch den Arbeitgeber und die Weisungsunterworfenheit.[812] Die wirtschaftliche Abhängigkeit ergibt sich nach Ansicht der Rsp aus der persönlichen Abhängigkeit, ist aber nicht gleichzusetzen mit dem Angewiesensein auf das Entgelt.[813]

---

805 Vgl *Stanek/Urtz* in *Gruber/Harrer*, GmbHG² Anh § 15: StR Rz 10 f; *Runggaldier/G. Schima*, Manager-Dienstverträge⁴ 74.

806 Vgl zu den sonstigen steuerlichen Begünstigungen *Stanek/Urtz* in *Gruber/Harrer*, GmbHG² Anh § 15: StR Rz 14 ff.

807 Vgl *Stanek/Urtz* in *Gruber/Harrer*, GmbHG² Anh § 15: StR Rz 14.

808 Vgl *Stanek/Urtz* in *Gruber/Harrer*, GmbHG² Anh § 15: StR Rz 14, 15.

809 Vgl *Runggaldier/G. Schima*, Manager-Dienstverträge⁴ 22.

810 Vgl VwGH 4.6.2008, 2007/08/0179 (Rechtssatz 2) zur Pflichtversicherung von Table-Tänzerinnen.

811 Vgl VwGH 17.10.2012, 2009/08/0188 (Rechtssatz 2).

812 Vgl dazu vertiefend *Zehetner* in *Sonntag*, ASVG⁹ (2018) § 4 Rz 30 ff.

813 Vgl VwGH 4.6.2008, 2007/08/0179.

Die Beschäftigungsverhältnisse von **Fremdgeschäftsführern** weisen in der Regel überwiegend die Kriterien von persönlicher und wirtschaftlicher Abhängigkeit auf, sodass sie sowohl Arbeitnehmer sind als auch der Vollversicherung nach dem ASVG unterliegen.

Bei **Gesellschafter-Geschäftsführern** ist – ebenso wie bei der arbeitsrechtlichen Betrachtungsweise, siehe Kap 2.2.3.1. – zu prüfen, ob sie einen **beherrschenden Einfluss** auf die Gesellschaft haben, was die persönliche Abhängigkeit ausschließt.[814] Ein Gesellschafter-Geschäftsführer mit einer Sperrminorität ist nicht persönlich abhängig und somit grundsätzlich kein Dienstnehmer iSv § 4 Abs 1 Z 1 iVm Abs 2 ASVG.

Diese Regel wird allerdings durch § 4 Abs 2 letzter Satz ASVG eingeschränkt und der sozialversicherungsrechtliche Dienstnehmerbegriff erweitert: Personen, die gem § 47 Abs 1 und 2 EStG **lohnsteuerpflichtig** sind, gelten **ex lege** als **Dienstnehmer iSd ASVG**. Das bedeutet, dass die oben beschriebenen, nicht wesentlich an der GmbH beteiligten Gesellschafter-Geschäftsführer, die aufgrund einer gesellschaftsvertraglichen Bestimmung Weisungen nicht befolgen müssen, aber sonst alle Merkmale eines Dienstverhältnisses aufweisen, nach dem ASVG versichert sind.[815] So wie im Einkommensteuerrecht „schadet" der beherrschende Einfluss bei bis zu 25 % beteiligten Gesellschaftern der Dienstnehmereigenschaft also nicht. Auch > 25 % beteiligte Gesellschafter-Geschäftsführer können aber bei Dienstnehmereigenschaft (also insb wenn sie keine Sperrminorität haben und daher Weisungen befolgen müssen) nach dem ASVG versichert sein.[816]

Sofern also ein Bescheid der Finanzbehörde die Lohnsteuerpflicht eines Geschäftsführers festgestellt hat (in Frage kommt ein Feststellungs- oder Haftungsbescheid, in dem die Steuerpflicht als Hauptfrage geklärt wird), ist für diese Zeiträume auch die Sozialversicherungspflicht nach § 4 Abs 1 Z 1 iVm Abs 2 ASVG geklärt. Liegt kein Steuer-Bescheid vor, an den die Behörde bei der Prüfung der Sozialversicherungspflicht gebunden wäre, hat sie die Voraussetzungen der Lohnsteuerpflicht selbst als Vorfrage zu prüfen und gegebenenfalls die ASVG-Versicherung zu bejahen.[817]

Die Versicherung von Gesellschafter-Geschäftsführern einer GmbH nach **§ 2 Abs 1 Z 3 GSVG** ist dann gegeben, wenn die **Gesellschaft Mitglied einer Kammer der gewerblichen Wirtschaft** ist und nicht bereits eine Vollversicherung nach § 4 Abs 1 Z 1 iVm Abs 2 ASVG besteht. Die **GSVG-Versicherung** ist daher **subsidiär** zur ASVG-Vollversicherung. Nach GSVG versichert sind daher Gesellschafter-Geschäftsführer mit Anteilen von mehr als 25 % und Sperrminorität oder mit Anteilen von 50 % oder mehr.[818] Gesellschafter-Geschäftsführer, die zwar

814 Vgl *Zehetner* in *Sonntag*, ASVG[9] § 4 Rz 29a.

815 Vgl *Derntl* in *Gruber/Harrer*, GmbHG[2] Anh § 15: SVR Rz 8; *Zehetner* in *Sonntag*, ASVG[9] § 4 Rz 74 f; aA *Runggaldier/G. Schima*, Manager-Dienstverträge[4] 23.

816 Vgl *Derntl* in *Gruber/Harrer*, GmbHG[2] Anh § 15: SVR Rz 11.

817 Vgl *Zehetner* in *Sonntag*, ASVG[9] § 4 Rz 78; *Derntl* in *Gruber/Harrer*, GmbHG[2] Anh § 15: SVR Rz 8.

818 Vgl *Derntl* in *Gruber/Harrer*, GmbHG[2] Anh § 15: SVR Rz 10 ff.

unter 25 % des Stammkapitals halten, aber aufgrund von anstellungsvertraglichen Regelungen weisungsfrei sind, unterliegen – wie in Kap 2.2.3.4. beschrieben – nicht der Lohnsteuerpflicht. Die Dienstnehmereigenschaft nach ASVG ist daher mangels persönlicher und wirtschaftlicher Abhängigkeit nicht gegeben und sie sind ebenfalls gem § 2 Abs 1 Z 3 GSVG versichert.[819]

Entgeltlichkeit der Tätigkeit ist keine Voraussetzung der GSVG-Versicherungspflicht, weshalb auch ein ehrenamtlicher Geschäftsführer nach GSVG zu versichern ist.[820]

2.2.3.6. Arbeitnehmerähnlichkeit von Geschäftsführern

Arbeitnehmerähnlich sind Personen, die zwar persönlich selbständig und somit Unternehmer wären, aber dennoch wegen ihrer **wirtschaftlichen Unselbständigkeit** gegenüber dem Vertragspartner eine gewisse Ähnlichkeit zu Arbeitnehmern haben. Beurteilungskriterien sind die organisatorische Eingliederung in den Betrieb des Arbeitgebers, eine dauernde Beschäftigung bei einigen wenigen Auftraggebern und das Bestreiten des Lebensunterhaltes aus den Einkünften aus diesen Vertragsverhältnissen.[821] Auf diese Personen finden gewisse arbeitsrechtliche Bestimmungen Anwendung, die arbeitnehmerähnliche Personen explizit in ihren Anwendungsbereich aufgenommen haben (§ 2 Abs 2 lit b AuslBG, § 3 Abs 4 AÜG, §§ 1 Abs 3 Z 3 und 16 Abs 3 Z 2 GlBG, § 51 Abs 3 Z 2 ASGG). Die Rsp wendet aber auch die Bestimmungen des Kautionsschutzgesetzes[822] und die Grundsätze über die begrenzte Rückforderbarkeit von gutgläubig verbrauchtem, irrtümlich bezahltem Entgelt auf arbeitnehmerähnliche Personen an.[823]

GmbH-Geschäftsführer, die im Rahmen eines freien Dienstvertrages (siehe oben Kap 2.2.3.1.) tätig sind, hält die Rsp im Falle einer gewissen Regelmäßigkeit der Dienstleisung für arbeitnehmerähnlich iSd § 51 Abs 3 Z 2 ASGG, sodass sie Rechtsstreitigkeiten vor den Arbeits- und Sozialgerichten austragen können.[824]

819 Vgl zu den sonstigen Abgrenzungen vertiefend *Koppensteiner/Rüffler*, GmbHG³ § 15 Rz 29; *Derntl* in *Gruber/Harrer*, GmbHG² Anh § 15: SVR Rz 11–13.

820 Vgl VwGH 21.4.1986, 84/08/0168 HS 16.231 = RdW 1986, 282.

821 Vgl dazu *Runggaldier/G. Schima*, Manager-Dienstverträge⁴ 18 ff; *Pfeil* in *Schwimann/Kodek*, ABGB⁴ V § 1151 Rz 46 ff.

822 Vgl OGH 7.1.1987, 14 ObA 10/87 SZ 60/63 = DRdA 1990, 213 (*Jabornegg*); *Runggaldier/G. Schima*, Manager-Dienstverträge⁴ 21.

823 Zur Ausdehnung dieses Grundsatzes auf arbeitnehmerähnliche Personen vgl OGH 13.6.1978, 4 Ob 36/78 ZAS 1979, 170 = DRdA 1979, 197 (*Mayer-Maly*).

824 OGH 6.12.1989, 9 ObA 329/89 RdW 1990, 261, RIS-Justiz RS 0085525; *Neumayr* in *Gruber/Harrer*, GmbHG² Anh § 15: AR Rz 25. Für die erste, amtswegige Zuständigkeitsprüfung des Gerichts sind im Übrigen die Angaben in der Klage ausschlaggebend, es sei denn, sie wären dem Gericht als unrichtig bekannt – vgl OLG Wien 29.6.2016, 9 Ra 138/15b GES 2016, 226. Die Klage gegen einen mit 30,7 % am Stammkapital beteiligten Geselschafter-Geschäftsführer, von dem die Klägerin behauptet, er sei Arbeitnehmer oder zumindest arbeitnehmerähnlich, war daher vom Erstgericht aufgrund der Klagsangaben als zulässig zu behandeln. Dem steht wohl nicht entgegen, dass der beklagte Geschäftsführer bei erster Gelegenheit die mangelnde Zuständigkeit des ASG einwendet, sofern er konkret vorbringt und Beweise anbietet, die seine fehlende Arbeitnehmereigenschaft belegen.

Allerdings finden nicht alle Bestimmungen des ASGG Anwendung: die vorläufige Vollstreckbarkeit des Urteils erster Instanz gem § 61 ASGG gilt nach Ansicht des OGH nicht für arbeitnehmerähnliche Personen.[825]

2.2.4. Der Inhalt des Anstellungsvertrages

Wie bereits eingangs erwähnt, ergeben sich viele Rechte und Pflichten des Geschäftsführers gegenüber der Gesellschaft bereits aus der gesellschaftsrechtlichen Stellung als Organmitglied. Dort wo das GmbH-Gesetz Gestaltungsfreiraum lässt, können Rechte und Pflichten konkretisiert oder ergänzt werden. So kann zB das Wettbewerbsverbot des § 24 GmbHG (siehe Kap 1.2.7. und 2.2.4.4.) im Anstellungsvertrag verschärft werden. In jenen Bereichen, in denen das Gesellschaftsrecht keinerlei Vorgaben macht (also bei den meisten typischen Arbeitsvertragsinhalten wie Entgelt, Urlaub oder Arbeitszeit), liegt es an den Vertragsparteien, die vertragliche Beziehung entsprechend zu gestalten.[826]

Grenzen der Gestaltungsfreiheit ergeben sich aus dem Arbeitsrecht: Bei Geschäftsführern, die als Arbeitnehmer dem Angestelltengesetz, dem Urlaubsgesetz und allenfalls Kollektivverträgen etc unterliegen, sind viele Regelungsinhalte nur innerhalb (zumindest einseitig) zwingender Grenzen gestaltbar.[827] Enthält der Dienstvertrag zu einem Thema keine Regelung, kommen die dispositiven Bestimmungen der für Arbeitnehmer geltenden Gesetze zur Anwendung.

Freie Dienstnehmer können und müssen hingegen diverse typische Ansprüche aus dem Arbeitsvertrag frei gestalten. Dabei können die Parteien auch explizit auf gewisse Bestimmungen aus an sich nicht anwendbaren Gesetzen verweisen und diese somit zum Inhalt des Dienstvertrages machen:[828]

Beispiele

„Die Geschäftsführerin hat Anspruch auf 36 Urlaubstage (Werktage, wobei Samstag als Werktag gilt) pro Kalenderjahr. Die Bestimmungen des Urlaubsgesetzes gelten analog."

„Verwirklicht der Geschäftsführer einen wichtigen Grund im Sinne des § 27 AngG, ist die Gesellschaft zur sofortigen Beendigung des Anstellungsvertrages berechtigt."

825 OGH 14.10.1992, 3 Ob 63/92 RdA 1993/10 (*Kuderna*): In § 51 Abs 3 Z 2 ASGG seien zwar den Arbeitnehmern explizit arbeitnehmerähnliche Personen gleichgestellt, in § 61 ASGG fehle jedoch diese Gleichstellung von Arbeitsverhältnis und „arbeitnehmerähnlichem Verhältnis" und auch eine Analogie sei nicht gerechtfertigt: die arbeitnehmerähnliche Person (hier ein Geschäftsführer) sei zwar in Bezug auf den konkreten Vertragspartner wirtschaftlich unselbständig, aber ihre Existenz sei nicht von der einen Verdienstquelle abhängig, was bei Arbeitnehmern regelmäßig schon der Fall sei.

826 Vgl für eine ausführliche Übersicht der typischen Vertragsinhalte *Neumayr* in *Gruber/Harrer*, GmbHG² Anh § 15: AR Rz 35.

827 Vgl zB § 40 AngG zu den unabdingbaren Rechten des Angestellten.

828 Vgl *Reich-Rohrwig*, GmbH-Recht I² Rz 2/90; das AngG gilt dann wie eine Vertragsschablone, ohne dass die Person zum Arbeitnehmer im arbeitsrechtlichen Sinn wird, vgl RIS-Justiz RS 0027842, zuletzt in OGH 16.11.2009, 9 ObA 128/09b ARD 6040/3/210.

Vorsicht ist allerdings bei Generalverweisen auf das Angestelltengesetz in den Schlussbestimmungen am Ende eines Vertrages geboten. Denn jene Vertragsinhalte, die die Parteien im Vertrag übersehen oder nicht abschließend geregelt haben, lassen sich unter Umständen durch ergänzende Vertragsauslegung ohne Heranziehung des AngG eher im Sinne der Parteien lösen als mit subsidiärer Anwendung von arbeitsrechtlichen Bestimmungen, die auf das freie Dienstverhältnis vielleicht gar nicht passen.

2.2.4.1. Tätigkeitsbeschreibung, Ressort

Der Anstellungsvertrag mit einem Geschäftsführer enthält üblicherweise am Anfang eine Beschreibung des Aufgabenbereiches, den der Geschäftsführer mit dem Mandat übernommen hat. Bei einem Alleingeschäftsführer wird die Beschreibung entsprechend kurz ausfallen, weil er schon von Gesetzes wegen zur umfassenden Leitung und rechtsgeschäftlichen Vertretung der Gesellschaft verpflichtet ist. Allenfalls wird noch der – rein deklarative – Hinweis hinzugefügt, dass der Geschäftsführer an die Beschränkungen des Gesellschaftsvertrages, die Beschlüsse der Gesellschafter oder Anordnungen des Aufsichtsrates gebunden ist (vgl § 20 Abs 1 GmbHG).

Bei einer mehrgliedrigen Geschäftsführung sehen die Gesellschafter per Beschluss oder im Gesellschaftsvertrag häufig eine Aufteilung der Aufgaben unter den einzelnen Geschäftsführern vor (vgl zur Ressortverteilung oben Kap 1.3.2.). Der Anstellungsvertrag enthält dann eine entsprechende Beschreibung der Tätigkeit oder es wird auf eine bestehende Geschäftsverteilung verwiesen, die von den Gesellschaftern auch in Zukunft geändert werden kann.

Beispiele

„Frau X wird als kaufmännische Geschäftsführerin der S-GmbH bestellt. Der kaufmännischen Geschäftsführung obliegt die Leitung der kaufmännischen Agenden der Gesellschaft, so wie sie in der jeweils gültigen Geschäftsordnung festgelegt werden."

„Herr Y wurde zum künstlerischen Geschäftsführer des ABC-Theaters bestellt. Zu den Aufgaben des künstlerischen Geschäftsführers zählen insb die Gestaltung des Spielplanes, die Auswahl und Betreuung des künstlerischen Personals, die Organisation von Gastspielen sowie Marketing und Sponsorenakquise. Die detaillierte Ressortverteilung, insb auch die von der künstlerischen und kaufmännischen Geschäftsführung gemeinsam wahrzunehmenden Aufgaben, ist der Geschäftsordnung für die Geschäftsführung in ihrer jeweils gültigen Fassung zu entnehmen."

Ob die Aufgaben eines Geschäftsführers mittels Ressortverteilung jederzeit beliebig geändert werden können, hängt von der Auslegung der Vereinbarung zwischen Geschäftsführer und Gesellschaft ab. Meist wird eine Person wegen ihrer Fähigkeiten und Erfahrung für eine bestimmte Geschäftsführungsfunktion ausgewählt, sodass man bei der Auslegung des Willens der Vertragsparteien idR nicht davon ausgehen kann, dass die Gesellschaft die ursprünglichen Aufgaben beliebig ändern kann. Wer zB als Geschäftsführer für den technischen Bereich einer GmbH im Chemiegewerbe tätig ist, wird sich beim Abschluss des Vertrages nicht damit einverstanden erklärt haben, stattdessen auch für Bereiche wie Marketing oder Personalwesen zuständig zu sein. Die Auslegung ist immer eine Frage der konkreten vertraglichen Vereinbarung zwischen den Parteien des Anstellungsvertrages.[829]

2.2.4.2. Laufzeit und Beendigung

Wie oben (Kap 2.2.1.3.) beschrieben, kann der Anstellungsvertrag befristet oder auf unbestimmte Dauer abgeschlossen werden. Je nachdem, ob der Geschäftsführer als Arbeitnehmer einzustufen ist oder nicht, regeln unterschiedliche gesetzliche Vorschriften die Beendigungsmöglichkeiten. Die sofortige Beendigung aus wichtigem Grund ist nach den Bestimmungen des Angestelltengesetzes, der §§ 1162 ff ABGB und nach dem für Dauerschuldverhältnisse geltenden Grundsatz (vgl Kap 2.2.2.2.) immer möglich und bedarf keiner eigenen Verankerung im Anstellungsvertrag.

Für die Kündigung des Vertrages, also die Beendigung zu einem bestimmten Stichtag und ohne wichtigen Grund, gelten die Bestimmungen des Angestelltengesetzes, von denen die Parteien im Anstellungsvertrag jedoch teilweise abweichen können. **Unbefristete Verträge** mit **Arbeitnehmern** können nach den zwingenden Bestimmungen von § 20 AngG gekündigt werden. Wenn im Vertrag mit dem Geschäftsführer nichts vereinbart ist, kann die **Gesellschaft** mit einer **Kündigungsfrist von sechs Wochen** zum Ende des Quartals kündigen. Diese Frist erhöht sich schrittweise mit der Dauer des Dienstvertrages: nach dem vollendeten zweiten Dienstjahr beträgt sie zwei Monate, nach dem fünften Jahr drei Monate, nach 15 Jahren vier und nach dem 25. Dienstjahr fünf Monate. Im Anstellungsvertrag kann aber auch eine für den Geschäftsführer günstigere, dh längere Kündigungsfrist, die der Arbeitgeber einhalten muss, vereinbart werden (vgl § 20 Abs 2 AngG). Eine vertragliche Verkürzung der Kündigungsfrist ist unzulässig, doch können als zusätzliche Kündigungstermine der Monatsletzte oder der Fünfzehnte eines jeden Monats bestimmt werden (§ 20 Abs 3 AngG). Der **Geschäftsführer** kündigt den Vertrag mangels anders lautender Vereinbarung mit einer **Kündigungsfrist** von **einem Monat** jeweils zum Monatsletzten. Im Vertrag können die Parteien diese für den Areitnehmer geltende Frist auf maximal sechs Monate ausdehnen, wobei die Frist des Geschäftsführers nie länger sein darf als die von der Gesellschaft einzuhaltende Kündigungsfrist (§ 20 Abs 4 AngG). Gilt für den Geschäftsführer (ausnahmsweise) auch ein Kollektivvertrag und enthält dieser Regelungen über die Kündigungsmöglichkeiten, sind diese ebenso zu beachten – im Anstellungsvertrag dürfen dann keine nachteiligeren Regelungen getroffen werden.

829 Vgl zu alledem *Runggaldier/G. Schima*, Manager-Dienstverträge[4] 41 f.

Bei einem **befristeten Vertrag** ist eine **Kündigung** nur möglich, wenn sie **vertraglich ausdrücklich vereinbart** wurde; sonst endet der Vertrag mit Fristablauf ohne weiteres Zutun der Parteien oder kann nur wegen eines wichtigen Grundes vorzeitig beendet werden (siehe oben Kap 2.2.2.2.). Für Arbeitnehmer-Geschäftsführer ist die Vereinbarung einer Kündigungsmöglichkeit in einem befristeten Anstellungsvertrag nur dann unbedenklich und zulässig, wenn die Kündigungsklausel für beide Parteien gilt und in einem angemessenen Verhältnis zur Befristung steht.[830] Damit die Vorteile der Bestandfestigkeit des Arbeitsverhältnisses nicht durch eine vorzeitige Kündigung gefährdet werden, sind Kündigungsklauseln nur bei längeren Befristungen angemessen und damit zulässig.[831] Die Vereinbarung einer Kündigungsfrist[832] von sechs Monaten und Kündigungsterminen zum Quartalsende in einem auf drei oder mehr Jahre befristeten Vertrag ist wohl unproblematisch. Die Rsp hält aber auch bei Verträgen mit relativ kurzer Befristung die Vereinbarung von Kündigungsmöglichkeiten für zulässig.[833] Die oben beschriebenen Schranken des § 20 Abs 2 bis 4 AngG für Kündigungsfristen und Termine dürfen auch bei der vertraglichen Verankerung von Kündigungsklauseln in befristeten Anstellungsverträgen jedenfalls nicht missachtet werden.[834]

Bei Geschäftsführern, die **freie Dienstnehmer** sind, ist der Spielraum für die Vereinbarung von Kündigungsklauseln tendenziell weiter. Auf freie Dienstnehmer sind die Bestimmungen der **§§ 1159–1159b ABGB analog** anzuwenden,[835] von denen die Parteien im Vertrag jedoch abweichen können. Ist im Anstellungsvertrag eines als freier Dienstnehmer einzustufenden Geschäftsführers nichts geregelt, gilt gem § 1159a Abs 1 ABGB bei „Diensten höherer Art“ eine **vierwöchige Kündigungsfrist** sowohl für den Dienstnehmer als auch die Gesellschaft, sofern die Tätigkeit schon drei Monate gedauert hat und die Erwerbstätigkeit des Dienstnehmers hauptsächlich in Anspruch nimmt.[836] Liegen die Voraussetzungen des § 1159a ABGB nicht vor, weil der Geschäftsführer zB erst seit zwei Monaten tätig ist, kommt die **14-tägige Kündigungsfrist** des § 1159b ABGB zur

830 Vgl RIS-Justiz RS 0028428; *Mosler*, wbl 2002, 49 (53).

831 Vgl OGH 24.6.2004, 8 ObA 42/04s ARD 5525/1/04; 30.11.1995, 8 ObA 305/95 SZ 68/229.

832 Vereinbaren die Parteien eine Kündigungsmöglichkeit im Einklang mit den Fristen und Terminen des AngG, ist ein „angemessenes Verhältnis“ der Kündigungsmöglichkeit anzunehmen, vgl *Band*, Befristeter Arbeitsvertrag mit Kündigungsmöglichkeit. Gibt es Grenzen bei der Kombination von Befristung und Kündigungsklausel? Zugleich eine Besprechung von OGH 27.8.2003, 9 Ob A 43/03v und OGH 24.6.2004, 8 Ob A 42/04s, ZAS 2004/47 (272).

833 Vgl zB OGH 27.8.2003, 9 ObA 43/03v ZAS 2004/47, 270 (*Band*) – auf ein Jahr befristeter Vertrag mit einer vom AMS geförderten Transitkraft; OGH 12.9.1996, 8 ObA 2206/96m DRdA 1997/40, 328 (*Krapf*) – ein auf vier Monate befristetes Saisonarbeitsverhältnis.

834 Verstößt die Kündigungsklausel in einem (befristeten) Anstellungsvertrag gegen § 20 AngG, ist der Geschäftsführer bei Kündigung so zu stellen, als wäre die Kündigung ordnungsgemäß zum nächstmöglichen gesetzlichen Termin unter Einhaltung der gesetzlichen Frist erfolgt, vgl OGH 23.7.2014, 8 ObA 3/14w ecolex 2014/419, 992.

835 Vgl OGH 26.3.1997, 9 ObA 54/97z SZ 70/52, 25.6.2003, 9 ObA 15/03a infas 2003, A 87.

836 Geschäftsführer sind unter diese Bestimmung zu subsumieren, weil damit Dienste im Sinne des Angestelltengesetzes gemeint sind, die Geschäftsführer üblicherweise leisten, vgl *Pfeil* in *Schwimann/Kodek*, ABGB[4] V §§ 1159–1159c Rz 28.

Anwendung. Kündigungstermine sieht das ABGB in diesen Bestimmungen nicht vor, sodass das Vertragsverhältnis zu jedem beliebigen Tag aufgelöst werden kann. In den allermeisten Fällen werden die Vertragsparteien jedoch im Anstellungsvertrag mit einem Geschäftsführer, der wegen der Eigenschaft als freier Dienstnehmer eben nicht den Bestimmungen des AngG unterliegt, die Kündigungsmöglichkeiten explizit regeln. Eine Verlängerung der gesetzlichen Kündigungsfristen im Anstellungsvertrag ist bei freien Dienstnehmern zulässig. Die Beschränkung des § 1159c ABGB, wonach die Dauer der Kündigungsfrist immer für beide Parteien gleich sein muss, gilt hier nicht.[837] Nach Ansicht mancher können die Gesellschaft und der Geschäftsführer die analog anzuwendenden gesetzlichen Kündigungsfristen sogar zur Gänze abbedingen.[838] Diese Ansicht ist im Hinblick auf die OGH-Judikatur zu Koppelungsklauseln wohl nicht (mehr) haltbar (dazu sogleich). UE ist sie auch insofern kritisch zu hinterfragen, weil so der Unterschied zwischen Kündigungs- und Entlassungsrecht völlig ausgehöhlt würde.

Hat der Geschäftsführer, der freier Dienstnehmer ist, einen befristeten Anstellungsvertrag, können – wie schon oben beschrieben – dennoch Kündigungsmöglichkeiten vereinbart werden. Auch hier muss aber ein angemessenes Verhältnis zwischen Befristung des Vertrages und Kündigungsmöglichkeit eingehalten werden, dessen Grenze wohl die Sittenwidrigkeit gem § 879 ABGB ist.

Im Anstellungsvertrag wird manchmal vorgesehen, dass der Vertrag an den Bestand des Geschäftsführermandats geknüpft ist und mit Mandatsende automatisch endet. Diese sog **Koppelungsklauseln** sind aus Sicht der Gesellschaft zwar praktisch, aber nicht uneingeschränkt zulässig. Unproblematisch wäre es zB, zu vereinbaren, dass bei Abberufung des Geschäftsführers aus wichtigem Grund der Anstellungsvertrag zugleich endet, sofern der Abberufungsgrund auch einen Entlassungsgrund gem § 27 AngG oder (bei freien Dienstnehmern) einen wichtigen Grund zur sofortigen vorzeitigen Beendigung des Vertrages bildet. Damit ist das Ende des Mandats und des Anstellungsvertrages gleichgeschaltet. Anders ist die Koppelungsklausel jedoch zu bewerten, wenn sie ein automatisches Ende des Anstellungsvertrages vorsieht, wenn das Mandat **ohne wichtigen Grund** endet. Nachdem GmbH-Geschäftsführer idR ohne irgendeine Begründung abberufen werden können, würde das Vertragsverhältnis unter Verlust sämtlicher finanzieller Ansprüche mit der Koppelungsklausel auch dann sofort enden, wenn den Geschäftsführer an der Abberufung kein Verschulden trifft und die Weiterbeschäftigung für die Gesellschaft auch nicht unzumutbar wäre.[839] Auch bei anderen Beendigungsarten des Mandats, wenn zB als Resultat eines gesellschaftsrechtlichen Umgründungsvorgangs die Rechtspersönlichkeit der GmbH unter-

837 Es handelt sich hierbei um eine Bestimmung, die den sozial Schwächeren (Arbeitnehmer) schützen soll und die daher auf freie Dienstnehmer nicht anzuwenden ist; vgl RIS-Justiz RS 0021758; *Krejci* in *Rummel* I[3] § 1151 Rz 83.

838 Vgl *Mosler*, wbl 2002, 49 (54).

839 Vgl zum AG-Vorstand *Runggaldier/G. Schima*, Manager-Dienstverträge[4] 137.

geht und damit ex lege das Mandat erlischt (vgl dazu Kap 2.1.4.2.), scheint eine automatische Beendigung des Vertrages mittels Koppelungsklausel nicht gerechtfertigt.

Grundsätzlich ist eine sofortige Vertragsbeendigung durch die Gesellschaft unter Verlust der finanziellen Ansprüche nur aus Verschulden des Geschäftsführers oder bei (unverschuldeter) Unzumutbarkeit der Fortführung des Vertragsverhältnisses zulässig, also bei Vorliegen eines Entlassungsgrundes gem § 27 AngG (bei Arbeitnehmern) oder eines wichtigen Grundes gem § 1162 ABGB (analog anzuwenden auf freie Dienstnehmer, vgl Kap 2.2.2.2.). Bei Fehlen eines solchen Grundes, dh bei grundloser Entlassung, wird der Vertrag zwar dennoch wirksam beendet, aber der Geschäftsführer hat einen Anspruch auf Kündigungsentschädigung. Das bedeutet, dass er bis zu dem Zeitpunkt, in dem der Vertrag bei ordnungsgemäßer Beendigung oder Zeitablauf geendet hätte, den Anspruch auf Entgelt aus dem Vertrag behält (vgl § 29 AngG bzw § 1162b ABGB). Mit einer Koppelungsklausel, die auch bei unverschuldeter, grundloser Mandatsbeendigung gelten soll, würde dem Geschäftsführer dieser Anspruch auf Kündigungsentschädigung entzogen.

Aus diesem Grund sind zu weit gefasste Koppelungsklauseln so umzudeuten, dass die Mandatsbeendigung eine Kündigung zum nächstmöglichen Termin unter Einhaltung der vertraglichen oder gesetzlichen Frist bewirkt. Zu diesem Ergebnis kommt der OGH in einer Entscheidung betreffend die Koppelungsklausel in einem Anstellungsvertrag mit einem Vorstandsmitglied einer Aktiengesellschaft.[840] Die Koppelungsklausel sei für die Fälle, in denen das Vorstandsmitglied bei der Mandatsbeendigung durch Abberufung kein schuldhaftes Verhalten iS eines Entlassungsgrundes treffe, in eine Kündigungserklärung unter Einhaltung der gesetzlichen Frist des § 1159a Abs 1 ABGB umzudeuten. Aus dieser Entscheidung folgt, dass auch GmbH-Geschäftsführer, die freie Dienstnehmer sind, nicht einer umfassenden Koppelungsklausel unterworfen werden können. Die Ansicht, dass bei freien Dienstnehmern die gesetzlichen Kündigungsfristen des ABGB gänzlich abbedungen werden können,[841] und der Anstellungsvertrag daher auch im Rahmen einer Koppelungsklausel ohne wichtigen Grund (im Gleichklang mit der unbegründeten Abberufung) jederzeit enden kann, ist unzutreffend und mit der zitierten OGH-E wiederlegt. Eine andere Möglichkeit, die wirtschaftlich jedoch zum selben Ergebnis führt, ist statt der Umdeutung der Koppelungsklausel in eine Kündigung die sofortige Beendigungswirkung zu bejahen, aber dem Geschäftsführer einen Anspruch auf Kündigungsentschädigung wie im Falle der ungerechtfertigten Entlassung (§ 29 AngG, § 1162b ABGB) zu gewähren.[842] Dieser Ansicht ist uE der Vorzug zu geben.

840 OGH 29.1.2010, 1 Ob 190/09m SZ 2010/7.

841 Vgl etwa *Neumayr* in *Gruber/Harrer*, GmbHG², Anh § 15: AR Rz 66 oder *Mosler*, wbl 2002, 49 (54).

842 So zB *Mosler*, wbl 2002, 49 (52); *Neumayr* in *Gruber/Harrer*, GmbHG², Anh § 15: AR Rz 65.

2.2.4.3. Konzernmandatsklauseln

In Konzernen ist es üblich, dass Geschäftsführer mehrere Organfunktionen in verschiedenen Konzerngesellschaften innehaben. Durch die personenidente Geschäftsführung zB in Mutter- und Tochtergesellschaft kann die einheitliche Leitung der Konzerngesellschaften leichter durchgeführt werden und es ergeben sich uU finanzielle Vorteile für den Konzern, weil nur ein Geschäftsführer statt zwei oder mehrerer bezahlt werden muss.

Der Geschäftsführer ist nur dann zur Übernahme von zusätzlichen Mandaten verpflichtet, wenn dies im Anstellungsvertrag ausdrücklich vereinbart ist (sog **Konzernmandatsklausel**).[843] Eine solche Vertragsklausel sieht vor, dass der Geschäftsführer bei entsprechendem Beschluss des Bestellungsorgans (also idR die Generalversammlung für die Bestellung von Geschäftsführern und Aufsichtsratsmitgliedern bei der GmbH, der Aufsichtsrat bei der Bestellung von Vorstandsmitgliedern bzw die Hauptversammlung bei der Bestellung von Aufsichtsratsmitgliedern in der Aktiengesellschaft) verpflichtet ist, das jeweilige Mandat in der Konzerngesellschaft anzunehmen. Meist ist auch vereinbart, dass diese zusätzliche Tätigkeit mit dem Geschäftsführergehalt laut Anstellungsvertrag abgegolten ist. Die Übernahme von Konzernmandaten ist einer der typischen Fälle der Drittanstellung (vgl Kap 2.2.1.2.); der Geschäftsführer erhält für die übernommenen zusätzlichen Mandate meist gar keinen eigenen Anstellungsvertrag.

Diese Verpflichtung des Geschäftsführers ist jedoch nur schuldrechtlicher Natur, dh dass er bei ungerechtfertigter Weigerung, ein Mandat anzunehmen, gegen den Anstellungsvertrag verstößt. Die Klausel bewirkt hingegen keine vorweg erteilte Zustimmung in gesellschaftsrechtlicher Sicht. Der Geschäftsführer müsste die jeweilige Bestellung annehmen, um wirksam bestellt zu werden. Die Gesellschaft kann die Annahmeerklärung des Geschäftsführers jedoch nicht erzwingen, sondern den Geschäftsführer bei Weigerung nur abberufen und den Anstellungsvertrag aus wichtigem Grund beenden.[844]

Konzernmandatsklauseln beinhalten auch häufig den Vorbehalt der Gesellschaft, vom Geschäftsführer jederzeit verlangen zu können, die übernommenen Mandate zurückzulegen. Das ergibt Sinn, weil so sämtliche Mandate zeitnah beendet werden können, wenn der Geschäftsführer aus seiner Hauptfunktion ausscheidet. Ohne den Rücktritt „auf Verlangen", zu dem der Geschäftsführer sich im Anstellungsvertrag verpflichtet, müsste für jede der übernommenen Positionen erst die Abberufungsentscheidung des zuständigen Organs herbeigeführt werden, was länger dauern kann. Einen ausgeschiedenen Geschäftsführer noch längere Zeit in anderen Funktionen im Konzern behalten zu müssen, widerspricht oft dem Gesellschaftsinteresse.

843 Vgl zur ausnahmsweisen Verpflichtung des Geschäftsführers, ein Konzernmandat auch ohne vertragliche Regelung anzunehmen, *Runggaldier/G. Schima*, Manager-Dienstverträge[4] 44.

844 Vgl *Hruška-Frank* in *Reissner/Neumayr*, ZellHB AV-Klauseln[2] Besonderer Teil, 18. Klausel Rz 18.04 (Stand 1.6.2019, rdb.at).

Hinweis

Besonders einfach lässt sich das Ausscheiden eines Geschäftsführers aus allen Konzernmandaten abwickeln, wenn der Geschäftsführer schon bei Vertragsabschluss einige blanko unterfertigte Rücktrittserklärungen abgibt, die die Gesellschaft im Bedarfsfall – vertragskonform – verwendet, indem sie den Namen des jeweiligen Unternehmens und das Rücktrittsdatum einsetzt.[845]

Der Widerrufsvorbehalt erleichtert auch die Durchführung der Stellenbesetzungspolitik in Konzernen. Bei Vorstandsmitgliedern der AG ist nämlich eine Abberufung nur aus wichtigem Grund möglich (§ 75 Abs 5 AktG), doch ein solcher liegt nicht notwendigerweise vor, wenn die Gesellschaft Interesse am sofortigen Rücktritt des Geschäftsführers aus den anderen Organfunktionen hat.

Beispiel

Ein frei gewordenes Vorstandsmandat soll vorübergehend mit einem Geschäftsführer einer Konzerngesellschaft besetzt werden, bis ein geeigneter externer Manager gefunden wird. Die Gesellschaft kann mittels vorgefertigter Rücktrittserklärung den Rücktritt des Geschäftsführers aus dem Vorstandsmandat bewirken, während eine Abberufung aus wichtigem Grund nur mit unverhältnismäßig großem Aufwand (Vertrauensentzug durch die Hauptversammlung) möglich wäre.[846]

Bei der Übernahme von Mandaten im Konzern sind mehrere Grenzen zu beachten: Für Aufsichtsratsmandate in GmbH und AG sehen §§ 30a und 30e GmbHG sowie §§ 86 und 90 AktG gewisse Beschränkungen vor.

Aufsichtsratsmitglieder dürfen **nicht mehr als zehn Aufsichtsratsmandate** innehaben (§ 30a Abs 2 Z 1 GmbHG bzw § 86 Abs 2 Z 1 AktG), wobei ein Aufsichtsratsvorsitz doppelt zählt. Auf diese Höchstzahl sind allerdings bis zu zehn Mandate nicht anzurechnen, in die das Aufsichtsratsmitglied zur Wahrung der Interessen eines konzernmäßig verbundenen Unternehmens oder eines an der Gesellschaft unternehmerisch beteiligten Unternehmens gewählt oder entsendet wurde (§ 30a Abs 3 GmbHG bzw § 86 Abs 3 AktG).[847] Mit diesem sog **Konzernprivileg** kann eine Person bis zu 20 Aufsichtsratsmandate in konzernverbundenen Gesellschaften bzw bei unternehmerischen Beteiligungsunternehmen ansammeln.

845 Vgl die entsprechende Muster-Vertragsklausel eines GmbH-Geschäftsführervertrages bei *Runggaldier/G. Schima*, Manager-Dienstverträge[4] 294.

846 Vgl zum Spannungsverhältnis der Rücktrittsverpflichtung mit der Weisungsfreiheit des Vorstands *Runggaldier/G. Schima*, Manager-Dienstverträge[4] 43 f.

847 Vgl zu den weiteren Privilegierungen für von Gebietskörperschaften entsandten Aufsichtsratsmitgliedern *A. Heidinger* in *Gruber/Harrer*, GmbHG[2] § 30a Rz 15 ff.

Außerdem kann ein Aufsichtsratsmitglied nicht Geschäftsführer oder Vorstandsmitglied in derselben Gesellschaft oder in einer Tochtergesellschaft gem § 189a Z 7 UGB werden (§ 30e Abs 1 GmbHG bzw § 90 Abs 1 AktG). Die umgekehrte Vorschrift enthalten die §§ 30a Abs 2 Z 2 GmbHG bzw 86 Abs 2 Z 2 AktG, wonach ein Geschäftsführer/Vorstandsmitglied eines Tochterunternehmens gem § 189a Z 7 UGB nicht in den Aufsichtsrat der Gesellschaft bestellt werden darf. Durch diese Bestimmungen soll gewährleistet werden, dass sich die Geschäftsführung nicht indirekt selbst kontrollieren muss.[848] Denn im Konzern überwacht der Aufsichtsrat der Muttergesellschaft indirekt auch die Tätigkeit der Tochterunternehmen und die Personenidentität würde zu Interessenkonflikten führen.[849]

Auch Überkreuzverflechtungen sind (außer bei konzernmäßig verbundenen oder unternehmerisch beteiligten Unternehmen) unzulässig, also eine Konstruktion, wonach ein Aufsichtsratsmitglied von Gesellschaft A in Gesellschaft B gesetzlicher Vertreter ist, in der wiederum ein Aufsichtsratsmitglied sitzt, das gesetzlicher Vertreter Gesellschaft A ist.[850] Die zwei Personen würden sich sonst in der jeweiligen Gesellschaft in exakt umgekehrten Rollen gegenüberstehen und einander wechselseitig überwachen.

Generell und unabhängig von diesen speziellen Unvereinbarkeitsbestimmungen ist aber darauf zu achten, dass die Pflicht zur Übernahme von zusätzlichen Mandaten ihre **Grenze** in der **Zumutbarkeit** für den betroffenen Geschäftsführer hat. Denn je nach dem Arbeitsaufwand der Hauptbeschäftigung (abhängig von Vollzeit- oder Nebenbeschäftigung, Größe des Unternehmens etc) kann ein Geschäftsleiter nur eine begrenzte Anzahl an zusätzlichen Aufgaben ordnungsgemäß wahrnehmen. Nicht zuletzt übernimmt man mit Vorstands-, Geschäftsführungs- oder Aufsichtsratsmandaten unweigerlich auch eine gesetzliche Haftung. Daher sollte im Vertrag klargestellt werden, dass der Geschäftsführer die ihm zugewiesenen Mandate bei Unzumutbarkeit ablehnen kann.[851] Gründe für das **Weigerungsrecht** sind etwa, wenn die Arbeitsbelastung des Geschäftsführers bereits ein Höchstmaß erreicht hat, oder die vorgesehene Position Fähigkeiten und Spezialkenntnisse erfordert, die der Geschäftsführer nicht aufweist. Denn bei Haftungsfragen kann der Geschäftsführer später nicht einwenden, dass er nicht über die für die Funktion notwendigen Kenntnisse verfügt hat. Im Bereich der Geschäftsführerhaftung gilt nämlich ein objektiver Sorgfaltsmaßstab und der Geschäftsführer haftet bei der Annahme des Mandats dafür, sich trotz des Mangels an Fähigkeiten darauf eingelassen zu haben (vgl zur sog Übernahmsfahrlässigkeit Kap 5.1.1.).

---

848 Vgl *Rauter* in *Straube/Ratka/Rauter*, WK GmbHG § 30 e Rz 1 (Stand 1.9.2013, rdb.at).

849 Vgl *A. Heidinger* in *Gruber/Harrer*, GmbHG[2] § 30a Rz 20 ff.

850 Vgl *Rauter* in *Straube/Ratka/Rauter*, WK GmbHG § 30 a Rz 56 ff (Stand 1.9.2013, rdb.at).

851 Vgl dazu ausführlich *Runggaldier/G. Schima*, Manager-Dienstverträge[4] 42 ff.

2.2.4.4. Nebentätigkeiten

Der GmbH-Geschäftsführer unterliegt ab seiner Bestellung dem gesetzlichen Wettbewerbsverbot des **§ 24 GmbHG**. Diese Bestimmung **verbietet** dem Geschäftsführer die Ausübung **konkurrenzierender Nebentätigkeiten**, wenn nicht die Gesellschaft solchen Tätigkeiten zugestimmt hat (vgl Kap 1.2.7.). Die Einwilligung der Gesellschaft kann durch die Gesellschafter im **Anstellungsvertrag** erteilt werden.[852] Dies macht vor allem dann Sinn, wenn bei Bestellung des Geschäftsführers bestimmte Tätigkeiten, die unter das Wettbewerbsverbot des § 24 GmbHG fallen, bereits bekannt sind. Durch eine ausdrückliche Genehmigung konkret aufgezählter Tätigkeiten wird Klarheit geschaffen. Sowohl für Gesellschafter-Geschäftsführer als auch (analog) für Fremdgeschäftsführer gilt außerdem, dass eine Bestellung zum Geschäftsführer in Kenntnis der übrigen Gesellschafter von der konkurrenzierenden Tätigkeit als Einwilligung zu werten ist, sofern die Gesellschafter nicht ausdrücklich die Aufgabe der Tätigkeit verlangt haben (vgl § 24 Abs 2 GmbHG).[853]

Ist ein Geschäftsführer außerdem Angestellter, kommt parallel das Wettbewerbsverbot des § 7 AngG zur Anwendung. Dieser Umstand ist insbesondere für Zeiten relevant, in denen der Geschäftsführer noch in einem aufrechten Dienstvertrag ist, sein Mandat aber bereits geendet hat. § 7 AngG verbietet ebenfalls konkurrenzierende Tätigkeiten („*in dem Geschäftszweige des Dienstgebers*") sowie das Betreiben eines selbständigen kaufmännischen Unternehmens, und ist nach hL und Rsp während der gesamten Vertragsdauer anwendbar, dh auch während der Kündigungsfrist, selbst wenn der Arbeitgeber auf die Dienstleistung verzichtet hat.[854] Wenn ein Geschäftsführer abberufen wird (dann endet das Konkurrenzverbot des § 24 GmbHG), gekündigt und bis zum Vertragsende unwiderruflich vom Dienst freigestellt wird, darf er während dieser Zeit wegen § 7 AngG weiterhin kein (i) eigenes Unternehmen betreiben und (ii) nicht bei einem Konkurrenzunternehmen arbeiten. Vorbereitungshandlungen für eine gegen das Wettbewerbsverbot verstoßende Tätigkeit, die erst nach Ende des Dienstverhältnisses angetreten würde, sind hingegen unbedenklich und kein Verstoß gegen § 7 AngG.[855]

Auch anstellungsvertraglich eingeräumte Einwilligungen in sonst verbotene Tätigkeiten sollen jederzeit per Beschluss der Gesellschafter widerrufbar sein,[856] was aber uE nicht richtig ist.[857] Ein Widerruf einer anstellungsvertraglich zuge-

852 Vgl *Enzinger* in *Straube/Ratka/Rauter*, WK GmbHG § 24 Rz 25 (Stand 1.8.2013, rdb.at).
853 Vgl *Temmel* in *Gruber/Harrer*, GmbHG² § 24 Rz 30 mwN.
854 *Sacherer* in *Reissner*, AngG² § 7 Rz 5 mit Verweis auf OGH 5 Ob 301/86; so auch OGH 9 ObA 8/00t.
855 OGH 11.2.1986, 5 Ob 301/86.
856 *Koppensteiner/Rüffler*, GmbHG³ § 24 Rz 12; diesen folgend *Enzinger* in *Straube/Ratka/Rauter*, WK GmbHG § 24 Rz 29 (Stand 1.8.2013, rdb.at).
857 Vgl auch *Reich-Rohrwig*, GmbH-Recht I² Rz 2/300; *Runggaldier/G. Schima*, Manager-Dienstverträge⁴ 105.

sagten Einwilligung ist uE nur dann zulässig, wenn die Gesellschaft die Einwilligung unter Widerrufsvorbehalt erteilt hat (vgl im Detail Kap 1.2.7.).

Das gesetzliche Wettbewerbsverbot des GmbH-Geschäftsführers kann im Anstellungsvertrag[858] verschärft werden, sodass dem Geschäftsführer zB auch das Betreiben eines nicht konkurrierenden Unternehmens verboten wird. Die Grenze wird für Arbeitnehmer wie für freie Dienstnehmer durch die allgemeine Sittenwidrigkeitsschranke gezogen,[859] denn auch das Wettbewerbsverbot des § 7 AngG ist nicht zwingend und kann verschärft werden (vgl § 40 AngG). Die Interessenabwägung ist zwischen dem schützenswerten Interesse des Geschäftsführers an der Ausübung der Tätigkeit und dem berechtigten Interesse der Gesellschaft auf Unterbleiben der Tätigkeit zu treffen.[860]

Auch wenn eine Nebentätigkeit nicht unter § 24 GmbHG fällt und daher ohne Einwilligung der Gesellschaft ausgeübt werden darf, ist allenfalls zu prüfen, ob eine Verletzung des Anstellungsvertrages vorliegt. Dies wäre der Fall, wenn der Geschäftsführer wegen einer Beteiligung an einer Gesellschaft oder wegen Annahme eines Geschäftsführungs- oder Aufsichtsratsmandates seine Geschäftsführungsaufgaben nicht mehr ordnungsgemäß wahrnehmen kann. Bei hauptberuflich tätigen Geschäftsführern, die ihre gesamte Arbeitskraft der Gesellschaft schulden, kann unter Umständen schon eine geringfügige Nebentätigkeit die Leistungen des Geschäftsführers beeinträchtigen.

Dementsprechend wird es als zulässig erachtet, die Ausübung jeglicher Erwerbstätigkeit vertraglich auszuschließen. Das Verbot jeglicher Tätigkeiten des Geschäftsführers, also zB auch Mitgliedschaft in Vereinen oder unentgeltliche Tätigkeiten, ist hingegen sittenwidrig.[861]

Hinweis

Durch die vertragliche Erweiterung des Nebenbeschäftigungsverbots über § 7 AngG hinaus wird kein neuer Entlassungstatbestand iSd § 27 Z 3 AngG geschaffen (nach dieser Bestimmung berechtigt ein Verstoß des Arbeitnehmers gegen § 7 AngG den Arbeitgeber zur Entlassung). Sofern im Verstoß gegen das vertragliche Wettbewerbsverbot aber auch eine Treuepflichtverletzung oder eine Vertrauensunwürdigkeit zu sehen ist, kann die Gesellschaft die Entlassung nach § 27 Z 1 AngG aussprechen.[862]

858 Nach Ansicht von *Koppensteiner/Rüffler*, GmbHG[3] § 24 Rz 8 auch durch Gesellschafterbeschluss oder im Gesellschaftsvertrag.

859 Vgl OGH 24.7.2013, 9 ObA 37/13a ASoK 2014, 77.

860 Vgl ausführlich zu den Interessen von Gesellschaft einerseits und Geschäftsführer andererseits *Runggaldier/G. Schima*, Manager-Dienstverträge[4] 107 ff.

861 Vgl schon *Runggaldier/G. Schima*, Führungskräfte 157.

862 Vgl RIS-Justiz RS 0027828, zuletzt in OGH 24.7.2013, 9 ObA 37/13a ASoK 2014, 77.

2.2.4.5. Entgelt

Beim Abschluss des Anstellungsvertrages spielen die Gehaltsverhandlungen meist eine zentrale Rolle. Die Höhe des Entgelts bemisst sich nach diversen Faktoren:

Die **wirtschaftliche Leistungsfähigkeit** des Unternehmens, die einerseits von dessen Größe und Branche abhängt, und andererseits von variableren Faktoren mittelfristig beeinflusst werden kann, wie zB Wirtschaftslage, Rohstoffpreisen, Handelsembargos in wichtigen Absatzmärkten oder Herstellerländern.

Ansehen und Erfahrung (Seniorität), aber auch spezielle **Fachkenntnisse**, die am Arbeitsmarkt nur selten zu finden sind, bringen einem Manager einen wesentlichen Verhandlungsvorteil. Weil sie für die Gesellschaft von besonderem Nutzen sind und eine positive wirtschaftliche Entwicklung des Unternehmens bewirken können, rechtfertigen sie eine höhere Bezahlung des Geschäftsführers.

Der **Umfang der Tätigkeit** hängt meist mit der Größe des Unternehmens zusammen: Es macht einen Unterschied, ob die GmbH eine Konzern-Obergesellschaft mit zahlreichen in- und ausländischen Beteiligungen, ein mittelständisches Familienunternehmen mit mehreren Standorten oder ein Kleinstunternehmen in Form einer Ein-Mann-GmbH ist. Nicht jede GmbH erfordert eine vollzeitbeschäftigte Geschäftsführung.

Unabhängig von der Größe der Gesellschaft kann sich der Arbeitsaufwand jedoch in verschiedenen Ausnahmesituationen erheblich vergrößern: man denke an die Unternehmenskrise (vgl dazu Kap 4.) oder bevorstehende Umstrukturierungen oder Expansionen ins Ausland. Gerade eine wirtschaftlich schlechte Situation des Unternehmens kann unter Umständen ein verhältnismäßig höheres Gehalt für einen erfahrenen Krisenmanager rechtfertigen.

Fällt ein Geschäftsführer in den Anwendungsbereich eines Kollektivvertrages, bildet das darin vorgesehene Mindestgehalt die Untergrenze der Vergütung. Geschäftsführervergütungen liegen in der Regel (manchmal weit) über kollektivvertraglichen Gehältern der jeweiligen Branche, denn es ist allein der Geschäftsführer, der umfassend und eigenständig für das Wohl des gesamten Unternehmens verantwortlich ist. Das Gehalt bietet einen finanziellen Ausgleich für das mit der Organfunktion verbundene Haftungsrisiko und die hohe Verantwortung, die mit der Verwaltung fremden Vermögens verbunden ist.

Zu beachten ist aber in formeller Hinsicht, dass im Anstellungsvertrag des Geschäftsführers[863] gem § 2 Abs 2 Z 9 AVRAG ua Angaben zur betragsmäßigen Höhe des

863 Diese Angaben sind grundsätzlich zumindest für den Dienstzettel vorgeschrieben, wobei die Verpflichtung des Arbeitgebers zur Ausstellung eines Dienstzettels ua dann entfällt, wenn ein schriftlicher Arbeitsvertrag ausgehändigt wurde, der alle in § 2 Abs 2 und 3 AVRAG vorgeschriebenen Angaben enthält.

Grundgehalts gemacht werden müssen. Diese Vorschrift gilt für ab dem 29. Dezember 2015 neu ausgestellte Dienstzettel bzw abgeschlossenen Arbeitsverträge und soll der Transparenz der Entgeltvereinbarung dienen.[864] Sie gilt für alle angestellten Geschäftsführer, nicht aber für freie Dienstnehmer, unabhängig davon, ob der Geschäftsführer einem Kollektivvertrag unterliegt, oder nicht.[865] In der Regel wird bei Verträgen im Anwendungsbereich eines Kollektivvertrages das entsprechende kollektivvertragliche Mindestgehalt als Grundgehalt ausgewiesen. Die Angabe des kollektivvertraglichen Mindestgehalts ist auch bei Geschäftsführern zulässig, wird aber in der Regel nicht dem entsprechen, was sich die Parteien an Verhältnis zwischen Grundgehalt und zusätzlicher Zahlung für die Abgeltung von Mehrleistungen vorstellen. Wenn zB das KV-Mindestgehalt in der höchsten Stufe 4.500 € beträgt und der Geschäftsführer 12.500 € pro Monat verdienen soll, wird das Verhältnis zwischen Grundgehalt und „Überzahlung" wahrscheinlich eher umgekehrt sein (8.000 € Grundgehalt zu 4.500 € Überzahlung). In den Branchen, in denen für Geschäftsführer kein Kollektivvertrag zur Anwendung gelangt, wird als Grundgehalt ein branchenüblicher Betrag anzuführen sein.[866] Fehlt die Angabe über das Grundgehalt im Arbeitsvertrag oder Dienstzettel, so hat dies bei schlichten Gehaltsvereinbarungen allerdings keinerlei verwaltungsstrafrechtliche Sanktion oder sonstige Rechtsfolge.[867] Zu All-In-Vereinbarungen siehe sogleich.

Jede Änderung des angegebenen Grundgehalts ist dem Arbeitnehmer ebenfalls unverzüglich[868] mitzuteilen, außer die Änderung erfolgt durch kollektivvertragliche Normen oder ergibt sich unmittelbar aus einer dienstzeitabhängigen Vorrückung.[869]

Bei der Gestaltung des Entgelts sind die Vertragsparteien – abgesehen von den kollektivvertraglichen Mindestgrenzen – grundsätzlich relativ frei,[870] doch ist bei der Vergütung von **Gesellschafter-Geschäftsführern** das Verbot der **Einlagenrückgewähr** (§ 82 GmbHG) zu beachten. Kurz gesagt: Leistungen an Gesellschafter, die ein objektives Missverhältnis von Leistung und Gegenleistung zugunsten des Gesellschafters aufweisen, die einem unbeteiligten Dritten nicht gewährt würden

864 *Vogt-Majarek/Schulz*, Die Auswirkungen des Arbeitsrechts-Änderungsgesetzes 2015 in der Praxis, ARD 6481/5/2016.

865 Das AVRAG ist auf alle Arbeitsverhältnisse anzuwenden, die auf einem privatrechtlichen Vertrag beruhen (vgl § 1), so auch auf Lehrlinge und leitende Angestellte, nicht aber auf freie Dienstnehmer; vgl *Mazal/Risak*, Das Arbeitsrecht – System und Praxiskommentar, XIV Betriebsübergang Rz 8; detailliert auch *Schrank*, Neue Grundgehaltsangabe und All-in-Klauseln – nur bessere Transparenz? RdW 2016, 32.

866 Vgl auch *Schedle*, Vertragliche Flexibilisierungsmöglichkeiten bei der Managervergütung, in *Geiger/Huber/Sindelar* (Hrsg), Handbuch Managervergütungen (2019) Rz 5.65.

867 Vgl *Schrank*, RdW 2016, 32 (33).

868 Spätestens ein Monat nach dem Wirksamwerden, vgl § 2 Abs 6 AVRAG.

869 Vgl im Detail § 2 Abs 6 AVRAG, *Schrank*, RdW 2016, 32 (33).

870 Eine analoge Anwendung der Begrenzungen von § 78 AktG wird mit der Begründung abgelehnt, dass in der GmbH idR die Vergütung direkt von den Gesellschaftern festgesetzt wird, nicht von einem fremdes Vermögen verwaltenden Organ, wie dem Aufsichtsrat der AG, vgl *Fink* in *Geiger/Huber/Sindelar*, Handbuch Managervergütungen Rz 3.205.

(Fremdvergleich) und die mit der Sorgfalt eines ordentlichen Geschäftsleiters nicht vereinbar sind, bedeuten eine unzulässige verdeckte Ausschüttung iSd § 82 GmbHG und sind auch im Steuerrecht problematisch.[871] Überhöhte Gehälter, Pensionszusagen oder sonstige Vergütungen sind ein typischer Fall von verdeckten Ausschüttungen.[872]

So gut wie immer wird mit Geschäftsführern eine Pauschalentlohnung vereinbart, also ein Entgelt (das aus mehreren Komponenten, fix oder variabel, bestehen kann), das sämtliche Arbeitsleistung des Managers abdeckt und keine gesonderte Zahlung von Überstunden vorsieht. Nachdem Geschäftsführer den Bestimmungen des AZG nicht unterliegen und auch selten Kollektivverträge auf sie anwendbar sind (vgl Kap 2.2.3.1. und 2.2.3.3.) bzw ohnehin weit mehr als das kollektivvertragliche Mindestgehalt gezahlt wird, sind solche „**All-In-Vereinbarungen**“ idR unproblematisch.[873] Auch bei All-In-Vereinbarungen ist (neu seit 1. Jänner 2016) gem § 2g AVRAG im Arbeitsvertrag oder Dienstzettel das Grundgehalt betragsmäßig anzuführen. Das Unterlassen des separaten Ausweises des Grundgehalts kann – wenngleich wohl nur in relativ wenigen Fällen – auch für GmbH-Geschäftsführer bzw die Gesellschaft relevante Auswirkungen haben: die Rechtsfolge ist nämlich, dass der Arbeitnehmer mangels ausgewiesenen Grundgehalts *zwingend Anspruch auf Grundgehalt oder -lohn einschließich der branchen- und ortsüblichen Überzahlungen* hat (Ist-Grundgehalt). Dieses Ist-Grundgehalt wäre dann der Berechnung der vom Pauschalentgelt abgedeckten Entgeltbestandteile zugrunde zu legen. Kommt der Arbeitnehmer zu dem Ergebnis, dass von diesem Ist-Grundgehalt samt Überzahlung die abzudeckenden Entgeltbestandteile (allen voran Überstundenabgeltung) nicht gedeckt sind, kann er über die Pauschale hinausgehende Ansprüche erheben.[874] Ein Zuschlag für Überstunden kommt bei Geschäftsführern jedoch regelmäßig nicht zur Anwendung, weil sie als leitende Angestellte nicht den Bestimmungen des AZG unterliegen (vergleiche dazu Kap 2.2.3.3.), es sei denn, ein anwendbarer Kollektivvertrag sieht auch für leitende Angestellte oder Geschäftsführer Zuschläge vor.[875] Auch ein Geschäftsführer darf durch eine zu gering bemessene All-In-Vereinbarung freilich nicht unter dem kollektivvertraglichen Mindestlohn entlohnt werden.[876]

---

871 Vgl ausführlich *Auer* in *Gruber/Harrer*, GmbHG[2] § 82 Rz 36 ff.

872 Vgl diverse VwGH-Erkenntnisse aus dem Steuerrecht, bei dem die Behörden für die Frage der Berücksichtigung bei der Ermittlung des Einkommens vor allem Rückstellungen für Pensionszusagen an Gesellschafter-Geschäftsführer einem Fremdvergleich unterzogen, VwGH 25.11.2009, 2008/15/0040; VwGH 27.11.2003, 99/15/0178.

873 Vgl OGH 9 Ob A 99/98v ecolex 1998, 784; *Runggaldier/G. Schima*, Manager-Dienstverträge[4] 96. All-In-Vereinbarungen sind nach der Rsp des OGH zulässig (OGH 29.3.2012, 9 Ob A 160/11m; 27. 6. 2013, 8 Ob A 32/13h), sowohl wenn sie ein einheitliches Entgelt für die gesamte Arbeitszeit festsetzen, als auch die Überstundenvergütung pauschalieren. Solche Vereinbarungen sind nicht nur bei leitenden Angestellten zulässig (OGH 9.5.2001, 9 Ob A 9/01s mwN; 15.4.2004, 8 Ob A 23/04x).

874 Vgl *Risak*, Arbeitsvertragsklauseln 2016, ZAS 2016/10 (58).

875 *Unterrieder*, All-In-Entgelt und Unterentlohnung, ecolex 2017, 283 (286).

876 Vgl *Schedle* in *Geiger/Huber/Sindelar*, Handbuch Managervergütungen Rz 5.65 ff.

Eine ausgeglichene Mischung zwischen **Grundgehalt und variabler Vergütung** ist für die Zufriedenheit der Vertragsparteien und schließlich den Erfolg der Zusammenarbeit entscheidend. Das Grundgehalt muss so bemessen sein, dass der Geschäftsführer seinen Lebensunterhalt damit grundsätzlich bestreiten und es sich die Gesellschaft in wirtschaftlich durchschnittlichen Zeiten leisten kann. Der variable Anteil sollte den persönlichen Einsatz des Managers widerspiegeln und einen Anreiz zu Mehrleistungen bieten. Andererseits muss die variable Vergütung auch wirtschaftliche Einbrüche berücksichtigen können, auch wenn diese vom Geschäftsführer vielleicht nur bedingt beeinflussbar sind. Das richtige Verhältnis ist immer eine Einzelfallentscheidung, aber die Vergangenheit hat gezeigt, dass ein zu geringes Grundgehalt mit hohen variablen Verdienstmöglichkeiten die Risikobereitschaft von Managern auch auf destruktive Weise erhöhen kann.

Für die **variable Vergütung** ist es ebenso essenziell, dass diese die richtige Anreizwirkung hat. Je nach Branche, Situation und Aufgabenbereich des Geschäftsführers sind unterschiedliche Vergütungsmodelle zielführend. Leistungsbezogene Entgeltbestandteile sind zum Beispiel akkordähnliche Prämien oder Provisionen, die sich nicht am Gesamterfolg des Unternehmens, sondern an der Leistung des einzelnen Geschäftsführers bemessen. Solche Vergütungsbestandteile sind nur dort sinnvoll, wo die Geschäftsführerin nicht nur leitende Funktion innehat, sondern direkt in das operative Geschehen eingebunden ist und zB selbst Verträge abschließt (zB Geschäftsführerin einer Vertriebstochter).[877] Da Geschäftsführer jedoch für das gesamte Unternehmen verantwortlich sind und dessen Erfolg maßgeblich beeinflussen können, bieten sich in vielen Fällen eher erfolgsbezogene, dh von Unternehmenskennzahlen abhängige Vergütungen an. Die Wahl der richtigen Unternehmenskennzahlen ist für die Motivation und den zielgerichteten Belohnungscharakter der Vergütung essenziell. Während Umsatzkennzahlen weniger geeignet sind, ist die Verknüpfung mit **Parametern**, die sich im **Jahresüberschuss** auswirken, sinnvoll (zB EBITDA, ordentliches Betriebsergebnis oder ROI).[878] Meist wird nicht nur eine Zielkennzahl, sondern mehrere Ziele vereinbart, die jeweils für einen Teil der gesamten variablen Vergütung maßgeblich und unterschiedlich gewichtet sind. Es können zB Unternehmenskennzahlen mit individuellen Zielen, strategischen und nicht in Geld messbaren Zielen kombiniert werden.

Im Anstellungsvertrag sollten die Parteien sowohl das Grundgehalt als auch die variable Vergütung ausführlich regeln. Die variable Vergütung kann durch einen Prozentsatz des Grundgehalts ausgedrückt und/oder begrenzt werden – dies ist zu empfehlen, um eine unangemessen hohe variable Vergütung in sehr guten

877 *Schedle* in *Geiger/Huber/Sindelar*, Handbuch Managervergütungen Rz 4.22.
878 Im Aktiengesetz gibt es für die Gewinnbeteiligung von Vorstandsmitgliedern eine eigene Bestimmung (§ 77 AktG). Vgl dazu ausführlich *Runggaldier/G. Schima*, Manager-Dienstverträge⁴ 70 f.

Wirtschaftsjahren zu verhindern.[879] Weil die variable Vergütung in jedem Jahr sowohl die konkrete persönliche Leistung als auch die aktuelle wirtschaftliche Lage des Unternehmens berücksichtigen soll, ist es sachlich gerechtfertigt und entspricht auch der Praxis, dass die Zielparameter und Kennzahlen jährlich neu festgesetzt werden. Im Anstellungsvertrag ist zu vermerken, mit wem und wann die jährliche Zielvereinbarung abzuschließen ist oder von wem die Kennzahlen einseitig vorgegeben werden. Die Kompetenz liegt bei den Gesellschaftern, die die Aufgabe aber auch zB dem Aufsichtsrat übertragen können. Auszahlungsmodalitäten und Fälligkeit der variablen Vergütung sind ebenfalls vertraglich zu regeln.

Beispiel

„Das Geschäftsführergehalt besteht aus einem jährlichen Grundgehalt von 100.000 €, das in 14 Teilbeträgen jeweils am 1. jeden Monats im Vorhinein ausbezahlt wird. Im Juni und Dezember gebührt je eine Sonderzahlung (ein Teilbetrag). Zusätzlich zum Grundgehalt erhält die Geschäftsführerin eine variable Vergütung von maximal 150 % des Grundgehalts, deren Höhe sich nach bestimmten Parametern richtet, die in einer Zielvereinbarung zwischen Geschäftsführerin und Gesellschaft jedes Jahr im Vorhinein festgelegt werden. Die Zielvereinbarung ist jährlich bis spätestens Ende November mit der Generalversammlung/dem Aufsichtsrat für das folgende Geschäftsjahr zu treffen. Die Gesellschafter stellen den Grad der Zielerreichung in jenem Monat fest, in dem die Generalversammlung den Jahresabschluss für das betreffende Geschäftsjahr genehmigt. Mit diesem Zeitpunkt ist die variable Vergütung fällig und – je nach Wunsch der Geschäftsführerin – als Einmalbetrag oder monatlich anteilig in den Monaten [#] bis [#] auszuzahlen. Für den Fall, dass die Geschäftsführerin vor Ende eines Geschäftsjahres aus der Position ausscheidet, gebühren Grundentgelt und variables Entgelt anteilig."

Soll die Jahresprämie als „sonstiger Bezug" gelten, der (innerhalb des Jahressechstels) steuerbegünstigt ausgezahlt werden kann, müssen gewisse Voraussetzungen erfült sein: Der Prämienanspruch muss Inhalt einer individuellen Vereinbarung mit dem Arbeitnehmer sein, die schriftlich und vor der ersten Auszahlung abgeschlossen werden muss und die konkreten Auszahlungsmonate enthält. Wurde der erste Teilbetrag geleistet, darf die vereinbarte Auszahlungsmodalität nicht mehr abgeändert werden. Außerdem reicht nach neuerer Judikatur des VwGH nicht mehr eine bloße Aufteilung der Jahresprämie in sieben Tranchen, sondern der sonstige Bezug muss sich auch vom Rechtstitel her deutlich von laufenden Bezügen unterscheiden. Es ist daher zu empfehlen, nach Feststehen der Prämienhöhe aber vor Auszahlung die Auszahlungsvereinbarung konkret zu textieren und die sechs Teilbeträge gesondert von dem siebten Teilbetrag zu regeln. Dieser kann zB als „Sonderprämie" bezeichnet nach Leistung der ersten sechs Teilbeträge fällig werden.[880]

879 Vgl *Schedle* in *Geiger/Huber/Sindelar*, Handbuch Managervergütungen Rz 4.32.
880 Vgl im Detail *Geiger/Huber* in *Geiger/Huber/Sindelar*, Handbuch Managervergütungen Rz 4.39 f.

Geschäftsführern werden oft auch **Naturalbezüge** gewährt, also nicht in Geld bestehende Vergütungen, die dennoch abgabenpflichtiges Entgelt sein können. Zu nennen sind hier nicht nur Dienstwagen oder Dienstwohnung, sondern auch Leistungen der betrieblichen Altersvorsorge oder die Bezahlung einer privaten Krankenversicherung. Bei Dienstwägen und Dienstwohnung ist im Vertrag insb zu regeln, was bei Ende des Mandats des Geschäftsführers mit dem Objekt geschieht, wann das Auto zurückgegeben oder die Wohnung geräumt werden muss und ob der Geschäftsführer allenfalls die Möglichkeit zum Ankauf hat.

Wird dem Manager ein **Dienstwagen** zur Verfügung gestellt, ist explizit zu regeln, ob dieser für private Zwecke – allenfalls auch durch Familienmitglieder – genutzt werden darf und wenn ja, in welchem Ausmaß. Aus steuerrechtlicher Sicht ist auch die An- und Abfahrt zu und vom Arbeitsplatz eine private Fahrt (vgl § 4 Abs 1 SachbezugswerteVO). Auch die Kostentragung sollte ausdrücklich vereinbart werden, also wer die Versicherungs-, Reparatur- und Wartungskosten, aber auch die Treibstoffkosten trägt und ob der Geschäftsführer einen Kostenbeitrag für die private Nutzung zu leisten hat. Wird der **Dienstwagen privat genutzt**, muss der Geschäftsführer für diesen **Vorteil Lohn- bzw Einkommenssteuer** zahlen. Grundsätzlich wird pro Monat ein **Sachbezugswert** von 2 % der tatsächlichen Anschaffungskosten des Kfz (einschließlich USt und NoVa), maximal jedoch 960 € angesetzt (der Bemessungsgrundlage für die Steuer hinzugerechnet). Diese erhöhten Sachbezugswerte des § 4 Abs 1 Z 1 SachbezugswerteVO gelten für Lohnzahlungszeiträume nach dem 31. Dezember 2015.[881] Für Autos mit niedrigerem CO^2-Emissionswert gibt es eine Vergünstigung: der vor der Novelle 2015 geltende maximale Sachbezugswert von **1,5 % der Anschaffungskosten** des Fahrzeuges, maximal jedoch 720 € gilt für diese Fahrzeuge weiterhin, wobei sich der relevante CO^2-Grenzwert nach dem Jahr 2016 von 130 Gramm pro Kilometer jährlich um drei Gramm verringert, sodass für ein im Jahr 2020 und danach angeschafftes Fahrzeug eine Emmisionswert-Grenze von 118 Gramm pro Kilometer für die Inanspruchnahme der Vergünstigung gilt.[882] Für Fahrzeuge mit einem Emissionswert von 0 Gramm ist ab 2016 ein Sachbezugswert von Null anzusetzen, wodurch Elektroautos oder wasserstoffbetriebene Fahrzeuge gegenüber Verbrennungsmotoren erheblich begünstigt werden. Nur wenn die Privatfahrten pro Jahr – durch ein Fahrtenbuch nachgewiesen – nicht mehr als 500 km betragen, ist bloß der halbe Sachbezugswert anzusetzen (§ 4 Abs 2 SachbezugswerteVO). Kostenbeiträge des Geschäftsführers (außer für die Treibstoffkosten) sind vom Sachbezugswert abzuziehen (§ 4 Abs 6 SachbezugswerteVO).[883] Seit 1. Jänner 2017 gilt die SachbezugswerteVO in Bezug auf Dienstwägen auch für Einkünfte aus selbstständig Tätigkeit (§ 22 Z 2 EstG). Dies betrifft Gesellschafter-Geschäftsführer, die das firmeneigene Kfz sowohl geschäftlich nutzen als auch für private Zweck

881 Siehe § 8 Abs 6 der Verordnung.
882 Vgl vgl § 4 Abs 1 SachbezugswerteVO, BGBl II 2001/416 idF BGBl II 2015/395.
883 Vgl ausführlich *Runggaldier/G. Schima*, Manager-Dienstverträge[4] 81 ff.

verwenden, und wesentlich (über 25 %) beteiligt sind, wobei ihre Beziehung zur Gesellschaft sonst alle Merkmale eines Dienstverthältnisses aufweist.[884]

Bei der Bereitstellung von Wohnraum durch die Gesellschaft kommt es auf die vertraglichen Regelungen an, ob eine **Dienstwohnung** im steuerrechtlichen und im mietrechtlichen Sinn vorliegt. Ist der Anstellungsvertrag die Geschäftsgrundlage, der Anlass für die Vermietung, handelt es sich um eine Dienstwohnung iSd § 1 Abs 2 Z 2 MRG und das **Mietrechtsgesetz ist nicht anwendbar**.[885] Das Mietverhältnis ist dann an den Bestand des Beschäftigungsverhältnisses gebunden und unterliegt nicht dem Kündigungsschutz des Mietrechtsgesetzes. Verlangt die Gesellschaft eine ortsübliche Miete für den überlassenen Wohnraum, ergibt sich steuerrechtlich keine Besonderheit. Wenn die Miete hingegen verbilligt ist oder die Wohnung kostenlos überlassen wird, ist dieser Vorteil wiederum in Form des steuerlichen **Sachbezugswerts** der Steuerbemessungsgrundlage hinzuzurechnen. Näheres ist in § 2 SachbezugswerteVO geregelt: Pro Quadratmeter ist je nach Bundesland ein bestimmter **Richtwert** anzusetzen, der aktuell zB 5,58 €/m^2 in Wien und 7,71 €/m^2 in Salzburg beträgt.[886] Steuerrechtlich wird als Sachbezugswert immer der Richtwert vom 31. Oktober des Vorjahres herangezogen, sodass die aktuellen Richtwerte seit 1. Jänner 2018 als Sachbezugswert für Dienstwohnungen gelten. Die nächste Änderung der Richtwerte (gem § 5 Abs 2 RichtwertG erfolgt diese alle zwei Jahre) im Jahr 2019 wird daher steuerrechtlich ab 1. Jänner 2020 wirksam.[887]

Die für 2020 als Sachbezug geltenden Richtwerte, mietrechtlich wirksam seit 1. April 2019, betragen:

Bundesland	Richtwert (in €/m^2)
Burgenland	5,30 €
Kärnten	6,80 €
Niederösterreich	5,96 €
Oberösterreich	6,29 €
Salzburg	8,03 €
Steiermark	8,02 €
Tirol	7,09 €
Vorarlberg	8,92 €
Wien	5,81 €

884 *Geiger* in *Geiger/Huber/Sindelar*, Handbuch Managervergütungen Rz 4.46.

885 Vgl RIS-Justiz RS 0069651.

886 Vgl das Richtwertgesetz BGBl 1993/800 idF BGBl I 2016/12 und die Kundmachung des BM für Justiz über die aktuellen Richtwerte, BGBl II 2017/62.

887 Vgl zu den Details der Zu- und Abschläge zum Sachbezugswert und den Folgen der Übernahme der Heizkosten durch die Gesellschaft *Runggaldier/G. Schima*, Manager-Dienstverträge[4] 84 ff; *Geiger* in *Geiger/Huber/Sindelar*, Handbuch Managervergütungen Rz 4.50.

Die **Entgeltfortzahlung im Krankheitsfall** ist bei Geschäftsführern, die als Arbeitnehmer dem AngG unterliegen, durch dessen § 8 abgedeckt und bedarf keiner vertraglichen Regelung. Dem Geschäftsführer gebührt – je nach Dauer der Dienstzugehörigkeit – die Fortzahlung des vollen Entgelts für einen Zeitraum von maximal sechs bis zwölf Wochen, danach für weitere vier Wochen das halbe Entgelt. Bei freien Dienstnehmern muss die Entgeltfortzahlung für längere Dienstverhinderungen hingegen vertraglich geregelt werden. Auch Geschäftsführern im Anwendungsbereich des § 8 AngG wird aber oft die Fortzahlung des Entgelts durch die Gesellschaft für einen längeren als den gesetzlich vorgesehenen Zeitraum gewährt.[888] Wenn die Vereinbarung dabei vorsieht, dass die Gesellschaft nach Erschöpfung des Anspruchs auf volle Entgeltfortzahlung dem Geschäftsführer 49 % des Entgelts fortzahlt, hat dies darüber hinaus den Vorteil, dass der Geschäftsführer gleichzeitig Anspruch auf das volle Krankengeld nach ASVG behält (vgl § 143 Abs 1 Z 3 ASVG). Wenn der Geschäftsführer hingegen – wie dies § 8 AngG vorsieht – 50 % des Entgelts erhält, ruht der Anspruch auf Krankengeld zur Hälfte. Mit der 49-%-Regelung bleibt dem Geschäftsführer hingegen selbst bei Krankheit fast das gesamte Entgelt erhalten. Zu beachten ist, dass gem § 143 Abs 1 Z 3 ASVG auch Sachbezüge einzurechnen sind. Daher bewirkt eine Regelung im Anstellungsvertrag, wonach im Krankheitsfall 49 % der Geldbezüge, aber weiterhin die volle private Nutzung des Dienstwagens zustehen, nicht den gewünschten Effekt, weil die Grenze der 49-% durch Geld- *und* Sachbezüge überschritten würde.[889]

2.2.4.6. Vertragliche Regelungen von Interessenkonflikten

In Kap 1.2.5. wurden ausführlich verschiedene Konstellationen geschildert, in denen sich der Geschäftsführer typischerweise in einem Interessenkonflikt befindet. Dazu gehören Insich-Geschäfte des Geschäftsführers, also Verträge, bei denen der Geschäftsführer als Vertreter der Interessen beider Vertragsparteien auftritt, weil er entweder selbst ein Geschäft mit der Gesellschaft abschließt oder gleichzeitig die Gesellschaft und die andere Vertragspartei vertritt (vgl Kap 1.2.5.2.). Aber auch weniger augenfällige Interessenkonflikte sollten vermieden werden, wie etwa ein Vertrag der Gesellschaft mit einem Unternehmen, an dem ein Verwandter des Geschäftsführers beteiligt ist. Solche Geschäfte sind nicht per se nachteilig für die Gesellschaft, wenn sie zu Konditionen abgeschlossen werden, die marktüblich sind. Um aber festzustellen, ob ein Geschäft wirklich im Interesse der Gesellschaft liegt und um den Geschäftsführer von potenziellen Interessenkonflikten zu befreien, soll darüber ein Dritter (sinnvollerweise die Gesellschafter) entscheiden.[890]

888 Vgl *Fritz*, Der GmbH-Geschäftsführer und andere Leitungsfunktionen von Kapitalgesellschaften (2008) 100.

889 Vgl ausführlich *Runggaldier/G. Schima*, Manager-Dienstverträge[4] 72 f.

890 Vgl ergänzend *Runggaldier/G. Schima*, Manager-Dienstverträge[4] 109 ff.

Um Interessenkonflikten vorzubeugen, kann im Anstellungsvertrag eine Klausel vereinbart werden, wonach gewisse Geschäfte überhaupt verboten sind oder dem Zustimmungsvorbehalt eines anderen Gesellschaftsorgans unterliegen.

Beispiele

Generelles Verbot von Geschäften zwischen der Gesellschaft und nahen Angehörigen des Geschäftsführers; Genehmigungspflicht bei Geschäften mit Gesellschaften, an denen der Geschäftsführer oder seine Angehörigen direkt oder indirekt in einem bestimmten Ausmaß beteiligt sind (vgl für einen Formulierungsvorschlag Kap 1.2.5.)

Mit Hilfe einer solchen Regelung ist der Handlungsspielraum des Geschäftsführers zwar strenger determiniert, sie bietet aber auch Sicherheit für Geschäftsführer und Gesellschaft, was die Beurteilung von Pflichtverletzungen betrifft: Enthält zB der Anstellungsvertrag eine Genehmigungspflicht für Geschäfte, die die Gesellschaft mit einem Familienmitglied eines Geschäftsführers abschließen soll und wird die Genehmigung vorab nicht eingeholt, handelt der Geschäftsführer klar pflichtwidrig, unabhängig davon, ob das konkrete Geschäft Vorteile für die Gesellschaft bringt. Konsequenz kann die Abberufung des Geschäftsführers aus wichtigem Grund (sofern ein solcher überhaupt erforderlich ist) und die Entlassung aus dem Anstellungsvertrag sein.

2.2.4.7. D&O-Versicherung

Bei größeren Unternehmen ist es üblich geworden, dass die Gesellschaft den Geschäftsführer gegen die schadenersatzrechtliche Inanspruchnahme durch die Gesellschaft oder Dritte versichert. Zu diesem Zwecke schließt die Gesellschaft eine sog D&O-Versicherung,[891] eine **Vermögensschadens-Haftpflichtversicherung** ab. Während der Versicherungsvertrag zwischen der Gesellschaft und dem Versicherer besteht und diese daher die Prämien zahlt, den Versicherungsvertrag ändern oder beenden kann, kommen die Versicherungsleistungen nicht der Gesellschaft direkt, sondern den versicherten Personen zugute. Versicherte Personen sind (je nach den Bestimmungen des Versicherungsvertrages) die aktuellen, ehemaligen und zukünftigen Mitglieder des Vertretungsorgans der Gesellschaft oder einer ganzen Unternehmensgruppe, sowie oftmals auch Aufsichtsratsmitglieder oder bestimmte leitende Angestellte.[892]

Der Versicherungsschutz wird gem dem Claims-made-Prinzip (Anspruchserhebungsprinzip)[893] ausgelöst, sobald die Gesellschaft oder ein Dritter den

891 „D&O" steht dabei für directors and officers, die aus der amerikanischen Rechtssprache stammende Bezeichnung für Mitglieder von Vertretungs- und Kontrollorganen, vgl *Gisch*, Versicherungslösungen für Haftungsrisiken, in *Ratka/Rauter*, Geschäftsführerhaftung[2] Rz 8/1 mit Verweis uA auf *Lange*, Praxisfragen, DStR 2002, 1626 und *Schilling*, Managerhaftung 13, mwN.

892 Vgl *Gruber/Mitterlechner/Wax*, D&O-Versicherung mit internationalen Bezügen (2012) § 1 Rz 14.

893 Vgl näher *Beckmann/Matusche-Beckmann*, Versicherungshandbuch[3] (2015) § 15 Rz 18.

Geschäftsführer auf Schadenersatz (auch außergerichtlich) in Anspruch nimmt. Versicherungsfälle (= Anspruchserhebung) können innerhalb der Laufzeit des Versicherungsvertrages und während der sog Nachmeldefrist geltend gemacht werden. Die Nachmeldefrist variiert je nach den Versicherungsbedingungen und beträgt üblicherweise zwischen einem und drei Jahren.[894] Voraussetzung der Geltendmachung in der Nachmeldefrist ist auch, dass die Pflichtverletzung während der Laufzeit des Versicherungsvertrages begangen worden ist.

Hinweis

Die versicherte Person treffen diverse Obliegenheiten und Meldepflichten, deren Verletzung sich negativ auf den Versicherungsschutz auswirken kann. ZB muss die versicherte Person den Eintritt des Versicherungsfalles, also die schriftliche Inanspruchnahme durch die Gesellschaft oder einen Dritten, unverzüglich melden. Bei verspäteter Meldung kann der Versicherer uU die Deckung für einen bestimmten Zeitraum verweigern. Die Versicherungsbedingungen sollten daher besonders genau studiert werden.

Die behaupteten Schadenersatzansprüche müssen Vermögensschäden betreffen, die sich aus der Ausübung der Organtätigkeit (versicherte Tätigkeit) des Geschäftsführers ergeben – Personen- und Sachschäden sind nicht vom Versicherungsschutz umfasst.[895]

Der Versicherungsschutz besteht in der Übernahme der Kosten für die rechtliche Vertretung des Geschäftsführers zur Abwehr von Schadenersatzforderungen (Rechtsschutzversicherung, **Abwehranspruch**) und bei Vorliegen eines vom Geschäftsführer zu vertretenden Schadens auch in der Übernahme der Schadenssumme (**Befreiungsanspruch**). Der Abwehranspruch umfasst alle gerichtlichen und außergerichtlichen Kosten, die zur Abwehr des behaupteten Anspruches notwendig sind.[896]

Bei **vorsätzlicher Schädigung** durch den Geschäftsführer ist der Versicherungsschutz immer ausgeschlossen und je nach den Versicherungsbedingungen muss der Geschäftsführer auch die vorweg getragenen Kosten für die Rechtsverteidigung zurückzahlen.[897] Die Versicherungspolizzen unterscheiden hier oft zwischen verschiedenen Vorsatzformen: der Ausschluss bloß von direktem Vorsatz (wissentliche Pflichtverletzung) ist enger und daher für die versicherte Person

894 Vgl *Gisch* in *Ratka/Rauter*, Geschäftsführerhaftung² Rz 8/35 mwN; hingegen berichten *Gruber/Mitterlechner/Wax*, D&O-Versicherung § 6 Rz 149 für Deutschland von Nachmeldefristen von bis zu zehn Jahren. Für extra lange Nachmeldefristen werden oft zusätzliche Prämien verlangt (vgl *ebenda* § 6 Rz 145).

895 Vgl *Lange*, D&O-Versicherung und Managerhaftung (2014) § 1 Rz 15.

896 Vgl *Schauer*, Das österreichische Versicherungsvertragsrecht³ (1995) 406.

897 § 152 VersVG regelt die Leistungsfreiheit des Versicherers, wenn der Versicherungsnehmer vorsätzlich den Eintritt des Schadens herbeigeführt hat. Vgl *Gisch* in *Ratka/Rauter*, Geschäftsführerhaftung² Rz 8/39 f (ausführlich dazu *Heiss/Lorenz*, VersVG² § 61).

günstiger, während der Ausschluss von „Vorsatz“ alle Vorsatzformen erfasst und somit auch schon Eventualvorsatz für den Entfall der Versicherungsleistung reicht.[898]

Vor allem der Befreiungsanspruch, also die Verpflichtung des Versicherers, die Schadenersatzpflicht des Geschäftsführers zu tragen, ist bei größeren Unternehmen von besonderem Interesse. Denn die potenziellen Schadenssummen können ein Ausmaß erreichen, das die Liquidität einer Privatperson übersteigt, mag es sich auch um einen seit vielen Jahrzehnten erfolgreich tätigen Manager handeln. Die Versicherung muss grundsätzlich nur bis zur Höhe der vereinbarten Versicherungssumme leisten, die für einen bestimmten Zeitraum (Versicherungsperiode ist meist das Kalenderjahr) und auch je Versicherungsfall gilt. Zusätzlich können die Versicherungsbedingungen auch Sublimits für verschiedene Leistungen enthalten. Ist in einem Jahr die Versicherungssumme durch einen Versicherungsfall bereits aufgebraucht, kann für einen weiteren Fall in derselben Periode keine Deckung mehr gewährt werden.[899]

In der Praxis ist leider oft zu beobachten, dass schon die vom Versicherer übernommenen Vertretungskosten die Versicherungssumme rasch aufzehren.[900] Vor allem bei Unternehmens- oder Konzernpolizzen, die alle Organmitglieder (Vorstand, Geschäftsführung, Aufsichtsrat) auch von Tochtergesellschaften schützen, kann dies vorkommen, wenn ein Schadensfall nicht nur ein Organmitglied, sondern zB mehrere Geschäftsführer und auch mehrere Aufsichtsratsmitglieder betrifft. In komplizierten Schadenersatzverfahren können die Vertretungskosten insbesondere zu Beginn, bei der Aufarbeitung des Prozessstoffes, in die Höhe schnellen – je mehr Personen betroffen sind, desto schneller wird der gemeinsame Kuchen aufgebraucht, sodass für die Übernahme eines festgestellten Schadenersatzanspruchs uU nicht genug Geld übrig bleibt. Insbesondere wenn Zivilrechts- und Strafrechtsschutz von einem Versicherer abgedeckt werden und die Vertretung in mehreren Verfahren notwendig wird, ist diese Gefahr nicht zu unterschätzen. Geschäftsführer sollten daher überlegen, sich eventuell eine persönliche D&O-Versicherung zuzulegen. Solche Produkte sind mittlerweile am Markt für relativ erschwingliche Prämien verfügbar und ermöglichen dem Manager einen von der Gesellschaft unabhängigen Schutz.

Die Versicherungsbedingungen können auch **Strafrechtsschutz** beinhalten: Versicherungsfall ist die Einleitung eines strafrechtlichen Ermittlungsverfahrens wegen einer Pflichtverletzung, die zu einem Versicherungsfall (Haftpflichtanspruch) führen kann. Die Versicherung deckt hierfür in der Regel die Kosten der Verteidigung. Sollte es im Strafverfahren zu einer Verurteilung und im Zuge dessen zum

898 Vgl ausführlich *Lange*, D&O-Versicherung § 11 Rz 12–62; *G. Schima*, Der Aufsichtsrat als Gestalter des Vorstandsverhältnisses Rz 370 ff.

899 Vgl *Lange*, D&O-Versicherung § 1 Rz 32 ff.

900 Vgl ausführlich *G. Schima*, Der Aufsichtsrat als Gestalter des Vorstandsverhältnisses Rz 376 mwN.

Zuspruch zivilrechtlicher Schadenersatzansprüche an Privatbeteiligte (geschädigte Dritte oder Gesellschaft) kommen, steht dem Geschäftsführer auch der Befreiungsanspruch zu – natürlich nicht für eine allfällige verhängte Geldstrafe. Diese hat der Geschäftsführer immer selbst zu tragen. Je nach den Versicherungsbedingungen entfällt auch beim Strafrechtsschutz die Kostenübernahme bei einer Verurteilung wegen einer Vorsatztat rückwirkend und die geleisteten Abwehrkosten sind zurückzuerstatten.[901] Es gibt aber bereits Anbieter, die in den Bedingungen auf die Rückforderung von vorgestreckten Verteidigungskosten selbst bei strafrechtlicher Verurteilung wegen einer Vorsatztat verzichten.

Nachdem viele der von Geschäftsführern möglicherweise begangenen Pflichtverletzungen auch strafrechtlich sanktioniert sind (zB wissentlicher Abschluss eines für die Gesellschaft nachteiligen Geschäftes – Untreue gem § 153 StGB; vorsätzlich falsche oder unvollständige Berichterstattung an die Gesellschafter über Angelegenheiten der Vermögens-, Finanz- oder Ertragslage, die geeignet ist, einen erheblichen Schaden für die Gesellschaft herbeizuführen – § 163a StGB; Schmiergeldleistung an in- oder ausländische Beamte – § 307 StGB Bestechung etc), besteht oft ein Spannungsverhältnis zwischen Zivil- und Strafrechtsschutz der D&O-Versicherung. Während für die Inanspruchnahme aufgrund einer gesellschaftsrechtlichen oder vertraglichen Haftung leichte Fahrlässigkeit reicht (vgl dazu Kap 5.1.4.), können die meisten der typischen Managerdelikte nur vorsätzlich begangen werden. Läuft parallel zu einem Zivilverfahren auch ein Strafverfahren wegen derselben Pflichtverletzungen, ist es im Interesse des Versicherers, zuerst den Ausgang des Strafverfahrens abzuwarten. Denn im Falle einer strafrechtlichen Verurteilung wegen einer Vorsatztat entfällt der Versicherungsschutz auch für die Abwehrkosten rückwirkend. Im Zivilverfahren wird hingegen die vorsätzliche Pflichtverletzung gar nicht unbedingt geprüft, wenn wie gesagt der Nachweis von Fahrlässigkeit für die Haftung reicht. Der Versicherer wird also versuchen, darauf hinzuwirken, dass die Parteien das Zivilverfahren unterbrechen, um sich zumindest temporär die Verteidigungskosten im Zivilverfahren zu ersparen und sich nicht dem Rückforderungsrisiko (Liquiditätsrisiko des Geschäftsführers) auszusetzen. Darüber hinaus wird der Versicherer vor Ende des Strafverfahrens wohl kaum einem Vergleich zwischen dem Schadenersatzkläger und dem Geschäftsführer unter Kostenübernahme durch den Versicherer zustimmen, weil ja noch die allfällige Rückforderung im Raum steht. Im Grunde würde es sogar im Interesse des Versicherers liegen, dass die versicherte Person wegen einer Vorsatztat verurteilt wird, weil er dann von sämtlichen Deckungsansprüchen befreit ist. Dieser interne Interessenkonflikt könnte dadurch gelöst werden, den Zivil- und Strafrechtsschutz bei zwei verschiedenen Versicherern mit getrennten Polizzen abzusichern.[902]

901 Vgl zur Problematik der Leistungsverweigerung der Versicherung bei einer Anklage wegen Vorsatztaten *Runggaldier/G. Schima*, Manager-Dienstverträge^4 215.

902 Vgl *G. Schima*, Der Aufsichtsrat als Gestalter des Vorstandsverhältnisses Rz 374; auch *Runggaldier/G. Schima*, Manager-Dienstverträge^4 214 ff.

Der Geschäftsführer ist – je nach Formulierung der Versicherungsbedingungen – kraft seiner Organstellung vom Versicherungsschutz umfasst. Im Anstellungsvertrag sollte dennoch auf das Bestehen einer D&O-Versicherung hingewiesen und vereinbart werden, dass die Gesellschaft zur Erhaltung eines gewissen Versicherungsschutzes auch für die Zeit nach Ausscheiden des Geschäftsführers verpflichtet ist. Sinnvoll ist die Vereinbarung eines Zeitraums von fünf Jahren (Verjährungsfrist gem § 25 Abs 6 GmbHG).[903] Die Gesellschaft ist zwar „Herrin" des Versicherungsvertrages, aber so ist sie zumindest vertraglich gegenüber dem Geschäftsführer verpflichtet, einen gewissen Versicherungsstandard aufrechtzuerhalten und für eine dennoch vorgenommene Verschlechterung kann der Geschäftsführer sich an der Gesellschaft schadlos halten.

2.2.4.8. Übernahme von Verwaltungsstrafen und Vertretungskosten durch die Gesellschaft

Neben der zivilrechtlichen Haftung birgt vor allem die verwaltungsstrafrechtliche Verantwortlichkeit des Geschäftsführers ein bedeutendes Risiko. Jede Gesellschaft ist zur Einhaltung zahlreicher verwaltungsrechtlicher Vorschriften verpflichtet, wie etwa Arbeitnehmerschutzvorschriften, feuerpolizeiliche Bestimmungen und Regelungen aus dem Umwelt-, Lebensmittelsicherheits- oder Gewerberecht, um nur einige wenige Beispiele zu nennen. Die Rechtsvorschriften richten sich zwar an die GmbH, doch handelt diese durch ihre Geschäftsführer, die für eine entsprechende Organisation und Kontrolle zu sorgen haben, die die Einhaltung der anwendbaren Verwaltungsvorschriften im Unternehmen gewährleistet. Daher haften die Geschäftsführer der GmbH für die ordnungsgemäße Einhaltung sämtlicher Vorschriften grundsätzlich persönlich. Wenn also die Gesellschaft gegen Bestimmungen verstößt, weil sie zB schmutzige Abwässer ohne Filterung in den Kanal leitet, oder in einer Supermarktfiliale die Notausgänge nicht vorschriftsgemäß gekennzeichnet oder freigehalten sind, wird stellvertretend für die Gesellschaft der bzw die Geschäftsführer wegen der Verwaltungsübertretung bestraft. Kap 7. beschreibt im Detail die Voraussetzungen der Haftung und die Möglichkeiten, die verwaltungsstrafrechtliche Verantwortung auf andere Personen (sog verantwortliche Beauftragte) im Unternehmen zu übertragen.

Verwaltungsstrafen (idR Geldstrafen) können je nach Delikt, Verschulden und Anzahl der Straftaten bzw Wiederholungen beträchtliche Beträge ausmachen, die der Geschäftsführer persönlich tragen muss. Für den Geschäftsführer wäre es daher von großem Interesse, schon im Anstellungsvertrag zu vereinbaren, dass die Gesellschaft allfällige über ihn verhängte Verwaltungsstrafen übernimmt.

Auch das gerichtliche Strafrecht birgt Gefahren für Geschäftsführer. In der Unternehmenskrise könnte die Geschäftsführerin in Verdacht geraten, Vermögen der

903 Vgl *Runggaldier/G. Schima*, Manager-Dienstverträge[4] 216.

Gesellschaft wegzuschaffen (§ 156 StGB, siehe Kap 4.2.3.1.1.) oder den Jahresabschluss geschönt zu haben (§ 163a StGB, siehe Kap 6.2.1.), oder beim Ansuchen um eine staatliche Förderung falsche Angaben gemacht zu haben (§ 146 StGB, siehe Kap 4.2.3.1.4.). Auch hier drohen je nach Delikt entweder Freiheitsstrafen oder auch Geldstrafen.

Darf nun die Gesellschaft ihrer Geschäftsführung zusagen, im Falle einer Verurteilung die verhängten Geldstrafen zu übernehmen? Immerhin handelt der Geschäftsführer ja in ihrem Namen und die Strafe wurde für Handlungen, die er in Erfüllung seiner Aufgaben für die Gesellschaft setzte, verhängt.

Solche Vereinbarungen verstoßen jedoch gegen die guten Sitten und sind unzulässig und **nichtig.**[904] Das Verwaltungsrecht, sowie das Strafrecht schützen öffentliche Interessen und die drohenden Strafen sollen die handelnden Personen dazu anhalten, die Vorschriften auch tatsächlich einzuhalten. Mit einer vorweg vereinbarten generellen Übernahme der Strafen durch die Gesellschaft wäre die Präventionsfunktion des (Verwaltungs-)Strafrechts völlig ausgehebelt.[905] Eine solche Vorweg-Vereinbarung kann der Geschäftsführer gegen die Gesellschaft daher nicht durchsetzen, dh auch keinen Regress fordern, wenn er eine Verwaltungsstrafe selbst bezahlt hat. Auch ein Aufwandersatzanspruch des Geschäftsführers gem § 1014 ABGB besteht im Hinblick auf verhängte Geldstrafen nach hL und Rsp nicht.[906] Nichtig sind solche Vereinbarungen aber auch außerhalb des Verhältnisses Geschäftsführer-Gesellschaft: Es wäre ebenso unzulässig, wenn ein Dritter, wie etwa ein Vertragspartner der Gesellschaft, gegenüber dem Geschäftsführer oder der Gesellschaft eine Schad- und Klagloserklärung, von der auch Geldstrafen umfasst sein sollen, abgibt.[907]

Unter bestimmten Voraussetzungen kann es jedoch zulässig sein, wenn die Gesellschaft nach Begehung der Verwaltungsübertretung **einzelne über den Geschäftsführer verhängte Strafen im Nachhinein übernimmt.**[908] Wird eine Überwälzungsvereinbarung nach begangener Straftat abgeschlossen (eine Verurteilung muss nicht abgewartet werden),[909] mindert das den Abschreckungszweck von Strafen nicht in demselben Ausmaß, weil der Geschäftsführer vor Begehung einer Gesetzesübertretung nicht sicher sein kann, das Übel der Strafe nicht selbst tragen zu müssen. Ob die Gesellschaft dem Geschäftsführer die durch das (Verwaltungs-)strafverfahren entstandenen Vermögensnachteile ersetzt, **entscheiden die Gesell-**

904 OGH 11.9.2003, 6 Ob 281/02w, RIS-Justiz RS 0016830; *Krejci* in *Rummel/Lukas*, ABGB[4] § 879 Rz 164.

905 Vgl *Kalss*, Die Übernahme von verwaltungsrechtlichen Geldstrafen durch die Gesellschaft, GesRZ 2015, 78 (82 f) mwN.

906 Vgl *Köck*, Verwaltungsstrafen im Arbeitsverhältnis: Tragung und Übernahme durch die Gesellschaft – Theoretisches und Praktisches zu einem alten Problem, ZAS 2016/52 (312 f); RIS-Justiz RS 0112271.

907 So ein Fall lag der E OGH 3 Ob 2400/96d ARD 4922/23/98 zugrunde.

908 Solche Vereinbarungen sind nicht generell sittenwidrig, *Runggaldier/G. Schima*, Manager-Dienstverträge[4] 78 f.

909 *Kalss*, GesRZ 2015, 83.

schafter als zuständiges Organ. Die Übernahme einer konkreten Geldstrafe ist dann zulässig, wenn die Übernahme klar im überwiegenden **Unternehmensinteresse** liegt,[910] etwa um negative Auswirkungen auf das Ansehen der Gesellschaft in der Öffentlichkeit zu vermeiden.[911] Die Gesellschafter müssen daher eigenständig prüfen, ob das Verhalten des Geschäftsführers, das zur Bestrafung geführt hat, auch eine **Pflichtverletzung gegenüber** der **Gesellschaft** bedeutet. Denn insbesondere in Verwaltungsstrafsachen ist die Rsp des VwGH zum Organisationsverschulden sehr streng und es ist durchaus denkbar, dass ein Geschäftsführer zwar pflichtwidrig im Sinne des Verwaltungsstrafrechts gehandelt hat, aber dennoch seine gesellschaftsrechtlichen Pflichten erfüllt hat: zB wenn er bei den Gesellschaftern um mehr Ressourcen für die innere Organisation zur Überprüfung der Einhaltung von Verwaltungsvorschriften angesucht, aber diese nicht erhalten hat.[912] Eine Übernahme der Strafe durch die Gesellschaft kann auch dann geboten sein, wenn der Geschäftsführer nach einer für die Gesellschaft günstigen vertretbaren Rechtsansicht gehandelt hat, der die Behörde aber nicht folgt.[913]

Bei vorsätzlichem Handeln des Geschäftsführers kommt eine Übernahme der Strafe in der Regel nicht in Frage, weil die vorsätzliche Begehung von Straftaten in vielen Fällen auch mit einer Verletzung von internen Regeln oder Normen einhergeht, die dem Schutz der wirtschaftlichen Interessen der Gesellschaft dienen.[914] Wird eine Pflichtverletzung trotz Vorsatztat verneint und ein überwiegendes Interesse der Gesellschaft bejaht, ist die Übernahme der Strafe aber zulässig. Bei Unternehmen, die der Aufsicht der FMA unterliegen, ist allerdings zu beachten, dass diese davon ausgeht, dass ein Ersatz von Geldstrafen bei vorsätzlich begangenen Taten unzulässig sei.[915]

Für den Anstellungsvertrag des Geschäftsführers ist es daher ratsam, die Verpflichtung der Gesellschaft zu vereinbaren, nach Begehung einer Verwaltungsübertretung zu prüfen, ob die Gesellschaft eine dem Geschäftsführer auferlegte Verwaltungsstrafe im Einzelfall übernimmt (Befassungspflicht der Gesellschaft)[916]. Auch die Kriterien und Ausschlussgründe für die mögliche Übernahme sollten geregelt werden.[917] Sind die Gesellschafter natürliche Personen, können sie relativ

---

910 *Kalss*, Gesellschaftsrechtliche Folgen strafrechtlich relevanten Handelns, in Jahrbuch Wirtschaftsstrafrecht und Organverantwortlichkeit 2011, 131 (153 f); *Schrank*, Übernahme von Geldstrafen und Verfahrenskosten der Geschäftsleiter durch die Gesellschaft, ÖBA 2016, 885 (886).

911 Vgl *Schrank*, ÖBA 2016, 885 (886).

912 Vgl das Beispiel bei *Kalss*, GesRZ 2015, 86 ff.

913 *Kalss*, GesRZ 2015, 89.

914 Ausführlich dazu *Schrank*, ÖBA 2016, 885 (886 f).

915 Vgl *Schrank*, Übernahme von Strafen durch die Gesellschaft. Ein Fall fürs Strafgericht? CFO aktuell 2013, 59.

916 *Kalss*, GesRZ 2015, 85.

917 Ob eine Vorabvereinbarung wirksam ist, in der festgelegt wird, dass die Gesellschaft verhängte Strafen nur unter der Bedingung übernimmt, dass kein grobes Verschulden festgestellt wurde, niemand konkret gefährdet wurde, die Übertretung nicht gegen Unternehmensinteressen verstieß etc, ist fraglich; vgl *G. Schima*, Der Aufsichtsrat als Gestalter des Vorstandsverhältnisses Rz 393. Skeptisch *Köck*, ZAS 2016/52 (312).

frei entscheiden, ob die Gesellschaft die Verwaltungsstrafe übernehmen soll, denn sie verfügen dabei über ihr eigenes Vermögen. Hält jedoch eine juristische Person (zB eine andere GmbH oder eine AG) einen Geschäftsanteil, haben die Geschäftsführer oder der Vorstand dieser Gesellschaft nach **pflichtgemäßem Ermessen** über die Kostenübernahme zu entscheiden. Denn sie sind Verwalter fremden Vermögens und der GmbH-Anteil ist ein Vermögenswert der Gesellschaft, dessen Wert sich durch die Übernahme der Strafe (wenn auch uU nur ganz geringfügig) verändern kann. Entspricht die Übernahme der Verwaltungsstrafe nicht dem Unternehmenswohl der Gesellschaft, machen sich die Vertreter der Gesellschafterin unter Umständen selbst haftbar (oder sogar strafbar), wenn sie der Übernahme zustimmen. Geschäftsleiter müssen auch bei der Verwaltung von Beteiligungen, wozu die Teilnahme und Abstimmung in der Generalversammlung als Gesellschafter gehört, mit pflichtgemäßer Sorgfalt handeln und dürfen der Übernahme von Verwaltungsstrafen zu Gunsten des Geschäftsführers der Beteiligungsgesellschaft nur dann zustimmen, wenn sie im Einzelfall sachlich gerechtfertigt ist.

Beispiel

Kriterien für die Übernahme: keine gesellschaftsrechtliche Pflichtverletzung, geringes Verschulden, erstmaliger Verstoß, vertretbare Rechtsansicht, Handeln im Interesse des Unternehmens.

Kriterien, die gegen die Übernahme sprechen: wiederholte Begehung, grobes Verschulden oder Vorsatz, gesellschaftsrechtliches Organisationsverschulden.

Übernimmt die Gesellschaft eine Strafe für den Geschäftsführer, unterliegt diese Zahlung der Lohnsteuer.[918]

Besteht kein Versicherungsschutz in Form einer Rechtsschutz- oder D&O-Versicherung (siehe Kap 2.2.4.7.), die die Kosten der Verteidigung des Geschäftsführers im (Verwaltungs-)Strafverfahren übernimmt, kann im Anstellungsvertrag die Kostentragung durch die Gesellschaft geregelt werden. An sich hat der Geschäftsführer schon gem § 1014 ABGB einen gesetzlichen Anspruch auf Ersatz der mit einer angemessenen **Rechtsvertretung und Verteidigung verbundenen Kosten** – schließlich hat auch die Gesellschaft ein Interesse daran, dass der Geschäftsführer nicht (verwaltungs-)strafrechtlich verurteilt wird, weil sie für die Geldstrafe solidarisch haftet und von der Behörde in Anspruch genommen werden kann (§ 9 Abs 7 VStG), oder der Gesellschaft im Falle von gerichtlichen Straftaten eventuell ein Verfahren nach dem Verbandsverantwortlichkeitsgesetz droht. Im Falle des Freispruchs oder der Verfahrenseinstellung ist dieser Aufwandersatzanspruch nach § 1014 ABGB unstrittig und die Gesellschaft hat dem Geschäftsführer Verfahrenskosten und den Aufwand der Vertretung durch

918 LStR 2002 Rz 659; *Runggaldier/G. Schima*, Manager-Dienstverträge[4] 80.

einen Anwalt zu ersetzen.[919] Dieser Anspruch muss daher nicht im Anstellungsvertrag geregelt werden und der Ersatz unterliegt nicht der Lohnsteuerpflicht.[920] Sofern aber der Geschäftsführer wegen einer Vorsatztat oder fahrlässiger Begehung verurteilt wird, gehen hL und Rsp davon aus, dass kein Anspruch auf Kostenübernahme nach § 1014 ABGB besteht.[921] Trägt die Gesellschaft die Verteidigungskosten, liegt lohnsteuerpflichtiges Arbeitsentgelt vor.[922]

Die Grenze der Zulässigkeit einer Vereinbarung für die Übernahme von Verteidigungskosten, die vor Begehung der Tat abgeschlossen wird, ist dort zu ziehen, *„wo vorsätzliche Schädigung und damit schwerstes Verschulden zugrundeliegt, weil dies der Sanktionierung der Herbeiführung oder Belohnung von Vorsatzdelikten gleich käme und daher jedenfalls und unabhängig von Strafzwecken als gesetz- oder sittenwidrig zu verwerfen wäre.“*[923] Eine vorab geschlossene Vereinbarung, wonach jegliche künftige Verteidigungskosten von der Gesellschaft übernommen werden, ist somit nach der Rsp des OGH nur im Hinblick auf die Verfolgung von Fahrlässigkeitsdelikten wirksam.

Nach Begehung einer Verwaltungsübertretung oder gerichtlich strafbaren Handlung können Gesellschaft und Geschäftsführung eine Kostenübernahme vereinbaren – auch hier gilt wieder, dass die Gesellschaft die Kosten nur dann tragen darf, wenn dies im überwiegenden Unternehmensinteresse ist und der Geschäftsführer seine Pflichten gegenüber der Gesellschaft nicht verletzt hat.[924] Insbesondere bei Ermittlungen wegen Vorsatztaten sollte die Gesellschaft daher nur einen Kostenvorschuss gewähren, der unter dem Vorbehalt der Verurteilung steht. Für den Rückzahlungsanspruch wird die Gesellschaft unter Umständen eine Besicherung verlangen.[925] Bei einer Verurteilung wegen vorsätzlicher Tatbegehung kann die Gesellschaft somit nur im Nachhinein und nach der oben beschriebenen Interessenabwägung die Verteidigungskosten endgültig übernehmen.[926] Auch hier sollte daher im Anstellungsvertrag geregelt werden, unter welchen Voraussetzungen die Gesellschaft einen Vorschuss für Verteidigungskosten gewährt, wann die Kosten jedenfalls rückzuerstatten sind und nach welchen Kriterien die Gesellschafter entscheiden werden, ob die Kosten auch im Falle einer Verurteilung endgültig von der Gesellschaft getragen werden.

---

919 *Kalss*, GesRZ 2015, 90; OGH 9 ObA 326/99b SZ 73/20.

920 *Runggaldier/G. Schima*, Manager-Dienstverträge[4] 80 f.

921 Vgl *Köck*, ZAS 2016/52 (317); OGH 26.1.2000, 9 ObA 326/99b; OGH 30.6.1999, 9 ObA 68/99m: die über den Geschäftsbesorger verhängte Geldstrafe und damit zusammenhängenden Verteidigungskosten wurden nicht unter § 1014 ABGB subsumiert. Für eine Kostentragungspflicht des Arbeitgebers unabhängig vom Verfahrensausgang hingegen *Firlei*, Wer trägt die Anwalts- und Verfahrenskosten bei dienstbedingter strafrechtlicher Verurteilung? DRdA 2019, 3.

922 *Runggaldier/G. Schima*, Manager-Dienstverträge[4] 80 f. LStRL 2002 Rz 385: Die vom Arbeitnehmer getragenen Verteidigungskosten sind auch nur im Falle des Freispruchs als Werbungskosten abzugsfähig.

923 So OGH 15.10.1997, 3 Ob 2400/96d; dazu auch *Kalss*, GesRZ 2015, 91.

924 *Schrank*, ÖBA 2016, 885 (887).

925 *Kalss*, GesRZ 2015, 91.

926 Ausführlich *Kalss*, GesRZ 2015, 90 f; *Runggaldier/G. Schima*, Manager-Dienstverträge[4] 80 f.

2.2.4.9. Abfertigung

Für Geschäftsführer, die nach dem 31.12. 2002 ein Vertragsverhältnis begonnen haben, gilt die sog Abfertigung „Neu" nach dem BMSVG. Fremdgeschäftsführer und Gesellschafter-Geschäftsführer, die Arbeitnehmer sind (vgl oben Kap 2.2.3.1.), unterliegen der Mitarbeitervorsorge, Gesellschafter-Geschäftsführer, die keine Arbeitnehmer und nach § 2 GSVG pflichtversichert sind (vgl Kap 2.2.3.5.), der Selbständigenvorsorge.[927] Im Anstellungsvertrag besteht daher kaum Regelungsbedarf, weil sich der Abfertigungsanspruch und die Beitragspflicht aus dem Gesetz ergeben. Allein die konkrete Betriebliche Vorsorgekasse, an die der Arbeitgeber die Beiträge zahlt, muss im Anstellungsvertrag angeführt werden.

Für Arbeitnehmer, deren Verträge noch vor dem 1. Jänner 2003 abgeschlossen wurden, gilt weiterhin das alte Abfertigungsrecht des § 23 AngG. Anstellungsvertraglicher Regelungsbedarf ergibt sich auch bei diesen Geschäftsführern kaum, weil § 23 AngG nur wenige Abweichungen gestattet. Ab einer dreijährigen Dienstzugehörigkeit gebührt dem Arbeitnehmer bei der Beendigung des Dienstverhältnisses eine Abfertigung von zwei Monatsentgelten – gemessen an dem für den letzten Monat gebührenden Entgelt (dh inklusive aller regelmäßig wiederkehrenden Bezüge wie Fixum, Sachbezüge, Sonderzahlungen, Provisionen).[928] Mit fortschreitender Dauer des Anstellungsverhältnisses erhöht sich der Abfertigungsanspruch auf maximal zwölf Monatsentgelte (dies nach 25 Jahren, vgl § 23 Abs 1 AngG).

Der Nachteil der alten Rechtslage liegt im Verlust des Abfertigungsanspruches im Falle der Selbstkündigung oder des Austritts des Geschäftsführers ohne wichtigen Grund oder bei vom Geschäftsführer verschuldeter Entlassung (§ 23 Abs 7 AngG). Wird die Entlassung hingegen wegen eines unverschuldeten Grundes ausgesprochen (zB dauernde Dienstunfähigkeit), bleibt der Anspruch auf Abfertigung aufrecht.[929] Auch im Falle einer einvernehmlichen Beendigung des Anstellungsvertrages wird die Abfertigung fällig. Es ist aber zulässig, Teile der Abfertigung oder den gesamten Anspruch im Rahmen der Auflösungsvereinbarung abzubedingen, wenn beispielsweise die einvernehmliche Beendigung als Alternative zu einer Entlassung des Geschäftsführers erfolgt und die Gesellschaft einen Entlassungsgrund durchsetzen könnte.[930]

Wenn ein Arbeitnehmer einer Gesellschaft, dessen Vertrag schon vor dem 1. Jänner 2003 abgeschlossen wurde, nach dem 1. Jänner 2003 zum Geschäftsführer der Gesellschaft oder einer Konzerngesellschaft bestellt wird, was üblicherweise mit

927 Vgl § 1 Abs 1 und § 49 Abs 2 BMSVG.

928 Vgl *Radner* in *Reissner/Neumayr*, ZellHB AV-Klauseln² Rz 41.09.

929 Vgl *K. Mayr* in ZellKomm³ § 23 AngG Rz 8.

930 Vgl OGH 16.1.1991, 9 ObA 315/90 SZ 64/5. Diese Vereinbarung ist als Vergleich anzusehen, weil sie noch ungewisse Rechte umfasst, wenn zumindest eine der Parteien davon ausgeht, dass die Entlassung berechtigt wäre – vgl OGH 27.3.2002, 9 ObA 271/01w.

dem Abschluss eines neuen Dienstvertrages einhergeht, und er weiterhin Arbeitnehmer ist (was beim weisungsgebundenen Fremdgeschäftsführer idR der Fall ist), bleibt gem der Übergangsbestimmungen in § 46 Abs 3 Z 2 BMSVG der Anspruch auf die alte Abfertigung nach dem Angestelltengesetz erhalten. Dazu muss im neuen Anstellungsvertrag mit dem Geschäftsführer eine Anrechnung der Vordienstzeiten aus dem alten Vertrag erfolgen und die Abfertigung darf außerdem bei Beendigung des alten Vertrages nicht ausgezahlt werden.[931]

Personen, die noch dem Abfertigungsrecht nach § 23 AngG unterliegen, können mittels einer schriftlichen Vereinbarung mit dem Arbeitgeber (der Gesellschaft) auch ins **neue System übertreten.**[932] Dies erfolgt entweder mit Voll- oder mit Teilübertritt und ergibt insb dann Sinn, wenn der Geschäftsführer den gesetzlichen Höchstanspruch von zwölf Monatsentgelten (nach 25 Dienstjahren) bereits erreicht hat. Dann sind nämlich Steigerungen des Abfertigungsanspruches nach dem alten System nicht mehr erzielbar, aber durch die verpflichtende Beitragsleistung nach dem BMSVG erwirbt der Geschäftsführer weitere Ansprüche aus dem System der Abfertigung „Neu". Beim **Teilübertritt** wird der alte Abfertigungsanspruch bis zu einem Übertrittsstichtag „**eingefroren**" und ab dem Stichtag entrichtet der Arbeitgeber die Beiträge nach den Bestimmungen des BMSVG in die Betriebliche Vorsorgekasse. Während der neue Teil der Abfertigung bei Beendigung des Anstellungsverhältnisses jedenfalls zusteht, hängt der eingefrorene alte Anspruch weiterhin von der Art der Beendigung ab. Die Höhe des alten Abfertigungsanspruchs wird anhand des letzten Monatsentgelts bei Beendigung des Vertrages bemessen (§ 47 Abs 2 BMSVG).

Beim **Vollübertritt** wird das gesamte Arbeitsverhältnis, einschließlich der Zeiten vor Beginn des neuen Abfertigungsregimes (vor 1. Jänner 2003) der „Abfertigung Neu" unterzogen. Gesellschaft und Geschäftsführer müssen sich auf einen Übertragungsbetrag einigen, der zur Abgeltung der bisher erworbenen Abfertigungsansprüche in die Betriebliche Vorsorgekasse eingezahlt wird. Ab dem Übertragungsstichtag zahlt die Gesellschaft dann die Beiträge gem BMSVG. Bei Beendigung des Anstellungsverhältnisses stehen dem Geschäftsführer dann der Übertragungsbetrag sowie die zusätzlich eingezahlten Beiträge zur Verfügung. Der Vorteil der Vollübertragung aus Sicht des Geschäftsführers ist der Schutz seiner Ansprüche: weder bei Insolvenz des Arbeitgebers noch im Falle der Beendigung des Anstellungsvertrages durch verschuldete Entlassung, unberechtigten Austritt oder Selbstkündigung verliert er den Abfertigungsanspruch (die Regeln der §§ 23 f AngG sind ab der Übertragung nicht mehr anwendbar). Der Nachteil der Vollübertragung liegt aber darin, dass der Übertragungsbetrag mit dem Arbeitgeber frei

931 Vgl dazu *Runggaldier/G. Schima*, Manager-Dienstverträge[4] 306 f, die davon ausgehen, dass der Wechsel eines Angestellten zum Geschäftsführer in derselben Gesellschaft aufgrund eines Größenschlusses zum ausdrücklich begünstigten Wechsel von Arbeitnehmern im Konzern gem § 46 Abs 3 Z 2 BMSVG auch begünstigt sein muss.

932 § 47 BMSVG, vgl zum Übertritt und dessen Modalitäten *Burger* in *Reissner/Neumayr*, ZellHB AV-Klauseln[2] Rz 42.08 ff.

zu vereinbaren ist.[933] Nachdem im Zeitpunkt des Übertritts noch nicht feststeht, wie hoch das Entgelt des Geschäftsführers im Zeitpunkt des Ausscheidens wäre, wie viele Dienstjahre bis dahin angesammelt würden und ob der Abfertigungsanspruch – je nach Art der Vertragsbeendigung – überhaupt zustünde, schlagen sich diese für beide Parteien bestehenden Risiken in der Höhe des Übertragungsbetrages nieder. In der Regel wird der Geschäftsführer eine Einbuße dafür hinnehmen müssen, dass der Abfertigungsanspruch ab der Übertragung ungeachtet der Art der Vertragsbeendigung nicht mehr verfallen kann.[934]

Freiwillige Abfertigungen sind für Geschäftsführer mit jüngeren Verträgen im Vergleich zu den gesetzlichen Abfertigungsansprüchen hingegen von weitaus größerer Bedeutung. Denn Geschäftsführer sind selbst als Arbeitnehmer im arbeitsrechtlichen Sinn von der Möglichkeit einer Kündigungsanfechtung gem §§ 105 ff ArbVG ausgeschlossen (vgl Kap 2.2.3.2.). In Anstellungsverträgen von GmbH-Geschäftsführern sind häufig selbst bei Befristung des Vertrages Kündigungsklauseln enthalten. Ein Manager, der auf sozial benachteiligende Weise (zB kurz vor Erreichen des Pensionsalters) gekündigt wird, hat ein Interesse daran, sich gegen diesen Einkommensausfall zu schützen. Auch für Senior-Manager ist ab einem gewissen Alter der Arbeitsmarkt entsprechend begrenzt. Neben den üblicherweise längeren Kündigungsfristen hat eine freiwillige Abfertigung daher den Zweck, diese Härten abzumildern.

Freiwillige Abfertigungen unterliegen nicht § 23 AngG und können daher relativ frei vereinbart werden – die Grenze bildet wieder die Sittenwidrigkeit.[935] Anders als die Abfertigung alt sind freiwillige Abfertigungen nur noch sehr eingeschränkt steuer- und sozialversicherungsbegünstigt.

Wollen die Parteien eine freiwillige Abfertigung vereinbaren, haben sie folgende Punkte zu regeln:

- die Höhe der Abfertigung (fixer Betrag oder Anzahl von Monatsentgelten[936]);
- das Ereignis, an das die Abfertigung geknüpft ist;
- Beendigungsarten, bei denen die Abfertigung nicht gebührt;
- eine etwaige Anrechnung von anderweitig erzieltem Verdienst;
- eine etwaige Anrechnung der gesetzlichen Abfertigung nach dem BMSVG;
- die Auszahlungsmodalitäten und Fälligkeit.

933 Vgl zu den Grenzen der Vereinbarung und zu den weiteren Modalitäten *Burger* in *Reissner/Neumayr*, ZellHB AV-Klauseln^2 Rz 42.29 ff.

934 Vgl zu den Risiken und Vorteilen für Arbeitgeber und Arbeitnehmer *Granzer*, Vollübertritt in Abfertigung Neu als Benefit für Mitarbeiter, ARD 6419/6/2014.

935 Vgl *Radner* in *Reissner/Neumayr*, ZellHB AV-Klauseln^2 Rz 41.05 ff.

936 Hierbei ist auf eine genaue Definition zu achten, weil unter Monatsentgelt der Gesamtbezug, oder nur das Fixum, ohne Berücksichtigung variabler Vergütungen verstanden werden kann. Im Zweifel umfasst dieser Begriff nach Ansicht des OGH (8.4.1992, 9 ObA 81/92 EvBl 1993/1, 28) sämtliche regelmäßige wiederkehrende Bezüge. So auch *Radner* in *Reissner/Neumayr*, ZellHB AV-Klauseln^2 Rz 41.09 (Stand 1.6.2019, rdb.at). Es kommt aber auf die Auslegung des konkreten Vertrages an.

2.2.4.10. Nachvertragliches Wettbewerbsverbot

Die Vereinbarung eines nachvertraglichen Wettbewerbsverbots soll verhindern, dass der Geschäftsführer nach seinem Ausscheiden mit dem im Unternehmen erworbenen Wissen unmittelbar zur Konkurrenz wechselt und dieser dadurch Wettbewerbsvorteile verschafft. Vor allem in spezialisierten und hoch kompetitiven technischen Branchen werden Mitarbeiter und Führungskräfte gerne von Konkurrenzunternehmen abgeworben. Im Anstellungsvertrag kann daher vereinbart werden, dass der Geschäftsführer für einen bestimmten Zeitraum nach Ende seines Mandats bei Unternehmen einer gewissen Branche nicht arbeiten darf. Die Klausel kann eine Liste bestimmter verbotener Unternehmen enthalten, jegliche Beschäftigung oder nur bestimmte Tätigkeiten (zB als Geschäftsführer, Konsulent) dem Wettbewerbsverbot unterwerfen. Gestaltungsspielraum bietet sich auch bei der Dauer und dem örtlichen Geltungsbereich sowie bei der Frage, ob und in welchen Fällen die Gesellschaft dem Geschäftsführer für die Einhaltung des Wettbewerbsverbotes eine finanzielle Entschädigung leistet.

Bei Geschäftsführern, die als Arbeitnehmer dem Angestelltengesetz unterliegen, enthält § 36 AngG gewisse Grenzen. Konkurrenzklauseln dürfen

- sich nur auf Tätigkeiten im Geschäftszweig der Gesellschaft beziehen,
- nicht länger als ein Jahr dauern,
- nicht nach Gegenstand, Zeit oder Ort eine unbillige Erschwerung des Fortkommens des Angestellten im Verhältnis zum geschäftlichen Interesse der Gesellschaft bewirken.

Darüber hinausgehende Einschränkungen sind unwirksam, sodass zB ein auf zwei Jahre befristetes nachvertragliches Wettbewerbsverbot nur für ein Jahr wirksam ist. Der ein Jahr überschreitende Zeitraum ist teilnichtig.[937] Eine unzulässige und damit unwirksame Einschränkung der Erwerbsmöglichkeit des Geschäftsführers wäre (je nach Branche und Einzelfall) zB ein weltweites oder europaweites Verbot in sämtlichen Unternehmen der Branche.[938] Bei Angestellten mit einem geringen Monatsgehalt ist ein nachvertragliches Wettbewerbsverbot gänzlich ausgeschlossen. Die Grenze richtet sich nach dem 20-Fachen der täglichen sozialversicherungsrechtlichen Höchstbeitragsgrundlage gem § 45 ASVG und beträgt derzeit (2019) 3.480 € brutto pro Monat für Vereinbarungen, die ab dem 29. Dezember 2015 abgeschlossen wurden[939] (bezogen auf das Entgelt im letzten Monat vor dem Ausscheiden). Sonderzahlungen sind für seit dem 29. Dezember 2015 abgeschlossene Vereinbarungen bei Berechnung dieses Grenzbetrages nicht miteinzubeziehen.[940] Verdient ein Geschäftsführer daher im letzen Monat vor dessen Ausscheiden weniger als den (jeweiligen) Grenzbetrag, ist das nachvertragliche

937 RIS-Justiz RS 0029953.

938 Vgl *Runggaldier/G. Schima*, Manager-Dienstverträge[4] 114.

939 Vgl § 36 Abs 2 AngG, eingeführt mit BGBl I 2015/152.

940 Vgl zu den vorhergehenden Regelungen *Risak*, ZAS 2016/10 (63).

Wettbewerbsverbot nicht wirksam. Für Vertragsabschlüsse von Angestellten vor dem 17. März 2006 gilt keine Entgeltgrenze. Für Vertragsabschlüsse nach diesem Datum aber vor dem 29. Dezember 2015 gilt eine Entgeltgrenze in der Höhe der 17-fachen täglichen ASVG-Höchstbeitragsgrundlage (Wert für 2019: 2.958 €) unter Berücksichtigung der Sonderzahlungsanteile.

Die Gesellschaft kann die Konkurrenzklausel aber nicht bei jeder Art der Vertragsbeendigung geltend machen (vgl § 37 AngG). Grundsätzlich kann sich der Dienstgeber (die Gesellschaft) nicht auf die Konkurrenzklausel berufen, wenn er den Vertrag beendet, sei es durch Kündigung oder durch ungerechtfertigte Entlassung. Nur wenn der Geschäftsführer „durch schuldbares Verhalten" einen begründeten Anlass zur Kündigung gegeben[941] oder gar einen Entlassungsgrund gesetzt hat, greift das nachvertragliche Wettbewerbsverbot. Die Gesellschaft kann den Geschäftsführer aber auch zur Einhaltung des Verbotes verpflichten, indem sie bei der Kündigung erklärt, dass sie während der Dauer der Beschränkung eine **Karenzentschädigung**, also das zuletzt bezogene Entgelt weiterzahlt.

Geht die Beendigung des Vertrages vom Geschäftsführer aus, muss er sich an die Konkurrenzklausel halten, es sei denn, die Gesellschaft hat „durch schuldbares Verhalten begründeten Anlass"[942] zur Kündigung oder zum sofortigen Austritt gegeben.

Bei einer – auch von der Gesellschaft initiierten – einvernehmlichen Auflösung ist die Konkurrenzklausel aufrecht und einzuhalten.[943]

Konkurrenzklauseln werden meist durch eine **Konventionalstrafe** gesichert. Im Anwendungsbereich des Angestelltengesetzes kann bei Vereinbarung einer Konventionalstrafe jedoch nur diese geltend gemacht werden. Die Gesellschaft kann nicht zusätzlich Schadenersatz oder Unterlassung fordern (§ 37 Abs 3 AngG). Neu seit 29. Dezember 2015 ist, dass Konventionalstrafen im Bereich des AngG auch betraglich begrenzt sind: für Vereinbarungen über Konventionalstrafen, die nach dem 29. Dezember 2015 abgeschlossen wurden, gilt als Höchstbetrag das Sechsfache des Nettomonatsentgelts exklusive Sonderzahlungen.[944] Die Konventionalstrafe unterliegt außerdem dem richterlichen Mäßigungsrecht (§ 38 AngG). Je nachdem, ob die Gesellschaft mehr Interesse daran hat, im Falle des Verstoßes gegen das Wettbewerbsverbot eine finanzielle Entschädigung zu erhalten, oder es wichtiger ist, den ehemaligen Geschäftsführer die Konkurrenztätigkeit tatsächlich zu untersagen (Unterlassungsanspruch), sollte die Vereinbarung einer

941 Dieses Verhalten muss nicht die Schwere eines Entlassungsgrundes erreichen, vgl OGH 28.10.1985, 4 Ob 134/85 SZ 58/155; 16.1.2008, 8 ObA 68/07v ARD 5879/6/2008.

942 Auch hier gilt wieder, dass das Verhalten nicht den Schweregrad eines Austrittsgrundes erreichen muss, vgl OGH 14.12.1976, 4 Ob 111/76 ARD-HB 1978, 555 = ZAS 1978/15 (*Böhm*), RIS-Justiz RS 0029902.

943 Vgl OGH 29.3.2006, 9 ObA 11/06t RdW 2006, 646.

944 Vgl näher *Risak*, ZAS 2016/10 (64).

Konventionalstrafe gut überlegt werden. Letztlich hängt es davon ab, auf welche Weise am besten Schaden von der Gesellschaft abgewendet werden kann.[945] Vorteil einer Konventionalstrafe ist, dass die Gesellschaft in einem Gerichtsverfahren die Schadenshöhe nicht nachweisen muss (pauschalierter Schadenersatz). Den Verstoß gegen das nachvertragliche Wettbewerbsverbot muss die Gesellschaft hingegen immer nachweisen (auch, um Unterlassungsansprüche geltend zu machen).

Für Geschäftsführer, die keine Arbeitnehmer sind, gelten die Grenzen von §§ 36 bis 38 AngG nicht. Im Anstellungsvertrag herrscht daher ein weiterer Gestaltungsspielraum was die Dauer und den Umfang von nachvertraglichen Wettbewerbsverboten betrifft. Die Grenze wird hier wieder nach den Kriterien der Sittenwidrigkeit zu ziehen sein, sodass ein zeitlich und sachlich unbeschränktes oder sehr weit gefasstes Wettbewerbsverbot unzulässig sein wird.[946] Eine ein Jahr übersteigende Konkurrenzklausel kann aber dadurch entschärft werden, dass die Gesellschaft dem ehemaligen Geschäftsführer für die Einhaltung eine finanzielle Entschädigung gewährt.

2.2.4.11. Retournierung von Unterlagen, Einsichtnahmeklauseln

Geschäftsführer sind bei Ausscheiden aus der Funktion bzw aus der Gesellschaft verpflichtet, sämtliche Gegenstände und Unterlagen der Gesellschaft zurückzugeben. Dies ergibt sich bereits aus den Bestimmungen über den Bevollmächtigungsvertrag (§ 1009 ABGB), wonach der Beauftragte die vom Auftraggeber überlassenen Sachen nach Ende der Beauftragung herauszugeben hat.[947] § 1009 ABGB normiert auch die Verschwiegenheitspflicht des Beauftragten: Der Beauftragte, so auch der Geschäftsführer, ist verpflichtet, keine Informationen an Dritte preiszugeben, die ihm im Rahmen des Auftrags anvertraut worden oder sonst bekannt geworden sind, wenn dadurch die Interessen des Auftraggebers (der Gesellschaft) gefährdet wären.[948] Diese Verschwiegenheitspflicht wirkt über das Ende der Beauftragung, also auch über das Ende des Geschäftsführungsmandats hinaus. Vgl zur Verschwiegenheitspflicht Kap 1.2.6.

Von der Herausgabepflicht auszunehmen sind wohl Urkunden, die Rechtsverhältnisse zwischen Gesellschaft und Geschäftsführer beurkunden (zB Anstellungsvertrag, Bonus-Vereinbarungen) und von denen der Geschäftsführer daher eine eigene Kopie hat. Man kann aber auch argumentieren, dass die Herausgabepflicht des Geschäftsführers sich nicht auf **Kopien von Geschäftsunterlagen** bezieht, die der Geschäftsführer für einen Entlastungsbeweis in einem allfälligen Schaden-

945 Vgl dazu ausführlich *Runggaldier/G. Schima*, Manager-Dienstverträge[4] 113 f.

946 Vgl zur Rechtslage bei Vorstandsmitgliedern, die freie Dienstnehmer sind, *G. Schima* in *Kalss/Kunz*, Handbuch Aufsichtsrat[2] Rz 17/147 f mwN aus Deutschland; *G. Schima*, Der Aufsichtsrat als Gestalter des Vorstandsverhältnisses Rz 407 ff.

947 Vgl *Reich-Rohrwig*, GmbH-Recht I[2] Rz 2/146.

948 *Strasser* in *Rummel*, ABGB I[3] § 1009 Rz 20 ff; *Rubin* in *Kletečka/Schauer*, ABGB-ON[1.03] § 1009 Rz 56.

ersatzverfahren benötigt.[949] Die Herausgabepflicht bzw ein Zurückbehaltungsrecht des Geschäftsführers für Kopien von wichtigen Unterlagen sollte im Anstellungsvertrag daher konkretisiert werden.

Die Herausgabe sämtlicher Unterlagen bedeutet für einen ausgeschiedenen Geschäftsführer nämlich einen entscheidenden Nachteil, sollte die Gesellschaft oder ein Dritter ihn jemals wegen Schadenersatzansprüchen aus seiner Geschäftsführertätigkeit in Anspruch nehmen, oder gegen den Geschäftsführer ein Verwaltungsstrafverfahren eingeleitet werden. Erfahrungsgemäß werden Schadenersatzprozesse häufig erst nach dem Ausscheiden des Geschäftsführers aus dem Unternehmen angestrengt. In einem Prozess hat die Gesellschaft zwar die meisten Anspruchsvoraussetzungen nachzuweisen (Schadenseintritt und -höhe, ein möglicherweise pflichtwidriges Verhalten des Geschäftsführers, das geeignet ist, den Schaden kausal herbeizuführen; vgl dazu Kap 5.1.5.), aber sie hat auch sämtliche Informationen zur Verfügung, die sich im Unternehmen befinden (Unterlagen, EDV, Mitarbeiter etc). Der Geschäftsführer hat sich in einem Prozess von dem Vorwurf zu befreien, die Sorgfalt eines ordentlichen Geschäftsführers nicht eingehalten zu haben – und hat meistens überhaupt keinen Zugang mehr zu Unterlagen. Heutzutage werden außerdem bei größeren Schadensfällen in Kapitalgesellschaften ganze forensische Teams von Wirtschaftsprüfern, Rechtsanwälten etc ins Unternehmen geschickt, um jedes E-Mail und jedes Papierstück buchstäblich umzudrehen. Die Beweisnähe liegt dann klar bei der Gesellschaft und nicht beim Geschäftsleiter.[950] Hinzu kommt, dass die inkriminierten Ereignisse oft mehrere Jahre zurückliegen. Die Verjährungsfrist für die Geltendmachung von Schadenersatzansprüchen der Gesellschaft beträgt immerhin fünf Jahre. Bis im Fall einer Klage dann die erste Einvernahme des Geschäftsführers oder der Zeugen vor Gericht stattfindet, vergeht viel Zeit, die das Erinnerungsvermögen nachteilig beeinflusst. All diese Gründe bedeuten einen erheblichen Beweisnachteil für den ausgeschiedenen Geschäftsführer.

Aus diesem Grund ist alternativ oder zusätzlich zu einer Klausel über ein Zurückbehaltungsrecht für bestimmte Unterlagen die Verankerung einer sog Einsichtnahmeklausel im Anstellungsvertrag empfehlenswert. Diese Klausel normiert einerseits das Recht des Geschäftsführers, im Falle einer Schadenersatzklage der Gesellschaft in relevante Unterlagen Einsicht zu nehmen und sie zu kopieren und andererseits die Rechtsfolge bei Verstoß: Verweigert die Gesellschaft die Einsichtnahme, kann sie sich nicht auf allfällige Beweiserleichterungen wie die Beweislastumkehr gem § 25 Abs 2 GmbHG stützen.[951] Selbst wenn die Gesellschaft dem

949 So jüngst in Bezug auf Vorstandsmitglieder einer AG *Reich-Rohrwig/Szilagyi* in *Artmann/Karollus*, AktG II[6] Anhang zu § 75 Vorstands-Anstellungsvertrag Rz 185 (Stand 1.10.2018, rdb.at). Ausführlich auch *Told*, Zum Entlastungsbeweis bei der Managerhaftung, wbl 2012, 181 (189 f), die § 1009 ABGB teleologisch reduziert und ein Zurückbehaltungsrecht für Kopien von in einem Haftungsprozess zur Entlastung relevanten Unterlagen bis zum Ablauf der Verjährungsfrist annimmt.

950 Vgl deutlich *G. Schima* in FS W. Jud 592 f.

951 Vgl *Runggaldier/G. Schima*, Manager-Dienstverträge[4] 265 f, und die Musterklausel XI. im Muster-Anstellungsvertrag mit einem GmbH-Geschäftsführer auf S 298 f.

Geschäftsführer in einem Schadenersatzprozess gemäß der Einsichtnahmeklausel Einblick in die Unterlagen gewährt, besteht die Gefahr, dass die Gesellschaft für sie ungünstige Unterlagen verschwinden lässt. Dies wird dem Geschäftsführer in den meisten Fällen wohl nicht einmal auffallen, weil es unwahrscheinlich ist, dass er sich an einzelne Unterlagen noch konkret erinnern kann. Auch eine Einsichtnahmeklausel kann daher die typischen Beweisschwierigkeiten des Geschäftsführers in Schadenersatzprozessen nicht garantiert ausschließen.[952]

2.2.4.12. Gerichtsstand und Schiedsklauseln

Sofern der Geschäftsführer in einem Arbeitsverhältnis beschäftigt oder ein arbeitnehmerähnlicher freier Dienstnehmer ist (vgl §§ 50, 51 ASGG, Kap 2.2.3.1. und 2.2.3.6.), sind für Rechtsstreitigkeiten aus dem Arbeitsverhältnis zwingend die Arbeits- und Sozialgerichte sachlich zuständig.[953] Gem § 9 Abs 1 ASGG können die Parteien des Arbeitsvertrages diese sachliche Zuständigkeit nicht durch Vereinbarung modifizieren. Eine Gerichtsstandsvereinbarung, nach der Streitigkeiten zwischen Gesellschaft und Geschäftsführer, die das Anstellungsverhältnis betreffen, zB bei einem Handelsgericht auszutragen sind, wäre daher unwirksam.[954] Umgekehrt ist es jedoch zulässig, für jene Rechtsstreitigkeiten, die nicht das Arbeitsrecht, sondern die gesellschaftsrechtliche Beziehung zwischen Geschäftsführer und Gesellschaft betreffen (wie etwa die Haftung nach § 25 GmbHG gegenüber der Gesellschaft), anstatt der grundsätzlich zuständigen Handelsgerichte (vgl § 51 Abs 1 Z 6 JN „***Streitigkeiten aus dem Rechtsverhältnis*** […] ***zwischen den Mitgliedern der Verwaltung*** […] ***und der Gesellschaft oder deren Mitgliedern,*** […]“) ebenfalls das Arbeit- und Sozialgericht zuständig zu machen. Eine Gerichtsstandsvereinbarung im Anstellungsvertrag wäre daher zulässig, wonach sämtliche Rechsstreitigkeiten aus dem Anstellungsvertrag und dem Mandat vor dem örtlich zuständigen ASG auszutragen sind.

Die örtliche Zuständigkeit kann hingegen gem § 9 Abs 1 ASGG eingeschränkt geändert werden, nämlich nur in Bezug auf einen **bestimmten einzelnen Rechtsstreit** und die in § 50 Abs 1 Z 1 bis 3 ASGG genannten Rechtsstreitigkeiten (Individualarbeitsrechtsstreitigkeiten). Das bedeutet, dass eine vorweg im Arbeitsvertrag getroffene Gerichtsstandsklausel betreffend die örtliche Zuständigkeit nicht wirksam ist, sondern frühestens bei Auftreten einer konkreten Streitfrage (auch vor Prozessbeginn) vereinbart werden kann.[955]

---

952 So auch *Reich-Rohrwig/Szilagyi* in *Artmann/Karollus*, AktG II^6 Anhang zu § 75 Vorstands-Anstellungsvertrag Rz 185 (Stand 1.10.2018, rdb.at).

953 Vgl OGH 12.10.1995, 8 ObA 246/95 SZ 68/188; 14.2.1990, 9 ObA 41/90 ecolex 1990, 434.

954 Vgl *Nunner-Krautgasser* in *Reissner/Neumayr*, ZellHB AV-Klauseln^2 Besonderer Teil, 74. Klausel Rz 74.20 (Stand 1.6.2019, rdb.at).

955 Vgl *Neumayr* in *Gruber/Harrer*, GmbHG^2 Anh § 15: AR Rz 26; *Nunner-Krautgasser* in *Reissner/Neumayr*, ZellHB AV-Klauseln^2 Rz 74.21. Für die Formvorschriften für Gerichtsstandsvereinbarungen vgl § 104 JN.

Gerichtsstandsvereinbarungen im Anstellungsvertrag eines Arbeitnehmers oder arbeitnehmerähnlichen Geschäftsführers sind daher praktisch ausgeschlossen – für den Geschäftsführer oder die Gesellschaft könnte es jedoch interessant sein, Streitigkeiten aus dem Rechtsverhältnis nicht vor den staatlichen Gerichten und bei öffentlichen Verhandlungen auszutragen, sondern vor ein Schiedsgericht zu bringen.

Während grundsätzlich Arbeitnehmer die Zuständigkeit eines **Schiedsgerichtes** nur bei bereits entstandenen Rechtsstreitigkeiten vereinbaren können, enthält **§ 9 Abs 2 ASGG** eine explizite Ausnahme für Geschäftsführer einer Kapitalgesellschaft. Geschäftsführer können daher **bereits im Anstellungsvertrag eine Schiedsklausel** vereinbaren. Die von der Schiedsklausel erfassten Rechtsstreitigkeiten sind einerseits Ansprüche aus dem Anstellungsvertrag (zB bei der Beendigung gebührende Abfertigung oder Bonifikationen oder auch Kündigungsentschädigungen im Falle unrechtmäßiger Entlassung) und andererseits auch Ansprüche der Gesellschaft gegen den Geschäftsführer, die aus der Verletzung des Anstellungsvertrages oder von Organpflichten resultieren.[956]

Die ZPO enthält zusätzliche **Schutzbestimmungen** für **Schiedsvereinbarungen**, die zwischen **Konsumenten** und Unternehmern abgeschlossen werden und die auch in Arbeitsrechtssachen sinngemäß anzuwenden sind (vgl §§ 618 iVm 617 Abs 2 bis 8, 10 und 11 ZPO).[957] Fremdgeschäftsführer sind Konsumenten (und idR auch Arbeitnehmer) – für sie gelten daher diese Schutzbestimmungen. Bei Gesellschafter-Geschäftsführern kommt es auf den „maßgeblichen Einfluss" auf die Geschäftsführung an: eine Mehrheitsbeteiligung oder Sperrminorität verschafft idR einen solchen Einfluss und der Geschäftsführer ist als Unternehmer anzusehen – der bloße Umstand, dass ein Gesellschafter auch Geschäftsführer ist, macht ihn nicht zum Unternehmer.[958] Ist der Geschäftsführer Verbraucher, kann er eine Schiedsvereinbarung nur dann wirksam abschließen, wenn er sie **eigenhändig unterfertigt** und sie sich in einer gesonderten Urkunde oder in räumlicher Trennung zu den sonstigen Bestimmungen des Anstellungsvertrages befindet, dh auch eine gesonderte, auf diese Klausel bezogene Unterschrift enthält (§ 617 Abs 2 ZPO).[959] Vor Abschluss der Vereinbarung muss die Gesellschaft dem Geschäftsführer eine **schriftliche Rechtsbelehrung** über die wesentlichen Unterschiede im Vergleich zu einem gerichtlichen Verfahren geben (§ 617 Abs 3

956 Vgl *Nunner-Krautgasser* in *Reissner/Neumayr*, ZellHB AV-Klauseln² Rz 75.24 mwN.

957 Vgl zum Verhältnis von § 9 Abs 2 ASGG und §§ 618 iVm 617 ZPO ausführlich *G. Schima/Eichmeyer*, Zur (Un-)Zulässigkeit von Schiedsklauseln in Geschäftsführer- und Vorstandsdienstverträgen nach dem SchiedsRÄG 2006, RdW 2008, 723.

958 Vgl *Nunner-Krautgasser* in *Reissner/Neumayr*, ZellHB AV-Klauseln² Besonderer Teil, 75. Klausel Rz 75.25 (Stand 1.6.2019, rdb.at). Die Abgrenzung ist oft schwierig und hängt von den Umständen des Einzelfalls und von der jeweils anzuwendenden Norm ab. Maßgeblich ist, ob der Gesellschafter angesichts der Interessenidentität mit der Gesellschaft in Wahrheit selbst unternehmerisch tätig wird. Vgl für eine Darstellung der jüngsten Rsp RS 0065238, zB OGH 29.1.2015, 6 Ob 170/14i.

959 Vgl *Nunner-Krautgasser* in *Reissner/Neumayr*, ZellHB AV-Klauseln² Rz 75.34.

ZPO). Der Sitz des Schiedsgerichts muss in der Schiedsvereinbarung festgelegt werden (Abs 4). Hat der Geschäftsführer aber weder bei Abschluss der Vereinbarung noch bei Einbringung der Klage seinen Wohnsitz, gewöhnlichen Aufenthalt oder den Beschäftigungsort in dem Staat, in dem das Schiedsgericht seinen vereinbarten Sitz hat, kann sich die Gesellschaft nicht auf die Schiedsvereinbarung berufen. Der Geschäftsführer hat hingegen die Möglichkeit, sich dennoch auf die Schiedsabrede zu berufen und das Verfahren am festgelegten Ort auszutragen.

Für Geschäftsführer, die weder Verbraucher noch Arbeitnehmer oder arbeitnehmerähnlich sind, gelten die beschriebenen Einschränkungen bei Schiedsvereinbarungen nicht. Sie können daher ohne weiteres im Anstellungsvertrag ein Schiedsgericht für die aus Vertrag und Mandat entstehenden Rechtsstreitigkeiten einsetzen. Grundsätzlich ist für Rechtsstreitigkeiten aus dem Vertrags- und Mandatsverhältnis die **Handelsgerichtsbarkeit** sachlich zuständig (vgl § 51 Abs 1 Z 6 JN: Streitigkeiten zwischen der Gesellschaft und den Mitgliedern der Verwaltung).[960] Der Geschäftsführer und die Gesellschaft können im Rahmen von § 104 JN im Anstellungsvertrag eine Gerichtsstandsvereinbarung treffen, in der sie die örtliche, aber auch die sachliche Zuständigkeit für die Rechtsstreitigkeiten aus dem Rechtsverhältnis vom Gesetz abweichend bestimmen. Die Gerichtsstandsvereinbarung muss sich zumindest auf Streitigkeiten aus einem bestimmten Rechtsverhältnis – eben dem Anstellungsvertrag oder dem Mandat – beziehen (§ 104 Abs 2 JN).[961] Die der Handelsgerichtsbarkeit grundsätzlich zugewiesenen Rechtsstreitigkeiten zwischen Gesellschaft und Geschäftsführer können per Vereinbarung also auch vor Zivilgerichte oder die Arbeits- und Sozialgerichte gebracht werden[962] und auch Streitigkeiten, die wegen ihres Wertes vor einem Gerichtshof auszutragen sind (über 15.000 €; vgl §§ 49–51 JN), können vor dem Bezirksgericht ausgetragen werden.[963] Bei der Wahl der örtlichen Zuständigkeit sind die Parteien fast völlig frei.[964]

960 *Simotta* in *Fasching/Konecny*³ § 51 JN Rz 99.
961 Vgl *Mayr* in *Rechberger*, ZPO⁵ (2019) § 104 JN Rz 6.
962 *Simotta* in *Fasching/Konecny*³ § 104 JN Rz 135, 143.
963 Vgl *Mayr* in *Rechberger*, ZPO⁵ § 104 JN Rz 18: Unzulässig ist hingegen die Vereinbarung, wonach eine dem Bezirksgericht nach Wert oder aufgrund einer speziellen Zuständigkeitsregel zugeordnete Sache vor einem Gerichtshof ausgetragen werden soll oder eine dem Gerichtshof speziell zugeordnete Streitsache an ein Bezirksgericht übertragen wird.
964 Vgl für die Einschränkungen *Mayr* in *Rechberger*, ZPO⁵ § 104 JN Rz 19.

3. Der GmbH-Geschäftsführer und das Firmenbuch

Die Geschäftsführung einer GmbH trifft im Laufe eines (juristischen) Lebenszyklus der Gesellschaft eine Vielzahl an Meldepflichten in Bezug auf das Firmenbuch. Diese Meldepflichten erstrecken sich von der Gründung einer GmbH über Kapitalmaßnahmen (Kapitalerhöhung und -herabsetzung), Gesellschafterwechsel, Gesellschaftsvertragsänderungen und Umstrukturierungsmaßnahmen (Verschmelzung, Spaltung, Einbringung, Anwachsung und Umwandlung) bis hin zur Liquidation und Löschung der GmbH. Im Folgenden wird versucht, in möglichst komprimierter Form die Grundlagen für das Zusammenspiel zwischen der Geschäftsführung und dem Firmenbuch herauszuarbeiten und die sich für die Geschäftsführung in diesem Zusammenhang ergebenden Verpflichtungen und die Folgen deren Nichteinhaltung aufzuzeigen:

3.1. Allgemeine Informationen zum Firmenbuch

Beim Firmenbuch handelt es sich um ein öffentliches Register, das elektronisch zu lesen, zu ergänzen und zu überarbeiten ist. Es besteht aus dem Hauptbuch und der Urkundensammlung (§ 1 Abs 1 FBG). Sowohl das Hauptbuch als auch die Urkundensammlung werden im Bundesrechenzentrum geführt. Eintragungen im Firmenbuch werden durch die jeweils zuständigen Firmenbuchgerichte durchgeführt.[965] Im Firmenbuch sollen unternehmensbezogene Tatsachen zur Information der Verkehrsteilnehmer offengelegt werden.[966] Diesen Verkehrsschutz kann das Firmenbuch freilich nur dann erreichen, wenn sein Inhalt den tatsächlichen Verhältnissen entspricht. Daher sind die Firmenbuchgerichte zur Überprüfung der Eintragungsvoraussetzungen in formeller und materieller Hinsicht verpflichtet (§ 15 FBG) und haben unrichtige oder unzulässige Eintragungen (§ 10 Abs 2 FBG) und vermögenslose Rechtsträger (§§ 40 ff FBG) zu löschen und verpflichtende Anmeldungen und Einreichungen mit Zwangsstrafen zu erzwingen (§ 24 FBG, § 283 f UGB – siehe dazu weiter unten).[967]

965 *Burgstaller/Pilgerstorfer* in *Jabornegg/Artmann*, UGB² § 7 Rz 1.
966 *Zib* in *Zib/Dellinger*, UGB I/1 (2010) § 7 Rz 8; *Burgstaller/Pilgerstorfer* in *Jabornegg/Artmann*, UGB² § 7 Rz 3.
967 *Zib* in *Zib/Dellinger*, UGB I/1 § 7 Rz 9 f; *Burgstaller/Pilgerstorfer* in *Jabornegg/Artmann*, UGB² § 7 Rz 6; *Schenk/Ratka* in *Straube/Ratka/Rauter*, UGB I⁴ § 7 Rz 43 (Stand 1.12.2009, rdb.at).

Die Aufgabe des Firmenbuches besteht darin, die *„grundlegenden Tatsachen und Rechtsverhältnisse vor allem der vollkaufmännischen Unternehmungen zu beurkunden und öffentlich einsichtig zu machen. Die Offenlegung dient sowohl dem Interesse der Allgemeinheit als auch demjenigen des eingetragenen Rechtsträgers. Zweck des Firmenbuches ist nicht primär der Schutz aller möglichen Rechte von Dritten, sondern die Offenlegung von erheblichen Tatsachen und Rechtsverhältnissen, der im einzelnen vorgesehenen Rechtsträger im Interesse dieser und andere Rechtsträger selbst, sowie der Öffentlichkeit.“*[968] Die aufgrund des FBG, UGB und anderen sondergesetzlichen Vorschriften einzutragenden Tatsachen bzw anmeldungspflichtige Änderungen sind im Firmenbuch einzutragen, unabhängig davon ob diesen Tatsachen noch Aktualität zukommt oder nicht. Der Gesetzgeber besteht hier auf eine lückenlose Dokumentation der ein Unternehmen betreffenden Informationen, um so die Möglichkeit zu schaffen, auch längst nicht mehr aktuelle Eintragungen in Form eines historischen Firmenbuchauszuges ersichtlich zu machen.[969]

Die einschlägigen gesetzlichen Bestimmungen geben hier die Bandbreite an eintragungsfähigen Tatsachen abschließend vor. Gesetzlich nicht vorgesehene Eintragungen sind schlicht nicht eintragungsfähig und haben zu unterbleiben.[970] Daher sind zum Beispiel Ergebnisabführungsverträge, Anmerkungen von Anfechtungsklagen, die Einbringung von Kapital gem Art III (§ 19 Abs 2 Z 5) UmgrStG, eine im Gesellschaftsvertrag verankerte Beschränkung der Übertragung von Geschäftsanteilen wie Veräußerungs- und Belastungsverbote oder dem Geschäftsführer gesellschaftsvertraglich eingeräumte Selbstkontrahierungsbefugnisse nicht eintragungsfähig.[971]

Sachlich zuständig für die Führung des Firmenbuches sind die mit Handelssachen betrauten Gerichtshöfe erster Instanz (§ 120 Abs 1 Z 1 JN). Im Sprengel des Landesgerichtes Wien ist für das Firmenbuch das Handelsgericht Wien zuständig.

Die örtliche Zuständigkeit des jeweiligen Gerichtes ergibt sich aus der Hauptniederlassung oder dem Sitz des Unternehmens (§ 120 Abs 2 JN).

Die Führung des Firmenbuchs fällt prinzipiell in den Wirklungsbereich der Rechtspfleger (§ 22 RpflG). Nur die ausdrücklich im Gesetz aufgezählten Angelegenheiten bleiben Richtern vorbehalten.

Um eine Übersichtlichkeit des Firmenbuches zu gewährleisten, lässt das Gesetz nicht sämtliche vorstellbare Eintragungen im Firmenbuch zu, sondern lässt nur

968 *G. Nowotny* in *Kodek/Nowotny/Umfahrer*, FBG (2005) § 1 FBG Rz 3 mit Verweis auf OGH 17.1.2001, 6 Ob 121/00p; 23.8.2001, 6 Ob 167/01d.
969 *G. Nowotny* in *Kodek/Nowotny/Umfahrer*, FBG § 1 FBG Rz 4; *Zib* in *Zib/Dellinger*, UGB I/1 § 7 Rz 56 ff.
970 OGH 21.1.1993, 6 Ob 33/92.
971 *G. Nowotny* in *Kodek/Nowotny/Umfahrer*, FBG § 1 FBG Rz 6 mwN; *Burgstaller/Pilgerstorfer* in *Jabornegg/Artmann*, UGB² § 1 FBG Rz 3; *Zib* in *Zib/Dellinger*, UGB I/1 § 7 Rz 100 f.

solche Tatsachen als eintragungsfähig zu, deren Eintragung wegen ihrer besonderen Bedeutung gesetzlich vorgesehen ist.[972] Die Eintragungsfähigkeit einer Tatsache beruht daher in der Regel auf ausdrücklicher gesetzlicher Anordnung; im Einzelfall kann sich eine Eintragungspflicht aber auch aus Analogie oder richterlicher Rechtsfortbildung ergeben. Hierbei gilt es, die sog eintragungspflichtigen von eintragungsfähigen Tatsachen zu unterscheiden. Bei den eintragungspflichtigen Tatsachen wird den Beteiligten eine Anmeldepflicht oder dem Gericht die Verpflichtung zur Kontrolle der Eintragung auferlegt. Bei den eintragungsfähigen Tatsachen stellt das Gesetz den Beteiligten deren Eintragung frei.

Bei eintragungspflichtigen Tatsachen ergibt sich die Anmeldepflicht des betroffenen Rechtsträgers bzw Vertretungsorgans zum überwiegenden Teil aus UGB-rechtlichen und GmbH-rechtlichen Vorschriften. Darüber hinaus besteht gem § 10 Abs 1 FBG eine generelle Anmeldepflicht für Änderungen von eingetragenen Tatsachen.[973] Die Erfüllung der Anmeldepflicht von eintragungspflichtigen Tatsachen kann vom Gericht mittels Zwangsstrafen gem § 24 FBG (siehe dazu Kap 3.9.) durchgesetzt werden.

Bei bloß eintragungsfähigen Tatsachen stellt es das Gesetz dem jeweils betroffenen Rechtsträger bzw Vertretungsorgan frei, diese Tatsachen tatsächlich zur Eintragung in das Firmenbuch anzumelden.[974] Ist eine Eintragung allerdings einmal erfolgt, so sind Änderungen nach § 10 Abs 1 FBG anmeldepflichtig.

3.2. Einsichtnahmen und Auszüge

Gem § 9 Abs 1 UGB kann jedermann ohne Bescheinigung eines rechtlichen oder öffentlichen Interesses in das Hauptbuch und in die Urkundensammlung des jeweiligen Firmenbuchgerichtes Einsicht nehmen.

Die Einsicht in das Hauptbuch erfolgt aufgrund des elektronischen Registers durch Ausdruck des aktuellen Registerstandes (Firmenbuchauszug).[975] Ebenso kann in die Urkundensammlung Einsicht genommen werden, sofern die zur Urkundensammlung eingereichten Schriftstücke bereits in der elektronischen Datenbank des Firmenbuchs erfasst wurden. Auszüge aus dem Firmenbuch und der Urkundensammlung sind von jedem für Firmenbuchsachen zuständigen Gerichtshof (§ 120 JN) sowie nach Maßgabe der technischen Möglichkeiten auch von den Bezirksgerichten zu gewähren. Weiters verfügen auch Notare und Rechtsanwälte über die technischen Voraussetzungen, Firmenbuchauszüge zu erstellen.

---

972 *Zib* in *Zib/Dellinger*, UGB I/1 § 7 Rz 34; *Ebner/U. Torggler* in *U. Torggler*, UGB³ § 7 Rz 9.

973 *Zib* in *Zib/Dellinger*, UGB I/1 § 7 Rz 35; *Schenk/Ratka* in *Straube/Ratka/Rauter*, UGB I⁴ § 7 Rz 15 (Stand 1.12.2009, rdb.at).

974 *Zib* in *Zib/Dellinger*, UGB I/1 § 7 Rz 60; *Schenk/Ratka* in *Straube/Ratka/Rauter*, UGB I⁴ § 7 Rz 19 (Stand 1.12.2009, rdb.at).

975 *Völkl* in *Straube/Ratka/Rauter*, UGB I⁴ § 9 Rz 3 (Stand 1.7.2018, rdb.at); *Burgstaller/Pilgerstorfer* in *Jabornegg/Artmann*, UGB² § 9 Rz 3; *Zib* in *Zib/Dellinger*, UGB I/1 § 9 Rz 11.

Im Unterschied zur jedermann gestatteten Einsichtnahme in das Hauptbuch und in die Urkundensammlung ist eine Einsichtnahme in den Firmenbuchakt (dh in den zugrunde liegenden Gerichtsakt, der insb aus den Firmenbuchanträgen, aus den Beschlüssen des Gerichts sowie sonstigen Schriftstücken besteht) für Dritte nicht ohne Zustimmung des betroffenen Rechtsträgers oder durch Glaubhaftmachung eines rechtlichen Interesses (§ 15 Abs 1 FBG iVm § 22 AußerStrG 2003 iVm § 32 ZPO) möglich.[976]

3.3. Firmenbuchrechtliche Anmeldepflichten

Zur Anmeldung befugt und üblicherweise auch verpflichtet sind bei juristischen Personen wie der GmbH deren Vertretungsorgane, sprich deren Geschäftsführer.[977] Soweit gesetzlich nicht anders vorgeschrieben, genügt die Anmeldung durch Organmitglieder in vertretungsbefugter Anzahl. Vielfach ordnet das Gesetz aber ausdrücklich eine Anmeldung durch sämtliche Geschäftsführer an (zB §§ 107, 143 UGB, §§ 9, 51, 55 sowie §§ 53, 56 iVm § 51 GmbHG) – wobei diese Verpflichtung die Organmitglieder jeweils persönlich trifft. Sie zeichnen dann nicht firmenmäßig, sondern im eigenen Namen.[978]

3.4. Form der Anmeldung

Eintragungen in das Firmenbuch erfolgen grundsätzlich auf Antrag, den das Gesetz Anmeldung nennt. Anmeldungen und Musterzeichnungen sind in der Regel schriftlich in öffentlich beglaubigter Form vorzunehmen (§ 11 Abs 1 UGB). Die Beglaubigung der Unterschrift des Unterfertigenden erfolgt entweder durch das Gericht, konkret das jeweilige Bezirksgericht, oder durch einen Notar. Beide Beglaubigungsformen sind gleichwertig.[979]

Eine Beglaubigung wird pro Unterschrift erteilt, sodass ausländische Beglaubigungen der Anerkennung bedürfen. Die einschlägigen Vorschriften finden sich in Staatsverträgen, insb im Haager Übereinkommen vom 5.10.1961, BGBl 1968/27. Nach diesem multilateralen Abkommen, das eine Großzahl von Staaten unterzeichnet hat, haben sich die Vertragspartner mit einer Apostille (ein Bestätigungs-

---

976 *Völkl* in *Straube/Ratka/Rauter*, UGB I[4] § 9 Rz 4 (Stand 1.7.2018, rdb.at); *Burgstaller/Pilgerstorfer* in *Jabornegg/Artmann*, UGB[2] § 9 Rz 4; *Zib/Dellinger*, UGB I/1 § 9 Rz 8; *Ratka* in *U. Torggler*, UGB[3] § 9 Rz 5 f.

977 *Zib* in *Zib/Dellinger*, UGB I/1 § 11 Rz 2; *Burgstaller/Pilgerstorfer* in *Jabornegg/Artmann*, UGB[2] § 11 Rz 21; *Ratka* in *Straube/Ratka/Rauter*, UGB I[4] § 11 Rz 21 (Stand 1.7.2018, rdb.at); OGH 25.5.2007, 6 Ob 87/07y.

978 *Zib* in *Zib/Dellinger*, UGB I/1 § 11 Rz 7; *Burgstaller/Pilgerstorfer* in *Jabornegg/Artmann*, UGB[2] § 11 Rz 21; *Ratka* in *Straube/Ratka/Rauter*, UGB I[4] § 11 Rz 21 (Stand 1.7.2018, rdb.at); *Weigand* in *U. Torggler*, UGB[3] § 11 Rz 14.

979 Bei der Beglaubigung wird die Identität des Unterzeichnenden (Anmeldenden) geprüft und durch das Gericht oder den Notar bestätigt (§§ 426 ff GeO bzw § 79 NO); *Ratka* in *Straube/Ratka/Rauter*, UGB I[4] § 11 Rz 23 (Stand 1.7.2018, rdb.at); *Burgstaller/Pilgerstorfer* in *Jabornegg/Artmann*, UGB[2] § 11 Rz 29; *Weigand* in *U. Torggler*, UGB[3] § 11 Rz 32.

vermerk des ausländischen Staates) zu begnügen.[980] Darüber hinaus bestehen mit einer Reihe von Staaten bilaterale Beglaubigungsverträge, die ausländische Urkunden in Österreich auch ohne Apostille für vollgültig erklären (zB notarielle oder gerichtliche Beglaubigungen aus Deutschland, Italien, Liechtenstein, Frankreich, Spanien, Ungarn, Polen, der Tschechischen und der Slowakischen Republik).[981]

An dieser Stelle wird darauf hingewiesen, dass das oben erwähnte Haager Beglaubigungsabkommen bzw die Möglichkeit einer Apostille keine Anwendung auf Sachverhalte erlangt, in denen ein Notariatsakt (dh die Anerkennung von Beurkundungen mit rechtlicher Belehrung) erforderlich ist. Notariatsakte in Form einer Auslandsbeurkundung werden von der herrschenden Lehre nicht als einem österreichischen Notariatsakt gleichwertig angesehen (weil es zumeist an der Gleichwertigkeit der erwartbaren inhaltlichen Belehrung durch den ausländischen Notar mangelt).[982]

3.5. Vereinfachte Anmeldung und vereinfachte Gründung

§ 11 FBG enthält eine Ausnahmebestimmung für Anmeldungen, die nicht in beglaubigter Form abgegeben werden müssen (sog „vereinfachte Anmeldungen“). Anmeldungen in Bezug auf die für Zustellungen maßgebliche Geschäftsanschrift, den Geschäftszweck, die Mitglieder des (allfällig eingerichteten) Aufsichtsrats, die Gesellschafter einer GmbH (auch deren bloße Namensänderung), deren Stammeinlagen oder die darauf geleisteten Einzahlungen bedürfen keiner beglaubigten Form. Für derartige Anmeldungen genügt die Unterzeichnung durch vertretungsbefugte Personen in der zur Vertretung notwendigen Anzahl für den Rechtsträger. Rechtsanwälte und Notare können sich dabei auf die ihnen erteilte Vollmacht berufen, ohne diese vorlegen zu müssen.[983]

Exkurs

Bezüglich der vereinfachten Gründung einer GmbH trat § 9a GmbHG zufolge § 127 Abs 22 GmbHG mit 1. Jänner 2018 in Kraft. Obwohl in Österreich die unbefristete Geltung von gesetzlichen Regelungen die Norm ist, beschloss der Gesetzgeber für diese Regelung von vornehin eine befristete Geltung und sie tritt mit 31. Dezember 2020 wieder außer Kraft.[984] Gemäß § 9a GmbHG kann eine Gesellschaft mit beschränkter Haftung, unter der Voraussetzung, dass diese nur durch eine einzige Person errichtet wird, vereinfacht gegründet werden. Die Vereinfachung sieht sowohl formelle als auch materielle Erleichterungen vor.[985] Im Fall der Gründung einer Ein-Personen-GmbH

980 *Ratka* in *Straube/Ratka/Rauter*, UGB I[4] § 11 Rz 25f (Stand 1.7.2018, rdb.at); *Burgstaller/Pilgerstorfer* in *Jabornegg/Artmann*, UGB[2] § 11 Rz 30; *Zib* in *Zib/Dellinger*, UGB I/1 § 11 Rz 39.

981 *Zib* in *Zib/Dellinger*, UGB I/1 § 11 Rz 39; *Wagner/Knechtel*, Notariatsordnung[6] § 2 Rz 3.

982 *Zib* in *Zib/Dellinger*, UGB I/1 § 11 Rz 42 f mwN.

983 *Burgstaller/Pilgerstorfer* in *Jabornegg/Strasser*, UGB[2] § 11 Rz 33; *Ratka* in *Straube/Ratka/Rauter*, UGB I[4] § 11 Rz 31 (Stand 1.7.2018, rdb.at).

984 *Potyka* in *Straube/Ratka/Rauter*, GmbHG § 9a Rz 5.

985 *Potyka* in *Straube/Ratka/Rauter*, GmbHG § 9a Rz 7.

wird der Gesellschaftsvertrag durch eine Errichtungserklärung der Gesellschaft ersetzt. Der Inhalt einer derartigen Erklärung hat denjeningen Vorgaben des Gesellschaftsvertrages nach § 4 Abs 1 GmbHG zu entsprechen und beinhaltet unter anderem die Bezeichnung der Firma, den Sitz der Gesellschaft und den Gegenstand des Unternehmens.

Sollte die Gründungsprivilegierung nach § 10b GmbHG in Anspruch genommen werden, beträgt auch im Fall der Ein-Personen-GmbH die gründungsprivilegierte Stammeinlage 10.000 €, von welchen nach § 9a Abs 2 GmbHG die Hälfte, sohin 5.000 €, in bar einzuzahlen ist. Sofern der Gesellschaftsvertrag diesbezüglich jedoch keine Gründungsprivilegierung vorsieht, beträgt das Stammkapital, wie bei der Standard-GmbH, 35.000 €, von welchen 17.500 € in bar zu entrichten sind. Eine wesentliche Erleichterung, welche das vereinfachte Gründungsverfahren nach § 9a GmbHG mit sich bringt, ist die Form der Errichtungserklärung und der Anmeldung der Gesellschaft zur Eintragung in das Firmenbuch. Anders als der Gesellschaftsvertrag einer Standard-GmbH gem § 4 Abs 3 GmbHG bedarf die Errichtungserklärung gemäß § 9a Abs 4 nicht der Form des Notariatsaktes. Die Erklärung hat in elektronischer Form auf eine Weise zu erfolgen, bei der die Identität des Gesellschafters zweifelsfrei festgestellt werden kann. Darüber hinaus bedarf die Anmeldung der Ein-Personen-GmbH im Firmenbuch gemäß § 9a Abs 5 GmbHG nicht der beglaubigten Form, sondern kann auch hier auf elektronische Weise, unter zweifelsfreier Identifizierung des Gesellschafters, erfolgen. Die Identifizierung und Authentifizierung des einzigen Gesellschafters erfolgt iSd § 4 E-GovG über den sogenannten E-ID (früher „Bürgerkarte"), während das relevante elektronische Medium für die Erstellung der Erklärung über die Errichtung und Anmeldung zum Firmenbuch das Unternehmensserviceportal ist.[986] Als maßgebliches Erfordernis dieser elektronischen Übermittlung nennt das Gesetz die Tatsache, dass die Identität des Gesellschafters zweifelsfrei festgestellt werden kann. Die weiteren notwendigen Schritte, unter anderem den eigentlichen Inhalt der Errichtungserklärung, hat der Bundesminister für Justiz durch Verordnung näher zu regeln. Abweichend zu § 11 Abs 1 UGB bedarf die Anmeldung der Gesellschaft zur Eintragung im Firmenbuch nicht der beglaubigten Form, sondern hat ebenfalls auf elektronische Weise stattzufinden.

Diesen erwähnten Erleichterungen stehen jedoch auch zusätzliche Anforderungen gegenüber, wie beispielsweise die erforderliche Identitätsprüfung durch das Kreditinstitut gem § 9a Abs 6 GmbHG.[987]

Mit 1. Jänner 2019 erleichterte der Gesetzgeber nunmehr auch die Gründung einer Standard-GmbH. Gemäß § 4 Abs 3 GmbHG ist für den Gesellschaftsvertrag die Form des Notariatsakts vorgesehen. Der Notariatsakt kann nunmehr *auch elektronisch unter Nutzung einer elektronischen Kommunikationsmöglichkeit errichtet* werden.[988] Die genaue Ausgestaltung des elektronischen Notariatsakts bei GmbH-Gründungen ist im neu geschaffenen § 69 b Notariatsordnung normiert. § 69 b Abs 2 bis 4 NO sieht die einzuhaltenden Erfordernisse zur Gewährleistung der Sicherheits- und Qualitätsstandards bei Errichtung eines elektronischen Notariatsakts vor. Gemäß § 69 b Abs 2 NO hat der Notar bei einer nicht physisch anwesenden Partei durch Sicherungsmaßnahmen dafür zu sorgen, dass die Feststellung und Prüfung der Identität der Partei unter Verwendung eines elektronischen Verfahrens auf sichere und zweifelsfreie Weise erfolgen. Die Gründung einer GmbH setzt neben einem Gesellschaftsvertrag in Form eines Notariatsaktes auch weitere Unterlagen voraus, die einer notariellen Beglaubigung bedürfen. Dazu gehört etwa auch die Musterzeichnungserklärung. Dabei hat der Notar die Unterschrift des Geschäftsführers der GmbH zu beglaubigen. Die Regelung des

986 *Zollner* in *Gruber/Harrer*, GmbHG^2 § 9a Rz 22.

987 *Potyka* in *Straub/Ratka/Rauter*, GmbHG § 9a Rz 45.

988 § 4 Abs 3 GmbHG idF BGBl I 2018/71.

elektronischen Notariatsakts würde ad absurdum geführt, wenn man einerseits den Notariatsakt im Wege einer Videokonferenz durchführt, der Geschäftsführer aber physisch vor dem Notar zeichnen müsste. Um – wie der Gesetzgeber treffend formuliert – nicht auf halbem Weg stehen zu bleiben, implementierte er den neuen § 79 Abs 9 NO.[989] Demnach kann der Notar für den Fall, dass die Errichtung eines elektronischen Notariatsakts unter Nutzung einer elektronischen Kommunikationsmöglichkeit gesetzlich vorgesehen und im unmittelbaren Zusammenhang mit dem betreffenden Rechtsgeschäft auch die Beglaubigung der Echtheit einer händischen Unterschrift oder einer elektronischen Signatur erforderlich ist, unter sinngemäßer Anwendung des § 69b Abs 2 und 3 auch die Echtheit der Unterschrift oder der elektronischen Signatur einer nicht physisch anwesenden Partei beurkunden.

3.6. Vertretung bei Anmeldungen zum Firmenbuch

Gemäß § 11 Abs 2 UGB ist im Verfahren zur Anmeldung zum Firmenbuch eine Vertretung (mit wenigen Ausnahmen) grundsätzlich möglich. Die Vertretungsmacht für eine Anmeldung zum Firmenbuch kann auf Gesetz beruhen (und so etwa nach Insolvenzeröffnung der Insolvenzverwalterin, oder den Eltern als den gesetzlichen Vertretern eines Minderjährigen zukommen), sie kann auch auf organmäßige Stellung gründen oder rechtsgeschäftlich durch Bevollmächtigung eingeräumt sein. Die Vollmacht muss im Zeitpunkt des Setzens des Vertretungsakts gegeben sein, somit bei der Unterfertigung der Firmenbuchanmeldung.[990]

3.6.1. Anmeldungen durch Bevollmächtigte

Die rechtsgeschäftliche Bevollmächtigung für eine Anmeldung zum Firmenbuch bedarf der gleichen Form wie die Anmeldung selbst. Eine derartige Vollmacht muss daher (ausgenommen sie betrifft Anmeldungen gem § 11 FBG – „vereinfachte Anmeldungen") öffentlich beglaubigt sein.[991] Nach der herrschenden Lehre soll hierzu sogar eine Generalvollmacht genügen und eine Spezialvollmacht nicht erforderlich sein.[992] Um jegliche Zweifel auszulöschen und allfällig mühsame Diskussionen mit dem Firmenbuchgericht hintanzuhalten, empfiehlt es sich aber in der Praxis nicht General- bzw Gattungsvollmachten zu verwenden, sondern sehr wohl mittels Spezialvollmacht auf den Einzelfall abstellend zu arbeiten.[993]

3.6.2. Anmeldungen durch Prokuristen

Nach herrschender Meinung berechtigt die Prokura nicht zur Firmenbuchanmeldungen. Der Umfang der Prokura deckt nämlich Firmenbuchangelegenheiten

989 ErläutRV 253 BlgNR 26. GP 5.

990 *Ratka* in *Straube/Ratka/Rauter*, UGB I⁴ § 11 Rz 37 (Stand 1.7.2018, rdb.at).

991 *Ratka* in *Straube/Ratka/Rauter*, UGB I⁴ § 11 Rz 38 (Stand 1.7.2018, rdb.at).

992 *Ratka* in *Straube/Ratka/Rauter*, UGB I⁴ § 11 Rz 39 (Stand 1.7.2018, rdb.at); *Burgstaller/Pilgerstorfer* in *Jabornegg/Artmann*, UGB² § 11 Rz 35 mwN; *Weigand* in *U. Torggler*, UGB³ § 11 Rz 41.

993 In diesem Sinne wohl auch *Burgstaller/Pilgerstorfer* in *Jabornegg/Artmann*, UGB² § 11 Rz 35; *Zib* in *Zib/Dellinger*, UGB I/1 § 11 Rz 58; *Weigand* in *U. Torggler*, UGB³ § 11 Rz 42.

nicht ab, weil diese als Grundlagengeschäfte nicht zum laufenden Betrieb des Unternehmens gehören.[994]

Einem nicht-organschaftlich vertretenden Prokuristen kann aber eine Spezialvollmacht zur Firmenbuchanmeldung in beglaubigter Form (§ 11 Abs 2 UGB) erteilt werden.[995] Anmeldungen zum Firmenbuch durch einen mit einer Spezialvollmacht ausgestatteten Prokuristen sind nur dort nicht zulässig, wo nach herrschender Meinung eine gewillkürte Stellvertretung generell nicht möglich sein soll (zB bei der Anmeldung oder Gründung von Kapitalgesellschaften und deren Kapitalerhöhung, weil es sich dabei um Erklärungen zur Kapitalaufbringung handelt, deren Richtigkeit der Anmelder zivil- und strafrechtlich [§§ 10 Abs 4, 52 Abs 6 GmbHG und § 163a Abs 1 Z 5 StGB] persönlich zu verantworten hat).[996] In Fällen, in denen das Gesetz eine Anmeldung durch sämtliche Geschäftsführer nicht explizit vorsieht, kann der Prokurist im Rahmen der gemischten Gesamtvertretung (Vertretung durch einen Geschäftsführer zusammen mit einem Prokuristen) Anmeldungen an das Firmenbuch durchführen.[997] Ist der Prokurist im Firmenbuch eingetragen, braucht er diesfalls keine weiteren Nachweise beizubringen, dass ihm Prokura erteilt wurde.[998]

Mit anderen Worten: Die Mitwirkung eines Prokuristen bei Anmeldungen zum Firmenbuch ist daher in solchen Fällen möglich, in denen die Anmeldung durch eine vertretungsbefugte Anzahl von Vertretern möglich ist. Zum einen betrifft das zum Beispiel Anmeldungen über die Bestellung und das Ausscheiden von Geschäftsführern oder eines anderen Prokuristen oder aber Firmenbuchanmeldungen im Rahmen der Verwaltung von Beteiligungen (als Gesellschafter an einem anderen Rechtsträger).[999]

In diesem Zusammenhang ist jedenfalls darauf hinzuweisen, dass gem § 23 FBG Notare, die die zur Eintragung erforderliche Erklärung beurkundet oder beglaubigt haben, ermächtigt sind, im Namen des zur Anmeldung Verpflichteten die Eintragung zu beantragen, Zustellungen in Empfang zu nehmen und Rechtsmittel zu erheben.[1000]

---

994 *Ratka* in *Straube/Ratka/Rauter*, UGB I⁴ § 11 Rz 40 (Stand 1.7.2018, rdb.at); *Zib* in *Zib/Dellinger* UGB I § 11 Rz 75; *Burgstaller/Pilgerstorfer* in *Jabornegg/Artmann* UGB² § 11 Rz 36; *Weigand* in *U. Torggler*, UGB³ § 11 Rz 53.

995 *Zib* in *Zib/Dellinger*, UGB I/1 § 11 Rz 79 mwN.

996 *Burgstaller/Pilgerstorfer* in *Jabornegg/Artmann*, UGB² § 11 Rz 44; *G. Nowotny* in *Kodek/Nowotny/Umfahrer*, FBG § 12 HGB Rz 22; *Koppensteiner/Rüffler*, GmbHG³ § 9 Rz 9; *Reich-Rohrwig*, GmbH-Recht I² Rz 1/564.

997 *Burgstaller/Pilgerstorfer* in *Jabornegg/Artmann*, UGB² § 11 Rz 36; *Zib* in *Zib/Dellinger*, UGB I/1 § 11 Rz 80; *Weigand* in *U. Torggler*, UGB³ § 11 Rz 54.

998 *Ratka* in *Straube/Ratka/Rauter*, UGB I⁴ § 11 Rz 40 (Stand 1.7.2018, rdb.at).

999 *Ratka* in *Straube/Ratka/Rauter*, UGB I⁴ § 11 Rz 40 (Stand 1.7.2018, rdb.at); *Zib* in *Zib/Dellinger*, UGB I/1 § 11 Rz 80; *Weigand* in *U. Torggler*, UGB³ § 11 Rz 55.

1000 *Weigand* in *U. Torggler*, UGB³ § 11 Rz 49; *Burgstaller/Pilgerstorfer* in *Jabornegg/Artmann*, UGB² § 11 Rz 39; *Zib* in *Zib/Dellinger*, UGB I/1 § 11 Rz 72; *G. Nowotny* in *Kodek/Nowotny/Umfahrer*, FBG § 12 UGB Rz 29.

3.6.3. Vollmacht für die vereinfachte Anmeldung

Bei der sog vereinfachten Anmeldung gem § 11 FBG, die keiner Beglaubigung bedarf, ist nur eine unbeglaubigte schriftliche Vollmacht für die Anmeldung in Vertretung auszustellen.[1001]

3.6.4. Berufen auf die Vollmacht

Rechtsanwälte und Notare können sich auf ihre Bevollmächtigung grundsätzlich formfrei berufen (§ 8 Abs 1 RAO, § 5 Abs 4a NO, § 30 Abs 2 ZPO). Die dadurch bedingte Erleichterung von Vertretungshandlungen hat der OGH im Firmenbuchverfahren allerdings bis dato nur für die vereinfachte Anmeldung gem § 11 FBG ausdrücklich bejaht.[1002] Außerhalb des Anwendungsbereichs des § 11 FBG gehen die Meinungen in der Literatur auseinander, ob die Berufung von Rechtsanwälten und Notaren auf die erteilte Vollmacht ausreichen soll.[1003] Aus Praktikabilitätsgründen und um eine rasche Eintragung von Firmenbuchanmeldungen nicht zu gefährden, sollte daher bei der Vertretung durch Rechtsanwälte und Notare eine schriftliche Vollmacht ausgefertigt werden (es ist fraglich, ob sie dieselbe Form aufzuweisen hat, wie die Anmeldung selbst, dh unter Umständen muss sie beglaubigt sein).[1004]

3.7. Allgemeine Eintragungen bei der GmbH (§ 3 Abs 1 FBG)

§ 3 FBG enthält einen taxativen[1005] Katalog, welche Eintragungen bei allen Rechtsträgern (somit auch bei der GmbH) in das Firmenbuch einzutragen sind (zu Sondervorschriften für einzelne Rechtsträger gem §§ 4 ff FBG siehe unten in Kap 3.8.). Im Nachfolgenden wird nur auf diejenigen Ziffern des § 3 FBG eingegangen, die für die GmbH zur Anwendung gelangen:

3.7.1. Firmenbuchnummer (Z 1)

Jede GmbH, die in die Datenbank des Firmenbuchs (§ 29 FBG) als eingetragener Rechtsträger (§ 2 FBG) aufgenommen wird, erhält eine vom ADV-System automatisch vergebene Firmenbuchnummer, die beibehalten wird, auch wenn der Sitz verlegt oder die Rechtsform geändert wird.[1006] Aufgrund ihrer Einmaligkeit dient die FB-Nummer als Identifikationsmerkmal des jeweiligen Rechtsträgers (§ 30 FBG).[1007]

1001 *G. Nowotny* in *Kodek/Nowotny/Umfahrer*, FBG § 12 UGB Rz 28; *Burgstaller/Pilgerstorfer* in *Jabornegg/Artmann* UGB² § 11 Rz 38; *Zib* in *Zib/Dellinger*, UGB I/1 § 11 Rz 66.

1002 OGH 29.3.2000, 6 Ob 64/00f; *Burgstaller/Pilgerstorfer* in *Jabornegg/Artmann*, UGB² § 11 Rz 40; *Zib* in *Zib/Dellinger*, UGB I/1 § 11 Rz 69.

1003 Ausführlicher dazu *Burgstaller/Pilgerstorfer* in *Jabornegg/Artmann*, UGB² § 11 Rz 40.

1004 *Burgstaller/Pilgerstorfer* in *Jabornegg/Artmann*, UGB² § 11 Rz 37 und 41.

1005 *Schenk/Völkl* in *Straube/Ratka/Rauter*, UGB I⁴ § 3 Rz 1 FBG (Stand 1.12.2009, rdb.at); *Burgstaller/Pilgerstorfer* in *Jabornegg/Artmann*, UGB² § 3 FBG Rz 2; *Nowotny* in *Kodek/Nowotny/Umfahrer*, FBG § 3 Rz 1.

1006 *Burgstaller/Pilgerstorfer* in *Jabornegg/Artmann*, UGB² § 3 FBG Rz 4; *Nowotny* in *Kodek/Nowotny/Umfahrer*, FBG § 3 Rz 2.

1007 *Burgstaller/Pilgerstorfer* in *Jabornegg/Artmann*, UGB² § 30 FBG Rz 3.

3.7.2. Firma (Z 2)

Bei jeder GmbH ist deren Firma einzutragen. Gem § 17 Abs 1 UGB ist die Firma der in das Firmenbuch eingetragene Name eines Unternehmers, unter dem er seine Geschäfte betreibt und die Unterschrift abgibt.[1008] Gem § 4 Abs 1 Z 1 GmbHG muss bei der GmbH die „Firma“ zwingend im Gesellschaftsvertrag festgelegt werden.[1009]

Für die Firmenbildung geben die §§ 18, 29 UGB allgemeine Grundsätze vor, die bei jeder Firma berücksichtigt werden müssen (§ 18 Abs 1 UGB: Kennzeichnungseignung, Unterscheidungskraft; § 18 Abs 2 UGB: „Firmenwahrheit“; § 29 UGB: „Firmenausschließlichkeit“).[1010] Für die GmbH sieht § 5 Abs 1 GmbHG die zwingende Verwendung des Rechtsformzusatzes „Gesellschaft mit beschränkter Haftung“ oder eine entsprechende Abkürzung (GmbH, GesmbH) vor.[1011] Die Eintragung des Rechtsformzusatzes „GsmbH“ wurde vom OGH als nicht zulässige Abkürzung des Rechtsformzusatzes „Gesellschaft mit beschränkter Haftung“ bewertet.[1012]

Bei Eintragung oder Änderung einer Firma hat das Firmenbuchgericht anhand der Firmenbildungsvorschriften zu prüfen, ob die gewählte Firma zulässig ist. Die mangelnde Unterscheidbarkeit von Firmen iSd § 29 UGB ist als Ausfluss des Grundsatzes der Firmenausschließlichkeit ein Grund für den älteren Firmenrechtsträger, sich gegen die Eintragung der neuen Firma auszusprechen, nicht aber ein Verstoß gegen das Täuschungsverbot (Firmenwahrheit) nach § 18 Abs 2 UGB oder gegen Bestimmungen des UWG.[1013] Nutzt jemand eine ihm nicht zustehende Firma („Firmenmissbrauch“), kann das Firmenbuchgericht mit Zwangsstrafen nach § 24 FBG gegen diese Person oder Gesellschaft vorgehen (siehe dazu Kap 3.9. – darüber hinaus kann die Person oder Gesellschaft auch zur Unterlassung des Gebrauchs der Firma angehalten werden).[1014]

3.7.3. Rechtsform (Z 3)

Einzutragen ist die Rechtsform des jeweiligen Rechtsträgers, damit die grundsätzlichen Haftungsverhältnisse klargestellt werden. Der Rechtsformzusatz im Firmenwortlaut – auch wenn er nicht abgekürzt wird – ersetzt allerdings die Eintragung der Bezeichnung der Rechtsform des Rechtsträgers nach § 3 Abs 1 Z 3 FBG nicht.[1015]

1008 *Burgstaller/Pilgerstorfer* in *Jabornegg/Artmann*, UGB² § 3 FBG Rz 5.
1009 *Schmidsberger/Duursma* in *Gruber/Harrer*, GmbHG² § 4 Rz 19.
1010 *Burgstaller/Pilgerstorfer* in *Jabornegg/Artmann*, UGB² § 3 FBG Rz 7.
1011 *Koppensteiner/Rüffler* GmbHG³ § 5 Rz 9.
1012 OGH 26.3.2009, 6 Ob 46/09x.
1013 *Burgstaller/Pilgerstorfer* in *Jabornegg/Artmann*, UGB² § 3 FBG Rz 8.
1014 Ausführlicher dazu *Burgstaller/Pilgerstorfer* in *Jabornegg/Artmann*, UGB² § 24 FBG Rz 33 ff.
1015 *Burgstaller/Pilgerstorfer* in *Jabornegg/Artmann*, UGB² § 3 FBG Rz 11.

3.7.4. Sitz (Z 4)

Gem § 3 Abs 1 Z 4 FBG ist bei allen Rechtsträgern der Sitz einzutragen. Als Sitz wird normaler Weise eine politische Gemeinde angegeben (möglich wäre auch die Angabe einer Ortschaft in einer Gemeinde, wenn diese Ortschaft nach der Verkehrsauffassung eindeutig bestimmt ist, etwa weil sie ein eigenes Siedlungsgebiet bildet).[1016]

Bei der GmbH muss gem § 4 Abs 1 Z 1 GmbHG der Sitz bereits in der Satzung festgelegt werden.

Hinweis: Daher erfordert jede Sitzverlegung auch eine Satzungsänderung!

Bei Kapitalgesellschaften kann die Wahl des Sitzes nicht völlig frei gestaltet werden: Der Sitz einer GmbH ist gem § 5 Abs 2 GmbHG der Ort, an dem die Gesellschaft einen Betrieb hat, an dem sich die Geschäftsleitung befindet oder an dem die Verwaltung geführt wird; von dieser Vorschrift darf aus wichtigem Grund abgewichen werden.[1017] Nach neuerer Rsp können die Gesellschafter den Ort des Sitzes insoweit frei wählen, als ein für das Publikum erkennbarer Zusammenhang mit der tatsächlichen Organisation (Betrieb, Geschäftsleitung oder Verwaltung) besteht. Eine rein willkürliche Sitzwahl ist jedenfalls unzulässig.[1018]

3.7.5. Geschäftsanschrift (Z 4, Z 4a)

Sowohl § 3 Abs 1 Z 4 FBG als auch § 11 GmbHG sehen für die GmbH die verpflichtende Eintragung der für die Zustellungen maßgeblichen Geschäftsanschrift im Firmenbuch vor. Die Geschäftsanschrift muss nicht am Ort des Sitzes des Rechtsträgers sein.[1019]

Hinweis: Änderungen der Geschäftsanschrift können mittels der vereinfachten Anmeldung gem § 11 FBG durchgeführt werden, daher besteht kein Erfordernis einer Beglaubigung!

Im Unterschied zur Sitzverlegung bedarf die Änderung der Geschäftsanschrift innerhalb einer politischen Gemeinde keiner Satzungsänderung.

1016 OGH 27.8.1992, 6 Ob 19/92; *Zib* in *Zib/Dellinger*, UGB I/1 § 3 FBG Rz 5; *Burgstaller/Pilgerstorfer* in *Jabornegg/Artmann*, UGB² § 3 FBG Rz 12.

1017 *Burgstaller/Pilgerstorfer* in *Jabornegg/Artmann*, UGB² § 13 UGB Rz 7; *Koppensteiner/Rüffler* GmbHG³ § 4 Rz 4.

1018 OGH 12.2.1998, 6 Ob 267/97a; OLG Graz 19.3.2008 4 R 19/08h; *Burgstaller/Pilgerstorfer* in *Jabornegg/Artmann*, UGB² § 3 FBG Rz 13.

1019 OGH 12.2.1998, 6 Ob 267/97a; OLG Graz 4 R 25/01 f; *Burgstaller/Pilgerstorfer* in *Jabornegg/Artmann*, UGB² § 3 FBG Rz 14.

Wird dem Firmenbuchgericht keine taugliche Geschäftsanschrift mitgeteilt, kann gegen die anmeldepflichtigen Personen mit Zwangsstrafen gem § 24 FBG vorgegangen werden.[1020] Gelangt das Firmenbuchgericht zur Ansicht, dass die mitgeteilte Geschäftsanschrift unrichtig ist, wird deren Eintragung abgelehnt (bei Anmeldung der Neueintragung einer GmbH kann dies auch zur gänzlichen Versagung der Eintragung des Rechtsträgers führen).[1021]

Misslingt eine Zustellung des Firmenbuchgerichtes an der im Firmenbuch eingetragenen Geschäftsanschrift des Rechtsträgers, weil dort keine Abgabestelle besteht und eine andere nicht festgestellt werden kann, gelangen § 21 Abs 3 FBG und die damit verbundenen Zustellerleichterungen zur Anwendung. Zunächst muss das Firmenbuchgericht die Zustellung an den ihm bekannten Privatanschriften des Einzelunternehmers bzw der vertretungsbefugten Organe und Prokuristen versuchen. Bleibt dies erfolglos, kann die Zustellung – ohne Bestellung eines Zustellkurators oder Notgeschäftsführers – durch Veröffentlichung in der Ediktsdatei erfolgen. Diese Zustellerleichterungen nach § 21 Abs 3 FBG gelten allerdings nur für Zustellungen des Firmenbuchgerichtes, nicht auch für Zustellungen anderer Gerichte oder Behörden.[1022]

Danach hat das Firmenbuchgericht von Amts wegen den Umstand des Fehlens einer für Zustellungen maßgeblichen Geschäftsanschrift in das Firmenbuch einzutragen (unbekannte Geschäftsanschrift).[1023] Voraussetzung für diese Eintragung ist, dass zumutbare Ermittlungen des Firmenbuchgerichtes zur Ausforschung der Abgabestelle erfolglos geblieben sind.

3.7.6. Geschäftszweig (Z 5)

Nach der hM in Lehre und Rsp[1024] ist die Angabe des Geschäftszweiges freiwillig. Die kurze Bezeichnung des Geschäftszweiges ist eine schlagwortartige Darstellung des Tätigkeitsbereiches der GmbH, deren Anmeldung nach § 11 FBG vereinfacht erfolgen kann. Wird keine Angabe über den Geschäftszweig im Eintragungsbegehren aufgenommen, kommt es nicht zu einem Verbesserungsverfahren nach § 17 FBG, weil die Eintragung des Geschäftszweiges ohnehin nur fakultativ ist – daher unterbleibt die Eintragung eines Geschäftszweiges.[1025] Ist die gewählte

1020 OGH 17.12.1997, 6 Ob 356/97i; *Burgstaller/Pilgerstorfer* in *Jabornegg/Artmann*, UGB² § 3 FBG Rz 14; *Nowotny* in *Kodek/Nowotny/Umfahrer*, FBG § 3 Rz 7.

1021 OLG Wien 14.10.2004, 28 R 169/04k, 28 R 226/04t; *Nowotny* in *Kodek/Nowotny/Umfahrer*, FBG § 3 Rz 8; *Burgstaller/Pilgerstorfer* in *Jabornegg/Artmann*, UGB² § 3 FBG Rz 14.

1022 *Burgstaller/Pilgerstorfer* in *Jabornegg/Artmann*, UGB² § 3 FBG Rz 16; *Zib* in *Zib/Dellinger*, UGB I/1 § 3 FBG Rz 8.

1023 *Birnbauer*, Zur Änderung des Firmenbuchgesetzes durch das ReLÄG 2004, GeS 2005, 99 (100 f); *Burgstaller/Pilgerstorfer* in *Jabornegg/Artmann*, UGB² § 3 FBG Rz 17.

1024 *Schenk/Völkl* in *Straube/Ratka/Rauter*, UGB I⁴ § 3 Rz 5 FBG (Stand 1.12.2009, rdb.at); *Nowotny* in *Kodek/Nowotny/Umfahrer*, FBG § 3 Rz 11; *Szöky*, Firmenbuchverfahren² 90; *Burgstaller/Pilgerstorfer* in *Jabornegg/Artmann*, UGB² § 3 FBG Rz 18; OGH 23.1.2003, 6 Ob 81/02h; 8.5.2008, 6 Ob 232/07x.

1025 OGH 23.1.2003, 6 Ob 81/02h; *Burgstaller/Pilgerstorfer* in *Jabornegg/Artmann*, UGB² § 3 FBG Rz 19.

Formulierung des Geschäftszweiges unrichtig (weil sie nicht mit dem im Gesellschaftsvertrag ausgewiesenen Unternehmensgegenstand übereinstimmt) oder zu lang, wird das Firmenbuchgericht ein Verbesserungsverfahren (§ 17 FBG) einleiten.[1026] Wird trotz eines Verbesserungsauftrages der Geschäftszweig nicht richtiggestellt, ist die beantragte Eintragung des Geschäftszweiges abzulehnen. Entspricht hingegen die tatsächliche Geschäftstätigkeit einer GmbH von vornherein nicht dem im Gesellschaftsvertrag festgelegten Unternehmensgegenstand, liegt eine sog unzulässige verdeckte Mantel- oder Vorratsgründung vor. Die unzutreffende Satzungsbestimmung ist nichtig (§ 879 ABGB) und die Eintragung der Gesellschaft ist zu verweigern.[1027]

3.7.7. Zweigniederlassungen (Z 6)

Errichtet eine GmbH eine Zweigniederlassung in Österreich, ist diese beim Gericht der Hauptniederlassung anzumelden und einzutragen (§ 120 Abs 2 JN). Anzumelden sind der Ort der Zweigniederlassung, die für Zustellungen maßgebliche Geschäftsanschrift und ihre Firma, wenn sie von der Hauptfirma abweicht. Auch hier ist die Zulässigkeit der Firma zu prüfen (vgl Kap 3.7.2.). Die Zweigniederlassung erhält keine eigene Firmenbuchnummer.[1028]

3.7.8. Gesellschaftsvertrag (Z 7)

Der Tag des Abschlusses des Gesellschaftsvertrags bzw bei der Einpersonen-GmbH der Tag der „Erklärung über die Errichtung der Gesellschaft" sind anzumelden und einzutragen (§ 3 Abs 2 GmbHG).[1029]

Das FBG ordnet zwar die Anmeldung von Änderungen des Gesellschaftsvertrages nicht explizit an, diese sind aber aufgrund § 51 Abs 1 GmbHG zwingend anzumelden. Damit handelt es sich aus FBG-rechtlicher Sicht um sonstige gesetzlich vorgesehene Eintragungen iSd § 3 Abs 1 Z 16 FBG.[1030] Im Hauptbuch selbst wird nur der Änderungsbeschluss mit Datum unter Hinweis auf die geänderten Bestimmungen eingetragen, nicht der gesamte Text des Änderungsbeschlusses.

Beispiel

„Generalversammlungsbeschluss vom 12.10.2014. Änderung des Gesellschaftsvertrages in den §§ 2 und 6".

1026 *Burgstaller/Pilgerstorfer* in *Jabornegg/Artmann,* UGB^2 § 3 FBG Rz 19; OGH 8.5.2008, 6 Ob 232/07x.

1027 *Aicher/Feltl* in *Straube/Ratka/Rauter*, WK GmbHG § 4 Rz 19 (Stand 1.11.2018, rdb.at); *Koppensteiner/Rüffler*, GmbHG^3 § 4 Rz 10; *Burgstaller/Pilgerstorfer* in *Jabornegg/Artmann,* UGB^2 § 3 FBG Rz 19; *Nowotny* in *Kodek/Nowotny/Umfahrer*, FBG § 3 Rz 11.

1028 *Szöky*, Firmenbuchverfahren^2 91; *Burgstaller/Pilgerstorfer* in *Jabornegg/Artmann,* UGB^2 § 3 FBG Rz 21; *Nowotny* in *Kodek/Nowotny/Umfahrer*, FBG § 3 Rz 12.

1029 *Szöky*, Firmenbuchverfahren^2 91; *Burgstaller/Pilgerstorfer* in *Jabornegg/Artmann,* UGB^2 § 3 FBG Rz 22.

1030 *Burgstaller/Pilgerstorfer* in *Jabornegg/Artmann,* UGB^2 § 3 FBG Rz 23.

Werden durch die Änderung des Gesellschaftsvertrages zwingend vorgesehene Eintragungstatbestände abgeändert (zB Firma, Sitz, Höhe des Kapitals, Errichtung eines Aufsichtsrates), ist der diesbezügliche Inhalt des Gesellschaftsvertrages im Firmenbuch einzutragen.[1031]

Gem §§ 9 Abs 2 Z 1, 51 Abs 1, 44 Abs 2 GmbHG ist bei der GmbH der vollständige Text des Gesellschaftsvertrages in seiner jeweils letztgültigen, aktuellen Fassung beim Firmenbuch als Urkunde (notariell beurkundet) einzureichen.

Neben der jeweils gültigen Fassung des Gesellschaftsvertrages sind auch die zu Grunde liegenden Änderungsbeschlüsse (§ 12 FBG) dem Firmenbuch zu übermitteln und in die Urkundensammlung aufzunehmen.[1032]

Ist der Gesellschaftsvertrag nicht in Form eines Notariatsaktes errichtet (Formmangel) oder enthält dieser Bestimmungen, die mit zwingendem GmbH-Recht oder anderen Normen unvereinbar oder sittenwidrig sind (Inhaltsmängel), hat das Firmenbuchgericht die Eintragung der Gesellschaft zur Gänze zu versagen.[1033]

3.7.9. Vertretungsbefugte Personen – Geschäftsführer (Z 8)

Die Eintragung der vertretungsbefugten Personen einer GmbH ist zwingend. Unter vertretungsbefugten Personen sind nur die organschaftlichen („gesetzlichen") Vertreter – somit die Geschäftsführer – zu verstehen. Neben dem Namen und Geburtsdatum sind auch der Beginn und die Art ihrer Vertretungsbefugnis in das Firmenbuch einzutragen.

Zusätzlich müssen alle vertretungsbefugten Personen bei der Anmeldung ihrer Vertretungsbefugnis ihre Musternamensunterschrift in öffentlich beglaubigter Form (§ 11 Abs 1 UGB) zur Aufbewahrung bei Gericht einreichen (§ 17 Abs 1 GmbHG).

Sind mehrere Geschäftsführer bestellt, sieht § 18 Abs 2 GmbHG grundsätzlich eine Gesamtvertretungsbefugnis sämtlicher Geschäftsführer vor, sofern der Gesellschaftsvertrag nichts anderes bestimmt.[1034] Der Gesellschaftsvertrag kann auch die Vertretung der Gesellschaft durch einen Geschäftsführer gemeinsam mit einem Prokuristen vorsehen (§ 18 Abs 3 GmbH). Ist hingegen nur ein einziger Geschäftsführer vorgesehen, darf seine Vertretungsbefugnis nicht an die Mitwirkung eines Prokuristen gebunden werden.[1035] Der Gesellschaftsvertrag kann

1031 *Burgstaller/Pilgerstorfer* in *Jabornegg/Artmann*, UGB² § 3 FBG Rz 23; OLG Wien 19.3.2002, 28 R 102/02d.

1032 *Burgstaller/Pilgerstorfer* in *Jabornegg/Artmann*, UGB² § 3 FBG Rz 25.

1033 *Aicher/Feltl* in *Straube/Ratka/Rauter*, WK GmbHG § 4 Rz 67 (Stand 1.11.2018, rdb.at); *Koppensteiner/Rüffler*, GmbHG³ § 4 Rz 27.

1034 *Koppensteiner/Rüffler*, GmbHG³ § 18 Rz 20 ff; *Burgstaller/Pilgerstorfer* in *Jabornegg/Artmann* UGB² § 3 FBG Rz 33.

1035 *Koppensteiner/Rüffler*, GmbHG³ § 18 Rz 22; *Burgstaller/Pilgerstorfer* in *Jabornegg/Artmann* UGB² § 3 FBG Rz 33; OGH 6.11.2008, 6 Ob 186/08h.

eine detaillierte Ausgestaltung der Vertretungsbefugnis der Geschäftsführer auch dem Bestellungsbeschluss der Gesellschafter vorbehalten.[1036] Details zur Geschäftsführungs- und Vertretungsbefugnis in Kap 1.3.1.

Die Bestellung der Geschäftsführer erfolgt grundsätzlich durch Gesellschafterbeschluss. Die Gesellschafter können aber auch bereits im Gesellschaftsvertrag bestimmt werden – in diesem Fall jedoch nur für die Dauer ihrer Gesellschafterstellung (§ 15 Abs 1 GmbHG). Für die Bestellung von Geschäftsführern kann im Gesellschaftsvertrag aber auch der Bund, ein Land oder eine andere öffentlichrechtliche Körperschaft namhaft gemacht werden (§ 15 Abs 3 GmbHG).[1037] Vgl im Detail Kap 2.1.1.1.

Im Falle einer Ersteintragung einer GmbH und der damit verbundenen Eintragung der Geschäftsführer ist der Firmenbuchantrag von **sämtlichen Geschäftsführern** gemeinsam zu unterfertigen.[1038] Bei der Ersteintragung sind dem Firmenbuchantrag (der Anmeldung) der Gesellschafterbeschluss über die Bestellung der Geschäftsführer in beglaubigter Form anzuschließen (§ 9 Abs 2 Z 2 GmbHG).

Nach der Ersteintragung der GmbH sind Änderungen in der Geschäftsführung (Abberufungen oder Neubestellungen) oder eine Änderung der Vertretungsbefugnis gem § 17 Abs 1 GmbHG ohne Verzug zur Eintragung in das Firmenbuch anzumelden. Auch hier ist wiederum der Bestellungs- bzw Änderungsnachweis in beglaubigter Form vorzulegen, wobei die Anmeldung durch **Geschäftsführer in vertretungsbefugter Zahl** ausreicht. Die Anmeldung von Änderungen in der Geschäftsführung ist kein Fall der vereinfachten Anmeldung gem § 11 FBG und ist daher beglaubigt zu unterfertigen (§ 11 UGB). Davon zu unterscheiden ist die Möglichkeit von abberufenen oder zurückgetretenen Geschäftsführern gem § 17 Abs 2 GmbHG, ihre Löschung im Firmenbuch (unter Bescheinigung der Abberufung oder des Zugangs der Rücktrittserklärung, die nicht beglaubigt sein muss) selbst beantragen zu können.[1039]

Die Eintragung eines Geschäftsführers im Firmenbuch hat lediglich deklarative Wirkung.[1040] Der Beginn der Vertretungsbefugnis richtet sich nach dem Bestellungsbeschluss. Die gesellschaftsrechtliche Bestellung eines Geschäftsführers kann mit sofortiger Wirkung oder mit Wirkung zu einem zukünftigen Zeitpunkt erfolgen. Vor dem tatsächlichen Beginn der Vertretungsbefugnis kann die Ein-

1036 *Koppensteiner/Rüffler*, GmbHG³ § 18 Rz 21 f; *Reich-Rohrwig*, GmbH-Recht I² Rz 2/205; *Nowotny* in *Kalss/Nowotny/Schauer*, Gesellschaftsrecht² Rz 4/202; *Burgstaller/Pilgerstorfer* in *Jabornegg/Artmann*, UGB² § 3 FBG Rz 33.

1037 *Koppensteiner/Rüffler*, GmbHG³ § 15 Rz 13; *Burgstaller/Pilgerstorfer* in *Jabornegg/Artmann*, UGB² § 3 FBG Rz 33.

1038 §§ 9 Abs 1, 11 GmbHG, § 3 Abs 1 Z 8 und Abs 2 FBG; *Burgstaller/Pilgerstorfer* in *Jabornegg/Artmann*, UGB² § 3 FBG Rz 33.

1039 *Burgstaller/Pilgerstorfer* in *Jabornegg/Artmann*, UGB² § 3 FBG Rz 33.

1040 *Koppensteiner/Rüffler*, GmbHG³ § 15 Rz 7 mwN; *Burgstaller/Pilgerstorfer* in *Jabornegg/Artmann*, UGB² § 3 FBG Rz 33.

tragung des Geschäftsführers im Firmenbuch jedenfalls nicht erfolgen.[1041] Ob die Bestellung eines Geschäftsführers mit der Maßgabe möglich sein soll, dass seine Vertretungsbefugnis ab Eintragung im Firmenbuch beginnt, wird in der Rsp nicht einheitlich beantwortet.[1042]

Der sog „stellvertretende“ Geschäftsführer verfügt über dieselben unbeschränkten Vertretungsbefugnisse wie der ordentliche Geschäftsführer (§ 27 GmbHG). Die Wirkung der Beschränkung „stellvertretend“ kommt nur im Innenverhältnis zum Tragen.[1043] Daher sind auch stellvertretende Geschäftsführer im Firmenbuch einzutragen. Es bedarf aber nach hM bei der Eintragung keiner Hinzufügung eines Zusatzes „Stellvertreter“.[1044]

Wenn von einem Gericht ein Notgeschäftsführer gem § 15a GmbHG bestellt wird (vgl zu den Voraussetzungen Kap 1.4.), ist dieser im Firmenbuch einzutragen, außer er wird nur für einzelne Rechtshandlungen bestellt.[1045] In diesem Zusammenhang ist anzumerken, dass eine Beschränkung der Geschäftsführungsbefugnis des Notgeschäftsführers auf nur einzelne Geschäfte nur im Innenverhältnis wirkt und nicht seine Vertretungsmacht gegenüber Dritten eingrenzt (§ 20 Abs 2 GmbHG).[1046] Eine Beschränkung der Vertretungsbefugnis eines Notgeschäftsführers ist auch nicht eintragungsfähig.[1047] Die Bestellung des Notgeschäftsführers kann nur auf Antrag eines „Beteiligten“ erfolgen und damit nicht von Amts wegen durchgeführt werden (§ 15a Abs 1 GmbHG).[1048] Zuständig für die Bestellung des Notgeschäftsführers ist der für den Sitz der GmbH örtlich zuständige, zur Ausübung der Gerichtsbarkeit in Handelssachen berufene Gerichtshof erster Instanz im Verfahren außer Streitsachen (§ 102 GmbHG). Der durch das Gericht bestellte Notgeschäftsführer wird von Amts wegen eingetragen (analog § 89 Abs 4 GmbHG).[1049]

1041 *Nowotny* in *Kodek/Nowotny/Umfahrer*, FBG § 3 Z 18; *Szöky*, Firmenbuchverfahren² 92.

1042 OLG Linz 6 R 73/09m; aA OLG Wien 28 R 230/05g = NZ 2006, V 16; *Birnbauer*, Zur Bestellung eines GmbH-Geschäftsführers mit Wirkung ab Firmenbucheintragung, GeS 2006, 104 mwN; *Szöky*, Firmenbuchverfahren² 92; *Burgstaller/Pilgerstorfer* in *Jabornegg/Artmann*, UGB² § 3 FBG Rz 33.

1043 *Edelmann* in *Straube/Ratka/Rauter*, WK GmbHG § 27 Rz 6 ff, 14 jeweils mwN (Stand 1.11.2018, rdb.at); *Koppensteiner/Rüffler*, GmbHG³ § 27 Rz 1; *Burgstaller/Pilgerstorfer* in *Jabornegg/Artmann*, UGB² § 3 FBG Rz 35.

1044 *Koppensteiner/Rüffler*, GmbHG³ § 11 Rz 19; *Petrasch/Verweijen* in *Straube/Ratka/Rauter*, WK GmbHG § 11 Rz 33 (Stand 1.10.2016, rdb.at) und *Edelmann* in *Straube/Ratka/Rauter*, WK GmbHG § 27 Rz 13 (Stand 1.9.2013, rdb.at) jeweils mwN; *Burgstaller/Pilgerstorfer* in *Jabornegg/Artmann*, UGB² § 3 FBG Rz 35.

1045 OGH 6 Ob 31/85; 6 Ob 292/06v; *Koppensteiner/Rüffler*, GmbHG³ § 15a Rz 11; *Nowotny* in *Kodek/Nowotny/Umfahrer*, FBG § 3 Rz 14; *Zib* in *Zib/Dellinger*, UGB I/1 § 3 FBG Rz 20; *Burgstaller/Pilgerstorfer* in *Jabornegg/Artmann*, UGB² § 3 FBG Rz 36.

1046 OGH 6 Ob 31/85; 3 Ob 3/01i; 6 Ob 292/06v; *Burgstaller/Pilgerstorfer* in *Jabornegg/Artmann*, UGB² § 3 FBG Rz 36.

1047 OGH 6 Ob 292/06v; *Burgstaller/Pilgerstorfer* in *Jabornegg/Artmann*, UGB² § 3 FBG Rz 36.

1048 *Koppensteiner/Rüffler*, GmbHG³ § 15a Rz 7; *Burgstaller/Pilgerstorfer* in *Jabornegg/Artmann*, UGB² § 3 FBG Rz 36.

1049 *Nowotny* in *Kodek/Nowotny/Umfahrer*, FBG § 3 Rz 14; *Ratka* in *Straube/Ratka/Rauter*, WK GmbHG § 15a Rz 32 (Stand 1.8.2013, rdb.at); *Burgstaller/Pilgerstorfer* in *Jabornegg/Artmann*, UGB² § 3 FBG Rz 36.

Nach § 15a Abs 3 GmbHG wird der Beschluss über die Bestellung des Notgeschäftsführers mit dessen Zustimmung sowie, sofern im Beschluss nichts anderes angeordnet ist, mit Zustellung an den Geschäftsführer wirksam.

Der gerichtlich bestellte Notgeschäftsführer kann gem der Rsp – entgegen der hL – nicht mit unmittelbarer Wirkung zurücktreten, er muss sich vom zuständigen Gericht entheben lassen. Erst der Enthebungsbeschluss durch das Gericht bewirkt die (deklarative) Löschung des Geschäftsführers im Firmenbuch.[1050]

3.7.10. Prokura (Z 9)

Die Prokura ist eine rechtsgeschäftliche Bevollmächtigung mit einem gesetzlich vorgegebenen Umfang (§§ 48 ff UGB), die im Außenverhältnis gegenüber Dritten nicht beschränkt werden kann. Die Prokura kann nur von einem im Firmenbuch eingetragenen Unternehmer erteilt werden.[1051]

Grundsätzlich wird zwischen der Einzelprokura und der Gesamtprokura unterschieden. Bei der Einzelprokura wird der Prokurist mit Einzelvertretungsbefugnis ausgestattet. Bei der Gesamtprokura hingegen wird die Vertretungsbefugnis auf mehrere Personen gemeinschaftlich aufgeteilt (§ 48 Abs 2 UGB). Zulässig ist auch die sog gemischte oder unechte Gesamtvertretung, bei der ein GmbH-Geschäftsführer gemeinsam mit einem Prokuristen vertretungsbefugt ist (§ 125 Abs 3 UGB; § 18 Abs 3 GmbHG). Hier sind die verschiedensten Vertretungskonstellationen möglich – die Gesellschaft muss aber immer zumindest von einem Geschäftsführer auch ohne Mitwirkung eines Prokuristen vertreten werden können.[1052] Bei der gemischten Gesamtvertretung richtet sich der Umfang der Vertretungsbefugnis des Gesamtprokuristen nicht nach § 49 UGB, sondern nach dem Umfang der Vertretungsmacht des Geschäftsführers, mit dem der Gesamtprokurist gemeinsam vertritt.[1053]

Eine Einschränkung der Vertretungsbefugnis erfährt die Prokura durch § 49 Abs 2 UGB: zur Veräußerung und Belastung von Grundstücken ist der Prokurist nur ermächtigt, wenn ihm diese Befugnis gesondert eingeräumt wurde. Diese Sonderbefugnis ist, wie auch die Beschränkung der Prokura auf den Betrieb einer Zweigniederlassung (Filialprokura; § 50 Abs 3 UGB) und die Gesamtprokura eintragungspflichtig (§ 3 Abs 1 Z 9 FBG).[1054] Alle sonstigen Beschränkungen der

---

1050 *Zib* in *U. Torggler*, GmbHG § 15a Rz 35–37; *Koppensteiner/Rüffler*, GmbHG³ § 15a Rz 13; *Ratka* in *Straube/Ratka/Rauter*, WK GmbHG § 15 a Rz 51 (Stand 1.8.2013, rdb.at).

1051 *Burgstaller/Pilgerstorfer* in *Jabornegg/Artmann*, UGB² § 3 FBG Rz 43; *Nowotny* in *Kodek/Nowotny/Umfahrer*, FBG § 3 Rz 25; *Schopper/Trenker* in *U. Torggler*, UGB³ § 48 Rz 7.

1052 OGH 6 Ob 186/08h; *Burgstaller/Pilgerstorfer* in *Jabornegg/Artmann*, UGB² § 3 FBG Rz 43; *Schopper/Trenker* in *U. Torggler*, UGB³ § 48 Rz 16 ff.

1053 OGH 6 Ob 224/01m; 6 Ob 186/08h mwN; *Burgstaller/Pilgerstorfer* in *Jabornegg/Artmann*, UGB² § 3 FBG Rz 43.

1054 *Schinko* in *Straube/Ratka/Rauter*, UGB I⁴ § 53 Rz 2 (Stand 1.12.2009, rdb.at); *Burgstaller/Pilgerstorfer* in *Jabornegg/Artmann*, UGB² § 3 FBG Rz 44; *Schopper/Trenker* in *U. Torggler*, UGB³ § 49 Rz 11.

Prokura sind, auch wenn sie im Innenverhältnis gültig vereinbart werden können, gegenüber Dritten unwirksam und können auch nicht im Firmenbuch eingetragen werden.[1055]

Sowohl die Erteilung der Prokura als auch ihr Erlöschen ist von der Geschäftsführung in vertretungsbefugter Anzahl zur Eintragung in das Firmenbuch anzumelden (§ 53 UGB).[1056] Im Gegensatz zum Geschäftsführer kann der Prokurist das Erlöschen seiner Prokura nicht beim Firmenbuch anmelden.[1057] Auch bei der Löschung der Prokura kann das Firmenbuchgericht mit Zwangsstrafen gem § 24 FBG vorgehen (siehe dazu Kap 3.9.).

3.7.11. Haftungsausschluss nach § 38 Abs 4 UGB (Z 10)

Gem § 38 Abs 1 UGB haftet derjenige, der ein Unternehmen erwirbt oder fortführt, den Unternehmensgläubigern gegenüber für die zum Zeitpunkt des Unternehmensüberganges bestehenden Verbindlichkeiten aus unternehmensbezogenen Rechtsverhältnissen. Diese Haftung kommt selbst dann zur Anwendung, wenn der Erwerber diese Rechtsverhältnisse vom Veräußerer nicht übernommen hat. Damit diese durchaus strenge Haftungsbestimmung nicht zur Anwendung gelangt, muss ihr Ausschluss gesondert vereinbart werden. Ein solcher Haftungsausschluss ist Dritten gegenüber aber nur dann wirksam, wenn er zum Zeitpunkt des Unternehmensüberganges im Firmenbuch eingetragen, auf verkehrsübliche Weise kundgemacht oder dem Dritten vom Veräußerer oder vom Erwerber mitgeteilt wurde (§ 38 Abs 4 UGB).

Der Haftungsausschluss muss beim Unternehmensübergang bzw in dessen unmittelbarem zeitlichen Zusammenhang in das Firmenbuch eingetragen werden (§ 38 Abs 4 UGB), ansonsten besteht die Gefahr, dass eine verspätete Anmeldung des Haftungsausschlusses vom Firmenbuchgericht abgewiesen wird und damit keine Gültigkeit gegenüber Dritten erlangt.[1058]

1055 OGH 6 Ob 30/94; *Burgstaller/Pilgerstorfer* in *Jabornegg/Artmann,* UGB² § 3 FBG Rz 44.

1056 OGH 6 Ob 181/08y = GesRZ 2009, 111 (krit *Koppensteiner*); *Burgstaller/Pilgerstorfer* in *Jabornegg/Artmann,* UGB² § 3 FBG Rz 44.

1057 *Koppensteiner/Rüffler,* GmbHG³ § 28 Rz 13; *Schinko* in *Straube/Ratka/Rauter,* UGB I⁴ § 53 Rz 5 (Stand 1.12.2009, rdb.at); OLG Wien 14.2.1997, 28 R 231/96p; OGH 1.10.2008, 6 Ob 181/08y, der die Frage jedoch nicht abschließend beantwortet. „Der Prokurist, der die erloschene Prokura auch im Register gelöscht haben will, kann selbst keinen Löschungsantrag stellen (OLG Wien NZ 1988, 286); er kann gegen den Unternehmer vorgehen oder das Firmenbuchgericht vom Erlöschen verständigen, sodass dieses gem § 24 FBG gegen den Unternehmer vorgeht (*Weigand,* Firmenbuchrechtliche Prüfungspflicht bei Anmeldungen von Bestellung und Abberufung vertretungsbefugter Personen, NZ 2003, 65 [92 f])" aus *Schinko* in *Straube/Ratka/Rauter,* UGB I⁴ § 53 Rz 5.

1058 *Fuchs/Schuhmacher* in *Straube/Ratka/Rauter,* UGB I⁴ § 38 Rz 85 (Stand 1.7.2018, rdb.at); *Burgstaller/Pilgerstorfer* in *Jabornegg/Artmann,* UGB² § 3 FBG Rz 49; *Zib* in *Zib/Dellinger,* UGB I/1 § 3 FBG Rz 42.

Der Gesetzeswortlaut des § 38 Abs 4 UGB lässt die Frage offen, ob der Haftungsausschluss beim Veräußerer (übertragenden Rechtsträger), beim Erwerber (übernehmenden Rechtsträger) oder bei beiden Rechtsträgern eingetragen werden muss, um Gültigkeit gegenüber Dritten iSd § 38 Abs 4 UGB zu erlangen. *Burgstaller/Pilgerstorfer* ist hier zuzustimmen, denen zufolge ein Erwerb oder die Fortführung eines Unternehmens zumeist auch die Eintragung einer Betriebsübertragung gem § 3 Abs 1 Z 15 FBG umfasst, die zwingend sowohl beim Erwerber als auch beim Veräußerer vorzunehmen ist. Im Falle einer Eintragung gem § 3 Abs 1 Z 15 FBG ist für Dritte der Zusammenhang zwischen Veräußerer und Erwerber sowie die Unternehmensfortführung klargestellt, sodass auch die alleinige Eintragung des Haftungsausschlusses beim Erwerber die Wirksamkeit des Ausschlusses begründet, weil der Normzweck des § 38 Abs 4 UGB – nämlich die Offenlegung des Haftungsausschlusses für Dritte –auch mit dieser Eintragung erfüllt wird.[1059]

In der Praxis wird uE zumeist ohnehin sowohl beim Erwerber als auch beim Veräußerer die Eintragung des Haftungsausschlusses gem § 38 Abs 4 UGB durchgeführt, womit sich die Frage der Gültigkeit erübrigt.

3.7.12. Unternehmensdauer (Z 11)

Falls die „Dauer des Unternehmens" gesellschaftsvertraglich begrenzt ist, ist die Unternehmensdauer im Firmenbuch einzutragen. Für die GmbH wird diese Verpflichtung nochmals gesondert in § 11 GmbHG festgelegt.[1060]

3.7.13. Abwickler und Liquidatoren (Z 12)

Im Stadium der Liquidation einer GmbH gem §§ 89 ff GmbHG sind aufgrund der Auflösung des Rechtsträgers die sog Liquidatoren sowie ihre Vertretungsbefugnis in das Firmenbuch einzutragen. Als Liquidatoren treten die Geschäftsführer ein (sog „geborene Liquidatoren", § 89 Abs 2 GmbHG), oder durch Gesellschaftsvertrag oder Gesellschafterbeschluss bestellte Liquidatoren (sog „gewillkürte Liquidatoren"). Allenfalls können Liquidatoren auch durch das Gericht ernannt werden (§ 89 Abs 2 GmbHG).

Die Anmeldung von Liquidatoren wie auch der Wechsel hat gem § 89 Abs 4 GmbHG durch die Liquidatoren selbst zu erfolgen (außer bei von Amts wegen bestellten Liquidatoren). Liquidatoren, die bereits als Geschäftsführer in der GmbH bestellt waren, müssen keine (neuerliche) Musterzeichnung vorlegen.[1061]

1059 *Burgstaller/Pilgerstorfer* in *Jabornegg/Artmann,* UGB² § 3 FBG Rz 48.

1060 *Eiselsberg/Schenk/Weißmann*, FBG § 3 Rz 15; *Reich-Rohrwig*, GmbH-Recht I² Rz 1/691; *Burgstaller/Pilgerstorfer* in *Jabornegg/Artmann,* UGB² § 3 FBG Rz 53.

1061 *U. Torggler* in *Straube/Ratka/Rauter*, UGB I⁴ § 148 Rz 21 (Stand 1.4.2011, rdb.at); *Jabornegg/Artmann* in *Jabornegg/Artmann,* UGB² § 148 Rz 12.

Liquidatoren wären schon nach § 3 Abs 1 Z 8 FBG einzutragen, weil sie vertretungsbefugte Personen des betreffenden Rechtsträgers (der Gesellschaft) sind. Auch nach § 3 Abs 1 Z 12 FBG sind die gleichen Angaben wie nach Z 8 einzutragen. Hier ist die Funktionsbezeichnung Liquidator (als Aspekt der „Art der Vertretungsbefugnis") einzutragen.[1062] Die bisher eingetragenen Geschäftsführer sind zu löschen.

3.7.14. Verfügungsbeschränkungen aus dem Exekutions- und Insolvenzrecht, gesetzliche Vertreter (Z 13)

Auch Verfügungsbeschränkungen, die im Exekutions- und Insolvenzrecht zur Eintragung in das Firmenbuch vorgesehen sind, deren Aufhebung und die Namen der gesetzlichen Vertreter sind gem § 3 Abs 1 Z 13 FBG ins Firmenbuch einzutragen.

Eine solche Verfügungsbeschränkung findet sich im Exekutionsrecht in § 342 Abs 1 EO, wonach das Exekutionsgericht von Amts wegen zu veranlassen hat, dass die Bewilligung der Zwangsverwaltung von Unternehmungen im Firmenbuch eingetragen wird, wenn der Verpflichtete (das Unternehmen) im Firmenbuch eingetragen ist.[1063]

Im Insolvenzrecht sieht § 77a Abs 1 IO verpflichtend folgende eintragungspflichtige Tatsachen vor:

- Eröffnung des Konkurs- oder Sanierungsverfahrens mit Datum (Z 1),
- Aufhebung des Insolvenzverfahrens (Z 2),
- Art der Überwachung des Sanierungsverfahrens (Z 3),
- einstweilige Vorkehrungen zur Sicherung der Masse nach § 73 IO (Z 4),
- die Namen des Sanierungs- oder Masseverwalters, des besonderen Verwalters nach § 86 IO und des Treuhänders (Z 5),
- die Nichteröffnung eines Insolvenzverfahrens mangels kostendeckenden Vermögens (Z 6),
- die Zurückweisung des Antrages auf Eröffnung des Insolvenzverfahrens gem § 63 IO.

Das Insolvenzgericht hat diese Eintragungen im Firmenbuch zu veranlassen (§ 77a Abs 1 IO). Das Firmenbuchgericht hat die Eintragung von Amts wegen vorzunehmen, wobei ihm die Überprüfung der Beschlüsse des Insolvenzgerichtes auf ihre materielle Richtigkeit verwehrt ist.[1064]

Ändern sich die in § 77a Abs 1 Z 3 bis 5 IO angeführten Tatsachen oder wird die Insolvenz nach § 79 IO aufgehoben, so hat das Insolvenzgericht die Löschung

1062 *Burgstaller/Pilgerstorfer* in *Jabornegg/Artmann*, UGB² § 3 FBG Rz 54.
1063 *Burgstaller/Pilgerstorfer* in *Jabornegg/Artmann*, UGB² § 3 FBG Rz 57.
1064 OGH 6 Ob 11/05v; *Burgstaller/Pilgerstorfer* in *Jabornegg/Artmann*, UGB² § 3 FBG Rz 59.

dieser Eintragungen im Firmenbuch zu veranlassen (§ 77a Abs 2 IO). Nach Ablauf von fünf Jahren seit Aufhebung des Insolvenzverfahrens hat das Firmenbuchgericht auf Antrag des Schuldners sämtliche Eintragungen nach § 77a Abs 1 Z 1 bis 5 IO zu löschen (§ 77a Abs 2 Satz 2 IO).[1065]

3.7.15. Eintragungen im Insolvenzverfahren gemäß § 77a Abs 1 IO (Z 14)

In Bezug auf die einzelnen eintragungspflichtigen Tatsachen im Insolvenzverfahren gem § 77a Abs 1 IO wird auf die obigen Ausführungen verwiesen. In diesem Zusammenhang ist darauf hinzuweisen, dass Gesellschaften mit Rechtskraft der Ablehnung der Insolvenzeröffnung ex lege aufgelöst sind (§ 39 Abs 1 FBG). Die Auflösung gem § 39 FBG ist von Amts wegen in das Firmenbuch einzutragen. Der Eintragung der Auflösung kommt aber nur deklarative Wirkung zu, weil die Auflösung bereits ex lege mit der Rechtskraft des Ablehnungsbeschlusses eingetreten ist.[1066]

3.7.16. Betriebsübertragung (Z 15)

3.7.16.1. Betrieb und Teilbetrieb

Sämtliche Vorgänge, durch die ein Betrieb oder Teilbetrieb übertragen wird, sowie deren Rechtsgrund sind sowohl beim Erwerber als auch beim Veräußerer einzutragen (§ 3 Abs 1 Z 15 FBG). Wenn nur einer der Vertragsparteien im Firmenbuch eingetragen ist, dann ist die Eintragung nur bei diesem vorzunehmen.[1067] Daher ist nicht nur der Wechsel des Inhabers eines gesamten Unternehmens, sondern auch der Inhaberwechsel von Teilbetrieben in das Firmenbuch einzutragen.[1068] Durch die Eintragung soll die Öffentlichkeit über die Vermögensverhältnisse des Rechtsträgers (der Gesellschaft) informiert werden.[1069]

Für die Beantwortung der Frage, wann ein „Betrieb" oder ein „Teilbetrieb" im Sinn des § 3 Abs 1 Z 15 FBG vorliegt, greift die Rsp[1070] auf § 12 UmgrStG zurück.[1071] Daher wird zur Interpretation dieser Begriffe die Rsp des VwGH zu § 12 UmgrStG und die darin aufgestellten Kriterien herangezogen, nach denen für die Qualifikation eines Betriebes das Vorliegen einer selbständigen, organisatorischen Einheit ausschlaggebend ist. Der Teilbetrieb weist ähnliche Wesensmerkmale auf:

1065 *Burgstaller/Pilgerstorfer* in *Jabornegg/Artmann,* UGB² § 3 FBG Rz 59.
1066 OGH 6 Ob 309/99 f; 6 Ob 11/05v; *Burgstaller/Pilgerstorfer* in *Jabornegg/Artmann,* UGB² § 39 FBG Rz 6.
1067 OGH 6 Ob 70/99h; 6 Ob 81/02h; *Burgstaller/Pilgerstorfer* in *Jabornegg/Artmann,* UGB² § 3 FBG Rz 70.
1068 *Reich-Rohrwig,* Gesellschaftsrechtsänderungsgesetz 1993, ecolex 1993, 602.
1069 OGH 6 Ob 70/99h; 6 Ob 167/01d; 6 Ob 81/02h; 6 Ob 123/06s; 6 Ob 132/08t; 6 Ob 4/01h; 6 Ob 5/01 f; 6 Ob 81/02h; 6 Ob 123/06s.
1070 OGH 6 Ob 2110/96d.
1071 *Schenk/Völkl* in *Straube/Ratka/Rauter,* UGB I⁴ § 3 FBG Rz 13 (Stand 1.12.2009, rdb.at); *Nowotny* in *Kodek/Nowotny/Umfahrer,* FBG § 3 Rz 33.

es muss sich um einen organisatorisch in sich geschlossenen Teil eines Betriebes handeln, der über eine gewisse Selbständigkeit verfügt und aufgrund seiner Eigenständigkeit die gleiche Erwerbstätigkeit weiterhin ausüben kann.[1072]

All diese Voraussetzungen müssen erfüllt sein, damit ein Teilbetrieb vorliegt (der Teilbetrieb muss daher bereits vor dem Inhaberwechsel bestehen). Bei der Übertragung eines Teilbetriebes (wie auch eines Betriebes) müssen alle seine wesentlichen betrieblichen Grundlagen auf den Erwerber übergehen, ansonsten würde nur ein Erwerb von einzelnen Wirtschaftsgütern vorliegen. Bei der Beantwortung der Frage, was diese wesentlichen betrieblichen Grundlagen ausmacht, ist jeweils auf den spezifischen Betriebstypus abzustellen.[1073] Folglich kann ein Teilbetrieb auch nur dann vorliegen und die geforderte Selbständigkeit aufweisen, wenn sich seine betriebliche Tätigkeit vom verbleibenden Betrieb (deutlich) abgrenzen lässt.[1074]

So können zB Abteilungen, die zwar nach außen hin organisatorisch getrennt sind, aber im Betrieb innerhalb einer Gesamttätigkeit ihre Funktion erfüllen, keinen Teilbetrieb bilden, weil sie in einem Gesamtbetrieb integriert sind und somit keine selbständigen Betriebsteile bilden. Eine völlige Selbständigkeit wird zwar nicht gefordert, der Teilbetrieb muss aber doch eine gewisse Selbständigkeit aufweisen.[1075]

Ob ein Teilbetrieb vorliegt, ist aufgrund einer wirtschaftlichen Betrachtungsweise zu beurteilen. Als Beispiel wird hierzu in der Literatur[1076] oft die Veräußerung des gesamten Klientenstocks eines Wirtschaftstreuhänders angeführt. Da es hier zur Übertragung der wesentlichen Betriebsgrundlage kommt, wird dieser Vorgang als Veräußerung des Gesamtbetriebes bewertet.[1077]

3.7.16.2. Eintragungsbeispiele

Der wichtigste Anwendungsbereich des § 3 Abs 1 Z 15 FBG sind Eintragungen aufgrund von Betriebsübertragungen im Wege der Einzelrechtsnachfolge im Zuge von Umgründungsmaßnahmen iSd UmgrStG (Einbringungen,[1078] Zusammenschlüsse[1079] und Realteilungen) oder Betriebsübertragungen aufgrund von Unternehmenskaufverträgen (Asset Deals).[1080]

1072 *Burgstaller/Pilgerstorfer* in *Jabornegg/Artmann,* UGB² § 3 FBG Rz 68.
1073 VwGH 91/14/0135; 89/14/0156 uva.
1074 VwGH 2331/73 mwN.
1075 *Nowotny* in *Kodek/Nowotny/Umfahrer,* FBG § 3 Rz 33; VwGH 2038/65.
1076 *Burgstaller/Pilgerstorfer* in *Jabornegg/Artmann,* UGB² § 3 FBG Rz 69; *Nowotny* in *Kodek/Nowotny/Umfahrer,* FBG § 3 Rz 33.
1077 OGH 6 Ob 2110/96d; VwGH 91/13/0152; 93/15/0100 ua.
1078 OGH 6 Ob 2110/96d; 6 Ob 5/99z; 6 Ob 6/99x; 6 Ob 288/99t; 6 Ob 4/01h; 6 Ob 5/01 f; 6 Ob 81/02h; 6 Ob 196/03x; 6 Ob 123/06s; 6 Ob 132/08t.
1079 OGH 6 Ob 70/99h; 6 Ob 167/01d.
1080 OLG Linz 6 R 165/02 f, 6 R 166/02b; OLG Wien 28 R 305/02g.

Unter Z 15 fallen Einbringungen nach den §§ 12 ff UmgrStG dann, wenn nach außen ein betrieblicher Übergang ersichtlich ist.[1081] Dabei spielt es bei der Eintragungspflicht keine Rolle, ob der eingebrachte Betrieb als Sacheinlage (gegen Gewährung von Gesellschaftsanteilen) oder ohne Gegenleistung übertragen wird.[1082] Werden hingegen nur Kapitalanteile eingebracht, gelangt § 3 Abs 1 Z 15 FBG nicht zur Anwendung, weil keine Übertragung eines (Teil-)Betriebes vorliegt.[1083]

Bei Umgründungsmaßnahmen, die als Vermögensübertragungen mit Gesamtrechtsnachfolge ausgestaltet sind, wie Verschmelzungen (§ 5 Z 4, § 6 Abs 1 Z 4, § 7 Z 2, § 8 FBG), Umwandlungen (§ 5 Z 4 FBG) und Spaltungen (§ 5 Z 4 FBG), hat der Eintragungstatbestand des Betriebsüberganges iSd § 3 Abs 1 Z 15 FBG nur noch eine subsidiäre Bedeutung, weil die Eintragung der Vermögensübertragung ohnehin nach den anzuwendenden Materiengesetzen angeordnet ist.[1084] Aufgrund der Eintragung der Verschmelzung, Spaltung oder Umwandlung ins Firmenbuch bedarf es daher keiner zusätzlichen Eintragung des Betriebsüberganges mehr.

Der Vollständigkeit halber wird an dieser Stelle der Ausnahmefall (vgl §§ 6 ff FBG) der Betriebsübertragung aufgrund einer Einbringung im Wege der Gesamtrechtsnachfolge gem § 92 BWG und §§ 61a, 61b VAG erwähnt, bei der trotz des Vorliegens eines Gesamtrechtsnachfolgetatbestandes die einbringende Rechtsperson bestehen bleibt.

Im Falle der Eintragung einer Betriebsübertragung wird der Rechtsgrund (zB Unternehmenskaufvertrag, Einbringungsvertrag) samt Datum und Aufnahme des Firmenwortlautes (und Firmenbuchnummer) des übernehmenden Rechtsträgers (beim Veräußerer) bzw des übertragenden Rechtsträgers (beim Erwerber) in das Firmenbuch eingetragen. Bei Teilbetriebsübertragungen wird auch die Bezeichnung des Teilbetriebes in das Firmenbuch aufgenommen.[1085]

3.7.16.3. Anmeldung und Verfahren

Für die Anmeldung gelten die allgemeinen Regeln (vgl § 11 UGB). Da es sich um keinen Fall der vereinfachten Anmeldung gem § 11 FBG handelt,[1086] hat auch die Anmeldung eines (Teil-)Betriebsüberganges beglaubigt zu erfolgen. Liegt der Sitz der beteiligten Gesellschaften in verschiedenen Firmenbuchgerichtssprengeln, sollte ein gemeinsamer Antrag bei den zuständigen Firmenbuchgerichten ein-

1081 *Burgstaller/Pilgerstorfer* in *Jabornegg/Artmann*, UGB² § 3 FBG Rz 73; OGH 6 Ob 20/93.

1082 *Burgstaller/Pilgerstorfer* in *Jabornegg/Artmann*, UGB² § 3 FBG Rz 73.

1083 OGH 6 Ob 314/04a; OLG Wien 6 R 12/93; OLG Innsbruck 3 R 146/97p; *Reich-Rohrwig*, Gesellschaftsrechtsänderungsgesetz 1993, ecolex 1993, 603; *Schenk/Völkl* in *Straube/Ratka/Rauter*, UGB I⁴ § 3 FBG Rz 13 (Stand 1.12.2009, rdb.at); *Nowotny* in *Kodek/Nowotny/Umfahrer*, FBG § 3 Rz 36.

1084 *Nowotny* in *Kodek/Nowotny/Umfahrer*, FBG § 3 Rz 34.

1085 *Burgstaller/Pilgerstorfer* in *Jabornegg/Artmann*, UGB² § 3 FBG Rz 76.

1086 *Burgstaller/Pilgerstorfer* in *Jabornegg/Artmann*, UGB² § 3 FBG Rz 77; *Schenk/Völkl* in *Straube/Ratka/Rauter*, UGB I⁴ § 3 FBG Rz 13 (Stand 1.12.2009, rdb.at); OLG Wien 28 R 149/99h.

gebracht werden oder die Einbringung der Firmenbuchanträge in enger zeitlicher Abstimmung zwischen den Parteien so gleichzeitig wie möglich (unter Anschluss einer Kopie des jeweiligen Firmenbuchantrages der Gegenseite) erfolgen, um Zeitverzögerungen bei der Eintragung zu vermeiden.[1087] Solche Eintragungen fallen unter die in § 22 Abs 2 Z 4 lit c RpflG ausdrücklich aufgezählte Eintragungskompetenz des Firmenbuchrichters.

Dem Firmenbuchgericht kommt bei Eintragungen gem § 3 Abs 1 Z 15 FBG zwar keine Prüfpflicht in Bezug auf (umgründungs-)steuerrechtliche Aspekte zu, es hat aber zu prüfen, ob durch die Eintragung gegen zwingende unternehmensrechtliche Normen verstoßen wird, hier insb gegen Gläubigerschutzbestimmungen.[1088] § 3 Abs 1 Z 15 FBG regelt nicht, welche Urkunden bei Anmeldung einer solchen Eintragung vorzulegen sind.[1089] Besonders bei der Betriebsübertragung von bzw auf Kapitalgesellschaften geht die Rsp von einer Prüfpflicht des Firmenbuchgerichtes aus, um sicherzustellen, dass durch den konkreten Vorgang nicht gegen zwingende unternehmensrechtliche Normen verstoßen wird (hier sind insb die Vorschriften über die Kapitalerhaltung von Interesse).[1090] Daher verlangt das Firmenbuchgericht in derartigen Fällen auch generell die Vorlage des zugrundeliegenden Vertrages (zB Einbringungsvertrag) und der Bilanzen (zB Einbringungsbilanz), um seiner Prüfungspflicht nachkommen zu können.[1091] Gem § 12 FBG sind diese Dokumente in die Urkundensammlung aufzunehmen, weil sie die Eintragungsgrundlagen bilden.[1092] Je nach Sachlage sind dem Firmenbuchgericht auf Verlangen auch Gutachten (zB zum positiven Verkehrswert des übertragenen Vermögens) zu übermitteln.

3.7.17. Sonstige Eintragungen (Z 16)

Sonstige Eintragungen, die gesetzlich vorgesehen sind, sind nach § 3 Abs 1 Z 16 RBG eintragbar. Durch diese Generalklausel wird klargestellt, dass durch die Eintragungstatbestände des FBG andere Eintragungsvorschriften nicht aufgehoben werden sollen. Gleichzeitig wird – ebenso wie in § 1 Abs 2 und in § 2 Z 13 FBG – darauf hingewiesen, dass nur gesetzlich vorgesehene Eintragungen vorzunehmen sind. Die Bestimmung des § 3 Abs 1 Z 16 FBG schafft keinen eigenen Eintragungstatbestand, sondern setzt einen solchen voraus.[1093]

1087 *Burgstaller/Pilgerstorfer* in *Jabornegg/Artmann,* UGB² § 3 FBG Rz 77; OGH 6 Ob 4/01h; 6 Ob 5/01f; OLG Wien 28 R 305/02g.

1088 *Nowotny* in *Kodek/Nowotny/Umfahrer,* FBG § 3 Rz 40; *Burgstaller/Pilgerstorfer* in *Jabornegg/Artmann,* UGB² § 3 FBG Rz 78; OGH 6 Ob 4/01h; 6 Ob 5/01f; 6 Ob 81/02h; 6 Ob 132/08t uva.

1089 *Burgstaller/Pilgerstorfer* in *Jabornegg/Artmann,* UGB² § 3 FBG Rz 78; OGH 6 Ob 167/01d zum Zusammenschluss nach Art IV UmgrStG.

1090 *Burgstaller/Pilgerstorfer* in *Jabornegg/Artmann,* UGB² § 3 FBG Rz 78; OGH 6 Ob 4/01h.

1091 *Nowotny* in *Kodek/Nowotny/Umfahrer,* FBG § 3 Rz 42.

1092 Vgl OGH 6 Ob 167/01d.

1093 *Burgstaller/Pilgerstorfer* in *Jabornegg/Artmann,* UGB² § 3 FBG Rz 79; OGH 6 Ob 234/01g.

Beispiele

für sonstige Eintragungen iSd Z 16: Satzungsänderungen, deren Eintragung nicht im FBG, sondern in den Materiengesetzen vorgeschrieben wird, Eintragung des Beschlusses auf Ausschluss von Minderheitsgesellschaftern nach § 5 GesAusG.

Für die Eintragung einer Verpfändung oder Pfändung des Geschäftsanteils eines GmbH-Gesellschafters gibt es keine gesetzliche Grundlage.[1094]

Gesetzlich nicht ausdrücklich vorgesehene Eintragungen könnten allenfalls in Analogie zu ausdrücklich normierten Eintragungstatbeständen vorgenommen werden, wenn eine planwidrige Gesetzeslücke (ein vom Gesetzgeber nicht bedachtes Publizitätserfordernis) vorliegt und analogiefähige vergleichbare Regelungen bestehen. In den meisten einschlägigen Entscheidungen des OGH wurden die Voraussetzungen der Analogie verneint und die Eintragung abgelehnt.[1095] Als zulässig erachtet wurde allerdings die Eintragung des Sachwalters eines GmbH-Geschäftsführers und Gesellschafters in Analogie zu § 4 Z 2 FBG.[1096]

3.7.18. Anschriften natürlicher Personen (Abs 2) und Eintragung von Internetseiten (Abs 3)

Bei der Eintragung natürlicher Personen ist deren Anschrift bekannt zu geben. Auch bei GmbH-Gesellschaftern ist eine zustellfähige Adresse einzutragen. Jede Änderung von Adressen ist dem Firmenbuch bekannt zu geben.[1097]

Wenn weder der Firmenbuchanmeldung noch den vorgelegten Urkunden die Anschriften von eintragungspflichtigen Personen entnehmbar sind, wird das Firmenbuchgericht der Partei einen Verbesserungsauftrag erteilen, damit diese die Bekanntgabe einer Anschrift nachholen kann. Dem Firmenbuchgericht kommt nach Ersteintragung eines Rechtsträgers aber keine Überwachungspflicht in Bezug auf die Adresseintragungen zu. Die Pflicht zur Anmeldung von Änderungen durch die Anmeldebefugten wird durch § 10 Abs 1 FBG statuiert.

Die Adresse der Internetseite eines Rechtsträgers ist ebenso eintragungsfähig, wenn dies der Rechtsträger beantragt (§ 3 Abs 3 FBG).

1094 *H. Torggler*, Zur Verpfändung von Gesellschaftsanteilen, ÖBA 1998, 434; *Birnbauer*, GesRZ 2008, 242 ff; OLG Innsbruck 3 R 44/08g.

1095 *Burgstaller/Pilgerstorfer* in *Jabornegg/Artmann*, UGB² § 3 FBG Rz 80; OGH 6 Ob 169/98s und 6 Ob 86/99m zu Ergebnisabführungsverträgen; 6 Ob 234/01g über die Anmerkung einer konkursrechtlichen Anfechtungsklage; 6 Ob 314/04a zur Einbringung von Kapitalanteilen in eine GmbH; *Koppensteiner/Rüffler*, GmbHG³ § 11 Rz 19a.

1096 *Burgstaller/Pilgerstorfer* in *Jabornegg/Artmann*, UGB² § 3 FBG Rz 80; OGH 6 Ob 131/09x.

1097 *Koppensteiner/Rüffler*, GmbHG³ § 9 Rz 15, § 26 Rz 3.

3.8. Besondere Eintragungen nach § 5 FBG

Im Falle der GmbH sind neben den allgemeinen Eintragungen noch deren besondere Organe, das Stammkapital, die Einreichung des Jahresabschlusses und der Abschlussstichtag, Verschmelzungen, Umwandlungen und Spaltungen sowie die Nichtigerklärung der Gesellschaft oder von Beschlüssen der Generalversammlung einzutragen. Die Gesellschafter einer GmbH sind mit ihren Stammeinlagen anzugeben.

Die umfassenden Eintragungspflichten beruhen auf dem Streben des Gesetzgebers nach ausreichender Transparenz. Einerseits soll die Öffentlichkeit über das haftende Kapital der Gesellschaft, die wesentlichen Strukturänderungen (§ 5 Z 2, 4, 4a und 6 FBG) und den möglichst aktuellen Zustand der Gesellschaft (§ 5 Z 3 FBG) informiert werden. Andererseits wird sichergestellt, dass wichtige Organe der Gesellschaft, die nicht nach außen hin vertretungsbefugt sind, ebenfalls im Firmenbuch ersichtlich sind (§ 5 Z 1, 6 FBG).[1098]

3.8.1. Aufsichtsrat (Z 1)

Wenn ein Aufsichtsrat bestellt ist (§ 29 GmbHG), sind seine Mitglieder mit Namen, Geburtsdatum und Anschrift (§ 3 Abs 2 FBG) in das Firmenbuch einzutragen. Einzutragen sind auch die Funktionsbezeichnungen „Vorsitzender" und „Stellvertreter des Vorsitzenden". Auch jeder Wechsel im Aufsichtsrat ist von der Geschäftsführung unverzüglich beim Firmenbuch anzumelden (§ 30f GmbHG).

Hinweis: Für diese Firmenbuchanmeldungen steht gem § 11 FBG das vereinfachte Anmeldungsverfahren ohne Beglaubigungserfordernisse zur Verfügung.[1099]

3.8.2. Stammkapital (Z 2)

Bei der GmbH ist die Höhe des Stammkapitals einschließlich aller Kapitalerhöhungen oder -herabsetzungen sowie die darauf gerichteten Beschlüsse in das Firmenbuch einzutragen (§ 5 Z 2 FBG). Hier ergeben sich die Eintragungsverpflichtungen für die Geschäftsführung auch aus dem GmbHG (§§ 9 ff, 53, 55 f GmbHG). Die Firmenbuchanmeldung ist von sämtlichen Geschäftsführern gemeinsam zu unterfertigen.

Dem Firmenbuchgericht ist zwecks Eintragung der Gesellschaft oder einer Kapitalerhöhung in das Firmenbuch mittels einer Bankbestätigung einerseits die Einzahlung, andererseits die freie Verfügungsmacht der Geschäftsführer (§ 10 Abs 3 GmbHG) über den Betrag des Stammkapitals oder den Kapitalerhöhungsbetrag

1098 *Burgstaller/Pilgerstorfer* in *Jabornegg/Artmann,* UGB² § 5 FBG Rz 1.
1099 *Koppensteiner/Rüffler,* GmbHG³ § 9 Rz 17; *Burgstaller/Pilgerstorfer* in *Jabornegg/Artmann,* UGB² § 5 FBG Rz 2; *Nowotny* in *Kodek/Nowotny/Umfahrer,* FBG § 5 Rz 1.

nachzuweisen. Diese sog „§-10-Erklärung" der Bank muss „zeitnah" zur Anmeldung ausgestellt sein.[1100] Die Bank haftet aber nur dafür, dass der bestätigte Kapitalbetrag dem Geschäftsführer zur freien Verfügung steht.[1101]

Werden Kapitalerhöhungen aus Gesellschaftsmitteln auf der Grundlage des KapitalberichtigungsG durchgeführt, gelangen neben diesen Spezialbestimmungen wiederum die Vorschriften des GmbHG über Kapitalerhöhungen zur Anwendung (vgl § 1 KapBG).

3.8.3. Inanspruchnahme der Gründungsprivilegierung (Z 2a)

Grundsätzlich muss das Stammkapital jeder neu gegründeten GmbH mindestens 35.000 € und die Mindestbareinzahlungen mindestens 17.500 € betragen (§ 10 Abs 1 GmbHG). Seit 1. März 2014 ist die Gründung von sog „gründungsprivilegierten" GmbHs gem § 10b GmbHG zulässig. Danach muss die Summe der gründungsprivilegierten Stammeinlagen statt 35.000 € mindestens 10.000 € und die Mindestbareinzahlungen statt 17.500 € mindestens 5.000 € betragen. Sacheinlagen sind ausgeschlossen.

Die Inanspruchnahme der Gründungsprivilegierung muss im Gesellschaftsvertrag festgesetzt werden und sie ist im Firmenbuch sowohl bei den Rechtsverhältnissen der GmbH (Z 2a) als auch bei jedem Gesellschafter, der eine gründungsprivilegierte Stammeinlage übernimmt (Z 6), einzutragen.

3.8.4. Einreichung des Jahres- und Konzernabschlusses; Abschlussstichtag (Z 3)

3.8.4.1. Einreichung des Jahresabschlusses

Gem § 5 Z 3 FBG ist der Tag der Einreichung des Jahres- und Konzernabschlusses sowie der Abschlussstichtag der Gesellschaft im Firmenbuch einzutragen. Die Einreichungspflicht für den Jahres- bzw Konzernabschluss (§§ 277 ff UGB) trifft die gesetzlichen Vertreter der GmbH, also die Geschäftsführer. Auch dieser Eintragungspflicht liegen Transparenzüberlegungen zu Grunde: die Öffentlichkeit soll über die Einreichung oder über die Säumigkeit der Gesellschaft informiert sein. Der Jahresabschluss ist jährlich spätestens neun Monate nach dem Bilanzstichtag (Abschlussstichtag) beim Firmenbuchgericht einzureichen (§ 277 Abs 1 UGB). Das Firmenbuchgericht überprüft die Erfüllung dieser Offenlegungspflichten gem § 282 UGB und kann gem § 283 UGB mit Zwangsstrafen deren Einhaltung erzwingen. Anhand des eingetragenen Abschlussstichtages wird automationsunterstützt überwacht und überprüft, ob die Jahresabschlüsse innerhalb der gesetzlichen Frist beim Firmenbuchgericht eingereicht wurden oder nicht.[1102]

1100 OGH 6 Ob 294/03h; *Koppensteiner/Rüffler*, GmbHG[3] § 10 Rz 26 mwN.
1101 OGH 4 Ob 546/91; 8 Ob 629/93; 6 Ob 76/00w; 7 Ob 65/01m; 6 Ob 288/03a; 3 Ob 99/08t mwN.
1102 *Burgstaller/Pilgerstorfer* in *Jabornegg/Artmann*, UGB[2] § 5 FBG Rz 6.

Auf die Einreichung des Jahres- und Konzernabschlusses findet § 11 UGB nicht Anwendung, daher ist eine öffentlich beglaubigte Unterschrift der Firmenbuchanmeldung nicht nötig. Der Tag der Einreichung (§ 5 Z 3 FBG) wird von Amts wegen eingetragen.[1103]

Jahresabschlüsse sind gem § 277 Abs 6 UGB verpflichtend elektronisch einzureichen und werden in die Datenbank des Firmenbuchs (§ 29 FBG) aufgenommen. Übersteigen die Umsatzerlöse in den letzten zwölf Monaten vor dem Abschlussstichtag nicht 70.000 €, kann der Jahresabschluss auch in Papierform eingereicht werden (§ 277 Abs 6 UGB).[1104]

Detaillierte Regelungen über die elektronische Einreichung von Jahresabschlüssen zum Firmenbuch finden sich in § 9 ERV 2006.[1105] Kurz zusammengefasst gibt es folgende drei Möglichkeiten der elektronischen Einreichung von Jahresabschlüssen:[1106]

- mittels automationsunterstützter Datenübertragung über „FinanzOnline" im Direktverkehr in strukturierter Form;
- über den elektronischen Rechtsverkehr (WebERV Justiz) a) in strukturierter Form, b) als PDF-Anhang nach § 5 Abs 1 erster Satz ERV oder c) im Weg eines Urkundenarchivs einer Körperschaft öffentlichen Rechts nach § 8a Abs 2 ERV;[1107]
- im Falle einer kleinen GmbH und einer Kleinstkapitalgesellschaft[1108] (§ 278 Abs 1 UGB) kann die Offenlegung auch mit den auf der Website der Justiz (http://www.justiz.gv.at/) zur Verfügung gestellten Online-Formularen durchgeführt werden.

Zur Wahrung der Frist für die Einreichung des Jahresabschlusses kann aber auch ein noch unvollständiger Jahresabschluss (vorläufiger Jahresabschluss) eingereicht werden (dies wird von der hL aus § 277 Abs 1 S 2 und 3 UGB abgeleitet). Dieser vorläufige Jahresabschluss muss daher noch nicht festgestellt und geprüft sein (es können auch noch der Vorschlag und der Beschluss über die Ergebnisverwendung

1103 OLG Wien 28 R 136/98w; *Eiselsberg/Schenk/Weißmann*, FBG § 5 Rz 3; *C. Nowotny*, Beglaubigte Einreichung des Jahresabschlusses – eine nicht gebotene Belastung, RdW 1998, 53; *Zehetner*, Beglaubigte Einreichung des Jahresabschlusses nicht erforderlich – Kein Antrag auf Eintragung des Tages der Einreichung, SWK 1998/26 W 135; *Schenk/Völkl* in *Straube/Ratka/Rauter*, UGB I[4] § 5 Rz 4 FBG (Stand 1.12.2009, rdb.at); *Fellinger* in *Straube/Ratka/Rauter*, UGB II/RLG[3] § 277 Rz 7 (Stand 1.9.2016, rdb.at); *Burgstaller/Pilgerstorfer*, Die Zurücknahme von Firmenbuchanmeldungen – Zugleich eine Anmerkung zu OGH 21.5.2003, 6 Ob 229/02y, NZ 2004, 278 f; *Nowotny* in *Kodek/Nowotny/Umfahrer*, FBG § 5 Rz 3.

1104 In Papierform eingereichte Jahresabschlüsse müssen für die Aufnahme in die Datenbank des Firmenbuchs geeignet sein. Der BMJ kann durch Verordnung nähere Bestimmungen über die äußere Form der Jahresabschlüsse festlegen. Für die Offenlegung in Papierform siehe die UGB-Formblatt-V (BGBl II 2008/316 Art I idF BGBl II 2009/9 Art II).

1105 Verordnung der Bundesministerin für Justiz über den elektronischen Rechtsverkehr (ERV 2006).

1106 *Burgstaller/Pilgerstorfer* in *Jabornegg/Artmann*, UGB[2] § 5 FBG Rz 9.

1107 Bei Rechtsanwälten handelt es sich dabei um das Urkundenarchiv „Archivium", bei Notaren um das Urkundenarchiv „Cyberdoc".

1108 § 221 Abs 1a UGB – die Bestimmung trat mit 20.7.2015 in Kraft, vgl Kap 1.1.4.

sowie der Aufsichtsratsbericht) fehlen. Die fehlenden Unterlagen müssen nach ihrem Vorliegen aber unverzüglich zum Firmenbuch eingereicht werden.[1109]

Kommt es zu einer Änderung eines bereits eingereichten Jahresabschlusses, muss der geänderte Jahresabschluss beim Firmenbuch eingereicht werden (§ 277 Abs 1 S 3 UGB).

3.8.4.2. Abschlussstichtag

Die Festlegung des Abschlussstichtages bzw des Geschäftsjahres ist zwar nach hA[1110] kein notwendiger, sondern ein fakultativer Bestandteil des Gesellschaftsvertrages. In Ermangelung einer ausdrücklichen Festlegung des Geschäftsjahres bzw Abschlussstichtages durch die Gesellschafter wird das Geschäftsjahr der Gesellschaft aber mit dem Kalenderjahr festgesetzt.[1111] Eine Abweichung des Geschäftsjahres vom Kalenderjahr bedarf nach hA jedenfalls einer formellen Gesellschaftsvertragsänderung.[1112]

Bei der Frage der Zulässigkeit und der Voraussetzungen einer rückwirkenden Änderung des Geschäftsjahres (und damit des Abschlussstichtages) sind sich die Rsp und die Lehre nicht einig.[1113] Der OGH vertritt eine strenge Sichtweise, der zufolge der Satzungsänderungsbeschluss zur Änderung des Geschäftsjahres vor Eintritt des neuen Bilanzstichtages im Firmenbuch eingetragen werden muss, weil der Eintragung konstitutive Wirkung zukommt und die Satzungsänderung nicht vor den Zeitpunkt der Eintragung zurückwirken kann.[1114] Hingegen vertreten die überwiegende zweitinstanzliche Rsp und die Lehre, dass zwar der Gesellschafterbeschluss über die Änderung des Geschäftsjahres und die Anmeldung der Satzungsänderung beim Firmenbuchgericht vor dem neuen Bilanzstichtag durchgeführt werden müssen. Eine Eintragung der Satzungsänderung im Firmenbuch vor diesem Zeitpunkt wird hingegen nicht gefordert.[1115] Bei dieser Thematik

1109 *Reich-Rohrwig*, GmbH-Recht I² I Rz 3/323; *Fellinger* in *Straube/Ratka/Rauter*, UGB II/RLG³ § 277 Rz 9 f (Stand 1.9.2016, rdb.at); *Burgstaller/Pilgerstorfer* in *Jabornegg/Artmann*, UGB² § 5 FBG Rz 11; OGH 6 Ob 53/05w; OLG Wien 28 R 83/05i; 4 R 8/04g.

1110 OGH 6 Ob 193/97v; *Reich-Rohrwig*, GmbH-Recht I² Rz 1/496 f mwN; *Koppensteiner/Rüffler*, GmbHG³ § 4 Rz 17; widersprüchlich *Kalss/Eckert*, Der maßgebliche Zeitpunkt für die Änderung des Bilanzstichtags, NZ 2006/83.

1111 *Reich-Rohrwig*, GmbH-Recht I² Rz 1/496 f mwN; *Koppensteiner/Rüffler*, GmbHG³ § 4 Rz 17, § 49 Rz 17; OGH 6 Ob 193/97v; 6 Ob 184/05k.

1112 OGH 6 Ob 193/97v; 6 Ob 184/05k; *Reich-Rohrwig*, GmbH-Recht I² Rz 1/502; *Koppensteiner/Rüffler*, GmbHG³ § 49 Rz 17; *Kalss/Eckert*, NZ 2006/83.

1113 *Koppensteiner/Rüffler*, GmbHG³ § 49 Rz 17; *Gordon*, Der unrichtige Bilanzstichtag im GmbH-Recht, NZ 1999, 47; *Andrae*, Änderung des Bilanzstichtages bei der GmbH und AG, NZ 2003/85; *Kalss/Eckert*, NZ 2006/83.

1114 OGH 6 Ob 24/94; 6 Ob 184/05k; ebenso OLG Wien 6 R 50/90; 28 R 158/00m; *Burgstaller/Pilgerstorfer* in *Jabornegg/Artmann*, UGB² § 5 FBG Rz 13; *Schenk/Völkl* in *Straube/Ratka/Rauter*, UGB I⁴ § 5 Rz 5 FBG (Stand 1.12.2009, rdb.at).

1115 OLG Innsbruck 5 R 403/86; 5 R 390/86; OLG Linz 6 R 198/88; 3 R 129/88; OLG Wien 28 R 57/01k; OLG Graz 4 R 28/07 f; *Koppensteiner/Rüffler*, GmbHG³ § 49 Rz 17; *Burgstaller/Pilgerstorfer* in *Jabornegg/Artmann*, UGB² § 5 FBG Rz 13; *Kalss/Eckert*, NZ 2006/83.

empfiehlt es sich daher, vorab die Sachlage mit dem zuständigen Firmenbuchrichter zu besprechen bzw zu akkordieren.

Die Zustimmung des Finanzamtes zur Änderung des Geschäftsjahres/Abschlussstichtages wird nicht als Voraussetzung für die Eintragung im Firmenbuch angesehen.[1116]

3.8.5. Verschmelzungen, Spaltungen und andere Strukturänderungen (Z 4)

Gem § 5 Z 4 FBG sind bei der GmbH folgende gesellschaftsrechtliche Umstrukturierungsmaßnahmen in das Firmenbuch einzutragen:

- Verschmelzungen nach den §§ 96 ff GmbHG,
- Umwandlungen nach dem UmwG,
- Spaltungen nach dem SpaltG,
- grenzüberschreitende Verschmelzungen nach dem EU-VerschG.

Bei diesen Umstrukturierungsmaßnahmen gem § 5 Z 4 FBG kommt der Eintragung konstitutive Wirkung zu, dh der Vermögensübergang im Wege der Gesamtrechtsnachfolge bzw die Entstehung der neuen Gesellschaft oder der Rechtsformwechsel sind erst mit Eintragung ins Firmenbuch rechtswirksam.

Kommt es bei der Verschmelzung (§ 96 GmbHG iVm § 230 Abs 2 AktG), der Spaltung (§ 14 Abs 3 SpaltG) oder bei Umwandlungen (§ 2 Abs 3 UmwG) zu Mängeln, berührt dies die Wirkung der Eintragung nicht. Dadurch ergibt sich auch eine erhöhte Prüfpflicht des Firmenbuchgerichtes im Hinblick auf die Eintragungsvoraussetzungen.

Für Verschmelzungen oder andere Umgründungsmaßnahmen können behördliche Genehmigungen erforderlich sein.[1117] In diesen Fällen ist die von der Behörde ausgestellte Genehmigungsurkunde der Firmenbuchanmeldung anzuschließen (§ 225 Abs 1 Z 3 AktG; § 13 Z 5 SpaltG; § 3 Abs 1 Z 3 UmwG). Bilden Kreditinstitute den Gegenstand von Umstrukturierungsmaßnahmen (Verschmelzung, Spaltung, Rechtsformänderungen), ist eine Bewilligung der FMA gem § 21 Abs 1 BWG einzuholen. Das Firmenbuchgericht darf derartige Umstrukturierungsmaßnahmen ohne Vorliegen der entsprechenden rechtskräftigen Bescheide in Urschrift oder beglaubigter Abschrift nicht eintragen. Darüber hinaus hat das Firmenbuchgericht zu prüfen, ob zB bei einer Verschmelzung kartellrechtliche Bestimmungen über Zusammenschlüsse nach dem KartG oder der Fusionskontrollverordnung eingehalten wurden.[1118]

1116 *Burgstaller/Pilgerstorfer* in *Jabornegg/Artmann*, UGB² § 5 FBG Rz 14; OGH 6 Ob 24/94; OLG Wien 28 R 167/05t.

1117 *Kalss*, Verschmelzung – Spaltung – Umwandlung² (2010) § 225 AktG Rz 18; *Burgstaller/Pilgerstorfer* in *Jabornegg/Artmann*, UGB² § 5 FBG Rz 18.

1118 *Kalss*, Verschmelzung – Spaltung – Umwandlung² § 225 Rz 18, § 225a AktG Rz 3, 8, § 230 AktG Rz 4; *Koppensteiner/Rüffler*, GmbHG³ § 96 Rz 1, 21, jeweils mwN.

Darüber hinaus finden sich bei grenzüberschreitenden Verschmelzungen von Kapitalgesellschaften im EU-VerschG mannigfaltige Bestimmungen, die der Interessenwahrung von Gesellschaftern (vgl § 7 Abs 3, § 8 Abs 2 Z 3, § 10 ff EU-VerschG), Gläubigern und sonstigen „schuldrechtlich Beteiligten" (vgl § 6 Abs 1, § 8 Abs 2 Z 3 u Abs 3, § 13 FBG) wie auch von Arbeitnehmern der beteiligten Gesellschaften dienen (vgl § 5 Abs 2 Z 4, § 6 Abs 1, § 15 Abs 2 FBG).[1119] Für die grenzüberschreitende Verschmelzung haben die Geschäftsleiter der verschmelzenden Gesellschaften einen gemeinsamen Plan („Verschmelzungsplan") aufzustellen. Dieser Verschmelzungsplan hat einen umfangreichen Inhalt und hat sich insb auch mit den Rechten der Gesellschafter, Gläubiger und den Auswirkungen für die Arbeitnehmerschaft auseinander zu setzen (§ 5 EU-VerschG). Weiters ist der Verschmelzungsplan noch von einem sachverständigen Verschmelzungsprüfer zu prüfen (§ 7 EU-VerschG) und zwingend mindestens einen Monat vor dem Generalversammlungsbeschluss beim Firmenbuchgericht einzureichen. Die Einreichung ist auch in den Bekanntmachungsblättern der Gesellschaft zu veröffentlichen hat (§ 8 EU-VerschG).[1120]

Näheres zur weiteren Vorgehensweise bei Eintragungen von „Exportverschmelzungen" (Hinausverschmelzung über die Grenze) und „Importverschmelzungen" (Hereinverschmelzung über die Grenze) findet sich in den §§ 14 ff EU-VerschG. Eine genaue Beschreibung der zu erfüllenden Formalitäten und vorzulegenden Bescheinigungsmittel würde den Rahmen dieses überblicksartigen Kapitels sprengen.

3.8.6. Nichtigerklärung von Gesellschaften oder Beschlüssen (Z 5)

Werden Beschlüsse der Generalversammlung gerichtlich angefochten und durch Urteil für nichtig erklärt (§§ 41 ff GmbHG), ist das Urteil gem § 5 Z 5 FBG in das Firmenbuch einzutragen. Dasselbe gilt für Urteile, mit denen eine GmbH für nichtig erklärt wird (§ 10 Abs 3 FBG). Begründet wird diese Eintragungspflicht zum einen mit dem Interesse der Gesellschafter und der Öffentlichkeit an der Publizität der Nichtigkeit von Gesellschaften bzw Gesellschafterbeschlüssen, zum anderen schreibt die Publizitäts-Richtlinie (Art 2 Abs 1 lit i; Art 11) diese Veröffentlichung im Firmenbuch vor.[1121] Formelle oder inhaltliche Mängel von Gesellschafterbeschlüssen hat das Firmenbuchgericht im Rahmen seiner Prüfpflicht aber generell zu beachten (§ 15 FBG, vgl Kap 3.1.) und begehrte Eintragungen allenfalls abzulehnen.[1122]

1119 *Burgstaller/Pilgerstorfer* in *Jabornegg/Artmann*, UGB² § 5 FBG Rz 20.
1120 *Burgstaller/Pilgerstorfer* in *Jabornegg/Artmann*, UGB² § 5 FBG Rz 20.
1121 *Burgstaller/Pilgerstorfer* in *Jabornegg/Artmann*, UGB² § 5 FBG Rz 24.
1122 *Burgstaller/Pilgerstorfer* in *Jabornegg/Artmann*, UGB² § 5 FBG Rz 24.

3.8.7. Gesellschafter der GmbH (Z 6)

Die Gesellschafter einer GmbH sind (vgl § 3 Abs 2 GmbHG; § 26 GmbHG) mit

- Namen,
- Geburtsdatum,
- Stammeinlage (samt den darauf geleisteten Einzahlungen),
- ihren allfälligen gründungsprivilegierten Stammeinlagen (samt den darauf geleisteten Einzahlungen) und
- Anschrift

ins Firmenbuch einzutragen. Verfügen die Gesellschafter über eine FB-Nummer, ist auch diese einzutragen. Bei ausländischen Gesellschaftern sind der Name des Registers und deren Registernummer einzutragen.

Handelt es sich um die erstmalige Eintragung einer GmbH, ist die Anmeldung von sämtlichen Geschäftsführern zu unterfertigen (§§ 9 Abs 1, 11 GmbHG). Für nachfolgende Änderungen betreffend die Gesellschafter reicht eine Unterfertigung der Anmeldung durch Geschäftsführer in vertretungsbefugter Anzahl aus (§ 26 Abs 1 GmbHG).

Hinweis: Da es sich um eine vereinfachte Anmeldung im Sinne des § 11 FBG handelt, muss diese auch nicht in beglaubigter Form erfolgen.

Gem § 26 Abs 2 GmbHG haften die Geschäftsführer zur ungeteilten Hand für Schäden, die durch schuldhaft falsche oder verzögerte Anmeldungen verursacht wurden (vgl Kap 5.1.). Die Geschäftsführer werden daher – in ihrem eigenen Interesse – die materielle und formelle Richtigkeit der Übertragung des Geschäftsanteils prüfen, bevor sie den neuen Gesellschafter zum Firmenbuch anmelden. Die Firmenbuchpraxis geht deswegenvon einer eingeschränkten Prüfungspflicht bei der Anmeldung des Übergangs von GmbH-Geschäftsanteilen nach § 26 Abs 1 GmbHG aus.[1123] Bei der Anmeldung von Gesellschafterwechseln muss der zugrunde liegende Abtretungsvertrag dem Firmenbuch nicht vorgelegt werden. Das Firmenbuchgericht darf auf die Angaben der Geschäftsführung vertrauen und verlangt die Vorlage des Abtretungsvertrages nur dann, wenn es Bedenken gegen die Richtigkeit der Anmeldung hat.[1124] In der Praxis wird vom Firmenbuchgericht zum Nachweis, dass der diesbezügliche Gesellschafterbeschluss auch von den richtigen Gesellschaftern gefasst wurde, die Vorlage des Abtretungsvertrages auch verlangt, wenn mit dem Abtretungsvertrag gleichzeitig eine Geschäftsführerumbestellung erfolgt.

1123 *Burgstaller/Pilgerstorfer* in *Jabornegg/Artmann,* UGB² § 5 FBG Rz 27, § 15 Rz 59.
1124 OGH 29.3.2001, 6 Ob 57/01b.

Wirken an einem Gesellschafterbeschluss, der im Firmenbuch eingetragen werden soll, Personen mit, die im Zeitpunkt der Beschlussfassung nicht als Gesellschafter im Firmenbuch eingetragen waren, muss dem Firmenbuchgericht der Nachweis der Gesellschafterstellung urkundlich (durch Vorlage des Notariatsaktes nach § 76 Abs 2 GmbHG) erbracht werden.[1125]

Für die rechtsgeschäftliche Übertragung von Geschäftsanteilen an einer GmbH unter Lebenden ist ein Notariatsakt notwendig (§ 76 GmbHG).[1126] Die Teilung von Geschäftsanteilen ist ebenfalls zulässig, sie muss aber im Gesellschaftsvertrag vorgesehen sein (§ 79 Abs 1 GmbHG). Die Abtretung solcher Geschäftsanteile ist ab Eintragung der Gesellschaft im Firmenbuch zulässig und bedarf ebenso der Form eines Notariatsaktes.[1127] Die Vereinbarung einer Anwachsung eines Geschäftsanteiles eines Gesellschafters auf einen anderen Gesellschafter ist nach der Rsp nicht zulässig.[1128]

Wichtig

Gem § 78 GmbHG gilt gegenüber der Gesellschaft nur derjenige als Gesellschafter, der im Firmenbuch als solcher aufscheint. Der Eintragung eines Gesellschafterwechsels in das Firmenbuch kommt nur deklarative (rechtsbezeugende), aber keine konstitutive (rechtserzeugende) Wirkung zu.

In diesem Zusammenhang ist auch darauf hinzuweisen, dass für die Eintragung einer rechtsgeschäftlichen Verpfändung oder gerichtlichen Pfändung eines Geschäftsanteils einer GmbH keine gesetzliche Grundlage besteht.[1129] Die rechtsgeschäftliche Verpfändung von Geschäftsanteilen erfolgt durch Abschluss einer Pfandbestellungsurkunde und Bekanntgabe der Verpfändung an die Geschäftsführung der betroffenen GmbH mittels Drittschuldnerschreiben (Kenntnisnahmeschreiben).[1130]

3.9. Zwangsstrafen gegenüber der Geschäftsführung

3.9.1. Allgemeines

Das Firmenbuchgericht erhält durch § 24 FBG die Möglichkeit, die Erfüllung von Anmeldungspflichten der Geschäftsführung auch zwangsweise durchzusetzen.

1125 *Burgstaller/Pilgerstorfer* in *Jabornegg/Artmann*, UGB² § 5 FBG Rz 31; *Umfahrer*, GmbH⁶ Rz 755.
1126 *Koppensteiner/Rüffler*, GmbHG³ § 76 Rz 16 ff.
1127 *Burgstaller/Pilgerstorfer* in *Jabornegg/Artmann*, UGB² § 5 FBG Rz 229.
1128 Unzulässigkeit eines Ipso-iure-Übergangs: OGH 6 Ob 150/08i mwN = GesRZ 2009, 37 (zust *Schopper*); aA *Koppensteiner/Rüffler*, GmbHG³ § 76 Rz 14.
1129 *H. Torggler*, ÖBA 1998, 434; *Birnbauer*, GesRZ 2009, 242 ff; OLG Innsbruck 3 R 44/08g.
1130 *H. Torggler*, Zur Verpfändung von GmbH-Geschäftsanteilen, GesRZ 1977, 77 (80) unter Hinweis auf *Kralik*, FS Kastner 235 f; *H. Torggler*, ÖBA 1998, 434 f; *Madl*, Publike Verpfändung von GmbH-Anteilen, ecolex 1998, 306; *Rauter* in *Straube/Ratka/Rauter*, WK GmbHG § 76 Rz 260 (Stand 1.12.2014, rdb.at); *Koppensteiner* in *Koppensteiner/Rüffler*, GmbHG³ § 76 Rz 28.

Darüber hinaus kann das Firmenbuchgericht auch die Unterlassung eines unzulässigen Firmengebrauchs (iSd § 37 UGB) erzwingen. Das Firmenbuchgericht ist befugt, zur Einhaltung dieser Verpflichtungen Zwangsstrafen von bis zu 3.600 € auszusprechen. Bei mittelgroßen und großen Kapitalgesellschaften (vgl § 221 Abs 2 und 3 UGB, Kap 1.1.4.) gilt ab der dritten wegen derselben Sache verhängten Zwangsstrafe das Dreifache bzw Sechsfache dieses Höchstbetrages (§ 24 Abs 5 FBG).[1131]

Zur Einleitung und Durchführung des Zwangsstrafenverfahrens und Verhängung der Zwangsstrafe ist – bei Vorliegen der gesetzlichen Voraussetzungen – das Firmenbuchgericht von Amts wegen verpflichtet.[1132] Selbst Betroffene (zB der Inhaber einer von jemand anderen unbefugt verwendeten Firma) haben keine Antragslegitimation, sondern können nur mittels Anregungen an das Firmenbuchgericht herantreten. Eine Parteistellung im Zwangsstrafenverfahren kommt ihnen jedenfalls nicht zu.[1133]

Hinweis: Die gesetzlichen Interessenvertretungen und die Revisionsverbände von Genossenschaften haben bei unzulässigem Firmengebrauch gem § 24 Abs 3 FBG das Recht, Anträge zu stellen und Rechtsmittel zu erheben.

3.9.2. Erzwingbare Pflichten

Anmelde-, Zeichnungs- und Einreichpflichten für die Geschäftsführung ergeben sich aus vielfältigen Vorschriften des UGB und des Gesellschaftsrechts. § 10 Abs 1 FBG ergänzt alle gesetzlichen Anmeldungspflichten: Jede Änderung einer eingetragenen Tatsache ist anzumelden.

Die Durchführung von Anmeldungen mit konstitutiver Wirkung kann nach hA durch die Verhängung von Zwangsstrafen nicht erzwungen werden.[1134] Als Begründung für diese Ansicht wird häufig vorgebracht, die Anmeldepflicht sei bei konstitutiven Eintragungen nicht öffentlich-rechtlicher Natur, sondern bestehe nur der Gesellschaft gegenüber.[1135] Die Gegenmeinung geht hingegen davon aus, dass grundsätzlich auch die Erzwingung konstitutiver Eintragungen mittels Zwangsstrafen möglich sein soll, weil § 24 FBG keine Einschränkung für konstitutive Anmeldungen aufweist.[1136] Da auch der OGH in einem (wenn auch älteren) Fall der Meinung war, dass ein sich weigernder GmbH-Geschäftsführer mit

1131 Vgl zu dieser Strafverschärfung im Vergleich zur alten Rechtslage *Dokalik/Birnbauer*, Das neue Verfahren zur Erzwingung der Offenlegung nach den §§ 277 ff UGB, GesRZ 2011, 22 (27 f).

1132 *Burgstaller/Pilgerstorfer* in *Jabornegg/Artmann*, UGB² § 24 FBG Rz 5, 45.

1133 *Kodek* in *Kodek/Nowotny/Umfahrer*, FBG § 24 Rz 67; *Burgstaller/Pilgerstorfer* in *Jabornegg/Artmann*, UGB² § 24 FBG Rz 45.

1134 *Koppensteiner/Rüffler*, GmbHG³ § 9 Rz 6, § 51 Rz 2; *Umfahrer*, GmbH⁶ Rz 1160.

1135 Etwa *Koppensteiner/Rüffler*, GmbHG³ § 51 Rz 2.

1136 *Reich-Rohrwig*, GmbH-Recht I² Rz 2/685.

Ordnungsstrafen zur Mitwirkung an der Anmeldung einer Änderung des Gesellschaftsvertrages angehalten werden könne,[1137] ist somit auch bei anderen Sachverhalten, in denen eine konstitutive Anmeldung durchgesetzt werden soll, die Erzwingung mittels Zwangsstrafen zumindest denkbar.

Für die erstmalige Eintragung einer GmbH gilt das eben Gesagte jedoch nicht, weil das Gesetz hier überhaupt keine Anmeldepflicht vorsieht (vgl den Gesetzeswortlaut des § 9 Abs 1 GmbHG). Nur gegenüber den Gesellschaftern besteht eine Verpflichtung der Geschäftsführer, die neue Gesellschaft anzumelden. Mittels Zwangstrafen kann diese Anmeldung nach hL nicht erzwungen werden.[1138]

3.9.3. Normadressaten

Normadressaten von Zwangsstrafen gem § 24 Abs 1 erster Fall FBG sind die natürlichen Personen, die zur Anmeldung, Zeichnung oder Einreichung von Schriftstücken verpflichtet sind. Der Kreis der Verpflichteten ist auf die organschaftlichen Vertreter der GmbH, somit die Geschäftsführer, beschränkt. Juristische Personen sind nach hM nicht Adressaten von Zwangsstrafen wegen eines Verstoßes gegen diese Anmeldepflichten, weil sie wiederum durch natürliche Personen handeln.[1139] Zu überlegen ist aber, ob die Gesellschaft (juristische Person) nicht zumindest bei Gebrauch einer rechtswidrigen Firma selbst Normadressat einer Zwangsstrafe gem § 24 Abs 1 zweiter Fall FBG sein kann (siehe dazu Kap 3.9.6.). Die Sondervorschriften für Zwangsstrafen nach dem UGB (§§ 283 Abs 7, 283 UGB) sehen jedenfalls explizit Zwangsstrafen auch für die Gesellschaft vor (siehe dazu Kap 3.9.7.).

Besteht eine Geschäftsführung aus mehreren Geschäftsführern, darf das Firmenbuchgericht nur gegen die säumigen unter ihnen gem § 24 FBG vorgehen.[1140] Die Zwangsstrafenandrohung des § 24 FBG richtet sich gegen alle Mitglieder einer mehrköpfigen Geschäftsführung – selbst wenn eine Anmeldung nicht durch alle Geschäftsführer, sondern nur durch eine vertretungsbefugte Anzahl erfolgen muss, wird die Zwangsstrafe gegen alle (säumigen) Verpflichteten verhängt.[1141] Auch wenn in einem kollegialen Vertretungsorgan eine Geschäftsverteilung errichtet ist, hat diese Geschäftsverteilung nur interne Wirkung und befreit nicht einzelne Mitglieder des Vertretungsorgans von der Erfüllung der zwingend gesetzlichen Pflichten.

Sind die Geschäftsführer lediglich kollektivvertretungsbefugt und ist aufgrund des Ausscheidens von Geschäftsführern der verbleibende Geschäftsführer zur

1137 OGH 2 Ob 24/58 = EvBl 1958/304 = NZ 1958, 172.

1138 *Koppensteiner/Rüffler*, GmbHG³ § 9 Rz 6; *Reich-Rohrwig*, GmbH-Recht 439; *Kodek* in *Kodek/Nowotny/Umfahrer*, FBG § 24 Rz 4; *Petrasch/Verweijen* in *Straube/Ratka/Rauter*, WK GmbHG § 9 Rz 11 (Stand 1.10.2016, rdb.at); OGH 4 Ob 309/28 SZ 10/298.

1139 *Burgstaller/Pilgerstorfer* in *Jabornegg/Artmann*, UGB² § 24 FBG Rz 25.

1140 *Burgstaller/Pilgerstorfer* in *Jabornegg/Artmann*, UGB² § 24 FBG Rz 26.

1141 OGH 9.3.2000, 6 Ob 5/00d; 6 Ob 14/00b SZ 73/44; 6 Ob 224/01m SZ 74/169.

Vornahme von Vertretungshandlungen nicht befugt, kommt auch ein Anhalten mittels Zwangsstrafen gegenüber dem verbleibenden Geschäftsführer nicht in Frage.[1142]

Achtung

Durch die Bevollmächtigung eines anderen kann sich der Verpflichtete nicht von Zwangsstrafen gem § 24 FBG freizeichnen. Der Verpflichtete bleibt Adressat der Zwangsstrafe.[1143]

Die Gesellschafter einer GmbH sind nicht Normadressaten des § 24 FBG. Die Verpflichtung zur Bestellung von Geschäftsführern fällt nicht unter die in § 24 FBG genannten Verpflichtungen. Weder in Bezug auf die Bestellung noch auf die Beendigung der Geschäftsführertätigkeit trifft die Gesellschafter eine Anmeldepflicht gem § 24 FBG. Hierzu ist noch anzumerken, dass es auch sonst keine gesetzliche Grundlage für Zwangsstrafen gibt, sollten Gesellschafter einer GmbH mit der Bestellung von Geschäftsführern säumig sein.[1144]

3.9.4. Grundsatz des gelindesten Zwangsmittels

Aufgrund des im FBG vorherrschenden Grundsatzes des gelindesten Zwangsmittels soll nur dort, wo das Firmenbuchgericht nicht ohnehin von Amts wegen die entsprechenden Eintragungen (Korrekturen) erwirken kann (insb bei amtswegigen Löschungen gem § 10 Abs 2 FBG), mit Zwangsstrafen vorgegangen werden.[1145]

Eine Ausnahme von diesem Grundsatz findet sich zB in § 30 Abs 2 UGB: das „Erlöschen einer Firma“ wegen Einstellung des Unternehmens ist von Amts wegen erst dann einzutragen, wenn die Anmeldung des Erlöschens durch die hierzu Verpflichteten nicht auf dem in § 24 FBG bezeichneten Weg innerhalb von zwei Monaten ab Rechtskraft der Verhängung der Zwangsstrafe herbeigeführt werden kann. Hier sieht der Gesetzgeber die Verhängung einer Zwangsstrafe als gelinderes Mittel gegenüber der amtswegigen Löschung an.

3.9.5. Zwangstrafen und Verbesserungsverfahren

Der OGH hat sich zum Verhältnis zwischen Verbesserungsverfahren nach § 17 FBG und Zwangsstrafenverfahren gem § 24 FBG wie folgt geäußert:[1146] Ein Verbesserungsauftrag hat jedenfalls dann nicht ausschließlich im § 17 FBG seine Grundlage, wenn für die eintragungspflichtigen Tatsachen eine Anmeldungspflicht im öffentlichen Interesse besteht, die auch zwangsweise durchgesetzt

1142 OGH 27.5.2004, 6 Ob 64/04m.
1143 *Burgstaller/Pilgerstorfer* in *Jabornegg/Artmann*, UGB² § 24 FBG Rz 27.
1144 Vgl den Leitsatz aus OGH 6 Ob 170/07d SZ 2007/145.
1145 OGH 6 Ob 43/09f SZ 2009/47.
1146 OGH 6 Ob 149/03k RdW 2004, 156.

werden kann. In diesem Fall richtet sich das durchzuführende Verbesserungsverfahren nach dem Zwangsstrafenverfahren (§ 24 FBG), wobei hier nicht mit der Abweisung des Eintragungsbegehrens wegen Nichtverbesserung vorgegangen wird, sondern mit Verhängung einer Zwangsstrafe. Dies trifft auch auf unvollständige Anmeldungen zu. Die Zwangsstrafe ist aber auch hier nicht sofort auszusprechen, weil der Partei die Gelegenheit gegeben werden muss, die Anmeldung dem Gesetz entsprechend nachzuholen (vgl § 24 Abs 3 FBG).

3.9.6. Unzulässiger Firmengebrauch

Derjenige, der unzulässigerweise eine Firma gebraucht, ist gem § 24 Abs 1 zweiter Fall FBG mittels Zwangsstrafen anzuhalten, den Gebrauch dieser Firma zu unterlassen (oder zu begründen, warum der Gebrauch dieser Firma rechtmäßig ist, § 24 Abs 3 FBG). Der Träger des Firmenrechts kann sich gegen den „unbefugten Gebrauch einer Firma" gem § 37 UGB mit Unterlassungs- und Schadenersatzansprüchen wehren.[1147]

Unzulässig ist der Gebrauch einer Firma in folgenden Fällen:

- Rechtswidrigkeit der eingetragenen Firma: Die im Firmenbuch ersichtliche Firma wurde entgegen den firmenrechtlichen Vorschriften (§§ 17 ff und § 29 UGB; § 5 GmbHG) gebildet oder fortgeführt.[1148]
- Anmaßung einer nicht eingetragenen Firma: Die GmbH benutzt im Geschäftsverkehr eine Firma, mit der sie nicht im Firmenbuch eingetragen ist.
- Abweichung von der eingetragenen Firma: Die von der GmbH gebrauchte Firma weicht von der im Firmenbuch zulässigerweise eingetragenen Firma ab.[1149]

Bei der Verwendung einer nicht eingetragenen Firma und bei Abweichen von der im Firmenbuch eingetragenen Firma richten sich die Zwangsstrafen an die Geschäftsführer, die ja im Namen der Gesellschaft mit der falschen Firma auftreten. Das rechtskonforme Verhalten liegt also in ihrer Hand.

Der Gebrauch einer rechtswidrigen, dh nach den einschlägigen Vorschriften unzulässigen Firma, kann hingegen nur durch Änderung des Gesellschaftsvertrages verhindert werden.[1150] Handeln müssen daher die Gesellschafter, nicht die Geschäftsführer, die daher auch nicht mittels Zwangsstrafen zur Unterlassung des Firmenmissbrauchs angehalten werden können.[1151] Für diesen Fall wäre die Verhängung der Zwangsstrafe gegen die Gesellschaft selbst sachgerecht.[1152]

1147 *W. Schuhmacher* in *Straube/Ratka/Rauter*, UGB I[4] § 37 Rz 3 mwN (Stand 1.12.2017, rdb.at).
1148 OGH 6 Ob 2/85; 6 Ob 41/06g; 6 Ob 132/07s; OLG Wien 6 R 47, 48/94; OLG Innsbruck 3 R 63/08a.
1149 Diese Aufzählung findet sich bei *Burgstaller/Pilgerstorfer* in *Jabornegg/Artmann*, UGB[2] § 24 FBG Rz 34.
1150 Gem § 4 Z 1 GmbHG ist die Firma zwingender Bestandteil des Gesellschaftsvertrages.
1151 *Schenk/Schuster* in *Straube/Ratka/Rauter*, UGB I[4] § 24 Rz 9 FBG (Stand 1.12.2009, rdb.at); aA allerdings OLG Innsbruck 3 R 63/08a NZ 2009, Z 10 (*Andrae*).
1152 Ausführlich dazu *Burgstaller/Pilgerstorfer* in *Jabornegg/Artmann*, UGB[2] § 24 FBG Rz 36, 37.

3.9.7. Zwangsstrafen in anderen Gesetzen

Neben § 24 FBG sehen auch andere Gesetze Bestimmungen für Zwangsstrafen vor und/oder verweisen auf § 24 FBG. In § 283 UGB sind die Geschäftsführer mittels Zwangsstrafen dazu anzuhalten, ihrer Offenlegungspflicht betreffend den Jahres- und Konzernabschluss nachzukommen.

§ 125 GmbHG sieht die Durchsetzung der Antragsstellungspflicht des Geschäftsführers bei fehlendem Aufsichtsrat; Berichtspflicht gegenüber dem Aufsichtsrat; Einsichtsrecht des Aufsichtsrats; Bilanzerstellung im Stadium der Liquidation; sowie der Übergabe der Bücher und Schriften der aufgelösten Gesellschaft zur Aufbewahrung durch Zwangsstrafen vor und verweist für das Verfahren auf § 24 Abs 2 bis 5 FBG.

Die gem §§ 277 und 280 UGB verpflichtende Offenlegung von Jahres- und Konzernabschlüssen ist ausschließlich gem § 283 UGB (als anzuwendende Spezialregelung gegenüber § 24 FBG) erzwingbar.[1153]

Gem § 283 Abs 7 UGB treffen die Offenlegungspflichten auch die Gesellschaft, gegen die daher gleichzeitig mit einer Bestrafung der Geschäftsführer Zwangsstrafen zu verhängen sind.[1154]

§ 284 UGB zählt eine Reihe von Bestimmungen auf, deren Einhaltung mittels Zwangsstrafen bis zu 3.600 € nach den Regeln des Zwangsstrafenverfahrens gem § 24 Abs 2–5 FBG durchgesetzt werden kann.[1155]

3.10. Zwangsstrafenverfahren

3.10.1. Allgemeines

Das Firmenbuchgericht hat das Zwangsstrafenverfahren von Amts wegen einzuleiten und durchzuführen, wenn die Voraussetzungen für ein Einschreiten nach § 24 FBG vorliegen. Es gibt hierfür keine Antragsbefugten, und zwar grundsätzlich auch nicht beim unbefugten Gebrauch einer Firma.[1156] Allerdings haben die gesetzliche Interessenvertretung bzw der Revisionsverband bei Firmenmissbrauch eine Antragslegitimation gem § 14 Abs 3 FBG. Im Übrigen können nur Anregungen an das Firmenbuchgericht herangetragen werden. Wer ein Zwangsstrafenverfahren anregt, hat keine Parteistellung und demnach auch keine Rechtsmittellegitimation gegen einen Beschluss, mit dem seine Anregung abgelehnt wurde;[1157] vgl auch § 2 Abs 2 AußStrG.

1153 *Pilgerstorfer*, Verwirrung im Zwangsstrafenverfahren des Firmenbuchs, RdW 2000, 459 (461 f); *Zehetner*, Offenlegung und Zwangsstrafen: Zum Verhältnis der § 283 HGB, § 24 FBG, § 258 AktG, § 125 GmbHG und § 87 GenG, ecolex 2001, 280 (282 f); *Kodek* in *Kodek/Nowotny/Umfahrer*, FBG § 24 Rz 12; OGH 6 Ob 306/00v; 6 Ob 304/00z; 6 Ob 251/00f; 6 Ob 2/02s.

1154 *Dokalik/Birnbauer*, GesRZ 2011, 27.

1155 *Moser*, Das Rechnungslegungs-Änderungsgesetz 2014, GES 2015, 116 (118).

1156 *Burgstaller/Pilgerstorfer* in *Jabornegg/Artmann*, UGB² § 24 FBG Rz 45.

1157 OGH 6 Ob 4/94; 6 Ob 90/08s; 6 Ob 32/09p; *Kodek* in *Kodek/Nowotny/Umfahrer*, FBG § 24 Rz 67.

Im Zwangsstrafenverfahren haben die Verpflichteten, also die Geschäftsführer, Parteistellung und Rechtsmittellegitimation. Nach der Rsp kommt Letztere auch der Gesellschaft zu, weil die gegen die Geschäftsführer verhängten Zwangsstrafen auch eine Offenlegung von Gesellschaftsdaten als unmittelbare Verpflichtung der Gesellschaft selbst bewirken soll.[1158]

Im Zwangsstrafenverfahren des Firmenbuchgerichtes ist eine mündliche Verhandlung nicht zwingend, sondern nur dann vorzunehmen, wenn sie das Gericht für erforderlich hält (§ 18 AußStrG).[1159] Das gilt auch für das Rekursverfahren (§ 52 Abs 1 AußStrG).[1160]

3.10.2. Reguläres Verfahren

Vor der Verhängung der ersten Zwangsstrafe ist der Verpflichtete gem § 24 Abs 3 FBG vom Gericht dazu aufzufordern, seinen Verpflichtungen nachzukommen oder darzulegen, warum eine Verpflichtung nicht besteht bzw der Gebrauch der Firma zulässig ist. Mit der Aufforderung, diese Verpflichtung binnen einer bestimmten (angemessenen) Frist zu erfüllen oder darzutun, dass diese Verpflichtung nicht besteht, muss die Androhung einer konkreten Zwangsstrafe bei Nichtbefolgung verbunden sein. Diese Aufforderung ist wie eine Klage zuzustellen. § 24 Abs 3 FBG fasst somit jene Grundsätze des Verfahrens zusammen, die die Rechtsprechung vor Existenz dieser expliziten Regelung entwickelt hatte.[1161] Enthält der gerichtliche Auftrag diese Inhalte nicht, dann kann eine Zwangsstrafe selbst im Fall der weiteren Säumigkeit des Verpflichteten nicht verhängt werden.[1162] Dieses stufenweise Vorgehen steht im Einklang mit dem zu beachtenden Grundsätzen des rechtlichen Gehörs und dem Einsatz des gelindesten Mittels zur Erreichung des primären Beugezwecks einer Zwangsstrafe.[1163]

Erst wenn der Verpflichtete der Aufforderung nicht binnen der gesetzten Frist nachkommt, kann das Gericht eine Zwangsstrafe von bis zu 3.600 € verhängen (§ 24 Abs 1 FBG).

3.10.2.1. Wiederholte Strafverhängung

Wenn ein Verpflichteter einer gerichtlichen Anordnung gem § 24 Abs 1 FBG innerhalb von zwei Monaten nach Eintritt der Rechtskraft des Beschlusses über die

1158 OGH 6 Ob 9/94; 6 Ob 21/03m; 6 Ob 101/99t; 6 Ob 214/00i; 6 Ob 124/05m; 6 Ob 207/05t; 6 Ob 209/05m.

1159 OGH 6 Ob 261/06k; 6 Ob 293/06s; 6 Ob 84/07g; 6 Ob 109/07h.

1160 OGH 6 Ob 293/06s; 6 Ob 109/07h.

1161 OGH 6 Ob 15/91; 6 Ob 3/93; 6 Ob 171/00s; 6 Ob 177/00y; 6 Ob 178/00w; 6 Ob 275/00k; 6 Ob 215/01p; 6 Ob 201/01d; 6 Ob 214/01s; 6 Ob 41/02a; 6 Ob 21/03m; 6 Ob 192/04k; RIS-Justiz RS 0113939 mwN; *Zehetner*, Folgen der Nichtoffenlegung des Jahresabschlusses, ecolex 1998, 473 (483); *Pilgerstorfer*, RdW 2000, 459 (462); *Zehetner*, ecolex 2001, 280 (281); *Dellinger*, Genossenschaftsgesetz samt Nebengesetzen² (2014) § 24 FBG Rz 1.

1162 *Burgstaller/Pilgerstorfer* in *Jabornegg/Artmann*, UGB² § 24 FBG Rz 50 noch zur alten Rechtslage.

1163 *Pilgerstorfer*, RdW 2000, 459 (462); OGH 6 Ob 275/00k ua.

Verhängung der Zwangsstrafe nicht nachkommt, hat das Gericht die Möglichkeit, wiederholt weitere Zwangsstrafen zu verhängen. Gem § 24 Abs 2 FBG ist eine weitere Zwangsstrafe jeweils bis zu 3.600 € zu verhängen.[1164] Der Beschluss über die dritte verhängte Zwangsstrafe ist zu veröffentlichen.[1165] § 24 Abs 2 FBG stellt hier ausdrücklich klar, dass wegen einer fortgesetzten Pflichtverletzung auch die im Zwei-Monats-Rhythmus wiederholte Verhängung von Zwangsstrafen in der Höhe von jeweils bis zu 3.600 € zulässig ist („*ist eine weitere Zwangsstrafe bis zu 3.600 € zu verhängen*").

§ 24 Abs 5, letzter Satz FBG sieht vor, dass eine bereits verhängte Zwangsstrafe auch dann zu vollstrecken ist, wenn der Verpflichtete der gerichtlichen Anordnung nachgekommen ist oder deren Erfüllung unmöglich geworden ist.[1166] Zwangsstrafen haben nämlich repressiven Charakter und sollen echte Sanktionen für die Nichtbefolgung bilden.[1167]

Beispiel

Der Geschäftsführer wird nach der Verhängung einer Zwangsstrafe abberufen. Obwohl er in der Folge nicht mehr in der Lage ist, die angeordnete Veröffentlichung im Firmenbuch vorzunehmen, ist die Zwangsstrafe zu vollstrecken. Für die weitere Säumnis der Gesellschaft kann der abberufene Geschäftsführer freilich nicht mehr verantwortlich gemacht werden, sondern das Firmenbuchgericht hat gegen die aktuellen Geschäftsführer vorzugehen.[1168]

3.10.2.2. Strafausmaß

Die Höhe der Zwangsstrafe hängt laut Rsp von den konkreten Umständen des Einzelfalles ab.[1169] Die Strafe ist innerhalb des gesetzlichen Rahmens (von bis zu 3.600 €) derart zu bemessen, dass der Verpflichtete nicht über Gebühr belastet wird. Die Zwangsstrafe soll aber doch so hoch bemessen werden, dass damit eine Erzwingung der Verpflichtung als wahrscheinlich eingestuft werden kann.[1170] Damit ein Firmenbuchgericht bereits bei der Erstverhängung die Höchststrafe (3.600 €) ausspricht, müssten schon besondere Gründe vorliegen, die eine sofortige Ausschöpfung des Strafrahmens rechtfertigen.[1171] In diesem Zusammenhang ist der Rsp folgend eine „*beharrliche Weigerung*" des Verpflichteten, „*die klare*

1164 *Dellinger*, Genossenschaftsgesetz² § 24 FBG Rz 1.
1165 *Dokalik/Birnbauer*, GesRZ 2011, 28.
1166 Diese Bestimmung gilt trotz ihrer Positionierung in Abs 5 für alle verhängten Zwangsstrafen, vgl *Dokalik/Birnbauer*, GesRZ 2011, 28.
1167 OGH 6 Ob 8/08g RdW 2008/277.
1168 Vgl für weitere Beispiele *Zib* in *Zib/Dellinger*, UGB I/1 § 24 FBG Rz 46 f.
1169 RIS-Justiz RS 0115833, etwa OGH 29.11.2001, 6 Ob 215/01p.
1170 OGH 6 Ob 84/07g NZ 2008/27; 6 Ob 177/01z; 6 Ob 198/01p.
1171 OGH 6 Ob 17/12m RdW 2012, 405 (größtes ö Medienunternehmen, vorsätzliche Nichteinreichung von Unterlagen rechtfertigten die Höchststrafe); 29.11.2001, 6 Ob 198/01p zu § 283 UGB.

Rechtslage im Sinne der ständigen oberstgerichtlichen Rechtsprechung zur Kenntnis zu nehmen“, ein Kriterium, welches bei der Strafbemessung zu berücksichtigen ist.[1172] Der Strafrahmen soll je nach Verschuldensgrad, Art und Schwere des Verstoßes und Leistungsfähigkeit ausgeschöpft werden.[1173]

Achtung

Die Strafobergrenze von 3.600 € bildet nur die Höhe der jeweils zu verhängenden Einzelstrafe ab, nicht die zulässige Gesamtsumme im Fall mehrfachen Zuwiderhandelns.[1174]

Für Geschäftsführer von mittelgroßen GmbHs (§ 221 Abs 2 UGB) gilt bei wiederholter Strafverhängung ab der dritten verhängten Zwangsstrafe der dreifache Höchstbetrag gem § 24 Abs 2 FBG – es können damit Strafen von bis zu 10.800 € verhängt werden (§ 24 Abs 5 FBG).

Die Vertreter großer Kapitalgesellschaften (§ 221 Abs 3 UGB) haben ab der dritten wiederholten Zwangsstrafe mit Strafen bis zum sechsfachen Höchstbetrag nach § 24 Abs 2 FBG, mit bis zu 21.600 € zu rechnen. Als Grundlage für die Größenklasse kann das Firmenbuchgericht den zuletzt vorgelegten Jahresabschluss heranziehen (vgl für die Größenklassen die Tabelle in Kap 1.1.4.).

3.10.2.3. Rechtsmittelverfahren

Gegen Zwangsstrafenbeschlüsse ist das Rechtsmittel des Rekurses möglich (§ 15 Abs 1 FBG iVm § 45 AußStrG). Solchen Rekursen kann sowohl bereits das Erstgericht (§ 50 Abs 1 Z 2 AußStrG) als auch der Rechtspfleger (§ 11 Abs 1a RpflG) stattgeben. Ausnahmsweise ist auch nach Ablauf der Rekursfrist eine Anfechtung von Strafbeschlüssen möglich, weil eine Abänderung oder Aufhebung mit keinem Nachteil für Dritte verbunden ist (§ 46 Abs 3 AußStrG).[1175]

Zum Rekurs legitimiert ist jedenfalls der Verpflichtete, über den die Zwangsstrafe verhängt wurde. Aber auch die Gesellschaft hat nach Ansicht des OGH Parteistellung und Rechtsmittellegitimation (vgl Kap 3.10.1.).

Gem § 49 AußStrG ist die Frage der Zulässigkeit von Neuerungen im Rekursverfahren zu beurteilen. **Nova reperta** (das sind Tatsachen und Beweismittel, die zum Zeitpunkt des Beschlusses erster Instanz bereits vorhanden waren) sind gem § 49 Abs 2 AußStrG nicht zu berücksichtigen, wenn sie von der Partei schon vor der Erlassung des Beschlusses hätten vorgebracht werden können (außer die

1172 OGH 6 Ob 208/03m ecolex 2005, 49 zu § 283 UGB.

1173 So die Gesetzesmaterialien zu § 283 UGB, der ebenfalls Zwangsstrafen vorsieht (ErläutRV BlgNR 24. GP 71).

1174 OGH 6 Ob 269/08i GesRZ 2009, 183 (*Birnbauer*).

1175 *Kodek* in *Kodek/Nowotny/Umfahrer*, FBG § 15 Rz 202; OGH 6 Ob 39/08s; 6 Ob 288/08h.

Partei kann nachvollziehbar begründen, dass es sich bei der Verspätung (Unterlassen) des Vorbringens um eine entschuldbare Fehlleistung gehandelt hat).

Die Säumnisfolge des § 18 FBG (Annahme keiner Einwendungen bei Nichtäußerung) gelangen im Zwangsstrafenverfahren nicht zur Anwendung. Ein Verpflichteter, der sich zur Aufforderung des Firmenbuchgerichtes im Verfahren erster Instanz nicht geäußert hat, kann sich nicht auf eine entschuldbare Fehlleistung iSd § 49 Abs 2 AußStrG berufen, wenn er das versäumte Tatsachenvorbringen mit dem Rekurs nachholen möchte.

Nach § 49 Abs 3 AußStrG sind **nova producta** (Tatsachen, die zur Zeit des angefochtenen Beschlusses noch nicht bekannt bzw vorhanden waren) nur dann zu berücksichtigen, wenn diese nicht ohne wesentlichen Nachteil zum Gegenstand eines neuen Antrags gemacht werden können.

Im Revisionsrekursverfahren (beim OGH) herrscht Neuerungsverbot (§ 66 Abs 2 AußStrG).[1176] Nach der Rsp ist interessanterweise die zweitinstanzliche Entscheidung über eine vom Firmenbuchgericht verhängte Zwangsstrafe nicht rein vermögensrechtlicher Natur.[1177] Folglich hat daher auch kein Bewertungsausspruch des Rekursgerichtes nach § 59 Abs 2 AußStrG zu erfolgen.[1178] Spricht das Rekursgericht aus, dass der ordentliche Revisionsrekurs nicht zulässig ist (vgl § 62 Abs 1 AußStrG), kann gem § 62 Abs 5 AußStrG ein außerordentlicher Revisionsrekurs erhoben werden.[1179]

3.10.2.4. Veröffentlichung

Ein probates Beugemittel ist auch die Veröffentlichung der Zwangsstrafenbeschlüsse (§ 24 Abs 2 FBG). Durch Veröffentlichung verbessert sich die Information der interessierten Verkehrskreise. Die Veröffentlichung setzt voraus, dass „bereits einmal nach diesem Absatz vorgegangen“ wurde, dh dass bereits zwei Zwangsstrafen wegen dieser Pflichtverletzung rechtskräftig verhängt wurden und der Betroffene binnen zwei Monaten nach Eintritt der Rechtskraft des letzten Beschlusses seiner Verpflichtung nicht nachgekommen ist.[1180]

Die Veröffentlichung von Zwangsstrafenbeschlüssen nach § 24 Abs 2 FBG wird in der Ediktsdatei und im „Amtsblatt zur Wiener Zeitung“ vorgenommen.[1181] Wie die Kosten für die Veröffentlichung aufgeteilt sind, regelt § 24 FBG jedoch nicht. Die Kosten für die Veröffentlichung in der Wiener Zeitung hebt diese direkt beim betroffenen Rechtsträger, also bei der Gesellschaft ein (§ 10 Abs 2 UGB).[1182]

1176 OGH 6 Ob 207/08x.
1177 OGH 6 Ob 303/99y; 6 Ob 207/08x; ua.
1178 *Kodek* in *Kodek/Nowotny/Umfahrer*, FBG § 24 Rz 126.
1179 OGH 6 Ob 207/08x.
1180 *Dokalik/Birnbauer*, GesRZ 2011, 28.
1181 Ebenso OGH 6 Ob 124/05m für die Zwangsstrafen nach § 283 UGB.
1182 *Zib* in *Zib/Dellinger*, UGB I/1 § 24 FBG Rz 37; aA *Birnbauer*, Vereinfachtes amtswegiges Löschungsverfahren im Recht der eingetragenen Einzelunternehmen und Personengesellschaften? GesRZ 2009, 268 (271).

Aufgrund der Rsp werden bei Veröffentlichung des Strafbeschlusses die Namen der betroffenen Vertreter der juristischen Person oder deren sonstigen persönlichen Daten (Geburtsdaten) nicht genannt.[1183] Es genügt der Hinweis, dass die Zwangsstrafe über den oder die Geschäftsführer der GmbH – ohne weitere Konkretisierung dieser Personen – verhängt wurde.[1184]

3.10.3. Die Zwangsstrafverfügung

Statt des regulären Verfahrens kann das Firmenbuchgericht auch ohne vorangehendes Verfahren direkt eine Zwangsstrafverfügung erlassen. Die Zwangsstrafverfügung ist zulässig, wenn „der Pflichtverstoß anhand der Umstände naheliegt" (vgl § 24 Abs 4 FBG) und daher die Androhung einer Zwangsstrafe im regulären Verfahren nicht erfolgversprechend scheint.[1185] Die Zwangsstrafverfügung ist kein Beugemittel, sondern eine Sanktion für den Verstoß gegen die Eintragungspflichten im Firmenbuch.[1186] Die Höhe der Zwangsstrafverfügung muss „im für den Pflichtverstoß vorgesehenen Strafrahmen" liegen, dh es gilt die Obergrenze von 3.600 €.[1187]

Im Übrigen verweist § 24 Abs 4 FBG auf die Bestimmungen des § 283 Abs 2 und 3 UGB. Dort sind die Zwangsstrafverfügungen gegen die gesetzlichen Vertreter von Gesellschaften geregelt, die gegen die Offenlegungspflicht für Jahres- und Konzernabschluss verstoßen (vgl Kap 3.9.7.).[1188]

Auch Zwangsstrafverfügungen sind wie Klagen zuzustellen. Der Verpflichtete kann gegen die Zwangsstrafe binnen 14 Tagen Einspruch erheben. Ohne Einspruch erwächst die Strafe in Rechtskraft. Der Geschäftsführer hat im Einspruch die Gründe darzulegen, warum er die Verpflichtung nicht befolgt hat oder keine Verpflichtung oder kein Firmenmissbrauch vorliegt (vgl § 283 Abs 2 UGB sinngemäß).

Durch den Einspruch tritt die Verfügung außer Kraft und das Firmenbuchgericht leitet ein **reguläres Verfahren** ein: Das Verfahren kann eingestellt werden, wenn die im Einspruch vorgebrachten Gründe zutreffend sind.

Beispiele für die Einstellung: Der Geschäftsführer war durch ein unvorhersehbares oder unabwendbares Ereignis an der Erfüllung der Verpflichtung verhindert; die Eintragungsverpflichtung wurde tatsächlich schon erfüllt oder besteht nicht, oder die Erfüllung ist dauerhaft unmöglich geworden.[1189]

1183 OGH 6 Ob 304/00z ecolex 2004/42.
1184 OGH 6 Ob 124/05m wbl 2006/17.
1185 *Dokalik/Birnbauer*, GesRZ 2011, 27.
1186 Vgl *Dellinger*, Genossenschaftsgesetz² § 24 FBG Rz 1a mwN.
1187 *Dellinger*, Genossenschaftsgesetz² § 24 FBG Rz 1a.
1188 Anders als die Zwangsstrafverfügung im Firmenbuchrecht sieht § 283 Abs 2 ff UGB einen fixen Betrag von 700 € (bzw von 350 € für Kleinstkapitalgesellschaften) vor.
1189 Vgl die Nachweise bei *Frotz/Schörghofer* in *Bertl/Mandl*, Handbuch § 283 UGB Rz 12.

Andernfalls hat das Gericht eine Zwangsstrafe „im Bereich des für den Pflichtverstoß vorgesehenen Strafrahmens" zu verhängen.[1190] Völlig unbegründete, ebenso wie verspätete Einsprüche sind zurückzuweisen.[1191] Versäumt der Geschäftsführer wegen eines unvorhergesehenen oder unabwendbaren Ereignisses die Einspruchsfrist, kann er die Wiedereinsetzung in den vorigen Stand beantragen (§ 283 Abs 2 mit Verweis auf § 21 AußStrG).

1190 Auch hier ist bei firmenbuchrechtlichen Zwangsstrafen nicht die Strafuntergrenze von 700 € anzuwenden, die § 283 Abs 3 UGB sonst vorsieht, vgl *Dokalik/Birnbauer*, GesRZ 2011, 28.

1191 ErläutRV 981 BlgNR 24. GP 71.

4. Der Geschäftsführer in der Unternehmenskrise

4.1. Insolvenzeröffnungsgründe

Die Insolvenzeröffnungsgründe der Insolvenzordnung (IO) sind:

- Zahlungsunfähigkeit (§ 66 IO) und
- Überschuldung (§ 67 IO).

Ein Sanierungsverfahren kann hingegen schon bei

- drohender Zahlungsunfähigkeit (§ 167 Abs 2 IO)

eröffnet werden.

Der allgemeine Insolvenzeröffnungsgrund ist die Zahlungsunfähigkeit, bei dessen Vorliegen alle insolvenzfähigen Schuldner, also juristische wie natürliche Personen, antragspflichtig sind.[1192] Ein weiterer Insolvenzeröffnungsgrund ist die Überschuldung, die das Gesetz für juristische Personen, Personengesellschaften, bei denen kein persönlich haftender Gesellschafter eine natürliche Person ist, und bei Verlassenschaften vorsieht. Für die Eröffnung eines Sanierungsverfahrens gem § 166 IO kommt als dritter, zusätzlicher Eröffnungsgrund neben Zahlungsunfähigkeit und Überschuldung die „drohende Zahlungsunfähigkeit" in Frage.[1193]

Für die GmbH als juristische Person sind alle drei Insolvenzeröffnungsgründe relevant, die daher im Folgenden genauer analysiert werden. Das Wort „Schuldner" ist stets als Synonym für die GmbH zu lesen.

4.1.1. Zahlungsunfähigkeit

Das Gesetz liefert keine Definition der Zahlungsunfähigkeit. Eine solche hat der Gesetzgeber bewusst nicht vorgenommen, weil sie wegen den von der Lehre herausgearbeiteten Kriterien für entbehrlich gehalten und wegen der mangelnden Flexibilität gesetzlicher Begriffsbestimmungen gegenüber Einzelfällen als gefährlich eingestuft wurde.[1194] Hinweise bietet jedoch § 66 IO, weil diese Bestim-

1192 *Dellinger* in *Konecny/Schubert*, Insolvenzgesetze § 66 Rz 2; *Lichtkoppler/Reisch*, Handbuch Unternehmenssanierung[2] (2018) Rz 1.42.

1193 *Lichtkoppler/Reisch*, Unternehmenssanierung[2] Rz 1.42, 1.67; *Dellinger/Oberhammer/Koller*, Insolvenzrecht[4] (2018) Rz 65.

1194 *Dellinger/Oberhammer/Koller*, Insolvenzrecht[4] Rz 61; *Feil*, Insolvenzordnung[8] (2014) § 66 Rz 1; *Dellinger* in *Konecny/Schubert*, Insolvenzgesetze § 66 Rz 4 mwN.

mung in Abs 2 eine gesetzliche Vermutung für den Eintritt der Zahlungsunfähigkeit bei Zahlungseinstellung beinhaltet und in Abs 3 zur Zahlungsunfähigkeit einige Klarstellungen vornimmt.[1195]

Die Rsp trägt in diesem Zusammenhang zur Klärung der Grundvoraussetzungen für das Vorliegen einer Zahlungsunfähikgeit bei:[1196] Zahlungsunfähigkeit liegt demnach vor, wenn der Schuldner mangels bereiter Zahlungsmittel nicht in der Lage ist, alle seine fälligen Schulden zu bezahlen und sich die erforderlichen Mittel voraussichtlich auch nicht binnen angemessener Frist verschaffen kann.[1197] Der OGH präzisierte diese Aussage in zwei Entscheidungen weiter: „*Zahlungsunfähigkeit iSd § 66 KO* [nun § 66 IO] *liegt vor, wenn der Schuldner mehr als 5 % aller fälligen Schulden nicht begleichen kann. Von Zahlungsfähigkeit darf ein Zahlungsempfänger ausgehen, wenn der Schuldner 95 % oder mehr aller fälligen Schulden begleichen kann.*“[1198] Ob ein wirtschaftlicher Sachverhalt als „Zahlungsunfähigkeit“ qualifiziert werden kann, ist eine widerlegbare (revisible) Rechtsfrage.[1199]

4.1.1.1. Elemente der Zahlungsunfähigkeit

An dieser Stelle soll vorweg kurz der Begriff der Zahlungsunfähigkeit erläutert werden: In der älteren Rsp[1200] wird, unter Zugrundelegung der im Strafrecht[1201] gebräuchlichen Definition, Zahlungsunfähigkeit bereits dann angenommen, wenn der Schuldner „bei redlicher wirtschaftlicher Gebarung“ nicht imstande ist, seine fälligen Verbindlichkeiten zu begleichen. Nach der hL ist die Unredlichkeit der wirtschaftlichen Gebarung aber jedenfalls nicht bei Fahrlässigkeit gegeben, sondern etwa dann anzunehmen, wenn der Schuldner durch Täuschung über seine Kreditwürdigkeit Zahlungsmittel erwirbt. Andernfalls wäre jeder Schuldner, der leicht fahrlässig die Überschuldung übersieht, bereits unredlich und somit auch „zahlungsunfähig“, weil er trotz ausreichender liquider Mittel wegen Überschuldung bereits sämtliche Zahlungen einstellen und ein Insolvenzverfahren beantragen müsste.[1202]

1195 *Lichtkoppler/Reisch*, Unternehmenssanierung² Rz 1.43; *Feil*, Insolvenzordnung⁸ § 66 Rz 1.

1196 *Dellinger* in *Konecny/Schubert*, Insolvenzgesetze § 66 Rz 5; *Schumacher* in *Bartsch/Pollak/Buchegger*, Österreichisches Insolvenzrecht II/2⁴ (2004) § 66 Rz 9.

1197 *Dellinger/Oberhammer/Koller*, Insolvenzrecht⁴ Rz 61; *Feil*, Insolvenzordnung⁸ § 66 Rz 1 und 2; *Lichtkoppler/Reisch*, Unternehmenssanierung² Rz 1.44; *Dellinger* in *Konecny/Schubert*, Insolvenzgesetze § 66 Rz 5.

1198 OGH 19.1.2011, 3 Ob 99/10w SZ 2011/2; OGH 11.10.2012, 2 Ob 117/12p; RIS-Justiz RS 0126559.

1199 *Lichtkoppler/Reisch*, Unternehmenssanierung² Rz 1.44; *Dellinger/Oberhammer/Koller*, Insolvenzrecht⁴ Rz 62; *Dellinger* in *Konecny/Schubert*, Insolvenzgesetze § 66 Rz 6 mwN.

1200 *Dellinger/Oberhammer/Koller*, Insolvenzrecht⁴ Rz 68; *Feil*, Insolvenzordnung⁸ § 66 Rz 1; *Lichtkoppler/Reisch*, Unternehmenssanierung² Rz 1.46; *Schumacher* in *Bartsch/Pollak/Buchegger*, Insolvenzrecht II/2⁴ § 66 Rz 49.

1201 *Dellinger* in *Konecny/Schubert*, Insolvenzgesetze § 66 Rz 56; *Lichtkoppler/Reisch*, Unternehmenssanierung² Rz 1.46 mit Verweis auf ÖBA 1991, 680; RIS-Justiz RS 0094940.

1202 Im Detail *Dellinger/Oberhammer/Koller*, Insolvenzrecht⁴ Rz 68.

4.1.1.1.1. Bereite Zahlungsmittel

Bereite Zahlungsmittel sind ua Bargeld, Giralgeld, offene Kreditlinien, leicht liquidierbare oder belehnbare Wertpapiere (wie etwa Sparbücher, börsenotierte Wertpapiere), und auch leicht liquidierbare Vermögenswerte (fällige und einbringliche Forderungen, Schmuck).[1203] Das entscheidende Abgrenzungskriterium der „bereiten" Zahlungsmittel ist, wie kurzfristig diese verwertet und damit zu Geld gemacht werden können. Ist während einer Zahlungsstockung eine Verwertung von Vermögensgegenständen voraussichtlich möglich, sind diese Vermögenswerte bei der Prüfung der Zahlungsunfähigkeit als „bereite Zahlungsmittel" mit einzubeziehen.[1204]

Kredite sind ein adäquates Mittel zur Beseitigung der Zahlungsunfähigkeit, sofern sie die Begleichung aller fälligen Verbindlichkeiten ermöglichen,[1205] denn offene Kreditlinien halten die Zahlungsfähigkeit des Schuldners aufrecht. Im Gegensatz dazu sind Überziehungen von Konten oder Kreditrahmen sofort fällig[1206] und daher ungeeignet, die Zahlungsfähigkeit wiederherzustellen,[1207] außer wenn zwischen dem Schuldner und dem Kreditinstitut ein neuer Kreditrahmen (zumindest konkludent) vereinbart wurde. Bei Überziehungen ist freilich Vorsicht geboten, weil man von einer konkludenten Vereinbarung eines neuen Kreditrahmens nicht ohne weiteres ausgehen kann, nur weil eine Bank eine vertragswidrige Überziehung des Kontenrahmens über einen längeren Zeitraum duldet.[1208] Die Abgrenzung zwischen einem mündlich vereinbarten und nur intern wirkenden Kreditrahmen und einer bloßen Überziehung bietet oft erhebliche Schwierigkeiten. Die Unterscheidung ist aber essenziell, denn ein – wenn auch nur mündlich genehmigter – Kreditrahmen ist bei der Überprüfung des Vorliegens der Zahlungsunfähigkeit als „bereites Zahlungsmittel" zu berücksichtigen, während eine Überziehung wegen der sofortigen Fälligkeit nicht zu berücksichtigen ist. Für eine konkludente Vereinbarung gem § 863 ABGB sprechen die Verrechnung von Kreditzinsen und ein längerer Zeitraum der Überziehung,[1209] nicht aber die Verrechnung einer Überziehungsprovision.[1210]

1203 Ausführlich *Feil*, Insolvenzordnung[8] § 66 Rz 2; *Lichtkoppler/Reisch*, Unternehmenssanierung[2] Rz 1.45; *Dellinger* in *Konecny/Schubert*, Insolvenzgesetze § 66 Rz 9 mwN; *Schumacher* in *Bartsch/Pollak/Buchegger*, Insolvenzrecht II/2[4] § 66 Rz 44.

1204 *Schumacher* in *Bartsch/Pollak/Buchegger*, Insolvenzrecht II/2[4] § 66 Rz 21; *Lichtkoppler/Reisch*, Unternehmenssanierung[2] Rz 1.45.

1205 *Dellinger* in *Konecny/Schubert*, Insolvenzgesetze § 66 Rz 9; *Schumacher* in *Bartsch/Pollak/Buchegger*, Insolvenzrecht II/2[4] § 66 Rz 45 f; *Lichtkoppler/Reisch*, Unternehmenssanierung[2] Rz 1.45.

1206 Vgl *Apathy/Iro/Koziol*, Bankvertragsrecht II[2] (2008) Rz 1/92.

1207 *Lichtkoppler/Reisch*, Unternehmenssanierung[2] Rz 1.45; *Schumacher* in *Bartsch/Pollak/Buchegger*, Insolvenzrecht II/2[4] § 66 Rz 47 mwN.

1208 *Lichtkoppler/Reisch*, Unternehmenssanierung[2] Rz 1.45; *Schumacher* in *Bartsch/Pollak/Buchegger*, Insolvenzrecht II/2[4] § 66 Rz 47.

1209 *Lichtkoppler/Reisch*, Unternehmenssanierung[2] Rz 1.45; *Schumacher* in *Bartsch/Pollak/Buchegger*, Insolvenzrecht II/2[4] § 66 Rz 47.

1210 *Lichtkoppler/Reisch*, Unternehmenssanierung[2] Rz 1.45; *Schumacher* in *Bartsch/Pollak/Buchegger*, Insolvenzrecht II/2[4] § 66 Rz 48.

Betrachtet man zB die Eignung von Liegenschaftsbesitz[1211] als „bereites Zahlungsmittel", hat die Rsp hierzu eine klare Position bezogen:[1212] Die Relevanz bei Beurteilung der Zahlungsunfähigkeit wird verneint, weil eine Liegenschaftsverwertung doch längere Zeit in Anspruch nehmen kann.[1213] Es ist jedoch stets im Einzelfall zu prüfen, ob nicht doch eine rasche Verwertung zB im Weg eines Freihandverkaufs möglich ist.[1214] In diesem Zusammenhang darf auch nicht außer Acht gelassen werden, dass unbelastete bzw nicht über ihren Wert belastete Liegenschaften als Sicherheit für neue Kreditverbindlichkeiten dienen, und die Gesellschaft so neue liquide Mittel erzielen kann.[1215] Voraussetzung hierfür ist, dass eine Verpfändung innerhalb des banküblichen Zeitraums herbeigeführt werden kann.[1216]

Eine strittige Rechtsfrage stellt sich bei der Beurteilung der Zahlungsunfähigkeit, wenn man ausländisches Vermögen miteinbezieht bzw unter welchen Voraussetzungen dies möglich ist. Die hierzu ergangene überschaubare Rsp lehnt die Einbeziehung ausländischen Vermögens einerseits gänzlich ab,[1217] andererseits wird die Einbeziehung davon abhängig gemacht, ob der Schuldner das Vermögen ohne besondere Hürden zur Tilgung inländischer Schulden verwenden kann und die Exekutionsführung inländischer Gläubiger im ausländischen Staat zB aufgrund von Vollstreckungsverträgen ohne besondere Schwierigkeiten möglich ist.[1218] Folgende divergente Meinungen aus der Literatur seien an dieser Stelle kurz hervorgehoben: *Dellinger*[1219] berücksichtigt ausländisches Vermögen bei der Prüfung der Zahlungsfähigkeit nur dann, wenn inländische Gläubiger darauf exekutiv zugreifen können. Eine gänzlich andere Ansicht vertritt *Keppelmüller*,[1220] der ausländisches Vermögen unabhängig von seiner „Greifbarkeit" berücksichtigt. Auch für *Schumacher*[1221] ist eine Zugriffsmöglichkeit auf ausländisches Schuldnervermögen durch inländische Gläubiger nicht maßgeblich. Auslandsvermögen als „bereites Mittel" liegt seiner Ansicht nach dann vor, wenn der Schuldner innerhalb des Zeitraumes der Zahlungsstockung in der Lage ist, aus diesem Vermögen die erforderliche Liquidität zu schaffen. Selbst bei ausreichend vorhandenem Auslandsvermögen geht er jedoch bei einem *zahlungsunwilligen* Schuldner mangels alsbaldiger Erfüllungsmöglichkeit von Zahlungsunvermögen aus.[1222]

1211 *Lichtkoppler/Reisch*, Unternehmenssanierung² Rz 1.45; *Dellinger* in *Konecny/Schubert*, Insolvenzgesetze § 66 Rz 10; *Schumacher* in *Bartsch/Pollak/Buchegger*, Insolvenzrecht II/2⁴ § 66 Rz 58.

1212 *Lichtkoppler/Reisch*, Unternehmenssanierung² Rz 1.45 mwN; *Dellinger* in *Konecny/Schubert*, Insolvenzgesetze § 66 Rz 10; *Schumacher* in *Bartsch/Pollak/Buchegger*, Insolvenzrecht II/2⁴ § 66 Rz 58.

1213 RIS-Justiz RS 0094978.

1214 Vgl jüngst OGH 25.1.2019 8 Ob 5/19x; *Dellinger* in *Konecny/Schubert*, Insolvenzgesetze § 66 Rz 10; *Schumacher* in *Bartsch/Pollak/Buchegger*, Insolvenzrecht II/2⁴ § 66 Rz 58.

1215 *Dellinger* in *Konecny/Schubert*, Insolvenzgesetze § 66 Rz 10; *Schumacher* in *Bartsch/Pollak/Buchegger*, Insolvenzrecht II/2⁴ § 66 Rz 59.

1216 *Schumacher* in *Bartsch/Pollak/Buchegger*, Insolvenzrecht II/2⁴ § 66 Rz 59.

1217 *Feil*, Insolvenzordnung⁸ § 66 Rz 2; *Dellinger* in *Konecny/Schubert*, Insolvenzgesetze § 66 Rz 13.

1218 *Lichtkoppler/Reisch*, Unternehmenssanierung² Rz 1.45.

1219 *Dellinger* in *Konecny/Schubert*, Insolvenzgesetze § 66 Rz 13; *Konecny/Schubert*, Insolvenzgesetze § 66 Rz 61.

1220 *Keppelmüller*, Internationales Konkursrecht (1997) Rz 150.

1221 In *Bartsch/Pollak/Buchegger*, Insolvenzrecht II/2⁴ § 66 Rz 61.

1222 *Schumacher* in *Bartsch/Pollak/Buchegger*, Insolvenzrecht II/2⁴ § 66 Rz 61.

4.1.1.1.2. Relevanz des Zahlungswillens?

Die Beurteilung der Zahlungsunfähigkeit erfolgt durch eine Gegenüberstellung der fälligen Verbindlichkeiten und der „bereiten Mittel", dies unabhängig vom Zahlungswillen des Schuldners. Zur Überwindung der fehlenden Zahlungsbereitschaft genügt die Einleitung eines Exekutionsverfahrens, um den Schuldner zur Zahlung zu bewegen.[1223] Kann der Schuldner mangels ausreichender bereiter Zahlungsmittel die fälligen Verbindlichkeiten nicht zahlen, liegt unabhängig vom Willen des Schuldners Zahlungsunfähigkeit vor. Auch wenn ein (zahlungswilliger) Schuldner sein Vermögen nicht innerhalb der den Gläubigern noch zumutbaren Wartefristen liquidieren kann, ist Zahlungsunfähigkeit gegeben.[1224]

4.1.1.1.3. Geldschulden

Zahlungsunfähigkeit ist nur im Zusammenhang mit Geldschulden gegeben. Anderen Verpflichtungen (zB Dienst- oder Werkleistungsverpflichtungen) nicht nachkommen zu können, bedingt keine Zahlungsunfähigkeit. Kommt es aufgrund des Schadenersatz- oder Bereicherungsrechts zur Umwandlung einer Dienst- oder Werkleistungsverpflichtung in eine Geldschuld, ist diese ab der Umwandlung sehr wohl zu berücksichtigen.[1225]

4.1.1.1.4. Fällige Verbindlichkeiten

Gem der hL[1226] und Rsp[1227] sind nur bereits fällige Verbindlichkeiten in die Prüfung der Zahlungsunfähigkeit mit einzubeziehen. Künftig fällig werdende Verbindlichkeiten sind nicht beachtlich. In diesem Zusammenhang hat sich der Begriff der „Stichtagsbeurteilung"[1228] in Lehre und Rsp etabliert. Bei der Prüfung der Zahlungsunfähigkeit sind nur die tatsächlich fälligen Verbindlichkeiten zu einem bestimmten Zeitpunkt beachtlich.[1229] Dies hat der Gesetzgeber mit Einführung der „drohenden Zahlungsunfähigkeit" als Grund für die Eröffnung eines Sanierungsverfahrens klargestellt. Grundsätzlich richtet sich die Fälligkeit einer

1223 *Dellinger/Oberhammer/Koller*, Insolvenzrecht[4] Rz 64; *Feil*, Insolvenzordnung[8] § 66 Rz 2; *Dellinger* in *Konecny/Schubert*, Insolvenzgesetze § 66 Rz 15; *Schumacher* in *Bartsch/Pollak/Buchegger*, Insolvenzrecht II/2[4] § 66 Rz 27; *Lichtkoppler/Reisch*, Unternehmenssanierung[2] Rz 1.47; *Feil*, Insolvenzordnung[8] § 66 Rz 2.

1224 *Lichtkoppler/Reisch*, Unternehmenssanierung[2] Rz 1.47; *Schumacher in Bartsch/Pollak/Buchegger*, Insolvenzrecht II/2[4] § 66 Rz 15; *Dellinger* in *Konecny/Schubert*, Insolvenzgesetze § 66 Rz 15.

1225 *Lichtkoppler/Reisch*, Unternehmenssanierung[2] Rz 1.48; *Feil*, Insolvenzordnung[8] § 66 Rz 1; *Dellinger* in *Konecny/Schubert*, Insolvenzgesetze § 66 Rz 8.

1226 *Lichtkoppler/Reisch*, Unternehmenssanierung[2] Rz 1.49; *Dellinger* in *Konecny/Schubert*, Insolvenzgesetze § 66 Rz 8.

1227 *Dellinger* in *Konecny/Schubert*, Insolvenzgesetze § 66 Rz 16 mwN; *Schumacher* in *Bartsch/Pollak/Buchegger*, Insolvenzrecht II/2[4] § 66 Rz 18 mwN.

1228 *Lichtkoppler/Reisch*, Unternehmenssanierung[2] Rz 1.47 mwN; *Schumacher* in *Bartsch/Pollak/Buchegger*, Insolvenzrecht II/2[4] § 66 Rz 18.

1229 *Dellinger/Oberhammer/Koller*, Insolvenzrecht[4] Rz 64; *Feil*, Insolvenzordnung[8] § 66 Rz 2; *Dellinger* in *Konecny/Schubert*, Insolvenzgesetze § 66 Rz 23; OGH 7 Ob 288/04k JBl 2006, 122 (*König*).

Forderung nach der Parteienvereinbarung, dh in der Regel tritt Fälligkeit nach Rechnungslegung ein.[1230]

Folgende Forderungen sind mangels Fälligkeit nicht zu berücksichtigen: Aufschiebend bedingte Forderungen[1231] und gestundete Forderungen,[1232] mögen sie gesetzlicher oder vertraglicher Natur sein.

Strittig ist, ob Forderungen bei Beurteilung der Zahlungsunfähigkeit zu berücksichtigen sind, die im Insolvenzverfahren nicht bedient werden müssen.[1233] Es handelt sich hierbei vor allem an die in § 58 IO aufgelisteten Ansprüche (zB Geldstrafen wegen strafbarer Handlungen, Ansprüche aus Schenkungen) oder auch Abfindungsansprüche ausgeschiedener Genossenschaftsmitglieder.[1234] Nachrangige Forderungen, die am Insolvenzverfahren teilnehmen, sind jedenfalls beachtlich, wenn sie zum Zeitpunkt der Zahlungsunfähigkeit bereits fällig sind.[1235] Hierzu zählen zB Abfindungsansprüche ausgeschiedener Gesellschafter.[1236]

Unbeachtlich bei der Beurteilung des Vorliegens der Zahlungsunfähigkeit sind eigenkapitalersetzende Gesellschafterforderungen und Regressansprüche eines Gesellschafters, der Darlehensforderungen gegenüber der Gesellschaft eigenkapitalersetzend besichert hat.[1237] Hier verbietet § 14 Abs 1 EKEG die Rückzahlung von eigenkapitalersetzenden Gesellschafterdarlehen im Zeitpunkt der Krise.[1238] Damit werden Gesellschafterforderungen in der Krise der Gesellschaft nicht fällig und eine Rangrücktrittserklärung des betroffenen Gesellschafters ist nicht mehr notwendig.[1239] Eine Unterscheidung ist bei fälligen Kreditforderungen vorzunehmen, die eigenkapitalersetzend durch eine Gesellschaftersicherheit besichert sind: Wenn der Dritte in einem derartigen Fall von der Gesellschaft die Rückzahlung des Darlehens fordern kann, ist dieses Darlehen als fällige Verbindlichkeit bei der Prüfung der Zahlungsunfähigkeit aufzunehmen. Kann der Dritte aufgrund

1230 *Lichtkoppler/Reisch*, Unternehmenssanierung² Rz 1.50; *Feil*, Insolvenzordnung⁸ § 66 Rz 1; *Dellinger* in *Konecny/Schubert*, Insolvenzgesetze § 66 Rz 39 f; *Schumacher* in *Bartsch/Pollak/Buchegger*, Insolvenzrecht II/2⁴ § 66 Rz 29.

1231 §§ 1417 ff ABGB.

1232 *Lichtkoppler/Reisch*, Unternehmenssanierung² Rz 1.50; *Dellinger* in *Konecny/Schubert*, Insolvenzgesetze § 66 Rz 16; *Schumacher* in *Bartsch/Pollak/Buchegger*, Insolvenzrecht II/2⁴ § 66 Rz 18.

1233 *Dellinger* in *Konecny/Schubert*, Insolvenzgesetze § 66 Rz 37; *Schumacher* in *Bartsch/Pollak/Buchegger*, Insolvenzrecht II/2⁴ § 66 Rz 38.

1234 *Feil*, Insolvenzordnung⁸ § 66 Rz 2; *Schumacher* in *Bartsch/Pollak/Buchegger*, Insolvenzrecht II/2⁴ § 66 Rz 32; dagegen *Dellinger* in *Konecny/Schubert*, Insolvenzgesetze § 66 Rz 28.

1235 *Lichtkoppler/Reisch*, Unternehmenssanierung² Rz 1.51; *Feil*, Insolvenzordnung⁸ § 66 Rz 2; *Dellinger* in *Konecny/Schubert*, Insolvenzgesetze § 66 Rz 35.

1236 *Lichtkoppler/Reisch*, Unternehmenssanierung² Rz 1.51; *Dellinger* in *Konecny/Schubert*, Insolvenzgesetze § 66 Rz 28.

1237 Ausführlich dazu *Dellinger* in *Konecny/Schubert*, Insolvenzgesetze § 66 Rz 33 f; *Schumacher* in *Bartsch/Pollak/Buchegger*, Insolvenzrecht II/2⁴ § 66 Rz 33.

1238 *Dellinger* in *Konecny/Schubert*, Insolvenzgesetze § 66 Rz 30; *Schumacher* in *Bartsch/Pollak/Buchegger*, Insolvenzrecht II/2⁴ § 66 Rz 35.

1239 *Feil*, Insolvenzordnung⁸ § 66 Rz 2; *Lichtkoppler/Reisch*, Unternehmenssanierung² Rz 1.52.

§ 16 EKEG[1240] die Rückzahlung des Darlehens von der Gesellschaft vor der Sanierung nicht oder nicht in vollem Umfang verlangen, ist nur der bereits feststehende oder aber der geschätzte Ausfall im Zuge der Zahlungsunfähigkeitsprüfung zu berücksichtigen.[1241]

4.1.1.2. Zahlungsstockung oder Zahlungsunfähigkeit?

Kann ein Schuldner mangels bereiter Zahlungsmittel mehr als 5 %[1242] seiner fälligen Schulden nicht binnen einer (angemessenen) Frist bezahlen, liegt Zahlungsunfähigkeit vor. Von Zahlungsstockung spricht man, wenn der Schuldner die erforderliche Liquidität voraussichtlich binnen angemessener Frist wiederherstellen kann. Der OGH drückt dies in einer Entscheidung aus 2011 so aus:

> Eine Zahlungsstockung liegt vor, wenn eine ex-ante-Prüfung ergibt, dass eine hohe Wahrscheinlichkeit dafür bestand, dass der Schuldner in einer kurzen, für die Beschaffung der benötigten Geldmittel erforderlichen, im Durchschnittsfall (wenn Umschuldungen vorzunehmen sind; Vermögensobjekte verkauft werden sollen, Gesellschafterdarlehen vereinbart werden sollen uÄ) drei Monate nicht übersteigenden Frist alle seine Schulden pünktlich zu zahlen in der Lage sein wird. Eine noch längere Frist setzt voraus, dass mit an Sicherheit grenzender Wahrscheinlichkeit mit der Beseitigung der Liquiditätsschwäche zu rechnen ist.[1243]

Unter Zahlungsstockung versteht man daher ein zeitlich begrenztes bzw vorübergehendes Unvermögen des Schuldners, seine Schulden zu bezahlen.[1244] Das Vorliegen einer Zahlungsstockung setzt voraus, dass der Schuldner bei deren Eintritt seine Verbindlichkeiten baldigst beheben kann.[1245] Daher hat der Schuldner eine Prognose zu erstellen, ob er binnen „angemessener Frist“ seine fälligen Verbindlichkeiten bezahlen kann. Hierzu muss er eine Finanzplanung erstellen, bei der aktivseitig die zu erwartenden Eingänge auszuweisen sind und passivseitig alle im entsprechenden Prognosezeitraum fällig werdenden Verbindlichkeiten aufgelistet werden müssen.[1246] Eine wesentliche Voraussetzung für das Vorliegen einer

1240 *Feil*, Insolvenzordnung⁸ § 66 Rz 2a; *Lichtkoppler/Reisch*, Unternehmenssanierung² Rz 1.52; *Schumacher* in *Bartsch/Pollak/Buchegger*, Insolvenzrecht II/2⁴ § 66 Rz 35.

1241 Gem § 16 EKEG kann der Dritte vor der Sanierung der Gesellschaft die Rückzahlung des vom Gesellschafter besicherten Kredits von der Gesellschaft nur insoweit verlangen, als er bei der Inanspruchnahme der Sicherheit einen Ausfall erlitten hat oder hätte, wenn er a) die Krise im Zeitpunkt der Gewährung des Kredits kannte oder b) nach dem veröffentlichten oder dem ihm sonst bei Kreditgewährung bekannten Jahres- oder Zwischenabschluss die Eigenmittelquote weniger als 8 % und die fiktive Schuldentilgungsdauer mehr als 15 Jahre betragen haben.

1242 Wobei dies keine absolute Grenze ist, vgl auch *Jaufer*, Das Unternehmen in der Krise³ (2013) Kapital 4.2.5.

1243 OGH 3 Ob 99/10w SZ 2011/2.

1244 *Lichtkoppler/Reisch*, Unternehmenssanierung² Rz 1.53; *Dellinger* in *Konecny/Schubert*, Insolvenzgesetze § 66 Rz 31 (zur Rechtslage vor Inkrafttreten des EKEG); *Schumacher* in *Bartsch/Pollak/Buchegger*, Insolvenzrecht II/2⁴ § 66 Rz 36.

1245 *Dellinger/Oberhammer/Koller*, Insolvenzrecht⁴ Rz 67; *Lichtkoppler/Reisch*, Unternehmenssanierung² Rz 1.54; *Dellinger* in *Konecny/Schubert*, Insolvenzgesetze § 66 Rz 41; *Schumacher* in *Bartsch/Pollak/Buchegger*, Insolvenzrecht II/2⁴ § 66 Rz 21.

1246 *Lichtkoppler/Reisch*, Unternehmenssanierung² Rz 1.54; *Schumacher* in *Bartsch/Pollak/Buchegger*, Insolvenzrecht II/2⁴ § 66 Rz 25.

„bloßen" Zahlungsstockung ist, dass die Kapitalbeschaffung wahrscheinlich sein muss.[1247] Gibt es keine Aussicht auf Kapitalbeschaffung, liegt Zahlungsunfähigkeit vor (keine Zahlungsstockung). Um eine längere Zahlungsfrist zu erzielen, muss der Schuldner die Beschaffung von zusätzlichen Mitteln versichern können – zB durch eine verbindliche Kreditzusage oder einen zugesagten Gesellschafterzuschuss.[1248]

Je nachdem, welchen Zeitraum der Schuldner zur Mittelbeschaffung benötigt, liegt Zahlungsunfähigkeit oder Zahlungsstockung vor. Die Rsp geht von Zahlungsstockung aus, solange der Schuldner mit hoher Wahrscheinlichkeit[1249] in der Lage ist, sich die nötigen Zahlungsmittel zu verschaffen, um innerhalb „angemessener Frist"[1250] zur pünktlichen Zahlungsweise zurückzukehren. In der Literatur[1251] bestehen unterschiedliche Ansichten darüber, welcher Zeitraum hier herangezogen werden soll. Ob ein Zeitraum noch als „angemessen" gilt, ist einzelfallabhängig. Eine Zahlungsstockung liegt nach der Rsp der Landes- und Oberlandesgerichte hingegen dann vor, wenn sie spätestens nach 60 Tagen[1252] bzw zwei Monaten[1253] nach Eintritt des Unvermögens zur Zahlung fälliger Verbindlichkeiten behebbar ist. Der OGH geht davon aus, dass das Unvermögen, mehr als 5 % der fälligen Verbindlichkeiten dann keine Zahlungsunfähigkeit ist, wenn mit hoher Wahrscheinlichkeit in bis zu drei Monaten die für die Begleichung der Schulden erforderlichen Geldmittel beschaffen kann.[1254] Sollte die Beschaffungszeit vorraussichtlich länger dauern, müsste die Beseitigung der Liquiditätsschwäche mit an Sicherheit grenzender Wahrscheinlichkeit vorhersehbar sein.

Die jeweilige Verkehrsauffassung ist nach der hM[1255] das zentrale Element bei der Beurteilung dieser Frage. Nach *Dellinger*[1256] soll hier eine objektive Höchstfrist von drei bis sechs Monaten zur Anwendung gelangen, in der die Zahlungsfähigkeit

1247 *Dellinger/Oberhammer/Koller*, Insolvenzrecht[4] Rz 67; *Lichtkoppler/Reisch*, Unternehmenssanierung[2] Rz 1.54; *Dellinger* in *Konecny/Schubert*, Insolvenzgesetze § 66 Rz 52; *Schumacher* in *Bartsch/Pollak/Buchegger*, Insolvenzrecht II/2[4] § 66 Rz 25 mwN.

1248 *Lichtkoppler/Reisch*, Unternehmenssanierung[2] Rz 1.54; *Schumacher* in *Bartsch/Pollak/Buchegger*, Insolvenzrecht II/2[4] § 66 Rz 25 mwN.

1249 OGH 3 Ob 99/10w SZ 2011/2.

1250 Vgl zB OGH 1 Ob 134/07y SZ 2007/162.

1251 *Dellinger/Oberhammer/Koller*, Insolvenzrecht[4] Rz 67 mwN.

1252 OLG Wien 15.4.1993, 6 R 103/93; so auch OLG Graz 14.3.2001, 3 R 39/01g; LG Leoben 17 S 75/07h.; vgl *Lichtkoppler/Reisch*, Unternehmenssanierung[2] Rz 1.55; *Dellinger* in *Konecny/Schubert*, Insolvenzgesetze § 66 Rz 42 ff; *Schumacher* in *Bartsch/Pollak/Buchegger*, Insolvenzrecht II/2[4] § 66 Rz 22.

1253 OLG Wien 1.6.1994, 6 R 57/94; *Dellinger* in *Konecny/Schubert*, Insolvenzgesetze § 66 Rz 42 ff mwN; *Lichtkoppler/Reisch*, Unternehmenssanierung[2] Rz 1.55.

1254 OGH 3 Ob 99/10w SZ 2011/2; dazu *Schumacher*, Neues zur Zahlungsunfähigkeit und Zahlungsstockung, ÖBA 2012, 816.

1255 *Dellinger* in *Konecny/Schubert*, Insolvenzgesetze § 66 Rz 47 f mwN; *Schumacher* in *Bartsch/Pollak/Buchegger*, Insolvenzrecht II/2[4] § 66 Rz 23.

1256 *Dellinger/Oberhammer/Koller*, Insolvenzrecht[4] Rz 67; *Dellinger* in *Konecny/Schubert*, Insolvenzgesetze § 66 Rz 48f; abl *Buchegger* in *Feldbauer-Durstmüller/Schlager*, Krisenmanagement (2007) 961 und *Schumacher* in *Bartsch/Pollak/Buchegger*, Insolvenzrecht II/2[4] § 66 Rz 24.

spätestens wieder herzustellen ist. Der OGH[1257] lehnt jedoch die Einführung von festen Obergrenzen ab, weil starre Obergrenzen den jeweils individuell gelagerten Fall nicht berücksichtigen. Ob ein Zeitraum noch angemessen ist, entscheidet die Verkehrsauffassung. Je nach Art der Verbindlichkeit, Gläubigergruppe und Branche sind unterschiedliche Zahlungsgepflogenheiten zu beachten.[1258]

Beispiel

Bei Sozialversicherungsbeiträgen und Abgabenschulden werden aufgrund der raschen Betreibungsmöglichkeit durch Rückstandsausweise nur relativ kurze Fristen als angemessen angesehen,[1259] hingegen legt die Rsp an die Angemessenheit der Frist zur Mittelbeschaffung zB in der Baubranche[1260] oder in saisonabhängigen Betrieben[1261] einen großzügigeren Maßstab an.

Daher ist bei mehreren fälligen Verbindlichkeiten eine Prüfung vorzunehmen, ob die dringlichste Verbindlichkeit nicht aufgrund einer branchenüblichen Wartefrist erst zu einem späteren Zeitpunkt bezahlt werden kann. Ergibt diese Prüfung, dass keine Mittel für die Begleichung der dringlichsten Verbindlichkeit aufgestellt werden können, liegt – auch wenn allenfalls längere Zahlungsfristen üblich wären – keine Zahlungsstockung mehr vor.[1262]

4.1.1.3. Indizien für Zahlungsunfähigkeit

Um beurteilen zu können, ob der Insolvenzgrund Zahlungsunfähigkeit tatsächlich vorliegt, ist von einer Gesamtschau auf die wirtschaftliche Situation des Schuldners auszugehen und zwischen Zahlungsunfähigkeit und Zahlungsstockung genau zu unterscheiden.[1263]

Folgende Indizien können für das Vorliegen der Zahlungsunfähigkeit maßgeblich sein:[1264]

4.1.1.3.1. Zahlungseinstellung

In § 66 Abs 2 stellt die IO eine (widerlegbare[1265]) gesetzliche Vermutung für das Vorliegen von Zahlungsunfähigkeit auf, wenn der Schuldner seine Zahlungen

1257 OGH 18.2.2005, 10 Ob 90/04i; RIS-Justiz RS 0064528; *Buchegger* in *Feldbauer-Durstmüller/Schlager*, Krisenmanagement 961.

1258 *Dellinger/Oberhammer/Koller*, Insolvenzrecht[4] Rz 67 mwN; *Lichtkoppler/Reisch*, Unternehmenssanierung[2] Rz 1.59.

1259 *Lichtkoppler/Reisch*, Unternehmenssanierung[2] Rz 1.59; *Schumacher* in *Bartsch/Pollak/Buchegger*, Insolvenzrecht II/2[4] § 66 Rz 23 mwN.

1260 *Schumacher* in *Bartsch/Pollak/Buchegger*, Insolvenzrecht II/2[4] § 66 Rz 23 mwN.

1261 OGH 6 Ob 70/97f JBl 1998, 186 (abl *Schumacher*) = ZIK 1998, 130.

1262 *Schumacher* in *Bartsch/Pollak/Buchegger*, Insolvenzrecht II/2[4] § 66 Rz 23 mwN; OGH 8 Ob 37/00z ÖBA 2001, 563.

1263 *Lichtkoppler/Reisch*, Unternehmenssanierung[2] Rz 1.56.

1264 *Schumacher* in *Bartsch/Pollak/Buchegger*, Insolvenzrecht II/2[4] § 66 Rz 24.

1265 *Lichtkoppler/Reisch*, Unternehmenssanierung[2] Rz 1.57; *Schumacher* in *Bartsch/Pollak/Buchegger*, Insolvenzrecht II/2[4] § 66 Rz 63 f.

einstellt. Unter der vom Gesetzgeber formulierten „Zahlungseinstellung“ ist die vom Schuldner ausdrücklich oder schlüssig erklärte Zahlungsunfähigkeit zu verstehen.[1266] In diesem Sinn kann Zahlungsunfähigkeit vorliegen, wenn zB folgende Maßnahmen oder Verhaltensweisen durch die Geschäftsführung gesetzt werden: Ersuchen um (teilweisen) Schuldenerlass, Ankündigung, keine Gehälter mehr zahlen zu können, Erstattung eines außergerichtlichen Ausgleichsvorschlags.[1267] Auch die Ankündigung einer Betriebsschließung bzw die Unerreichbarkeit der Geschäftsleitung kann bei entsprechenden weiteren Indizien im Einzelfall für das Vorliegen einer Zahlungseinstellung sprechen.[1268]

4.1.1.3.2. Ansammlung mehrerer Gläubiger

Gem § 66 Abs 3 IO setzt die Zahlungsunfähigkeit nicht voraus, dass Gläubiger andrängen. Laufende Mahnungen und gerichtliche Forderungsbetreibung durch Gläubiger der Gesellschaft können aber die Zahlungsunfähigkeit indizieren.[1269] Auch eine Gläubigermehrheit ist keine Voraussetzung für die Zahlungsunfähigkeit.[1270] Begleicht die Gesellschaft Forderungen von einzelnen Gläubigern, schließt dies die Zahlungsunfähigkeit nicht aus.[1271]

4.1.1.3.3. Anhängige Exekutionsverfahren

Sind mehrere Exekutionsverfahren gegen den Schuldner anhängig, kann dies die Zahlungsunfähigkeit indizieren. Wie die jüngere Rsp[1272] betont, ist dies wiederum nur als eines von mehreren Indizien für die Zahlungsunfähigkeit des Schuldners zu bewerten, weil anhängige Exekutionsverfahren auch auf eine schlechte Zahlungsmoral des Schuldners, aber nicht zwingend auf das Fehlen von liquiden Mitteln zurückzuführen sein können. Auch hier kommt es auf die Bewertung aller Umstände des Einzelfalls an (und auf die Abgrenzung zur Zahlungsstockung).[1273]

Auch die Art der betriebenen Forderung kann eine Indizwirkung haben. Eine solche Indizwirkung ist beispielsweise darin zu erblicken, dass ein Unternehmen

1266 *Dellinger* in *Konecny/Schubert*, Insolvenzgesetze § 66 Rz 37; *Schumacher* in *Bartsch/Pollak/Buchegger*, Insolvenzrecht II/2⁴ § 66 Rz 74 mwN.

1267 *Lichtkoppler/Reisch*, Unternehmenssanierung² Rz 1.57; *Schumacher* in *Bartsch/Pollak/Buchegger*, Insolvenzrecht II/2⁴ § 66 Rz 71 f.

1268 *Dellinger* in *Konecny/Schubert*, Insolvenzgesetze § 66 Rz 37; *Dellinger* in *Konecny/Schubert*, Insolvenzgesetze § 66 Rz 69; Bsp nach *Schumacher* in *Bartsch/Pollak/Buchegger*, Insolvenzrecht II/2⁴ § 66 Rz 72.

1269 *Feil*, Insolvenzordnung⁸ § 66 Rz 2; *Schumacher* in *Bartsch/Pollak/Buchegger*, Insolvenzrecht II/2⁴ § 66 Rz 72.

1270 *Lichtkoppler/Reisch*, Unternehmenssanierung² Rz 1.58; *Schumacher* in *Bartsch/Pollak/Buchegger*, Insolvenzrecht II/2⁴ § 66 Rz 76.

1271 *Lichtkoppler/Reisch*, Unternehmenssanierung² Rz 1.58; *Schumacher* in *Bartsch/Pollak/Buchegger*, Insolvenzrecht II/2⁴ § 66 Rz 10 mwN.

1272 *Feil*, Insolvenzordnung⁸ § 66 Rz 2.

1273 *Feil*, Insolvenzordnung⁸ § 66 Rz 2; *Lichtkoppler/Reisch*, Unternehmenssanierung² Rz 1.59; *Dellinger* in *Konecny/Schubert*, Insolvenzgesetze § 66 Rz 37; *Schumacher* in *Bartsch/Pollak/Buchegger*, Insolvenzrecht II/2⁴ § 66 Rz 65 mwN.

Sozialversicherungsbeiträge oder Steuerschulden nicht bezahlt, obwohl diese aufgrund von Rückstandsausweisen sehr rasch betrieben und Gegenstand von Exekutionsverfahren sein können und sogar Straf- und Haftungsfolgen infolge deren Nichtbegleichung für die Geschäftsführer bedeuten können.[1274] Gleiches gilt für die Nichtzahlung von Löhnen und Gehältern: auch hier ist eine starke Indizwirkung für das Vorliegen einer Zahlungsunfähigkeit zu erblicken.[1275]

4.1.1.3.4. Andere Anzeichen

- Der Schuldner tilgt nur die dringlichsten Verbindlichkeiten,
- Ratenzahlungsvereinbarungen werden nicht eingehalten,
- zahlreiche Stundungs- oder Ratenzahlungsansuchen,
- trotz rechtskräftiger Verurteilungen keine Leistung durch den Schuldner,
- Vorschlag eines außergerichtlichen Ausgleichs durch den Schuldner,
- anhängige Insolvenzanträge.[1276]

4.1.1.3.5. Prüfung der Zahlungsunfähigkeit

Es obliegt dem Schuldner, also der Geschäftsführung der GmbH, sich zu vergewissern, ob seine fälligen Verbindlichkeiten durch liquide Mittel abgedeckt werden können oder er sich die hierfür erforderlichen Finanzmittel binnen angemessener Frist besorgen kann. Der Schuldner hat für diese Beurteilung über entsprechende und funktionierende betriebliche Kontrollinstrumentarien zur verfügen (wie zB Rechnungswesen, Controlling), um die laufende Finanzplanung[1277] zu ermöglichen und damit eine rechtzeitige Erkennbarkeit einer drohenden Zahlungsunfähigkeit sicherzustellen.

Die Gesamtheit der fälligen Verbindlichkeiten ist zu einem Stichtag zu erheben und den an diesem Stichtag vorhandenen oder zumindest alsbald beschaffbaren liquiden Mitteln gegenüber zu stellen. Bei Vorhandensein einer mehr als 5%igen Liquiditätslücke ist im Sinne des oben Gesagten zu erheben, ob die fehlenden Mittel in angemessener Zeit beschafft werden können und somit nur eine Zahlungsstockung vorliegt. Allein auf die Bilanzdaten und Bilanzkennzahlen abzustellen reicht dagegen nicht aus, weil sich in der Bilanz die nötigen Informationen über Fälligkeit von Verbindlichkeiten, Stundungen, sowie Finanzierungsquellen etc nicht finden.[1278]

1274 *Feil*, Insolvenzordnung[8] § 66 Rz 2; *Lichtkoppler/Reisch*, Unternehmenssanierung[2] Rz 1.59.

1275 *Dellinger* in *Konecny/Schubert*, Insolvenzgesetze § 66 Rz 65; *Schumacher* in *Bartsch/Pollak/Buchegger*, Insolvenzrecht II/2[4] § 66 Rz 69 mwN.

1276 *Schumacher* in *Bartsch/Pollak/Buchegger*, Insolvenzrecht II/2[4] § 66 Rz 70.

1277 *Lichtkoppler/Reisch*, Unternehmenssanierung[2] Rz 1.61.

1278 *Aigner/Bräumann/Kofler/Tumpel*, Methodisch richtige Ermittlung der insolvenzrechtlichen Zahlungsunfähigkeit durch Buchsachverständige, Sachverständige 2018, 149 (151); siehe dagegen unten zur Überschudlung, Kap 4.1.2.

4.1.2. Überschuldung

Für juristische Personen wie die GmbH bildet die Überschuldung einen weiteren Insolvenzeröffnungstatbestand. Die hL[1279] folgt bei der Überschuldungsprüfung einer zweistufigen Vorgehensweise.

Eine aus insolvenzrechtlicher Sicht relevante Überschuldung liegt dann vor, wenn sowohl die Fortbestehensprognose ungünstig ist, dh die Liquidation oder Zahlungsunfähigkeit des Schuldners wahrscheinlich ist, als auch das nicht nach Fortführungs-, sondern nach Liquidationswerten zu bewertende Vermögen des Schuldners zu niedrig ist, um die Gläubiger zu befriedigen. Von Überschuldung im insolvenzrechtlichen Sinn spricht man daher dann, wenn eine negative Fortbestehensprognose vorliegt und eine rechnerische Überschuldung des Schuldners gegeben ist (wobei die rechnerische Überschuldung anhand eines Vermögensstatus zu Liquidationswerten festzustellen ist). Der Schuldner kann sich entscheiden, ob er zunächst den Überschuldungsstatus oder die Fortbestehensprognose erstellt. In der Praxis wird jenes Element zuerst geprüft, von dem am ehesten ein positives Ergebnis zu erwarten ist.[1280] Bei einem positiven Ergebnis eines Prüfschrittes muss nicht weiter geprüft werden.

Die Geschäftsführung der GmbH muss eine Überschuldungsprüfung immer dann vornehmen, wenn konkrete Anhaltspunkte für die Überschuldung vorliegen.[1281] Als Anhaltspunkte kommen alle Krisensymptome in Frage, die den Fortbestand des Unternehmens und somit eine positive Fortbestehensprognose zweifelhaft erscheinen lassen.[1282] Betrachtet man in diesem Zusammenhang die höchstgerichtliche Rsp,[1283] wird die Durchführung einer Überschuldungsprüfung spätestens dann gefordert, wenn die Bilanz ein negatives Eigenkapital (§ 225 Abs 1 UGB) ausweist oder klare Indizien für eine rechnerische Überschuldung vorliegen.

Die wichtigsten Krisenindizien, die eine Überschuldensprüfung erforderlich machen, sind:

- ein negatives Eigenkapital (gem § 225 Abs 1 UGB),
- der Verlust der Hälfte des Stammkapitals (nicht jedoch eine Unterbilanz),
- ein vermuteter Reorganisationsbedarf iSd § 22 Abs 1 Z 1 URG,[1284]

1279 *Lichtkoppler/Reisch*, Unternehmenssanierung² Rz 1.64; *Dellinger* in *Konecny/Schubert*, Insolvenzgesetze § 67 Rz 34 ff mwN; *Schumacher* in *Bartsch/Pollak/Buchegger*, Insolvenzrecht II/2⁴ § 67 Rz 21.

1280 *Lichtkoppler/Reisch*, Unternehmenssanierung² Rz 1.64; *Dellinger* in *Konecny/Schubert*, Insolvenzgesetze § 67 Rz 38; *Schumacher* in *Bartsch/Pollak/Buchegger*, Insolvenzrecht II/2⁴ § 67 Rz 24.

1281 *Lichtkoppler/Reisch*, Unternehmenssanierung² Rz 1.65; *Schumacher* in *Bartsch/Pollak/Buchegger*, Insolvenzrecht II/2⁴ § 67 Rz 27.

1282 *Lichtkoppler/Reisch*, Unternehmenssanierung² Rz 1.65; *Dellinger* in *Konecny/Schubert*, Insolvenzgesetze § 67 Rz 41; *Schumacher* in *Bartsch/Pollak/Buchegger*, Insolvenzrecht II/2⁴ § 67 Rz 28.

1283 *Lichtkoppler/Reisch*, Unternehmenssanierung² Rz 1.65 mwN.

1284 *Lichtkoppler/Reisch*, Unternehmenssanierung² Rz 1.65; *Dellinger* in *Konecny/Schubert*, Insolvenzgesetze § 67 Rz 41; *Schumacher* in *Bartsch/Pollak/Buchegger*, Insolvenzrecht II/2⁴ § 67 Rz 28.

- die Ausübung der Redepflicht durch den Abschlussprüfer (§ 273 Abs 2 UGB),
- erhebliche Steuer- und Sozialversicherungsrückstände,
- anhängige Passivverfahren mit erheblichem Streitwert,[1285]
- Verlust von bedeutenden Kunden, Lieferanten oder Absatzmärkten bzw -chancen,
- der Wegfall des die Liquidität sichernden Kreditrahmens bzw Unfähigkeit der Rückzahlung fällig werdender Kredite.

Die Geschäftsführer tragen die Verantwortung für die Durchführung der Überschuldensprüfung. Gem § 69 Abs 2 iVm Abs 3 IO ist die Geschäftsführung verpflichtet, bei Vorliegen der Insolvenzeröffnungsgründe einen Insolvenzantrag zu stellen. Hervorzuheben ist, dass die Beauftragung von Beratern zulässig und uU auch geboten ist.[1286] Unter der Voraussetzung, dass dem Berater aussagekräftiges Informations- und Datenmaterial zur Verfügung gestellt wird, kann die von einem externen Berater erstellte positive Fortbestehensprognose zu einer Haftungsentlastung für die Geschäftsführung führen, die im berechtigten Vertrauen auf diese Prognose keinen Insolvenzantrag stellt.

4.1.3. Drohende Zahlungsunfähigkeit

Zur Einleitung eines Sanierungsverfahrens reicht gem § 167 Abs 2 IO wie schon erwähnt (siehe Kap 4.1.) auch die drohende Zahlungsunfähigkeit. Um das Vorliegen einer „drohenden Zahlungsunfähigkeit" zu prüfen, ist die Erstellung von Finanzplänen notwendig.[1287] Die „drohende Zahlungsunfähigkeit" setzt dabei voraus, dass zwar vorerst die gegenwärtig fälligen Verbindlichkeiten durch liquide Mittel des Schuldners abgedeckt werden können, nicht aber alle zukünftig fällig werdenden Verbindlichkeiten Deckung finden (für die der Schuldner aber bei ordnungsgemäßer Wirtschaftsführung bereits zum gegenwärtigen Zeitpunkt Vorsorge zu treffen hat).[1288]

4.2. Krisenverantwortung der Geschäftsführer

Im Folgenden soll ein Überblick über zentrale Verpflichtungen und Haftungstatbestände gegeben werden, die für Geschäftsführer im Falle einer Unternehmenskrise relevant sind.

1285 *Lichtkoppler/Reisch,* Unternehmenssanierung² Rz 1.65.

1286 So kann etwa – in Ausnahmefällen – die falsche Bilanzierung von Immobilien im Anlage- oder im Umlaufvermögen dazu führen, dass eine bestehende buchmäßige Überschuldung nicht erkannt wird und folglich haftungsbegründend keine Überschuldungsbilanz erstellt bzw kein Insolvenzantrag gestellt wird: *Ehart/Singer/Hagenhofer,* Bilanzierungsfehler durch die falsche Zuordnung von Immobilien – wann haftet die Geschäftsleitung? (Teil I), DJA 2018, 133 (137).

1287 *Schumacher* in *Bartsch/Pollak/Buchegger,* Insolvenzrecht II/2⁴ § 66 Rz 79 mwN; *Lichtkoppler/Reisch,* Unternehmenssanierung² Rz 1.67.

1288 *Schumacher* in *Bartsch/Pollak/Buchegger,* Insolvenzrecht II/2⁴ § 66 Rz 79 mwN.

4.2.1. Zivilrechtliche Haftung der Geschäftsführer

Die Geschäftsführer einer GmbH sind gem § 25 Abs 1 GmbHG der Gesellschaft gegenüber verpflichtet, die Sorgfalt eines ordentlichen Geschäftsmannes anzuwenden; sie trifft daher ein objektivierter Sorgfaltsmaßstab.[1289] Dazu gehört auch die Einhaltung von Normen jeglicher Art, wie Gesetzen oder dem Gesellschaftsvertrag. Verstößt ein Geschäftsführer gegen diese Verpflichtung und entsteht der Gesellschaft daraus ein Schaden, haftet der Geschäftsführer gem § 25 Abs 2 GmbHG dafür persönlich, sofern er auch schuldhaft gehandelt hat (vgl zu den Voraussetzungen der Haftung Kap 5.1.1. bis 5.1.4.). In der Insolvenz werden Schadenersatzansprüche durch den Insolvenzverwalter geltend gemacht.[1290]

Eine Weisung der Gesellschafter wirkt grundsätzlich haftungsentlastend für die Geschäftsführer. Die Haftung bleibt allerdings unberührt, wenn es sich bei der Weisung um eine nichtige oder gesetzwidrige Weisung der Generalversammlung handelt oder der Ersatzanspruch zur Befriedigung der Gläubiger erforderlich ist (§ 25 Abs 5 GmbHG).[1291] Nichtige Weisungen sind etwa die Anweisung der Unterlassung der Insolvenzantragstellung oder der Auftrag zur Ausführung einer strafbaren Handlung. Vgl dazu Kap 1.1.1.4. und 1.1.1.5.

Eine Haftung der Geschäftsführung gegenüber Dritten, zB den Gesellschaftsgläubigern, ist nur in Ausnahmefällen gegeben (vgl Kap 5.2.): Die Geschäftsführer einer GmbH haften nach den allgemeinen Grundsätzen der deliktischen Haftung dann unmittelbar gegenüber Gesellschaftsgläubigern, wenn ihnen eine vorsätzliche Gläubigerschädigung iSd § 1295 Abs 2 ABGB oder eine Schutzgesetzverletzung anzulasten ist. Wichtige Fälle der Außenhaftung von GmbH-Geschäftsführern sind die Haftung bei Insolvenzverschleppung gem § 69 Abs 2 IO und bei Kridadelikten.[1292]

Wie Geschäftsführer in Krisensituationen zu handeln haben, welche Pflichten sie erfüllen müssen, um eine Haftung gegenüber der Gesellschaft oder Dritten zu vermeiden, wird im Folgenden behandelt.

1289 *S.-F. Kraus/U. Torggler* in *U. Torggler*, GmbHG § 25 Rz 9; *Koppensteiner/Rüffler*, GmbHG³ § 25 Rz 14; *Reich-Rohrwig* in *Straube/Ratka/Rauter*, WK GmbHG § 25 Rz 24 (Stand 1.6.2015, rdb.at); *Gellis/Feil*, GmbHG⁷ § 25 Rz 8.

1290 *Straube/Rauter* in *Straube/Ratka/Rauter*, WK GmbHG § 30 Rz 20 (Stand 1.9.2013, rdb.at); *Gellis/Feil*, GmbHG⁷ § 25 Rz 29; *Koppensteiner/Rüffler*, GmbHG³ § 25 Rz 26 mwN aus der Rsp; *Reich-Rohrwig*, GmbH-Recht I² Rz 2/392.

1291 *Koppensteiner/Rüffler*, GmbHG³ § 25 Rz 17 ff; *Reich-Rohrwig* in *Straube/Ratka/Rauter*, WK GmbHG § 25 Rz 190 ff (Stand 1.6.2015, rdb.at); *Reich-Rohrwig*, GmbH-Recht I² Rz 2/407 f; *S.-F. Kraus/U. Torggler* in *U. Torggler*, GmbHG § 25 Rz 30 f; *Gellis/Feil*, GmbHG⁷ § 25 Rz 16.

1292 *Reich-Rohrwig*, GmbH-Recht I² Rz 2/425 ff; *S.-F. Kraus/U. Torggler* in *U. Torggler*, GmbHG § 25 Rz 38 ff; *Gellis/Feil*, GmbHG⁷ § 25 Rz 35.

4.2.1.1. Pflichten der Geschäftsführer in der Krise

Die Geschäftsführer haben das Unternehmen ordentlich und gewissenhaft zu leiten (§ 25 Abs 1 GmbHG).[1293] Zu dieser Verpflichtung gehören unter anderem die Analyse der laufenden Geschäftsentwicklung und die Aufstellung einer kurz-, mittel- und langfristigen (finanziellen) Unternehmensplanung.[1294] Erkennen die Geschäftsführer einen Sanierungsbedarf, sind sie angehalten, umgehend die entsprechenden Sanierungsmaßnahmen zu ergreifen.[1295] Dafür ist die Einrichtung eines entsprechenden betrieblichen Rechnungswesens sowie eines internen Kontrollsystems unabdingbare Vorausetzung, damit sich die Geschäftsführung jederzeit ein genaues Bild über die Situation des Unternehmens – insb in Bezug auf ihre Rentabilität und Liquidität – verschaffen kann.[1296] Vgl dazu Kap 1.2.1.4. und 1.2.1.5.

Gem § 25 Abs 1 GmbHG sind die Geschäftsführer der Gesellschaft gegenüber verpflichtet, bei ihrer Geschäftsführung die Sorgfalt eines ordentlichen Geschäftsmannes einzuhalten. Neben der allgemeinen Sorgfaltspflicht des Geschäftsführers enthalten diverse Gesetzesbestimmungen konkrete Handlungspflichten der Geschäftsleitung in Zusammenhang mit einer Unternehmenskrise:

- **Berichtspflichten gegenüber dem Aufsichtsrat**: Über die obligatorischen Jahres- und Quartalsberichte an den Aufsichtsrat hinaus haben die Geschäftsführer bei wichtigem Anlaß dem Aufsichtsratsvorsitzenden, oder über Umstände, die für die Rentabilität oder Liquidität der Gesellschaft von erheblicher Bedeutung sind, dem Aufsichtsrat unverzüglich einen Sonderbericht zu erstatten (§ 28a GmbHG).[1297] Eine vorsätzliche und in unvertretbarer Weise unrichtige oder unvollständige Darstellung einer die Vermögens-, Finanz- oder Ertragslage der Gesellschaft betreffenden wesentlichen Information,[1298] einschließlich Informationen, die die Beziehung der Gesellschaft mit ihr verbundener Unternehmen betreffen, ist gem § 163a StGB gerichtlich strafbar, wenn dies geeignet ist, einen erheblichen Schaden für die Gesellschaft, die Gesellschafter, die Mitglieder, Anleger oder Gläubiger herbeizuführen.[1299] Vgl Kap 1.2.1.2.

1293 *Koppensteiner/Rüffler*, GmbHG³ § 25 Rz 10 mwN; *Reich-Rohrwig*, GmbH-Recht I² Rz 2/322; *Reich-Rohrwig* in *Straube/Ratka/Rauter*, WK GmbHG § 25 Rz 48 ff (Stand 1.6.2015, rdb.at); *S.-F. Kraus/U. Torggler* in *U. Torggler*, GmbHG § 25 Rz 11.

1294 *Reich-Rohrwig* in *Straube/Ratka/Rauter*, WK GmbHG § 25 Rz 48 (Stand 1.6.2015, rdb.at); *Koppensteiner/Rüffler*, GmbHG³ § 25 Rz 10; *Reich-Rohrwig*, GmbH-Recht I² Rz 2/322.

1295 *Karollus* in *Feldbauer-Durstmüller/Schlager*, Krisenmanagement 1154 f mwN.

1296 Vgl auch § 22 GmbHG; *Karollus* in *Feldbauer-Durstmüller/Schlager*, Krisenmanagement 1155; *Reich-Rohrwig*, GmbH-Recht I² Rz 2/318; *Koppensteiner/Rüffler*, GmbHG³ § 25 Rz 10.

1297 *Reich-Rohrwig* in *Straube/Ratka/Rauter*, WK GmbHG § 25 Rz 71 (Stand 1.6.2015, rdb.at); *Eckert/Schopper* in *U. Torggler*, GmbHG § 28a Rz 6; *Koppensteiner/Rüffler*, GmbHG³ § 28a Rz 7; *Reich-Rohrwig*, GmbH-Recht I² Rz 4/315 ff.

1298 § 163a StGB verweist für das Tatbestandsmerkmal der wesentlichen Information auf § 189a Z 10 UGB.

1299 Vgl noch zur Vorgängerbestimmung § 122 GmbHG, die mit 31. Dezember 2015 außer Kraft trat: *Eckert/Schopper* in *U. Torggler*, GmbHG § 28a Rz 9; *Reich-Rohrwig* in *Straube/Ratka/Rauter*, WK GmbHG § 25 Rz 71 (Stand 1.6.2015, rdb.at); *Weilinger/Knauder* in *Straube/Ratka/Rauter*, WK GmbHG § 122 Rz 3 (Stand 1.11.2015, rdb.at); *Koppensteiner/Rüffler*, GmbHG³ § 122 Rz 12a.

- **Einberufung der Generalversammlung bei Verlust des halben Stammkapitals**: Die (außerordentliche) Generalversammlung ist immer dann einzuberufen, wenn es das Interesse der Gesellschaft erfordert. Dies hat insb dann unverzüglich zu geschehen, wenn die Hälfte des Stammkapitals verloren gegangen ist oder die Eigenmittelquote weniger als 8 % und die fiktive Schuldentilgungsdauer mehr als 15 Jahre beträgt (§ 36 Abs 2 GmbHG).[1300]
- **Erläuterungspflicht im Anhang der Bilanz**: Wenn der Posten Bilanzverlust die Posten Nennkapital, Kapitalrücklagen und Gewinnrücklagen übersteigt und das Unternehmen somit buchmäßig überschuldet ist, ist der Posten Eigenkapital durch die Bezeichnung negatives Eigenkapital zu ersetzen. Im Anhang ist zu erläutern, ob eine Überschuldung im Sinne des Insolvenzrechts vorliegt (§ 225 Abs 1 UGB). Dieser Erläuterungspflicht wird nicht Rechnung getragen, indem lediglich auf das Nichtvorliegen einer insolvenzrechtlichen Überschuldung verwiesen wird. Es ist der Status des Unternehmens zu Liquidationswerten und/oder eine Fortbestehensprognose zu erstellen.[1301] Vgl Kap 4.1.2.
- **Verpflichtung zur Einleitung eines Reorganisationsverfahrens nach dem URG**: In § 22 Abs 1 URG ist eine Haftung der Geschäftsführung bei prüfpflichtigen juristischen Personen für die durch die Insolvenzmasse nicht gedeckten Verbindlichkeiten vorgesehen. Demnach haftet die Geschäftsführung zur ungeteilten Hand, jedoch mit einer indivuellen Haftungsbegrenzung von jeweils maximal 100.000 €.[1302]

Wenn die Geschäftsführung nicht innerhalb der letzten zwei Jahre vor dem Antrag auf Eröffnung eines Insolvenzverfahrens unverzüglich ein Reorganisationsverfahren beantragt oder gehörig fortgesetzt hat, haftet sie hierfür,

- wenn sie trotz des Erhalts eines Berichtes des Abschlussprüfers, wonach die Eigenmittelquote weniger als 8 % und die fiktive Schuldentilgungsdauer mehr als 15 Jahre beträgt, nicht unverzüglich ein Reorganisationsverfahren beantragt oder gehörig fortgesetzt hat, oder
- wenn sie ihrer Verpflichtung der Aufstellung des Jahresabschlusses nicht oder nicht rechtzeitig nachgekommen ist oder nicht unverzüglich den Abschlussprüfer mit dessen Prüfung beauftragt hat.[1303]

Die Geschäftsführung ist gem § 26 Abs 1 URG von der Haftung befreit, wenn sie unverzüglich nach Erhalt des Berichtes des Abschlussprüfers über das Vorliegen der Voraussetzungen für die Vermutung eines Reorganisationsbedarfs ein Gut-

1300 *Baumgartner/Mollnhuber/U. Torggler* in *U. Torggler*, GmbHG § 36 Rz 11 ff; *Reich-Rohrwig* in *Straube/Ratka/Rauter*, WK GmbHG § 25 Rz 72 ff (Stand 1.6.2015, rdb.at); *Koppensteiner/Rüffler*, GmbHG[3] § 36 Rz 10 ff.

1301 *Schiebel* in *U. Torggler*, UGB[3] § 225 Rz 14; *Hofians/Ressler* in *Straube/Ratka/Rauter*, UGB II/RLG[3] § 225 Rz 4 (Stand 1.6.2011, rdb.at); *Dellinger/Oberhammer/Koller*, Insolvenzrecht[4] Rz 58.

1302 *Reich-Rohrwig* in *Straube/Ratka/Rauter*, WK GmbHG § 25 Rz 79 (Stand 1.6.2015, rdb.at).

1303 *Lichtkoppler/Reisch*, Unternehmenssanierung[2] Rz 4.6; *Reich-Rohrwig* in *Straube/Ratka/Rauter*, WK GmbHG § 25 Rz 81 (Stand 1.6.2015, rdb.at).

achten eines befugten Wirtschaftstreuhänders einholt und dieses den Reorganisationsbedarf verneint. Die Haftung entfällt außerdem, wenn innerhalb der Zwei-Jahres-Frist des § 22 Abs 1 URG der mit der Prüfung eines weiteren Jahresabschlusses beauftragte Abschlussprüfer keinen weiteren Bericht über das Vorliegen der Voraussetzungen für die Vermutung eines Reorganisationsbedarfs erstattet (§ 26 Abs 3 URG). Können die Geschäftsführer beweisen, dass die Insolvenz aus anderen Gründen als wegen Unterlassung der Reorganisation eingetreten ist, entfällt ebenfalls die Haftung der Geschäftsführer (§ 27 URG). Die Geschäftsführung kann auch den Beweis antreten, dass die Insolvenz auch bei rechtzeitiger Beantragung der Einleitung eines Reorganisationsverfahrens nicht zu vermeiden gewesen wäre oder nachweisen, dass (betriebswirtschaftlich sinnvolle) außergerichtliche Sanierungsmaßnahmen versucht wurden, diese aber keinen Erfolg zeigten.[1304] Bei Gesamtvertretung haften nur jene Geschäftsführer, welche die Einleitung des Reorganisationsverfahrens abgelehnt haben. Für jene Organmitglieder, die eine Einleitung eines Reorganisationsverfahrens vorgeschlagen haben, aber die hierfür notwendige Zustimmung des Aufsichtsrates oder der Gesellschafterversammlung nicht erhalten haben, entfällt die Haftung ebenfalls.[1305] Dasselbe gilt, wenn den Geschäftsführern wirksam eine Weisung erteilt wurde, das Verfahren nicht einzuleiten.

- **Verbot der Einlagenrückgewähr**: Das Verbot der Rückzahlung von Stammeinlagen (§ 82 GmbHG) ist insb bei Leistungen an Gesellschafter und bei der Durchführung von Sanierungsmaßnahmen im Konzern (Sanierungshilfen an Gesellschafter und Schwestergesellschaften, aber auch bei Umgründungsvorgängen) zu beachten.
- **Beachtung der Rückzahlungssperre bei eigenkapitalersetzenden Gesellschafterdarlehen (§ 14 EKEG)**: Solange eine Krise iSd § 2 Abs 2 EKEG[1306] vorliegt, kann der Gesellschafter seinen eigenkapitalersetzenden Kredit samt Zinsen nicht zurückfordern. Zu beachten gilt hier, dass eine vorsätzliche Verringerung des Haftungsfonds durch eine gesetzwidrige Rückzahlung eigenkapitalersetzender Darlehen neben der zivilrechtlichen Verantwortlichkeit den gerichtlich strafbaren Tatbestand des § 156 StGB (betrügerische Krida) verwirklichen kann.[1307]
- **Verbot der Rückzahlung von Nachschüssen**: Eingezahlte Nachschüsse können an die Gesellschafter zurückgezahlt werden, soweit sie nicht zur Deckung eines bilanzmäßigen Verlustes am Stammkapital erforderlich sind (§ 74 GmbHG).

1304 *Reich-Rohrwig* in *Straube/Ratka/Rauter*, WK GmbHG § 25 Rz 85 (Stand 1.6.2015, rdb.at).

1305 *Gellis/Feil*, GmbHG[7] § 25 Rz 42; *Koppensteiner/Rüffler*, GmbHG[3] § 25 Rz 46a ff.

1306 Eine Gesellschaft befindet sich in der Krise, wenn sie zahlungsunfähig oder überschuldet iSd §§ 66, 67 IO ist oder die Eigenmittelquote der Gesellschaft weniger als 8 % und die fiktive Schuldentilgungsdauer über 15 Jahre beträgt, es sei denn, die Gesellschaft bedarf nicht der Reorganisation.

1307 *Lichtkoppler/Reisch*, Unternehmenssanierung[2] Rz 4.6.

4.2.1.2. Pflichten der Geschäftsführer nach Eintritt der materiellen Insolvenz

Ist die materielle Insolvenz eingetreten, nimmt auch das Haftungsrisiko für die organschaftlichen Vertreter zu.[1308] Gem § 69 Abs 2 IO sind die Geschäftsführer verpflichtet, bei Vorliegen eines Insolvenzeröffnungsgrundes die Eröffnung eines Insolvenzverfahrens ohne schuldhaftes Zögern, spätestens aber innerhalb von 60 Tagen nach dem Eintritt der Zahlungsunfähigkeit, zu beantragen. In diesem Stadium der materiellen Insolvenz verpflichten das Insolvenzanfechtungsrecht (§§ 27 ff IO), das Strafrecht (§ 158 StGB) und das gesellschaftsrechtlich verankerte Verbot der Zahlung von Altschulden (§ 25 Abs 3 Z 2 GmbHG) die Geschäftsführer zur Beachtung des Grundsatzes der Gläubigergleichbehandlung. Zu diesen Bestimmungen stehen die Haftungsbestimmungen aus dem Sozialversicherungs- und Steuerrecht in einem gewissen Spannungsverhältnis, weil diese die Befriedigung von Sozialversicherungsträgern und Finanzverwaltung sicherstellen sollen.[1309] Gleichzeitig wird durch die Pflicht zur Einhaltung zivilrechtlicher Aufklärungspflichten die Unternehmensfortführung erschwert.[1310] Während der Sanierungsfrist von maximal 60 Tagen gem § 69 Abs 2 IO ist die Fortführung des Unternehmens grundsätzlich zulässig, wenn ein ernsthafter Sanierungsversuch unternommen wird.[1311] In dieser Zeitspanne des ernsthaften Sanierungsversuchs ist zwecks Erhaltung und Fortführung des Unternehmens die Fortführung und Abwicklung von für den Betrieb des Unternehmens erforderlichen Geschäften zulässig.[1312]

Im Folgenden werden die wichtigsten Haftungsbestimmungen nach Eintritt der materiellen Insolvenz erörtert:

4.2.1.2.1. Verletzung der Insolvenzantragspflicht

Die Geschäftsführer der GmbH sind gem § 69 Abs 2 und 3 IO verpflichtet, bei Vorliegen eines Insolvenzeröffnungsgrunds die Eröffnung eines Insolvenzverfahrens *„ohne schuldhaftes Zögern, spätestens aber 60 Tage* (bei naturkatastrophenbedingter Insolvenz 120 Tage) *nach Eintritt der Zahlungsunfähigkeit“* bzw der insolvenzrechtlichen Überschuldung zu beantragen. Innerhalb der 60-tägigen Frist kann mit einem Insolvenzantrag so lange zugewartet werden, als ernsthafte Sanierungsmaßnahmen (zB Vorbereitung eines gerichtlichen Sanierungsverfahrens mit

1308 *Reich-Rohrwig* in *Straube/Ratka/Rauter*, WK GmbHG § 25 Rz 124 mwN (Stand 1.6.2015, rdb.at).

1309 *Lichtkoppler/Reisch*, Unternehmenssanierung[2] Rz 4.7; *Dellinger* in *Konecny/Schubert*, Insolvenzgesetze § 69 Rz 22.

1310 *Reich-Rohrwig* in *Straube/Ratka/Rauter*, WK GmbHG § 25 Rz 124 (Stand 1.6.2015, rdb.at).

1311 *Dellinger* in *Konecny/Schubert*, Insolvenzgesetze § 69 Rz 23; *Schumacher* in *Bartsch/Pollak/Buchegger*, Insolvenzrecht II/2[4] § 69 103; *Reich-Rohrwig* in *Straube/Ratka/Rauter*, WK GmbHG § 25 Rz 125 mwN (Stand 1.6.2015, rdb.at).

1312 *Dellinger* in *Konecny/Schubert*, Insolvenzgesetze § 69 Rz 23 mwN; *Reich-Rohrwig* in *Straube/Ratka/Rauter*, WK GmbHG § 25 Rz 126 (Stand 1.6.2015, rdb.at) mit Hinweisen zur entsprechenden strafrechtlichen Rsp.

Eigenverwaltung und Betreibung eines außergerichtlichen Sanierungsversuchs[1313]) zur Vermeidung der materiellen Insolvenz mit realistischen Erfolgsaussichten betrieben werden. Die Eröffnung eines Sanierungsverfahrens mit Eigenverwaltung setzt voraus, dass die dafür nötigen Unterlagen aufbereitet, die Finanzierung des Sanierungsplans organisiert und allenfalls die Dienstnehmer gem § 45a AMFG zur Kündigung angemeldet werden. Hingegen ist für das Ausnützen der 60-Tagesfrist eine positive Prognose in Hinblick auf die Annahme und Erfüllung des Sanierungsplans keine Voraussetzung.[1314]

Bei *außergerichtlichen* Sanierungsmaßnahmen ist aber stets darauf zu achten, dass diese binnen der 60-Tagesfrist Aussicht auf Erfolg haben müssen, um den Aufschub der Antragstellung zu rechtfertigen. Mit anderen Worten: innerhalb der Frist muss die materielle Insolvenz beseitigt werden.[1315]

Die 60-tägige Frist beginnt nach hA[1316] mit positiver Kenntnis des Insolvenzeröffnungsgrundes durch die Geschäftsführung. Die 60-Tagesfrist ist eine absolute Höchstfrist.[1317] Auch ein noch sanierbarer Schuldner ist zur Antragstellung vor Ablauf dieser Frist verpflichtet. Unterlässt die Geschäftsführung die Antragstellung überhaupt, oder stellt sie schuldhaft einen Insolvenzantrag verspätet, obwohl schon zu einem früheren Zeitpunkt erkennbar war, dass Sanierungsmaßnahmen nicht zielführend sind, haftet die Geschäftsführung für die daraus entstandenen Schäden. Eine Haftung der Geschäftsführer entfällt freilich, wenn die Sanierung innerhalb dieser Frist gelingt und die materielle Insolvenz beseitigt ist.

Unabhängig von der Art der Vertretungsbefugnis trifft die Insolvenzantragspflicht jedes einzelne Organmitglied.[1318] Auch eine Geschäftsverteilung entbindet das Vertretungsorgan nicht von seiner Insolvenzantragspflicht (vgl Kap 1.3.4.).[1319]

1313 *Feil*, Insolvenzordnung^{8} § 69 Rz 26; *Dellinger/Oberhammer/Koller*, Insolvenzrecht^{4} Rz 230; *Dellinger* in *Konecny/Schubert*, Insolvenzgesetze § 69 Rz 14 f mwN; *Schumacher* in *Bartsch/Pollak/Buchegger*, Insolvenzrecht II/2^{4} § 69 Rz 86 mwN.

1314 *Schumacher* in *Bartsch/Pollak/Buchegger*, Insolvenzrecht II/2^{4} § 69 Rz 102; *Dellinger* in *Konecny/Schubert*, Insolvenzgesetze § 69 Rz 15.

1315 *Dellinger* in *Konecny/Schubert*, Insolvenzgesetze § 69 Rz 16; *Schumacher* in *Bartsch/Pollak/Buchegger*, Insolvenzrecht II/2^{4} § 69 Rz 88.

1316 *Koppensteiner/Rüffler*, GmbHG^{3} § 25 Rz 37; *Reich-Rohrwig*, GmbH-Recht I^{2} Rz 2/447; *Dellinger/Oberhammer/Koller*, Insolvenzrecht^{4} Rz 230; *Dellinger* in *Konecny/Schubert*, Insolvenzgesetze § 69 Rz 18 mwN; aA *Schumacher* in *Bartsch/Pollak/Buchegger*, Insolvenrecht II/2^{4} § 69 Rz 72; *Feil*, Insolvenzordnung^{8} § 69 Rz 26, die auf die objektive Erkennbarkeit der Insolvenzeröffnungsgründe abstellen.

1317 *Schumacher* in *Bartsch/Pollak/Buchegger*, Insolvenrecht II/2^{4} § 69 Rz 20 mwN; *Dellinger/Oberhammer/Koller*, Insolvenzrecht^{4} Rz 230; *Schumacher* in *Bartsch/Pollak/Buchegger*, Insolvenzrecht II/2^{4} § 69 Rz 95; *Feil*, Insolvenzordnung^{8} § 69 Rz 26.

1318 *Reich-Rohrwig* in *Straube/Ratka/Rauter*, WK GmbHG § 25 Rz 144 (Stand 1.6.2015, rdb.at); *Feil*, Insolvenzordnung^{8} § 69 Rz 22; *Dellinger/Oberhammer/Koller*, Insolvenzrecht^{4} Rz 231; *Dellinger* in *Konecny/Schubert*, Insolvenzgesetze § 69 Rz 45; *Schumacher* in *Bartsch/Pollak/Buchegger*, Insolvenzrecht II/2^{4} § 69 Rz 50 mwN.

1319 *Koppensteiner/Rüffler*, GmbHG^{3} § 21 Rz 12; *Reich-Rohrwig*, GmbH-Recht I^{2} Rz 2/400, 2/267; *Feil*, Insolvenzordnung^{8} § 69 Rz 22; *Schumacher* in *Bartsch/Pollak/Buchegger*, Insolvenzrecht II/2^{4} § 69 Rz 51; *Dellinger* in *Konecny/Schubert*, Insolvenzgesetze § 69 Rz 39 mwN.

Grundsätzlich ist der Insolvenzantrag von allen vertretungsbefugten Geschäftsführern bzw zur Insolvenzantragstellung verpflichteten Personen gemeinsam zu stellen. Ist sich die Geschäftsführung nicht einig und wird der Insolvenzantrag nicht von sämtlichen vertretungsbefugten Geschäftsführern gemeinsam gestellt, sind die übrigen vom Gericht zum Insolvenzantrag zu vernehmen (§ 69 Abs 4 IO). Wenn hier kein Einverständnis erzielt werden kann, ob ein Insolvenzgrund gegeben ist oder nicht, kann das Insolvenzverfahren nur dann eröffnet werden, wenn der Antragsteller das Vorliegen eines Insolvenzgrundes entsprechend glaubhaft macht.[1320]

Scheidet ein Geschäftsführer erst nach Entstehen der Insolvenzantragspflicht (§ 69 Abs 2 IO) aus der Gesellschaft aus, kann ihn dennoch eine Haftung treffen.[1321] Diese Haftung bezieht sich unter Umständen auch auf von künftigen Geschäftsführern eingegangene Verbindlichkeiten, mit denen gerechnet werden muss.[1322]

Tritt ein Geschäftsführer zurück, gilt es zu beachten, dass der Rücktritt erst nach Ablauf von 14 Tagen wirksam ist, sofern kein wichtiger Rücktrittsgrund vorliegt (§ 16a Abs 1 GmbHG, Kap 2.1.3.).[1323] In dieser Zeit ist die Insolvenzantragspflicht des Geschäftsführers aber weiterhin aufrecht.

Nicht außer Acht gelassen werden darf in diesem Zusammenhang die mögliche Insolvenzverschleppungshaftung des sog faktischen Geschäftsführers. Dabei handelt es sich um Personen, die – ohne hierfür als Geschäftsführer bestellt zu sein – ein Unternehmen faktisch leiten.[1324] Faktische Geschäftsführer sind zwar formell nicht berechtigt, einen Insolvenzantrag gem § 69 Abs 2 IO zu stellen, sie können aber wegen Insolvenzverschleppung in Anspruch genommen werden, wenn sie trotz eingetretener Insolvenz nicht auf die Antragstellung durch die berechtigten Organe hinwirken oder diese anstiften, die Insolvenzantragstellung zu unterlassen.[1325] In diesem Zusammenhang kann es auch zu einer möglichen

1320 *Feil*, Insolvenzordnung[8] § 69 Rz 27; *Dellinger in Konecny/Schubert*, Insolvenzgesetze § 69 Rz 61, 63; *Schumacher* in *Bartsch/Pollak/Buchegger*, Insolvenzrecht II/2[4] § 69 Rz 57 ff, 67.

1321 *Ratka* in *Straube/Ratka/Rauter*, WK GmbHG § 16 a Rz 13 (Stand 1.8.2013, rdb.at); *Reich-Rohrwig*, GmbH-Recht I[2] Rz 2/669; *Koppensteiner/Rüffler*, GmbHG[3] § 16a Rz 7; ausführlich *Schopper*, Zur Konkursverschleppungshaftung des ausgeschiedenen Geschäftsführers, GeS 2008, 4.

1322 *S.-F. Kraus/U. Torggler* in *U. Torggler*, GmbHG § 25 Rz 40 mwN.

1323 *Dellinger* in *Konecny/Schubert*, Insolvenzgesetze § 69 Rz 38; *Schumacher* in *Bartsch/Pollak/Buchegger*, Insolvenzrecht II/2[4] § 69 Rz 54; *Koppensteiner/Rüffler*, GmbHG[3] § 16a Rz 8; *Gellis/Feil*, GmbHG[7] § 16a Rz 1.

1324 Näher zur Qualifizierung als faktischer Geschäftsführer in der Krise *Artmann*, Haftungsrisiken für Gesellschafter, in *Artmann/Rüffler/U. Torggler*, Gesellschafterpflichten in der Krise (2015) 45 (46); im Zusammenhang mit einer Sicherungstreuhand: *Dollenz/Wielinger*, Das Instrument der Sanierungstreuhand in der Unternehmenskrise, ÖBA 2019, 97 (101).

1325 *Feil*, Insolvenzordnung[8] § 69 Rz 18 f; *Dellinger* in *Konecny/Schubert*, Insolvenzgesetze § 69 Rz 114; *Schumacher* in *Bartsch/Pollak/Buchegger*, Insolvenzrecht II/2[4] § 69 Rz 184; *Koppensteiner/Rüffler*, GmbHG[3] § 25 Rz 35; *Reich-Rohrwig* in *Straube/Ratka/Rauter*, WK GmbHG § 25 Rz 143 (Stand 1.6.2015, rdb.at).

Haftung des Kreditgebers wegen Insolvenzverschleppung kommen (§ 69 Abs 2 IO iVm § 1301 ABGB), wenn ein Kreditgeber gleichsam die Stellung eines faktischen Geschäftsführers innehat (wobei es sich um eine massive faktische Einflussnahme auf die Geschäftsführung handeln muss).[1326]

Für die Haftung des Geschäftsführers reicht bereits eine fahrlässige Verletzung der Insolvenzantragspflicht aus. Der Geschäftsführer haftet gegenüber der Gesellschaft (Innenhaftung) für die Erhöhung des Betriebsverlusts.[1327] Dieser ergibt sich aus einem Vergleich des (hypothetischen) Vermögensstands der Gesellschaft bei rechtzeitigem Insolvenzantrag mit dem tatsächlichen Vermögensstand nach Insolvenzverschleppung. Bei **§ 69 Abs 2 IO** handelt es sich gem der hA[1328] um ein **Schutzgesetz zugunsten der Gläubiger** iSd § 1311, 2. Satz, 2. Fall ABGB. Somit besteht auch eine persönliche Haftung der Geschäftsleiter gegenüber den geschädigten Gesellschaftsgläubigern (vgl Kap 5.2.7.1.3.).

Beim Haftungsumfang muss zwischen Ansprüchen von Altgläubigern und Neugläubigern unterschieden werden: Altgläubiger (das sind Gläubiger, deren Forderungen bereits zum Zeitpunkt der Insolvenzverschleppung bestanden haben) erhalten den sog Quotenschaden ersetzt.[1329] Der Quotenschaden ergibt sich aus der Gegenüberstellung der hypothetischen Insolvenzquote, die der Gläubiger bei rechtzeitigem Insolvenzantrag erhalten hätte, im Vergleich zur tatsächlich erzielten Quote.[1330]

Demgegenüber haben Neugläubiger (das sind Personen, deren Gläubigerstellung erst nach Eintritt des Insolvenzgrundes begründet wurde) Anspruch auf den Vertrauensschaden (negatives Vertragsinteresse).[1331] Dies bedeutet, dass der Gläubiger so zu stellen ist, als ob er nicht mit der insolventen Gesellschaft kontrahiert

1326 *Dellinger* in *Konecny/Schubert,* Insolvenzgesetze § 69 Rz 115 ff mwN; *Schumacher* in *Bartsch/Pollak/Buchegger,* Insolvenzrecht II/2⁴ § 69 Rz 229 f mwN.

1327 *Reich-Rohrwig* in *Straube/Ratka/Rauter,* WK GmbHG § 25 Rz 151 mwN (Stand 1.6.2015, rdb.at); *Dellinger* in *Konecny/Schubert,* Insolvenzgesetze § 69 Rz 67 mwN.

1328 *Koppensteiner/Rüffler,* GmbHG³ § 25 Rz 35; *Reich-Rohrwig,* GmbH-Recht I² Rz 2/451; *Reich-Rohrwig* in *Straube/Ratka/Rauter,* WK GmbHG § 25 Rz 157 (Stand 1.6.2015, rdb.at); *Gellis/Feil,* GmbHG⁷ § 25 Rz 39; *Feil,* Insolvenzordnung⁸§ 69 Rz 12; *Dellinger/Oberhammer/Koller,* Insolvenzrecht⁴ Rz 232; *Dellinger* in *Konecny/Schubert,* Insolvenzgesetze § 69 Rz 70 mwN; *Karollus* in *FeldbauerDurstmüller/Schlager,* Krisenmanagement 1161; *Schumacher* in *Bartsch/Pollak/Buchegger,* Insolvenzrecht II/2⁴ § 69 Rz 107 mwN.

1329 *Reich-Rohrwig,* GmbH-Recht I² Rz 2/452; *Koppensteiner/Rüffler,* GmbHG³ § 25 Rz 38; *Feil,* Insolvenzordnung⁸§ 69 Rz 12; *Dellinger* in *Konecny/Schubert,* Insolvenzgesetze § 69 Rz 73; *Schumacher* in *Bartsch/Pollak/Buchegger,* Insolvenzrecht II/2⁴ § 69 Rz 111.

1330 *Reich-Rohrwig,* GmbH-Recht I² Rz 2/452; *Reich-Rohrwig* in *Straube/Ratka/Rauter,* WK GmbHG § 25 Rz 313 (Stand 1.6.2015, rdb.at); *Schumacher* in *Bartsch/Pollak/Buchegger,* Insolvenzrecht II/2⁴ § 69 Rz 143; *Dellinger* in *Konecny/Schubert,* Insolvenzgesetze § 69 Rz 73.

1331 *S.-F. Kraus/U. Torggler* in *U. Torggler,* GmbHG § 25 Rz 40; *Reich-Rohrwig,* GmbH-Recht I² Rz 2/454; *Reich-Rohrwig* in *Straube/Ratka/Rauter,* WK GmbHG § 25 Rz 316 (Stand 1.6.2015, rdb.at); *Koppensteiner/Rüffler,* GmbHG³ § 25 Rz 38; *Gellis/Feil,* GmbHG⁷ § 25 Rz 39; *Feil,* Insolvenzordnung⁸ § 69 Rz 15; zweifelnd *Dellinger/Oberhammer/Koller,* Insolvenzrecht⁴ Rz 232 mit Verweis auf *Dellinger* in *Konecny/Schubert,* Insolvenzgesetze § 69 Rz 84 ff mwN.

hätte.[1332] Der Schutzzweck des § 69 Abs 2 IO erfasst nach der Rsp[1333] auch Gesellschafter, wenn diese nach dem für die Insolvenzantragspflicht maßgebenden Zeitpunkt eine Gesellschaftsbeteiligung im Vertrauen auf die Solvenz der Gesellschaft (und damit die Werthaltigkeit ihrer Beteiligung) erworben haben.

Die Quotenschäden der Altgläubiger können während eines Insolvenzverfahrens nur durch den Insolvenzverwalter geltend gemacht werden.[1334] Die Gläubiger selbst können ihre Ansprüche wegen Insolvenzverschleppung gem § 69 Abs 5 IO erst nach rechtskräftiger Aufhebung des Insolvenzverfahrens oder in dem Fall geltend machen, dass kein Insolvenzverfahren eröffnet wird.

Im Gegensatz dazu ist die Geltendmachung von Vertrauensschäden durch Neugläubiger nicht von § 69 Abs 5 IO betroffen. Vertrauensschäden können daher auch während des Insolvenzverfahrens individuell geltend gemacht werden.[1335] Der Geschäftsführer kann zur Abwehr der Ansprüche einwenden, dass der Schaden auch bei pflichtgemäßem Verhalten eingetreten wäre (sog Einwand des rechtmäßigen Alternativverhaltens, vgl Kap 5.1.3.).[1336]

Verwirklicht der Geschäftsführer während der Insolvenzverschleppung auch einen strafrechtlichen Tatbestand, kann dies neben der strafrechtlichen Verfolgung auch eine direkte zivilrechtliche Haftung gegenüber den Gesellschaftsgläubigern wegen Verletzung eines Schutzgesetzes nach sich ziehen (im Detail Kap 5.2.7.).

4.2.1.2.2. Zahlungsverbot

Gem § 25 Abs 3 Z 2 GmbHG dürfen die Geschäftsführer nach dem Zeitpunkt, in dem die Eröffnung des Insolvenzverfahrens hätte beantragt werden müssen, keine Zahlungen mehr leisten.[1337] Duch diese Bestimmung soll das Interesse der Gesamtgläubigerschaft an der Verhinderung der Masseschmälerung zugunsten einzelner Gläubiger geschützt werden.[1338] In § 25 Abs 3 Z 2 GmbhG ist ein spezi-

1332 *Koppensteiner/Rüffler*, GmbHG³ § 25 Rz 38; *Gellis/Feil*, GmbHG⁷ § 25 Rz 39; *Dellinger* in *Konecny/Schubert*, Insolvenzgesetze § 69 Rz 104 f; *Schumacher* in *Bartsch/Pollak/Buchegger*, Insolvenzrecht II/2⁴ § 69 Rz 138 ff.

1333 *Reich-Rohrwig* in *Straube/Ratka/Rauter*, WK GmbHG § 25 Rz 317 mwN (Stand 1.6.2015, rdb.at).

1334 *Gellis/Feil*, GmbHG⁷ § 25 Rz 39; *Koppensteiner/Rüffler*, GmbHG³ § 25 Rz 35; *Feil*, Insolvenzordnung⁸ § 69 Rz 15; *Dellinger in Konecny/Schubert*, Insolvenzgesetze § 69 Rz 76 ff; *Schumacher* in *Bartsch/Pollak/Buchegger*, Insolvenzrecht II/2⁴ § 69 Rz 146 ff.

1335 *Gellis/Feil*, GmbHG⁷ § 25 Rz 39; *Koppensteiner/Rüffler*, GmbHG³ § 25 Rz 38; *Reich-Rohrwig*, GmbH-Recht I² Rz 2/470; *Dellinger in Konecny/Schubert*, Insolvenzgesetze § 69 Rz 81 und 106 ff.

1336 *Reich-Rohrwig* in *Straube/Ratka/Rauter*, WK GmbHG § 25 Rz 354 mwN (Stand 1.6.2015, rdb.at); *Koppensteiner/Rüffler*, GmbHG³ § 25 Rz 29; *Schumacher* in *Bartsch/Pollak/Buchegger*, Insolvenzrecht II/2⁴ § 69 Rz 130.

1337 Also nach Eintritt materieller Insolvenz; siehe auch *Robertson*, Der Schadensumfang bei der Insolvenzverschleppungshaftung des GmbH-Geschäftsführers, ecolex 2018, 150 (151); *Csoklich*, Gesellschaftsrechtliches Zahlungsverbot nach Insolvenzeintritt, ZIK 2018, 8 (9).

1338 *Koppensteiner/Rüffler*, GmbHG³ § 25 Rz 9; *Reich-Rohrwig*, GmbH-Recht I² Rz 2/382; *Reich-Rohrwig* in *Straube/Ratka/Rauter*, WK GmbHG § 25 Rz 141 (Stand 1.6.2015, rdb.at); *S.-F. Kraus/U. Torggler* in *U. Torggler*, GmbHG § 25 Rz 14; *Gellis/Feil*, GmbHG⁷ § 25 Rz 39; *Karollus* in *Feldbauer-Durstmüller/Schlager*, Krisenmanagement, 1168.

eller Schadensbegriff verankert, der die Masseschmälerung durch eine nach Eintritt der materiellen Insolvenz durchgeführte Zahlung erfasst.[1339] Unter dem Begriff der Zahlung, der weit gefasst ist, versteht man die Befriedigung von Altverbindlichkeiten, die Schaffung von Aufrechnungslagen oder auch die Reduzierung von Kreditsalden durch Zahlungen von Schuldnern der Gesellschaft,[1340] aber auch eine Pfandbestellung, weil diese ein Absonderungsrecht und damit potentiell eine Masseschmälerung begründet.[1341] Hingegen sind Zug-um-Zug-Geschäfte, die gegen eine gleichwertige Leistung erbracht werden und insofern keine masseschmälernde Wirkung haben und Zahlungen (bzw Handlungen), die mit der Sorgfalt eines ordentlichen Geschäftsleiters vereinbar sind, zulässig.[1342] Auch Ansprüche von Absonderungsgläubigern gem § 48 IO dürfen befriedigt werden, weil damit keine Schmälerung der Insolvenzmasse verbunden ist. Für die 60-Tagesfrist des § 69 Abs 2 IO werden auch masseschmälernde Zahlungen als zulässig anerkannt, wenn sie zur Aufrechterhaltung des Geschäftsbetriebs unbedingt notwendig sind (zB Zahlungen von Bestandzinsen, Arbeitslöhnen samt den darauf entfallenden Steuern und Sozialversicherungsabgaben, Energiekosten).[1343] Im Gegensatz dazu werden Zahlungen von rückständigen Steuern oder Sozialversicherungsabgaben nicht als betriebsfortführungsnotwendig anerkannt.[1344]

Gegen das Zahlungsverbot verstößt nicht die bloße Begründung neuer Verbindlichkeiten, auch wenn dadurch eine Quotenverschlechterung bewirkt wird[1345] (was aber nicht bedeutet, dass dies haftungsrechtlich unbeachtlich ist, siehe sogleich). Eine Zahlung aus diesen Verbindlichkeiten an Neugläubiger verstößt laut OGH jedoch gegen § 25 Abs 3 Z 2 GmbHG.[1346] Auch die Überweisung von einem debitorischen Bankkonto ist keine Zahlung, es erfolgt nur ein masseneutraler Tausch des Gläubigers. Anders ist eine Einzahlung auf ein solches Konto zu beurteilen.[1347]

1339 Im Unterschied zum Schadensbegriff des übrigen § 25 GmbHG, der nach allgemeinen zivilrechtlichen Kriterien berechnet wird: *Robertson*, ecolex 2018, 151.

1340 *Koppensteiner/Rüffler*, GmbHG³ § 25 Rz 9; *Reich-Rohrwig*, GmbH-Recht I² Rz 2/383; *Reich-Rohrwig* in *Straube/Ratka/Rauter*, WK GmbHG § 25 Rz 140 (Stand 1.6.2015, rdb.at); *S.-F. Kraus/U. Torggler* in *U. Torggler*, GmbHG § 25 Rz 14; *Karollus* in *Feldbauer-Durstmüller/Schlager*, Krisenmanagement 1168 f.

1341 Vgl *Robertson*, ecolex 2018, 151 (152) mit Verweis auf *Dellinger*.

1342 *Koppensteiner/Rüffler*, GmbHG³ § 25 Rz 9; *Reich-Rohrwig*, GmbH-Recht I² Rz 2/384; *Reich-Rohrwig* in *Straube/Ratka/Rauter*, WK GmbHG § 25 Rz 144 (Stand 1.6.2015, rdb.at); *S.-F. Kraus/U. Torggler* in *U. Torggler*, GmbHG § 25 Rz 14; *Gellis/Feil*, GmbHG⁷ § 25 Rz 39; *Karollus* in *Feldbauer-Durstmüller/Schlager*, Krisenmanagement 1169; *Schumacher* in *Bartsch/Pollak/Buchegger*, Insolvenzrecht II/2⁴ § 69 Rz 166 f; OGH 6 Ob 164/16k ÖBA 2018, 730 (*Dellinger*); *Csoklich*, ZIK 2018, 8.

1343 *Karollus* in *Feldbauer-Durstmüller/Schlager*, Krisenmanagement 1169 f mwN; *Reich-Rohrwig*, GmbH-Recht I² Rz 2/384; *Reich-Rohrwig* in *Straube/Ratka/Rauter*, WK GmbHG § 25 Rz 126 mwN aus der strafgerichtlichen Rsp (Stand 1.6.2015, rdb.at); *Schumacher* in *Bartsch/Pollak/Buchegger*, Insolvenzrecht II/2⁴ § 69 Rz 168 f.

1344 *Dellinger* in *Konecny/Schubert*, Insolvenzgesetze § 69 Rz 27.

1345 OGH 6 Ob 164/16k ÖBA 2018, 730 (*Dellinger*) mit Verweis auf *Karsten/Schmidt* in *Scholz*, GmbHG¹¹ § 64 Rz 69; *Gassner/Wabl*, Insolvenzverschleppung und Zahlungsverbot: Aktuelle Entwicklungen und Bedeutung für Geschäftsführer, ecolex 2018, 908.

1346 OGH 6 Ob 164/16k, vgl *Robertson*, ecolex 2018, 151 (152).

1347 Siehe im Detail *Gassner/Wabl*, ecolex 2018, 910.

Ob eine getätigte Zahlung zulässig oder doch haftungsbegründend ist, ist für den Geschäftsführer im Zeitpunkt der Vornahme (und nur um diesen Zeitpunkt geht es) schwierig zu beurteilen. Oftmals wird diese Frage abschließend erst in einem späteren Haftungsprozess geklärt werden können. Man kann davon ausgehen, dass dabei die tatsächlich eingetretenen Entwicklungen tendenziell zum Nachteil des Geschäftsführers ausgelegt werden (*hindsight bias*), obwohl rein die Sicht ex ante zu beurteilen wäre.[1348]

Der Schadenersatzanspruch wegen Masseschmälerung gegen einen Geschäftsführer, der gegen das Zahlungsverbot des § 25 Abs 3 Z 2 GmbHG verstößt, steht der Gesellschaft zu und kann in der Insolvenz nur vom Insolvenzverwalter geltend gemacht werden.[1349] Die Höhe des Schadens der Gesamtgläubigerschaft ergibt sich aus der Höhe des zu Unrecht abgeflossenen Betrags.[1350] Für eine eingetretene Quotenverschlechterung durch Eingehen weiterer Verbindlichkeiten kann eine Haftung des Geschäftsführers hingegen nach § 25 Abs 2 GmbHG begründet werden. Anknüpfungspunkt ist der im Insolvenzverschleppungszeitraum erwirtschaftete Betriebsverlust.[1351] Erst die erfolgreiche Geltendmachung beider Haftungen führt dazu, dass die Gläubiger keinen Quotenschaden erleiden.[1352]

Eine Haftung der Geschäftsführer entfällt, wenn die masseschmälernde Zahlung vom Insolvenzverwalter erfolgreich angefochten wurde.[1353]

Zu beachten ist, dass ein Verstoß gegen die gesellschaftsrechtlich verankerte Zahlungssperre meistens zugleich den Tatbestand der Gläubigerbegünstigung gem § 158 StGB sowie darüber hinaus uU die Tatbestände der §§ 156 und 159 StGB erfüllen kann.

4.2.2. Vorvertragliche Aufklärungspflichten

Jeden Schuldner trifft eine Aufklärungspflicht gegenüber potenziellen Vertragspartnern, wenn bereits bei Vertragsschluss damit gerechnet werden muss, dass der Schuldner seine Verpflichtungen aus dem Vertrag nicht erfüllen wird können.[1354] Eine vorvertragliche Informations- bzw Aufklärungpflicht besteht insb dann, wenn die Gesellschaft trotz Insolvenzreife noch Waren- oder Geldkredite in Anspruch nimmt, aber bereits zu erwarten ist, dass aufgrund der bestehenden Überschuldung

1348 *Gassner/Wabl*, ecolex 2018, 908.

1349 *Csoklich*, ZIK 2018, 9.

1350 *Schumacher* in *Bartsch/Pollak/Buchegger*, Insolvenzrecht II/2[4] § 69 Rz 171 f; *Gellis/Feil*, GmbHG[7] § 25 Rz 39; *Karollus* in *Feldbauer-Durstmüller/Schlager*, Krisenmanagement 1171; ein Schaden in Höhe des Abflusses wird dabei vermutet, der Geschäftsführer kann den Gegenbeweis führen, dass der Schaden geringer ist: OGH 6 Ob 164/16k ÖBA 2018, 730 (*Dellinger*).

1351 OGH 6 Ob 164/16k ÖBA 2018, 730 (*Dellinger*).

1352 OGH 6 Ob 164/16k ÖBA 2018, 730 (*Dellinger*).

1353 *Dellinger* in *Konecny/Schubert*, Insolvenzgesetze § 69 Rz 69 mwN.

1354 *Reich-Rohrwig* in *Straube/Ratka/Rauter*, WK GmbHG § 25 Rz 131 mwN (Stand 1.6.2015, rdb.at).

im Zeitpunkt der Fälligkeit Zahlungsunfähigkeit eintreten wird.[1355] Bei Zug-um-Zug-Geschäften und bei Geschäften, bei denen die GmbH vorleistet, besteht hingegen keinerlei Aufklärungspflicht über die schlechte wirtschaftliche Lage der Gesellschaft.[1356]

Diese vorvertraglichen Pflichten treffen die Gesellschaft als Vertragspartnerin – erfüllen müssen die Pflicht die Geschäftsführer. Werden vorvertragliche Aufklärungspflichten verletzt, haftet zunächst immer die Gesellschaft gegenüber ihrem Vertragspartner, weil die Verletzung vorvertraglicher Pflichten durch einen Geschäftsführer grundsätzlich der Gesellschaft zuzurechnen ist.[1357] Die Gesellschaft hat dem Gläubiger den entstandenen Vertrauensschaden zu ersetzen.[1358]

Der Geschäftsführer kann vom Vertragspartner der Gesellschaft nur unter bestimmten Voraussetzungen persönlich in Anspruch genommen werden. Damit es zu einer unmittelbaren Haftung des Geschäftsführers wegen Verletzung vorvertraglicher Aufklärungspflichten kommt, muss dieser – unter Inanspruchnahme von besonderem Vertrauen – in erheblichem Ausmaß auf die Vertragsverhandlungen Einfluss genommen haben oder ein erhebliches und unmittelbares eigenes wirtschaftliches Interesse am Zustandekommen des Vertrags haben.[1359]

In diesem Zusammenhang ist die „Inanspruchnahme von besonderem Vertrauen" zu beachten. Ein solches liegt vor, wenn der Geschäftsführer besondere Zahlungs-, Finanzierungs- oder Haftungszusagen tätigt, ohne dabei eine persönliche Haftung zu übernehmen.[1360]

1355 *Reich-Rohrwig* in *Straube/Ratka/Rauter*, WK GmbHG § 25 Rz 281 f (Stand 1.6.2015, rdb.at); *Feil*, Insolvenzordnung[8] § 69 Rz 21; *Schumacher* in *Bartsch/Pollak/Buchegger*, Insolvenzrecht II/2[4] § 69 Rz 152 ff mwN (der die Aufklärungspflicht bereits bei vermutetem Reorganisationsbedarf bejaht); *Dellinger* in *Konecny/Schubert*, Insolvenzgesetze § 69 Rz 25; *Koppensteiner/Rüffler*, GmbHG[3] § 25 Rz 48.

1356 *Schumacher* in *Bartsch/Pollak/Buchegger*, Insolvenzrecht II/2[4] § 69 Rz 155; *Reich-Rohrwig* in *Straube/Ratka/Rauter*, WK GmbHG § 25 Rz 131 ff mwN (Stand 1.6.2015, rdb.at); aA *Dellinger* in *Konecny/Schubert*, Insolvenzgesetze § 69 Rz 24, der vertritt, dass das Interesse an einer erfolgreichen Sanierung dem Schutzbedürfnis von Neugläubigern nicht vorgeht.

1357 *Lichtkoppler/Reisch*, Unternehmenssanierung[2] Rz 4.16; *Reich-Rohrwig* in *Straube/Ratka/Rauter*, WK GmbHG § 25 Rz 131 mwN (Stand 1.6.2015, rdb.at).

1358 *Gellis/Feil*, GmbHG[7] § 25 Rz 37; *„Bei (vor)vertraglichen Verpflichtungen ist die Differenzierung zwischen Vertrauensschaden (negatives Vertragsinteresse) und Nichterfüllungsschaden (positives Vertragsinteresse) bedeutsam. Vertrauensschaden kann nur derjenige begehren, der auf die Gültigkeit einer abgegebenen Erklärung oder auf das Zustandekommen eines Vertrags vertraut hat, obwohl die Erklärung ungültig war oder der Vertrag nicht zustande kam; der Schädiger hat den Vertrauenden so zu stellen, wie er stünde, wenn er mit der Gültigkeit seiner Verpflichtung nicht gerechnet hätte. Ist jedoch der Schaden durch Nichterfüllung einer gültig begründeten Leistungspflicht entstanden, so hat der Schädiger den Zustand herzustellen, der im Vermögen des Geschädigten bei gehöriger Erfüllung bestünde"* (*Wittwer* in *Schwimann/Neumayr*, ABGB Taschenkommentar[4] § 1293 Rz 13 mwN).

1359 *Dellinger* in *Konecny/Schubert*, Insolvenzgesetze § 69 Rz 102 mwN; *Reich-Rohrwig* in *Straube/Ratka/Rauter*, WK GmbHG § 25 Rz 283 ff mwN (Stand 1.6.2015, rdb.at); *Schumacher* in *Bartsch/Pollak/Buchegger*, Insolvenzrecht II/2[4] § 69 Rz 156 ff mwN; krit zum zweiten Zurechnungsgrund *Koppensteiner/Rüffler*, GmbHG[3] § 25 Rz 48.

1360 *Schumacher* in *Bartsch/Pollak/Buchegger*, Insolvenzrecht II/2[4] § 69 Rz 159 mwN; *Dellinger* in *Konecny/Schubert*, Insolvenzgesetze § 69 Rz 102.

Der Vollständigkeit halber sei an dieser Stelle noch erwähnt, dass ein Geschäftsführer, der einen Dritten vorsätzlich über das Nicht-Vorliegen eines Insolvenzeröffnungsgrundes täuscht und so den Vertragsschluss mit der Gesellschaft bewirkt, gem § 874 ABGB dem Dritten gegenüber direkt haftet.[1361]

4.2.3. Strafrechtliche Verantwortung der Geschäftsführer

Da die Geschäftsführer in der Krise des Unternehmens durch verschiedenste Handlungen oder Unterlassungen einer Vielzahl von strafrechtlichen Tatbeständen verwirklichen können, deren Darstellung den Rahmen und Zweck dieses Buches sprengen würde, soll in der Folge kurz auf einige wichtige Straftatbestände eingegangen werden.

Bei Verletzung der unten angeführten Strafbestimmungen sind Freiheitsstrafen in Höhe von bis zu zehn Jahren vorgesehen. Einige dieser Strafbestimmungen wertet die Rsp als Schutzgesetze iSd § 1311 ABGB, sodass bei ihrer Verletzung die Gläubiger eine Anspruchsgrundlage für einen direkten Haftungsdurchgriff auf die Geschäftsführer der GmbH haben (vgl im Detail Kap 5.2.7.). Darüber hinaus verhindert eine rechtskräftige (noch nicht getilgte) Verurteilung wegen Straftaten gem §§ 156, 158, 162 oder 292a StGB die Einleitung eines Abschöpfungsverfahrens.[1362]

In der Unternehmenskrise sind – neben den unten behandelten Kridadelikten – insb Strafbestimmungen des Vermögensstrafrechts (wie zB Betrug, Veruntreuung, Untreue, Vorenthalten von Dienstnehmerbeiträgen zur Sozialversicherung, betrügerisches Vorenthalten von Sozialversicherungsbeiträgen und Zuschlägen nach dem BUAG, Förderungsmissbrauch) und des Finanzstrafrechtes von Bedeutung.

4.2.3.1. Kridadelikte

Gem § 161 StGB sind auch leitende Angestellte einer juristischen Person oder einer Personengesellschaft ohne Rechtspersönlichkeit vom Anwendungsbereich der Delikte nach §§ 156, 158, 159 und 162 StGB umfasst. Unter leitenden Angestellten sind gem § 74 Abs 3 StGB Angestellte eines Unternehmens zu verstehen, denen auf die Geschäftsführung ein maßgeblicher Einfluss zukommt. Ihnen

---

1361 *Dellinger* in *Konecny/Schubert*, Insolvenzgesetze § 69 Rz 101.

1362 *Exkurs Abschöpfungsverfahren mit Restschuldbefreiung – §§ 199 IO ff:* Findet der angebotene Zahlungsplan eines Schuldners im Insolvenzverfahren keine Mehrheit, so wird vom Gericht das Abschöpfungsverfahren eingeleitet, sofern keine Einleitungshindernisse (Verwirklichung der oben genannten Straftatbestände) vorliegen. Für die Einleitung ist keine Zustimmung der Insolvenzgläubiger erforderlich. Das Abschöpfungsverfahren dauert sieben Jahre, während der ein Treuhänder bestellt wird, dem der Schuldner den pfändbaren Teil seines Einkommens abtreten muss. Der Treuhänder hat die Aufgabe, die durch die Abtretung erhaltenen Beträge an die Insolvenzgläubiger zu verteilen. Ist es während des Abschöpfungszeitraumes zu keinen Obliegenheitsverletzungen gekommen, hat sich der Schuldner also „wohl verhalten", so wird der Schuldner von den im Abschöpfungsverfahren nicht erfüllten Verbindlichkeiten gegenüber den Insolvenzgläubigern befreit. Die Restschuldbefreiung wirkt auch gegenüber Insolvenzgläubigern, die ihre Forderungen nicht angemeldet haben.

stehen Geschäftsführer, Mitglieder des Aufsichtsrats und Prokuristen ohne Angestelltenverhältnis gleich. Hinsichtlich ihrer Haftung kommt es nicht darauf an, ob sie im Innenverhältnis zu ihrem Verhalten befugt waren; entscheidend ist die faktische Geschäftsführung.[1363]

Die Rsp qualifiziert Kridadelikte als Schutzgesetze iSd § 1311 ABGB zugunsten der Gläubiger.[1364] Daher kommt Gesellschaftsgläubigern, wenn sie ihren Anspruch auf die Verletzung des entsprechenden Strafgesetzes stützen können, ein direkter Haftungsanspruch gegenüber dem Geschäftsführer wegen Insolvenzverschleppung zu.[1365] Führt der Geschäftsführer die Zahlungsunfähigkeit durch kridaträchtiges Handeln gem § 159 StGB grob fahrlässig herbei, haftet er für das Erfüllungsinteresse, sofern die Gläubiger ohne die Tathandlung volle Befriedigung erhalten hätten.[1366]

4.2.3.1.1. § 156 StGB – Betrügerische Krida

Gem § 156 StGB ist zu bestrafen, wer einen Bestandteil seines Vermögens verheimlicht, beiseiteschafft, veräußert oder beschädigt, eine nicht bestehende Verbindlichkeit vorschützt oder anerkennt oder sonst sein Vermögen wirklich oder zum Schein verringert und dadurch die Befriedigung seiner Gläubiger oder wenigstens eines von ihnen vereitelt oder schmälert.

Betrügerische Krida kann nur von einem Schuldner mit mindestens zwei Gläubigern begangen werden. Dem Schuldner ist es verboten, durch wirkliche oder scheinbare Verringerung des Schuldnervermögens die Befriedigung der Gläubiger zu vereiteln. Bestraft wird die vorsätzliche Schädigung von Gläubigern. Dabei kommt es weder auf eine Zahlungsunfähigkeit noch auf eine Überschuldung oder Krisensituation an.[1367] Als Tathandlung in Betracht kommt etwa die Rückzahlung eigenkapitalersetzender Darlehen an Gesellschafter in der Krise.[1368]

4.2.3.1.2. § 159 StGB – Grob fahrlässige Beeinträchtigung von Gläubigerinteressen

Gem § 159 Abs 1 StGB ist zu bestrafen, wer grob fahrlässig seine Zahlungsunfähigkeit dadurch herbeiführt, dass er gem Abs 5 kridaträchtig handelt.

Ebenso ist zu bestrafen, wer in Kenntnis oder fahrlässiger Unkenntnis seiner Zahlungsunfähigkeit grob fahrlässig die Befriedigung wenigstens eines seiner

1363 *Fabrizy*, StGB[13] § 161 Rz 3; *Kirchbacher* in WK[2] StGB § 161 Rz 5 ff; *Feil*, Insolvenzordnung[8] § 69 Rz 14; *Gellis/Feil*, GmbHG[7] § 25 Rz 39.

1364 *Schacherreiter* in *Kletečka/Schauer*, ABGB-ON[1.05] § 1311 Rz 30; *Karollus* in *Feldbauer-Durstmüller/Schlager*, Krisenmanagement, 1172; *Koppensteiner/Rüffler*, GmbHG[3] § 25 Rz 40 ff; *Reich-Rohrwig*, GmbH-Recht I[2] Rz 2/381, 2/425 ff.

1365 *S.-F. Kraus/U. Torggler* in *U. Torggler*, GmbHG § 25 Rz 39; *Gellis/Feil*, GmbHG[7] § 25 Rz 35; *Reich-Rohrwig*, GmbH-Recht I[2] Rz 2/428; *Reich-Rohrwig* in *Straube/Ratka/Rauter*, WK GmbHG § 25 Rz 289 (Stand 1.6.2015, rdb.at).

1366 *Reich-Rohrwig* in *Straube/Ratka/Rauter*, WK GmbHG § 25 Rz 342 (Stand 1.6.2015, rdb.at).

1367 *Fabrizy*, StGB[13] § 156 Rz 1; *Kirchbacher* in WK[2] StGB § 156 Rz 1 ff.

1368 *Kirchbacher* in WK[2] StGB § 156 Rz 17/1.

Gläubiger dadurch vereitelt oder schmälert, dass er nach § 159 Abs 5 StGB kridaträchtig handelt (§ 159 Abs 2 StGB), oder wer grob fahrlässig seine wirtschaftliche Lage durch kridaträchtiges Handeln nach § 159 Abs 5 StGB derart beeinträchtigt, dass Zahlungsunfähigkeit eingetreten wäre, wenn nicht von einer oder mehreren Gebietskörperschaften ohne Verpflichtung hierzu unmittelbar oder mittelbar Zuwendungen erbracht, vergleichbare Maßnahmen getroffen oder Zuwendungen oder vergleichbare Maßnahmen anderer veranlasst worden wären (§ 159 Abs 3 StGB).

Kridaträchtig handelt gem der taxativen Aufzählung in § 159 Abs 5 StGB, wer entgegen Grundsätzen ordentlichen Wirtschaftens

- einen bedeutenden Bestandteil seines Vermögens zerstört, beschädigt, unbrauchbar macht, verschleudert oder verschenkt,
- durch ein außergewöhnlich gewagtes Geschäft, das nicht zu seinem gewöhnlichen Wirtschaftsbetrieb gehört, durch Spiel oder Wette übermäßig hohe Beträge ausgibt,
- übermäßigen, mit seinen Vermögensverhältnissen oder seiner wirtschaftlichen Leistungsfähigkeit in auffallendem Widerspruch stehenden Aufwand treibt,
- es unterlässt, Geschäftsbücher oder geschäftliche Aufzeichnungen zu führen oder so führt, dass ein zeitnaher Überblick über seine wahre Vermögens-, Finanz- und Ertragslage erheblich erschwert wird, oder sonstige geeignete und erforderliche Kontrollmaßnahmen, die ihm einen solchen Überblick verschaffen, unterlässt oder
- es unterlässt, Jahresabschlüsse, zu deren Erstellung er verpflichtet ist, zu erstellen oder auf eine solche Weise oder so spät erstellt, dass ein zeitnaher Überblick über seine wahre Vermögens-, Finanz- und Ertragslage erheblich erschwert wird.

Zentrales Tatbestandsmerkmal des § 159 StGB ist die Zahlungsunfähigkeit. Die Herbeiführung der Überschuldung ist hingegen nicht tatbestandsmäßig.[1369] Die Verletzung der Insolvenzantragspflicht ist nicht nach § 159 StGB strafbar, wohl aber kann die Insolvenzverschleppung strafbar iSd § 159 StGB sein.[1370]

4.2.3.1.3. § 158 StGB – Begünstigung eines Gläubigers

Gem § 158 StGB ist zu bestrafen, wer nach Eintritt seiner Zahlungsunfähigkeit einen Gläubiger begünstigt und dadurch die anderen Gläubiger oder wenigstens einen von ihnen benachteiligt.

1369 *Dellinger* in *Konecny/Schubert,* Insolvenzgesetze § 69 Rz 126 mwN; *Reich-Rohrwig,* GmbH-Recht I² Rz 2/458; *Reich-Rohrwig* in *Straube/Ratka/Rauter,* WK GmbHG § 25 Rz 331 ff (Stand 1.6.2015, rdb.at); *Fabrizy,* StGB¹³ § 159 Rz 4; *Kirchbacher* in WK² StGB § 159 Rz 60 ff.

1370 *Feil,* Insolvenzordnung⁸§ 69 Rz 26; *Reich-Rohrwig* in *Straube/Ratka/Rauter,* WK GmbHG § 25 Rz 339 (Stand 1.6.2015, rdb.at).

4.2.3.1.4. Weitere relevante Straftatbestände

- **§ 146 StGB – Betrug**: Wer mit dem Vorsatz, durch das Verhalten des Getäuschten sich oder einen Dritten unrechtmäßig zu bereichern, jemanden durch Täuschung über Tatsachen zu einer Handlung, Duldung oder Unterlassung verleitet, die diesen oder einen anderen am Vermögen schädigt, ist zu bestrafen.
  Der Betrüger will sich oder einen Dritten unrechtmäßig bereichern, indem er durch ein Täuschungsverhalten einen Irrtum beim Getäuschten hervorruft, durch welchen dieser eine schädigende Vermögensverfügung vornimmt, die beim Getäuschten oder einem Dritten einen Vermögensschaden bewirkt.[1371] Der Täter muss mit Täuschungs- und Schädigungsvorsatz sowie mit dem erweiterten Vorsatz, sich oder einen Dritten durch das Verhalten des Getäuschten unrechtmäßig zu bereichern, handeln.[1372] Die Täuschungshandlung kann beispielsweise in der unterlassenen Aufklärung über die Zahlungs(un)fähigkeit der Gesellschaft liegen.[1373]
- **§ 153 StGB – Untreue**: Wer seine Befugnis, über fremdes Vermögen zu verfügen oder einen anderen zu verpflichten, wissentlich missbraucht und dadurch den anderen am Vermögen schädigt, ist zu bestrafen.
  Der Kern dieser Bestimmung liegt darin, dass ein Machthaber, in unserem Fall also der Geschäftsführer der GmbH, im Rahmen des ihm durch Vertretungsmacht eingeräumten rechtlichen „Könnens“ gegen sein rechtliches „Dürfen“ verstößt.[1374]
- **§ 153c StGB – Vorenthalten von Dienstnehmerbeiträgen zur Sozialversicherung**: Wer als Dienstgeber Beiträge eines Dienstnehmers zur Sozialversicherung dem berechtigten Versicherungsträger vorenthält, ist zu bestrafen.
  Die Geschäftsführer einer GmbH kommen nach § 153c Abs 2 StGB als Täter in Betracht, wenn die Pflicht zur Einzahlung der Dienstnehmerbeiträge die GmbH trifft. Die (mehrgliedrige) Geschäftsführung ist berechtigt, diese Verantwortung einzelnen oderer mehreren Organmitgliedern aufzuerlegen, was dazu führt, dass die übrigen Geschäftsführer nicht zu bestrafen sind (vgl zur Ressortverteilung Kap 1.3.2.).[1375] Der Täter ist gem § 153c Abs 3 StGB nicht zu bestrafen, wenn er bis zum Schluss der Verhandlung die ausstehenden Beiträge zur Gänze einzahlt oder sich dem berechtigten Sozialversicherungsträger gegenüber vertraglich zur Nachentrichtung der ausstehenden Beiträge binnen einer bestimmten Zeit verpflichtet. Kommt er dieser Verpflichtung nicht nach, lebt die Strafbarkeit wieder auf.
  Abzustellen ist auf die Dienstnehmeranteile (nicht die Dienstgeberbeiträge) für die tatsächlich ausbezahlten Löhne.[1376] Der Dienstgeber kann auch nach Ein-

---

1371 *Fabrizy*, StGB[13] § 146 Rz 2; *Kirchbacher* in WK[2] StGB § 146 Rz 1 f.
1372 *Fabrizy*, StGB[13] § 146 Rz 23; *Kirchbacher* in WK[2] StGB § 146 Rz 111 ff.
1373 *Fabrizy*, StGB[13] § 146 Rz 5; *Kirchbacher* in WK[2] StGB § 146 Rz 23 ff.
1374 *Fabrizy*, StGB[13] § 153 Rz 1; *Kirchbacher* in WK[2] StGB § 153 Rz 1.
1375 *Kirchbacher* in WK[2] StGB § 153c Rz 4 f.
1376 *Fabrizy*, StGB[13] § 153c Rz 1; *Kirchbacher/Presslauer* in WK[2] StGB § 153c Rz 14; *Gellis/Feil*, GmbHG[7] § 25 Rz 43; *Reich-Rohrwig* in *Straube/Ratka/Rauter*, WK GmbHG § 25 Rz 401 (Stand 1.6.2015, rdb.at); *Dellinger* in *Konecny/Schubert*, Insolvenzgesetze § 69 Rz 30.

tritt der Zahlungsunfähigkeit tatbildlich handeln, wenn die Nettolöhne übersteigende Mittel vorhanden sind. Vorenthalten werden Beiträge mit Ablauf der dem Beitragsschuldner nach § 58 Abs 1 ASVG eingeräumten Frist ab Fälligkeit der Beitragsschuld.[1377] Die Abfuhr von einbehaltenen Dienstnehmerbeiträgen ist nicht als Begünstigung eines Gläubigers gem § 158 StGB zu werten.[1378] Strittig ist die Frage nach der Strafbarkeit gem § 153c StGB zu ursprünglich bezahlten Dienstnehmeranteilen, die nach Insolvenzeröffnung vom Insolvenzverwalter erfolgreich angefochten wurden. Der eine Strafbarkeit bejahenden Ansicht des OLG Wien[1379] steht eine verneinende Entscheidung des OGH[1380] gegenüber.[1381] Um dieser Rechtsunsicherheit Rechnung zu tragen und ein Anfechtungsrisiko vorzubeugen, sind Beitragsschuldner gut beraten, wenn sie fällige Beiträge rechtzeitig zahlen.[1382]
Den Beiträgen zur Sozialversicherung sind die Zuschläge zur Bauarbeiter-Abfertigungs- und Urlaubs-Kasse (BUAK) gleichzuhalten.

- **§ 153e StGB – Organisierte Schwarzarbeit**: Wer gewerbsmäßig Personen zur selbständigen oder unselbständigen Erwerbstätigkeit ohne die erforderliche Anmeldung zur Sozialversicherung oder ohne die erforderliche Gewerbeberechtigung anwirbt, vermittelt oder überlässt, ist zu bestrafen. Auch Geschäftsführer einer GmbH kommen hier als Täter in Betracht.
  Zu beachten ist, dass der Dienstgeber gem § 33 ASVG verpflichtet ist, neue Dienstnehmer bis spätestens 24 Uhr des ersten Arbeitstages beim Sozialversicherungsträger anzumelden.
- **§ 162 StGB – Vollstreckungsvereitelung**: Ein Schuldner, der einen Bestandteil seines Vermögens verheimlicht, beiseiteschafft, veräußert oder beschädigt, eine nicht bestehende Verbindlichkeit vorschützt oder anerkennt oder sonst sein Vermögen wirklich oder zum Schein verringert und dadurch die Befriedigung eines Gläubigers durch Zwangsvollstreckung oder in einem anhängigen Zwangsvollstreckungsverfahren vereitelt oder schmälert, ist zu bestrafen.
- **§ 292a StGB – falsches Vermögensverzeichnis**: Wer im Zuge eines Exekutions- oder Insolvenzverfahrens vor Gericht oder vor einem Vollstreckungsorgan ein falsches oder unvollständiges Vermögensverzeichnis abgibt und dadurch die Befriedigung eines Gläubigers gefährdet, ist zu bestrafen.

1377 *Fabrizy*, StGB[113] § 153c Rz 2 ff; *Kirchbacher/Presslauer* in WK[2] StGB § 153c Rz 18 ff; *Reich-Rohrwig* in *Straube/Ratka/Rauter*, WK GmbHG § 25 Rz 402 (Stand 1.6.2015, rdb.at); *Dellinger* in *Konecny/Schubert*, Insolvenzgesetze § 69 Rz 30.

1378 *Kirchbacher/Presslauer* in WK[2] StGB § 153c Rz 31.

1379 OLG Wien 25.10.2000, 19 Bs 232/00 (nicht veröffentlicht, wiedergegeben in *Derntl*, Strafbarkeit gem § 153c StGB nach Zahlungsanfechtung, ZIK 2007/9).

1380 OGH 10.3.2005, 12 Os 37/04 (obiter dictum).

1381 *Lichtkoppler/Reisch*, Unternehmenssanierung[2] Rz 4.22; *Gellis/Feil*, GmbHG[7] § 25 Rz 43; bloß auf die OLG E eingehend und diese verneinend: *Bugelnig* in *Triffterer/Rosbaud/Hinterhofer* (Hrsg), Salzburger Kommentar zum Strafgesetzbuch (34. Lfg 2016) zu § 153c StGB Rz 154 ff.

1382 *Derntl*, ZIK 2007/9 sowie *Derntl*, Nochmals: Strafbarkeit gem § 153c StGB nach Zahlungsanfechtung, ZIK 2007/127 sowie *Mayer*, Keine Tatbestandsmäßigkeit des § 153c StGB nach Zahlungsanfechtung, ZIK 2007/66 und *Mayer*, Nochmals: Keine Tatbestandsmäßigkeit des § 153c StGB nach Zahlungsanfechtung, ZIK 2007/128.

4.2.4. Haftung der Geschäftsführer für Abgaben in der Krise

Geschäftsführer haften gem § 9 iVm § 80 BAO neben den durch sie vertretenen Abgabepflichtigen für die diese treffenden Abgaben insoweit, als die Abgaben infolge schuldhafter Verletzung der den Vertretern auferlegten Pflichten nicht eingebracht werden können. Voraussetzungen für diese subsidiäre Ausfallshaftung sind eine Abgabenforderung gegen die Gesellschaft, die Stellung des Geschäftsführers als Vertreter, die Uneinbringlichkeit der Abgabe bei der Gesellschaft, eine schuldhafte (zumindest leicht fahrlässige) Pflichtverletzung des Vertreters sowie die Ursächlichkeit der Pflichtverletzung für die Uneinbringlichkeit. Die Pflichtverletzung liegt nur bei einem Verstoß gegen spezifisch abgabenrechtliche Pflichten vor.[1383]

Sofern die liquiden Mittel zur Begleichung aller Verbindlichkeiten der Gesellschaft nicht ausreichen, kann sich der Geschäftsführer durch den Nachweis, die Abgabenschulden im Verhältnis zu anderen Gläubigern nicht schlechter behandelt zu haben als bei anteiliger Verwendung der vorhandenen Mittel für die Begleichung aller Verbindlichkeiten („Gleichbehandlungsgebot"), enthaften.[1384] Gleiches gilt nach neuerer Rsp auch für die Umsatzsteuer, allerdings nicht für die Lohnsteuer.[1385] Nach der stRsp des VwGH ist die Lohnsteuer von den ausbezahlten Arbeitslöhnen einzubehalten und gänzlich abzuführen. Reichen die zur Verfügung stehenden Mittel nicht aus, sind entsprechend niedrigere Löhne auszubezahlen. Für den Dienstgeberbeitrag und den Zuschlag zum Dienstgeberbeitrag gelten hingegen die allgemeinen Grundsätze.[1386]

In Bezug auf das Finanzstrafrecht sind die Tatbestände der Abgabenhinterziehung (§ 33 FinStrG) und der fahrlässigen Abgabenverkürzung (§ 34 FinStrG) hervorzuheben.

Eine Abgabenhinterziehung begeht, wer vorsätzlich unter Verletzung einer abgabenrechtlichen Anzeige-, Offenlegungs- oder Wahrheitspflicht eine Abgabenverkürzung bewirkt. Weiters macht sich einer Abgabenhinterziehung schuldig, wer seiner Verpflichtung zur Abgabe der Umsatzsteuervoranmeldung oder zur Führung von Lohnkonten nicht nachkommt und dadurch eine Verkürzung von Umsatzsteuer, Lohnsteuer oder von Dienstgeberbeiträgen zum Familienlastenausgleichsfonds bewirkt.

1383 *Koppensteiner/Rüffler*, GmbHG³ § 25 Rz 49; *Reich-Rohrwig*, GmbH-Recht I² Rz 2/518, 2/5529 f; *Reich-Rohrwig* in *Straube/Ratka/Rauter*, WK GmbHG § 25 Rz 436 (Stand 1.6.2015, rdb.at); *Gellis/Feil*, GmbHG⁷ § 25 Rz 44.

1384 *Dellinger* in *Konecny/Schubert*, Insolvenzgesetze § 69 Rz 29; *Koppensteiner/Rüffler*, GmbHG³ § 25 Rz 49; *Reich-Rohrwig*, GmbH-Recht I² Rz 2/535; *Reich-Rohrwig* in *Straube/Ratka/Rauter*, WK GmbHG § 25 Rz 449 (Stand 1.6.2015, rdb.at); *Gellis/Feil*, GmbHG⁷ § 25 Rz 44.

1385 *Dellinger* in *Konecny/Schubert*, Insolvenzgesetze § 69 Rz 29; *Koppensteiner/Rüffler*, GmbHG³ § 25 Rz 49; *Reich-Rohrwig*, GmbH-Recht I² Rz 2/535; *Reich-Rohrwig* in *Straube/Ratka/Rauter*, WK GmbHG § 25 Rz 471 (Stand 1.6.2015, rdb.at); *Gellis/Feil*, GmbHG⁷ § 25 Rz 44.

1386 *Dellinger* in *Konecny/Schubert*, Insolvenzgesetze § 69 Rz 29; *Koppensteiner/Rüffler*, GmbHG³ § 25 Rz 49; *Reich-Rohrwig*, GmbH-Recht I² Rz 2/559; *Reich-Rohrwig* in *Straube/Ratka/Rauter*, WK GmbHG § 25 Rz 468 (Stand 1.6.2015, rdb.at); *Gellis/Feil*, GmbHG⁷ § 25 Rz 44.

Nur natürliche Personen können gem § 1 FinStrG bestraft werden. Die GmbH haftet für eine über ihren Geschäftsführer verhängte Geldstrafe, wenn dieser das Vergehen in Ausübung seiner Funktion begangen hat (§ 28 Abs 2 FinStrG). Auch der Dienstgeber haftet für über Dienstnehmer verhängte Geldstrafen, die diesem im Rahmen seiner Dienstnehmertätigkeit wegen eines Finanzvergehens auferlegt werden (§ 28 Abs 3 FinStrG). GmbH und Dienstgeber haften nur, wenn sie ein Verschulden trifft, insb, wenn sie vom Vergehen des Geschäftsführers oder Dienstnehmers wussten oder wissen hätten müssen und für das Auswahlverschulden.[1387] Darüber hinaus haften sie nur subsidiär.[1388]

4.2.5. Haftung der Geschäftsführer für Sozialversicherungsbeiträge in der Krise

Gem § 67 Abs 10 ASVG haften die zur Vertretung juristischer Personen berufenen Personen im Rahmen ihrer Vertretungsmacht neben den durch sie vertretenen Beitragsschuldnern für die von diesen zu entrichtenden Beiträge insoweit, als die Beiträge infolge schuldhafter Verletzung der den Vertretern auferlegten Pflichten nicht eingebracht werden können. Die beitragsrechtliche Geschäftsführerhaftung ist eine Ausfallshaftung, sodass der Geschäftsführer nicht in Anspruch genommen werden darf, solange ein Ausfall bei der GmbH noch nicht angenommen werden kann.[1389]

Nach der Rsp des VwGH ist der Geschäftsführer für die Einhaltung der ihm auferlegten Pflichten verantwortlich. Das sind im Wesentlichen nur die Melde- und Auskunftspflichten, soweit diese in § 111 ASVG iVm § 9 VStG auch gesetzlichen Vertretern gegenüber sanktioniert sind, sowie die in § 153c Abs 2 StGB umschriebene Verpflichtung zur Abfuhr einbehaltener Dienstnehmerbeiträge.[1390]

Werden Dienstnehmerbeiträge zur Sozialversicherung vorsätzlich vorenthalten, ist § 153c StGB anzuwenden. Dienstnehmerbeiträge sind gem § 60 ASVG vom Entgelt einzubehalten und vollständig abzuführen. Reicht die vorhandene Liquidität nicht aus, sind die Löhne entsprechend zu kürzen, sodass die auf den gekürzten Betrag entfallenden Dienstnehmerbeiträge abgeführt werden können.[1391] Werden Sozialversicherungsabgaben vom Geschäftsführer ordnungsgemäß entrichtet, im Insolvenzfall aber vom Insolvenzverwalter gegenüber dem Sozialversicherungsträger erfolgreich angefochten, so haftet der Geschäftsführer nicht.[1392]

1387 *Lässig* in *Höpfel/Ratz,* WK² FinStrG § 28 Rz 2 (Stand 1.8.2016, rdb.at).

1388 *Doralt,* Steuerrecht 2018/19 (2018) Tz 595.

1389 *Reich-Rohrwig,* GmbH-Recht I² Rz 2/576; *Reich-Rohrwig* in *Straube/Ratka/Rauter,* WK GmbHG § 25 Rz 389 (Stand 1.6.2015, rdb.at); *Dellinger* in *Konecny/Schubert,* Insolvenzgesetze § 69 Rz 28.

1390 *Koppensteiner/Rüffler,* GmbHG³ § 25 Rz 50; *Gellis/Feil,* GmbHG⁷ § 25 Rz 43; *Reich-Rohrwig* in *Straube/Ratka/Rauter,* WK GmbHG § 25 Rz 385 (Stand 1.6.2015, rdb.at); *Feil,* Insolvenzordnung⁸ § 69 Rz 17a; *Dellinger* in *Konecny/Schubert,* Insolvenzgesetze § 69 Rz 30.

1391 *Dellinger* in *Konecny/Schubert,* Insolvenzgesetze § 69 Rz 28; *Reich-Rohrwig* in *Straube/Ratka/Rauter,* WK GmbHG § 25 Rz 402 (Stand 1.6.2015, rdb.at).

1392 *Reich-Rohrwig,* GmbH-Recht I² Rz 2/584; *Gellis/Feil,* GmbHG⁷ § 25 Rz 43.

Der Geschäftsführer haftet für Dienstgeberbeiträge nur dann, wenn er zugleich seine Meldepflichten gem § 111 ASVG verletzt.

Sozialversicherungsträger machen die Verletzung anderer Gläubigerschutzvorschriften, zB bei Insolvenzverschleppung oder Gläubigerbegünstigung, häufig vor den ordentlichen Gerichten geltend.[1393] Der Geschäftsführer kann auch aufgrund dieser zivilrechtlichen Anspruchsgrundlagen wegen rückständiger Dienstgeberanteile haften.

Die zur Vertretung juristischer Personen oder Personenhandelsgesellschaften berufenen Personen und die gesetzlichen Vertreter natürlicher Personen haften gem § 25a Abs 7 BUAG im Rahmen ihrer Vertretungsmacht neben den durch sie vertretenen Zuschlagsschuldnern für die von diesen zu entrichtenden Zuschläge insoweit, als die Zuschläge infolge schuldhafter Verletzung der den Vertretern auferlegten Pflichten nicht eingebracht werden können. Im Unterschied zur Haftung gem § 67 Abs 10 ASVG sind die Geschäftsführer zur Abfuhr der Zuschläge verpflichtet. Daher interpretiert die Rsp diese Vorschrift gleich den abgaberechtlichen Haftungsbestimmungen, wonach eine Schlechterbehandlung der Bauarbeiter-Urlaubs- und Abfertigungskasse zur Haftung führt.[1394]

4.2.6. Haftung der Geschäftsführer für Verfahrenskosten

Die organschaftlichen Vertreter einer juristischen Person sind gem § 72a Abs 1 IO zur Leistung eines Kostenvorschusses für die Anlaufkosten, höchstens jedoch von 4.000 € verpflichtet. Zur Leistung dieses Kostenvorschusses sind gem § 72a Abs 2 IO auch sämtliche Personen verpflichtet, die innerhalb der letzten drei Monate vor der Einbringung des Antrags auf Insolvenzeröffnung organschaftliche Vertreter des Schuldners waren. Die Pflicht zur Leistung eines Kostenvorschusses kann daher auch den zurückgetretenen Geschäftsführer treffen. Neben den organschaftlichen Vertretern ist auch ein Gesellschafter, dessen Anteil an der Gesellschaft mehr als 50 % beträgt, gem § 72d IO zur Leistung des Kostenvorschusses verpflichtet. Die Organmitglieder (Geschäftsführer) und Mehrheitsgesellschafter haften daher solidarisch. Das Fehlen von kostendeckendem Vermögen bei der insolventen Gesellschaft ist Haftungsvoraussetzung.[1395]

Notgeschäftsführer sind gem § 72a Abs 2 IO ausdrücklich von der Verpflichtung zur Leistung eines Kostenvorschusses ausgenommen. Wer einen Kostenvorschuss geleistet hat, kann gem § 71d Abs 1 IO diesen Betrag von jeder Person verlangen,

1393 *Dellinger* in *Konecny/Schubert*, Insolvenzgesetze § 69 Rz 71; *Reich-Rohrwig*, GmbH-Recht I[2] Rz 2/454; *Koppensteiner/Rüffler*, GmbHG[3] § 25 Rz 50 mwN.

1394 *Koppensteiner/Rüffler*, GmbHG[3] § 25 Rz 50; *Reich-Rohrwig* in *Straube/Ratka/Rauter*, WK GmbHG § 25 Rz 433 f (Stand 1.6.2015, rdb.at).

1395 *Schumacher* in *Bartsch/Pollak/Buchegger*, Insolvenzrecht II/2[4] §§ 72–72c Rz 17; *Gellis/Feil*, GmbHG[7] § 25 Rz 38.

die nach § 69 IO verpflichtet war, die Eröffnung des Insolvenzverfahrens zu beantragen, und den Antrag schuldhaft nicht gestellt hat. Ferner kann derjenige, der den Kostenvorschuss geleistet hat, diesen Betrag von jeder Person verlangen, die zur Leistung des Kostenvorschusses verpflichtet gewesen wäre.

4.3. Rechte und Pflichten der Geschäftsführer im Insolvenzverfahren

Die organschaftlichen Vertreter sowie die bei Insolvenzeröffnung bereits ausgeschiedenen Geschäftsführer sind gem § 99 IO im Insolvenzverfahren dazu verpflichtet, dem Insolvenzverwalter alle zur Geschäftsführung erforderlichen Auskünfte zu erteilen.[1396] Darüber hinaus haben diese Personen gem § 100 IO bei der Feststellung der Aktiva mitzuwirken, insb haben sie ein Vermögensverzeichniss vorzulegen. Diese Pflichten treffen unabhängig von der Art der Vertretungsbefugnis jedes einzelne Organmitglied.[1397]

Auch im Insolvenzverfahren haben die Geschäftsführer die Pflichten gem § 25 GmbHG einzuhalten. Daher können Geschäftsführer verpflichtet sein, einen Sanierungsplan zu erstellen und auch seine Umsetzung sicherzustellen.[1398]

4.4. Exkurs: Geschäftsführermandat und Anstellungsvertrag in der Insolvenz

Mit der Eröffnung des Insolvenzverfahrens wird die GmbH gem § 84 Abs 1 Z 4 GmbHG aufgelöst. Dies führt jedoch nicht *ipso iure* zur Beendigung der Organfunktion der Geschäftsführer: nach der hL und Rsp bleibt die Rechtsstellung der Geschäftsführer als Gesellschaftsorgane von der Insolvenzeröffnung unberührt,[1399] denn auch die Rechtspersönlichkeit der Gesellschaft bleibt trotz Insolvenz erhalten. Auf die Auflösung der Gesellschaft folgt – wenn das Gesetz nichts anderes vorsieht – die Abwicklung (Liquidation) der Gesellschaft (§ 89 Abs 1 GmbHG). Als Abwickler (auch Liquidatoren genannt) fungieren primär die Geschäftsführer, außer der Gesellschaftsvertrag oder ein Beschluss der Gesellschafter bestellt andere Personen in diese Funktion (§ 89 Abs 2 GmbHG).

Der Schuldner (= die Gesellschaft) ist jedoch hinsichtlich ihrer Geschäftsfähigkeit, insb im Hinblick auf die Wahrnehmung der Vermögensrechte, wesentlich eingeschränkt, weil diese nun dem Insolvenzverwalter obliegen.[1400] Sowohl die Geschäftsführungsbefugnis und Vertretungsmacht der Geschäftsführer als Liqui-

1396 Vgl § 24a GmbHG; *Hierzenberger/Riel* in *Konecny/Schubert*, Insolvenzgesetze § 99 Rz 4.
1397 *Bachner*, Aufgaben der Organe von Kapitalgesellschaften in der Insolvenz, in *Konecny*, Insolvenz-Forum 2008 (2009), 145 (170) mwN.
1398 *Lichtkoppler/Reisch*, Unternehmenssanierung² Rz 4.27.
1399 Vgl *Gelter* in *Gruber/Harrer*, GmbHG² § 84 Rz 23; *Reich-Rohrwig*, GmbH-Recht 664 f.
1400 Vgl *Zehetner* in *Straube/Ratka/Rauter*, WK GmbHG § 84 Rz 48 (Stand 1.10.2016, rdb.at).

datoren als auch die Befugnisse der Generalversammlung sind somit eingeschränkt.[1401] Bei Maßnahmen, die bloß die interne Gesellschaftsorganisation betreffen, hat der Insolvenzverwalter keinen Einfluss, sodass zB die Neubestellung oder Abberufung von Geschäftsführern im Sanierungsverfahren mit Eigenverwaltung und im Insolvenzverfahren auch ohne Zustimmung des Sanierungsverwalters erfolgen kann bzw nicht vom Insolvenzverwalter, sondern von den Gesellschaftern vorzunehmen ist.[1402]

Die Gesellschafter sind hingegen nicht befugt, Anstellungsverträge mit Geschäftsführern abzuschließen, weil sich dies auf die Masse auswirken würde (Entzug der Verfügungsbefugnis gem § 3 Abs 1 IO).[1403] Im Konkursverfahren würde diese Aufgabe dem Insolvenzverwalter obliegen; im Sanierungsverfahren mit Eigenverwaltung bedarf der Vertragsabschluss als ungewöhnliches Geschäft gem § 171 IO der Zustimmung des Sanierungsverwalters.

Gem § 25 Abs 1 IO haben Arbeitnehmer, also auch Geschäftsführer,[1404] auf die dies zutrifft, im Insolvenzverfahren ein außerordentliches Austrittsrecht – das Insolvenzverfahren ist der wichtige Austrittsgrund.[1405] Der Insolvenzverwalter hat spiegelbildlich die Möglichkeit, Arbeitsverhältnisse unter Einhaltung der gesetzlichen, kollektivvertraglichen oder vereinbarten kürzeren Kündigungsfristen aufzulösen.[1406] Die Auflösungserklärung/Kündigung muss binnen einer Frist von einem Monat erfolgen, die je nach Art und Verlauf des Insolvenzverfahrens zu unterschiedlichen Zeitpunkten zu laufen beginnt (vgl § 25 Abs 1 Z 1–3 IO[1407]).

Die Besonderheit des Auflösungsrechtes des Insolvenzverwalters liegt darin, dass er sich weder an Kündigungstermine noch an vertragliche Kündigungsfristen, die über die gesetzlichen Fristen hinausgehen, halten muss. Auch befristete Verträge, die keine Kündigungsmöglichkeit vorsehen, können so gekündigt werden.[1408] Einen durch diese außerordentliche Beendigung entstandenen Schaden (etwa weil dem Geschäftsführer im Anstellungsvertrag eine längere als die gesetzliche Kündigungsfrist eingeräumt wurde) kann der Geschäftsführer gem § 25 Abs 2 IO als Insolvenzforderung geltend machen – mit dem damit verbundenen Risiko, nur einen Bruchteil der Forderung (Quote) zu erhalten. Beendet der Insolvenzverwalter den Anstellungsvertrag, ist dies für den Geschäftsführer wohl ein wichtiger Grund, das Mandat zurückzulegen.

1401 Vgl OGH RIS-Justiz RS 0063784 (zB in 6 Ob 25/01x SZ 74/58): die Verfügungsgewalt der Schuldnerin (Gesellschaft) beschränkt sich auf das konkursfreie Vermögen.
1402 Vgl *Zehetner* in *Straube/Ratka/Rauter*, WK GmbHG § 84 Rz 47 mwN (Stand 1.10.2016, rdb.at).
1403 Vgl *Feil*, Insolvenzordnung[7] (2010) § 3 Rz 2.
1404 Vgl dazu kritisch *Runggaldier/G. Schima*, Manager-Dienstverträge[4] 228 f.
1405 Vgl *Reissner* in ZellKomm[3] § 25 IO Rz 32.
1406 Vgl *Gelter* in *Gruber/Harrer*, GmbHG[2] § 84 Rz 23.
1407 Vgl dazu vertiefend *Reissner* in ZellKomm[3] § 25 IO Rz 3–11/2.
1408 Vgl *Reissner* in ZellKomm[3] § 25 IO Rz 15 ff.

Bei Geschäftsführern, die freie Dienstnehmer sind, kommt eine Beendigung des Anstellungsvertrages gem § 21 IO in Frage. Diese Bestimmung gilt allgemein für zweiseitige Verträge, die noch nicht (vollständig) erfüllt sind: Je nach Wahl des Insolvenzverwalters kann dieser entweder den Vertrag erfüllen und vom Vertragspartner Erfüllung verlangen, oder vom Vertrag zurücktreten. Auf freie Dienstverhältnisse ist diese Bestimmung ebenso anwendbar wie auf andere Dauerschuldverhältnisse, die nicht einer Spezialregelung unterliegen (Bestandverträge § 23 IO; Arbeitsverträge § 25 IO).[1409] Laut einer Lehrmeinung und dieser folgend einer Entscheidung des OGH ist jedoch auch auf freie Dienstverhältnisse, die bereits in Vollzug gesetzt wurden, § 25 IO analog anzuwenden.[1410]

Die vertraglichen Ansprüche von **Geschäftsführern**, die Arbeitnehmer sind, sind nach dem **Insolvenz-Entgeltsicherung**sgesetz (IESG) gesichert. Der Anspruch auf Insolvenz-Entgelt hängt von der Arbeitnehmereigenschaft im arbeitsrechtlichen Sinn ab.[1411] Auch **Gesellschafter-Geschäftsführer** können daher Anspruch auf Insolvenz-Entgelt haben, sofern sie keinen **beherrschenden Einfluss**[1412] auf die Gesellschaft haben (§ 1 Abs 6 Z 2 IESG), selbst wenn dieser Einfluss auch oder nur teilweise durch treuhändige Weitergabe von Gesellschaftsanteilen ausgeübt wird oder auf der treuhändigen Verfügung von Gesellschaftsanteilen Dritter beruht. Der beherrschende Einfluss nach dem IESG ergibt sich daher nicht aus starren Beteiligungsgrenzen,[1413] sondern aus der Möglichkeit des Gesellschafter-Geschäftsführers, die Beschlüsse der Gesellschafter in den für seine persönliche Abhängigkeit wesentlichen Angelegenheiten zu beeinflussen oder zu verhindern (Sperrminorität).[1414]

1409 *Reissner* in ZellKomm³ § 21 Rz 1, 14.

1410 Vgl *Wachter*, Der sogenannte freie Dienstvertrag, DRdA 1984, 405; OGH 9 Ob 902/91 DRdA 1992, 124 (*Wachter*) zum Rücktrittsrecht und der damit verbundenen Kündigungsentschädigung eines freien Dienstnehmers; vgl dazu kritisch *Runggaldier/G. Schima*, Manager-Dienstverträge⁴ 225 ff.

1411 Vgl *Gahleitner* in ZellKomm³ § 1 IESG Rz 14.

1412 Vgl OGH 8 ObS 1/13z ZIK 2013/286 = ecolex 2013, 892 zum beherrschenden Einfluss; RIS-Justiz RS 0077381.

1413 Kritisch zur fehlenden Einheitlichkeit des IESG mit dem sozialversicherungsrechtlichen Arbeitnehmerbegriff *Runggaldier/G. Schima*, Manager-Dienstverträge⁴ 230 f; *Gahleitner* in ZellKomm³ § 1 IESG Rz 14.

1414 RIS-Justiz RS 0077381, zuletzt OGH 29.4.2013, 8 ObS 3/13v; *Gahleitner* in ZellKomm³ § 1 IESG Rz 14, 17.

5. Die Haftung des GmbH-Geschäftsführers

5.1. Haftung gegenüber der Gesellschaft (Innenhaftung)

Zentrale Haftungsnorm des GmbH-Rechts ist § 25 GmbHG, der die Innenhaftung des Geschäftsführers gegenüber der Gesellschaft regelt. Für Gläubiger oder einzelne Gesellschafter bietet § 25 GmbHG hingegen keine Anspruchsgrundlage (siehe zur Haftung gegenüber Dritten Kap 5.2.). Alle Geschäftsführer sind von Gesetzes wegen „**der Gesellschaft gegenüber verpflichtet, bei ihrer Geschäftsführung die Sorgfalt eines ordentlichen Geschäftsmannes anzuwenden**" (§ 25 Abs 1 GmbHG). Für Organmitglieder anderer Gesellschaftsformen (zB AG, Sparkasse) gilt derselbe objektive Sorgfaltsmaßstab, auch wenn die gesetzlichen Formulierungen leicht voneinander abweichen.[1415]

Dieser Sorgfaltsmaßstab ist ein **objektiver**, wird also durch persönliche Unfähigkeiten des Geschäftsführers nicht geschmälert – besondere Fachkenntnisse hat der Geschäftsführer hingegen einzusetzen, weil er oftmals gerade wegen seiner fachlichen Eignung bestellt worden ist.[1416] Die „Maßfigur" des ordentlichen Geschäftsmannes, an der das Verhalten des Geschäftsführers gemessen wird, ist aber insofern nicht einheitlich, als die konkreten Sorgfaltspflichten des Geschäftsleiters je nach **Größe und Branchenzugehörigkeit** des von ihm geleiteten Unternehmens variieren.[1417]

Das soll nicht bedeuten, dass zB der Geschäftsführer einer kleinen Tapeziererwerkstatt „weniger" an Fähigkeiten an den Tag legen muss als etwa die Geschäftsführerin eines Brauereiunternehmens mit diversen Tochtergesellschaften. Beide müssen die für das jeweilige Unternehmen relevanten Fähigkeiten aufweisen, die anwendbaren Rechtsvorschriften (Gewerbeordnung, Steuerrecht, Rechnungslegungsvorschriften, Arbeitnehmerschutzvorschriften, Lebensmittelsicherheitsvorschriften etc) kennen und dafür sorgen, dass die Gesellschaft diese Rechtsvorschriften einhält; sie müssen für den richtigen Personalstand sorgen und Steuern und Sozialversicherungsbeiträge rechtzeitig und richtig abführen; sie müssen die Liquiditätssituation der Gesellschaft überwachen,[1418] Forderungen eintreiben und

1415 Vgl § 84 Abs 1 AktG („*ordentlicher und gewissenhafter Geschäftsleiter*") und § 16 Abs 7 SpG („*ordentlicher Geschäftsleiter*"); nach der Rsp des OGH haben diese Begriffe dieselbe Bedeutung, vgl OGH 1 Ob 144/01k SZ 2002/26; RIS-Justiz RS 0116174.

1416 *Feltl/Told* in *Gruber/Harrer*, GmbHG² § 25 Rz 18.

1417 Vgl OGH 17.10.2003, 1 Ob 20/03b; RIS-Justiz RS 0118177: „Fähigkeiten und Kenntnisse[n], die von einem Geschäftsführer in dem betreffenden Geschäftszweig und nach der Größe des Unternehmens üblicherweise erwartet werden können".

1418 Vgl OGH 6 Ob 139/15g ZIK 2016, 39.

die branchenüblichen Zahlungsverpflichtungen einhalten. Beide Geschäftsführer können sich nicht damit entschuldigen, zB das gesetzliche Reinheitsgebot für die Biererzeugung nicht gelesen oder den Marktpreis für Tapezierutensilien nicht gekannt zu haben – bei fehlendem Fachwissen oder komplizierten Problemstellungen ist der Geschäftsführer dazu verpflichtet, **fachlichen Rat einzuholen**.[1419]

Der Sorgfaltsmaßstab hängt von den übernommenen Aufgaben ab – ist der Geschäftsführer diesen nicht gewachsen, etwa aus gesundheitlichen Gründen oder wegen mangelndem Fachwissen, muss er entweder zurücktreten (bzw darf die Bestellung erst gar nicht annehmen) oder haftet aufgrund von Übernahmsfahrlässigkeit für die von ihm verursachten Schäden.[1420]

Ob der Geschäftsführer bei einer konkreten Maßnahme (zB Abschluss eines Rechtsgeschäftes, Entscheidung, bei einem Vergabeverfahren nicht mitzubieten oder eine Tochtergesellschaft zu verkaufen) mit der gebotenen Sorgfalt gehandelt hat, ist aus der ***Ex-ante***-Sicht zu beurteilen.[1421] Wenn der Geschäftsführer auf Basis der ihm verfügbaren, ausreichenden Informationen die Vorteile und das Risiko für die Gesellschaft abwiegt und zu dem Ergebnis kommt, dass die Maßnahme dem Unternehmenswohl dient, handelt er sorgfaltskonform – selbst wenn sich später herausstellen sollte, dass das Geschäft für die Gesellschaft einen Verlust bedeutet. Den Geschäftsführer trifft nämlich **keine Erfolgshaftung**,[1422] weil das Unternehmerrisiko die Gesellschaft zu tragen hat.

Mehrere Geschäftsführer haften der Gesellschaft gegenüber **solidarisch** (§ 25 Abs 2 GmbHG), dh dass die Gesellschaft von jedem von ihnen den gesamten Schaden verlangen kann – insgesamt natürlich nur ein Mal. Die solidarische Haftung mehrerer Geschäftsführer kommt nur bei Geschäftsführungsmitgliedern in Frage, die selbst rechtswidrig, schuldhaft und für den Schaden kausal gehandelt haben (zu den einzelnen Haftungsvoraussetzungen sogleich in Kap 5.1.1. bis 5.1.4.).

Sind die Geschäftsführer gesamtgeschäftsführungsbefugt, haften primär jene, die bei der **Beschlussfassung** für die schadensstiftende Maßnahme gestimmt haben.[1423] Sich der Stimme zu enthalten oder der Beschlussfassung unbegründet fernzubleiben bedeutet ebenso eine Verletzung von Sorgfaltspflichten, aber selbst wenn der Geschäftsführer dagegen stimmt, hat er damit nicht seine Pflichten erfüllt, sondern muss zumutbare Schritte gegen die Durchführung des Beschlusses setzen, wie zB die Gesellschafter informieren.[1424] Sind die Aufgaben unter den Geschäfts-

1419 Vgl OGH 1 Ob 144/01k SZ 2002/26; RIS-Justiz RS 0116167.

1420 Vgl *Feltl/Told* in *Gruber/Harrer*, GmbHG² § 25 Rz 21; OGH 8 Ob 517/81 GesRZ 1982, 56; OGH 13 Os 195/83 SSt 55/76.

1421 Vgl *S.-F. Kraus/U. Torggler* in *U. Torggler*, GmbHG § 25 Rz 10; OGH 1 Ob 144/01k SZ 2002/26; OGH 22.5.2003, 8 Ob 262/02s.

1422 OGH 3 Ob 287/02f SZ 2003/133; RIS-Justiz RS 0059528, zuletzt OGH 30.1.2017, 6 Ob 84/16w.

1423 Vgl ausführlich *Rauter/Ratka* in *Ratka/Rauter*, Geschäftsführerhaftung² Rz 2/155 f.

1424 Vgl zur Haftung des Vorstands der Aktiengesellschaft *Kalss* in *Kalss/Nowotny/Schauer*, Gesellschaftsrecht² Rz 3/537.

führern durch eine **Ressortverteilung** aufgeteilt, haftet jedoch primär das ressortzuständige, entscheidungsbefugte Geschäftsführungsmitglied (vgl zu den Koordinierungs- und Überwachungspflichten bei Ressortverteilung Kap 1.3.4.). Die anderen Geschäftsführungsmitglieder können nur zur Haftung (oder zum Regress unter den Geschäftsführern) herangezogen werden, wenn sie selbst rechtswidrig und schuldhaft gehandelt haben, indem sie etwa die sie treffenden **Überwachungspflichten** über den Aufgabenbereich des zuständigen Geschäftsführers verletzt[1425] oder diesen zur Pflichtverletzung angestiftet haben. Bestimmte Angelegenheiten sind jedoch unabhängig von einer Ressortverteilung die Verantwortung aller Geschäftsführer: Firmenbuchanmeldungen, die Insolvenzantragspflicht, damit zusammenhängend die Überwachung der finanziellen Lage der Gesellschaft (vgl ausführlich Kap 1.3.4.).

Hat ein Gesellschafter Schadenersatz geleistet, kann er sich bei den anderen haftenden Geschäftsführern regressieren. Die Schadensaufteilung unter den haftenden Geschäftsführern richtet sich nach § 896 ABGB: trifft die einzelnen Geschäftsführer ein unterschiedlicher Grad an Beteiligung oder Verschulden an der schädigenden Handlung, ist der Schaden nach diesem besonderen Verhältnis intern aufzuteilen.[1426] Haben alle gleichermaßen zum Schaden beigetragen oder lässt sich ein besonderes Verhältnis nicht feststellen, haften im Zweifel die Geschäftsführer zu gleichen Teilen.[1427]

Beispiele

In einer dreiköpfigen Geschäftsführung mit Ressortverteilung, Einzelgeschäftsführungs- und -vertretungsbefugnis schließt ein Geschäftsführer in seinem Ressort einen nachteiligen Vertrag ab. Die Co-Geschäftsführer haben den betroffenen Geschäftsbereich ausreichend überwacht und ihnen musste nichts Ungewöhnliches auffallen. Der zuständige Geschäftsführer haftet allein für den entstandenen Schaden.

Geschäftsführer A und B sind jeweils allein vertretungs- und geschäftsführungsbefugt. A erfährt von einer geplanten Maßnahme des B, die er für unwirtschaftlich hält. A widerspricht daher der Maßnahme (§ 21 Abs 2 GmbHG) und bringt die Frage vor die Generalversammlung, die jedoch nicht entscheidet, sondern der Geschäftsführung bedeutet, dass sie die Angelegenheit für nicht bedeutsam genug hält, um darüber zu entscheiden. Die Geschäftsführung solle selbst entscheiden. B setzt die Maßnahme um. A hat uE alles Zumutbare unternommen, um die aus seiner Sicht schadensträchtige Maßnahme zu verhindern und kann daher für einen allfälligen Schaden nicht zur Haftung herangezogen werden.

In einer dreiköpfigen Geschäftsführung mit Ressortverteilung, Einzelgeschäftsführungs- und -vertretungsbefugnis stiftet ein Geschäftsführer den anderen zu einer schädigenden Handlung an. Der Dritte weiß nichts davon, weil die anderen ihm die Maßnahme

1425 Vgl zu den Überwachungspflichten ausführlich *Feltl/Told* in *Gruber/Harrer*, GmbHG² § 25 Rz 169 ff, 171.
1426 Vgl *Feltl/Told* in *Gruber/Harrer*, GmbHG² § 25 Rz 134.
1427 Vgl *Kodek* in *Kletečka/Schauer*, ABGB-ON$^{1.03}$ § 896 Rz 13.

gekonnt verheimlichen. Die beiden schädigenden Geschäftsführer haften solidarisch, während der dritte mangels eigenen rechtswidrigen und schuldhaften Handelns nicht haftet. Die Aufteilung des Schadens (Regress) unter den Haftenden richtet sich nach dem Grad des Verschuldens und der Beteiligung. Nachdem hier bei beiden Geschäftsführern Vorsatz vorliegt, ist wohl eine Teilung zu je 50 % sachgerecht.

§ 25 GmbHG enthält neben der Generalklausel zwei explizit ausformulierte **zwingende Haftungstatbestände**. Die Geschäftsführer haften insb,

- wenn sie entgegen der Vorschriften von Gesetz oder Gesellschaftsvertrag das Gesellschaftsvermögen verteilen (**§ 25 Abs 3 Z 1 GmbHG**).

Das GmbHG enthält mehrere Bestimmungen, die den Schutz des Gesellschaftskapitals bezwecken und die Rückführung nur unter bestimmten Voraussetzungen zulassen, wie etwa die Bestimmungen über die Kapitalherabsetzung (§§ 56 ff), über die Liquidation (§ 91) oder das Verbot der Rückzahlung von Stammeinlagen oder der Vereinbarung von Zinsen (§ 82). Zahlt der Geschäftsführer entgegen diesen Vorschriften oder Regelungen im Gesellschaftsvertrag Stammeinlagen, Nachschüsse, Zinsen oder Gewinnanteile aus oder erwirbt er für die Gesellschaft eigene Geschäftsanteile, haftet er der Gesellschaft gegenüber. Auch wenn der Empfänger solcher unrechtmäßiger Zahlungen (zB der Gesellschafter, der entgegen § 74 Abs 2 GmbHG als Einziger einen Nachschuss zurückerhält) zur Rückgabe verpflichtet ist oder selbst haftet, schließt das die Haftung des Geschäftsführers nicht aus.[1428] Steht der Verstoß gegen § 25 Abs 3 Z 1 GmbHG fest, braucht die Gesellschaft nicht einmal mehr den Eintritt des Schadens zu beweisen, weil er vermutet wird.[1429]

Der Geschäftsführer haftet außerdem,

- wenn er nach dem Zeitpunkt, in dem bereits das Insolvenzverfahren beantragt hätte werden müssen, Zahlungen leistet (**§ 25 Abs 3 Z 2 GmbHG**).

Leistet der Geschäftsführer trotz Insolvenzreife (vgl zu den Insolvenzgründen der Überschuldung und Zahlungsunfähigkeit Kap 4.1.) Zahlungen an Gläubiger, schmälert er dadurch die Insolvenzmasse und die Gesellschaft (bzw die Insolvenzmasse) erleidet einen Schaden, den sie beim Geschäftsführer geltend machen kann. Diese Haftung trifft den Geschäftsführer, gleichgültig ob er seine Organfunktion tatsächlich ausgeübt oder sich auf die Rolle eines Strohmanns beschränkt hat.[1430] Kein Schaden entsteht, wenn die Gesellschaft die Zahlung vom Empfänger nach erfolgreicher Anfechtung wieder zurückerhält[1431] oder wenn der Gesellschaft als vollwertige Gegenleistung für die Zahlung Vermögenswerte oder

1428 Vgl zu alledem *Rauter/Ratka* in *Ratka/Rauter*, Geschäftsführerhaftung² Rz 2/158.
1429 Vgl *Feltl/Told* in *Gruber/Harrer*, GmbHG² § 25 Rz 109 mwN.
1430 So OGH 6 Ob 139/15g ZIK 2016, 39.
1431 Vgl *Rauter/Ratka* in *Ratka/Rauter*, Geschäftsführerhaftung² Rz 2/161 mwN.

Leistungen zukommen. Die Masse ist in diesen Fällen nicht geschmälert. Manche Zahlungen sind selbst nach Eintritt der Insolvenzreife noch mit der Sorgfalt eines ordentlichen Geschäftsmannes vereinbar (vgl Kap 4.2.1.2.), sodass eine Haftung des Geschäftsführers nicht in Betracht kommt.[1432]

In **§ 25 Abs 4 GmbHG** ist eigens die Haftung des Geschäftsführers für Schäden aus **Insichgeschäften** geregelt, sofern diese Geschäfte nicht durch den Aufsichtsrat, die übrigen Geschäftsführer oder die Gesellschafter genehmigt wurden (vgl zu Insichgeschäften und deren Wirksamkeit Kap 1.2.5.2.).

Das GmbH-Gesetz kennt neben dem Auffangtatbestand und den Spezialtatbeständen des § 25 auch einige andere Haftungstatbestände:

§ 10 Abs 4 GmbHG: Bei der Anmeldung der Gesellschaft zum Firmenbuch müssen die Geschäftsführer eine Erklärung über die Höhe der eingezahlten Stammeinlagen und darüber abgeben, dass die Bar- und Sacheinlagen zu ihrer freien Verfügung stehen (§ 10 Abs 3 GmbHG). Die Geschäftsführer haften der Gesellschaft gegenüber für den wegen falscher Angaben entstandenen Schaden zur ungeteilten Hand,[1433] sofern sie ein Verschulden an der unrichtigen Erklärung trifft.[1434]

§ 24 Abs 3 GmbHG: Verstößt der Geschäftsführer schuldhaft gegen das gesetzliche Wettbewerbsverbot, ist er der Gesellschaft zum Schadenersatz verpflichtet. Die Gesellschaft kann stattdessen aber auch die Herausgabe des aus dem Rechtsgeschäft erlangten Vorteils oder den Eintritt in das im Namen des Geschäftsführers geschlossene Rechtsgeschäft verlangen (vgl Kap 1.2.7.)

§ 26 Abs 2 GmbHG: Verstoßen die Geschäftsführer gegen die sie treffende Pflicht, gewisse Änderungen zum Firmenbuch anzumelden (zB Adressänderungen, Übergang eines Geschäftsanteils), haften sie der Gesellschaft für die durch schuldhaft falsche oder verzögerte Anmeldung verursachten Schäden. Die Haftung trifft sämtliche Geschäftsführer zur ungeteilten Hand; bei Schäden wegen fehlerhafter Angabe der Zustellanschrift eines Gesellschafters haften die Geschäftsführer nur bei grobem Verschulden (also Vorsatz oder grober Fahrlässigkeit). § 26 Abs 2 GmbHG hat Schutzgesetzcharakter zugunsten Dritter, die auf die Publizitätswirkung der Firmenbucheintragung vertrauen, aber zB auch gegenüber Gesellschaftern, die mangels Eintragung des Anteilserwerbs noch nicht als Gesellschafter gelten und dadurch Schäden erleiden können.[1435] Die gesellschaftsinternen Schadenersatzansprüche verjähren binnen fünf Jahren ab der falschen oder verzögerten Eintragung ins Firmenbuch; bei gänzlichem Unterbleiben der Eintragung beginnt die Verjährungsfrist überhaupt

1432 Vgl *Reich-Rohrwig* in *Straube/Ratka/Rauter*, WK GmbHG § 25 Rz 141 (Stand 1.6.2015, rdb.at) mit zahlreichen Beispielen.

1433 Vgl vertiefend *U. Torggler* in *U. Torggler*, GmbHG § 10 Rz 32 ff; *Rauter/Ratka* in *Ratka/Rauter*, Geschäftsführerhaftung² Rz 2/204.

1434 RIS-Justiz RS 0059376.

1435 Vgl *Koppensteiner/Rüffler*, GmbHG³ § 26 Rz 15; *Zib* in *U. Torggler*, GmbHG § 26 Rz 16, 19 f.

nicht zu laufen.[1436] Bei Ersatzansprüchen Dritter kommt jedoch die Verjährungsfrist gem § 1489 ABGB zur Anwendung, wonach die Ansprüche innerhalb von drei Jahren ab Kenntnis von Schaden und Schädiger verjähren.[1437]

Eine **zivilrechtliche Haftung** des Geschäftsführers gegenüber der Gesellschaft ergibt sich aus der schuldhaften Verletzung seines Anstellungsvertrages.[1438] Die gesellschafts- und zivilrechtliche Haftung bestehen oft parallel, weil der Geschäftsführer nach den Bestimmungen des Anstellungsvertrages ebenfalls verpflichtet ist, seine Tätigkeit gesetzeskonform und sorgfältig auszuüben.

Die Haftungsvoraussetzungen gem § 25 GmbHG decken sich mit den allgemein zivilrechtlichen Schadenersatzvoraussetzungen, weisen aber einige Besonderheiten auf.

5.1.1. Schaden

Als Schäden kommen hauptsächlich Vermögensschäden in Betracht. An der Person selbst iSv körperlichen Schäden kann die Gesellschaft als juristische Person nicht geschädigt werden; ist sie gegenüber Personen, die vom Geschäftsführer verletzt wurden, zum Ersatz verpflichtet, handelt es sich wiederum um einen Vermögensschaden der Gesellschaft.[1439]

Der Schaden der Gesellschaft lässt sich mit der **Differenzmethode** ermitteln. So wird der hypothetische Vermögensstand ohne das schädigende Ereignis dem tatsächlichen Vermögensstand gegenübergestellt.[1440] Ergibt dieser Vergleich einen tatsächlichen Nachteil für die Gesellschaft, liegt ein Schaden im Rechtssinn vor.[1441] Ein Schaden ist auch eine neue Verbindlichkeit der Gesellschaft.[1442]

Beispiele

Die Gesellschaft benötigt kurzfristig Liquidität und die Geschäftsführer entscheiden sich, eine Liegenschaft aus dem Vermögen der Gesellschaft zu verkaufen. Unter Zeitdruck verkaufen sie an den erstbesten Interessenten, der 120.000 € zahlt, obwohl der Marktpreis 150.000 € beträgt und es auch möglich gewesen wäre, bei diesem Preis Käufer

1436 Vgl *Reich-Rohrwig*, Pfändung ausstehender Stammeinlagen nach dem Firmenbuchgesetz, ecolex 1991, 248 (249); zustimmend *Koppensteiner/Rüffler*, GmbHG[3] § 26 Rz 17 und *Zib* in *U. Torggler*, GmbHG § 26 Rz 22.

1437 Vgl zur Frage, ob Gesellschafter als Dritte gelten oder die fünfjährige Verjährungsfrist in Anspruch nehmen können *Temmel* in *Gruber/Harrer*, GmbHG[2] § 26 Rz 18: die Privilegierung stehe nach dem eindeutigen Gesetzeswortlaut nur der Gesellschaft zu. AA *Koppensteiner/Rüffler*, GmbHG[3] § 26 Rz 18.

1438 Vgl OGH 9 ObA 416/97k ecolex 1998, 772; der Geschäftsführer verstieß in diesem Fall gegen einen im Anstellungsvertrag vereinbarten Zustimmungsvorbehalt für den Abschluss von bestimmten Geschäften.

1439 Der Geschäftsführer kann den geschädigten Personen auch direkt zum Schadenersatz verpflichtet sein, vgl dazu Kap 5.2. zur Haftung gegenüber Dritten.

1440 Vgl *Koppensteiner/Rüffler*, GmbHG[3] § 25 Rz 21; zum Zivilrecht *Harrer* in *Schwimann*, ABGB VI[3] § 1293 Rz 5.

1441 Vgl RIS-Justiz RS 0022477, zuletzt in OGH 23.10.2014, 5 Ob 157/14w.

1442 Vgl RIS-Justiz RS 0022568; *Rauter/Ratka* in *Ratka/Rauter*, Geschäftsführerhaftung[2] Rz 2/7.

zu finden. Bei rechtmäßigem Verhalten (hypothetisch) hätte die Geschäftsführung die Liegenschaft für 150.000 € verkauft (– Liegenschaft, + 150.000 €), tatsächlich hat die Gesellschaft keine Liegenschaft mehr, aber 120.000 € (– Liegenschaft, + 120.000 €). Die Differenz im Vermögen beträgt 30.000 €; darin liegt der Schaden der Gesellschaft.

Die A GmbH handelt mit landwirtschaftlichen Maschinen. In einem Kaufvertrag über einen Traktor vergisst die Geschäftsführerin, einen Eigentumsvorbehalt bis zur vollständigen Zahlung des Kaufpreises zu Gunsten der Gesellschaft zu vereinbaren, obwohl dies ein üblicher Vertragsbestandteil ist. Der Käufer soll in vier Raten zu je 20.000 € zahlen. Nach der zweiten Rate kann der Käufer nicht mehr bezahlen und ist insolvent – den Traktor hat er bereits weiterverkauft. Der hypothetische Vermögensstand der A GmbH bei ordnungsgemäßem Handeln der Geschäftsführerin wäre der Wert des Traktors (die geleisteten Raten würden bei Rückabwicklung des Vertrages Zug um Zug gegen Herausgabe des Traktors wieder zurückgezahlt), den die Gesellschaft aufgrund des Eigentumsvorbehaltes von jedermann herausverlangen hätte können. Tatsächlich hat die Gesellschaft 40.000 €, was nicht dem vollen Verkehrswert des Traktors (80.000 €) entspricht, und keinen Traktor. Der Schaden der A GmbH beträgt daher 40.000 €.

Der **Umfang** des Schadenersatzes hängt nach allgemeinem Zivilrecht vom Verschuldensgrad des Schädigers ab (§§ 1323, 1324 ABGB). Während bei leichtem Verschulden nur der **positive Schaden** ersetzt wird, muss bei Schädigung mit grobem Verschulden (dh grober Fahrlässigkeit oder Vorsatz) zusätzlich der **entgangene Gewinn** ersetzt werden.[1443] Nachdem die Rsp Erwerbschancen auch zum positiven Schaden zählt, wenn mit dem Eintritt des Gewinns mit an Sicherheit grenzender Wahrscheinlichkeit gerechnet werden kann,[1444] relativiert sich die Bedeutung dieser Unterscheidung in der Praxis.[1445] Ist der Geschäftsführer ausnahmsweise Unternehmer iSd UGB bzw KSchG, haftet er auch bei leichter Fahrlässigkeit für den entgangenen Gewinn der Gesellschaft (vgl § 349 UGB).[1446] In anderen Fällen wird man jedoch davon ausgehen müssen, dass der Geschäftsführer bloß bei grobem Verschulden einen entgangenen Gewinn zu ersetzen hat.[1447]

Bei der Schadensberechnung kann auch ein etwaiger Vorteil berücksichtigt werden, der der Gesellschaft aus dem schädigenden Ereignis entstanden ist – in einem Schadenersatzprozess erfolgt dies aber nur auf Einwendung des beklagten Geschäftsführers, der dafür grundsätzlich die Behauptungs- und Beweislast trägt (siehe unten Kap 5.1.5.).[1448] Der Ausgleich des Schadens der Gesellschaft kommt

1443 Vgl *Feltl/Told* in *Gruber/Harrer*, GmbHG² § 25 Rz 129 mwN.

1444 Vgl OGH 1 Ob 15/92 SZ 65/94; 22.4.2008, 10 Ob 103/07f.

1445 Vgl ausführlich *Harrer* in *Schwimann*, ABGB VI³ § 1293 Rz 10 ff.

1446 *Feltl/Told* in *Gruber/Harrer*, GmbHG² § 25 Rz 129, ausführlich auch zum UGB *Rauter/Ratka* in *Ratka/Rauter*, Geschäftsführerhaftung² Rz 2/9.

1447 Vgl *Krejci*, GesR I 100; *Koppensteiner/Rüffler*, GmbHG³ § 25 Rz 21.

1448 Vgl RIS-Justiz RS 0036710, zuletzt OGH 6 Ob 108/13w ÖBA 2015, 53 (*Seeber*) – in diesem Fall lag aber eine speziellere Situation (Geltendmachung eines Gesamtschadens) vor, in der der OGH die Behauptungs- und Beweislast für die Schadenshöhe inklusive abzuziehender Vorteile der klagenden Partei zuwies.

nur mit Vorteilen in Frage, die ihren Ursprung im selben Tatsachenkomplex haben wie das schädigende Verhalten.[1449]

Beispiel

Die Geschäftsführerin entscheidet sich aus Einsparungsgründen gegen die Durchführung der jährlichen Wartung der Heizkessel im Bürogebäude der Gesellschaft. Durch ein Gebrechen, das bei der Wartung entdeckt und behoben worden wäre, erleidet ein 17 Jahre alter Heizkessel einen Totalschaden und durch auslaufende Flüssigkeiten muss außerdem der Kesselraum gereinigt und saniert werden. Die Gesellschaft verlangt von der Geschäftsführerin aus dem Titel des Schadenersatzes den Ersatz der Kosten für einen neuen Heizkessel und der Sanierungs- und Reinigungskosten. Die Geschäftsführerin kann einwenden, dass der Gesellschaft durch den Kauf eines neuen Heizkessels ein Vorteil entstanden ist, weil der neue Kessel eine längere Nutzungsdauer hat als der 17 Jahre alte, zerstörte Kessel. Von den Kosten für den neuen Heizkessel kann sie im Wege des Vorteilsausgleichs den Differenzbetrag abziehen, der sich aus dem Wert der unbeschädigten alten Sache und der neuen Sache ergibt.[1450]

Durch den Vorteilsausgleich beim Schadenersatz soll zwar eine Bereicherung des Geschädigten durch den Schadenersatz verhindert werden, dennoch kann der Schädiger nicht jegliche Vorteile als schadensmindernd einwenden: zB freiwillige Zuwendungen Dritter, die dem Geschädigten zugutekommen sollen, oder Versicherungsleistungen unterliegen nicht dem Vorteilsausgleich.[1451]

Die Entscheidung, ob ein bestimmter Vorteil schadensmindernd anzurechnen ist, erfordert letztlich immer eine Abwägung und Analyse des konkreten Sachverhalts, des Ziels der übertretenen Norm und des Zwecks und Ursprungs des eingetretenen Vorteils.[1452] Kommt man zu dem Ergebnis, dass die Vorteilsanrechnung mangels Schutzwürdigkeit des Schädigers nicht adäquat ist, hat sie zu unterbleiben.

5.1.2. Rechtswidriges Handeln (Tun oder Unterlassen)

Eine Handlung oder Unterlassung ist rechtswidrig, wenn sie gegen allgemeine Rechtsnormen (Gesetze, Verordnungen, auch anwendbares ausländisches Recht etc), gegen Verträge oder gegen die guten Sitten verstößt. Schon aus § 20 GmbHG ergibt sich konkret für den GmbH-Geschäftsführer, dass er sich an die Bestim-

1449 RIS-Justiz RS 0022824.
1450 Vgl zum Vorteilsausgleich nach dem Grundsatz „neu für alt" OGH 6.3.2001, 10 Ob 31/00g; RIS-Justiz RS 0022726.
1451 Vgl *Harrer* in *Schwimann*, ABGB VI³ Anh § 1323 ABGB Rz 8–13.
1452 Vgl zu den zivilrechtlichen Aspekten des Vorteilsausgleichs allgemein *Harrer* in *Schwimann*, ABGB VI³ Anh § 1323 ABGB Rz 1 ff; speziell zur Haftung des Bankvorstands bei Verstoß gegen die Eigenmittelvorschriften des BWG *Rüffler*, Schadenersatzpflicht der Vorstandsmitglieder einer Bankaktiengesellschaft bei Unterschreitung der Eigenmittelerfordernisse, zugleich ein Beitrag zur sog nützlichen Gesetzesverletzung, GES 2012, 375 (382).

mungen des Gesellschaftsvertrages und an Gesellschafterbeschlüsse zu halten hat. Auch aus dem Anstellungsvertrag ergeben sich konkrete Pflichten. Das Außerachtlassen der in § 25 Abs 1 GmbHG normierten Sorgfalt ist ebenso rechtswidrig.[1453]

Beispiele

Der Geschäftsführer erfüllt mutwillig einen Vertrag mit einem Kunden der Gesellschaft nicht, sodass die Gesellschaft vertraglichen Schadenersatz leisten muss. → Verstoß gegen vertragliche Verpflichtungen der Gesellschaft

Die Geschäftsführerin unterlässt es schuldhaft, die Einhaltung von gesetzlichen Schutzvorschriften in einer Werkstätte durchzusetzen. Arbeitnehmer kommen zu Schaden und belangen die Gesellschaft. → Verstoß gegen Gesetz

Die Geschäftsführer müssen laut § 4 der Geschäftsordnung Investitionsentscheidungen mit einem Volumen über 100.000 € der Generalversammlung zur Genehmigung vorlegen. Ungeachtet dessen und ohne die Generalversammlung damit zu befassen, legen die Geschäftsführer ein verbindliches Angebot für den Erwerb einer Ölmühle um 200.000 €, die Gesellschaft erhält den Zuschlag. Als die Gesellschafter davon erfahren, weisen sie die Geschäftsführer dazu an, aus dem Vertrag „wieder auszusteigen", was schließlich nur durch die Zahlung einer Pönale von 30.000 € gelingt. → Verstoß gegen den Gesellschaftsvertrag/die Geschäftsordnung

Die Geschäftsführerin der A GmbH (siehe obiges Beispiel), die einen Kaufvertrag ohne Eigentumsvorbehalt abschließt, handelt rechtswidrig. Zwar schreibt keine Norm konkret vor, Kaufverträge nur unter Eigentumsvorbehalt abzuschließen, die Geschäftsführerin ist aber auch verpflichtet, branchenübliche Vertragsstandards einzuhalten und von mehreren rechtlich zulässigen Vertragsinhalten denjenigen zu wählen, der für die Gesellschaft am vorteilhaftesten ist. → Verstoß gegen die in § 25 Abs 1 GmbHG gebotene Sorgfalt

Der Geschäftsführer muss aber nicht nur die an ihn persönlich bzw an seine Funktion als Geschäftsführer adressierten Normen (etwa eine Weisung der Gesellschafter oder eine Bestimmung aus dem Anstellungsvertrag) einhalten, sondern auch dafür sorgen, dass sich die Gesellschaft an sämtliche sie treffende Rechtsvorschriften hält.[1454] Unterlässt er dies (bewusst oder unabsichtlich) oder informiert er sich nicht entsprechend über die anwendbaren Normen, ist diese Unterlassung rechtswidrig. Ist die **Rechtslage** hingegen **unklar** und gibt es mehrere **vertretbare** Ansichten, muss sich der Geschäftsführer für eine Vorgehensweise entscheiden und handelt grundsätzlich **nicht rechtswidrig**, wenn er die Entscheidung (allenfalls mit Hilfe von Beratern) sorgfältig vorbereitet. Dabei hat er auch das Risiko mit einzukalkulieren, dass die vertretene Rechtsansicht sich später als falsch herausstellt; die Nachteile sind mit den Chancen abzuwägen, auch die Wahrscheinlichkeit, dass Gerichte oder Behörden der vertretenen Rechtsansicht

1453 Vgl *Rauter/Ratka* in *Ratka/Rauter*, Geschäftsführerhaftung² Rz 2/16.

1454 Vgl *Koppensteiner/Rüffler*, GmbHG³ § 25 Rz 7; *Feltl/Told* in *Gruber/Harrer*, GmbHG² § 25 Rz 38 mwN auch aus der dt Rsp und Lehre.

folgen werden, spielt eine große Rolle.[1455] Trifft der Geschäftsführer diese Risikoentscheidung sorgfältig, handelt er auch dann nicht rechtswidrig, wenn sich später herausstellt, dass die gewählte Rechtsansicht nicht zutreffend ist. Eine vollständige Aufzählung aller Vorschriften, die Geschäftsführer bei ihrer Tätigkeit zu beachten und zu befolgen haben, sprengt den Rahmen dieses Kapitels – die einzuhaltenden Normen hängen immer von der konkreten Gesellschaft in einer konkreten Situation und von der zu beurteilenden Handlung des Geschäftsführers ab.

Allgemein gilt jedoch, dass der Geschäftsführer einer **strengen Legalitätspflicht** unterliegt.[1456] Die geltenden Gesetze sind zu beachten und den Geschäftsführern ist der Einwand verwehrt, dass der Verstoß gegen ein Gesetz für die Gesellschaft vorteilhafter gewesen sei als gesetzestreues Handeln (vgl vertiefend Kap 1.2.2.).

Beispiel

Die Gesellschaft erspart sich durch das Ignorieren umweltrechtlicher Vorschriften über die Jahre viel Geld. Die einmalig verhängte Verwaltungsstrafe oder der Schadenersatzanspruch einer beeinträchtigten Person gegen die Gesellschaft machen weniger aus, als die ersparten Kosten.

Eine sog „**nützliche Gesetzesverletzung**" bedeutet gegenüber der Gesellschaft jedenfalls einen Pflichtverstoß.[1457] Würde man es anders sehen, könnte man zu dem Schluss gelangen, dass der Geschäftsführer sogar zum ständigen Rechtsbruch verpflichtet sei, wenn es das finanzielle Wohl der Gesellschaft verlange und dafür haften müsse, wenn er rechtskonform handelt.[1458] Der Pflichtverstoß des Geschäftsführers gegenüber der Gesellschaft kann im Innenverhältnis zwei Konsequenzen haben: einerseits die Abberufung und Auflösung des Anstellungsvertrages aus wichtigen Grund, wenn der Pflichtverstoß gravierend genug war, andererseits Schadenersatzansprüche der Gesellschaft gegen den Geschäftsführer, weil die Pflichtwidrigkeit auch Rechtswidrigkeit bedeutet. Zusätzlich müssen natürlich noch die übrigen Voraussetzungen eines Schadenersatzanspruches vorliegen.

Insb die Höhe des Schadens kann bei „nützlichen Gesetzesverletzungen" strittig sein, wenn nämlich der Geschäftsführer den oben (in Kap 5.1.1.) angesprochenen Vorteilsausgleich geltend machen will. Grundsätzlich sind aber auch solche Vorteile, die die Gesellschaft aus einem gesetzeswidrigen Geschäft oder durch unlautere Mittel erlangt hat, im Wege des Vorteilsausgleichs schadensmindernd anzurechnen (vgl im Detail Kap 1.2.2. und 5.1.1.)

1455 Vgl *Leupold/Ramharter*, GesRZ 2009, 253 (264 f).

1456 Vgl zum AG-Vorstand *Rüffler*, GES 2012, 375 (376); zum GmbH-GF *Reich-Rohrwig* in *Straube/Ratka/Rauter*, WK GmbHG § 25 Rz 40 (Stand 1.6.2015, rdb.at).

1457 *Leupold/Ramharter*, GesRZ 2009, 253 (255 f).

1458 Vgl ausführlich *Rüffler*, GES 2012, 375 (376 ff).

Ob der Verstoß des Geschäftsführers gegen eine bestimmte Rechtsnorm einen Schadenersatzanspruch auslöst, ist auch anhand des **Schutzzwecks** der übertretenen Norm zu prüfen. Nur wenn die Vorschrift gerade den Eintritt des entstandenen Schadens verhindern wollte, also ein Zusammenhang zwischen Schaden und rechtswidriger Handlung besteht, kommt es zur Haftung. Mit dem Rechtswidrigkeitszusammenhang wird der Kreis der Anspruchsberechtigten unter Umständen eingeschränkt, weil nur jenen Personen gegenüber für jene Schäden gehaftet wird, die vom Schutzzweck der übertretenen Norm geschützt waren.[1459] Die meisten Pflichten des Geschäftsführers bestehen gegenüber der Gesellschaft, weshalb diese Frage bei der Innenhaftung weniger problematisch ist. Der Rechtswidrigkeitszusammenhang hat aber vor allem bei Schadenersatzansprüchen Dritter eine besondere Bedeutung (zB Haftung gegenüber Gläubigern oder einzelnen Gesellschaftern, siehe Kap 5.2.).

Der Geschäftsführer ist Verwalter fremden Vermögens, ihn trifft daher eine Treuepflicht gegenüber der Gesellschaft. Er ist verpflichtet, unter gebotener Berücksichtigung der Interessen der Öffentlichkeit und der Arbeitnehmer allein das **Unternehmenswohl** zu fördern und sich nicht von unternehmensfremden Motiven oder eigenem Nutzen leiten zu lassen.[1460] Die Förderung des Unternehmenswohls ist die oberste Maxime für den Geschäftsführer, er muss Vorteile für sie nutzen und Schäden von ihr abhalten.

Wenn das Handeln der Geschäftsführung durch Vorschriften (zB ein Gesetz oder eine konkrete Weisung der Gesellschafter) genau bestimmt ist und die Geschäftsführung diese Vorschriften einhält, ergibt sich daraus keine besondere Schwierigkeit. Doch nicht alle Entscheidungen, die der Geschäftsführer in seiner täglichen Arbeit zu treffen hat, sind durch Rechtsvorschriften oder andere Normen so genau determiniert, dass quasi überhaupt kein Handlungsspielraum mehr bleibt. Die Mehrzahl der Entscheidungen – sog **unternehmerische Entscheidungen** oder *business judgments* – bietet einen mehr oder weniger großen Ermessensspielraum, sodass nicht nur eine, sondern mehrere vertretbare Handlungsmöglichkeiten offenstehen. Der Erfolg oder Misserfolg einer Maßnahme hängt oft von mehreren, teilweise unkontrollierbaren Faktoren ab und es ist Aufgabe des Geschäftsführers, die möglichen Vorteile mit den möglichen Risiken abzuwägen und sich für die Variante zu entscheiden, die dem Unternehmenswohl am besten dient. Nachdem zukünftige Entwicklungen nicht vorhergesehen werden können, ist es durchaus möglich, dass die zum Zeitpunkt der Entscheidungsfindung angestellten Prognosen sich später nicht bewahrheiten und der angestrebte Erfolg zu einem Verlust wird.

Hat der Geschäftsführer in so einem Fall rechtswidrig gehandelt und haftet er der Gesellschaft für den eingetretenen Schaden? Nachdem das unternehmerische

1459 Vgl *Rauter/Ratka* in *Ratka/Rauter*, Geschäftsführerhaftung² Rz 2/18.
1460 OGH 3 Ob 521/84 GesRZ 1986, 97.

Risiko von den Gesellschaftern zu tragen ist (vgl Kap 5.1.),[1461] ist es sachgerecht, wenn der Geschäftsführer selbst bei solchen Fehlentwicklungen nicht zur Haftung herangezogen wird – sofern er bei der Entscheidungsfindung die gebührende Sorgfalt, also die branchenadäquate, größenadäquate und situationsadäquate Sorgfalt[1462] angewendet hat.

Der Geschäftsführer haftet also nicht für den Erfolg einer bestimmten Maßnahme,[1463] sondern für die ordnungsgemäße und gewissenhafte Vorbereitung der Entscheidung. Die Kriterien für die sorgfältige Vorbereitung von Risikoentscheidungen sind im amerikanischen Recht in der sog **Business Judgment Rule** zusammengefasst, bei deren Einhaltung die Entscheidung eines Managers auch bei späterem Misserfolg nicht zur Haftung führen soll und daher von einer nachträglichen Überprüfung durch ein Gericht ausgenommen ist (vgl dazu Kap 1.2.4.).[1464]

Zusammengefasst ist eine Entscheidung des Geschäftsführers, die zu einem Schaden der Gesellschaft geführt hat, nach den Kriterien der **Business Judgment Rule** selbst dann nicht mit Haftung sanktioniert, wenn

- es sich um eine unternehmerische Entscheidung handelt,
- die der Geschäftsführer auf Basis einer angemessenen Informationsgrundlage
- und unter der vernünftigen Annahme, zum Wohle der Gesellschaft zu handeln, getroffen hat,
- er dabei keinem Interessenkonflikt unterlegen ist,
- im Hinblick auf die genannten Kriterien gutgläubig war
- und außerdem der Maßnahme irgendein unternehmerischer Zweck beigemessen werden kann.[1465]

Diese Kriterien müssen immer aus der Sicht im Zeitpunkt der Entscheidung, also **ex ante** vorliegen. Waren sie zu diesem Zeitpunkt erfüllt, hat der Geschäftsführer sorgfaltsgemäß gehandelt und eine spätere negative Entwicklung führt mangels Rechtswidrigkeit nicht zur Haftung des Geschäftsführers. Im amerikanischen Recht bedeutet die Anwendung der Business Judgment Rule in Haftungsprozessen gegen Leitungsorgane, dass vermutet wird, dass der Manager diese Kriterien eingehalten hat – der Beweis des Gegenteils obliegt dem Kläger.[1466]

Von der amerikanischen Business Judgment Rule inspiriert, wurden einige der inhaltlichen Kriterien für sorgfältiges Handeln von Vorstandsmitgliedern in

1461 Vgl OGH 1 Ob 144/01k GesRZ 2002, 86.

1462 Vgl OGH 3 Ob 34/97i SZ 71/108.

1463 RIS-Justiz RS 0049459.

1464 Vgl zur US-amerikanischen Business Judgment Rule ausführlich *G. Schima* in *Baudenbacher/Kokott/Speitler*, Aktuelle Entwicklungen 369.

1465 Vgl zu dieser Exzesskontrolle in US-amerikanischen Haftungsprozessen *G. Schima* in *Baudenbacher/Kokott/Speitler*, Aktuelle Entwicklungen 385; *Told*, GES 2015, 60 (61).

1466 Vgl *Told*, GES 2015, 60.

Deutschland in § 93 Abs 1, 2. Satz deutsches AktG übernommen.[1467] In Österreich hatte die Rsp auch ohne diese Kodifizierung Kriterien für haftungsfreies unternehmerisches Handeln herausgearbeitet – in diesen Entscheidungen berief sich der OGH jedoch nicht explizit auf die Business Judgment Rule. Nach der österreichischen Rsp haben Organmitglieder (Geschäftsführer) einen **breiten Ermessensspielraum** bei unternehmerischen Entscheidungen, sodass eine Haftung nur bei einer **eklatanten Überschreitung** dieses Ermessens in Frage kommt.[1468] Ob der Geschäftsführer sein Ermessen im konkreten Fall sorgfältig ausgeübt oder aber (eklatant) überschritten hat, hat das Gericht in einem Prozess zu prüfen – die Kriterien der Business Judgment Rule, die sich international bewährt haben, kann das Gericht dafür sinnvollerweise heranziehen, auch für Sachverhalte, auf die die in Österreich erst seit Jänner 2016 kodifizierte Regelung noch nicht unmittelbar anwendbar war[1469] (vgl im Detail Kap 1.2.4.).[1470]

Seit 1. Jänner 2016 ist die Business Judgment Rule auch im Aktiengesetz und im GmbH-Gesetz explizit verankert.[1471]

§ 25 Abs 1a GmbHG: *Ein Geschäftsführer handelt jedenfalls im Einklang mit der Sorgfalt eines ordentlichen Geschäftsmannes, wenn er sich bei einer unternehmerischen Entscheidung nicht von sachfremden Interessen leiten lässt und auf der Grundlage angemessener Information annehmen darf, zum Wohle der Gesellschaft zu handeln.*

Ob mit der Änderung ein Gewinn an Rechtssicherheit erzielt wird, muss aber hinterfragt werden.[1472] Die Änderung bewirkt jedenfalls eine Klarstellung der ohnehin schon in der herrschenden Lehre und von der Judikatur vertretenen Beurteilung unternehmerischer Ermessensentscheidungen. Der OGH entschied[1473] kurz nach Inkrafttreten der Bestimmungen über die Business Judgment Rule, dass die Kriterien einen rechtsformübergreifenden anerkannten Rechtsgrundsatz bildeten, der auch auf die Organe einer Privatstiftung (Stiftungsvorstand) anwendbar sei.[1474]

1467 Nicht jedoch die Beweislastregel; vgl zur Rezeption in Deutschland ebenfalls *Told*, GES 2015, 60 (63 ff) und *G. Schima* in *Baudenbacher/Kokott/Speitler*, Aktuelle Entwicklungen 390.

1468 Vgl OGH 1 Ob 144/01k GesRZ 2002, 86; 7 Ob 58/08t GES 2008, 356 (*Schopper/Kapsch*).

1469 Vgl OGH 6 Ob 160/15w ecolex 2016, 695 (*Reich-Rohrwig*) = *G. Schima/Toscani*, Die Anwendung der Business Judgment Rule bei fragen der Abberufung des Stiftungsvorstands, JEV 2016, 74.

1470 Vgl ausführlich *Told*, GES 2015, 60 (65 ff) mwN.

1471 BGBl I 2015/112; zur Entstehung vgl Initiativantrag der Abgeordneten zum Nationalrat Dr. *Johannes Jarolim*, *Michaela Steinacker* und Dr. *Georg Vetter*, eingebracht am 23.4.2015 betreffend das Bundesgesetz 2015, mit dem das StGB, das AktG und das GmbHG geändert werden soll, 110/A 25. GP; zur Business Judgment Rule siehe auch Kap 1.2.4.

1472 *G. Schima*, Reform des Untreue-Tatbestandes und gesetzliche Verankerung der Business Judgment Rule im Gesellschaftsrecht, RdW 2015, 288 (292); vgl auch schon *G. Schima*, GesRZ 2007, 93 (98).

1473 OGH 6 Ob 160/15w ecolex 2016, 695 (*Reich-Rohrwig*).

1474 Vgl zur Analogiefähigkeit ausführlich *Konwitschka*, Business Judgement Rule – Unmittelbare Geltung und analoge Anwendung oder anerkannter Rechtsgrundsatz? GesRZ 2016, 113, der dem Ergebnis der E zustimmt, jedoch die Methode des OGH für falsch hält und für eine analoge Anwendung plädiert.

5.1.3. Kausalität, Adäquanz, rechtmäßiges Alternativverhalten

Ist ein Schaden eingetreten und hat der Geschäftsführer rechtswidrig gehandelt oder gebotene Handlungen unterlassen, kommt seine Haftung nur dann in Frage, wenn zwischen dem rechtswidrigen Verhalten und dem eingetretenen Schaden ein Kausalzusammenhang besteht und der Schadenseintritt „adäquat" ist.

Die **Kausalität** wird mit der „Sine-qua-non-Formel" geprüft: Denkt man sich das Verhalten des Geschäftsführers weg oder (beim Vorwurf der Unterlassung) die gebotene Handlung hinzu und der Schaden wäre dennoch eingetreten, war das Verhalten des Geschäftsführers nicht kausal für den Eintritt des Schadens. Wäre der Schaden jedoch verhindert worden, besteht ein Kausalzusammenhang.[1475]

Zusätzlich zur Kausalität wird auch die **Adäquanz** der Schädigung geprüft: nicht jede kausale Handlung führt zur Haftung, sondern nur solche, die den Schaden nach allgemeiner Lebenserfahrung herbeiführen. Für **atypische Schäden**, die nur durch eine außergewöhnliche Verkettung von Umständen entstanden sind, haftet der Geschäftsführer hingegen nicht.[1476]

Der in Anspruch genommene Geschäftsführer kann zu seiner Verteidigung einwenden, dass der Schaden auch dann eingetreten wäre, wenn er statt dem gesetzten (pflichtwidrigen) Verhalten sorgfaltskonform gehandelt hätte. Dieser Beweis obliegt in einem Prozess dem Schädiger und ist oft schwer zu erbringen.

Beispiel

Der Geschäftsführer tätigt ein ungewöhnliches Geschäft, ohne vorab die Zustimmung der Gesellschafter einzuholen. Im Haftungsprozess wendet er ein, dass die Gesellschafter dem Antrag in der Generalversammlung sicherlich zugestimmt hätten. Dass die im Verfahren einvernommenen Gesellschafter in Kenntnis des später entstandenen Schadens tatsächlich aussagen würden, dass sie die Maßnahme damals genehmigt hätten, ist allerdings höchst unwahrscheinlich.

Der **Einwand** des **rechtmäßigen Alternativverhaltens** soll bei der Verletzung mancher Rechtsvorschriften nicht zulässig sein, wenn sie dem Schutz von Minderheiten dienen oder Organisations-, Kompetenz- oder Verfahrensvorschriften enthalten.[1477]

1475 Vgl *Kodek* in *Kletečka/Schauer*, ABGB-ON$^{1.01}$ § 1295 Rz 2, 5; vertiefend zu den gesellschaftsrechtlichen Fragestellungen der Kausalität *Feltl/Told* in *Gruber/Harrer*, GmbHG^{2} § 25 Rz 122 ff.

1476 Vgl RIS-Justiz RS 0022944; OGH 12.3.1981, 8 Ob 26/81.

1477 Vgl *Rauter/Ratka* in *Ratka/Rauter*, Geschäftsführerhaftung^{2} Rz 2/19; *Kodek* in *Kletečka/Schauer*, ABGB-ON$^{1.03}$ § 1295 Rz 10 (Stand 1.1.2018, rdb.at): so ist der Einwand bei der Verhaftung ohne richterlichen Haftbefehl nicht zulässig, dass die Haft vom Richter ohnehin genehmigt worden wäre.

Beispiel

Der Geschäftsführer erwirbt auf Geheiß des Mehrheitsgesellschafters ein nicht unbedingt benötigtes Wirtschaftsgut zu überhöhtem Preis. Die Minderheitsgesellschafter machen Schadenersatz geltend. Der Geschäftsführer wendet ein, dass er bei Einholung eines Gesellschafterbeschlusses allein mit der Zustimmung des Mehrheitsgesellschafters einen wirksamen Beschluss erlangt hätte, dessen Befolgung ihn gem § 25 Abs 5 GmbHG von der Haftung befreit hätte. Würde man hier den Einwand des rechtmäßigen Alternativverhaltens zulassen, wäre das Recht der Minderheitsgesellschafter, sich an der Generalversammlung zu beteiligen und einen allfälligen Weisungsbeschluss anzufechten, völlig untergraben, weshalb der Einwand hier nicht zulässig sein soll.[1478]

In einer Entscheidung hat der OGH[1479] zumindest implizit anerkannt, dass der Einwand des rechtmäßigen Alternativverhaltens bei nicht genehmigten Insichgeschäften zulässig ist. Auch hier hat der Geschäftsführer gegen die Kompetenzordnung der Gesellschaft verstoßen und sind Minderheitsrechte betroffen; der OGH sieht es aber offenbar nicht als Aufgabe des Schadenersatzrechts, diese Verstöße zu ahnden.[1480]

5.1.4. Verschulden

Das rechtswidrige Verhalten muss dem Geschäftsführer auch persönlich vorwerfbar sein, um die Haftung zu begründen. Der Geschäftsführer handelt schuldhaft, wenn er vorsätzlich handelt, also die Schädigung mit Wissen und Willen vornimmt oder diese zumindest für möglich hält und sich mit ihrem Eintritt abfindet (Eventualvorsatz).[1481] Schuldhaft handelt auch, wer aus mangelnder Anspannung und Aufmerksamkeit die nötige Sorgfalt außer Acht lässt und so einen Schaden verursacht, wobei man zwischen leichter und grober Fahrlässigkeit unterscheidet. Letztere liegt dann vor, wenn der Fehler einem sorgfältigen Menschen keinesfalls unterlaufen wäre.[1482]

Für die Haftung gem § 25 Abs 1 GmbHG ist bereits leicht fahrlässiges Handeln des Geschäftsführers ausreichend. Je nachdem, ob dem Geschäftsführer grobes oder leichtes Verschulden vorzuwerfen ist, haftet er für den positiven Schaden oder auch für den entgangenen Gewinn (siehe Kap 5.1.1.).

Wegen des für Geschäftsführer geltenden objektiven Sorgfaltsmaßstabs indiziert das rechtswidrige Verhalten auch das Verschulden.[1483] Das Verschulden des

1478 So *Runggaldier/G. Schima*, Manager-Dienstverträge[4] 201 f; *Reich-Rohrwig* in *Straube/Ratka/Rauter*, WK GmbHG § 25 Rz 188 (Stand 1.6.2015, rdb.at).
1479 OGH 6 Ob 34/07d GesRZ 2007, 271 (*U. Torggler*).
1480 In diesem Sinne *U. Torggler* in seiner Glosse (GesRZ 2007, 271 [274 f]).
1481 *Kodek* in *Kletečka/Schauer*, ABGB-ON[1.03] § 1294 Rz 59, bedingter Vorsatz genügt für die zivilrechtliche Haftung, vgl OGH 4 Ob 252/00p ÖBA 2001, 819.
1482 Vgl zur Unterscheidung *Kodek* in *Kletečka/Schauer*, ABGB-ON[1.03] § 1294 Rz 65 ff.
1483 RIS-Justiz RS 0059556.

Geschäftsführers wird nämlich vom Gesetz vermutet und der Geschäftsführer hat sich davon im Verfahren freizubeweisen (vgl zur Beweislastverteilung Kap 5.1.5.). Nachdem der Geschäftsführer sämtliche mit seiner Position verbundenen Pflichten zu erfüllen hat, kann er sich (wie oben in Kap 5.1. beschrieben) auch nicht darauf berufen, dass ihm die persönlichen Fähigkeiten oder fachlichen Kenntnisse dazu gefehlt hätten. Auch der Einwand, der Geschäftsführer sei mit seiner Tätigkeit überfordert oder überlastet gewesen, schließt das Verschulden nicht aus.[1484] Eine angebliche interne Aufgabenverteilung zwischen dem Geschäftsführer und einem als faktischer Geschäftsführer agierenden Dritten vermag den Geschäftsführer insoweit nicht zu exkulpieren.[1485]

Ein Entschuldigungsgrund kommt bei rechtswidrigem Verhalten nur in Ausnahmefällen vor, etwa wenn der Geschäftsführer von einem Experten unerkennbar falsch beraten wurde oder der Ansicht war, dass eine wegen Rechtswidrigkeit nichtige Weisung der Gesellschafter gegen ihn wirksam sei.[1486]

Geschäftsführern bleibt auch der Einwand des Mitverschuldens der Gesellschaft verwehrt, dh für seine Haftung macht es keinen Unterschied, ob ein anderer Geschäftsführer, der Aufsichtsrat oder ein Angestellter der Gesellschaft ebenfalls schuldhaft gehandelt hat. Der Einwand des Mitverschuldens gem § 1304 ABGB im Schadenersatzrecht bewirkt grundsätzlich eine Teilung des Schadens zwischen Schädiger und Geschädigtem: Sofern auch der Geschädigte eine Bedingung für den Eintritt des Schadens gesetzt hat, weil er sorglos und somit schuldhaft mit seinen eigenen Gütern[1487] umgegangen ist, wird der Schaden verhältnismäßig zwischen Schädiger und Geschädigtem geteilt.[1488] Lässt sich ein Verhältnis der jeweiligen Verschuldensgrade[1489] nicht feststellen, ist der Schaden im Zweifel zu gleichen Teilen zu tragen. Eine geschädigte Gesellschaft kann kein „eigenes“ Mitverschulden haben, doch ist ihr das Verhalten ihrer Mitarbeiter und Organmitglieder zuzurechnen.

Der Geschäftsführer könnte daher auf die Idee kommen, in dem von der Gesellschaft gegen ihn angestrengten Schadenersatzprozess einzuwenden, dass die Gesellschaft wegen des Handelns eines Mitarbeiters oder eines weiteren Geschäftsführers selbst ein Mitverschulden trifft und der Schaden somit nur zum Teil vom Geschäftsführer, zum Teil von der Gesellschaft selbst zu tragen ist. Recht-

1484 Vgl zu weiteren „erfolglosen Einwendungen“ *Rauter/Ratka* in *Ratka/Rauter*, Geschäftsführerhaftung^2 Rz 2/40.
1485 OGH 6 Ob 139/15g ZIK 2016, 39.
1486 Vgl für weitere Beispiele *Reich-Rohrwig* in *Straube/Ratka/Rauter*, WK GmbHG § 25 Rz 192, 202 (Stand 1.6.2015, rdb.at).
1487 RIS-Justiz RS 0032045.
1488 *Harrer/Wagner* in *Schwimann/Kodek*, ABGB^4 VI (2016) § 1304 Rz 34 ff.
1489 Andere Aufteilungskriterien sind nach der Rsp zB die Wichtigkeit der verletzten Vorschrift und die größe und Wahrscheinlichkeit der schuldhaft herbeigeführten Gefahr, vgl dazu *Harrer/Wagner* in *Schwimann/Kodek*, ABGB^4 VI § 1304 Rz 35 ff.

sprechung[1490] und Teile der Lehre[1491] verneinen diese Möglichkeit jedoch: Gem § 25 Abs 2 GmbHG haften mehrere Geschäftsführer zur untgeteilten Hand, dh jeder könnte für den vollen Betrag in Anspruch genommen werden (siehe oben Kap 5.1.). Diese Solidarhaftung würde umgangen, könnte der Geschäftsführer sich auf das Mitverschulden anderer Organmitglieder oder Mitarbeiter berufen und so seine Haftung reduzieren.

Beispiel

Der Geschäftsführer der Tochtergesellschaft ist Immobilienexperte. Die Tochtergesellschaft verwertet für die Muttergesellschaft die von dieser nicht mehr benötigten Liegenschaften gegen Entgelt. Die Mitarbeiter der Tochtergesellschaft bereiten die Verkaufsanträge vor, legen sie dem Geschäftsführer zur Genehmigung vor, der diese an Vertreter der Muttergesellschaft weitergibt. In einem Fall unterläuft dem Mitarbeiter bei einem Verkufsantrag ein schwerwiegender Fehler: bei überblicksartiger Durchsicht wäre zu erkennen gewesen, dass die Leigenschaftsbewertung zu niedrig ist.

Die Gesellschaft klagt den Geschäftsführer auf Schadenersatz – der Mitverschuldenseinwand, wonach der Fehler dem Mitarbeiter und daher der Gesellschaft selbst zuzurechnen sei, wird vom OHG verneint. Der Geschäftsführer hätte aufgrund seiner Expertise erkennen können, dass dem Verkaufsantrag ein Fehler zugrunde liegt, er haftet daher für eigenes Verschulden, jenes des Mitarbeiters kann er nicht schadensmindernd geltend machen.[1492]

5.1.5. Beweislastverteilung

Ob ein Schadenersatzprozess für den oder die Kläger positiv oder negativ ausgeht, bestimmt sich sehr wesentlich danach, welche Prozesspartei im Prozess welche Behauptungen aufzustellen und zu beweisen hat, um zu gewinnen. Die Beweislastverteilung ist daher aus rechtspraktischer Sicht auch bei der Haftung von GmbH-Geschäftsführern ein ganz wesentliches Kriterium – dies gilt natürlich allgemein und nicht nur für die Geschäftsleiterhaftung. Dieser Umstand wird in juristischen Darstellungen meist vernachlässigt und in seiner praktischen Bedeutung stark unterschätzt.

Grundsätzlich muss in einem Zivilprozess jede Partei die Voraussetzungen der für sie günstigen Rechtsnorm beweisen.[1493] Für die erfolgreiche Geltendmachung eines Schadenersatzanspruchs würde das bedeuten, dass der Kläger den Eintritt

1490 OGH 9.1.1985, 3 Ob 521/84; zur Unzulässigkeit des Mitverschuldenseinwands bei Fehlern von Mitarbeitern vgl OGH 6 Ob 84/16w ecolex 2017, 424 (*Grossmayer*, Überwachungspflichten und Mitverschuldenseinwand bei der Geschäftsführerhaftung).

1491 *Rauter/Ratka* in *Ratka/Rauter*, Geschäftsführerhaftung^2 Rz 2/25; *Feltl/Told* in *Gruber/Harrer*, GmbHG^2 § 25 Rz 167 mwN; aA *Grossmayer*, Überwachungspflichten und Mitverschuldenseinwand bei der Geschäftsführerhaftung, ecolex 2017, 424 (426) und *Reich-Rohrwig* in *Straube/Ratka/Rauter*, WK GmbHG § 25 Rz 186, die der Ansicht sind, dass bei fehlerhaftem Verhalten eines Mitarbeiters die Gesellschaft sehr wohl sich den Einwand des Mitverschuldens gefallen lassen müsste.

1492 OGH 6 Ob 84/16w ecolex 2017, 434 = GES 2017, 91.

1493 RIS-Justiz RS 0109832. Der Kläger hat die anspruchsbegründenden Tatsachen zu behaupten und zu beweisen, der Beklagte die anspruchsvernichtenden Einreden und Einwendungen; vgl *Rechberger* in *Fasching/Konecny*^{3} Vor § 266 ZPO Rz 18, 24.

des **Schadens**, das **rechtswidrige Verhalten** des Geschäftsführers, die **Kausalität** dieses Verhaltens für den Schadenseintritt und das **Verschulden** des Geschäftsführers an diesem Verhalten beweisen müsste. Gelingt dieser Beweis, kann der Beklagte den Schadenersatzanspruch (allenfalls teilweise) nur abwenden, indem er zB beweist, dass der Schaden auch bei rechtmäßigem Alternativverhalten eingetreten wäre, dass sich der Geschädigte Vorteile anrechnen lassen muss, die den Schaden mindern, dass den Geschädigten ein Mitverschulden trifft oder der Schadenersatzanspruch verjährt ist.

Das materielle (Schadenersatz-)Recht beinhaltet aber vereinzelte Beweislastregeln, die zum Teil eine Abweichung von dem gerade dargestellten Grundsatz bedeuten. So ordnet § 1298 ABGB Folgendes an: „*Wer vorgibt, dass er an der Erfüllung seiner vertragsmäßigen oder gesetzlichen Verbindlichkeit ohne sein Verschulden verhindert worden sei, dem liegt der Beweis ob.*" Demnach müsste beim vertraglichen Schadenersatz nicht mehr der Kläger das Verschulden des Schädigers beweisen, sondern dem Schädiger obliegt der Beweis, dass er am Schadenseintritt *kein Verschulden* trägt. Inhalt und Anwendungsbereich dieser Bestimmung des bürgerlichen Rechts sind durchaus umstritten.[1494] So ist zB nicht restlos geklärt, ob § 1298 ABGB dem Schuldner nur den Beweis für fehlendes Verschulden oder auch für die Rechtmäßigkeit seines Verhaltens auferlegt.[1495]

In Bezug auf die Geschäftsleiterhaftung ist aber besonders die ebenfalls strittige Frage von Relevanz, ob § 1298 ABGB nur für Erfolgs- oder auch für Sorgfaltsverbindlichkeiten gilt.[1496] Die letztgenannte Frage ist bei der Geschäftsleiterhaftung deshalb von Bedeutung, weil der Geschäftsführer einer GmbH (ebenso wie das Vorstandsmitglied einer AG, aber auch ein Aufsichtsratsmitglied) unstrittig keinen Erfolg (also zB einen bestimmten Jahresgewinn der Gesellschaft) schuldet, sondern „nur" die sorgfältige Ausübung der Geschäftsleiterfunktion und demgemäß die angemessene Anstrengung und Bemühung um die Erzielung eines entsprechenden (Unternehmens-)Erfolges.

Der Unterschied zwischen Erfolgsverbindlichkeiten und Sorgfaltsverbindlichkeiten zeigt sich vor allem daran, dass auf der Grundlage der heute herrschenden Verhaltensunrechtslehre die Nichterbringung des geschuldeten Erfolges nicht zwangsläufig ein rechtswidriges Verhalten voraussetzt, sondern ein solches bestenfalls indiziert.[1497] Bei einem Werkvertrag, beispielsweise betreffend den Bau eines

1494 Vgl zB näher *G. Schima*, in FS W. Jud 574.

1495 Für Letzteres *Reischauer*, Der Entlastungsbeweis des Schuldners (§ 1298 ABGB) (1975) 116 ff; *Karollus*, Funktion und Dogmatik der Haftung aus Schutzgesetzverletzung, zugleich ein Beitrag zum Deliktssystem des ABGB und zur Haftung für casus mixtus (1992) 175; *Koziol*, Haftpflichtrecht I^3 Rz 16/28; aM *Welser*, Schadenersatz statt Gewährleistung (1994) 63 ff.

1496 So insb *Reischauer* in *Rummel*, ABGB II/2a^3 (2007) § 1298 Rz 1 ff; *Lukas*, Anwaltshaftung Beweislast, JBl 1994, 62; ebenso OGH 15.2.1990, 8 Ob 700/89 JBl 1990, 732; 8 Ob 27/93 JBl 1994, 892; vgl auch *M. Binder*, Zur Beweislast bei Vertragsverletzung, JBl 1990, 814; *Wilhelm*, Verwirrung um die Beweislastumkehr des § 1298 ABGB, ecolex 1990, 733.

1497 *Kodek* in *Kletečka/Schauer*, ABGB-ON$^{1.03}$ § 1298 Rz 17; ihm folgend *G. Schima* in FS W. Jud 575.

Hauses oder die Anfertigung eines Anzuges, kann die Nichterfüllung des Vertrages eindeutig festgestellt werden: das Gebäude wird nicht rechtzeitig errichtet, der Anzug nicht fertiggeschneidert. Dabei ist aber noch nichts über die Rechtswidrigkeit dieses Umstands gesagt, denn der Werkunternehmer könnte zB auch durch Krankheit oder ein anderes unvorhergesehenes und von ihm nicht beeinflussbares Ereignis an der Erfüllung gehindert sein. Sobald aber die Nichterfüllung einer Erfolgsverbindlichkeit und der damit verbundene Schaden festgestellt sind, greift die Beweislastumkehr und der Schuldner (Schädiger) muss beweisen, dass die Nichterfüllung weder rechtswidrig noch schuldhaft war.[1498]

Bei Sorgfaltsverbindlichkeiten wie den Pflichten eines GmbH-Geschäftsführers kann hingegen eine „Nichterfüllung" der vertraglichen Verpflichtungen in aller Regel gar nicht festgestellt werden, ohne sich mehr oder weniger intensiv damit zu beschäftigen, ob der Schuldner (Geschäftsführer) auch objektiv sorgfaltswidrig, dh rechtswidrig gehandelt hat. Zumindest ein „*Teilaspekt der Rechtswidrigkeit* (muss daher) *stets vom Geschädigten bewiesen werden*".[1499]

Eine vollkommene Nichterfüllung der einen GmbH-Geschäftsführer treffenden Verpflichtungen wird in der Praxis kaum vorkommen – dies wäre zB bei einer vollständigen und unbegründeten Arbeitsverweigerung der Fall. Der Sache nach kann es nur um die Verletzung einzelner, den Geschäftsführer treffender Verpflichtungen, also um „Schlechterfüllung" (oder sog „positive Vertragsverletzung") gehen.[1500] Auch die Schlechterfüllung ist nach einem Teil der Lehre[1501] und nach der neueren Rsp[1502] von § 1298 ABGB erfasst. Richtiger Ansicht zufolge verlangt § 1298 ABGB bei bloßer Schlechterfüllung eines Vertrages für das Eintreten der Beweislastumkehr zu Lasten des Schädigers ein zumindest objektiv sorgfaltswidriges Verhalten, dh ein solches, das objektiv mit den Anforderungen des Rechts unvereinbar ist.[1503] „*Gelingt dem Geschädigten der Nachweis eines Schadens und*

1498 Vgl *Kodek* in *Kletečka/Schauer*, ABGB-ON[1.03] § 1298 Rz 25 zum Kaufvertrag, Rz 28 zum Werkvertrag.

1499 *Kodek* in *Kletečka/Schauer*, ABGB-ON[1.03] § 1298 Rz 17.

1500 *G. Schima* in FS W. Jud 575.

1501 Vgl *Welser*, Schadenersatz statt Gewährleistung 65 f; *Koziol*, Haftpflichtrecht I[3] Rz 16/30 ff, aber mit erheblichen Differenzierungen unter Berufung auf *F. Bydlinski*, Zur Haftung der Dienstleistungsberufe in Österreich und nach dem EG-Richtlinienvorschlag, JBl 1992, 341 (347); gegen eine Beweislastumkehr bei Schlechterfüllung dezidiert *Reischauer*, Entlastungsbeweis 190 f; ebenso schon *Gschnitzer* in *Klang*, ABGB[2] IV/1 (1968) 545 Fn 151.

1502 Anders noch OGH 26.9.1956, 7 Ob 356/56 EvBl 1957/259; 8 Ob 519, 520/85 JBl 1986, 107. Für die Anwendung von § 1298 ABGB aber OGH 22.11.1973, 6 Ob 224/73 SZ 46/116 = JBl 1975, 25; 7 Ob 641/78 JBl 1979, 654; 8 Ob 30/85 JBl 1986, 113 = ZVR 1986/134; 1Ob 664/90 JBl 1991, 453 = RdW 1991, 174 = ecolex 1991, 241(*Wilhelm*); 1 Ob 35/92 JBl 1993, 389 (*Dullinger*).

1503 *F. Bydlinski*, JBl 1992, 341 (349). Offenbar zustimmend, wenngleich etwas differenzierend *Koziol*, Haftpflichtrecht I[3] Rz 16/93 und Fn 138, dessen anschließende Aussage, da der Nachweis der Nichteinhaltung der objektiv geforderten Sorgfalt kaum vom Verschuldensbeweis getrennt werden könne, sei wie in den Fällen der Nichterfüllung auch bezüglich der Rechtswidrigkeit die Beweislast umzukehren (*Koziol*, Haftpflichtrecht[3] I Rz 16/34), aber damit im Widerspruch dazu steht und keineswegs überzeugt (dagegen auch *Raape*, Die Beweislast bei positiver Vertragsverletzung, Archiv für Zivilistische Praxis [1941] Band 147, 217; treffend *Reischauer* in *Rummel*, ABGB II/2a [3] § 1298 Rz 3e; *G. Schima* in *Baudenbacher/Kokott/Speitler*, Aktuelle Entwicklungen 408; *G. Schima* in FS W. Jud 576).

der Kausalität sowie zumindest eines ein rechtswidriges Verhalten indizierenden objektiv rechtswidrigen Zustandes, so steht dem in Anspruch Genommenen der Entlastungsbeweis offen."[1504]

Beispiele

Der Allein-Geschäftsführer einer GmbH erscheint von einem Tag auf den anderen nicht im Büro, erwidert keine Anrufe und arbeitet einfach nicht mehr. Die Gesellschaft kann ohne Zeichnungsberechtigten keine Zahlungen leisten und wird von ihren Gläubigern gemahnt und schließlich geklagt. → Die GmbH muss die Nichterfüllung der vertraglichen Pflichten des Geschäftsführers nachweisen (also das Fernbleiben von der Arbeit), sowie den Schaden (Mahnspesen, Kosten der Gerichtsverfahren etc), der durch die Nichterfüllung kausal verursacht wurde; mit Nichterfüllung tritt die Beweislastumkehr ein, sodass der Geschäftsführer darlegen muss, warum sein Verhalten nicht rechtswidrig und schuldhaft war → zB weil der Geschäftsführer im Koma liegt oder aus wichtigem Grund mit sofortiger Wirkung zurückgetreten ist.

Die Geschäftsführerin beschließt den Erwerb eines Betriebsgrundstücks für 1,7 Mio €. Der Marktwert beträgt eigentlich nur 1,5 Mio € → Die Gesellschaft beweist den Schaden von 200.000 € und muss auch darlegen, dass die Geschäftsführerin ein die Rechtswidrigkeit indizierendes Verhalten gesetzt hat, das für den Schaden kausal war, zB keine Informationen über den Marktpreis einzuholen, obwohl dies sorgfaltsgemäß gewesen wäre. Erst mit diesem Nachweis kommt die Beweislastumkehr zum Tragen und die Geschäftsführerin kann darlegen, warum ihr Verhalten nicht rechtswidrig und schuldhaft war → zB weil die Generalversammlung dem Kauf zu diesem Preis auch ohne Preisvergleich explizit zugestimmt hat.

Die Frage ist nun, ob das GmbH-Recht eine von der allgemein-zivilrechtlichen Regel des § 1298 ABGB abweichende Beweislastverteilungsvorschrift beinhaltet.

Der Gesetzeswortlaut lässt diesbezüglich nichts erkennen. § 25 Abs 2 GmbHG lautet nur lapidar: „*Geschäftsführer, die ihre Obliegenheiten verletzen, haften der Gesellschaft zur ungeteilten Hand für den daraus entstandenen Schaden.*"

Dem gegenüber ist § 84 Abs 2 AktG etwas ausführlicher: „*Vorstandsmitglieder, die ihre Obliegenheiten verletzen, sind der Gesellschaft zum Ersatz des daraus entstehenden Schadens als Gesamtschuldner verpflichtet. Sie können sich von der Schadenersatzpflicht durch den Gegenbeweis befreien, dass sie die Sorgfalt eines ordentlichen und gewissenhaften Geschäftsleiters angewendet haben.*"

Nach weitgehend unbestrittener Auffassung gilt die aktienrechtliche Beweislastverteilung bei der Haftung von Vorstandsmitgliedern auch für den GmbH-Geschäftsführer.[1505] Im Schrifttum wurde immer wieder das Naheverhältnis

---

1504 *Kodek* in *Kletečka/Schauer*, ABGB-ON$^{1.03}$ § 1298 Rz 18 f und Rz 21.

1505 RIS-Justiz RS 0121916. Vgl *H. Torggler*, GesRZ 1974, 47; *Reich-Rohrwig*, GmbH-Recht I^2 Rz 2/420; *G. Frotz*, Grundsätzliches zur Haftung von Gesellschaftsorganen und für Gesellschaftsorgane, GesRZ 1982, 98 (105); *G. Frotz*, Grundsätzliches zu den Rechten und Pflichten des Aufsichtsrates und seiner bestellten und entsendeten Mitglieder, ÖZW 1978, 44 (46); *Runggaldier/G. Schima*, Führungskräfte 231; OGH 9.1.1985, 3 Ob 521/84 EvBl 1986/86 = GesRZ 1986, 97.

zwischen § 1298 ABGB und § 84 Abs 2, 2. Satz AktG betont und zur letztgenannten Norm vertreten, dass diese bloß die Beweislastverteilung des § 1298 ABGB wiedergäbe und insofern keinen genuin-gesellschaftsrechtlichen Inhalt habe.[1506]

Die Rsp des OGH zur Beweislastverteilung bei der Haftung von GmbH-Geschäftsführern und Vorstandsmitgliedern ist uneinheitlich und folgt einem gewissen „Zick-Zack-Kurs".[1507]

Die (nicht sehr zahlreichen) Entscheidungen des OGH seien in der Folge kurz dargestellt.

OGH 9.1.1985, 3 Ob 521/84:[1508] In dieser Entscheidung ging es um die einzige Geschäftsführerin und Gesellschafterin einer GmbH, die Gesellschaftsvermögen für eigene Zwecke verwendete, während sie sich selbst ohne Bestellung eines Kollisionskurators ein unverzinsliches Darlehen in beträchtlicher Höhe gewährt hatte. Das Höchstgericht bediente sich in dieser Entscheidung der berühmten „Mertens'schen Formel"[1509] und führte aus, die Gesellschaft habe zur Begründung ihres Schadenersatzanspruches darzulegen, dass ihr Vermögen zweckwidrig beeinträchtigt worden sei und die Möglichkeit eines Zurechnungszusammenhanges zwischen der Vermögensminderung und einer Handlung oder Unterlassung eines Geschäftsführers bestünde. Dem Geschäftsführer obliege dann die Behauptungs- und Beweislast dafür, dass er die Sorgfalt eines ordentlichen Geschäftsmannes erfüllt habe oder dass der Schaden auch bei Anwendung dieser Sorgfalt entstanden wäre[1510] oder dass ihm das Einhalten des Sorgfaltsgebotes unverschuldet unmöglich gewesen sei.

Diese „Umkehr" der Beweislast im Hinblick auf die Rechtswidrigkeit und subjektive Vorwerfbarkeit einer Schädigung der Gesellschaft erkläre sich, so der OGH, aus der „Beweisnähe" des Geschäftsführers und werde durch die allgemeine Regel gestützt, dass ein Vertragspartner, der zu bestimmten Leistungen verpflichtet sei, die ordnungsgemäße Erfüllung dieser Verpflichtung beweisen müsse.[1511]

1506 Vgl *Schiemer*, AktG² Anm 5.1 zu § 84; *Reich-Rohrwig*, GmbH-Recht 137; *Kastner/Doralt/Nowotny*, Gesellschaftsrecht⁵ 395; vgl auch *Runggaldier/G. Schima*, Führungskräfte 230; *G. Schima* in FS W. Jud 576.

1507 *Schima* in *Baudenbacher/Kokott/Speitler*, Aktuelle Entwicklungen 404; vgl auch die Darstellung der Rsp bei *G. Schima* in FS W. Jud 584 ff.

1508 OGH 9.1.1985, 3 Ob 521/84 EvBl 1986/86 = GesRZ 1986, 97.

1509 Unter Verweis auf *Mertens* in *Hachenburg*, GmbHG⁷ § 43 Rz 66.

1510 Dies ist der Hinweis darauf, dass dem Schädiger der Einwand grds offensteht, bei „rechtmäßigem Alternativverhalten" wäre der Schaden auch eingetreten. Dieser Entlastungsbeweis kann zB Bedeutung haben bei Geschäften, die ein Geschäftsführer ohne Zustimmung der satzungs- oder geschäftsordnungsgemäß erforderlichen Zustimmung der anderen Geschäftsführer oder ohne Zustimmung der Gesellschafter bzw des Aufsichtsrates abschließt und die zu einem Schaden führen.

1511 Dies ist wohl als impliziter Verweis auf § 1298 ABGB zu verstehen.

OGH 24.6.1998, 3 Ob 34/97i:[1512] Hier machten Gläubiger der GmbH eine Forderung gegen den Geschäftsführer geltend, weil die Gläubiger sich den Schadenersatzanspruch der GmbH pfänden und zur Einziehung überweisen ließen. Der beklagte Geschäftsführer hatte die GmbH bei der Gründung einer Gesellschaft vertreten, an der er die GmbH und die beiden Kläger beteiligt sein sollten. Die Eintragung der neuen Gesellschaft ins Firmenbuch war ja doch an der Nichteinzahlung der von der GmbH übernommenen Stammeinlage iHv 37,6 Mio ATS gescheitert. Der beklagte Geschäftsführer hatte auch die GmbH bei der Fassung der Gesellschafterbeschlüsse vertreten, mit denen die Anstellungsverträge der beiden Kläger (die offenbar als Geschäftsführer der zu gründenden Gesellschaft vorgesehen waren) abgeschlossen wurden. Die GmbH, die der Beklagte leitete, wurde wegen ihres vertragsbrüchigen Verhaltens gegenüber den Klägern zum Schadenersatz verurteilt; die Kläger pfändeten die Schadenersatzforderung der GmbH gegenüber dem Beklagten und begehrten von diesem die gegen die GmbH zugesprochenen Beträge letztlich erfolgreich.

Hier verwendete der OGH nicht mehr die „Mertens'sche Formel", sondern meinte, die Gesellschaft müsse im Prozess auch „*Tatsachen vortragen*" – kann nur heißen: beweisen[1513] –, aus denen ein „*Schluss auf die Pflichtwidrigkeit des Verhaltens*" des Geschäftsführers gezogen werden könne. Die Kläger seien dieser Behauptungs- und Beweislast nachgekommen, weil sie dargetan hätten, dass der Beklagte sich als Geschäftsführer der GmbH von vornherein nicht auf ein Projekt und den Abschluss des Gesellschaftsvertrages sowie der Anstellungsverträge hätte einlassen dürfen, wenn die GmbH zur Finanzierung des Projektes in vorhersehbarer Weise nicht in der Lage gewesen sei.

Diese Ansicht entspricht den „vermittelnden Lösungen" zwischen der vollen Beweislastumkehr zu Lasten eines Geschäftsführers auch in puncto Rechtswidrigkeit und der Zuweisung der Beweislast für die Rechtswidrigkeit an die Gesellschaft.[1514] Anders als in der Entscheidung aus 1985, wo der OGH den Nachweis der „*Möglichkeit eines Zurechnungszusammenhanges*" durch die Gesellschaft genügen ließ, findet sich in der Entscheidung aus 1998 kein Hinweis mehr auf einen Prima-facie-Beweis bei der Kausalität. Der OGH spricht vielmehr vom „*Nachweis der Kausalität*".[1515]

OGH 26.2.2002, 1 Ob 144/01k:[1516] Hier ging es nicht um die Haftung von Geschäftsführern, sondern von Aufsichtsratsmitgliedern einer Aktiengesellschaft. Der OGH verwies hier auf seine vorhin erwähnte Entscheidung aus 1998, ließ aber

1512 OGH 24.6.1998, 3 Ob 34/97i ecolex 1998, 774 (*Reich-Rohrwig*).

1513 *G. Schima* in *Baudenbacher/Kokott/Speitler,* Aktuelle Entwicklungen 408.

1514 Vgl näher *G. Schima* in *Baudenbacher/Kokott/Speitler,* Aktuelle Entwicklungen 404.

1515 Vgl dazu *Runggaldier/G. Schima*, Manager-Dienstverträge³ (2006) 160; *Runggaldier/G. Schima*, Manager-Dienstverträge⁴ (2014) 191; *G. Schima*, GesRZ 2007, 97; *G. Schima* in *Baudenbacher/Kokott/Speitler,* Aktuelle Entwicklungen 404 Fn 162.

1516 OGH 26.2.2002, 1 Ob144/01k GesRZ 2002, 86 ff = RdW 2002/350 = ecolex 2003/22.

gewisse Skepsis gegenüber dem nur vier Jahre alten Erkenntnis durchklingen und meinte, es solle „*nicht verhehlt werden ..., dass diese Beweislastumkehr ohne praktische Bedeutung bliebe, würde man sie bloß auf das Verschulden beschränken, weil jene Fälle, in denen dem Organmitglied trotz pflichtwidrigen Verhaltens kein Verschulden zur Last fällt, äußerst selten sein werden.*" Außerdem lasse sich „*die Beweislastumkehr zwanglos mit der Beweisnähe der Organmitglieder rechtfertigen.*"[1517] Richtig und erwähnenswert sind jene Ausführungen des Höchstgerichtes, wonach Aufsichtsratsmitglieder ebenso wie Vorstandsmitglieder und Geschäftsführer nicht mit einer Erfolgshaftung belastet seien und sie nicht das Unternehmerrisiko, dh vor allem nicht das Risiko zu tragen hätten, dass sich Maßnahmen in Folge unvorhersehbarer Änderung der wirtschaftlichen Rahmenbedingungen als nachteilig erwiesen oder dass sorgfältig erstellte Prognosen nicht zuträfen (vgl dazu Kap 5.1. und 5.1.2.).

Ebenso überzeugend sind die Ausführungen zum rechtmäßigen Alternativverhalten, wonach dem Organmitglied der Nachweis offenstehe, dass der Schaden selbst bei pflicht- und sorgfaltsgemäßem Handeln (rechtmäßigem Alternativverhalten) entstanden wäre. Da der Kläger den Beklagten aber bloß Unterlassungen zur Last lege, wäre deren Haftung schon wegen fehlender Kausalität zu verneinen, wenn derselbe Nachteil auch bei pflichtgemäßem positivem Tun erwachsen wäre.[1518] Diesen Kausalzusammenhang habe aber der Kläger zu beweisen.[1519]

OGH 16.3.2007, 6 Ob 34/07d:[1520] 2007 schwenkte der OGH dann in eine „radikal vorstandsfeindliche Lösung in puncto Beweislastverteilung"[1521] um und dies in einem Fall, in dem die Pflichtwidrigkeit des beklagten Geschäftsführers ganz eindeutig feststand.[1522] Denn obwohl klar war, dass der beklagte Geschäftsführer zustimmungslos Insichgeschäfte abgeschlossen und damit rechtsgrundlose Vermögensverschiebungen zum Nachteil der klagenden GmbH bewirkt hatte, fühlte sich das Höchstgericht veranlasst, in sehr unreflektierter Weise auszuführen, dass

---

1517 Dies unter Verweis auf *G. Frotz*, GesRZ 1982, 98 (105).

1518 Diese Argumentation entspricht der weitgehend unbestrittenen Ansicht im Schadenersatzrecht: vgl *Koziol*, Haftpflichtrecht³ I Rz 8/63; *Kodek* in *Kletečka/Schauer*, ABGB-ON¹·⁰¹ § 1295 Rz 9; *Karollus*, Haftung aus Schutzgesetzverletzung 292 f; *Burgstaller*, Das Fahrlässigkeitsdelikt im Strafrecht (1974) 131 f.

1519 Vgl zur Kritik an dieser Argumentation im konkreten Fall bei *G. Schima* in FS W. Jud 587 Fn 94. Denn richtigerweise ging es damals wohl um die mangelnde Erfüllung konkreter Handlungs- und Hinweis- bzw Aufklärungspflichten der Aufsichtsratsmitglieder, also um eine Fallkonstellation, die mit jener vergleichbar ist, in der ein Schädiger eine Unterlassung durch Verletzung einer ihm obliegenden Aufklärungspflicht begeht und dann nach wohl einhelliger Ansicht mit der vollen Behauptungs- und Beweislast für den hypothetischen Kausalverlauf belastet ist, also bei der Berufung auf rechtmäßiges Alternativverhalten – obwohl es sich hier um eine Frage der an sich vom Geschädigten zu beweisenden Kausalität handelt – den vollen Nachweis erbringen muss, dass sich die Risikoerhöhung in dem konkreten Fall nicht ausgewirkt hat (vgl *Koziol*, Haftpflichtrecht³ I Rz 16/12 mwN in Fn 46).

1520 OGH 16.3.2007, 6 Ob 34/07d GesRZ 2007, 271 (*U. Torggler*) = GeS 2007, 243 = ecolex 2007, 262 = RdW 2007, 684 = wbl 2007, 247.

1521 So *G. Schima* in *Baudenbacher/Kokott/Speitler*, Aktuelle Entwicklungen 405.

1522 Vgl den Sachverhalt in GesRZ 2007, 271.

„nach neuerer Auffassung die Beweislastumkehr des § 84 Abs 2 2. Satz AktG [die der OGH auch auf § 25 Abs 2 GmbHG bezog] *auch für die objektive Pflichtwidrigkeit, also die Rechtswidrigkeit gelte.*" Dies entspräche, so der OGH, *„auch der neueren Lehre*".[1523] Der OGH verwarf die Entscheidung aus 1985 und damit wohl auch die bekannte „Mertens'sche Formel" und meinte, es sei Sache des Geschäftsführers, zu behaupten und zu beweisen, dass sein Verhalten weder subjektiv noch objektiv sorgfaltswidrig gewesen sei; er habe sich somit sowohl hinsichtlich des Verschuldens als auch der Rechtswidrigkeit seines Verhaltens zu entlasten.[1524] Dabei handelt es sich, so der OGH abschließend, um eine echte Beweislastumkehr, nicht um einen bloßen prima facie-Beweis. Deshalb reiche es auch für die Entlastung des Geschäftsführers – entgegen *Reich-Rohrwig*[1525] – nicht aus, dass der Geschäftsführer zu seiner Entlastung Umstände dartue, die seine Verantwortung ernstlich in Zweifel zögen. Vielmehr gingen nach Ausschöpfung aller verfügbaren Beweismittel allenfalls verbleibende Unklarheiten zu Lasten des Beklagten, der diese durch entsprechend sorgfältige Vorgangsweise bei der Ausübung seines Amtes und der Dokumentation von vornherein hätte vermeiden können.

Für die vom OGH zur Untermauerung seiner (nicht überzeugenden) Ausführungen ins Treffen geführte Behauptung, die Beweislast sei *„sonst ohne praktische Bedeutung*", blieb das Höchstgericht jeden schlüssigen Beleg schuldig.[1526]

OGH 21.12.2010, 8 Ob 6/10f:[1527] Umso überraschter musste man nach dieser, sehr oberflächlich begründeten und eine volle Beweislastumkehr bei der Rechtswidrigkeit zu Lasten des Geschäftsführers/Vorstandsmitgliedes postulierenden Entscheidung sein, als man drei Jahre später in einem diesbezüglich freilich noch oberflächlicheren Erkenntnis als obiter dictum lesen konnte: *„Die Gesellschaft hat den Schaden dem Grunde und der Höhe nach, die Kausalität, die adäquate Verursachung und die inhaltliche Pflichtwidrigkeit oder die objektive Sorgfaltspflichtverletzung, nicht aber ein Verschulden zu behaupten und zu beweisen. Dem Vorstandsmitglied obliegt dagegen der Beweis, dass sein Verhalten subjektiv nicht sorgfaltswidrig war (RIS-Justiz RS 0121916; Strasser aaO §§ 77–84 AktG, Rz 108 mwN; Reischauer in Rummel, ABGB³ § 298 Rz 4–4c, 28).*".

Diese Entscheidung beinhaltet eine radikale und selbst von den „geschäftsleiterfreundlichsten" Meinungen bislang nicht vertretene These, der zufolge es über-

1523 Dabei bezog sich der OGH allerdings auf eine einzige Literaturstelle von einer Autorin, die bei Veröffentlichung des Manuskripts noch nicht einmal das rechtswissenschaftliche Studium abgeschlossen hatte (*Lehner*, Die Beweislastverteilung bei der GmbH-Geschäftsführerhaftung, GesRZ 2005, 128 [133]).

1524 Auch hier bloß der Verweis auf *Lehner*, GesRZ 2005, 133.

1525 *Reich-Rohrwig*, GmbH-Recht² I Rz 2/420.

1526 So *G. Schima* in *Baudenbacher/Kokott/Speitler*, Aktuelle Entwicklungen 405; *G. Schima* in FS W. Jud 589.

1527 OGH 21.12.2010, 8 Ob 6/10f GesRZ 2011, 230 (*Ratka*) = wbl 2011/144 = ÖBA 2011/1712 = RdW 2011, 139 = ZFR 2011, 175 = ecolex 2011, 505.

haupt keine – und zwar nicht einmal eine teilweise – Verschiebung der Beweislast bei der Rechtswidrigkeit gibt. In Kombination mit dem vom OGH offenbar ebenfalls der Gesellschaft zugewiesenen vollen Kausalitätsbeweis ohne Erleichterungen würde man der Gesellschaft zumindest in manchen Fallkonstellationen in der Tat viel zumuten.

OGH 28.8.2014, 6 Ob 108/13w:[1528] Diese Entscheidung betrifft eine Klage der Hypo Alpe Adria Bank AG gegen (unter anderem) ihre ehemaligen Vorstandsmitglieder. Sie beschäftigt sich zwar nicht explizit mit § 84 Abs 2 AktG bzw § 25 Abs 2 GmbHG, aber mit einer wichtigen anderen Frage der Beweislastverteilung, nämlich dem Vorteilsausgleich. Wie oben in Kap 5.1.1. geschildert, trifft grundsätzlich den Schädiger die Behauptungs- und Beweislast dafür, dass der Gesellschaft aus der inkriminierten Handlung auch Vorteile entstanden sind, die sie sich schadensmindernd anrechnen lassen muss. In diesem Fall ging es um die rechtswidrige, weil gegen die Eigenkapitalvorschriften verstoßende, erhebliche Ausweitung des Kreditvolumens der Bank. Aus dieser erhöhten Kreditvergabe seien Verluste in Millionenhöhe durch vermehrte Kreditausfälle entstanden. Das Gericht hielt die Klage – in allen drei Instanzen – für unschlüssig, weil die klagende Bank die behauptete Schadenshöhe nicht substanziiert darlegte. Die klagende Partei behauptete nur eine gewisse Summe an Forderungsausfällen, berücksichtigte bei der Schadensberechnung jedoch nicht die durch das erhöhte Kreditvolumen entstandenen Vorteile in Form von vereinnahmten Kreditzinsen. Während die Anrechnung solcher Vorteile normalerweise vom Beklagten nachzuweisen seien, mache die klagende Bank hier einen einheitlichen Gesamtschaden geltend. Durch die „*angeblich schädigende Ausweitung der Kreditvergabe sind damit Vor- und Nachteile am selben Schutzobjekt entstanden. Es wäre sachfremd, genau jenen Vorteil, den das rechtswidrige Verhalten bewirken sollte, hier nicht als Vorteil anzurechnen.*“ Das Vorbringen zu den entstandenen Vorteilen sei daher zu den rechtsbegründenden Tatsachen zu zählen, die die Klägerin zu beweisen hätte.

OGH 28.2.2018, 6 Ob 11/18p:[1529] In seiner jüngsten Entscheidung zu dem Thema hat der OGH uE den Widerspruch in seiner Rsp nicht aufgelöst, sondern perpetuiert: Zuerst zitiert der 6. Senat aus der Entscheidung OGH 16.3.2007, 6 Ob 34/07d: „*Es ist Sache des Geschäftsführers, zu behaupten und zu beweisen, dass sein Verhalten weder subjektiv noch objektiv sorgfaltswidrig war; er hat sich sowohl hinsichtlich des Verschuldens als auch der Rechtswidrigkeit seines Verhaltens zu entlasten.*“ Anschließend folgt jedoch ein Zitat aus der Entscheidung aus 2010 (21.12.2010, 8 Ob 6/10f): „*Die Gesellschaft hat den Schaden dem Grunde und der Höhe nach, die Kausalität, die adäquate Verursachung und die inhaltliche Pflichtwidrigkeit oder die objektive Sorgfaltspflichtverletzung, nicht aber ein Ver-*

1528 OGH 6 Ob 108/13w ÖBA 2015, 53 (*Seeber*).
1529 GesRZ 2018, 245 (*Zehentmayer*) = GES 2018, 132.

schulden zu behaupten und zu beweisen; dem Geschäftsführer obliegt dagegen der Beweis, dass sein Verhalten (jedenfalls) subjektiv nicht sorgfaltswidrig war." Ob nun die gesellschaftsfreundliche volle Beweislastumkehr auch bzgl der Rechtswidrigkeit gelten soll, oder aber die geschäftsführerfreundliche Auslegung, nach der die Gesellschaft auch die Rechtswidrigkeit behaupten und beweisen muss, ist nicht klar. Vielleicht wollte der OGH damit die „vermittelnde" Lösung andeuten, die wir für richtig halten.

Aus all diesen OGH-Entscheidungen sind weder die erwähnten vorstands- bzw geschäftsführerfreundlichen Entscheidungen noch die 2007 vertretene radikal gesellschaftsfreundliche Position des OGH überzeugend. Vielmehr ist der Vorzug uE klar jenen vermittelnden Lösungen zu geben, wie sie der OGH 1998 vertreten hatte[1530] und wie sie auch der deutsche BGH in seiner Grundsatzentscheidung aus 2002[1531] im Wesentlichen vertritt. Denn eine reine, nur das Verschulden betreffende Beweislastumkehr vertrat in der Sache weder der OGH 1998 noch vertritt sie der BGH. Nach richtiger Ansicht muss die Gesellschaft einen Schaden und dessen Verursachung durch ein Verhalten (Tun oder Unterlassen) des Organmitgliedes darlegen und beweisen, wobei es sich dabei um ein Verhalten zu handeln hat, das *„als pflichtwidrig in Betracht kommt, sich also insofern als möglicherweise pflichtwidrig darstellt.*"[1532]

Jene Ansichten, die eine Beweislastumkehr oder eine Beweislastverschiebung mit der „Nähe des Geschäftsführers zum Beweis" rechtfertigen wollen, verkennen in sehr praxisferner Weise, dass **Schadenersatzprozesse gegen Geschäftsleiter so gut wie immer nach deren Ausscheiden aus dem Unternehmen geführt werden**. In einer solchen Situation verkehrt sich die bei aktiver Mandatsausübung in der Tat gegebene „Beweisnähe" des Geschäftsleiters in das genaue Gegenteil.[1533]

Bedacht werden muss aber auch, dass selbst bei Zugrundelegung einer strengen Beweislastumkehr betreffend die Rechtswidrigkeit die Besonderheiten der Geschäftsleiterhaftung häufig dazu führen, dass die Gesellschaft ohne einen zumindest teilweisen Rechtswidrigkeitsnachweis ohnehin nicht auskommt. Dies ergibt sich daraus, dass bei der Geschäftsleiterhaftung sehr häufig Schaden bzw Kausalität und kausale Schadenszufügung von der Rechtswidrigkeit nicht getrennt werden können.[1534]

Das trifft vor allem auf Fälle zu, in denen Schadenersatzansprüche auf den Abschluss von unternehmerisch nicht vertretbaren Geschäften gestützt werden.

1530 OGH 24.6.1998, 3 Ob 34/97i ecolex 1998, 744 (*Reich-Rohrwig*).
1531 BGH 4.11.2002, II ZR 224/00 BGHZ 152, 280 (283) zur GmbH und BGH 3.12.2001, II ZR 208/99 NZG 2002, 195 (197) zur Genossenschaft.
1532 BGH II ZR 224/00 BGHZ 152, 280 (284).
1533 Vgl deutlich *G. Schima* in FS W. Jud 592 f.
1534 Zu dem Ganzen näher *G. Schima* in FS W. Jud 593 ff.

Beispiel

Die Geschäftsführung beauftragt einen Steuerberater mit der Überprüfung einer geplanten Maßnahme; die Rechnung beträgt 6 Mio €; die Geschäftsführer weisen nach Leistungserbringung und Rechnungslegung diesen Betrag zur Zahlung an.

Darin allein ist weder ein Schaden im Rechtssinne noch ein per se rechtswidriges Verhalten der Geschäftsführung zu erkennen. Denn es handelt sich ja nicht um einen Mittelabfluss ohne jede Gegenleistung, sondern zunächst einmal um die Leistung im Rahmen eines Austausch-Schuldverhältnisses (synallagmatischen Vertrages). Es kann auch keinem Zweifel unterliegen, dass es Steuerberaterleistungen geben *kann*, die ein solches Honorar wert sind. Um einen Schaden darzutun, den immer der Geschädigte nachzuweisen hat,[1535] muss die Gesellschaft daher zusätzlich belegen, dass dieser Betrag für eine Gegenleistung entrichtet wurde, die zumindest prima facie dieses Entgelt in keiner Weise wert ist:

Beispiel

Variante zum vorherigen Sachverhalt: Die zu überprüfende Maßnahme betrifft die Betreuung des Verkaufs von Unternehmensanteilen, der beauftragte Steuerberater hat eine kleine „Provinz-Kanzlei"; die sichtbare Leistung besteht in einem nur fünfseitigen Papier und allenfalls ein paar Telefonaten.[1536]

Nun hat die Gesellschaft bereits ein Verhalten der für die Zahlung verantwortlichen Geschäftsleiter dargetan, das zumindest als indiziell pflichtwidrig – wenn nicht als ohnehin offenkundig rechtswidrig – gewertet werden kann. Hier bleibt daher für eine Beweislastumkehr bei der Rechtswidrigkeit von vornherein kein Raum, weil die Gesellschaft ohne Rechtswidrigkeitsnachweis gar nicht auskommt, um überhaupt den Schaden zu beweisen.[1537] Diese mangelnde Trennbarkeit von Schadensermittlung und zumindest sehr konkret indizierter Pflichtwidrigkeit betrifft vor allem den Einkauf von Dienstleistungen, die über keinen festen Markt- oder Börsepreis verfügen.[1538]

Richtigerweise muss die Gesellschaft daher – wie dies auch zu § 1298 ABGB zutreffend vertreten wird – sehr wohl eine kausale Pflichtwidrigkeit nachweisen.[1539] „Irgendeine" Pflichtwidrigkeit – also zB bei Kreditgewährung irgendein Verstoß gegen interne Richtlinien – reicht aber nicht aus. Vielmehr muss es sich um eine

1535 Vgl anschaulich OGH 6 Ob 108/13w ÖBA 2015, 53 (*Seeber*) zu einem Fall betreffend die *Hypo Alpe Adria.*

1536 Dieses Beispiel beruht auf der Causa Birnbacher, ein Steuerberater, der im Zusammenhang mit dem Verkauf der von der Kärntner Landesholding gehaltenen Anteile an der Hypo Alpe Adria Bank AG an die Bayern LB ein nur sechsseitiges Gutachten verfasste und als Honorar 6 Mio € erhielt.

1537 Vgl näher *G. Schima* in FS W. Jud 593 f.

1538 Vgl näher *G. Schima* in FS W. Jud 594.

1539 Vgl *Kodek* in *Kletečka/Schauer*, ABGB-ON[1.03] § 1298 Rz 18.

solche Pflichtwidrigkeit handeln, die in einer gewissen Kausalitätsbeziehung zum eingetretenen Schaden steht, die also einen möglichen Zurechnungszusammenhang aufweist, womit man wieder bei der Mertens'schen Formel wäre. Schreiben bankinterne Richtlinien zB vor, dass bei Krediten über 3 Mio €, die hypothekarisch sichergestellt werden, die Liegenschaft von zumindest einem unabhängigen und mit der Bank bislang keine oder nur eingeschränkte Geschäftsbeziehungen unterhaltenden Sachverständigen geschätzt werden muss, bedeutet das Unterbleiben einer solchen Schätzung zweifellos eine Pflichtwidrigkeit, die in einem möglichen Zurechnungszusammenhang zur späteren Uneinbringlichkeit des Kredites (aufgrund zu geringer Werthaltigkeit des Pfandrechtes) steht.[1540]

Nach richtiger Ansicht muss also die **Gesellschaft** einen **Schaden** sowie ein **Verhalten beweisen**, das entweder **objektiv sorgfaltswidrig** ist oder nach der Lebenserfahrung bzw vernünftigem unternehmerischem Ermessen unter Einbeziehung betriebswirtschaftlicher und volkswirtschaftlicher Erfahrungssätze **zumindest den Schluss auf ein objektiv-sorgfaltswidriges, also rechtswidriges Verhalten des Geschäftsführers zulässt**.[1541] Und die Gesellschaft muss darüber hinaus (nur) nachweisen, dass die **Möglichkeit eines Zusammenhanges zwischen dem Schaden und dem objektiv-sorgfaltswidrigen oder die objektive Sorgfaltswidrigkeit zumindest indizierenden Verhalten besteht**. Damit werden die allermeisten Fallkonstellationen sachgerecht bewältigt werden können. Die Formel lässt sich flexibel der Realität anpassen: Musste die Gesellschaft – wie oben erörtert – schon bei der Darlegung des Schadens ein rechtswidriges Verhalten des Geschäftsleiters belegen und/oder erforderte der Kausalitätsnachweis bereits die Darlegung von Pflichtwidrigkeiten, wird die Gesellschaft im Regelfall dazu nichts Weiteres vortragen und beweisen müssen.[1542]

Aus praktischer Sicht ist es für den Geschäftsführer daher wichtig, schon im Anstellungsvertrag zu vereinbaren, dass im Falle der auch bloß außergerichtlichen Geltendmachung von Schadenersatzansprüchen oder der Durchführung von strafbehördlichen Ermittlungen die Gesellschaft dem Geschäftsführer Einblick in sämtliche Unterlagen zu geben und ihm auch Abschriften zu gestatten hat, um sich sachgerecht verteidigen zu können (vgl Kap 2.2.4.11.). Obwohl Rsp in Österreich dazu bislang fehlt, müsste die Verweigerung einer solchen Einsicht – selbst wenn sie sich nicht auf eine anstellungsvertragliche Klausel stützen kann – jedenfalls dazu führen, dass die Gesellschaft sich gegenüber dem bereits ausgeschiedenen Geschäftsleiter nicht auf eine (gar volle) Beweislastumkehr zu ihren Gunsten in puncto Rechtswidrigkeit berufen kann.[1543] Ob der OGH dies ebenfalls so sehen wird, bleibt abzuwarten.

1540 Vgl näher *G. Schima* in FS W. Jud 602.

1541 Im Ergebnis ähnlich: *Told*, wbl 2012, 181 (188), die jedoch nicht von einer Beweislast der Gesellschaft spricht, sondern von einer Substantiierungslast. Die Gesellschaft müsse Tatsachen als wahrscheinlich darstellen, die die Annahme fundieren, dass der Geschäftsführer pflichtwidrig gehandelt hat.

1542 Vgl näher *G. Schima* in FS W. Jud 603 f.

1543 *Spindler* in MünchKommAktG II[5] § 93 Rz 212 mwN.

5.1.6. Geltendmachung der Haftung

Gläubigerin des Schadenersatzanspruchs ist die Gesellschaft. Die **Gesellschafter** entscheiden **per Beschluss**, ob ein möglicher Schadenersatzanspruch gerichtlich oder außergerichtlich verfolgt werden soll (§ 35 Abs 1 Z 6 GmbHG). Der Beschluss kann in einer Generalversammlung oder im Umlaufwege gefasst werden (§ 34 GmbHG). Sofern der Gesellschaftsvertrag keine andere Mehrheit vorsieht, entscheiden die Gesellschafter mit einfacher Mehrheit (§ 39 Abs 1 GmbHG). Geht es um die Geltendmachung der **Haftung eines Gesellschafter-Geschäftsführers**, darf dieser wegen des auf der Hand liegenden Interessenkonflikts bei der Beschlussfassung **nicht mitstimmen** (§ 39 Abs 4 GmbHG).

Beispiel

In einer Zwei-Personen-GmbH reichen für den Beschluss zur Verfolgung von Schadenersatzansprüchen gegen einen Gesellschafter-Geschäftsführer daher die Stimmen des anderen Gesellschafters.[1544]

Die Haftung von Geschäftsführern gegenüber der Gesellschaft kann immer nur aufgrund eines Gesellschafterbeschlusses geltend gemacht werden – die Gesellschaft muss diese materielle Anspruchsvoraussetzung im Prozess behaupten und beweisen.[1545] Abweichende Bestimmungen im Gesellschaftsvertrag sind nicht zulässig (§ 35 Abs 2 GmbHG). Eine Ausnahme von dieser Regel gilt jedoch für die im Folgenden beschriebene Geltendmachung von Schadenersatzansprüchen durch eine Gesellschafterminderheit (§ 48 GmbHG) und durch einen Gläubiger der Gesellschaft mittels Forderungsexekution. Ein Beschluss der Gesellschafter ist auch in der Insolvenz der Gesellschaft nicht Voraussetzung für die Geltendmachung von Schadenersatzansprüchen durch den Insolvenzverwalter.[1546]

Haben die Gesellschafter einmal beschlossen, dass ein Haftungsanspruch verfolgt werden soll, kann die Gesellschaft in einem Prozess oder in außergerichtlichen Verhandlungen je nach Situation von verschiedenen Personen oder Organen vertreten werden:

Gibt es einen **Aufsichtsrat**, vertritt dieser die Gesellschaft bei der Geltendmachung von Ersatzansprüchen, sofern die Gesellschafter nicht eigens einen **Prozessvertreter**

1544 Nach *Koppensteiner/Rüffler*, GmbHG^3 § 35 Rz 35, und ihnen folgend *Rauter/Ratka* in *Ratka/Rauter*, Geschäftsführerhaftung^2 Rz 2/216, ist überhaupt keine formelle Beschlussfassung erforderlich, weil ohnehin jeder der zwei Gesellschafter wegen des Stimmrechtverbots des betroffenen Gesellschafter-Geschäftsführers allein entscheidungsbefugt ist. Sie halten die Generalversammlung für einen unnötigen Formalismus; die Rsp des OGH ist uneinheitlich (vgl *Rauter/Ratka* aaO mwN).

1545 *Rauter/Ratka* in *Ratka/Rauter*, Geschäftsführerhaftung^2 Rz 2/214; RIS-Justiz RS 0059438 (T5), zuletztOGH 9 ObA 5/10s.

1546 Enzinger in Straube, WK GmbHG § 35 Rz 93 (Stand 1.8.2013, rdb.at); *Reich-Rohrwig*, GmbH-Recht I^2 Rz 2/394 mwN.

bestellt haben (§ 30l Abs 2 GmbHG).[1547] Ist kein Aufsichtsrat eingerichtet, können die Gesellschafter ebenso einen Prozessvertreter bestellen (§ 35 Abs 1 Z 6 GmbHG) oder die übrigen, nicht in Anspruch genommenen Geschäftsführer vertreten die GmbH – was voraussetzt, dass ohne den schadenersatzpflichtigen Geschäftsführer noch **Geschäftsführer in vertretungsbefugter Zahl** vorhanden sind.

Ein „fremder" und daher unabhängiger Prozessvertreter wird in vielen Fällen besser geeignet sein, Schadenersatzansprüche gegen Geschäftsführer geltend zu machen. Unter Geschäftsführer-Kollegen herrscht uU eine gewisse Solidarität; außerdem könnten die nicht belangten Geschäftsführer ein Interesse daran haben, manche Sachverhalte nicht zu genau zu verfolgen, um nicht eigene mögliche Pflichtverletzungen ins Blickfeld zu rücken.

Eine **Gesellschafterminderheit**, die zusammen **10 % des Stammkapitals** oder Stammeinlagen mit einem Nennbetrag von zusammen 700.000 € hält, kann entgegen dem Willen der Mehrheit **Ersatzansprüche gegen Geschäftsführer** (auch gegen Gesellschafter oder Aufsichtsratsmitglieder) **im eigenen Namen und auf Rechnung der Gesellschaft geltend machen**. § 48 Abs 1 GmbHG bestimmt, dass im Gesellschaftsvertrag auch eine geringere Schwelle vorgesehen werden kann. Die Minderheit muss zuerst versuchen, eine Beschlussfassung der Gesellschafter über die Geltendmachung des Ersatzanspruchs herbeizuführen. Scheitert die Minderheit, weil entweder über den rechtzeitig eingebrachten Beschlussantrag nicht einmal abgestimmt wurde, oder die Mehrheit die Verfolgung der Schadenersatzansprüche abgelehnt hat, kann sie binnen eines Jahres ab dem Tag der erfolgten oder vereitelten Beschlussfassung Klage gegen die Geschäftsführer erheben (§ 48 Abs 1 und 2 GmbHG). Gewinnen die prozessführenden Minderheitsgesellschafter das Verfahren, kommt der Schadenersatz der Gesellschaft zugute – die klagenden Gesellschafter tragen aber das volle Prozesskostenrisiko.[1548]

Auch **Gläubiger** der GmbH können eine Schadenersatzforderung der Gesellschaft gegen den Geschäftsführer geltend machen, und zwar durch Forderungsexekution (§§ 294, 303 EO). Diese exekutionsrechtlichen Bestimmungen sind kein Spezifikum der Geschäftsführerhaftung. Hat ein Gläubiger der Gesellschaft für seine Forderung einen vollstreckbaren Exekutionstitel erwirkt, kann er sich im **Exekutionsverfahren** eine Forderung der Gesellschaft **pfänden und überweisen** lassen und sich so aus der Forderung der Gesellschaft gegen den Drittschuldner bis zur Höhe seiner eigenen Forderung befriedigen. Die Pfändung erfolgt durch die sog Drittschuldnerverständigung (§ 294 Abs 3 EO) – ab diesem Zeitpunkt kann der Schuldner nicht mehr schuldbefreiend an die Gesellschaft leisten.[1549] Der Gläubiger

1547 *Koppensteiner/Rüffler* sind gegen dieses Wahlrecht und halten es für unnötig (GmbHG³ § 35 Rz 32).
1548 *Rauter/Ratka* in *Ratka/Rauter*, Geschäftsführerhaftung² Rz 2/223.
1549 *Resch/Schernthanner/Laschober* in *Burgstaller/Deixler*, EO § 294 Rz 30; *Rauter/Ratka* in *Ratka/Rauter*, Geschäftsführerhaftung² Rz 2/224.

kann dann die Forderung vom Drittschuldner einziehen, also Zahlung verlangen, und im Streitfall gerichtlich geltend machen.[1550] Der Gläubiger der Gesellschaft muss also, wenn der Schadenersatzanspruch der Gesellschaft vom Geschäftsführer bestritten wird, den Geschäftsführer auf eigene Rechnung klagen. Der Geschäftsführer kann in diesem Verfahren alle Einwendungen erheben, die ihm gegen seinen ursprünglichen Gläubiger, die Gesellschaft, zustehen.[1551]

5.1.7. Verzicht und Vergleich

Der Gesellschaft steht es grundsätzlich frei, auf Schadenersatzansprüche gegen einen Geschäftsführer zu verzichten. Die Gesellschafter entscheiden darüber mit Beschluss. Als „Verzicht" auf die Haftung könnte man auch eine Situation bezeichnen, in der die Gesellschafter in Kenntnis von Schaden und Schädiger bis zum Ablauf der Verjährungsfrist „nichts tun". IdR ist nach fünf Jahren (vgl zur Verjährung Kap 5.1.10.) der Schadenersatzanspruch verjährt und kann nicht mehr geltend gemacht werden. Mehr Rechtssicherheit für den Geschäftsführer bietet hingegen eine ausdrückliche Erklärung der Gesellschafter, auf einen konkreten Schadenersatzanspruch zu verzichten. Ein gerichtlicher oder außergerichtlicher **Vergleich** über strittige Ansprüche kommt ebenso in Frage.

Für die Beschlussfassung der Gesellschafter beim Verzicht auf Ansprüche gelten dieselben Bestimmungen wie für deren Geltendmachung (vgl oben in Kap 5.1.6.).

Verzicht und Vergleich auf Schadenersatzansprüche gegenüber Geschäftsführern sind jedoch nicht grenzenlos möglich: Gem **§ 25 Abs 7 iVm § 10 Abs 6 GmbHG** haben „**Vergleiche und Verzichtsleistungen**" zwischen Gesellschaft und Geschäftsführer über Ersatzansprüche **keine Wirkung**, *„soweit der Ersatz zur Befriedigung der Gläubiger erforderlich ist"*. Das kann bedeuten, dass ein Geschäftsführer, mit dem sich die Gesellschaft über einen Schadenersatzanspruch verglichen hat, zu einem späteren Zeitpunkt (innerhalb der Verjährungsfrist) doch noch in Anspruch genommen werden kann, wenn zu diesem Zeitpunkt das Vermögen der Gesellschaft für die Befriedigung von Gläubigern nicht mehr ausreicht. Dies ist dann der Fall, wenn die Gesellschaft ohne die Geltendmachung der Schadenersatzforderung **nicht nur vorübergehend nicht imstande** wäre, **fällige Forderungen zu befriedigen.**[1552]

Der „Gläubigervorbehalt", also die Unwirksamkeit von Verzicht und Vergleich über Schadenersatzansprüche zum Zweck der Befriedigung von Gläubigern, kommt zB dann zum Tragen, wenn der Insolvenzverwalter einen Schadenersatzanspruch der Gesellschaft gegen den Geschäftsführer geltend machen will oder ein Gläubiger – wie oben in Kap 5.1.6. beschrieben – die Forderung der Gesellschaft gegen

1550 *Burgstaller/Höllwerth* in *Burgstaller/Deixler*, EO § 308 Rz 1.
1551 RIS-Justiz RS 0004039; *Burgstaller/Höllwerth* in *Burgstaller/Deixler*, EO § 308 Rz 39 f.
1552 *Koppensteiner/Rüffler*, GmbHG[3] § 10 Rz 32.

den Geschäftsführer pfändet und sich zur Einziehung überweisen lässt.[1553] **Der vorerst schwebend wirksame Verzicht oder Vergleich kann also Jahre später zu Gunsten der Gesellschaftsgläubiger ungültig werden.**[1554] Für die Geschäftsführer bedeutet dies eine erhebliche Rechtsunsicherheit, überhaupt wenn sie mittlerweile ihre Tätigkeit beendet haben und keinen Einfluss mehr auf die wirtschaftliche Lage der Gesellschaft ausüben können.

Hinweis

In einem Prozess muss der belangte Geschäftsführer behaupten und beweisen, dass die Gesellschaft auf einen Schadenersatzanspruch verzichtet hat – die Gesellschaft trifft die Beweislast dafür, dass der Ersatz zur Befriedigung der Gläubiger erforderlich und die Klage daher trotz Verzicht/Vergleich zulässig und berechtigt ist.[1555]

Nach einer anderen, uE überzeugenden Ansicht kommt der „Gläubigervorbehalt" hingegen nur dann zum Tragen, wenn der Schadenersatzanspruch der Gesellschaft aus einer **Verletzung von zwingenden gesetzlichen Vorschriften** durch den Geschäftsführer resultiert.[1556]

Beispiel

Der Gesellschaft entsteht ein Schaden, weil der Geschäftsführer einem Gesellschafter die Stammeinlage teilweise zurückgibt. → Verstoß gegen das Verbot der Einlagenrückgewähr gem § 82 GmbHG → ein Verzicht der Gesellschaft auf den entsprechenden Schadenersatzanspruch ist gegenüber den Gläubigern jedenfalls unwirksam.[1557]

Der Gesellschaft entsteht ein Schaden, weil der Geschäftsführer ein ungünstiges Geschäft abgeschlossen hat. Der Schaden hätte bei sorgfältiger Vorbereitung der Entscheidung vermieden werden können. Die Rechtswidrigkeit liegt hier in einem Verstoß gegen die allgemeine Sorgfaltspflicht des Geschäftsführers (§ 25 Abs 1 GmbHG). → Nach der uE richtigen Ansicht ist ein Verzicht der Gesellschaft auf die Geltendmachung des Schadenersatzanspruchs auch dann endgültig wirksam, wenn später (innerhalb der Verjährungsfrist) der Schadenersatzanspruch zur Befriedigung der Gläubiger erforderlich wäre.

Dieselbe Problematik stellt sich bei der in § 25 Abs 5 GmbHG normierten **Haftungsbefreiung bei der Befolgung von Weisungen der Gesellschafter** (vgl Kap 1.1.1.5.). Die uE überzeugende Begründung für die Einschränkung des Gläubigervorbehalts

1553 *Reich-Rohrwig*, GmbH-Recht I² Rz 2/422.

1554 So die hM: *Reich-Rohrwig* in *Straube/Ratka/Rauter*, WK GmbHG § 25 Rz 216 (Stand 1.6.2015, rdb.at); *Reich-Rohrwig*, GmbH-Recht I² Rz 2/408; *Feltl/Told* in *Gruber/Harrer*, GmbHG² § 25 Rz 140; *Nowotny* in *Kalss/Nowotny/Schauer*, Gesellschaftsrecht² Rz 4/241 mwN.

1555 OGH 14.1.1998, 3 Ob 323/97i.

1556 Vgl *Koppensteiner/Rüffler*, GmbHG³ § 25 Rz 24; diesem folgend *Runggaldier/G. Schima*, Manager-Dienstverträge⁴ 207 und *U. Torggler*, Abdingbarkeit, Umwälzbarkeit, Versicherbarkeit, in *Artmann/Rüffler/U. Torggler*, Organhaftung zwischen Ermessensentscheidung und Haftungsfalle (2013) 35 (42 ff).

1557 *U. Torggler* in *Artmann/Rüffler/U. Torggler*, Organhaftung 35 (36 f).

auf Schäden, die aus der Verletzung von zwingenden Rechtsvorschriften, insb Gläubigerschutzvorschriften resultieren, liegt darin, dass die Gesellschafter den Geschäftsführern über alle anderen Maßnahmen verbindliche Weisungen erteilen können. Weisungen, die einen Gesetzesverstoß bedeuten, können hingegen nicht wirksam erteilt und müssen vom Geschäftsführer auch nicht befolgt werden (vgl Kap 1.1.1.4.). Demgegenüber sind Weisungen, die nicht gegen zwingendes Recht verstoßen und deren Durchführung einen Schaden für die Gesellschaft verursacht oder verursachen kann (also zB ex ante betrachtet wirtschaftlich „unvernünftig" ist), vom Geschäftsführer zu befolgen. Es wäre nicht sachgerecht, dem Geschäftsführer trotz Verpflichtung zur Weisungsbefolgung später bei „Bedarf" der Gläubiger die haftungsbefreiende Wirkung der Weisung gem § 25 Abs 5 GmbHG nicht zuzugestehen. Der Geschäftsführer könnte einer Haftung nur entgehen, indem er die nachteilige Weisung (den Weisungsbeschluss der Gesellschafter) anficht, was einerseits mit einem Kostenrisiko verbunden ist und andererseits über kurz oder lang den Geschäftsführer seinen Job kosten wird. Wenn aber die Gesellschafter rechtlich verbindliche Weisungen für „unvernünftige", aber nicht gesetzwidrige Maßnahmen erteilen können, soll die **Gesellschaft auch im Nachhinein auf Schadenersatzansprüche wirksam verzichten können, die nicht aus Verstößen gegen zwingendes Recht herrühren.**[1558]

Eine Vereinbarung, nach der der Geschäftsführer von einem Dritten (zB von einem Gesellschafter) haftungsfrei gestellt wird (Schad- und Klagloshaltung), ist zulässig[1559] und kommt zB dann vor, wenn ein Manager in eine sanierungsbedürftige Konzerngesellschaft geschickt wird und die Konzernobergesellschaft das besonders hohe Haftungsrisiko des Geschäftsführers abdecken möchte.[1560] Auch hier gelten aber die allgemeinen Zulässigkeitsgrenzen, sodass eine völlige Haftungsfreistellung auch für vorsätzliches Handeln oder die vorweg vereinbarte Übernahme von gerichtlichen oder verwaltungsstrafrechtlichen Strafen (vgl dazu Kap 2.2.4.8.) sittenwidrig und unwirksam ist.[1561]

5.1.8. Wirkung der Entlastung

Die Geschäftsführer können durch Beschluss der Gesellschafter (in einer Generalversammlung oder im Umlaufwege) entlastet werden. Gem § 35 Abs 1 Z 1 GmbHG soll dieser Beschluss grundsätzlich innerhalb der ersten acht Monate jedes Geschäftsjahres für das vergangene Geschäftsjahr gefasst werden, gemeinsam mit den Beschlüssen über die Feststellung des Jahresabschlusses und die Verteilung des

1558 Vgl im Detail überzeugend *Koppensteiner/Rüffler*, GmbHG[3] § 25 Rz 24; vgl auch *G. Schima*, GesRZ 1999, 103 Fn 17, der eine Anfechtungsobliegenheit des Geschäftsführers verneint, die Haftung gegenüber den Gläubigern aber bejaht. Vgl auch *U. Torggler*, Fünf (Anti-)Thesen zum Haftungsdurchgriff, JBl 2006, 85 (92 ff).

1559 Vgl OGH 1 Ob 55/06d RdW 2006, 761.

1560 *Rauter/Ratka* in *Ratka/Rauter*, Geschäftsführerhaftung[2] Rz 2/285.

1561 *Runggaldier/G. Schima*, Manager-Dienstverträge[4] 188 f.

Bilanzgewinns. Aber auch zu einem anderen Zeitpunkt können die Gesellschafter eine Entlastung beschließen; sie entscheiden mit einfacher Mehrheit, wenn der Gesellschaftsvertrag nichts anderes vorsieht. Ist der Geschäftsführer gleichzeitig Gesellschafter, darf er beim Beschluss über seine eigene Entlastung nicht mitstimmen (§ 39 Abs 4 GmbHG).[1562]

Die Entlastung kann sich auf einzelne oder alle Geschäftsführer, auf einen bestimmten, vom Geschäftsjahr abweichenden Zeitraum oder auf konkrete Geschäftsfälle beziehen.[1563] Es ist auch möglich, dass die Gesellschafter einem Geschäftsführer die Entlastung erteilen, einem anderen hingegen nicht oder gewisse Geschäftsfälle von der Entlastung ausnehmen.[1564] Nach der herrschenden Meinung hat der GmbH-Geschäftsführer keinen klagbaren Anspruch auf Entlastung.[1565]

Die Entlastung des Geschäftsführers bedeutet, dass die Gesellschafter die **Arbeit des Geschäftsführers im jeweiligen Zeitraum billigen** und ihm auch für die zukünftige Tätigkeit **Vertrauen** entgegenbringen.[1566] Darüber hinaus hat die Entlastung nach hA aber auch die Wirkung, dass die Gesellschaft in Bezug auf die Handlungen der Geschäftsführer im betreffenden Zeitraum **keine Ersatzansprüche gegen den Geschäftsführer** mehr geltend machen kann.[1567] Auch ist es nach der Entlastung **nicht mehr zulässig**, die gebilligten Handlungen des Geschäftsführers als **wichtigen Grund** für eine **Abberufung** oder die **Auflösung** des **Anstellungsvertrags** heranzuziehen.[1568] Die Gesellschafter leisten damit im Ergebnis einen **Verzicht auf Ersatzansprüche** bzw Abberufungs- und Entlassungsgründe der Gesellschaft (vgl zum Verzicht Kap 5.1.7.).[1569]

All das gilt jedoch nur für jene Umstände und Ersatzansprüche, die bei der Beschlussfassung über die Entlastung aus den zur Verfügung gestellten Unterlagen bei **sorgfältiger Prüfung** auch **erkennbar** waren oder über die der Geschäftsführer den Gesellschaftern berichtet hat.[1570] Sind hingegen die Unterlagen der Geschäftsführung unvollständig und Pflichtverstöße daraus **nicht erkennbar**[1571] oder **verschleiert** der Geschäftsführer in der Berichterstattung seine Pflichtverletzungen

1562 RIS-Justiz RS 0049411.

1563 Vgl *Koppensteiner/Rüffler*, GmbHG³ § 35 Rz 17.

1564 Vgl *Rauter/Ratka* in *Ratka/Rauter*, Geschäftsführerhaftung² Rz 2/288 f.

1565 OGH 7 Ob 2006/96t SZ 69/153 (Ablehnung der früheren Rsp, die das Gegenteil vertrat); vgl auch *Enzinger* in *Straube/Ratka/Rauter*, WK GmbHG § 35 Rz 46 (Stand 1.8.2013, rdb.at) mwN auch zu Deutschland.

1566 Vgl OGH 2 Ob 356/74 SZ 48/79.

1567 AA *Enzinger* in *Straube/Ratka/Rauter*, WK GmbHG § 35 Rz 40 (Stand 1.8.2013, rdb.at).

1568 Vgl *Koppensteiner/Rüffler*, GmbHG³ § 35 Rz 19 mwN.

1569 Vgl *Rauter/Ratka* in *Ratka/Rauter*, Geschäftsführerhaftung² Rz 2/291, 293; *Koppensteiner/Rüffler* bezeichnen die Wirkung als Präklusion und stützen sie auf den von den Gesellschaftern geschaffenen Vertrauenstatbestand (GmbHG³ § 35 Rz 19).

1570 Vgl *Nowotny* in *Kalss/Nowotny/Schauer*, Gesellschaftsrecht² Rz 4/281; OGH 1 Ob 482/58 SZ 32/2; RIS-Justiz RS 0060019.

1571 OGH 9 ObA 149/08i GesRZ 2010, 55 (*Artmann*).

und von ihm verursachte Schäden,[1572] hat die Entlastung **keine haftungsbefreiende Wirkung**. Nach einer strengeren Ansicht soll die Entlastung nur dann die befreiende Wirkung haben, wenn die haftungsbegründenden Umstände aus den Unterlagen *offenkundig* sind, sodass der Geschäftsführer nicht daran zweifeln kann, dass die Gesellschafter sie auch tatsächlich erkannt haben und der Geschäftsführer davon ausgehen darf, dass die Gesellschafter in Kenntnis der Mängel dennoch die Entlastung erteilt und damit ihren Verzicht erklärt haben.[1573]

Wenn der Geschäftsführer in einem Schadenersatzverfahren beweist, dass das schadensstiftende Verhalten in einen Zeitraum fällt, für den er von den Gesellschaftern entlastet wurde, schließt das die Haftung aus – es sei denn, die Gesellschaft behauptet und beweist, dass diese Umstände aus den Unterlagen bei sorgfältiger Prüfung eben nicht erkennbar waren. Nur dann wäre die Entlastung in Hinblick auf den konkreten Schadenersatzanspruch wirkungslos und der Geschäftsführer kann in Anspruch genommen werden. Die bloße Behauptung, die schädigenden Handlungen des Geschäftsführers im Zeitpunkt der Entlastung nicht gekannt zu haben, hilft der Gesellschaft nicht – die Beweislast für die Ausnahme von der Wirkung der Entlastung liegt bei der Gesellschaft.[1574]

Die Entlastung der Geschäftsführung hat noch in einer anderen Konstellation **keine haftungsbefreiende Wirkung**: wenn die Schadenersatzansprüche der Gesellschaft zur **Befriedigung der Gläubiger** der GmbH **erforderlich** sind, also zB wenn der Geschäftsführer Stammeinlagen an die Gesellschafter zurückzahlt oder auf die Einzahlung von Stammeinlagen verzichtet[1575] und die Gesellschaft zur Begleichung fälliger Forderungen nicht nur vorübergehend nicht mehr in der Lage ist,[1576] kann sich der entlastete Geschäftsführer nicht auf die Haftungsbefreiung berufen (§ 25 Abs 7 GmbHG; vgl dazu Kap 5.1.7.).[1577]

Hinweis

Einen besonderen Schutz bietet die Rsp des OGH für Minderheitsgesellschafter der GmbH mit einem gemeinsamen Anteil von 10 % der Stammeinlagen: Wenn die Minderheit in der Generalversammlung bereits vor Ausspruch der Entlastung verlangt hat, dass Ersatzansprüche gegen den Geschäftsführer geltend gemacht werden und dann dennoch die Entlastung erteilt wird, kann sich der Geschäftsführer in einer von den Minderheitsgesellschaftern gem § 48 GmbHG geführten Schadenersatzklage nicht auf die Entlastung berufen.[1578] Vgl zur Minderheitenklage Kap 5.1.6.

1572 Vgl *Rauter/Ratka* in *Ratka/Rauter*, Geschäftsführerhaftung² Rz 2/291 mwN.
1573 *Runggaldier/G. Schima*, Manager-Dienstverträge⁴ 208.
1574 OGH 9 ObA 149/08i GesRZ 2010, 55 (*Artmann*).
1575 *Neumayr*, Die Entlastung des Geschäftsführers, JBl 1990, 273 (275).
1576 *Koppensteiner/Rüffler*, GmbHG³ § 10 Rz 32.
1577 *Koppensteiner/Rüffler*, GmbHG³ § 35 Rz 19, § 25 Rz 24.
1578 OGH 1 Ob 775/81 SZ 55/1.

5.1.9. Haftungsbeschränkung und Anwendung des Dienstnehmerhaftpflichtgesetzes

Nachdem die Gesellschaft auf bestehende Ersatzansprüche gegenüber Geschäftsführern verzichten kann, stellt sich die Frage, ob es zulässig ist, die Haftung von vornherein auszuschließen oder zu beschränken. Eine Haftungsbeschränkung könnte zB im Gesellschaftsvertrag oder im Anstellungsvertrag mit dem Geschäftsführer vereinbart werden.

Mit den Sorgfaltspflichten eines Geschäftsführers als Verwalter fremden Vermögens jedenfalls nicht vereinbar ist der **Ausschluss** der Haftung für **grob fahrlässiges** oder **vorsätzliches** Handeln. Eine derartige Haftungsbefreiung wäre sittenwidrig und damit **unwirksam**.[1579]

Für bestimmte Pflichten des Geschäftsführers **scheidet eine Haftungsbefreiung** auch nur für leichte Fahrlässigkeit wohl **aus**: die Einhaltung von Vorschriften, die der Geschäftsführer nicht nur im Interesse der Gesellschaft, sondern im **Interesse Dritter**, wie der Öffentlichkeit oder der Gläubiger erfüllen muss.[1580] Das betrifft zB die Haftungsnormen des § 25 Abs 3 GmbHG (Haftung bei Verstoß gegen das Verbot der Einlagenrückgewähr und bei Zahlungen nach Eintritt der Insolvenzreife).[1581]

Für die sonstigen Pflichten des Geschäftsführers kann hingegen nach überzeugender, aber nicht unbestrittener Ansicht, die **Haftung des Geschäftsführers für leicht fahrlässig herbeigeführte Schäden im Voraus ausgeschlossen werden**.[1582]

Beispiel

Bei den Vertragsverhandlungen mit einem Kunden vereinbart der Geschäftsführer irrtümlich ein für die Gesellschaft nicht einhaltbares Lieferdatum für die vom Kunden bestellte Ware. Der Fehler hätte auch einem sehr sorgfältigen Geschäftsleiter passieren können (leichte Fahrlässigkeit), weil aufgrund eines EDV-Gebrechens die bestehenden Aufträge falsch dargestellt wurden. Die Gesellschaft muss dem Vertragspartner eine Konventionalstrafe für die verspätete Lieferung zahlen. → Die Ersatzpflicht des Geschäftsführers für solche leicht fahrlässig herbeigeführten Schäden, die nicht aus der Verletzung von zwingenden Gesetzesbestimmungen oder Gläubigerschutzvorschriften herrühren, kann uE im Vorhinein ausgeschlossen werden.[1583]

1579 Vgl zum Schadenersatzrecht des ABGB *Koziol*, Haftpflichtrecht I[3] Rz 18/5, 18/11; *Runggaldier/G. Schima*, Manager-Dienstverträge[4] 187.

1580 *Koppensteiner/Rüffler*, GmbHG[3] § 25 Rz 25.

1581 *Reich-Rohrwig*, GmbH-Recht I[2] Rz 2/389.

1582 *Runggaldier/G. Schima*, Manager-Dienstverträge[4] 187; *Koppensteiner/Rüffler*, GmbHG[3] § 25 Rz 25; *Harrer*, Haftungsprobleme 75 ff; aA *Feltl/Told* in *Gruber/Harrer*, GmbHG[2] § 25 Rz 147.

1583 So wohl auch *Reich-Rohrwig*, GmbH-Recht I[2] Rz 2/389.

Eine weitere Möglichkeit der Haftungsbeschränkung bietet uE das **Dienstnehmerhaftpflichtgesetz** (DHG), das aber nach der **Rsp auf GmbH-Geschäftsführer nicht anwendbar** ist.[1584] Nach den Bestimmungen des DHG muss der Dienstnehmer (= Arbeitnehmer), der seinem Dienstgeber **bei Erbringung der Dienstleistung einen Schaden zufügt**, je nach Grad des Verschuldens einen reduzierten oder überhaupt keinen Schadenersatz leisten. Bei einer Schädigung durch *„entschuldbare Fehlleistung"* (ganz leichte Fahrlässigkeit) entfällt die Haftung gänzlich. Bei leichter Fahrlässigkeit kann die Haftung vom Gericht gemäßigt oder ganz erlassen werden; bei grob fahrlässiger Schädigung kommt eine gerichtliche Mäßigung, aber kein Entfall in Betracht und bei Vorsatz haftet der Dienstnehmer unbeschränkt.[1585] Die Haftungsbeschränkungen gelten auch für den Regress des Dienstgebers gegen den Dienstnehmer und umgekehrt, wenn ein Dritter geschädigt wird, der Dienstnehmer oder Dienstgeber in Anspruch nimmt. Für die Mäßigung der Haftung sind verschiedene Kriterien zu beachten (vgl § 2 Abs 2 DHG), wie etwa die mit der Tätigkeit verbundene Verantwortung, die Arbeitsbedingungen und der Ausbildungsgrad des Dienstnehmers.

In der Lehre wird die **Anwendung des DHG** auf Geschäftsführer, die Arbeitnehmer sind, hingegen für **bestimmte Sachverhalte bejaht**: Die Ersatzpflicht für Schäden, die der Geschäftsführer der Gesellschaft **außerhalb seiner Eigenschaft als Unternehmensleiter** zufügt, soll gem den Bestimmungen des DHG gemildert werden können.[1586] Bei solchen Schädigungen werden weder Gläubigerinteressen noch Interessen der Allgemeinheit gefährdet, was für die Rsp ein zentrales Argument für den Ausschluss der Anwendung des DHG auf Geschäftsleiter ist.[1587]

Beispiel

Der Geschäftsführer hat einen Unfall mit dem Dienstwagen → die Gesellschaft ist in ihrem Eigentum geschädigt, der Geschäftsführer hat aber nicht gegen seine spezifischen Pflichten als Vertretungsorgan der Gesellschaft, sondern allenfalls gegen die Bestimmungen der StVO verstoßen → Anwendung des DHG[1588]

Die Geschäftsführerin verliert den Schlüsselbund mit Schlüsseln zu sämtlichen Betriebsgebäuden; die Gesellschaft muss für 3.000 € alle Schlösser austauschen → auch hier handelt es sich nicht um eine Schädigung durch eine unternehmerische Entscheidung oder Ähnliches → Anwendung des DHG

Man muss allerdings bedenken, dass die Haftung aus Pflichtverletzungen im Rahmen der spezifischen Geschäftsführertätigkeit wesentlich höher ausfallen kann

1584 RIS-Justiz RS 0054466, zuletzt OGH 6 Ob 139/15g ZIK 2016, 39.

1585 Vgl im Detail *Windisch-Graetz* in ZellKomm³ § 2 DHG Rz 16 f.

1586 *Runggaldier/G. Schima*, Manager-Dienstverträge⁴ 183 f mwN; *Reich-Rohrwig* in *Straube/Ratka/Rauter*, WK GmbHG § 25 Rz 47 (Stand 1.6.2015, rdb.at); *Reich-Rohrwig*, GmbH-Recht I² Rz 2/388; *Koppensteiner/Rüffler*, GmbHG³ § 25 Rz 15.

1587 OGH 5 Ob 686/78 ÖJZ 1979/135.

1588 *Reich-Rohrwig*, GmbH-Recht I² Rz 2/388.

als die hier beispielhaft genannten Schäden.[1589] Die Anwendung des DHG für Arbeitnehmer-Geschäftsführer bringt daher insgesamt keine nennenswerte Haftungserleichterung, doch ist es sachgerecht, Geschäftsführern zumindest bei den typischen „kleinen" Schädigungen des Dienstgebers/der Gesellschaft dieselben Haftungserleichterungen zuzugestehen wie anderen Dienstnehmern.

5.1.10. Verjährung

Ersatzansprüche gegen Geschäftsführer verjähren gem § 25 Abs 6 GmbHG nach **fünf Jahren**. Die Verjährung ist daher länger als die zivilrechtliche Verjährungsfrist für Schadenersatzansprüche (§ 1489 ABGB), die grundsätzlich drei Jahre beträgt. Diese Frist ist subjektiv zu berechnen, dh sie beginnt mit Kenntnis des Geschädigten von Schaden und Schädiger sowie dem Ursachenzusammenhang zwischen dem schädigenden Ereignis und dem Schaden (Kausalzusammenhang) zu laufen.[1590] Der OGH greift bei der Fristberechnung auch hier auf die zivilrechtlichen Regelungen des § 1489, 1. Satz ABGB zurück.[1591] In Fällen, in denen der Schaden durch eine gerichtlich strafbare Handlung verursacht wurde, die nur vorsätzlich begangen werden kann und eine Strafdrohung von mehr als einem Jahr Freiheitsstrafe aufweist, beträgt die Verjährungsfrist ab Kenntnis von Schaden und Schädiger 30 Jahre (§ 1489, 2. Satz, 2. Fall ABGB).[1592]

Neben der subjektiven Verjährungsfrist gibt es noch die objektive, dreißigjährige Frist,[1593] die gem § 1489, 2. Satz, 1. Fall ABGB auch dann zu laufen beginnt, wenn die geschädigte Person keine Kenntnis von Schaden oder Schädiger erlangt. Sie beginnt daher bereits mit dem Eintritt des Schadens aufgrund des schädigenden Ereignisses und begrenzt den Schadenersatzanspruch in zeitlicher Hinsicht.[1594]

1589 *Runggaldier/G. Schima*, Manager-Dienstverträge[4] 184.

1590 Vgl OGH 24.2.2009, 4 Ob 192/08a. *Schopper/Walch*, Unternehmensrechtliche Verjährungsregeln und ihr Verhältnis zum allgemeinen Zivilrecht, ÖBA 2013, 418 (421 f) treten mit beachtenswerten Argumenten gegen die hA und Rsp an und befürworten einen objektiven, dh von der Kenntnis von Schaden und Schädiger unabhängigen Beginn der fünfjährigen Verjährungsfrist.

1591 OGH 9 ObA 148/05p SZ 2006/139 = ecolex 2007, 41 (*Schopper/Kapsch*).

1592 OGH 1 Ob 120/10v SZ 2010/94. Diese E begründet eine Abkehr von der bisherigen Judikatur – bisher gingen der OGH und die Lehre von einer 40-jährigen Frist aus, weil juristische Personen gem §§ 1472 iVm 1485 ABGB begünstigt sind, vgl RIS-Justiz RS 0034145; *Reich-Rohrwig* in *Straube/Ratka/Rauter*, WK GmbHG § 25 Rz 217 (Stand 1.6.2015, rdb.at).

1593 OGH 1 Ob 120/10v SZ 2010/94. Auch hier ging die Lehre eigentlich von der 40-jährigen Frist gem §§ 1472 iVm 1485 ABGB aus (vgl *Reich-Rohrwig* in *Straube/Ratka/Rauter*, WK GmbHG § 25 Rz 218 [Stand 1.6.2015, rdb.at]), die der OGH bei Schadenersatzansprüchen gem § 1489, 2. Satz ABGB aber nicht anwendet.

1594 Die ältere Rsp ließ die Verjährungsfrist hingegen schon mit dem schädigenden Ereignis und selbst vor Eintritt eines Schadens zu laufen beginnen, was jedoch in der Lehre nicht unbestritten und im Lichte neuerer OGH-Rsp (OGH 1 Ob 44/06m wbl 2006, 583) wohl überholt ist, weil es untragbar scheint, dass ein Anspruch bereits verjähren kann, bevor man ihn überhaupt geltend machen kann – dies ist bei Schadenersatzansprüchen eben erst bei Eintritt eines (Primär-)Schadens möglich. Vgl *R. Madl* in *Kletečka/Schauer*, ABGB-ON1.05 § 1489 Rz 24 (Stand 1.10.2017, rdb.at).

Wer, dh welche Personen oder Organe der GmbH von Schaden und Schädiger Kenntnis erlangen müssen, um die Verjährungsfrist in Gang zu setzen, hängt von der konkreten Situation ab. Auf die Kenntnis des schädigenden Geschäftsführers oder der gemeinsam in die Schädigung verstrickten Geschäftsführer, Aufsichtsratsmitglieder oder Gesellschafter kann es naturgemäß nicht ankommen – diese haben ja kein Interesse an der Geltendmachung der eigenen Haftung.[1595] Gibt es ein **unbefangenes zur Vertretung befugtes Organmitglied der GmbH** (zB eine nach Ausscheiden des schädigenden Geschäftsführers neu zusammengesetzte **Geschäftsführung** oder ein nicht in den Vorfall involvierter Geschäftsführer), löst dessen Kenntnis von Schaden und Schädiger den Lauf der Verjährungsfrist aus.[1596] Die Geschäftsführer entscheiden zwar nicht über die Verfolgung von Ersatzansprüchen gegenüber (ehemaligen) Geschäftsführern (vgl Kap 5.1.6.), sie haben aber den Gesellschaftern über außerordentliche und wichtige Umstände (aus *wichtigem Anlass*) und über all jene Tatsachen Bericht zu erstatten, von denen sie ausgehen müssen, dass die Gesellschafter darüber einen Beschluss fassen möchten (vgl dazu Kap 1.2.1.2.). Pflichtverstöße von Geschäftsführern und daraus entstandene Schäden im Gesellschaftsvermögen gehören unzweifelhaft zu solchen wichtigen Anlässen für eine Berichterstattung.

Hat die GmbH nur einen (schädigenden) Geschäftsführer und eine Gesellschafterin, kommt es auf die Kenntnis der Gesellschafterin an (im konkreten Fall war die Gesellschafterin eine Aktiengesellschaft, sodass es auf die Kenntnis deren Vertretungsorgans, des Vorstands, ankam).[1597] Bei einer GmbH mit mehreren voneinander unabhängigen Gesellschaftern reicht das Wissen eines einzelnen Gesellschafters noch nicht aus, sondern die Verjährung beginnt zu laufen, wenn sämtliche Gesellschafter Kenntnis erlangt haben oder (etwa bei Teilnahme an einer Generalversammlung) hätten erlangen können.[1598]

Hinweis

Für die Haftung von Geschäftsführern für Schäden aus nicht genehmigten Nebenbeschäftigungen und Verstößen gegen das Konkurrenzverbot enthält § 24 Abs 4 GmbHG eine spezielle Verjährungsfrist. Ansprüche der Gesellschaft erlöschen binnen drei Monaten ab dem Zeitpunkt, in dem sämtliche Aufsichtsratsmitglieder, oder mangels Existenz eines Aufsichtsrats sämtliche übrige Geschäftsführer von den Verstößen Kenntnis erlangt haben. Die objektive Verjährungsfrist beträgt fünf Jahre ab Entstehen des Anspruchs.

1595 OGH 9 ObA 148/05p ecolex 2007, 41 (*Schopper/Kapsch*); OGH 1 Ob 27/66 JBl 1966, 371.
1596 *Reich-Rohrwig* in *Straube/Ratka/Rauter*, WK GmbHG § 25 Rz 219 (Stand 1.6.2015, rdb.at); *Eckert/Linder*, Verjährung von Ersatzansprüchen gegen Vorstandsmitglieder, ecolex 2005, 449 (450 ff).
1597 So der Fall in OGH 9 ObA 148/05p ecolex 2007, 41 (*Schopper/Kapsch*).
1598 So *Schopper/Kapsch*, ecolex 2007, 41 (43).

5.2. Haftung gegenüber Dritten (Außenhaftung)

Grundsätzlich haftet der Geschäftsführer nur gegenüber seiner Gesellschaft gem § 25 GmbHG. Zu Dritten, zB Kunden der Gesellschaft, besteht keine vertragliche Beziehung mit dem Geschäftsführer, weil ja die Gesellschaft Vertragspartnerin ist. Nur dort, wo der Geschäftsführer in besonders exponierter Stellung tätig wird, mutet ihm der Gesetzgeber eine besondere Verantwortung zu, die Haftungen gegenüber Dritten erlaubt.[1599] Anders als bei der Innenhaftung (Haftung gegenüber der Gesellschaft Kap 5.1.) gibt es gegenüber Dritten (Gesellschaftern, Gläubigern und sonstigen Dritten) keine allgemeine Haftungsnorm, aus der sich eine grundsätzliche Schadenersatzpflicht ergibt. Haftungsbegründende Tatbestände ergeben sich vielmehr aus verschiedenen Normen, die vor allem dem Schutz der Gläubiger dienen. In den folgenden Kapiteln sollen die wichtigsten Fälle der Außenhaftung von Geschäftsführern geschildert werden.

5.2.1. Haftung wegen Falschangaben über den Haftungsfonds der Gläubiger

5.2.1.1. Falschinformation bei Kapitalherabsetzung

§ 56 Abs 3 GmbHG sieht vor, dass der Geschäftsführer den betroffenen Gläubigern gegenüber haftet, wenn bei Herabsetzung des Stammkapitals über den Nachweis der Befriedigung oder Sicherstellung dieser Gläubiger oder die Erklärung über das Ergebnis des Aufgebotsverfahrens falsche Angaben gemacht wurden. Die Haftung der Geschäftsführer greift dann, wenn eine Forderung infolge der Kapitalherabsetzung bei der Gesellschaft nicht mehr eingebracht werden kann und den Geschäftsführern ein Verschulden vorzuwerfen ist.[1600] Die Geschäftsführer haften solidarisch gegenüber jenen Gläubigern, betreffs deren eine falsche Angabe gemacht wurde.[1601] Die Haftung nach § 56 Abs 3 GmbHG kommt neuen Gläubigern, die nach der Bekanntgabe der Kapitalherabsetzung mit der Gesellschaft in Vertragsbeziehung treten, nicht zugute.[1602] Ob sie über die geplante Kapitalherabsetzung zu informieren sind, bemisst sich am schutzwürdigen Vertrauen der Gläubiger (zur Schutzgesetzverletzung siehe sogleich).[1603] Begrenzt wird diese Haftung einerseits durch die Höhe der Kapitalherabsetzung, über deren Betrag eine Haftung

1599 An dieser Stelle soll nur auf den Geschäftsführer eingegangen werden, der nicht zugleich auch Gesellschafter ist.

1600 *Völkl* in *Straube/Ratka/Rauter*, WK GmbHG § 56 Rz 28 (Stand 1.11.2015, rdb.at); vgl *M. Heidinger/Prechtl* in *Gruber/Harrer*, GmbHG[2] § 56 Rz 16 ff. Zur Haftung wegen Verletzung der Aufklärungspflicht nach dem Stichtag des Aufgebotsverfahrens siehe sogleich unter 5.2.1.; zum Verschuldenserfordernis gilt das unter 5.1.4. und 5.1.5. Gesagte.

1601 *Gellis/Feil*, GmbHG[7] § 56 Rz 5; *Völkl* in *Straube/Ratka/Rauter*, WK GmbHG § 56 Rz 28 (Stand 1.11.2015, rdb.at).

1602 *Gellis/Feil*, GmbHG[7] § 56 Rz 5; *Völkl* in *Straube/Ratka/Rauter*, WK GmbHG § 56 Rz 31 (Stand 1.11.2015, rdb.at).

1603 Zur Verletzung vorvertraglicher Aufklärungspflichten im Stadium der Unternehmenskrise siehe Kap 4.2.2.

nicht hinausgehen kann.[1604] Andererseits muss die Falschangabe kausal für den Schaden beim Gläubiger gewesen sein. Das scheidet aus, wenn die Gläubiger aus anderen Quellen informiert waren, also zB über den Gläubigeraufruf Kenntnis von der Kapitalherabsetzung erlangten.[1605] Es handelt sich außerdem um eine subsidiäre Haftung (Ausfallshaftung) für den Teil des Schadens, der nicht aus dem Gesellschaftsvermögen befriedigt werden konnte.[1606] Die Ausfallshaftung tritt aber schon dann ein, wenn die Gesellschaft eine fällige Verbindlichkeit trotz Mahnung nicht erfüllt hat.[1607] Die Ansprüche der Gläubiger verjähren nach den allgemeinen zivilrechtlichen Regeln innerhalb von drei Jahren nach Kenntnis von Schaden und Schädiger (§ 1489 ABGB). Die Geschäftsführerhaftung gem § 56 Abs 3 GmbHG besteht in einer direkten Haftung der Geschäftsführer gegenüber den Gläubigern, ohne jedoch selbst Schutzgesetz iSd § 1311 ABGB zu sein.[1608] Daneben können auch Ansprüche der Gesellschaft gegen ihre Geschäftsführer gem § 25 GmbHG bestehen.[1609]

5.2.1.2. Falschinformation bei Einzahlung von Stammeinlagen

Eine weitere direkt aus dem GmbHG abgeleitete Haftungsnorm ist § 64 Abs 2 GmbHG. Für den Schaden, der durch Unterlassung der Anmeldung oder falsche Angaben über die Einzahlung von Stammeinlagen entsteht, haften die Geschäftsführer solidarisch (§ 64 Abs 2 GmbHG). Die Gläubiger können vor allem dadurch geschädigt sein, dass sie auf eine größere, aber nicht den Tatsachen entsprechende Kreditwürdigkeit der Gesellschaft vertrauten.[1610] Für die Kausalität und Rechtswidrigkeit gilt oben Gesagtes.[1611] Der Schaden verjährt innerhalb von fünf Jahren ab Kenntnis von der Einforderung bzw deren tatsächlichen Inhalts[1612] (§ 64 Abs 2 GmbHG). Zum Schadensbegriff siehe unter Kap 5.1.1.

5.2.2. Haftung aus Verletzung vorvertraglicher Schutz- und Aufklärungspflichten

Grundsätzlich haftet ein Geschäftsführer oder Gesellschafter für namens der Gesellschaft abgegebene Erklärungen nicht, insb auch nicht für den Vertrauensschaden, der durch unrichtige Erklärungen des Geschäftsführers oder Gesell-

1604 *Gellis/Feil*, GmbHG[7] § 56 Rz 5; *Völkl* in *Straube/Ratka/Rauter*, WK GmbHG § 56 Rz 30 (Stand 1.11.2015, rdb.at).
1605 *M. Heidinger/Prechtl* in *Gruber/Harrer*, GmbHG[2] § 56 Rz 16; *Koppensteiner/Rüffler*, GmbHG[3] § 56 Rz 6.
1606 *Völkl* in *Straube/Ratka/Rauter*, WK GmbHG § 56 Rz 28 (Stand 1.11.2015, rdb.at).
1607 *Koppensteiner/Rüffler*, GmbHG[3] § 56 Rz 6.
1608 *Völkl* in *Straube/Ratka/Rauter*, WK GmbHG § 56 Rz 27 (Stand 1.11.2015, rdb.at) mit Verweis auf OGH 6 Ob 159/69 SZ 42/104 = EvBl 1970/63 S 100 = JBl 1972, 141 (*Ostheim*).
1609 *Gellis/Feil*, GmbHG[7] § 56 Rz 5; *Völkl* in *Straube/Ratka/Rauter*, WK GmbHG § 56 Rz 35 (Stand 1.11.2015, rdb.at).
1610 *Gellis/Feil*, GmbHG[7] § 64 Rz 5; *Schopper* in *Straube/Ratka/Rauter*, WK GmbHG § 64 Rz 15 (Stand 1.11.2015, rdb.at).
1611 Kap 5.1.2. und Kap 5.1.3.
1612 *Baier* in *Gruber/Harrer*, GmbHG[2] § 64 Rz 26.

schafters entstanden ist.[1613] Ausnahmsweise kann aber auch der Geschäftsführer auf Grundlage der Verletzung vorvertraglicher Schutz- und Sorgfaltspflichten haften, obwohl es um die Anbahnung einer Vertragsbeziehung zwischen Gläubiger und *Gesellschaft* geht.[1614] Die Haftung des Geschäftsführers aus culpa in contrahendo setzt voraus, dass die Gesellschaft eine Aufklärungspflicht trifft und die Verletzung dieser Pflicht dem Vertreter zugerechnet werden kann.[1615] Der Geschäftsführer nimmt hier eine besondere Stellung bei der richtigen Information des Geschäftspartners ein, die über das normale Maß hinausgeht. „*Hat der Vertreter ein erhebliches und unmittelbares eigenwirtschaftliches Interesse am Zustandekommen eines Vertrages, oder nahm er bei Vertragsverhandlungen in besonderem Maße persönliches Vertrauen in Anspruch, so haftet er für ein dabei unterlaufenes Verschulden dem (potentiellen) Vertragspartner seines Geschäftsherrn direkt.*“[1616] Der OGH stellt in Bezug auf Organmitglieder von Kapitalgesellschaften aber auch klar, dass zwischen einer juristischen Person und ihren Organen unterschieden werden muss. Dass jemand das Organ einer juristischen Person (konkret das Vorstandsmitglied einer AG) als vertrauenswürdig ansehe, begründe keine persönliche Haftung dieses Organmitglieds.[1617] Ein erhebliches und unmittelbares eigenwirtschaftliches Interesse liegt beispielsweise dann vor, wenn der Geschäftsführer aus eigenem Vermögen Gesellschaftsschulden besichert hat,[1618] kann aber nach einer in der Literatur vertretenen, aber nicht überzeugenden Ansicht schon auch dann gegeben sein, wenn der Geschäftsführer selbst eine maßgebliche Beteiligung als Gesellschafter innehat.[1619] Der OGH hielt jedoch in einer Entscheidung aus 2015[1620] fest, dass die Möglichkeit, durch die Gründung einer Kapitalgesellschaft eine persönliche unmittelbare Haftung zu vermeiden, von der Rechtsordnung durchaus gebilligt würde. Aus dem Text der Entscheidung, mit der der OGH die ao Revision zurückwies, gehen die Beteiligungsverhältnisse nicht klar hervor, doch war das Vorstandsmitglied jedenfalls Gründer der AG, weshalb eine wesentliche Beteiligung vorgelegen haben könnte. Die persönliche Haftung des Vorstandsmitglieds wegen nicht lege artis durchgeführter

1613 OGH 27.6.2006, 3 Ob 75/06k.

1614 *Rauter/Ratka* in *Ratka/Rauter,* Geschäftsführerhaftung² Rz 2/333.

1615 *Rauter/Ratka* in *Ratka/Rauter,* Geschäftsführerhaftung² Rz 2/333.

1616 RIS-Justiz RS 0019726, zuletzt OGH 28.2.2018, 6 Ob 244/17a; *Welser/Zöchling-Jud,* Bürgerliches Recht II¹⁴ (2015) 19; *Apathy/Riedler* in *Schwimann,* ABGB IV³ (2006) § 874 Rz 3; *Wilhelm,* Irreführende Werbung und ihre rechtsgeschäftlichen und Haftungsfolgen, ecolex 2009, 929 ff, 932 ff.

1617 OGH 26.11.2015, 6 Ob 210/15y.

1618 *Rauter/Ratka* in *Ratka/Rauter,* Geschäftsführerhaftung² Rz 2/336.

1619 *Karollus,* Neues zur Konkursverschleppungshaftung und zur Geschäftsführerhaftung aus culpa in contrahendo, ÖBA 1995, 7; die Rsp lehnt das erhebliche Eigeninteresse bei einer 25%igen Beteiligung ab (OGH 29.10.1996, 4 Ob 2308/96g RIS-Justiz RS 0107072), aber auch bei einer Beteiligungsquote von 50 % (OGH 4.10.1989, 3 Ob 519/89 JBl 1990, 323 [*P. Bydlinski*]); zutreffend ist indes, mit *Dellinger,* Vorstands- und Geschäftsführerhaftung im Insolvenzfall (1991) 158 ff und *Koppensteiner/Rüffler,* GmbHG³ § 25 Rz 48 (mit Verweis auf die deutsche Lehre und Rsp), dass aus der Beteiligung des Geschäftsführers allein – selbst im Ausmaß von 100 % – noch kein haftungsbegründendes erhebliches Eigeninteresse folgt.

1620 OGH 26.11.2015, 6 Ob 210/15y.

Vermögensverwaltung wurde jedenfalls verneint. In einer Entscheidung aus 2018[1621] wiederholte der OGH die Wichtigkeit der Unterscheidung zwischen Organmitglied und juristischer Person und merkte weiters an: *„Das bei jedem Geschäftsführer einer Gesellschaft grundsätzlich vorhandene gewisse eigenwirtschaftliche Interesse, dass das von ihm geführte Unternehmen bestehen bleibt, reicht allerdings für eine Eigenhaftung nicht aus.“* Der Geschäftsführer nimmt im besonderen Maße persönliches Vertrauen des Vertragspartners in Anspruch und beeinflusst dadurch die Vertragsverhandlungen,[1622] wenn er beispielsweise eine persönliche Zahlungszusage[1623] oder eine persönliche mündliche Garantiezusage[1624] abgibt. Hinzu kommt, dass der Geschäftsführer beim Geschäftspartner den Eindruck erweckt, er persönlich werde die ordnungsgemäße Geschäftsabwicklung gewährleisten.[1625] Beim Vertragspartner wird so ein schutzwürdiges Vertrauen gebildet, dessen Verletzung den Geschäftsführer persönlich haftbar macht. Für die Haftung aus culpa in contrahendo genügt leichte Fahrlässigkeit.[1626] Ersatzfähig ist nur der Vertrauensschaden, weil noch kein Vertrag zustande gekommen ist. Der Ersatzpflichtige hat den anderen Teil so zu stellen, wie dieser stünde, wenn er gewusst hätte, dass der Vertrag nicht zustande kommt.

5.2.3. Sittenwidrige Schädigung

Nach allgemein-zivilrechtlichen Grundsätzen führt eine absichtliche sittenwidrige Schädigung (§ 1295 Abs 2 ABGB) zur Haftung des Schädigers – wovon die Haftung des Geschäftsführers keine Ausnahme macht. Der Tatbestand des § 1295 Abs 2 ABGB ist unter anderem dann erfüllt, wenn der Schädiger im Bewusstsein des Bestehens eines fremden Anspruchs oder einer fremden Rechtsposition durch sein vorsätzliches Handeln oder Unterlassen den Abschluss oder die Erfüllung eines Vertrags vereitelt und den Gläubiger dadurch vorsätzlich schädigt.[1627]

Die Judikatur nahm sittenwidrige Schädigung durch den Geschäftsführer in folgenden Fällen an:

- vorsätzliche Insolvenzverschleppung in der Absicht, den als unabwendbar erkannten „Todeskampf“ des Unternehmers so lange wie möglich hinauszuzögern, wenn dabei die Schädigung der Unternehmensgläubiger billigend in Kauf genommen wird;[1628]
- Gründung der GmbH in der Absicht der Gläubigerschädigung;[1629]

1621 OGH 28.2.2018, 6 Ob 244/17a.

1622 *Rauter/Ratka* in *Ratka/Rauter,* Geschäftsführerhaftung² Rz 2/335; *Reich-Rohrwig* in *Straube/Ratka/Rauter*, WK GmbHG § 25 Rz 283 (Stand 1.6.2015, rdb.at).

1623 OGH 4.10.1989, 3 Ob 519/89 JBl 1990, 322 (*P. Bydlinski*).

1624 OGH 3.5.1994, 1 Ob 525/94 RdW 1994, 278.

1625 *Rauter/Ratka* in *Ratka/Rauter,* Geschäftsführerhaftung² Rz 2/335; *Reich-Rohrwig* in *Straube/Ratka/Rauter*, WK GmbHG § 25 Rz 284 (Stand 1.6.2015, rdb.at).

1626 *Rüffler*, Organaußenhaftung für Anlegerschäden, JBl 2011, 69 (81), der für die Fälle der Eigenhaftung des Organs nur wenige Anwendungsfälle sieht.

1627 OGH 4 Ob 192/15m ecolex 2017, 505.

1628 BGH BGHZ 108, 134 = ZIP 1989, 1341; BGH 18.12.2007, ZIP 2008, 361.

1629 BGH NJW-RR 1988, 1181; *Koppensteiner/Rüffler*, GmbHG³ § 25 Rz 34.

- vorsätzliches Tätigen verlustreicher Geschäfte;[1630]
- missbräuchlicher Abruf einer Bankgarantie;[1631]
- Vereitelung eines im Namen der GmbH abgeschlossenen Vorvertrages über den Verkauf einer Liegenschaft.[1632]

Für die Haftung genügt bedingter Vorsatz der Schädigung;[1633] der Geschäftsführer muss also den Eintritt des Schadens für möglich halten und sich damit abfinden.

5.2.4. Wettbewerbsverstöße

Eine weitere Direkthaftung ergibt sich aus dem UWG. In der Leitentscheidung **OGH 11.9.1979, 4 Ob 377/79 SZ 52/131** sprach das Höchstgericht aus:

> „[...] dass es an einer einschlägigen Sondervorschrift fehlt, nach der neben der juristischen Person auch deren Vertretungsorgane bei Wettbewerbsverstößen Dritter im Betrieb des von ihnen geleiteten Unternehmens ohne Rücksicht auf ihr eigenes Verhalten auf Unterlassung in Anspruch genommen werden können. Eine andere Frage ist es allerdings, wieweit diese Organe auf Grund eigenen wettbewerbswidrigen Verhaltens für Wettbewerbsverstöße verantwortlich sind. Soweit sie diese selbst begangen haben oder zumindest daran beteiligt waren, steht ihre Verantwortlichkeit außer Zweifel, zumal die Organe der juristischen Person dann selbst jene Störer sind, gegen die sich der Unterlassungsanspruch grundsätzlich zu richten hat. In diesen Fällen haben sie, wie jedes andere Rechtssubjekt auch, für deliktisches Verhalten gegenüber jedermann einzustehen und können, da der Unterlassungsanspruch seinem Wesen nach deliktisch ist, auf Unterlassung in Anspruch genommen werden.
>
> Es geht aber nicht an, die Verantwortlichkeit der Organe einer juristischen Person, die Leitungsaufgaben zu erfüllen haben, auf den Fall ihrer unmittelbaren (aktiven) Beteiligung an einem Wettbewerbsverstoß zu beschränken. Organe können vielmehr auch durch Unterlassung verantwortlich werden, wenn ihnen der Wettbewerbsverstoß bekannt geworden ist und sie ihn nicht verhindert haben, obwohl sie dazu infolge ihrer Organstellung in der Lage gewesen wären. Schließlich muss ihre Verantwortlichkeit sogar noch jene Fälle ergreifen, in denen sie bei Erfüllung der ihnen obliegenden Pflichten von einem im Betrieb begangenen Wettbewerbsverstoß Kenntnis haben mussten, da demjenigen, der eine Pflicht nicht erfüllt, für seine Unkenntnis keine Prämie gewährt werden darf.
>
> Wer außer der juristischen Person auch deren Organe wegen eines Wettbewerbsverstoßes in Anspruch nimmt, hat daher in der Regel zu beweisen – und im Provisorialverfahren

1630 *Reich-Rohrwig* in *Straube/Ratka/Rauter*, WK GmbHG § 25 Rz 267 (Stand 1.6.2015, rdb.at).

1631 OGH 8.7.1993, 8 Ob 587/93 SZ 66/82.

1632 OGH 27.11.2018 4 Ob 222/18b: der Alleingeschäftsführer unterfertigte zuerst ein unwiderrufliches Kaufanbot, in dem die GmbH sich verpflichtete, bis zur Namhaftmachung des Käufers (eine noch nicht gegründete Gesellschaft) nichts zu tun, was die Rechtsposition der Käuferin beeinträchtigen würde. Später trat der Geschäftsführer von diesem Vertrag zurück und verkaufte die Liegenschaft an einen Immobilienentwickler, der als neuer Eigentümer ins Grundbuch eingetragen wurde. Die verhinderte Käuferin klagte sowohl die Gesellschaft als auch den Geschäftsführer auf Schadenersatz und drang mit ihrem Anspruch dem Grunde nach durch.

1633 OGH 20.5.1992, 1 Ob 562/92 ecolex 1992, 707 = GesRZ 1993, 164; *Reischauer* in *Rummel* II/2a[3] § 1295 Rz 58; *Rüffler*, JBl 2011, 69 (78).

> glaubhaft zu machen –, dass das Organ selbst den Wettbewerbsverstoß gesetzt hat oder daran beteiligt gewesen ist oder, sofern die Handlung im Betrieb des Unternehmens von einer anderen Person begangen wurde, trotz Kenntnis nicht dagegen eingeschritten ist bzw bei der von einem derartigen Organ zu verlangenden Aufmerksamkeit vom Verstoß Kenntnis haben musste."

Dieser Leitentscheidung steht § 18 UWG gegenüber, der grundsätzlich nur die Haftung des Inhabers eines Unternehmens für Wettbewerbsverstöße vorsieht, also eben nicht den Geschäftsführer heranzieht. Doch entwickelte die Judikatur die Leitentscheidung weiter und bestätigte sie mehrmals, was auch von der hL unterstützt wird.[1634]

Der Geschäftsführer, der also zB – wenngleich nicht für das Ressort „Werbung, Marketing und Verkauf" zuständig und in die Vorbereitung konkreter Werbemaßnahmen nicht eingebunden – realisiert, dass die Gesellschaft auf Veranlassung seines Geschäftsführerkollegen die halbe Stadt mit Plakaten zupflastert, auf denen ein Mitbewerber verunglimpft wird, muss bei sonstiger persönlicher Haftung dagegen einschreiten. Dasselbe gilt etwa, wenn ein Geschäftsführer sich des Umstandes bewusst wird, dass die Gesellschaft nicht über alle zur Ausübung ihrer Tätigkeit erforderlichen (Gewerbe-)Berechtigungen verfügt. Denn auch berechtigungsloses unternehmerisches Tätigwerden begründet idR einen lauterkeitsrechtlichen Verstoß gegen § 1 UWG.

Freilich ist diese persönliche Haftung des Geschäftsführers für Wettbewerbsverstöße der Gesellschaft eine *Verschuldenshaftung*, greift also nur ein, wenn dem Geschäftsführer der Wettbewerbsverstoß als solcher erkennbar ist. Die Beurteilung, ob eine konkrete Maßnahme eines Unternehmens gegen § 1 UWG verstößt, kann im Einzelfall komplex und nur nach rechtlicher Beratung möglich sein, sodass ein Verschulden typischerweise ausscheiden wird, wenn der zuständige Geschäftsführer versichert, dass die Maßnahme sorgfältig geprüft und nur nach rechtlicher Beratung durchgeführt wurde.

5.2.5. Direkthaftung wegen Vermögens- und Sphärenvermischung

Vermögens- oder Sphärenvermischung liegt vor, wenn das Vermögen der Gesellschaft mit dem Privatvermögen des Geschäftsführers nicht konkret voneinander

1634 IZm dem gewerberechtlichen Geschäftsführer sprach der OGH (8.9.2009, 4 Ob 139/09h) aus: *„Der Verantwortungsbereich des gewerberechtlichen Geschäftsführers umfasst die Einhaltung der die Ausübung des Gewerbes betreffenden gewerberechtlichen Vorschriften, die auch die in den §§ 33a ff UWG geregelten Ausverkaufsvorschriften umfassen. Deren Missachtung rechtfertigt daher mangels Einschreitens dagegen trotz zumindest fahrlässiger Unkenntnis der beanstandeten Handlungen Unterlassungsansprüche (§ 34 Abs 3 UWG)"*; OGH 30.9.2009, 7 Ob 166/09a; *Rauter/Ratka* in *Ratka/Rauter*, Geschäftsführerhaftung² Rz 2/341; *Koppensteiner/Rüffler* GmbHG³ § 25 Rz 46; *Kodek/Leupold* in *Wiebe/Kodek*, UWG² § 14 Rz 112; *Nowotny* in *Kalss/Nowotny/Schauer*, Gesellschaftsrecht² Rz 4/249; *Reich-Rohrwig* in *Straube/Ratka/Rauter*, WK GmbHG § 25 Rz 296 (Stand 1.6.2015, rdb.at); abl *Harrer*, Die Haftung des Geschäftsführers im Wettbewerbsrecht in FS Koppensteiner 407 ff; *Duursma-Kepplinger* in *Gumpoldsberger/Baumann*, UWG (2006) § 18 Rz 128 ff.

abgregrenzt werden kann. Das grundlegende Trennungsprinzip zwischen Gesellschaft und Gesellschafter/Gesellschaftsorganen ist bei einer Vermögensvermischung gestört, wenn für einen Dritten nicht mehr erkennbar ist, wem das Vermögen zugeordnet ist. Der Haftungsgrund besteht hinsichtlich des Geschäftsführers darin, dass er durch die Vernachlässigung seiner Buchführungspflichten die für die vermögensmäßig eigenständige Behandlung der GmbH als juristischer Person gesetzlich vorgeschriebenen Voraussetzungen grundlegend missachtet und auf diese Weise die nach den Kapitalsicherungs- und Kapitalerhaltungsvorschriften vorgesehene Einzelverfolgung von Ansprüchen unmöglich macht.[1635] Die Voraussetzungen für die Haftung wegen Sphärenvermischung sind aber im Einzelnen strittig.[1636] Vermögensvermischung liegt jedenfalls vor, wenn das Vermögen der GmbH und das Privatvermögen des Geschäftsführers/Gesellschafters oder einer anderen Gesellschaft nicht hinreichend voneinander unterschieden werden.[1637] Beispiele[1638] dafür sind folgende Fälle, die vor allem eine Verletzung der Treuepflicht bedeuten:

- Schwarzgeschäfte des Geschäftsführers,
- Nichtverbuchung von Aufwendungen und Erträgen der GmbH,
- gleichzeitige Betätigung des Geschäftsführers in einem Konkurrenzunternehmen und willkürliche Zuordnung der Geschäfte zu den einzelnen Unternehmen.

5.2.6. Weitere Direkthaftungen (Verweise)

Zur Direkthaftung nach dem URG siehe Kap 4.2.1.1.

Zur Direkthaftung für Zwangsstrafen im Firmenbuchverfahren siehe Kap 3.9. und 10.

Zur Ausfallshaftung für Abgabenverbindlichkeiten siehe hier unter Kap 5.2.8.

Zur Ausfallshaftung für Sozialversicherungsverbindlichkeiten siehe hier unter Kap 5.2.9. und unter Kap 4.2.4. und 4.2.5.

5.2.7. Haftung aus Schutzgesetzverletzung

Grundsätzlich besteht kein Vertrag zwischen Geschäftsführer und Gesellschaftsgläubigern. Diese haben sich idR an ihrem Vertragspartner schadlos zu halten. Liegt auch keine vorsätzlich sittenwidrige Schädigung durch den Geschäftsführer vor, was selten der Fall ist, wird es mit dem Haftungsdurchgriff auf den Geschäftsführer schwierig. Dennoch ordnet der Gesetzgeber ausnahmsweise diesen dort an, wo die Gläubiger besonders schutzwürdig sind, nämlich wenn Schutzgesetze

1635 *Reich-Rohrwig* in *Straube/Ratka/Rauter*, WK GmbHG § 25 Rz 277 (Stand 1.6.2015, rdb.at).

1636 *Rauter/Ratka* in *Ratka/Rauter*, Geschäftsführerhaftung² Rz 2/332; *Reich-Rohrwig* in *Straube/Ratka/Rauter*, WK GmbHG § 25 Rz 275 ff (Stand 1.6.2015, rdb.at).

1637 *Reich-Rohrwig* in *Straube/Ratka/Rauter*, WK GmbHG § 25 Rz 275 (Stand 1.6.2015, rdb.at).

1638 Beispiele aus *Reich-Rohrwig* in *Straube/Ratka/Rauter*, WK GmbHG § 25 Rz 279 (Stand 1.6.2015, rdb.at).

verletzt werden. Gem § 1311 ABGB verletzt ein Schutzgesetz, wer eine Norm überschreitet, die dem überwiegenden oder ausschließlichen Schutz bestimmter Rechtsgüter dient. Die **Bedeutung dieser Regelung** besteht darin, dass sie Schadenersatzansprüche für reine Vermögensschäden auch dann gewährt, wenn weder vertragliche Pflichten noch absolut geschützte Rechtsgüter verletzt wurden und wenn das Verhalten des Schädigers auch nicht als sittenwidrig qualifiziert werden kann.[1639] Für die Haftung kommt es in keiner Weise darauf an, ob dem Schädiger (Geschäftsführer) der Charakter dieser Norm als Schutzvorschrift bekannt ist.[1640] Wird ein Schadenersatzanspruch auf die Verletzung eines Schutzgesetzes gestützt, dann hat der Geschädigte den Schadenseintritt und die Verletzung des Schutzgesetzes als solche zu beweisen. Für Letzteres reicht der Nachweis aus, dass die Schutznorm objektiv übertreten wurde. Ob die Schutzgesetzverletzung auch rechtswidrig ist, ergibt sich erst aus dem Vorliegen eines objektiven Sorgfaltsverstoßes. Den Nachweis, dass ihm die objektive Übertretung des Schutzgesetzes nicht als schutzgesetzbezogenes Verhaltensunrecht anzulasten ist, hat jedoch der Schädiger zu erbringen.[1641] Welche Normen konkret als Schutzgesetz zu qualifizieren sind, ist aber zT umstritten und auch von der Rsp (noch) nicht gänzlich geklärt.[1642]

So entschied der OGH,[1643] dass „*[…] eine Außenhaftung eines Organmitglieds nach Deliktsrecht grundsätzlich dann in Betracht kommt, wenn das Organmitglied nicht nur seine Verpflichtungen gegenüber der Gesellschaft, sondern durch sein Handeln gleichzeitig Normen zum Schutz der Gläubiger verletzt. Das Organmitglied kann die haftungsbegründende Schutzgesetzverletzung dabei entweder selbst begehen oder sich als Mittäter daran beteiligen. Wird ein strafrechtlich relevanter Tatbestand verwirklicht, ist jedenfalls auch eine Haftung wegen Verletzung eines Schutzgesetzes begründet. Ein Organmitglied, das eine gegen Gläubiger gerichtete strafbare Handlung begeht, haftet für den dadurch verursachten Schaden persönlich.*“

Die wichtigsten Schutzgesetze zum Schutz der Gläubiger finden sich im StGB und sind die Vermögensdelikte Veruntreuung (§ 133 StGB), Betrug (§§ 146 f), betrügerische Krida (§ 156 StGB), Schädigung fremder Gläubiger (§ 157 StGB), Begünstigung eines Gläubigers (§ 158 StGB), grob fahrlässige Beeinträchtigung

---

1639 *Schacherreiter* in *Kletečka/Schauer*, ABGB-ON$^{1.06}$ § 1311 Rz 5 (Stand 1.3.2019, rdb.at); *Koziol*, Haftpflichtrecht II^{2} 101; vgl auch OGH 23.1.2007, 1 Ob 255/06s RZ 2007/8.

1640 OGH 30.9.2002, 1 Ob 175/02w RIS-Justiz RS 0117008.

1641 OGH 1.7.1999, 2 Ob 181/97z RIS-Justiz RS 0112234, zuletzt OGH 28.3.2019, 2 Ob 35/18p.

1642 *Rauter/Ratka* in *Ratka/Rauter*, Geschäftsführerhaftung^{2} Rz 2/328; vgl grundlegend *Karollus*, Haftung aus Schutzgesetzverletzung.

1643 OGH 12.2.2013, 4 Ob 5/13h ecolex 2013, 514 (*Wilhelm*); OGH 11.10.2012, 1 Ob 51/12z EvBl-LS 2013/13 = ÖBA 2013/1911 = MietSlg 64.641; OGH 16.5.2012, 5 Ob 146/11y RWZ 2012, 199 (*Wenger*); vgl RIS-Justiz RS 0023677, wonach der Geschäftsführer einer GmbH persönlich gegenüber den Gläubigern haftet, wenn er bei der Ausübung seiner Tätigkeit gegen die Gläubiger gerichtete strafbare Handlungen begeht.

von Gläubigerinteressen (§ 159 StGB), Umtriebe während einer Geschäftsaufsicht oder im Insolvenzverfahren (§ 160 StGB) und die unvertretbare Darstellung wesentlicher Informationen über bestimmte Verbände (§ 163a StGB).[1644]

Eine Verurteilung wegen einer Straftat hat auch Auswirkungen auf das nachfolgende Zivilurteil, weil nämlich der Zivilrichter keine vom Strafurteil abweichenden Feststellungen über den Nachweis der strafbaren Handlung, ihre Zurechnung und den Kausalzusammenhang zwischen der strafbaren Handlung und ihre Folgen treffen darf.[1645] Es besteht jedenfalls insoweit Bindung an das strafgerichtliche Erkenntnis, als davon auszugehen ist, dass die im Strafurteil festgestellte Tat tatsächlich vom Verurteilten begangen wurde und dass dessen tatsächliche Handlungen für den Schadenserfolg kausal waren.[1646] Umgekehrt gibt es bei einem Freispruch keine solche Bindungswirkung. Das liegt an den unterschiedlichen Grundsätzen der Beweiswürdigung und den unterschiedlichen Tatbestandsvoraussetzungen in einem Straf- bzw einem Zivilverfahren.[1647] Das Zivilgericht kann in diesem Fall sehr wohl die Verwirklichung eines gesetzlichen Straftatbestandes bejahen und den Geschäftsführer demgemäß zum Schadenersatz wegen Schutzgesetzverletzung verurteilen, wenn es die Voraussetzungen für gegeben erachtet. Zur strafgerichtlichen Verantwortung des Geschäftsführers siehe Kap 6.

5.2.7.1. Weitere Beispiele für Schutzgesetze und ihre Rechtsfolgen

5.2.7.1.1. Abschlussprüfungsvorschriften

Die Vorschriften der §§ 273 bis 275 UGB über die Abschlussprüfung sind Schutzgesetze iSd § 1311 ABGB, die gerade auch den Zweck haben, die geprüfte Gesellschaft vor Vermögensschäden zu schützen. Haftbar ist in diesem Fall der Abschlussprüfer, der auf die Notwendigkeit von Sanierungsmaßnahmen oder Maßnahmen gegen nicht seriös agierende Organmitglieder hätte hinweisen müssen.[1648] Der Abschlussprüfer kann sich zu seiner Entlastung gegenüber der Gesellschaft auch nicht auf vom Vorstand oder Geschäftsführer verschuldete Fehler berufen.[1649] Eine Haftung des Abschlussprüfers gegenüber Dritten auf Grund dieser Schutzgesetzverletzung wird aber von der hL abgelehnt.[1650] Vielmehr ergibt sich die

1644 Vgl hierzu OGH 10 Ob 100/18f ecolex 2019, 342, allerdings zu einer der Vorgängerbestimmungen von § 163a StGB (früher war dieser Straftatgbestand direkt in § 122 GmbHG und § 255 AktG geregelt). Der OGH sprach in dieser Entscheidung aus, dass für die Tatbestandserfüllung von § 255 AktG zumindest bedingter Vorsatz notwendig sei. Ein bloß fahrlässiges Nichterkennen von unrichtigen Informationen über die Gesellschaft, die widergegeben werden, reicht zur Erfüllung nicht aus und verhindert somit auch eine Haftung des Organmitglieds wegen Schutzgesetzverletzung gegenüber Dritten.

1645 OGH 28.4.2000, 1 Ob 81/00v; RIS-Justiz RS 0113561.

1646 OGH 28.4.2000, 1 Ob 81/00v; RIS-Justiz RS 0113561.

1647 *Rauter/Ratka* in *Ratka/Rauter*, Geschäftsführerhaftung² Rz 2/330.

1648 OGH 23.10.2000, 8 Ob 141/99i.

1649 OGH 8 Ob 76/15g ÖBA 2016/2288.

1650 *Schacherreiter* in *Kletečka/Schauer*, ABGB-ON1.06 § 1311 Rz 25 (Stand 1.3.2019, rdb.at).

Abschlussprüferhaftung aus dem Prüfvertrag zwischen ihm und der geprüften Gesellschaft. Dieser ist ein Vertrag mit Schutzwirkung zugunsten Dritter, nämlich zugunsten jener (potenziellen) Gläubiger der geprüften Gesellschaft, die durch die Veröffentlichung des Bestätigungsvermerks angesprochen werden sollen und dann bei ihren wirtschaftlichen Dispositionen davon ausgehen können, dass Buchführung, Jahresabschluss und Lagebericht ihres (potenziellen) Schuldners nach fachmännischer Ansicht den gesetzlichen Vorschriften entsprechen.[1651]

5.2.7.1.2. Bezeichnungsschutz

Die §§ 37 UGB und 94 BWG betreffend den Bezeichnungsschutz der Firma sind Schutznormen zugunsten der Vertragspartner jener Unternehmen, die unzulässig firmieren.[1652] Diese Bestimmungen sollen nicht nur öffentliche Interessen an korrekter Firmenführung schützen, sondern auch den Geschäftsverkehr und hier insb dessen Vertrauen in die Sicherheit und in das solide Geschäftsgebaren des Bankwesens.[1653]

5.2.7.1.3. Insolvenzantragspflicht

Die Insolvenzantragspflicht gem § 69 Abs 2 IO ist ein Schutzgesetz iSd § 1311 ABGB, sodass ihre Verletzung eine direkte Schadenersatzpflicht des Geschäftsführers gegenüber den Gesellschaftsgläubigern auslöst.

Dazu sprach der OGH[1654] Folgendes aus: „*Die Erfüllung der Pflicht, die Konkurseröffnung gemäß § 69 Abs 2 KO* [nunmehr: IO] *zu beantragen, bezweckt nicht nur den Schutz von Altgläubigern vor der durch eine Konkursverschleppung eintretenden Quotenverschlechterung, sondern auch den Schutz von Neugläubigern vor Vertrauensschäden, die diese durch eine Gesellschaftsbeteiligung nach dem für die Antragspflicht gemäß § 69 Abs 2 KO maßgebenden Zeitpunkt im Vertrauen auf die Werthaltigkeit ihrer Investition erleiden; solchen Neugläubigern ist daher im Fall einer Verletzung des § 69 Abs 2 KO durch den Geschäftsführer einer GmbH der Vertrauensschaden zu ersetzen.*“

Ausführlich zur Verletzung der Insolvenzantragspflicht Kap 4.2.1.2.1.

5.2.7.1.4. Nichtbeachtung des Verfügungsverbotes in der Exekution

Die Nichtbeachtung des Verfügungsverbotes im Rahmen einer Forderungspfändung gem § 294 Abs 1 EO ist eine Schutzgesetzverletzung iSd § 1311 ABGB.

So entschied der OGH:[1655] „*Das aufgrund des § 294 Abs 1 EO an den Verpflichteten erlassene Verfügungsverbot des Exekutionsgerichtes im Rahmen einer Forderungs-*

1651 OGH 27.11.2001, 5 Ob 262/01t SZ 74/188, bestätigt im zweiten Rechtsgang OGH 29.12.2006, 5 Ob 123/06h; RIS-Justiz RS 0116076, zuletzt OGH 29.9.2015, 8 Ob 93/14f.

1652 *Schacherreiter* in *Kletečka/Schauer*, ABGB-ON[1.06] § 1311 Rz 26.

1653 Vgl OGH 20.12.1995, 7 Ob 532/95 SZ 68/242.

1654 OGH 20.3.2007, 4 Ob 31/07y RIS-Justiz RS 0122035, zuletzt OGH 11.10.2012, 2 Ob 117/12p.

1655 OGH 9.1.1986, 6 Ob 711/85 JBl 1986, 393 = SZ 59/1; RIS-Justiz RS 0003953.

pfändung ist eine den Schutzgesetzen im Sinne des § 1311 zweiter Satz ABGB wenigstens gleichzuhaltende Norm, die – neben dem betreibenden Gläubiger – dem Schutz des Drittschuldners insofern dient, als er hierdurch vor (versehentlichen) – dem betreibenden Gläubiger gegenüber unwirksamen – Zahlungen an den Verpflichteten bewahrt werden soll."

5.2.7.2. Die Außenhaftung des gewerberechtlichen Geschäftsführers wegen Schutzgesetzverletzung

Juristische Personen (wozu auch die GmbH zählt) sind verpflichtet, einen gewerberechtlichen Geschäftsführer zu bestellen, der dem Gewerbeinhaber gegenüber für die fachlich einwandfreie Ausübung des Gewerbes und der Behörde gegenüber für die Einhaltung der gewerberechtlichen Vorschriften verantwortlich ist (§ 39 Abs 1 GewO). Schon deshalb weil in der Praxis der gewerberechtliche Geschäftsführer nicht selten gleichzeitig unternehmensrechtlicher Geschäftsführer ist, hat die Frage der Haftung des gewerberechtlichen Geschäftsführers im gegebenen Zusammenhang praktische Bedeutung.

Diesbezüglich hat der OGH mit einer Entscheidung vom 28. September 2017[1656] große Aufmerksamkeit – und zwar auch in den nicht-juristischen Medien – und sowohl Zustimmung als auch teils gemäßigte und mehr die Begründung betreffende, teilweise jedoch dezidierte Ablehnung hervorgerufen.

Der Entscheidung lag folgender Sachverhalt zugrunde: die Kläger, Eigentümer eines Kleingartens in Wien, beauftragten die erstbeklagte Partei, ein Unternehmen für Erdbewegungsarbeiten, mit dem Aushub einer Baugrube und stellten dem Unternehmen ein baugeologisches Gutachten zur Verfügung, demzufolge für den Aushub der Baugrube keine Stützungsmaßnahmen erforderlich waren. Die Ausführungen im Gutachten erwiesen sich jedoch als unrichtig – und zwar so grob unrichtig, dass der OGH zur Auffassung gelangte, die Unrichtigkeit sei auch einem „geotechnisch ungebildeten Unternehmer erkennbar gewesen". Es kam also auf der Liegenschaft zu einer Hangrutschung und dem darauf folgenden Auftrag der Baupolizei, die Baugrube mit Beton zu verfüllen. Die Kosten der Wiederherstellung des Bauplatzes beliefen sich auf rund 220.000 €, wobei auch künftige Schäden nicht ausgeschlossen werden konnten.

Die erstbeklagte Partei verfügte über die Gewerbeberechtigung „Deichgräber" (Erdbewegungsarbeiten), die keine Erdarbeiten erfasst, für die statische Kenntnisse erforderlich sind. Mit der beschriebenen Tätigkeit überschritt also die erstbeklagte Partei ihre Gewerbeberechtigung. Die Kläger nahmen die erstbeklagte Partei und als Zweitbeklagten deren gewerberechtlichen (und gleichzeitig unternehmensrechtlichen) Geschäftsführer in Anspruch. Das Erstgericht erkannte die Forderung sowohl gegen die erstbeklagte Partei als auch gegen den gewerberecht-

1656 OGH 8 Ob 57/17s RWZ 2017/81 (*Wenger*) = ecolex 2018, 153 (*Reich-Rohrwig*) = ZAK 2018, 224 (*Told*).

lichen Geschäftsführer (wegen eines Mitverschuldens der Kläger als im Ausmaß von zwei Dritteln) zu Recht bestehend, das Berufungsgericht verneinte das Mitverschulden der Kläger und befand daher die Forderung gegen die erstbeklagte Partei für zur Gänze berechtigt, wies aber das Klagebegehren gegen den zweitbeklagten gewerberechtlichen Geschäftsführer ab, und der OGH stellte schließlich die Entscheidung des Erstgerichtes wieder her.

Der OGH nahm – entgegen dem Ausspruch des Berufungsgerichtes – die außerordentliche Revision an und bejahte die zivilrechtliche Haftung des gewerberechtlichen Geschäftsführers gegenüber Dritten, dh gegenüber den klagenden Parteien, weil § 39 GewO iVm den (Straf-)Bestimmungen der § 366 Abs 1 Z 1 (iVm § 99 Abs 1 Z 3) und § 370 GewO ein Schutzgesetz iSd § 1311 ABGB sei.

Dies begründete das Höchstgericht folgendermaßen:

Klar sei im vorliegenden Fall, dass eine Überschreitung der Gewerbeberechtigung vorläge, weil der Deichgräber (Erdbeweger) keine Erdarbeiten ausführen dürfe, für die statische Kenntnisse erforderlich seien, wozu jedenfalls Aushubarbeiten mit mehr als 1,25 m Tiefe zählten (vgl dazu § 48 Bauarbeiterschutz-VO).

Der gewerberechtliche Geschäftsführer sei gemäß § 39 Abs 1 GewO dem Gewerbeinhaber für die fachlich einwandfreie Ausübung des Gewerbes verantwortlich, sodass ihn die Pflicht träfe, den fachlichen Bereich des Unternehmens so zu führen, dass die gewerberechtlichen Vorschriften eingehalten würden. Dazu gehörten all jene, die auf dem Kompetenztatbestand „Angelegenheiten des Gewerbes und der Industrie“ nach Art 10 Abs 1 Z 8 B-VG beruhten, also jene der Gewerbeordnung oder von Durchführungsverordnungen sowie von gewerberechtlichen Nebengesetzen. Zum Pflichtenkreis der Einhaltung der gewerberechtlichen Vorschriften zähle auch die Verantwortung für die unbefugte Ausübung eines anderen Gewerbes, das im sachlichen Zusammenhang mit dem eigenen Gewerbe stehe. Nach der Rspr läge demgemäß eine unbefugte Gewerbetätigkeit vor, wenn eine gewerberechtlich nicht gedeckte Tätigkeit im sachlichen Zusammenhang mit einer durch eine vorhandene Gewerbeberechtigung gedeckten Tätigkeit stünde, und dafür träfe den gewerberechtlichen Geschäftsführer die verwaltungsrechtliche Verantwortung.

Aus § 39 Abs 1 GewO iVm § 366 Abs 1 Z 1 (iVm § 99 Abs 1 Z 3) und § 370 GewO folge im gegebenen Zusammenhang, dass der gewerberechtliche Geschäftsführer sicherstellen müsse, dass die Grenzen der Gewerbeberechtigung nicht überschritten würden. Von der Gewerbeberechtigung nicht gedeckte unbefugte Tätigkeiten, die ein fremdes Gewerbe betreffen, müssten unterbleiben. Dabei handle es sich um eine konkrete Verhaltensanordnung, deren Verletzung verwaltungsstrafrechtlich sanktioniert ist. Das Gebot der Einhaltung der Grenzen der Gewerbeberechtigung solle nach seinem klar erkennbaren Zweck sicherstellen, dass für die Ausübung des Gewerbes die erforderlichen Kenntnisse und Fähigkeiten vorliegen und auf mangelnde Sachkunde zurückzuführende Gefahren daher vermieden würden. Das in Rede stehende Gebot diene damit der Gefahrenabwehr, weshalb § 39 Abs 1 GewO iVm den Strafnormen auch als Gefährdungsverbot, und somit als Schutzgesetz zu verstehen sei.

Der Verstoß gegen ein Schutzgesetz begründe eine Haftung für jene Schäden, die die Schutznorm verhindern solle. Im Einzelfall wäre daher zu prüfen, ob das Gesetz den Schutz Einzelner bezwecke, ob es gerade den entstandenen Schaden verhindern wolle und ob jene Interessen verletzt worden seien, deren Schutz im Zweckbereich der Norm lägen. Das hier zu beurteilende Gebot zur Gefahrenabwehr sei nicht Selbstzweck, sondern solle gerade den von der Gewerbeausübung unmittelbar Betroffenen, in der Regel also den Kunden, vor Schäden schützen. Die in Rede stehende Bestimmung diene damit dem Schutz des Einzelnen und sei als drittschützende Bestimmung anzusehen.

Der Auffassung des OGH, dass „§ 39 GewO in Verbindung mit den (Straf-)Bestimmungen der §§ 366 Abs 1 Z 1 (iVm § 99 Abs 1 Z 3) und § 370 GewO“ ein Schutzgesetz iSd § 1311 ABGB sei(en), kann in dieser Form jedoch nicht beigepflichtet werden.

Denn bei § 39 Abs 1 GewO handelt es sich um keine konkrete Verhaltensanordnung.

Dass der gewerberechtliche Geschäftsführer *„sicherstellen muss, dass die Grenzen der Gewerbeberechtigung nicht überschritten werden“*, ist zwar richtig, doch ist daraus weder abzuleiten, welcher konkreten Gefahr das Gesetz vorbeugen möchte, noch welche konkreten Verhaltensgebote daraus resultieren. Ein bloß der allgemeinen Gefahrenabwehr dienendes bzw primär den Schutz allgemeiner Interessen und nicht den Schutz von Einzelinteressen bezweckendes Gebot kann nicht den Charakter eines Schutzgesetzes iSd § 1311 ABGB haben.

Auch der OGH anerkennt dies in der hier in Rede stehenden Entscheidung 8 Ob 57/17s ganz selbstverständlich, wenn er im Wesentlichen die hM wiedergibt und betont, Schutzgesetze seien objektiv abstrakte Gefährdungsverbote, die dazu bestimmt seien, die Mitglieder eines Personenkreises gegen die Verletzung von Rechtsgütern zu schützen, und es handle sich um konkrete Verhaltensvorschriften, die einerseits durch die Gefahren, die vermieden werden sollen, und andererseits durch die Personen, die geschützt werden sollen, begrenzt sind.

Aus § 39 Abs 1 GewO bzw den vom OGH mit herangezogenen gewerbestrafrechtlichen Vorschriften lassen sich aber weder konkrete Gefahren, denen vorgebeugt werden soll, noch ein konkreter Personenkreis ermitteln.

Dies ist auch nicht weiter verwunderlich, sind die relevanten gewerberechtlichen Vorschriften, deren Einhaltung zum Pflichtenkreis des gewerberechtlichen Geschäftsführers zählt, doch bekanntlich ein sehr weites Feld, von dem keineswegs gesagt werden kann, es bestünde ausschließlich aus Normen, die dem Drittschutz dienen und deren Verletzung potenziell zu einem Schaden Dritter führt.

Wagner,[1657] die die Auffassung des OGH in der Begründung und im Ergebnis billigt, liefert selbst den Beleg für deren mangelnde Überzeugungskraft, wenn sie ausführt:

> Ebenso maßgeblich wie die Frage, ob eine Norm Schutzgesetzqualität aufweist, ist aber auch die Frage, wie weit diese reicht – das bestimmt der Rechtswidrigkeitszusammenhang. Der sachliche Rechtswidrigkeitszusammenhang ergibt sich wie folgt: der Verstoß gegen ein Schutzgesetz begründet eine Haftung für jene Schäden, die die Schutznorm verhindern sollte. Das ist teleologisch zu interpretieren, wobei darauf abzustellen ist, welcher Zweck mit der in ihrem primären Normgehalt feststehenden Anordnung verfolgt wird. Im Rahmen des persönlichen Rechtswidrigkeitszusammenhanges ist zu prüfen, ob das Gesetz jene (personalisierten) Interessen schützt, die im Zweckbereich der Norm liegen.

Wie soll aber in Bezug auf § 39 Abs 1 GewO die Frage beantwortet werden, welche Schäden diese ganz allgemeine Norm verhindern möchte? Dies ist wegen der Vielfältigkeit möglicher, aus der Verletzung konkreter (!) gewerberechtlicher Vorschriften resultierender Gefahren schlichtweg nicht feststellbar. Daraus folgt auch, dass die Frage nach dem persönlichen Rechtswidrigkeitszusammenhang bloß auf der Grundlage von § 39 Abs 1 GewO ebenfalls nicht beantwortet werden kann.

Der OGH stützt sich wesentlich auf die Ausführungen von *Rebhahn*, dürfte diesen dabei aber etwas missverstehen. Aus *Rebhahns* – vom OGH auch breit zitierten – Ausführungen ergibt sich nicht, dass der Autor § 39 Abs 1 GewO als solchem Schutzgesetzcharakter beimisst, wenn er schreibt:

> § 39 Abs 1 begründet bzw betont nur die Verantwortlichkeit des Geschäftsführers dem Gewerbetreibenden und der Behörde gegenüber, schließt eine Haftung gegenüber Dritten aber nicht aus … Die Eigenschaft als Schutzgesetz im schadenersatzrechtlichen Sinn kann insbesondere bei gewerberechtlichen Vorschriften zum Schutz der Gesundheit von Kunden oder sonstigen Dritten ohne weiteres bejaht werden.

Rebhahn qualifiziert also keineswegs § 39 Abs 1 GewO per se als Schutzgesetz, sondern befürwortet eine solche Eigenschaft bei jenen (spezifischen) gewerberechtlichen Vorschriften, die dem Schutz von Kunden oder sonstigen Dritten erkennbar dienen.

Dies wird verstärkt durch die vom OGH in 8 Ob 57/17s ebenfalls zitierten, nachstehenden Ausführungen: „*Der Geschäftsführer haftet daher mE Dritten für Schäden, die bei sorgfältigem Bemühen um die Einhaltung des Gewerberechts nicht eingetreten wären, wenn die verletzte Norm den Dritten im Verhältnis zum Unternehmer schützt (zB kundenschützende Normen des Betriebsanlagenrechts).*“

1657 *Wagner*, Die Haftung des gewerberechtlichen Geschäftsführers Dritten gegenüber, RdU-UT 2018/8, 26.

Damit ist auch der Weg zur richtigen Beurteilung der Problematik gewiesen: nicht § 39 Abs 1 GewO als solche oder in Verbindung mit den gewerbestrafrechtlichen Normen hat Schutzgesetzcharakter, sondern ein solcher kann nur einer konkreten gewerberechtlichen Vorschrift zukommen. Zu untersuchen ist, ob es sich bei der konkreten und übertretenen Norm um ein Schutzgesetz handelt und ob dieses Schutzgesetz dem gewerberechtlichen Geschäftsführer im Interesse von Dritten Pflichten auferlegt.

Dieser Ansatz mag in der Praxis für nicht wenige Fälle – und dies trifft auch auf den vom OGH jüngst entschiedenen Anlassfall uE zu – identische Ergebnissen produzieren; es ist aber nicht nur im Interesse dogmatischer Sauberkeit große Sorgfalt (und gewisse Zurückhaltung!) bei der Identifizierung eines Schutzgesetzes geboten, sondern auch aus handfesten praktischen Gründen. Aufgrund der bei Anwendung des § 1311 ABGB für den (potentiellen) Schädiger deutlich ungünstigeren Beweislastverteilung kann die Sichtweise des OGH, § 39 Abs 1 GewO sei als solcher ein Schutzgesetz, in der Praxis dazu führen, dass bei Eintritt eines Drittschadens und Feststehen zB einer Gewerbeüberschreitung der gewerberechtliche Geschäftsführer im Ergebnis schon deshalb haftet, weil es ihm nicht gelingt, den ihn belastenden Kausalitäts-Anscheinsbeweis zu entkräften. Hätte zB im Anlassfall die erstbeklagte Partei (Gewerbeinhaber) trotz Überschreitung ihrer Gewerbeberechtigung als Deichgräber mit der für das eigentlich erforderliche Gewerbe des Baumeisters gebotenen Sorgfalt den Auftrag ausgeführt und wäre es zum Hangrutsch nur aufgrund einer nicht vorhersehbaren „geologischen Anomalie" gekommen, würde der gewerberechtliche Geschäftsführer dennoch haften, wenn es ihm nicht gelingt, die vermutete Kausalität zwischen Pflichtwidrigkeit (Überschreitung der Gewerbeberechtigung) und Schadenseintritt (Hangrutsch) zu entkräften. Es ist also keineswegs gleichgültig, ob man § 39 Abs 1 GewO als solchem Schutzgesetzcharakter beimisst oder an der konkret verletzten gewerberechtlichen Norm ansetzt.

Das hier vertretene Ergebnis vermeidet auch Wertungswidersprüche zu § 25 Abs 1 GmbHG (ebenso § 84 Abs 1 AktG). Diese Norm ist nämlich nach ganz herrschender, praktisch einhelliger Ansicht kein Schutzgesetz iSd § 1311 ABGB und das mit gutem Grund. Zwar hat der OGH schon behauptet, § 25 Abs 1 GmbHG bzw § 84 Abs 1 AktG hätten auch „gläubigerschützende Funktion", und deshalb sei auf Geschäftsführer und Vorstandsmitglieder das Dienstnehmerhaftpflichtgesetz nicht anwendbar, handle es sich doch um Spezialnormen, die den Vorschriften des DHG vorgingen; abgesehen davon, dass sich dies in dieser Allgemeinheit nicht sagen lässt, weil das Gesetz den Schadenersatzanspruch der Gesellschaft zum Schutz von Gesellschaftsgläubigern ausdrücklich nur für den Fall der materiellen Gesellschaftsinsolvenz „konserviert" (vgl § 25 Abs 5 GmbHG), enthält § 25 Abs 1 GmbHG bzw § 84 Abs 1 AktG genauso wenig wie § 39 Abs 1 GewO Verhaltensgebote, die auch nur annähernd konkret genug sind, um als Schutzgesetz iSd § 1311 ABGB zu taugen.

Man kann es auch anders ausdrücken: Wenn § 39 Abs 1 GewO ein Schutzgesetz ist, müssten es die §§ 25 Abs 1 GmbHG und 84 Abs 1 AktG jedenfalls auch sein, und für § 1009 ABGB hätte dasselbe zu gelten. In Anbetracht der von der heute ganz hA angenommenen, die Geschäftsleiter von Körperschaften treffenden Legalitätspflicht wohnt § 25 Abs 1 GmbHG bzw § 84 Abs 1 AktG das Gebot inne, bei Ausübung des Mandats die geltenden Gesetze zu beachten. Dies kann aber auf die zitierten gesellschaftsrechtlichen Vorschriften ebenso gut gestützt werden.

Das Gebot, sämtliche bei der Ausübung des Geschäftsführer- bzw Vorstandsmandats in Betracht kommende Gesetze zu beachten, mag noch etwas allgemeiner sein als das in § 39 Abs 1 GewO verankerte Gebot, sämtliche gewerberechtliche Vorschriften zu beachten; ein rechtlicher Qualitätsunterschied vor allem im Hinblick auf die Anwendung des § 1311 ABGB ist darin aber gewiss nicht zu erblicken. Beide Normen sind schlicht zu unbestimmt, um als Schutzgesetz in Frage zu kommen.

Zusammenfassend dargestellt hat § 39 Abs 1 GewO – gleichgültig ob ohne oder in Verbindung mit den gewerbestrafrechtlichen Gesetzesbestimmungen – entgegen der Auffassung des OGH nicht den Charakter eines Schutzgesetzes iSd § 1311 ABGB. Ein solcher Charakter kann freilich – und wird in vielen Fällen – konkreten gewerberechtlichen Vorschriften zukommen, die den Schutz Dritter, insbesondere den Schutz der Gesundheit von Kunden etc erkennbar bezwecken und auch dem Geschäftsführer Verhaltenspflichten auferlegen. Dies können nicht nur gesetzliche Bestimmungen oder Verordnungsnormen sein, sondern zB Auflagen in Betriebsanlagengenehmigungsbescheiden.

Die solcherart erzielten Ergebnisse werden in vielen Fällen genau dem entsprechen, was auch der OGH unter Zugrundelegung seiner Ansicht vom Schutzgesetzcharakter des § 39 Abs 1 GewO als Ergebnis erzielt; schon die bei Anwendung des § 1311 ABGB zu Lasten des (potenziellen) Schädigers verschobene Beweislastverteilung (Vermutung der Kausalität bei Feststehen der Schutzgesetzverletzung und Schadenseintritt) gebietet aber eine besonders saubere Identifikation der als Schutzgesetz tatsächlich in Betracht kommenden Norm.

5.2.8. Haftung für Abgaben (§§ 9, 80 BAO)

Die Haftung von gesetzlichen Vertretern juristischer Personen wie eben auch Geschäftsführern einer GmbH für ausstehende Abgabenverbindlichkeiten der Gesellschaft ist als streng anzusehen. Mit ihr haben Geschäftsführer in der Praxis schon oft unliebsame Bekanntschaft gemacht. Gem § 9 Abs 1 BAO haften die in den §§ 80 ff BAO bezeichneten Vertreter neben den durch sie vertretenen Abgabepflichtigen für die diese treffenden Abgaben insoweit, als die Abgaben infolge schuldhafter Verletzung der den Vertretern auferlegten Pflichten nicht eingebracht werden können. Die Geschäftsführer haften persönlich, solidarisch und unbeschränkt. Wird die Wahrnehmung abgabenrechtlicher Pflichten auf externe Personen (zB Steuerberater, verantwortlicher Beauftragter) ausgelagert oder auf bestimmte Mitarbeiter übertragen, treffen die Geschäftsführer besondere Auswahl-, Überwachungs- und Informationspflichten.[1658] Rechtsunkenntnis schützt grundsätzlich nicht vor einer Haftung es sei denn, der Geschäftsführer hat ausreichend eigene Erhebungen geführt, aus denen die wahre Rechtslage nicht erkennbar war.[1659] Weisungen der Generalversammlung an die Geschäftsführer, Abgaben nicht zu leisten, sind als gesetzwidrig nicht durch § 20 Abs 1 GmbHG gedeckt, daher unbeachtlich und schließen eine Haftung gem § 9 BAO nicht aus.[1660]

Die Haftung für Abgaben gem § 9 BAO trifft alle wirksam zu Geschäftsführern bestellte Personen[1661] sowie auch Notgeschäftsführer,[1662] nicht jedoch faktische, gewerberechtliche oder bereits ausgeschiedene Geschäftsführer.[1663] Die Haftung besteht nur insoweit, als die Abgabe im Zeitpunkt der Inanspruchnahme bei der Gesellschaft fällig, aber objektiv uneinbringlich ist (Ausfallshaftung).[1664] Uneinbringlichkeit liegt vor, wenn Vollstreckungsmaßnahmen erfolglos waren oder voraussichtlich erfolglos wären.[1665] Für die Uneinbringlichkeit muss ein kausaler Sorgfaltsverstoß des Geschäftsführers vorliegen sowie dessen Verschulden.[1666] Für die Haftung nach § 9 BAO ist nur die Verletzung abgabenrechtlicher Pflichten von Bedeutung.[1667] Zu den abgabenrechtlichen Pflichten des Vertreters gehört es insb dafür zu sorgen, dass die Abgaben entrichtet werden.[1668] Die bloße Herbeiführung der Zahlungsunfähigkeit der Gesellschaft (und sei es auch aus Verschulden der Geschäftsführer) mit der Konsequenz, dass auch die Abgabenverbindlichkeiten nicht beglichen werden können, ist per se (dh ohne zB eine Verletzung des Gleichbehandlungsgrundsatzes zu Lasten des Fiskus; siehe dazu unten) noch keine Verletzung einer zur persönlichen Haftung führenden *abgabenrechtlichen* Pflicht (siehe auch unten).[1669]

Die Haftung besteht sowohl für die Abgaben als auch für etwaige Nebenansprüche wie Säumniszuschläge.[1670] Nach der ständigen Rsp des Verwaltungsgerichtshofes

1658 ZB VwGH 19.11.1998, 98/15/0159; 31.1.2001, 95/13/0261; 16.9.2003, 2000/14/0106; 14.12.2006, 2006/14/0044 GesRZ 2007, 141; *Feltl/Told* in *Gruber/Harrer*, GmbHG² § 25 Rz 267.

1659 VwGH 9.6.1986, 85/15/0069 AnwBl 1987, 190 (*Arnold*).

1660 VwGH 14.12.2006, 2006/14/0044 GesRZ 2007, 141; *Feltl/Told* in *Gruber/Harrer*, GmbHG² § 25 Rz 267.

1661 § 18 Abs 1 GmbHG; VwGH 9.7.1997, 94/13/0281; 23.4.1998, 95/15/0145.

1662 § 15a GmbHG; VwGH 23.10.1987, 85/17/0011; *Stoll*, BAO (1994) 118.

1663 *Feltl/Told* in *Gruber/Harrer*, GmbHG² § 25 Rz 263 mwN.

1664 VwGH 27.4.2000, 98/15/0129; 29.5.2001, 99/14/0277; 19.6.2002, 2002/15/0018; 31.3.2004, 2003/13/0153.

1665 VwGH 27.4.2000, 98/15/0129; 29.5.2001, 99/14/0277; 22.10.2002, 2000/14/0083; 26.5.2004, 99/14/0218.

1666 VwGH 23.1.1997, 95/15/0163; *Feltl/Told* in *Gruber/Harrer*, GmbHG² § 25 Rz 264.

1667 VwGH 18.10.1995, 91/13/0037, 91/13/0038; 2.7.2002, 96/14/0076.

1668 *Ritz*, BAO³ (2005) § 9 Rz 9.

1669 ZB VwGH 7.12.2000, 2000/16/0601; 26.11.2002, 99/15/0249.

1670 *Ritz*, BAO³ § 9 Rz 25.

hat der Vertreter darzutun, aus welchen Gründen ihm die Erfüllung abgabenrechtlicher Pflichten unmöglich gewesen sei, widrigenfalls die Abgabenbehörde eine schuldhafte Verletzung (leichte Fahrlässigkeit genügt[1671]) im Sinne des § 9 Abs 1 BAO annehmen darf. Hat der Vertreter schuldhaft seine Pflicht verletzt, für die Abgabenentrichtung aus den Mitteln der Gesellschaft zu sorgen, so darf die Abgabenbehörde davon ausgehen, dass die Pflichtverletzung für die Uneinbringlichkeit ursächlich war.[1672] Der Vertreter haftet für nicht entrichtete Abgaben des Vertretenen auch dann, wenn die ihm zur Verfügung stehenden Mittel zur Entrichtung aller Verbindlichkeiten des Vertretenen nicht ausreichen, es sei denn, er weist nach, dass er die Abgabenschulden im Verhältnis nicht schlechter behandelt hat als bei anteiliger Verwendung der vorhandenen Mittel für die Begleichung aller Verbindlichkeiten (**Gleichbehandlungsgrundsatz**).

Eine nähere gesetzliche Positivierung erfährt dieser Grundsatz in § 78 Abs 3 EStG: „*Reichen die dem Arbeitgeber zur Verfügung stehenden Mittel zur Zahlung des vollen vereinbarten Arbeitslohnes nicht aus, so hat er die Lohnsteuer von dem tatsächlich zur Auszahlung gelangenden niedrigeren Betrag zu berechnen und einzubehalten.*“[1673]

Der Geschäftsführer darf also nicht bei Liquiditätsengpässen oder gar (drohender) Zahlungsunfähgkeit die Nettogehälter den Mitarbeitern ungekürzt auszahlen und die Abgaben schuldig bleiben. Dieser Verpflichtung in einer Krise nachzukommen, kann uU sehr schwierig sein, weil bei Kürzung der fälligen Löhne und Gehälter (um der Gleichbehandlungspflicht zu entsprechen) typischerweise jene Mitarbeiter am schnellsten durch vorzeitigen Austritt ihr Dienstverhältnis beenden, die das Unternehmen am nötigsten braucht.

Die Gleichbehandlungspflicht gilt – anders als es die Rsp früher noch annahm – auch für die Umsatzsteuer.[1674] Bei einem globalen Mantelzessionsvertrag mit einer Bank wird genau die Einhaltung dieser Pflicht der Geschäftsführung verhindert[1675] und die Geschäftsführung damit haftbar, was auch gilt, wenn ein bei Eintritt des Geschäftsführers bestehender Mantelzessionsvertrag nicht umgehend aufgelöst wird.[1676]

Auf dem Vertreter lastet auch die Verpflichtung zur Errechnung einer entsprechenden Quote und des Betrages, der bei anteilsmäßiger Befriedigung der Forderungen der Abgabenbehörde zu entrichten gewesen wäre. Den Nachweis, welcher Betrag bei Gleichbehandlung sämtlicher Gläubiger an die Abgabenbehörde zu entrichten gewesen wäre, hat der Vertreter bezogen auf die jeweiligen Fälligkeits-

1671 *Ritz*, BAO³ § 9 Rz 18.
1672 ZB VwGH 18.3.2013, 2011/16/0184.
1673 Vlg dazu *Koppensteiner/Rüffler*, GmbHG³ § 25 Rz 49 mwN.
1674 Vgl VwGH 18.10.1995, 91/13/0037, 91/13/0038 (verst Senat) ÖStZB 1996, 266.
1675 Vgl *Koppensteiner/Rüffler*, GmbHG³ § 25 Rz 49 mit zahlreichen Nachweisen aus der Rsp.
1676 VwGH 20.4.1999, 94/14/0147 ÖStZB 1999, 618; *Koppensteiner/Rüffler*, GmbHG³ § 25 Rz 49.

zeitpunkte einerseits und das Vorhandensein liquider Mittel zu diesen Zeitpunkten andererseits zu führen.[1677] Wird eine Abgabe nicht entrichtet, weil der Vertretene überhaupt keine liquiden Mittel hat, so verletzt der Vertreter allein dadurch, wie bereits dargelegt, keine abgabenrechtliche Pflicht.[1678] Ob den Vertreter ein Verschulden am Eintritt der Zahlungsunfähigkeit trifft, ist für die Haftung nach § 9 BAO ohne Bedeutung.[1679]

Behauptet der Geschäftsführer der GmbH, er sei zB durch Gesellschafter an der Erfüllung seiner Verpflichtungen gehindert worden, so schließt dies ein Verschulden an der Verletzung seiner Pflichten nicht aus; der Geschäftsführer wäre verhalten gewesen, entweder sofort im Rechtsweg die Möglichkeit der unbehinderten Ausübung seiner Funktion zu erzwingen[1680] oder seine Funktion niederzulegen und als Geschäftsführer auszuscheiden.[1681]

Der VwGH gesteht dem Geschäftsführer zu, die Abstellung seiner Behinderung „im Rechtswege“ zu bewirken, was unverzüglich zu geschehen hat, oder zurückzutreten. Was mit einer „Abstellung im Rechtswege“ genau gemeint ist, bleibt etwas im Dunklen. In Betracht kommt zB eine Unterlassungsklage gegen die Gesellschafter oder die Anfechtung von unzulässigen Weisungsbeschlüssen. Jedenfalls muss dem Geschäftsführer der Versuch zugebilligt werden, vor der Einbringung einer (in Anbetracht der Übermachtstellung der Gesellschafter in der GmbH de facto eher unrealistischen) Klage auf außergerichtlichem Wege mit kurzer Fristsetzung Abhilfe zu schaffen. Nützt dies nichts, wird der Geschäftsführer im Regelfall gut beraten sein, zurückzutreten, anstatt sich auf einen Rechtsstreit einzulassen. Das gilt insb bei Behinderungen, die nicht oder nicht nur rechtlicher, sondern faktischer Natur sind.

Beispiel

Die Gesellschafter übertragen die gesamte Buchführung und Besorgung von Steuerangelegenheiten einem externen Beratungsunternehmen oder einer Konzerngesellschaft, sodass der Geschäftsführer gar keinen physischen Zugriff mehr auf die relevanten Unterlagen und Informationen hat.

Denn in solchen Fällen ist durch die Rsp nicht völlig gesichert, dass der nach Einbringung einer Klage und während des – uU Jahre dauernden – Gerichtsverfahrens im Amt verbleibende Geschäftsführer nicht doch zu persönlichen Haftungen herangezogen wird, wenn die Abgaben von der Gesellschaft nicht entrichtet werden.

1677 ZB VwGH 18.3.2013, 2011/16/0184.
1678 ZB VwGH 7.12.2000, 2000/16/0601; 26.11.2002, 99/15/0249.
1679 VwGH 18.11.1991, 90/15/0176; 20.9.1996, 94/17/0420.
1680 Wie das funktionieren soll, macht der VwGH freilich nicht deutlich.
1681 ZB VwGH 2.7.2002, 96/14/0076; 22.1.2004, 2003/14/0097; 19.1.2005, 2001/13/0168.

Bei der Haftung für Abgaben anerkennt die Rsp grundsätzlich eine *Geschäftsverteilung* innerhalb der Geschäftsführung. Primär haftet daher bei Uneinbringlichkeit von Abgaben aufgrund Verletzung abgabenrechtlicher Pflichten der für Abgabenangelegenheiten zuständige Geschäftsführer.[1682] Dies gilt freilich dann nicht, wenn die nicht ressortzuständigen Geschäftsführer konkreten Anlass hatten, an der Erfüllung der abgabenrechtlichen Verpflichtungen zu zweifeln.[1683]

Zur Haftung für Abgaben in der Krise siehe auch Kap 4.2.4.

5.2.9. Haftung für Sozialversicherungsbeiträge

Gem § 67 Abs 10 ASVG haften die zur Vertretung juristischer Personen berufenen Personen im Rahmen ihrer Vertretungsmacht neben den durch sie vertretenen Beitragsschuldnern für die von diesen zu entrichtenden Beiträge insoweit, als die Beiträge infolge schuldhafter Verletzung der den Vertretern auferlegten Pflichten nicht eingebracht werden können. Diese Verantwortung ergibt sich aus der Pflicht der Vertreter von juristischen Personen, alle Pflichten zu erfüllen, die den von ihnen Vertretenen obliegen (§ 58 Abs 5 ASVG). Zu dieser Pflicht zählt insb die Entrichtung von Beiträgen bei Fälligkeit aus den Mitteln, die sie verwalten (§ 58 Abs 5, 2. Satz ASVG). Dieses sind die Dienstgeber- und die einbehaltenen Dienstnehmerbeiträge zur Sozialversicherung (§ 58 Abs 2 iVm Abs 5 ASVG iVm § 60 ASVG). Keine Haftung besteht hingegen für Nebenansprüche.[1684]

Die Schärfe der Bestimmung verdeutlicht auch § 153c Abs 2 StGB, wonach zur Vertretung von juristischen Personen, die Dienstnehmerbeiträge schulden, befugte Organe strafrechtlich verantwortlich sind, wenn sie Beiträge zur Sozialversicherung vorenthalten. Es handelt sich wie auch bei der Haftung für Abgaben um eine Ausfallshaftung des Geschäftsführers.[1685] Die persönliche Haftung der Geschäftsführer wird daher erst dann schlagend, wenn die noch offenen Sozialversicherungsbeiträge beim Beitragsschuldner (der Gesellschaft) objektiv uneinbringlich sind.[1686] Da wie hier ist die Nähe zur Krisensituation gegeben, weshalb auch auf das Kap 4.2.5. verwiesen sei. Die Sozialversicherungsbeiträge müssen in absehbarer Weise bei der Gesellschaft uneinbringlich sein. Kommt es zur Abweisung des Antrags auf Eröffnung des Insolvenzverfahrens mangels kostendeckenden Vermögens, ist diese Voraussetzung gegeben und die Ausfallshaftung wird vorliegen.[1687]

1682 Vgl VwGH 26.4.2006, 2001/14/0028 GesRZ 2006, 219; *Koppensteiner/Rüffler*, GmbHG³ § 25 Rz 49a; *Reich-Rohrwig* in *Straube/Ratka/Rauter*, WK GmbHG § 25 Rz 459 (Stand 1.6.2015, rdb.at).

1683 VwGH 6.7.2006, 2006/15/0032 ecolex 2007, 262; *Koppensteiner/Rüffler*, GmbHG³ § 25 Rz 49a.

1684 VwGH vS 12.12.2000 98/08/0191, 0192.

1685 VfGH G 163/88-6, G 167/88.

1686 *Feltl/Told* in *Gruber/Harrer*, GmbHG² § 25 Rz 274.

1687 *Unger*, Die Haftung im Steuer- und Sozialversicherungsrecht, in *Ratka/Rauter*, Geschäftsführerhaftung² Rz 7/68.

Die schon bei § 9 BAO erwähnte Gleichbehandlungspflicht trifft auch auf die Beitragsschulden nach § 67 Abs 10 ASVG zu. Bei Fehlen ausreichender Mittel, wofür der Geschäftsführer darlegungs- und beweispflichtig ist (qualifizierte Mitwirkungspflicht), hat er für eine anteilige Befriedigung der Arbeitgeberbeiträge zur Sozialversicherung zu sorgen.[1688] Anderenfalls haftet er mit jenem Beitrag, um den der Sozialversicherungsträger bei gleichmäßiger Behandlung sämtlicher Gläubiger mehr erlangt hätte, als er infolge des pflichtwidrigen Verhaltens des Vertreters tatsächlich bekommen hat.[1689] Reichen die vorhandenen Mittel nicht zur Abfuhr der vollen Beiträge, hat der Geschäftsführer die Nettolöhne entsprechend zu kürzen, um einer Haftung zu entgehen.[1690]

Den Geschäftsführer treffen auch Melde- (§§ 33 f ASVG) und Auskunftspflichten (§ 42 ASVG). Diesbezüglich hat sich die verwaltungsstrafrechtliche Verantwortung (vgl Kap 7.) des Dienstgebers mit dem Arbeits- und Sozialrechtsänderungsgesetz (ASRÄG) 2014 und anschließend mit dem Lohn- und Sozialdumping-Bekämpfungsgesetz (LSD-BG) verschärft. Für ausländische Arbeitgeber wird die Pflicht zur Bereithaltung von Lohnunterlagen (in deutscher Sprache) präzisiert (§ 22 LSD-BG, ehemals geregelt in § 7d Abs 1 AVRAG). Darunter fallen der Arbeitsvertrag oder Dienstzettel, Lohnzettel, Lohnzahlungsnachweise oder Banküberweisungsbelege, Lohnaufzeichnungen, Arbeitszeitaufzeichnung und Unterlagen betreffend die Lohneinstufung.[1691] Der Strafrahmen für das Nichtbereithalten von Lohnunterlagen beträgt 1.000 € bis 10.000 € pro betroffenem Arbeitnehmer (§ 28 LSD-BG, ehemals § 7i Abs 4 AVRAG); höhere Strafen drohen bei mehreren betroffenen Arbeitnehmern und im Wiederholungsfall.

Macht der Dienstnehmer die auf ihn entfallenden Beitragsanteile beim Insolvenzentgeltsicherungsfonds geltend, weil die Gesellschaft als Arbeitgeber diese nicht mehr abführt (§ 13a IESG), schuldet zwar der Insolvenzentgeltsicherungsfonds dem Sozialversicherungsträger diese Beiträge, der sich aber beim Geschäftsführer regressieren kann (§ 11 IESG).

1688 VwGH 19.2.1991, 90/08/0100 SVSlg 37.057; *Feltl/Told* in *Gruber/Harrer*, GmbHG² § 25 Rz 273.

1689 VwGH 26.1.2005, 2002/08/0213 ARD 5585/9/2005; *Feltl/Told* in *Gruber/Harrer*, GmbHG² § 25 Rz 273.

1690 VwGH 14.4.2010, 2010/08/0001 SVSlg 57.715; 21.2.2001, 99/08/0142 RdW 2001/757, 742; BGH 25.9.2006, II ZR 108/05 NJW 2006, 3573; *Feltl/Told* in *Gruber/Harrer*, GmbHG² § 25 Rz 273.

1691 *Gleißner*, Die neuen Regeln gegen Unterentlohnung, ZAS 2015/4 (24).

6. GmbH-Geschäftsführer und Strafrecht

6.1. Individuelle Verantwortung und Unternehmensstrafrecht

Neben der individuellen strafrechtlichen Verantwortung des Geschäftsführers besteht die Verbandsverantwortlichkeit des Unternehmens. Das Verbandsverantwortlichkeitsgesetz[1692] regelt die strafrechtliche Verantwortung und sanktioniert Straftaten, die zugunsten des Verbandes begangen worden sind und solche, mit denen Pflichten verletzt worden sind, die den Verband treffen (§ 3 Abs 1 VbVG). Pflichten, die den Verband treffen, sind zB Arbeitnehmerschutzbestimmungen,[1693] Verkehrssicherungspflichten[1694] und die Abfuhr von Steuern und Abgaben. Begünstigt ist die Gesellschaft, wenn sie bereichert wurde oder sich Aufwendungen erspart hat, sich die Straftat somit für die GmbH materiell vorteilhaft ausgewirkt hat.[1695] Kapitalgesellschaften (wie zB eine GmbH) sind Verbände iSd § 1 Abs 2 VbVG. Für Straftaten, die ein Entscheidungsträger (Geschäftsführer einer GmbH zählen immer dazu) begeht, ist der Verband verantwortlich, wenn der Entscheidungsträger als solcher die Tat rechtswidrig und schuldhaft begangen hat (§ 3 Abs 2 VbVG). Er ist aber auch dann verantwortlich, wenn die Tat durch einen Mitarbeiter vorsätzlich oder fahrlässig begangen wurde und die Begehung der Tat dadurch ermöglicht oder wesentlich erleichtert wurde, dass der Entscheidungsträger die nach den Umständen gebotene und zumutbare Sorgfalt außer Acht gelassen hat, insb indem er wesentliche technische, organisatorische oder personelle Maßnahmen zur Verhinderung solcher Taten unterlassen hat (§ 3 Abs 3 Z 2 VbVG, **Organisationsverschulden**). Anwendungsfälle sind hier Gemeingefährdungsdelikte wie fahrlässige Körperverletzung (§ 88 StGB), fahrlässige Tötung (§ 80 StGB) und Umweltdelikte (§§ 180 ff StBG).[1696] Straftaten wie Untreue und Veruntreuung richten sich regelmäßig *gegen* die Interessen der Gesellschaft, weil sie an ihrem Vermögen geschädigt wird. Solche Delikte können also keine Verbandsverantwortlichkeit begründen.[1697] Die Bilanzdelikte und

1692 Bundesgesetz über die Verantwortlichkeit von Verbänden für Straftaten (Verbandsverantwortlichkeitsgesetz – VbVG) BGBl I 2007/112.

1693 *Tipold*, Die strafrechtliche Verantwortung von Geschäftsleitungsorganen, in *Ratka/Rauter*, Geschäftsführerhaftung² Rz 4/54; *Steininger*, Verbandsverantwortlichkeitsgesetz (2006) § 3 Rz 18 ff.

1694 *Tipold* in *Ratka/Rauter*, Geschäftsführerhaftung² Rz 4/54; *Steininger*, Verbandsverantwortlichkeitsgesetz § 3 Rz 23 ff.

1695 *Tipold* in *Ratka/Rauter*, Geschäftsführerhaftung² Rz 4/54; *Steininger*, Verbandsverantwortlichkeitsgesetz § 3 Rz 7.

1696 *Tipold* in *Ratka/Rauter*, Geschäftsführerhaftung² Rz 4/57.

1697 *Kert*, Verbandsverantwortlichkeit und Finanzstrafgesetz, in *Leitner*, Finanzstrafrecht 2006 (2007) 9 (26).

Abgabenverkürzungsdelikte können aber sehr wohl im Interesse der Gesellschaft liegen, und durch sie werden auch Pflichten verletzt, die den Verband treffen (§ 3 Abs 1 Z 2 VbVG). Da die Tat durch Entscheidungsträger iSd § 2 VbVG begangen wird, liegen die Voraussetzungen für eine Strafbarkeit nach VbVG vor und die Gesellschaft ist neben der Bestrafung der Geschäftsführer bzw Vorstandsmitglieder mit Verbandsgeldbußen zu belegen. Bei der Verbandsverantwortlichkeit ist das Erfordernis der individuellen Schuld (§ 4 StGB) abgeschwächt, weil der Verband als solcher nicht schuldhaft handeln kann. Ihm wird aber fremdes Verschulden, nämlich das schuldhafte Verhalten seiner Organe, zugerechnet. Die Verantwortlichkeit eines Verbandes für eine Tat und die Strafbarkeit von Entscheidungsträgern oder Mitarbeitern wegen derselben Tat schließen einander nicht aus (§ 3 Abs 4 VbVG). Der Verband und die individuellen Anlasstäter sind unterschiedliche Rechts- und Sanktionssubjekte. Der gegenüber dem Verband erhobene Vorwurf unterscheidet sich von den jeweils gegenüber den Einzelpersonen erhobenen Vorwürfen. Aus diesem Grund liegt hier **keine „Doppelbestrafung"** vor.[1698] Ist ein Verband für eine Straftat verantwortlich, so ist über ihn eine Verbandsgeldbuße bis zu 180 Tagessätzen (mindestens 50 € und höchstens 10.000 €) zu verhängen (§ 4 VbVG). Der Regress gegen den schuldigen Geschäftsführer ist gem § 11 VbVG ausgeschlossen. Die Ratio dieser Vorschrift besteht darin, dass der Verband (die GmbH) sich ihrer strafrechtlichen Haftung nicht durch Überwälzung auf Entscheidungsträger entledigen und damit die gesetzliche Verantwortung entwerten können soll.[1699] Der Regressausschluss ist aber ein fragwürdiges Mittel zur Erreichung dieses Zieles. Denn steuerbar ist nur das Verhalten natürlicher Personen, und nur wenn *diese* Sanktionen spüren, kann erwartet werden, dass Maßnahmen in der Gesellschaft ergriffen werden, die künftige Verstöße verhindern.[1700]

6.2. Gerichtliches Strafrecht

Im Vergleich zur zivilrechtlichen Verantwortung ist die strafrechtliche Verantwortung um einiges unangenehmer für den Beschuldigten ausgestaltet. Es drohen nicht nur empfindliche Geldstrafen, sondern uU sogar Freiheitsstrafen. Abgesehen davon bildet eine strafgerichtliche Verurteilung wegen des häufig gegebenen Schutzgesetzcharakters (§ 1311 ABGB) von Strafnormen (dazu oben Kap 5.2.7.) nicht selten den Auftakt für die Inanspruchnahme des verurteilten Geschäftsführers auf Schadenersatz auch durch Gesellschaftsgläubiger im Zivilverfahren, soweit nicht bereits das Strafgericht wegen von Geschädigten erklärter Privatbeteiligtenanschlüsse Schadenersatz zugesprochen hat.

1698 Es liegt kumulative Verantwortlichkeit vor (*Hilf/Zeder* in WK² § 3 VbVG Rz 53); siehe auch *Steininger*, Verbandsverantwortlichkeitsgesetz § 3 Rz 95 ff.

1699 Vgl *Leupold/Ramharter*, GesRZ 2009, 253 (260); *Hilf/Zeder* in WK² § 11 VbVG Rz 1; *Fuchs/G. Schima/Pilz*, Das neue Verbandsverantwortlichkeitsgesetz, in *Institut Österreichischer Wirtschaftsprüfer*, Wirtschaftsprüfer Jahrbuch 2007 (2007) 331 (343).

1700 Vgl die Kritik an der gesetzlichen Regelung bei *Fuchs/G. Schima/Pilz* in Wirtschaftsprüfer Jahrbuch 2007, 343 Fn 71; *Leupold/Ramharter*, GesRZ 2009, 253 (260).

Eine Verurteilung hat darüber hinaus den unangenehmen Nebeneffekt eines Eintrags im Strafregister. Eine natürliche Person ist von der Ausübung eines Gewerbes ausgeschlossen, wenn sie von einem Gericht wegen betrügerischem Vorenthalten von Sozialversicherungsbeiträgen und Zuschlägen nach dem Bauarbeiter-Urlaubs- und Abfertigungsgesetz (§ 153d StGB), organisierter Schwarzarbeit (§ 153e StGB), betrügerischer Krida, Schädigung fremder Gläubiger, Begünstigung eines Gläubigers oder grob fahrlässiger Beeinträchtigung von Gläubigerinteressen (§§ 156 bis 159 StGB) oder wegen einer sonstigen strafbaren Handlung zu einer drei Monate übersteigenden Freiheitsstrafe oder zu einer Geldstrafe von mehr als 180 Tagessätzen verurteilt worden ist und die Verurteilung noch nicht getilgt ist (§ 13 GewO). Außerdem schließt § 68 BVergG Unternehmen vom Vergabeverfahren aus, in deren Geschäftsführung rechtskräftig Verurteilte tätig sind.

Ein strafgerichtlicher Tatbestand konsumiert verwaltungsstrafrechtliche Tatbestände.

6.2.1. Unvertretbare Darstellung wesentlicher Informationen und unvertretbare Berichte von Prüfern bestimmter Verbände (§§ 163a – 163d StGB)

Durch die 2015 vorgenommene grundlegende Reformation des sog „Bilanzstrafrechts“ mittels Strafrechtsänderungsgesetz (StRÄG 2015) wurden zahlreiche bilanzstrafrechtliche Regelungen den Materiengesetzen entnommen und – um der Rechtszersplitterung im Bereich der Bilanzdelikte entgegenzuwirken – im StGB zusammengefasst.[1701] Die rechtlichen Grundlagen der § 122 GmbHG, § 255 AktG, § 64 SEG, § 89 GenG, § 41 PSG, § 114 VAG und § 18 SpaltG wurden in den §§ 163a–163d StGB zusammengeführt.[1702] Während die neuen Regelungen des StGB zwischen Tathandlungen von Entscheidungsträgern von Verbänden, also zB Geschäftsführern und Vorstandsmitgliedern (§ 163a StGB) und Taten externer Prüfer (§ 163b StGB) differenzieren, waren beiden Aspekte des Bilanzstrafrechts in der vorhergehenden Norm des § 122 GmbHG vereint. **§ 122 GmbHG** pönalisierte schon damals, wie auch die gegenwärtigen strafrechtlichen Regelungen, bei weitem nicht nur die klassische „Bilanzfälschung“, sondern auch die Falschdarstellung des Vermögensstandes oder der Verhältnisse der Gesellschaft und schützte somit einerseits die Gläubiger und andererseits die Gesellschafter und Anteilserwerber.[1703] Der Normzweck blieb in den §§ 163a–163b klarerweise erhalten und besteht darin, die Korrektheit der Informationen zu gewährleisten, welche an die mit der Gesellschaft in Geschäftsverkehr stehenden Personen weitergeleitet werden.[1704] Sie sollen jedenfalls richtig über die wirtschaftliche und finanzielle Situation der Gesellschaft informiert sein.

1701 *Flora* in *Leukauf/Steininger*, StGB[4] § 163a Rz 1.
1702 *Weilinger/Knauder* in *Straube/Ratka/Rauter*, WK GmbHG § 122 Rz 2/1 (Stand 1.11.2015, rdb.at).
1703 *Koppensteiner/Rüffler*, GmbHG[3] § 122 Rz 2.
1704 *Weilinger/Knauder* in *Straube/Ratka/Rauter*, WK GmbHG § 122 Rz 3 (Stand 1.11.2015, rdb.at).

Strafbar ist die zumindest bedingt vorsätzlich begangene falsche oder unvollständige Darstellung der Vermögens-, Finanz- oder Ertragslage der Gesellschaft in unvertretbarer Weise, sei es im Jahresabschluss, Konzernabschluss, Lagebericht oder Konzernlagebericht, aber auch in an die Gesellschafter, die Öffentlichkeit oder den Aufsichtsrat gerichteten Berichten, Auskünften oder Vorträgen, in einer öffentlichen Aufforderung zur Beteiligung an der Gesellschaft, in Nachweisen oder Auskünften, die an einen Prüfer gem § 163c Abs 1 StGB zu erteilen sind, sowie in einer Anmeldung zum Firmenbuch, sofern die Leistung von Einlagen auf das Gesellschaftskapital betroffen sind. Die Gesellschafter oder den Aufsichtsrat anzulügen ist daher gerichtlich strafbar, wenn Gegenstand der unwahren Information die Vermögens-, Finanz- oder Ertragslage der Gesellschaft sind, also deren wirtschaftliche Lage im weiteren Sinne und die Auskunft nicht bloß Umstände betrifft, deren Vorliegen oder Nichtvorliegen bloß unbedeutende Auswirkungen auf die Lage der Gesellschaft hat. Es muss sich vielmehr um eine wesentliche Information handeln, deren falsche oder unvollständige Darstellung geeignet ist, einen erheblichen Schaden für die Gesellschaft, die Gesellschafter, Gläubiger, Mitglieder oder Anleger herbeizuführen.

Es handelte sich bei § 122 GmbHG um ein abstraktes Gefährdungsdelikt, weshalb es für die Verwirklichung des Tatbestandes weder auf einen bestimmten Erfolg der Täuschung noch auf einen durch die unrichtige Darstellung beim Getäuschten eingetretenen Vermögensschaden ankam.[1705] Diese Norm ist nun in § 163a Abs 1 StGB enthalten, wohingegen Abs 2 der Bestimmung ein echtes Unterlassungsdelikt enthält: Zu bestrafen ist ebenso, wer als Entscheidungsträger (also insbesondere Geschäftsführer einer GmbH) pflichtwidrig einen Sonderbericht nicht erstattet, der angesichts drohender Gefährdung der Liquidität des Verbandes geboten wäre.[1706] Sowohl § 163a Abs 1, als auch § 163b Abs 1 und Abs 2 Z 1 StGB sind jedoch potenzielle Gefährungsdelikte. Somit genügt das Setzen einer Tathandlung, die falsche oder unvollständige Darstellung von Informationen, nicht um eine Strafbarkeit zu begründen. Das gesetzte Verhalten muss zusätzlich geeignet sein, einen erheblichen Schaden herbeizuführen.[1707]

Ob die Vermögensverhältnisse der Gesellschaft günstiger oder schlechter dargestellt werden als sie tatsächlich sind, ist unerheblich, das ausschlaggebende Kriterium ist die **Wesentlichkeit** der Änderung, sodass nicht jede geringfügige Abänderung oder fehlerhafte Darstellung iSd IFRS oder UGB strafbegründend ist.[1708] Auch zB die (vorsätzliche) Bildung zu hoher Rückstellungen ist daher strafbar. Die Wesentlichkeit einer Information wird mittels § 189a Z 10 UGB beurteilt. Sie ergibt sich entweder aus der Größe oder spezifischen Eigenart der

1705 *Weilinger/Knauder* in *Straube/Ratka/Rauter*, WK GmbHG § 122 Rz 5 (Stand 1.11.2015, rdb.at).
1706 *Fabrizy*, StGB[13] § 163 a Rz 10.
1707 *Tipold* in *Gruber/Harrer*, GmbhG[2] Anh § 122: StGB Rz 15.
1708 VwGH 17.1.1984, 83/14/0152 RdW 1984, 327.

Fehlerhaftigkeit oder des (Bilanz-)Postens. Dies bedeutet, dass kleine Fehler in qualitativ essentiellen Bereichen ebenso eine Wesentlichkeit im Sinne des Bilanzstrafrechts begründen können, wie auch große Fehler in unbedeutsameren Bereichen.[1709]

Unmittelbarer Täter des § 163a StGB kann nur ein Entscheidungsträger (§ 2 Abs 1 VbVG) eines der in § 163c StGB angefürten Verbände oder ein anderer von einem Entscheidungsträger mit der Informationsdarstellung Beauftragter sein.[1710] Im Gegensatz dazu ist der Täterkreis des § 163b StGB auf verbandsexterne Prüfer beschränkt und pönalisiert deren Fehlverhalten in Bezug auf die falsche oder unvollständige Darstellung von wesentlichen Informationen in unvertretbarer Weise. Außerdem kann sich ein Prüfer nach § 163b Abs 1 Z 2 auch durch bloßes Schweigen (schlichtes Unterlassungsdelikt) über wesentliche Informationen strafbar machen, sofern dieses Schweigen wesentliche Informationen in unvertretbarer Weise falsch oder unverständlich darstellt.[1711] In den Delikten der §§ 163a–163b wird somit nicht mehr nach Tatobjekt, sondern nach dem unmittelbaren Täter unterschieden. Bezüglich der Tathandlung geht es stets um die unvertretbare oder unvollständige Darstellung von Informationen betreffend der Beurteilung der künftigen Entwicklung der Vermögens-, Finanz-, oder Ertragslage, welche potenziell die Eignung mit sich bringen, einen erheblichen Schaden für den Verband, dessen Gesellschafter, Mitglieder, Gläubiger oder Anleger herbeizführen.

Der notwendige Vorsatz richtet sich auf die Falschdarstellung, eine Täuschungsabsicht ist aber nicht erforderlich um das Delikt zu verwirklichen. Erstellt der Geschäftsführer die Bilanz nicht selbst, sondern zeichnet deren Richtigkeit nur ohne genaue inhaltliche Prüfung gegen, kann er auch keinen auf die Unrichtigkeit gerichteten Vorsatz haben.[1712] Fahrlässigkeitsverschulden kann vorliegen, doch begründet diese Pflichtwidrigkeit keinen Eventualvorsatz, der für das Bilanzdelikt ausreichen würde. Am Kriterium der Unvertretbarkeit muss zusätzlich festgehalten werden, damit nicht jeder wesentliche Fehler als Indiz für einen bedingten Vorsatz gewertet werden kann, da die „Vorsatzkomponente" in diesem Fall der Wissentlichkeit nahe kommen muss um tatbestandsmäßig zu sein.[1713] Eine zivilrechtliche Haftung kann aber sehr wohl schon durch fahrlässige Falschdarstellung ausgelöst werden.

So entschied der OGH bereits 1980,[1714] dass „[…] *es zu den Pflichten des Geschäftsführers einer Gesellschaft mit beschränkter Haftung gehört, das Unternehmen unter Beachtung aller maßgebenden Rechtsvorschriften zu leiten, sich stets ein ge-*

1709 *Fabrizy*, StGB[13] § 163 a Rz 4.
1710 *Flora* in *Leukauf/Steininger*, StGB[4] § 163a Rz 13, 17 und 2.
1711 *Flora* in *Leukauf/Steininger* StGB[4] § 163b Rz 3 ff.
1712 *Weilinger/Knauder* in *Straube/Ratka/Rauter*, WK GmbHG § 122 Rz 7 (Stand 1.11.2015, rdb.at) mit Verweis auf EvBl 2002/43 = RdW 2002/84 ziv.
1713 *Flora* in *Leukauf/Steininger* StGB[4] § 163a Rz 19.
1714 OGH 26.3.1980, 1 Ob 545/80 SZ 53/53 = GesRZ 1981, 111; vgl *Kutschera*, GesRZ 1982, 243.

naues Bild von der Lage des Unternehmens, insbesondere von seiner Liquidität, zu verschaffen und alle Maßnahmen zu treffen, die geeignet sind, eine Schädigung dritter Personen, insbesondere durch Eingehung neuer Verbindlichkeiten nach Eintritt der Zahlungsfähigkeit, hintanzuhalten. Zu diesem Zweck hat der Geschäftsführer unter Umständen Weisungen an Handlungsbevollmächtigte zu erteilen, sich den Abschluss von Rechtsgeschäften vorzubehalten oder erteilte Handlungsvollmachten zu widerrufen bzw einzuschränken."

Für die Grunddelikte der Bilanzfälschung (§ 163a Abs 1 und § 163b Abs 1 und 2 StGB) besteht eine Strafdrohung von bis zu zwei Jahren Freiheitsstrafe, während für die Qualifikation (bei vorhandener Börsenotierung des Verbandes: § 163a Abs 2 und § 163 Abs 3 StGB) eine Freiheitsstrafe von bis zu drei Jahren in Geltung steht.[1715] Es kam demnach zur Verdoppelung und Verdreifachung der ursprünglichen Höchststrafdrohung in Bezug auf die in § 122 GmbHG normierte Freiheitsstrafe, sowie zur Abschaffung einer möglichen Geldstrafe an deren Stelle.

6.2.2. Untreue (§ 153 StGB)

Untreue begeht, wer seine (ihm durch Gesetz, behördlichen Auftrag oder Rechtsgeschäft eingeräumte)[1716] Befugnis, über fremdes Vermögen zu verfügen oder einen anderen zu verpflichten, wissentlich missbraucht und dadurch dem anderen einen Vermögensschaden[1717] zufügt. Der Geschäftsführer hat Vertretungsmacht kraft Rechtsgeschäft durch Gesellschaftsvertrag oder durch einen Gesellschafterbeschluss (Bestellung zum Geschäftsführer),[1718] vertritt gem § 19 GmbHG die Gesellschaft nach außen und verfügt damit auch über deren Vermögen. Da die Gesellschaft eine „Veranstaltung der Gesellschafter"[1719] ist, verfügt er damit letztlich über fremdes Vermögen, nämlich das der Gesellschafter.[1720] Die Tathandlung ist eine rechtliche Vertretungshandlung, zB das Eingehen von Verbindlichkeiten,[1721] Aufnahme bzw Bewilligung eines Darlehens[1722] oder die Gewährung

1715 *Flora* in *Leukauf/Steininger* StGB[4] § 163a Rz 22 und § 163b Rz 14.

1716 Diese Aufzählung der Möglichkeiten für die Befugniserteilung enthält der Text von § 153 StGB seit der Strafrechtsreform 2015 (BGBl I 2015/112) nicht mehr, ohne dass damit die Bestimmung inhaltlich geändert worden wäre.

1717 Vor dem Strafrechtsänderungsgesetz 2015 wurde der Begriff „Vermögensnachteil" verwendet. Mit der Änderung des Wortlauts ist jedoch keine inhaltliche Veränderung verbunden, sondern sollte nur eine Anpassung der Terminologie an anderer Teile des StGB erfolgen. Vgl OGH 13 Os 55/17p JBl 2018, 809, JBl 2018, 769 (*Kommenda*).

1718 OGH 17.6.1980, 10 Os 148/79 JBl 1981, 105 (*Liebscher*).

1719 Vgl *Wiedemann*, Gesellschaftsrecht I (1980) 627.

1720 AA *Kirchbacher/Presslauer* in WK[2] StGB § 153 Rz 37 (Stand 2009), die darauf hinweisen, dass bei Untreue zu Lasten einer GmbH nicht der mittelbare Schaden der Gesellschafter, sondern der unmittelbare Nachteil der Gesellschaft maßgebend sei; die wirtschaftliche Betrachtungsweise überwiege nur bei der Einpersonengesellschaft; vgl dazu auch *Koppensteiner*, GES 2015, 5.

1721 OGH 15.6.1988, 15 Os 9, 10/88 JBl 1989, 122.

1722 *Kienapfel/Schmoller*, StudB BT II § 153 Rz 51.

von Preisnachlässen.[1723] Der Täter ist zwar zu seinem Tun nach seiner Vertretungsmacht nach außen befähigt, nicht aber nach seinen Verpflichtungen im Innenverhältnis berechtigt.[1724] Darin liegt der wissentliche Befugnismissbrauch. Seine Befugnis missbraucht nicht nur, wer seinen – ausdrücklichen – Verpflichtungen im Innenverhältnis, sondern auch überhaupt den Grundsätzen redlicher und verantwortungsbewusster, an den Interessen des Geschäftsherrn und an den besonderen Umständen des Falls orientierter Geschäftsführung zuwiderhandelt.[1725] Dabei ist zu bedenken, dass der Machthaber dem Machtgeber den größtmöglichen Nutzen zu verschaffen hat, sodass Untreue uU auch durch bewusste Unterlassung von nutzbringenden Handlungen begangen werden kann.

Beispiele

Bewusste Unterlassung der Stellung eines Antrages für eine der Gesellschaft zugutekommende Subvention; Bevorzugung des nur zweitbesten Angebots, weil der Bieter ein alter Freund des Geschäftsführers ist; Abschluss eines genehmigungspflichtigen Geschäfts ohne Zustimmung, in dem Wissen, dass die Gesellschafter dem Geschäft nicht zustimmen würden; Abschluss risikoreicher, nicht dem Geschäftsfeld entsprechender Geschäfte (Spekulationsgeschäfte).

Missbrauch setzt eine **deutliche Überschreitung** des dem Machthaber (wie zB einem Vorstandsmitglied oder Geschäftsführer) in aller Regel eingeräumten Ermessensspielraums voraus.[1726] Nur unternehmerisch unvertretbares Handeln kann letztlich auch strafrechtlich verantwortlich machen.[1727] § 153 Abs 2 StGB bringt dies seit der Strafrechtsreform 2015 auch deutlich zum Ausdruck: „*Seine Befugnis missbraucht, wer in unvertretbarer Weise gegen solche Regeln verstößt, die dem Vermögensschutz des wirtschaftlich Berechtigten dienen.*“[1728] Damit wird eine Art

1723 OGH 17.5.1983, 12 Os 121/82 JBl 1983, 545 (*Liebscher*).

1724 OGH 5.10.1976, 13 Os 132/76; RIS-Justiz RS 0094545.

1725 OGH 3.11.1983, 13 Os 88/83; RIS-Justiz RS 0094908.

1726 *G. Schima*, RdW 2015, 288 ff; *N. Huber*, Organuntreue 73 ff; *Eckert/Tipold*, GeS 2013, 59; vgl auch *Kienapfel/Schmoller*, StudB BT II § 153 Rz 61; *Artmann*, Wirtschaftskriminalität und Gesellschaftsrecht, in *Studiengesellschaft für Wirtschaft und Recht*, Wirtschaftsstrafrecht (2008) 233 (237 ff).

1727 *G. Schima*, RdW 2015, 288 ff, 289 f; das gilt im Übrigen, wie der OGH in der „Hirsch Servo-Entscheidung“ (OGH 11.6.2008, 7 Ob 58/08t, GesRZ 2008, 378 [*Kalss/Zollner*]; wbl 2008/287 [*U. Torggler*]; ecolex 2008/346 [*Reich-Rohrwig*]) unter Berufung auf die E vom 26.2.2002, 1 Ob 144/01k, SZ 2002 (75)/26 = GesRZ 2002, 86 ff insoweit zutr klarstellte, auch für die zivilrechtliche Haftung (vgl dazu ausführlich *G. Schima* in FS M. Binder 817 ff, 824, 827; etwas abweichend, aber der Sache nach wohl ganz ähnlich *U. Torggler*, Zur Angemessenheit der Abfertigung von Vorstandsmitgliedern und zur Haftung des Aufsichtsrats, wbl 2008, 287 [603], der nicht nur eine krasse, sondern „jede“ Überschreitung des Ermessensspielraumes als haftungsbegründend ansieht, damit aber wohl nur – wie der OGH – meint, dass bei Überschreitung des obersten Bereiches des Ermessensspielraumes eben jene krasse Überschreitung vorliegt; *G. Schima* in FS M. Binder 827).

1728 Zurückzuführen ist dieser Absatz auf einen Initiativantrag vom 23.4.2015, 110/A 25. GP. Sehr kritisch zum Kriterium der Unvertretbarkeit *Honsell*, Der Befugnismissbrauch im Untreuetatbestand des § 153 StGB, wbl 2018, 661 (664 f), der den Begriff für zu unbestimmt hält.

„abgespeckte Business Judgment Rule“ gesetzlich verankert.[1729] Was ein solch **unvertretbares** Handeln ist, ist Frage des Einzelfalls. Strafbar ist nur ein Handeln, das außerhalb jenes Bereichs liegt, der sich nach den konkreten Umständen (und damit auch nach den konkreten einschlägigen Regeln) noch rechtfertigen lässt.[1730] Relevant sind aber nur Regeln, die dem **Schutz des wirtschaftlich Berechtigten** dienen, nicht also etwa dem Schutz der Gläubiger der Gesellschaft, der Öffentlichkeit, der Arbeitnehmer etc. Wirtschaftlich Berechtigte der GmbH sind die Gesellschafter, also die Eigentümer, dh bei mehreren Gesellschaftern die Gesamtheit der Gesellschafter.[1731]

Der Schaden beim Machtgeber muss zumindest mit bedingtem Vorsatz (dolus eventualis) herbeigeführt werden. Das bedeutet, dass der Täter eine Schädigung zwar nicht gerade anstreben, aber ernstlich für möglich halten und sich damit abfinden muss. Eine Bereicherung durch den Täter ist nicht erforderlich, kann aber natürlich Indizwirkung haben.

Vor diesem Hintergrund leuchtet ein, dass bei Zustimmung des Machtgebers, also bei Einverständnis des Berechtigten, Untreue mangels tatbestandsmäßigen Missbrauchs grundsätzlich ausscheidet.[1732] Die Zustimmung muss ferner im Voraus gegeben werden.[1733] Da auch die Gesellschafter als Machthaber iSd § 153 StGB zu qualifizieren sind, bedarf die direkte Schädigung auch nur eines von ihnen jedenfalls *dessen* Zustimmung.[1734] Die Zustimmung sämtlicher Gesellschafter schließt die Untreuestrafbarkeit kategorisch aus.[1735] Die Mehrheit der Gesellschafter kann also nur insoweit disponieren, als nicht überstimmte oder gar nicht an der Abstimmung beteiligte Gesellschafter – somit sämtliche Gesellschafter – (zB durch gegen das Einlagenrückgewährverbot verstoßende Zuwendungen an den Mehrheitsgesellschafter) benachteiligt werden.[1736]

1729 *G. Schima*, RdW 2015, 288 (290); vgl Kap 1.2.4.; zur Business Judgment Rule allgemein: *Merkt*, US-amerikanisches Gesellschaftsrecht[3] Rz 922 ff; *Told*, GES 2015, 60; *U. Torggler*, wbl 2009, 168; *G. Schima* in *Konecny*, Insolvenz-Forum 2011, 131; *G. Schima* in *Baudenbacher/Kokott/Speitler*, Aktuelle Entwicklungen 369; *G. Schima*, GesRZ 2007, 93; vgl auch die ARAG/Garmenbeck-Entscheidung des BGH 21.4.1997, II ZR 175/95, BGHZ 135, 244; *Lutter*, GesRZ 2007, 79; *Lutter*, ZIP 2007, 841; siehe auch zur dt Rechtslage § 93 dAktG.

1730 So *Lewisch*, Untreue und Korruption, in *Lewisch* (Hrsg), Jahrbuch Wirtschaftsstrafrecht und Organverantwortlichkeit 2017, 169 (173).

1731 *Lewisch* in *Lewisch*, Jahrbuch 2017, 173.

1732 *G. Schima* in FS Reich-Rohrwig 172; vgl auch *Kienapfel/Schmoller*, StudB BT II § 153 Rz 65, 105; OGH 17.1.1979, 10 Os 123/78 SSt 50/6; 23.11.1973, 13 Os 27/73 EvBl 1974/191 = JBl 1974, 270; *Lencker/Perron* in *Schönke/Schröder*, Strafgesetzbuch. Kommentar[29] (2014) § 266 Rz 21; *Schramm*, Untreue und Konsens (2005) 58; *Dittrich*, Die Untreuestrafbarkeit 226; BGHSt, 23 ff (24); BGHSt 43, 221 ff (223); BGH 21.12.2005, 3 StR 470/04 NJW 2006, 522 ff (525 f).

1733 Vgl RIS-Justiz RS 0094784; OGH 11.11.1993, 15 Os 132/93 ÖJZ 1994/68 (NRsp); OGH 14.3.2006, 14 Os 123/05b; OGH 15.10.2009, 13 Os 25/09i; *Kienapfel/Schmoller*, StudB BT II § 153 Rz 65, 106.

1734 *G. Schima* in FS Reich-Rohrwig 174; *Rüffler*, Strafrechtliche Untreue und Gesellschaftsrecht, in FS W. Jud 533 (547).

1735 So *Lewisch* in *Lewisch*, Jahrbuch 2017, 173 mwN.

1736 *G. Schima* in FS Reich-Rohrwig 174.

Der deutsche BGH setzte sich in der Mannesmann-Entscheidung mit der Aktionärseinwilligung bei vermögensschädigenden Maßnahmen auseinander und verwies darauf, dass die Zustimmung eines über mehr als 98 % der Anteile verfügenden Aktionärs nicht ausreiche, um die Untreuestrafbarkeit auszuschließen.[1737] Der OGH negierte in der Libro-Entscheidung hingegen die Möglichkeit der Einwilligung durch die Alleinaktionärin in die vermögensschmälernde Auszahlung einer Sonderdividende.[1738] Träger des durch § 153 StGB geschützten Rechtsgutes sei nicht die Alleinaktionärin, sondern die Libro-AG; die gegenteilige Ansicht setze sich über die „Rechtssubjektivität der AG“ hinweg. Maßgebend sei bei Untreue zu Lasten einer Gesellschaft (auch einer GmbH) immer der Schaden der Gesellschaft und nicht jener der Gesellschafter.[1739] In der viel kritisierten Entscheidung[1740] übersieht der OGH dabei, dass § 153 StGB nur das Vermögen des Machtgebers schützt.[1741] Die Machtgeber sind aber neben der Gesellschaft unbestritten nur die Gesellschafter/Anteilseigner. Gläubiger werden durch eigene Strafnormen geschützt (siehe Kap 6.2.4.). Und das Verbot der Einlagenrückgewähr (unter das auch die Ausschüttung überhöhter Gewinne aufgrund eines falschen Jahresabschlusses fällt) schützt nach weitgehend unbestrittener Meinung nur die Gläubiger und einzelne Gesellschafter vor Verkürzung.

Beispiel

„Ein im Geschäftsleben charakteristischer Fall der Untreue ist es, dass der Machthaber sich vom Geschäftspartner des Geschäftsherrn/Machtgebers eine **Provision** bezahlen oder versprechen lässt, die letztlich *zu Lasten des Geschäftsherren* geht. Das ist unbestrittenermaßen immer dann der Fall, wenn sie auf den Kaufpreis aufgeschlagen wird oder sonst in irgendeiner Weise die vom Partner des Geschäftsherren erbrachte Leistung verteuert. Das Fordern einer solchen Provision ist versuchte Untreue.“[1742]

Ausgehend von der Libro-Entscheidung kam es insbesondere im Jahr 2015 zur Diskussion um eine Reform des Untreue-Tatbestandes im StGB.[1743] So sah ein Initiativantrag vor, dass ein „Missbrauch nicht vorliege, wenn der Machtgeber

1737 BGH 21.12.2005, 3 StR 470/04 NZG 2006, 141 = NJW 2006, 522 ff (525) = NStZ 2006, 214ff (216 f).

1738 OGH 30.1.2014, 12 Os 117/12s (12 Os 118/12p) GES 2014, 240.

1739 *G. Schima*, RdW 2015, 344; *G. Schima* in FS Reich-Rohrwig 163 ff.

1740 Zur Kritik des Libro-Urteils s *Bollenberger/Wess*, RdW 2014, 273; *Hollaender*, AnwBl 2014/8383; *Kalss*, ecolex 2014, 496; *Kapsch/Kier*, JBl 2014, 599; *Lewisch/Huber*, RdW 2014/627; *Lewisch* in *Lewisch*, Jahrbuch 2014, 19; *G. Schima* in FS Reich-Rohrwig 161; *G. Schima*, RdW 2015, 344; *Zollner*, ÖJZ 2014, 938; *Zollner* in FS Reich-Rohrwig 265; zur Strafbarkeit einer Dividendenausschüttung noch vor dem Libro-Urteil s *Eckert/Tipold*, GeS 2013, 59; grundsätzlich zur Problematik *N. Huber*, Organuntreue 151.

1741 *Kalss*, ecolex 2014, 496; *G. Schima* in FS Reich-Rohrwig 161; *Flora* in *Leukauf/Steininger*, StGB^4 § 153 Rz 2; *Löschnigg/Schick*, DRdA 2005, 229; *Kienapfel/Schmoller*, StudB BT II (2003) Rz 12.

1742 *Kirchbacher/Presslauer* in WK^2 StGB § 153 Rz 31.

1743 *G. Schima*, RdW 2015, 288; *G. Schima*, Untreue im Strafrecht: Polemik überschattet die Diskussion, Format 19.5.2015.

oder der wirtschaftlich Berechtigte der Vertretungshandlung zugestimmt hat.“[1744] Damit würde die einhellige Sichtweise in der Strafrechtslehre gesetzlich verankert, dass die Einwilligung des Machtgebers/wirtschaftlich Berechtigten den Tatbestand der Untreue (weil schon den Missbrauch) ausschließt, wobei die Einwilligung nach ganz herrschender Meinung im Vorhinein zu erfolgen hat und nachträgliche Zustimmung nicht vor Strafe schützt.[1745] Letztlich wurde diese Ergänzung nicht Teil des neuen Gesetzestextes,[1746] weil sich diese Konsequenz schon aus den allgemeinen Regeln des Strafrechts ergibt.

In einer Entscheidung aus dem Jahr 2018[1747] stellte der OGH in Abkehr von der Libro-Entscheidung klar, dass der Untreuetatbestand ausschließlich das Vermögen des wirtschaftlich Berechtigten schütze, also der *Gesellschafter* als Rechtsgutträger. Eine mängelfreie Einwilligung des Machtgebers schließe den Befugnismissbrauch aus; dies gelte nicht nur bei der GmbH, sondern auch bei der Aktiengesellschaft. Ist die Alleingesellschafterin einer GmbH wiederum eine Gesellschaft oder sind unter den Gesellschaftern der GmbH auch juristische Personen, sind für die Einwilligung der Gesellschafter die Vertretungsorgane der juristischen Personen zuständig. Hinter den juristischen Personen als Gesellschafter stehen jedoch weitere Gesellschafter als wirtschaftlich Berechtigte. Falls die Vertreter der GmbH bei der Entscheidung über ein Rechtsgeschäft mit den Vertretern der Gesellschafter (Machtgeber) kollusiv zum Nachteil der wirtschaftlich Berechtigten zusammenwirken, kann die Zustimmung durch die Gesellschafter keine tatbestandsausschließende Wirkung entfalten.[1748]

Es ist nach der Rsp des OGH daher noch immer nicht geklärt, ob die Zustimmung der Gesellschafter als wirtschaftliche Berechtigte einstimmig erfolgen muss oder ein Mehrheitsbeschluss reicht. Ein zustimmendre Beschluss der Minderheit reicht hingegen nicht.[1749]

Bei Missbrauch einer Befugnis zur Kreditvergabe hängt der Vermögensnachteil von der Einbringlichkeit der Rückforderung im Zeitpunkt der Kreditschuldentstehung ab. Bonität des Schuldners lässt keinen Schaden entstehen, wogegen wirtschaftliche Unvertretbarkeit der Kreditzuzählung zu einem Nachteil in Höhe der Kreditsumme führt, selbst wenn Rückzahlungen erfolgen, die dann den Charakter bloßer nachträglicher Schadensminderung haben. Die Annahme teilweiser Einbringlichkeit der Kreditforderung reduziert die Schadenshöhe auf den uneinbringlichen Forderungsteil.[1750]

1744 Initiativantrag vom 23.4.2015, 110/A 25. GP; zum Erfordernis eines Beschlusses aller Gesellschafter vgl das Mannesmann-Urteil BGH 21.12.2005, 3 StR 470/04 NZG 2006, 141 = NJW 2006, 522 ff (525) = NStZ 2006, 214 ff (216 f).

1745 *G. Schima*, RdW 2015, 288 (289); vgl OGH 16.12.1983, 10 Os 103/83, EvBl 1984/12 = ÖJZ 1984, 497; 11.11.1993, 15 Os 192/93, ÖJZ 1994/68 (NRsp); 14.3.2006, 14 Os 123/05b; 15.10.2009, 13 Os 25/09i; *Kienapfel/Schmoller*, StudB BT II § 153 Rz 65, 106.

1746 Vgl den AB 728 BlgNR 25. GP 11.

1747 OGH 19.4.2018, 17 Os 15/17k.

1748 Vgl OGH 19.4.2018, 17 Os 15/17k: in der Entscheidung ging es um verbotene Parteienfinanzierung durch eine zu 100 % dem Land Kärnten gehörende GmbH.

1749 Vgl für einen guten Überblick über die Rsp des OGH *Kiehl/Lindtner*, Update: Untreue, ecolex 2018, 987.

1750 *Kirchbacher/Presslauer* in WK² StGB § 153 Rz 41; vgl auch OGH 10.12.1996, 11 Os 106/96.

6.2.3. Korruptionsstrafrecht

Korruption (vom lateinischen corrumpere = bestechen) ist der Missbrauch einer Vertrauensstellung in einer Funktion in Verwaltung, Wirtschaft oder Politik, um einen materiellen oder immateriellen Vorteil zu erlangen, auf den kein rechtlich begründeter Anspruch besteht.[1751]

Zu den Tatbeständen des Korruptionsstrafrechts, die sich an Bedienstete nicht öffentlicher Unternehmen richten, zählen Geschenkannahme durch Machthaber (§ 153a StGB), Bestechung (§ 307 StGB), Vorteilszuwendung (§ 307a StGB), Vorteilszuwendung zur Beeinflussung (§ 307b StGB), verbotene Intervention (§ 308 StGB), Geschenkannahme und Bestechung von Bediensteten oder Beauftragten (§ 309 StGB) und Bestechung von Bediensteten oder Beauftragen gem § 10 UWG.

6.2.3.1. Geschenkannahme durch Machthaber (§ 153a StGB)

§ 153a StGB ist in systematischer Fortsetzung der Untreue zu sehen und sanktioniert die Verletzung der Treuepflicht gegen den Eigentümer oder Auftraggeber.[1752] Ebenso wie bei der Untreue ist unmittelbarer Täter immer der Machthaber, der die Befugnis hat, über fremdes Vermögen zu verfügen. Da für Beamte und leitende Angestellte öffentlicher Unternehmen eigene Strafbestimmungen (§§ 304 bis 309 StGB) geschaffen wurden, kommen für § 153a StGB nur mehr Machthaber privater Unternehmen und sonstige private Machthaber in Betracht.[1753] § 153a StGB ist ein zweiaktiges Delikt. Die Tathandlung besteht im Annehmen und pflichtwidrigen Nicht-Abführen eines nicht bloß geringfügigen Vermögensvorteils.[1754] Die Rsp orientiert sich hier an einer Wertgrenze von etwa 100 €.[1755] Eine **Verpflichtung** für Machthaber, angenommene Vermögensvorteile **abzuführen**, wird durch § 153a StGB nicht geschaffen. Die Strafnorm betrifft vielmehr einen Verstoß gegen eine Pflicht, die sich *aus zivilrechtlichen Vorschriften* ergibt. Die Abführungspflicht kann unmittelbar aus dem Gesetz (insb § 1009 ABGB) oder aus einem Vertrag folgen.[1756] Als Vorsatzform genügt bedingter Vorsatz, dh dolus eventualis (§ 5 Abs 1 StGB). Das Delikt der Untreue verdrängt § 153a StGB. Somit bleibt nur ein schmaler Anwendungsbereich für § 153a StGB. Dieser kann gegeben sein, wenn die Zuwendung von Vermögensvorteilen an den Machtgeber keinerlei nachteiligen Einfluss auf das Vermögen des Machtgebers zu entfalten vermochte.[1757] Wenn also ein Geschäftsführer großzügige Geschenke oder gar Provisionen von Geschäftspartnern und Lieferanten der Gesellschaft entgegen-

1751 *Dürager/Leiter*, Wirtschaftsstrafrecht, in *Napokoj*, Risikominimierung durch Corporate Compliance (2010) Rz 1060; *Köck*, Wirtschaftsstrafrecht (2007) 66.

1752 *Kirchbacher/Presslauer* in WK² StGB § 153a Rz 1.

1753 *Köck*, Wirtschaftsstrafrecht 64; *Leukauf/Steininger*, StGB³ (1992) § 153a Rz 5.

1754 *Köck*, Wirtschaftsstrafrecht 64; *Kirchbacher/Presslauer* in WK² StGB § 153a Rz 11.

1755 RIS-Justiz RS 0120079, zuletzt OGH 3.3.2015, 14 Os 12/15v.

1756 *Kirchbacher/Presslauer* in WK² StGB § 153a Rz 12; *Köck*, Wirtschaftsstrafrecht 65.

1757 *Köck*, Wirtschaftsstrafrecht 65 mwN.

nimmt, ohne diese an die Gesellschaft abzuführen, könnte er sich nach § 153a StGB strafbar machen, wenn er verpflichtet ist, solche Vorteile an die Gesellschaft weiterzugeben.

6.2.3.2. Bestechung (§ 307 StGB)

Täter des § 307 StGB ist jeder, der die Tathandlung vornimmt. Als Tathandlung des § 307 StGB ist das Anbieten, Versprechen oder Gewähren eines Vorteils an einen Amtsträger, Schiedsrichter oder Sachverständigen zu sehen, damit diese ein bestimmtes Amtsgeschäft **pflichtwidrig** vornehmen oder unterlassen. Vornahme oder Unterlassung eines Amtsgeschäfts sind alle Handlungen und Unterlassungen, durch die der Täter spezifische Amts- oder Dienstpflichten erfüllt oder verletzt, dh Pflichten, die für seinen Aufgabenbereich spezifisch sind.[1758] Ob die Vornahme oder Unterlassung des Amtsgeschäftes pflichtwidrig ist, bemisst sich nach den Handlungspflichten des Bestochenen. Sofern ihm ein pflichtgebundenes Ermessen eingeräumt ist, muss dieses objektiv ausgelegt werden. Der Geschenkgeber, von dem der Täter den Vorteil fordert, annimmt oder sich versprechen lässt, weiß in den Fällen des § 304 StGB, dass der Täter oder der Dritte, dem der Vorteil zugutekommen soll, darauf kein Recht hat.[1759] Wenn der Täter glaubt, das Amtsgeschäft, für das er den Vorteil anbietet, verspricht oder gewährt, halte sich noch im Rahmen der Rechtsordnung oder des dem Amtsträger eingeräumten Ermessens, ist er nach § 307 StGB nicht strafbar. In Betracht kommt dann nur § 307a StGB.[1760] Der Bestochene ist selbst nach § 304 StGB strafbar. Geschäftsführer einer GmbH können sich nach § 307 StGB strafbar machen, wenn sie einem Beamten Vorteile anbieten, damit dieser der GmbH zB eine Genehmigung erteilt, obwohl diese die Voraussetzungen nicht erfüllt.

6.2.3.3. Vorteilszuwendung (§ 307a StGB)

Im Unterschied zur Bestechung nach § 307 StGB genügt bei der Vorteilszuwendung gem § 307a StGB das Anbieten, Versprechen oder Gewähren eines **ungebührlichen** Vorteils für die **pflichtgemäße** Vornahme oder Unterlassung eines bestimmten Amtsgeschäftes. Kein ungebührlicher Vorteil liegt vor, wenn er gesetzlich erlaubt ist (zB aufgrund von Bestimmungen im Dienstrecht oder Organisationsrecht) oder im Rahmen von Veranstaltungen gewährt wird, an deren Teilnahme ein amtlich oder sachlich gerechtfertigtes Interesse besteht (§ 305 Abs 4 Z 1 StGB), oder wenn es sich um Vorteile für gemeinnützige Zwecke handelt, auf deren Verwendung der Amtsträger oder Schiedsrichter keinen bestimmenden Einfluss ausübt (§ 305 Abs 4 Z 2) oder um Vorteile von geringem Wert, die lediglich die orts- oder landesübliche Aufmerksamkeit ausdrücken und nicht gewerbsmäßig gewährt werden (§ 305 Abs 4 Z 3). Andere Vorteilszuwendungen müssen als ungebührlich betrachtet werden.

1758 *Bertel* in WK² StGB § 304 Rz 10.
1759 *Bertel* in WK² StGB § 304 Rz 9.
1760 *Bertel* in WK² StGB § 307 Rz 6.

6.2.3.4. Vorteilszuwendung zur Beeinflussung (§ 307b StGB)

Von § 307b StGB soll das **Anfüttern** eines Amtsträgers oder Schiedsrichters erfasst werden.[1761] Der Täter ist jeder, der den ungebührlichen Vorteil anbietet, verspricht oder gewährt. Damit ist § 307b StGB das Spiegelbild zu § 306 StGB, der den den Vorteil annehmenden Amtsträger umfasst. Der Unterschied besteht aber doch darin, dass § 307b StGB keine Geringfügigkeitsklausel wie in § 306 Abs 3 StGB kennt. Ein konkreter Konnex zu einem bestimmten Amtsgeschäft ist nicht notwendig.[1762] Der Täter hat den Vorsatz, den Amtsträger oder Schiedsrichter durch das Anbieten, Versprechen oder Gewähren eines ungebührlichen Vorteils in seiner zukünftigen Tätigkeit als Amtsträger zu beeinflussen (Beeinflussungsvorsatz).[1763] Es spielt aber keine Rolle, ob die Tätigkeit des Amtsträgers nach dem Vorsatz des Täters pflichtgemäß oder pflichtwidrig vorgenommen werden soll.[1764]

6.2.3.5. Verbotene Intervention (§ 308 StGB)

Die zu bekämpfende Korruption wird nicht nur in Form der Bestechung von Amtsträgern etc begangen, sondern auch durch bestimmte Formen einer Einflussnahme auf diese Personen gefördert.[1765] Daher war es die Motivation des Gesetzgebers, gerade die Initiatoren der verpönten Einflussnahme strafrechtlich zu verfolgen. Damit sind vor allem Fälle von rechtswidrigem Lobbying gemeint. Das Delikt begeht, wer für sich oder einen Dritten dafür einen Vorteil fordert, annimmt oder sich versprechen lässt, dass er einen ungebührlichen Einfluss auf die Entscheidungsfindung eines Amtsträgers oder eines Schiedsrichters nehme. Ausführungshandlung dieses zweiaktigen Deliktes ist nicht nur das Fordern, Annehmen oder Sich-Versprechen-Lassen eines Vermögensvorteils (als Gegenleistung für die Einflussnahme), das heißt ein der passiven Bestechung vergleichbares Verhalten, sondern darüber hinaus auch die tatsächliche Einflussnahme auf den Entscheidungsträger zwecks Veranlassung der parteilichen Vornahme oder Unterlassung einer Dienstverrichtung oder Rechtshandlung, also ein Element der aktiven Bestechung.[1766] Abs 5 normiert eine Subsidiarität gegenüber anderen Bestimmungen, die mit einer strengeren Strafe bedroht sind.

1761 *Hauss/Komenda* in *Triffterer/Rosbaud/Hinterhofer* (Hrsg), Salzburger Kommentar zum Strafgesetzbuch (30. Lfg 2014) § 307b Rz 6; *Hinterhofer/Rosbaud* BT II[5] § 307b Rz 1.

1762 *Hauss/Komenda* in *Triffterer/Rosbaud/Hinterhofer*, Salzburger Komm StGB § 307b Rz 7; *Birklbauer/Reindl-Krauskopf*, Leitlinien im Umgang mit allfälligen Korruptionssachverhalten an Universitäten (2013) 5; *BMJ*, Fibel KorrStrÄG 2012, 53; *Marek/Jerabek*, Korruption[6] (2013) §§ 307–307b Rz 7.

1763 *Hauss/Komenda* in *Triffterer/Rosbaud/Hinterhofer*, Salzburger Komm StGB § 307b Rz 7; *Hinterhofer/Rosbaud*, BT II[5] § 307b Rz 1.

1764 *Hauss/Komenda* in *Triffterer/Rosbaud/Hinterhofer*, Salzburger Komm StGB § 307b Rz 7; JAB KorrStrÄG 2012 10; *Hinterhofer/Rosbaud* BT II[5] § 307b Rz 1.

1765 ErläutRV 384 BlgNR 10. GP 5.

1766 OGH 14.1.1997, 14 Os 170/96.

6.2.3.6. Geschenkannahme und Bestechung von Bediensteten oder Beauftragten (§ 309 StGB)

§ 309 StGB will nach hM die Korruption im privaten Sektor verhindern, somit jenes Verhalten im privaten Wirtschaftsbereich treffen, das Bedienstete oder Beauftragte eines anderen Unternehmens durch Versprechen oder Gewähren von Geschenken oder anderen Vorteilen für eine bevorzugte und zugleich pflichtwidrige Behandlung zu gewinnen sucht.[1767] Geschütztes Rechtsgut der Geschenkannahme bzw Bestechung nach § 309 StGB ist der freie lautere Wettbewerb und der Schutz fremden Vermögens.[1768] § 10 UWG enthält deshalb auch eine gleichlautende Strafbestimmung. Danach und nach § 309 Abs 1 StGB ist ein Bediensteter oder Beauftragter eines Unternehmens strafbar, der im geschäftlichen Verkehr für die **pflichtwidrige** Vornahme oder Unterlassung einer Rechtshandlung von einem anderen für sich oder einen Dritten einen Vorteil fordert, annimmt oder sich versprechen lässt,. Als Bediensteter oder Beauftragter kommen Arbeitnehmer, aber auch angestellte Organmitglieder, wie GmbH-Geschäftsführer in Frage. Der Geschäftsinhaber oder der Alleingesellschaftergeschäftsführer einer GmbH können hingegen nicht als Beauftragte angesehen werden.[1769] Der Vorteil muss für die pflichtwidrige Vornahme oder Unterlassung einer Rechtshandlung verlangt werden. Unter dem Aspekt des geschützten Individualvermögens ist eine Rechtshandlung grundsätzlich dann als pflichtwidrig einzustufen, wenn sich der Bedienstete oder Beauftragte nicht (ausschließlich) von wirtschaftlichen Motiven zugunsten seines Unternehmens leiten lässt und somit sein Pflichtenverhältnis zu diesem verletzt.[1770] Eine Geringfügigkeitsgrenze für den Vorteil sieht § 309 StGB nicht vor.

§ 309 Abs 2 stellt die aktive Bestechung eines Bediensteten oder Beauftragten unter Strafe und ist damit das Spiegelbild zu Abs 1.

Soweit ersichtlich, gibt es keine einzige strafrechtliche Verurteilung nach § 10 UWG und eine vom OGH aufgrund von Nichtigkeitsbeschwerden wieder aufgehobene Verurteilung nach § 309 StGB.[1771] Die praktische Relevanz ist daher sehr gering.[1772]

1767 *Thiele* in *Triffterer/Rosbaud/Hinterhofer*, Salzburger Komm StGB (29. Lfg 2013) § 309 Rz 12 mwN; *Kirchbacher/Presslauer* WK² § 168c Rz 8; siehe auch zur gleichlautenden Bestimmung § 10 UWG: OGH 8.2.1977, 4 Ob 302/77 SZ 50/21.

1768 *Thiele* in *Triffterer/Rosbaud/Hinterhofer*, Salzburger Komm StGB § 309 Rz 12, 13.

1769 *Thiele* in *Triffterer/Rosbaud/Hinterhofer*, Salzburger Komm StGB § 309 Rz 29; *Brandstetter/Rauch/Wegscheider*, Korruptionsstrafrecht NEU – der „private Bereich" Struktur und Grundzüge der relevanten Tatbestände, JSt 2008, 155.

1770 *Thiele* in *Triffterer/Rosbaud/Hinterhofer*, Salzburger Komm StGB § 309 Rz 51.

1771 Siehe OGH 26.2.2019, 17 Os 8/18g: der OGH gab den Nichtigkeitsbeschwerden der Angeklagten statt, die ihre Verurteilung wegen § 309 Abs 2 StGB bekämpften. Das Urteil des Erstgerichts enthielt keine Feststellungen zur Pflichtwidrigkeit der Vornahme der Rechtshandlungen, die die Angeklagten durch die Bestechung der Bediensteten erwirken wollten. Es stehe zwar fest, dass die Bediensteten (Angestellte eines ungarischen Netzbetreibers) keine Vorteile annehmen durften, nicht aber sei geprüft oder festgestellt worden, ob die angestrebte Rechtshandlung (die Beeinflussung der Gestaltung eines Netzanschlussvertrages) selbst pflichtwidrig gewesen sei. Dies wäre zB dann der Fall gewesen, wenn die Gesellschaft die Voraussetzungen zur Erteilung eines Netzanschlusses nicht erfüllt hätte, oder gegenüber einem Mitbewerber ungebührlich bevorzugt worden wäre.

1772 Vgl aktuell *Tonninger*, Zur Reichweite des § 10 UWG, ecolex 2019/234 zu OGH 29.1.2019, 4 Ob 252/18i. In dieser OGH E ging es um eine einstweilige Verfügung, gestützt auf § 10 UWG, die der OGH jedoch aufhob.

6.2.4. Grob fahrlässige Beeinträchtigung von Gläubigerrechten

Gem § 159 Abs 1 StGB ist zu bestrafen, wer grob fahrlässig seine Zahlungsunfähigkeit dadurch herbeiführt, dass er kridaträchtig handelt.

Ebenso ist zu bestrafen, wer in Kenntnis oder fahrlässiger Unkenntnis seiner Zahlungsunfähigkeit grob fahrlässig die Befriedigung wenigstens eines seiner Gläubiger dadurch vereitelt oder schmälert, dass er nach § 159 Abs 5 StGB kridaträchtig handelt (§ 159 Abs 2 StGB), oder wer grob fahrlässig seine wirtschaftliche Lage durch kridaträchtiges Handeln nach § 159 Abs 5 StGB derart beeinträchtigt, dass Zahlungsunfähigkeit eingetreten wäre, wenn nicht von einer oder mehreren Gebietskörperschaften ohne Verpflichtung hierzu unmittelbar oder mittelbar Zuwendungen erbracht, vergleichbare Maßnahmen getroffen oder Zuwendungen oder vergleichbare Maßnahmen anderer veranlasst worden wären (§ 159 Abs 3 StGB).

Kridaträchtig handelt gem der taxativen Aufählung in § 159 Abs 5 StGB, wer entgegen Grundsätzen ordentlichen Wirtschaftens

- einen bedeutenden Bestandteil seines Vermögens zerstört, beschädigt, unbrauchbar macht, verschleudert oder verschenkt,
- durch ein außergewöhnlich gewagtes Geschäft, das nicht zu seinem gewöhnlichen Wirtschaftsbetrieb gehört, durch Spiel oder Wette übermäßig hohe Beträge ausgibt,
- übermäßigen, mit seinen Vermögensverhältnissen oder seiner wirtschaftlichen Leistungsfähigkeit in auffallendem Widerspruch stehenden Aufwand treibt,
- es unterlässt, Geschäftsbücher oder geschäftliche Aufzeichnungen zu führen oder so führt, dass ein zeitnaher Überblick über seine wahre Vermögens-, Finanz- und Ertragslage erheblich erschwert wird, oder sonstige geeignete und erforderliche Kontrollmaßnahmen, die ihm einen solchen Überblick verschaffen, unterlässt oder
- es unterlässt, Jahresabschlüsse, zu deren Erstellung er verpflichtet ist, zu erstellen oder auf eine solche Weise oder so spät erstellt, dass ein zeitnaher Überblick über seine wahre Vermögens-, Finanz- und Ertragslage erheblich erschwert wird.

Täter ist das Geschäftsleitungsorgan der Gesellschaft, also der Geschäftsführer.[1773] Gem § 161 StGB gehören zum Täterkreis aber auch leitende Angestellte.

Beim Vergehen gem § 159 StGB wird von zwei Tatbegehungsformen ausgegangen: der Herbeiführung der Zahlungsunfähigkeit sowie Tathandlungen nach Eintritt der Zahlungsunfähigkeit. Zahlungsunfähigkeit liegt dann vor, wenn der Schuldner durch dauernden Mangel an flüssigen Mitteln nicht im Stande ist, alle fälligen Schulden bei redlicher wirtschaftlicher Gebarung in angemessener Frist zu beglei-

1773 Vgl § 161 Abs 2 iVm § 74 Abs 3 StGB; das gilt auch für den faktischen Geschäftsführer (*Breiter*, Fahrlässige Krida 31 ff).

chen.[1774] Überschuldung genügt nicht zur Erfüllung des Tatbestandes.[1775] Für die **Gläubigerbenachteiligung** genügt es aber, wenn durch die Tathandlung die Stellung und Beziehung der Gläubiger zueinander zum Nachteil eines von ihnen verschoben und der allen Gläubigern gemeinsame Befriedigungsfonds in einer dem Grundsatz der par conditio creditorum (Gleichbehandlung der Gläubiger) widersprechenden Weise verrückt wird. Eine Gläubigerbenachteiligung liegt aber nicht nur dann vor, wenn durch Eingehen neuer Schulden oder Zahlen alter Schulden insgesamt eine weitere Verschlechterung der Vermögenslage des Schuldners eintritt, sondern schon dann, wenn durch willkürliche Zahlungen an einzelne Gläubiger eine Veränderung des gemeinsamen Befriedigungsfonds erfolgt. Das Unterlassen einer rechtzeitigen Antragstellung zur Konkurseröffnung führt **regelmäßig** schon wegen der dadurch bewirkten Entstehung zusätzlicher Lohn- und Abgabenverbindlichkeiten zumindest zu einer Schmälerung der Gläubigerbefriedigung. Geschützt werden nicht nur die alten, sondern auch die neuen Gläubiger. Die Feststellung eines ziffernmäßigen Schadens ist nicht erforderlich.[1776] Als kridaträchtig sind aber auch anzusehen:

- äußerst riskante Spekulationsgeschäfte (fallen unter Abs 5 Z 2);[1777]
- gemessen am Ertrag unverhältnismäßig hohe Geschäftsführerentlohnungen (fallen unter Abs 5 Z 3).[1778]

Nur grob fahrlässige Verhaltensweisen sind unter Strafe gestellt. Grob fahrlässig handelt der Täter, wenn ihm eine ungewöhnliche, auffallende Sorglosigkeit zur Last liegt und für ihn der Eintritt einer Tatbildverwirklichung nicht nur entfernt möglich, sondern nachgerade schon als wahrscheinlich vorhersehbar ist.[1779] Diese Umschreibung des schweren Verschuldens stimmt mit der Definition der groben Fahrlässigkeit in den zivilrechtlichen Entscheidungen des OGH überein.[1780] Nicht jede grobe Sorgfaltswidrigkeit begründet eine Strafbarkeit iSd § 159 StGB, sondern nur jene, die als kridaträchtig iSd Abs 5 anzusehen ist.[1781] Die Aufzählung ist taxativ.

1774 OGH 19.1.2011, 3 Ob 99/10w SZ 2011/2; OGH 11.10.2012, 2 Ob 117/12p; RIS-Justiz RS 0126559: *Zahlungsunfähigkeit iSd § 66 KO liegt vor, wenn der Schuldner mehr als 5 % aller fälligen Schulden nicht begleichen kann. Von Zahlungsfähigkeit darf ein Zahlungsempfänger ausgehen, wenn der Schuldner 95 % oder mehr aller fälligen Schulden begleichen kann.* Vgl auch OGH 18.11.2003, 14 Os 58/03; RIS-Justiz RS 0118268; *Tipold* in *Ratka/Rauter,* Geschäftsführerhaftung[2] Rz 4/22; *Kirchbacher* in WK[2] StGB § 159 Rz 60 mwN, siehe auch *Lichtkoppler/Reisch,* Unternehmenssanierung[2] Rz 1.55

1775 *Tipold* in *Ratka/Rauter,* Geschäftsführerhaftung[2] Rz 4/22.

1776 ErläutRV 92 BlgNR 21. GP Pkt 5.1.

1777 ErläutRV 92 BlgNR 21. GP 12; OGH 6.8.2003, 13 Os 54/03; RIS-Justiz RS 0117953; *Tipold* in *Ratka/Rauter,* Geschäftsführerhaftung[2] Rz 4/24; *Kirchbacher/Presslauer* in WK[2] StGB § 159 Rz 45.

1778 OGH 6.8.2003, 13 Os 54/03; RIS-Justiz RS 0117952; *Tipold* in *Ratka/Rauter,* Geschäftsführerhaftung[2] Rz 4/24; *Kirchbacher/ Presslauer* in WK[2] StGB § 159 Rz 50.

1779 ErläutRV 92 BlgNR 21. GP Pkt 8; vgl auch OGH 23.4.2014, 13 Os 55/13g (13 Os 56/13d); RIS-Justiz RS 0129425.

1780 ErläutRV 92 BlgNR 21. GP Pkt 8.2.

1781 *Tipold* in *Ratka/Rauter,* Geschäftsführerhaftung[2] Rz 4/23.

Die strafrechtliche Verurteilung gem § 159 StGB hat auch Einfluss auf die zivilrechtliche Geltendmachung von Schadenersatz, denn:

> „Die Bestimmung des § 159 Abs 1 Z 2 StGB stellt ein Schutzgesetz zugunsten der Gläubiger dar. Vom Schutzzweck der Norm werden sämtliche Gläubiger einer GmbH erfasst, sowohl Altgläubiger, deren Forderungen im Zeitpunkt des Eintrittes der Zahlungsunfähigkeit bereits bestanden und die durch die Eingehung neuer Verbindlichkeiten geschädigt werden, als auch Neugläubiger, die durch die Begründung der Verbindlichkeit im Stadium der Zahlungsunfähigkeit dadurch geschädigt werden, dass sie keine Gegenleistung erhalten. Ihnen gegenüber haftet der Geschäftsführer unmittelbar nach schadenersatzrechtlichen Grundsätzen.“[1782]

Wer den Tatbestand des § 159 StGB erfüllt, verletzt also gleichfalls ein Schutzgesetz iSd § 1311 ABGB (dazu siehe Kap 5.2.7.)

1782 OGH 26.3.1980, 1 Ob 545/80 SZ 53/53; RIS-Justiz RS 0023866.

7. GmbH-Geschäftsführer und Verwaltungsstrafrecht

Das VStG enthält ausschließlich Bestimmungen über die Strafbarkeit von natürlichen Personen. Im Anwendungsbereich des VStG gibt es also keine strafrechtliche Verantwortlichkeit von juristischen Personen, wie dies zB im gerichtlichen Strafrecht im Verbandsverantwortlichkeitsgesetz, sowie bei Verstößen gegen das Datenschutzgesetz und gegen die DSGVO vorgesehen ist.[1783]

Wenn eine juristische Person wie etwa die GmbH eine sie treffende Verwaltungsvorschrift nicht einhält, wird also nicht die Gesellschaft verwaltungsstrafrechtlich verfolgt oder bestraft, sondern die **Mitglieder des Vertretungsorgans** oder die allenfalls bestellten **verantwortlichen Beauftragten**.

Das bedeutet jedoch nicht, dass die Geschäftsführer (oder die von ihnen bestellten verantwortlichen Beauftragten) allein wegen ihrer Eigenschaft als gesetzliche Vertreter der Gesellschaft bei einer Verwaltungsübertretung durch die Gesellschaft automatisch strafbar handeln. Die Haftung trifft den Geschäftsführer (oder verantwortlichen Beauftragten) nur dann, wenn er auch schuldhaft gehandelt hat.[1784] Wenn also zB die Verwaltungsübertretung ein Vorsatzdelikt ist, haftet der Geschäftsführer oder der verantwortliche Beauftragte nur, wenn er selbst vorsätzlich gehandelt hat.[1785] Freilich wird ein statutarisches Vertretungsorgan bzw ein verantwortlicher Beauftragter, der die notwendigen Vorkehrungen getroffen hat, um zu verhindern, dass Verwaltungsübertretungen begangen werden, nicht zur Verantwortung gezogen. § 9 VStG weist dem Vertretungsorgan respektive dem bestellten verantwortlichen Beauftragten die Verantwortlichkeit dafür zu, dass in der Gesellschaft die Regeln eingehalten werden, begründet aber keine Erfolgshaftung.[1786]

Der Geschäftsführer wird grundsätzlich dann bestraft, wenn er nicht alles Zumutbare und Mögliche getan hat, um zu verhindern, dass zB Mitarbeiter der Gesellschaft gegen Verwaltungsvorschriften verstoßen (was der Gesellschaft zuzurechnen ist).[1787] Vgl dazu Kap 7.6.3.

1783 *Lewisch* in *Lewisch/Fister/Weilguni*, VStG² (2017) § 9 Rz 3 mwN zu anderen Rechtsgebieten, die die strafrechtliche Verantwortlichkeit juristischer Personen normieren; *Kalss*, GesRZ 2015, 79; vgl § 30 DSG.

1784 *Lewisch* in *Lewisch/Fister/Weilguni*, VStG² § 9 Rz 41.

1785 *Lewisch* in *Lewisch/Fister/Weilguni*, VStG² § 9 Rz 5 mwN.

1786 *Lewisch* in *Lewisch/Fister/Weilguni*, VStG² § 9 Rz 6; *Kalss*, GesRZ 2015, 79.

1787 *Stöger*, Die verwaltungsstrafrechtliche Verantwortlichkeit und die Möglichkeiten ihrer Übertragung auf andere Personen, in *Ratka/Rauter*, Geschäftsführerhaftung² Rz 5/6.

In § 9 VStG sind die verwaltungsstrafrechtliche Haftung der Vertretungsorgane oder der verantwortlichen Beauftragten, sowie die Möglichkeiten zur Bestellung von verantwortlichen Beauftragten geregelt.

7.1. Regelungsgegenstand des § 9 VStG

§ 9 VStG enthält Bestimmungen zur verwaltungsstrafrechtlichen Verantwortlichkeit bei Tatbegehung durch juristische Personen und eingetragene Personengesellschaften:[1788]

- Sofern die Verwaltungsvorschriften nichts anderes bestimmen, ist gem Abs 1 verwaltungsstrafrechtlich verantwortlich, wer „zur Vertretung nach außen berufen ist".
- Abs 2 bis Abs 5 regeln die Möglichkeit statutarischer Vertretungsorgane, durch Bestellung „verantwortlicher Beauftragter" die Verantwortlichkeit auf Letztere zu übertragen.
- Abs 2 bestimmt zudem, dass – je nach Zuständigkeitsbereich – die verantwortlichen Beauftragten selbst statutarische Vertretungsorgane[1789] sein müssen oder – im Falle partieller Zuständigkeit – aus anderen Kreisen[1790] bestellt werden können.
- Abs 3 räumt auch natürlichen Personen als Unternehmensinhaber die Möglichkeit zur Bestellung „verantwortlicher Beauftragter" ein.
- Abs 4 enthält Bestimmungen über die persönlichen Anforderungen, die verantwortliche Beauftragte zu erfüllen haben.
- Abs 5 gewährt Straffreiheit für verantwortliche Beauftragte im Falle von Rechtsverstößen, die aufgrund der Befolgung von Weisungen begangen wurden, wobei normgemäßes Verhalten des verantwortlichen Beauftragten nicht zumutbar gewesen wäre.
- Abs 6 normiert die Strafbarkeit statutarischer Vertretungsorgane für vorsätzliche Nichtverhinderung der Tat.
- Abs 7 sieht die Solidarhaftung juristischer Personen für die über natürliche Personen gem § 9 Abs 1 bis Abs 5 VStG verhängten Geldstrafen vor.

Neuerung

In Anlehnung an bereits zuvor existierende gewerberechtliche Bestimmungen führte der Gesetzgeber per 1. Jänner 2019 mit Implementierung des § 33 a VStG nunmehr auch im allgemeinen Verwaltungsstrafrecht das Prinzip „Beraten statt Strafen" ein.[1791]

1788 *Schulev-Steindl*, Verwaltungsverfahrensrecht[6] (2018) Rz 506; *Wessely* in *N. Raschauer/Wessely*, VStG[2] (2016) § 9 Rz 1; Kalss, GesRZ 2015, 78.

1789 Dies gilt für den Fall, dass der verantwortliche Beauftragte für das gesamte Unternehmen bestellt wird.

1790 Im Falle, dass die Zuständigkeit nicht für das gesamte Unternehmen gilt, sondern nur partielle Bereiche umfasst, können bspw auch Angestellte zu verantwortlichen Beauftragten bestellt werden.

1791 BGBl 1991/52 iFV BGBl I 2018/57; vgl § 371c GewO.

Hinter diesem Prinzip steht der Gedanke, einen Beschuldigten möglichst durch Beratung auf den rechtskonformen Weg zurückzuführen und ihm zu zeigen, wie der rechts- und oder bescheidkonforme Zustand wiederhergestellt werden kann. Mit „Beratung" ist aber keine umfassende anwaltliche oder gerichtliche Beratung gemeint, sondern eine schriftliche Mitteilung der Behörde an den Beschuldigten mit dem Inhalt, dass er eine Verwaltungsübertretung begangen habe, die noch andauere, sowie der Anleitung, wie das rechtswidrige Verhalten eingestellt werden könne.[1792]

Das Verwaltungsstrafverfahren ist gemäß § 45 Abs 1 Z 4 VStG einzustellen, wenn der Beschuldigte der schriftlichen Aufforderung, das rechtswidrige Verhalten zu beenden, nachkommt. Diese Art der Verfahrenseinstellung ist aber nur in engen Grenzen möglich, und zwar dann, wenn (i) die Bedeutung des strafrechtlich geschützten Rechtsguts, (ii) die Intensität seiner Beeinträchtigung durch die Tat und (iii) das Verschulden des Beschuldigten gering sind.[1793] Kommt der Beschuldigte der Aufforderung nicht nach oder kommt Beraten statt strafen aufgrund der Schwere des Verstoßes nicht in Frage, muss die Behörde das Strafverfahren einleiten oder fortführen. Bei wiederholten Verstößen, dh wenn ein Beschuldigter bereits Beratung erhalten hat oder wegen einer gleichgelagerten Tat verurteilt worden ist, ist Beraten statt strafen gem § 33a VStG unzulässig.

7.1.1. Zurechenbarkeit der Straftat

§ 9 VStG zielt auf die Verantwortlichkeit für die Einhaltung von Verwaltungsvorschriften durch juristische Personen bzw eingetragene Personengesellschaften ab. Die Verantwortlichkeit bezieht sich aber nur auf Verwaltungsstraftaten, die der juristischen Person auch zurechenbar sind.

Eine Straftat iSd § 9 VStG ist der Gesellschaft dann zuzurechnen, wenn die Gesellschaft eine Rechtspflicht trifft.[1794] Die übertretene Norm muss sich an die Gesellschaft richten, damit es zur Haftung der in § 9 VStG genannten Personen kommen kann.

Die Anwendung des § 9 VStG ist dann ausgeschlossen, wenn die Rechtspflicht eine natürliche Person trifft, wobei im Einzelfall oftmals eine genaue Prüfung notwendig ist, um festzustellen, ob Adressat der Rechtspflicht die Gesellschaft oder eine natürliche Person ist. Schwierig ist die Abgrenzung zB auch bei der Beauftragung eines externen Unternehmens durch die Gesellschaft: Im Falle von Verwaltungsstraftaten, die iZm der Leistungserbringung stehen, ist sohin zu prüfen, ob die Verwaltungsübertretung der juristischen Person, die den Auftrag erteilte, *und* dem beauftragten Unternehmen, oder nur dem beauftragten Dritten rechtlich zuzurechnen ist.[1795]

1792 *Barbist*, Die Unschuld kehrt halb zurück, ecolex 2018, 949 (950).

1793 *Barbist*, ecolex 2018, 950.

1794 *Lewisch* in *Lewisch/Fister/Weilguni*, VStG² § 9 Rz 7 mwN; *Schulev-Steindl*, Verwaltungsverfahrensrecht⁶ Rz 507; vgl auch *Wessely* in N. Raschauer/Wessely, VStG² § 9 Rz 3.

1795 *Lewisch* in *Lewisch/Fister/Weilguni*, VStG² § 9 Rz 7; VwSlg 14.283 A/1995; restriktiv: VwGH 26.5.1998, 97/07/0186.

Beispiel

Die A-GmbH und die B-GmbH betreiben jeweils einen Gemüsegroßhandel. Die B-GmbH tätigt fallweise Kommissionsgeschäfte für die A-GmbH und bedient sich dabei der Arbeitnehmer der A-GmbH, weil sie selbst nicht genügend Beschäftigte hat. Bei einem Verkauf liefert die B-GmbH nicht ordnungsgemäß gekennzeichnetes Gemüse und der Geschäftsführer der B-GmbH wird verwaltungsstrafrechtlich belangt. Die Kennzeichnungspflicht traf in diesem Fall die B-GmbH, die das Gemüse in „Verkehr gebracht" hatte und als Verkäuferin auftrat; auf den Einsatz von Arbeitnehmern der A-GmbH kam es nicht an.

7.1.2. Personenkreis: Juristische Person und eingetragene Personengesellschaft

§ 9 VStG gilt für juristische Personen und eingetragene Personengesellschaften;[1796] sowohl des Privatrechts als auch für jene des öffentlichen Rechts. Die österreichische GmbH ist eine juristische Person und unterliegt somit dem Anwendungsbereich des § 9 VStG.

Der Gesetzgeber stellt für die Anwendbarkeit des § 9 Abs 1 VStG darauf ab, dass die juristische Person/eingetragene Personengesellschaft in rechtliche Existenz getreten ist. Für Kapitalgesellschaften wie die GmbH entschied der VwGH, dass es als Voraussetzung für die Anwendbarkeit des § 9 Abs 1 VStG der konstitutiven Eintragung der Kapitalgesellschaft in das Firmenbuch bedarf.[1797] Die GmbH entsteht gem § 2 Abs 1 GmbHG nämlich erst mit Eintragung in das Firmenbuch.[1798] Nach der Rsp des VwGH bewirkt die Eintragung selbst dann die rechtliche Existenz der GmbH, wenn dem Eintragungsbegehren nicht hätte Folge gegeben werden dürfen.[1799]

Der Status im Zeitraum zwischen dem Abschluss des Gesellschaftsvertrags und der Eintragung in das Firmenbuch wird als „Vorgesellschaft" bezeichnet. Für diese findet das Gesetz wenige Regelungen. Grundsätzlich beschränkt sich der Gesetzgeber auf die Normierung der Haftung für vor dem Entstehen der GmbH in deren Namen eingegangene Verpflichtungen.[1800] § 9 VStG findet auf Vorgesellschaften keine Anwendung.

1796 Unter eingetragenen Personengesellschaften versteht man die OG (§§ 105 ff UGB) und die KG (§§ 161 ff UGB), nicht aber die GesbR: sie ist weder juristische Person noch eingetragene Personengesellschaft. Folglich sind die Bestimmungen des § 9 VStG nicht auf Gesellschaften bürgerlichen Rechts anzuwenden.

1797 *Lewisch* in *Lewisch/Fister/Weilguni*, VStG² § 9 Rz 9; VwGH 19.1.1988, 87/04/0196; 26.1.1996, 95/02/0243.

1798 *Koppensteiner/Rüffler*, GmbHG³ § 2 Rz 3; *Aicher/Feltl* in *Straube/Ratka/Rauter*, WK GmbHG § 3 Rz 6 ff (Stand 1.12.2014, rdb.at).

1799 VwGH 26.1.1996, 95/02/0243.

1800 § 2 GmbHG.

Die verwaltungsstrafrechtliche Verantwortung verbleibt auch dann bei den Geschäftsführern oder verantwortlichen Beauftragten der GmbH, wenn die GmbH Teil einer ARGE ist. Auf eine GesbR ist § 9 Abs 1 VStG nämlich nicht anwendbar, da sie weder zur Kategorie der juristischen Personen noch zu jener der eingetragenen Personengesellschaften zählt. Wenn die Gesellschafter nichts anderes vereinbaren,[1801] haften die Gesellschafter einer GesbR verwaltungsstrafrechtlich.[1802]

7.2. Verwaltungsstrafrechtliche Verantwortlichkeit der Geschäftsführer (§ 9 VStG)

7.2.1. Grundlagen

§ 9 Abs 1 VStG bestimmt als Grundkonstellation, dass strafrechtlich verantwortlich ist, *„wer zur Vertretung nach außen berufen ist"*. Die Verwaltungsvorschriften können Ausnahmen zu dieser Regel vorsehen (zB die Bestimmungen über den gewerberechtlichen Geschäftsführer, siehe unten Kap 7.2.3.1.), aber wenn dies nicht der Fall ist und die Vertretungsbefugten auch keine verantwortlichen Beauftragten gem § 9 Abs 2 VStG bestellen, haften sie für die der Gesellschaft zuzurechnenden Verwaltungsübertretungen persönlich. Bei der GmbH sind die „nach außen Vertretungsbefugten" die Geschäftsführer,[1803] wobei sie kollektiv- oder einzelzeichnungsberechtigt sein können.[1804]

Anknüpfungspunkt für die verwaltungsstrafrechtliche Verantwortlichkeit des Geschäftsführers ist die Ausübung der Organfunktion im Zeitpunkt der Begehung der Verwaltungsübertretung. Nicht maßgeblich ist hingegen die Eintragung des Geschäftsführers im Firmenbuch,[1805] falls eine solche vorgenommen wurde, oder ob der Geschäftsführer seine Tätigkeit später beendet hat, zB durch Abberufung oder Zurücklegen der Organfunktion, oder wegen des Erlöschens der juristischen Person.[1806] Die Verantwortlichkeit ist somit für die gesamte Dauer des Mandats gegeben – von der Bestellung bis zur Beendigung der Geschäftsführertätigkeit.

Im Falle einer Verwaltungsstraftat hat die Behörde von Amts wegen zu ermitteln, wer Vertretungsorgan (oder verantwortlicher Beauftragter) ist.[1807] Die bloße

1801 Wenn vereinbart, kann die verwaltungsstrafrechtliche Verantwortung auch einem einzelnen Gesellschafter zukommen; vgl VwGH 22.11.2005, 2003/03/0041; zuletzt LVwG Tirol 5.9.2017, LVwG-2016/41/2701-7.

1802 *Lewisch* in *Lewisch/Fister/Weilguni*, VStG² § 9 Rz 10.

1803 ZB VwGH 25.9.1992, 92/09/0148, zuletzt LVwG Salzburg 25.4.2018, 405-7/451/1/9-2018.

1804 ZB VwGH 14.10.1986, 85/04/0230.

1805 ZB VwGH 84/04/0037 VwSlg 11460 A/1984; 4.3.1994, 93/02/0194, zuletzt LVwG Tirol 13.8.2018, LVwG-2018/38/1364-4; 20.12.1991, 90/17/0112; dazu auch *Stöger* in *Ratka/Rauter*, Geschäftsführerhaftung² Rz 5/4.

1806 *Lewisch* in *Lewisch/Fister/Weilguni*, VStG² § 9 Rz 11; VwGH 1.4.1993, 90/06/0209, zuletzt BVwG 3.8.2016 W120 2108360-1.

1807 VwGH 22.10.1971, 443/71; 23.11.1993, 93/04/0152; 21.3.1995, 94/04/0265.

Behauptung eines Beschuldigten, statutarischer Vertreter zu sein, reicht für die Feststellung nicht aus. Vielmehr hat die Behörde die objektive Rechtslage zu ermitteln.[1808]

Weder die Gesellschaft noch natürliche Personen (etwa Mitarbeiter oder die Geschäftsführer, selbst, wenn diese Beschuldigte sind) trifft eine Mitwirkungspflicht. Die Rsp des VwGH betreffend ausländische Gesellschaften[1809] ist indes nicht eindeutig. Freilich sind die Behörden gerade bei ausländischen Gesellschaften auf die Mitwirkung der Gesellschaft bzw deren Vertretungsorgan angewiesen, weil ihnen nicht dieselben einfach zugänglichen Informationen wie bei österreichischen Gesellschaften zur Verfügung stehen.

Jedenfalls einzustellen ist die Strafverfolgung, wenn ein Erfolg des Ermittlungsverfahrens ausbleibt –also nicht feststellbar ist, wer der verwaltungsstrafrechtlich Verantwortliche ist.

7.2.1.1. Rechtsprechung zu Abgrenzungsfragen

Bei der GmbH & Co KG trifft die verwaltungsstrafrechtliche Verantwortung die Geschäftsführer der Komplementär-GmbH, weil diese iSd § 9 Abs 1 VStG zur Vertretung der GmbH & Co KG nach außen befugt sind.[1810] Die Rsp denkt bislang noch keine Verantwortlichkeit des faktischen Geschäftsführers an, was jedoch dessen Strafbarkeit als Tatbeteiligter nicht ausschließt.[1811]

Trotz ihrer Vertretungsbefugnis sind Prokuristen mangels statutarischer[1812] Einräumung der Vertretungsmacht nicht von § 9 Abs 1 erfasst und somit nicht für Verwaltungsübertretungen verantwortlich.[1813] Freilich können Prokuristen zum verantwortlichen Beauftragten iSd § 9 Abs 2 S 2 VStG bestellt werden; selbiges trifft auch auf Handlungsbevollmächtigte zu.[1814]

Da das Vertretungsorgan, die Geschäftsführung, in der Insolvenz der Gesellschaft nicht automatisch seine Vertretungsbefugnis verliert (vgl Kap 4.4.), bleibt auch die verwaltungsstrafrechtliche Verantwortlichkeit in der Insolvenz weiter aufrecht. Im Falle der Bestellung eines Insolvenzverwalters sind jedoch die Vertretungsbefugnis der Geschäftsführung und somit auch ihre strafrechtliche Verantwor-

1808 *Lewisch* in *Lewisch/Fister/Weilguni*, VStG² § 9 Rz 12; zB VwGH 1504/68 VwSlg 7753A/1970; 23.11.1993, 93/04/0152.

1809 VwGH 7.9.2007, 2006/02/0279; *Lewisch* in *Lewisch/Fister/Weilguni*, VStG² § 9 Rz 12.

1810 ZB VwGH 23.5.2005, 2004/06/0013.

1811 *Lewisch* in *Lewisch/Fister/Weilguni*, VStG² § 9 Rz 13.

1812 Statutarisch bedeutet „gem den Statuten“, dh gem Gesellschaftsvertrag. Während Geschäftsführer von Gesetzes wegen Vertreter der GmbH sind, ist die Prokura eine rechtsgeschäftliche Vollmacht, also nicht „statutarisch“.

1813 VwGH Ra 2014/05/0002 GES 2016, 199 (*Feltl*); 24.9.2010 2009/02/0014; 12.11.1992, 92/18/0410; VfSlg 10.258/1984.

1814 *Lewisch* in *Lewisch/Fister/Weilguni*, VStG² § 9 Rz 13.

tung eingeschränkt. Der Insolvenzverwalter ist dann gem § 9 Abs 1 VStG im Umfang seiner Vertretungsmacht[1815] für die Dauer seiner Bestellung strafrechtlich verantwortlich.[1816]

7.2.2. Haftung mehrerer Personen, Ressortverteilung

Bei mehrgliedrigen Organen besteht grundsätzlich eine Verantwortlichkeit aller Organwalter.[1817] Dh, dass bei einer GmbH mit drei Geschäftsführern grundsätzlich jeder von ihnen für dieselbe Verwaltungsstraftat verantwortlich sein kann (sofern sie keinen verantwortlichen Beauftragten gem § 9 Abs 2 VStG bestellt haben). Die Strafbarkeit des Einzelnen hängt jedoch von dessen persönlicher Schuld und der Rechtswidrigkeit seines Verhaltens ab. Diese Voraussetzungen bedürfen also bei jedem Organmitglied (Geschäftsführer) einer rechtlichen Prüfung, um festzustellen, ob dem einzelnen Organmitglied ein strafbares Verhalten vorgeworfen werden kann.

Ein Geschäftsführer handelt nicht strafbar, wenn er ein die Erfüllung aller Pflichten einhaltendes Verhalten an den Tag legt, während andere Organwalter ihre Pflichten nicht erfüllen und dadurch einen Straftatbestand verwirklichen.[1818]

Ebenso verhält es sich, wenn ein alleinvertretungsbefugter Geschäftsführer ein Fehlverhalten setzt, das ein gemeinsam vertretungsberechtigtes Organmitglied rechtlich nicht verhindern konnte. Hier mangelt es Letzterem an eigenem Verschulden und auch an der Rechtswidrigkeit des Verhaltens.[1819] Die vom Gesetzgeber in § 5 Abs 1, 2. Satz VStG[1820] vorgesehene Verschuldensvermutung bei Ungehorsamsdelikten hat der beschuldigte Geschäftsführer zu widerlegen, indem er zumindest *glaubhaft* macht, dass ihn weder ein Verschulden trifft noch ein Pflichtverstoß vorliegt (vgl Kap 7.6.1.).

Allzu oft ergibt sich aus der rechtlichen Prüfung, dass einige oder gar alle Organwalter die Voraussetzungen der Strafbarkeit erfüllen. Dies bedeutet jedenfalls keinen Milderungsgrund, sondern führt vielmehr dazu, dass jedes Geschäftsführungsmitglied gesondert eine Straftat begeht.[1821] Die Verwaltungsstrafverfahren gegen mehrere Mitglieder der Geschäftsführung sind wegen des unterschied-

1815 Vgl auch § 83 Abs 1 IO.

1816 *Lewisch* in *Lewisch/Fister/Weilguni*, VStG² § 9 Rz 13.

1817 Als „Organwalter" bezeichnet man die Mitglieder eines Organs. *Lewisch* in *Lewisch/Fister/Weilguni*, VStG² § 9 Rz 14; VwGH 24.3.2011, 2011/09/0034; 16.10.2008, 2007/09/0369; 4.7.2001, 2001/17/0034.

1818 *Lewisch* in *Lewisch/Fister/Weilguni*, VStG² § 9 Rz 14 mit Verweis auf VwGH 86/18/0073 VwSlg 12.375 A/1987.

1819 VwGH 15.5.2009, 2009/09/0009; 10.3.1999, 97/09/0144.

1820 § 5 Abs 1 VStG besagt auszugsweise, „[...] *Fahrlässigkeit* ist *bei Zuwiderhandeln gegen ein Verbot oder bei Nichtbefolgung eines Gebotes dann ohne weiteres anzunehmen, wenn zum Tatbestand einer Verwaltungsübertretung der Eintritt eines Schadens oder einer Gefahr nicht gehört und der Täter nicht glaubhaft macht, dass ihn an der Verletzung der Verwaltungsvorschrift kein Verschulden trifft.*"; VwGH 4.7.2008, 2008/17/0072.

1821 VwGH 2001/17/0035 wbl 2002/167.

lichen Personenbezuges voneinander unabhängig, obwohl das strafbare Verhalten jeweils aus demselben Grundsachverhalt herrührt.[1822] Aus diesem Grund schließt die Beendigung *eines* Verwaltungsstrafverfahrens ein anschließendes Verfahren gegen ein anderes Mitglied derselben Geschäftsführung nicht aus, wenngleich der Grundsachverhalt derselbe ist.

Die Verfolgung liegt bei mehrgliedrigen Vertretungsorganen im Ermessen der zuständigen Behörde.[1823] Beobachtet werden kann, dass oft mehrere Vertretungsorgane gleichzeitig verfolgt werden.

Die verbindliche Verteilung von Zuständigkeiten, Rechten und Pflichten unter den einzelnen Geschäftsführern wird meist im Gesellschaftsvertrag oder in einer Geschäftsordnung festgehalten (vgl Kap 1.3.2. und 1.3.3.).

Nach der hM und Auffassung des VwGH[1824] ist eine bloß intern vorgenommene Arbeitsaufteilung nicht ausreichend, einzelne Geschäftsführer von der **Verantwortlichkeit zu befreien**.[1825] Damit ist offenbar gemeint, dass eine unter den Vorstandsmitgliedern oder Geschäftsführern eigenständig vereinbarte Aufteilung von Zuständigkeiten die einzelnen Personen als gesetzliche Vertreter grundsätzlich nicht von ihrer kollektiven Verantwortlichkeit iSd § 9 VStG befreien kann. Eine interne Aufteilung kann jedoch im Einzelfall für die Beurteilung des Ausmaßes der zumutbaren Kontrollpflichten der konkreten Person herangezogen werden. Ein nach der Geschäftsverteilung unzuständiges Organmitglied kann daher durch zumindest stichprobenartige Kontrollen aller Geschäftsbereiche seinen Pflichten nachkommen und sich so von der Haftung befreien.[1826] **Satzungsmäßig vorgesehene**, verbindliche Zuständigkeitsbereiche haben hingegen eine **pflichtbeschränkende Wirkung**.[1827]

Der Gesellschaftsvertrag der GmbH sieht so gut wie nie die Bildung von Geschäftsbereichen (Ressorts) vor. Die Aufteilung der Geschäftsbereiche an konkrete Geschäftsführer im Gesellschaftsvertrag wäre zudem höchst unpraktikabel, weil jeder Geschäftsführerwechsel oder jede Neuzuteilung von Ressorts eine Änderung des Gesellschaftsvertrages notwendig machen würde. Als „satzungsmäßig vorgesehene“ verbindliche Aufteilung von Zuständigkeitsbereichen müsste uE in der GmbH aber jedenfalls eine Geschäftsverteilung anerkannt werden, die per Beschluss der Gesellschafter eingerichtet wird. Denn die Gesellschafter sind das satzungsgebende Organ der Gesellschaft (vgl Kap 1.3.2.). Beschließen die Gesell-

1822 *Lewisch* in *Lewisch/Fister/Weilguni*, VStG[2] § 9 Rz 15.
1823 *Lewisch* in *Lewisch/Fister/Weilguni*, VStG[2] § 9 Rz 15; zB VwGH 30.9.1993, 92/18/0118.
1824 VwGH 4.7.2008, 2008/17/0072.
1825 *Wessely in N. Raschauer/Wessely*, VStG[2] § 9 Rz 4; *Schulev-Steindl*, Verwaltungsverfahrensrecht[6] Rz 509; aus der Rsp zB VwGH 4.7.2008, 2008/17/0072; 15.9.2005, 2003/07/0021; 14.9.2001, 2000/02/0181.
1826 *Schulev-Steindl*, Verwaltungsverfahren[6] Rz 509 mwN.
1827 *Lewisch* in *Lewisch/Fister/Weilguni*, VStG[2] § 9 Rz 16; *Schulev-Steindl*, Verwaltungsverfahrensrecht[6] Rz 509.

schafter daher eine Geschäftsverteilung für die Geschäftsführung, sollte dies uE die verwaltungsstrafrechtliche Verantwortlichkeit jedes Geschäftsführers auf die in seinem Zuständigkeitsbereich anwendbaren Verwaltungsvorschriften beschränken.[1828] Der VwGH ist hingegen der Ansicht, dass es nicht ausreicht, sich auf die interne Unzuständigkeit zu berufen, sondern der beschuldigte Geschäftsführer auch darlegen muss, dass er irgendwelche Tätigkeiten entfaltet, die die Einhaltung der Verwaltungsvorschriften gewährleisten.[1829]

Gegen diese restriktive Auffassung des VwGH bestehen aus gesellschaftsrechtlicher Sicht hingegen Bedenken, weil eine von den Gesellschaftern beschlossene Ressortverteilung nach hM eine Reduktion der Pflichten der nicht für das Ressort zuständigen Geschäftsführer iS einer eingeschränkten Überwachungspflicht bewirkt.[1830] Das Einschreiten eines nicht zuständigen Geschäftsführers wird nur im Falle entsprechender Verdachtsmomente als notwendig erachtet. Vgl dazu Kap 1.3.4.

Auch aus verwaltungsrechtlicher Sicht scheint diese Rsp überdenkenswert, weil nach § 9 Abs 2, 1. Satz VStG ein oder mehrere verantwortliche Beauftragte aus dem Kreis der Mitglieder des Vertretungsorgans bestellt werden können, wofür keine Verankerung im Gesellschaftsvertrag erforderlich ist, sondern lediglich eine Vereinbarung zwischen den Geschäftsführern.[1831]

In zwei neueren Entscheidungen hat der VwGH jedoch klargestellt, dass eine unternehmensinterne[1832] Geschäftsverteilung auch mit Zustimmung des Organmitglieds (beschuldigt war ein Vorstandsmitglied einer AG) noch keine Bestellung zum verantwortlichen Beauftragten bewirke. Eine Übertragung der verwaltungsstrafrechtlichen Verantwortung könne nur dann erfolgen, wenn der Übertragungsakt (also die Übernahme einer Ressortverantwortung) auch hinreichend klar die Übernahme der verwaltungsstrafrechtlichen Verantwortung beinhalte.[1833]

Im Ergebnis schlägt der VwGH mit diesen Entscheidungen freilich die richtige Richtung ein, weil er eine unterschiedliche Kontrollintensität je nach Verantwortungsbereich laut Geschäftsverteilung anerkennt. Eine (bloß) stichprobenartige Überwachungstätigkeit eines unzuständigen Vorstandsmitgliedes sei ausreichend.

1828 UE müsste eine von den Geschäftsführern selbst vorgenommene Ressortverteilung dieselbe Wirkung haben, wenn die Gesellschafter keine Aufteilung vorgenommen haben und die Ressortverteilung durch die Geschäftsführer stillschweigend billigen (vgl Kap 1.3.2. mwN zu den unterschiedlichen Meinungen).

1829 VwGH 4.7.2008, 2008/17/0072 zur Ressortverteilung für einen AG-Vorstand.

1830 *Nowotny* in *Kalss/Nowotny/Schauer*, Gesellschaftsrecht² 4/188.

1831 Vgl die Kritik von *Lewisch* in *Lewisch/Fister/Weilguni*, VStG² § 9 Rz 17.

1832 Damit ist wohl auch eine durch den Aufsichtsrat getroffene und nicht bloße eine vorstandsinterne Geschäftsverteilung gemeint. Der Sachverhalt ist in der E aber nicht detailliert genug wiedergegeben.

1833 VwGH 28.3.2014, 2014/02/0002 und 16.5.2011, 2009/17/0185. Kritisch zu diesem Argument *Lewisch* in *Lewisch/Fister/Weilguni*, VStG² § 9 Rz 17

Denn es könne „*nicht verlangt werden, dass ein nach der Geschäftseinteilung unzuständiges Vorstandsmitglied die im Verantwortungsbereich eines anderen Vorstandsmitgliedes tätigen Personen mit gleicher Intensität überwacht, wie es dem nach der internen Geschäftseinteilung zuständigen Vorstandsmitglied obliegen würde.*“[1834]

7.2.3. Subsidiarität von § 9 Abs 1 VStG

Bestimmungen in anderen Verwaltungsgesetzen gehen jenen des § 9 VStG dann vor, wenn sie eine (wenn auch nur teilweise) abweichende Zuweisung der verwaltungsstrafrechtlichen Verantwortlichkeit vorsehen. Die speziellere Norm verdrängt (derogiert) also die allgemeine Norm des § 9 Abs 1 VStG. Ein Beispiel für solche speziellen Vorschriften, die die verwaltungsstrafrechtliche Verantwortlichkeit abweichend von § 9 VStG gesondert regeln, sind die Bestimmungen über den gewerberechtlichen Geschäftsführer.

7.2.3.1. Sonderfall „Gewerberechtlicher Geschäftsführer"

Gem § 9 VStG iVm § 39 GewO müssen die handelsrechtlichen Geschäftsführer als vertretungsbefugte Organe der GmbH bei Ausübung eines Gewerbes einen gewerberechtlichen Geschäftsführer bestellen, wodurch ihre eigene Verantwortlichkeit als Vertretungsorgan iSd § 9 VStG im sachlichen Anwendungsbereich der Bestellung des gewerberechtlichen Geschäftsführers ausgeschlossen wird.[1835]

Der gewerberechtliche Geschäftsführer trägt die Verantwortlichkeit ausschließlich für die Einhaltung der „gewerberechtlichen Vorschriften“[1836] gegenüber der entsprechenden Behörde,[1837] er ist aber kein Vertretungsorgan der GmbH. Die hM geht davon aus, dass die inhaltliche Bestimmung der „gewerberechtlichen Vorschriften“ in den Grenzen des verfassungsrechtlichen Kompetenztatbestands des Art 10 Abs 1 Z 8 B-VG („Angelegenheiten des Gewerbes und der Industrie“) liegt.[1838] Für die Einhaltung aller anderen, nicht gewerberechtlichen Verwaltungsvorschriften sind hingegen weiterhin die Geschäftsführer der GmbH als Vertretungsorgan verwaltungsstrafrechtlich verantwortlich.

1834 VwGH 16.5.2011, 2009/17/0185; 28.3.2014, 2014/02/0002. Im konkreten Fall brachte das Vorstandsmitglied abgesehen von der ressortmäßigen Unzuständigkeit jedoch keine weiteren Argumente vor, die seine Kontrolltätigkeit belegt hätten, weshalb die Beschwerde als unbegründet abgewiesen wurde.

1835 So schon der Gesetzeswortlaut; dazu etwa VwSlg 2710 A/1952 und 7073 A/1967 uva.

1836 *Hanusch*, GewO § 39 Rz 23.

1837 ZB VwGH 28.10.1993, 91/19/0373; *Hanusch*, GewO § 39 Rz 23.

1838 *Lewisch* in *Lewisch/Fister/Weilguni*, VStG[2] § 9 Rz 20; *Gruber/Paliege-Barfuß*, GewO[7] 16. Erg -Lfg § 39 Anm 7 ff; *Stöger* in *Ratka/Rauter*, Geschäftsführerhaftung[2] Rz 5/41f; zB VwGH 21.2.2008, 2005/07/0105; 19.10.2004, 2003/03/0088; 18.3.2004, 2001/03/0440.

Wird ein gewerberechtlicher Geschäftsführer nicht bestellt, so haben die vertretungsbefugten Organe dies zu verantworten.[1839] Selbstredend liegt die Verantwortlichkeit für die Einhaltung der gewerberechtlichen Bestimmungen mangels Ernennung eines gewerberechtlichen Geschäftsführers, der die Einhaltung überwachen könnte, sodann weiterhin bei den statutarischen Vertretungsorganen, also den Geschäftsführern der GmbH.[1840]

Wurde ein gewerberechtlicher Geschäftsführer ernannt, so hat dieser ab dem Zeitpunkt seiner Bestellung eine allfällige weiterhin unbefugt ausgeübte gewerberechtliche Tätigkeit der Gesellschaft zu verantworten.[1841]

7.2.3.1.1. Reichweite der Haftung

Der gewerberechtliche Geschäftsführer ist nicht nur für die Einhaltung der Regelungen der GewO – sowie der Bescheide und Verordnungen, die auf Basis der GewO erlassen werden – und der gewerberechtlichen Nebengesetze verantwortlich, sondern überhaupt für die Einhaltung der Bestimmungen, die auf dem Kompetenztatbestand „Angelegenheiten des Gewerbes und der Industrie" gem Art 10 Abs 1 Z 8 B-VG beruhen.[1842]

Nicht immer ist die verfassungsrechtliche Kompetenzgrundlage einer Verwaltungsbestimmung eindeutig zuzuordnen. In den Kompetenzbereich des gewerberechtlichen Geschäftsführers fallen aber zB die Einhaltung der ausverkaufsrechtlichen Bestimmungen des UWG (gemeint sind §§ 33a–f UWG), das Öffnungszeitengesetz, das Sonn- und Feiertags-BetriebszeitenG, das Güterbeförderungsgesetz und das Umweltmanagementgesetz.[1843] Manche Gesetze sehen unabhängig von oder trotz Fehlens einer verfassungsrechtlichen Zuordnung zum Gewerberecht die Verantwortung des gewerberechtlichen Geschäftsführers ausdrücklich vor: zB die Bestimmungen des Preisauszeichnungsgesetzes, des Preisgesetzes oder des Berufsausbildungsgesetzes.[1844]

In bestimmten Fällen ist der gewerberechtliche Geschäftsführer auch neben dem Geschäftsführer der GmbH verwaltungsstrafrechtlich verantwortlich: Bescheidauflagen, die sowohl der Arbeitnehmersicherheit als auch den von gewerberechtlichen Bestimmungen geschützten Interessen von Nachbarn oder Kunden dienen, fallen in den Kompetenzbereich des gewerberechtlichen *und auch* des handelsrechtlichen Geschäftsführers.[1845]

1839 *Lewisch* in *Lewisch/Fister/Weilguni*, VStG² § 9 Rz 20; *Stöger* in *Ratka/Rauter*, Geschäftsführerhaftung² Rz 5/41.
1840 StRsp, zB VwGH 20.12.1994, 94/04/0187.
1841 *Lewisch* in *Lewisch/Fister/Weilguni*, VStG² § 9 Rz 20; stRsp, VwGH 30.3.1993, 92/04/0241.
1842 *Lewisch* in *Lewisch/Fister/Weilguni*, VStG² § 9 Rz 20.
1843 Vgl ausführlich *Stöger* in *Ratka/Rauter*, Geschäftsführerhaftung² Rz 5/41.
1844 *Lewisch* in *Lewisch/Fister/Weilguni*, VStG² § 9 Rz 20.
1845 VwGH 17.12.1990, 90/19/0469.

7.2.3.1.2. Abgrenzung

Von der Zuständigkeit des gewerberechtlichen Geschäftsführers nicht erfasst sind folgende Rechtsgebiete:[1846]

- das Arbeitnehmerschutzrecht, sofern dieses nicht auch gewerberechtlich relevante Inhalte umfasst;
- das AusländerbeschäftigungsG;
- das Arzneimittelrecht;
- das Lebensmittelrecht;
- das Abfallwirtschaftsrecht;
- das GefahrengutbeförderungsG;
- das UWG (wie bereits oben erwähnt mit Ausnahme der ausverkaufsrechtlichen Bestimmungen);
- Vorschriften über die wirtschaftliche Führung des Unternehmens;[1847]
- baurechtliche, sanitärpolizeiliche und feuerpolizeiliche Bestimmungen (wenn nicht durch Landesgesetz die Verantwortlichkeit des gewerberechtlichen Geschäftsführers ausdrücklich angeordnet ist);
- die Landesprostitutionsgesetze;
- § 41 Abs 4 RohrleitungsG.

Für die Verletzung dieser Verwaltungsnormen haben daher selbst bei Bestellung eines gewerberechtlichen Geschäftsführers die Vertretungsorgane der Gesellschaft (§ 9 Abs 1 VStG) oder allenfalls der von diesen bestellte verantwortliche Beauftragte einzustehen.

7.3. Die Bestellung verantwortlicher Beauftragter (§ 9 Abs 2–4 VStG)

7.3.1. Allgemeines (§ 9 Abs 2 VStG)

Für Geschäftsführer ist die Möglichkeit, gem § 9 Abs 2 VStG andere Personen zu verantwortlichen Beauftragten zu bestellen,[1848] von größtem Interesse. Diese verantwortlichen Beauftragten haften nämlich anstelle der Vertretungsorgane (Geschäftsführer) im sachlichen Umfang ihrer Bestellung für die Einhaltung der Verwaltungssvorschriften und sind im Fall eines Verstoßes strafrechtlich verantwortlich. Die Geschäftsführer können sich mit der Bestellung von verantwortlichen Beauftragten also von der Haftung befreien. Die verwaltungsstrafrechtliche Verantwortlichkeit geht jedoch nur auf die verantwortlichen Beauftragten über, wenn die Bestellung wirksam ist.[1849] Sind Personen gem § 9 Abs 2 VStG wirksam

1846 *Stöger* in *Ratka/Rauter*, Geschäftsführerhaftung^2 Rz 5/43; *Lewisch* in *Lewisch/Fister/Weilguni*, VStG^2 § 9 Rz 21.

1847 VwGH 17.12.1990, 90/19/0469.

1848 VwGH 30.3.2006, 2004/15/0022, zuletzt LVwG Wien 25.10.2018, VGW-021/014/13753/2018.

1849 *Lewisch* in *Lewisch/Fister/Weilguni*, VStG^2 § 9 Rz 23.

zu verantwortlichen Beauftragten bestellt, haften in ihrem Verantwortungsbereich nur sie, nicht aber die Geschäftsführer.

Die verwaltungsstrafrechtliche Verantwortung verbleibt bei den Vertretungsorganen (Geschäftsführern) bzw kehrt zu diesen zurück, wenn

- die Bestellung des verantwortlichen Beauftragten beendet wird;
- die Bestellung keine Rechtswirksamkeit erlangt hat;
- die Voraussetzungen für die Bestellung während der Dauer der Beauftragung ex nunc wegfallen (was zur Folge hat, dass die Bestellung ihre Wirksamkeit verliert).[1850]

Freilich kann unmittelbar anschließend an die Beendigung der Beauftragung der/die nächste verantwortliche Beauftragte bestellt werden.

§ 9 Abs 2 VStG enthält zwei Varianten für die Bestellung verantwortlicher Beauftragter. Grundsätzlich können die Geschäftsführer aus „ihrem Kreise" einen oder mehrere Geschäftsführer zu verantwortlichen Beauftragten bestellen, die entweder für das ganze Unternehmen oder für abgegrenzte Bereiche zuständig sind (vgl § 9 Abs 2, 1. Satz VStG, auch „beauftragtes Vertretungsorgan" genannt).[1851] Da die Geschäftsführer grundsätzlich ohnehin verwaltungsstrafrechtlich verantwortlich sind, macht diese Bestellung vor allem dann Sinn, wenn dadurch einzelne Geschäftsführer von der Verantwortlichkeit entbunden werden und sich die Verantwortung auf einen oder mehrere Geschäftsführer konzentriert. Die Aufteilung der Haftung auf mehrere Geschäftsführer für einen jeweils abgegrenzten Bereich kann den Vorteil haben, dass sich jeder Geschäftsführer nur auf die Einhaltung von bestimmten Vorschriften konzentrieren muss.

Zu einer **echten Übertragung** von **verwaltungsstrafrechtlicher Verantwortlichkeit**[1852] kommt es aber, wenn gem § 9 Abs 2, 2. Satz VStG **andere Personen** zu verantwortlichen Beauftragten bestellt werden. Üblicherweise sind dies leitende Angestellte der Gesellschaft. Diese „anderen Personen" iSd § 9 Abs 2, 2. Satz VStG können jedoch nur für sachlich oder räumlich beschränkte Bereiche zu verantwortlichen Beauftragten bestellt werden.

7.3.2. Vereinbarung der Bestellung

Eine Verlagerung der verwaltungsstrafrechtlichen Verantwortlichkeit auf einen verantwortlichen Beauftragten kann nicht ohne dessen Zustimmung geschehen. Eine einseitige Erklärung der Gesellschaft wäre weder ausreichend noch rechtswirksam. Die Beauftragung setzt nach hM[1853] zur Wirksamkeit jedenfalls eine

1850 VwGH 4.10.2012, 2010/09/0225.
1851 VwGH 9.2.1999, 97/11/0044, zuletzt BVwG 30.05.2018, W107 2182780-1.
1852 *Lewisch* in *Lewisch/Fister/Weilguni*, VStG² § 9 Rz 23.
1853 *Wessely* in *N. Raschauer/Wessely*, VStG² § 9 Rz 9.

Willenserklärung des Beauftragenden und des verantwortlichen Beauftragten voraus. Diese Willenserklärungen müssen übereinstimmen, aber nicht zwingend gleichzeitig abgegeben werden. Wirksamkeit erlangt die Bestellung aber erst mit Zustimmung des Beauftragten.[1854] Richtigerweise kann die Zustimmung des Beauftragten auch schon vor der Bestellung erteilt werden, etwa im Arbeitsvertrag.[1855] Der Aufgabenbereich, auf den sich die Bestellung zeitlich, räumlich und sachlich bezieht, muss dazu im Vertrag schon genau umschrieben werden.

Soll ein Geschäftsführer zum verantwortlichen Vertretungsorgan bestellt werden, geschieht dies mittels Beschluss der Geschäftsführung. Nicht geklärt ist, ob dieser Beschluss einstimmig erfolgen muss oder ein Mehrheitsbeschluss reicht. In der Literatur wird vertreten, dass der beauftragte Geschäftsführer selbst nicht zustimmen muss, weil ihm ja keine neue Verantwortung übertragen wird. Als Vertretungsorganmitglied trägt ein Geschäftsführer die verwaltungsstrafrechtliche Verantwortung schon von Gesetzes wegen. Durch die Bestellung würden ja nur andere Geschäftsführer von der Verantwortung befreit.[1856]

Aus dem Blickwinkel des Verwaltungsstrafrechts mag ein Beschluss der Geschäftsführung, selbst ohne Zustimmung des Betroffenen ausreichend sein. Der VwGH hat jedoch in einer Entscheidung aus 2016[1857] eine strengere Ansicht vertreten: die schlichte Aufgabenverteilung unter mehreren Geschäftsführern einer GmbH berührt die verwaltungsstrafrechtliche Verantwortung nicht, sofern nicht erkennbar ein Übertragungsakt mit allen verbundene Rechten und Pflichten vorliegt. Aber schon aus gesellschaftsrechtlicher Sicht ist es besser, die Bestellung eines verantwortlichen Vertretungsorgans durch einen Beschluss der Gesellschafter der GmbH absegnen zu lassen. Nur wenn im Gesellschaftsvertrag den Geschäftsführern Einzelgeschäftsführungsbefugnis eingeräumt wird, können diese eigenständig eine Ressortverteilung beschließen. Eine durch die Gesellschafter beschlossene oder zumindest gebilligte Ressorverteilung/Geschäftsordnung entfaltet jedoch die weitreichendste Wirkung, auch was die Verteilung der Haftung unter mehreren Geschäftsführern anbelangt (siehe Kap 1.3.2.).[1858] Am Sichersten ist es daher, die Geschäftsordnung, mit der auch verwaltungsstrafrechtliche Verantwortung auf einen oder einzelne von mehreren Geschäftsführern übertragen werden soll, von den Gesellschaftern beschließen zu lassen.

Kommt die Beauftragung des verantwortlichen Beauftragten zustande, so überträgt sich die verwaltungsstrafechtliche Verantwortung auf diesen, jedoch nur in

1854 *Lewisch* in *Lewisch/Fister/Weilguni*, VStG² § 9 Rz 25.
1855 *Köck*, Verwaltungsstrafen im Arbeitsverhältnis: Tragung und Übernahme durch die Gesellschaft. Theoretisches und Praktisches zu einem alten Problem, ZAS 2016/52 (308).
1856 Vgl näher *Köck*, ZAS 2016/52 (310) mit Verweis auf VwGH 29.1.2009, 2007/03/0092 und wN. In dem zitierten VwGH Erkenntnis stimmte der Geschäftsführer der Übertragung eines eigenverantwortlichen Tätigkeitsbereiches im Bereich Fuhrparkmanagement ausdrücklich zu.
1857 VwGH 23.3.2016, Ra 2016/02/0002.
1858 *Köck*, ZAS 2016/52 (310) mwN.

dem Ausmaß seiner sachlichen Beauftragung und für den Zeitraum seiner Bestellung. Wird der verantwortliche Beauftragte nur für einen gewissen Rechtsbereich oder Unternehmensteil bestellt, verbleibt die sonstige verwaltungsstrafrechtliche Verantwortung bei den Vertretungsorganen.

Sobald der verantwortliche Beauftragte wirksam bestellt ist, übernimmt er auch die Verantwortlichkeit für bereits vor seiner Bestellung begonnene, und weiterhin aufrechte Dauerdelikte. Es liegt also im Interesse des verantwortlichen Beauftragten, etwaige Missstände im Unternehmen sofort abzustellen. Für den Zeitraum vor der Bestellung bleibt weiterhin die Person für das Delikt verantwortlich, die zuvor die Verantwortung trug (zB ein anderer verantwortlicher Beauftragter oder der/die GeschäftsführerIn). Dasselbe gilt für den Zeitraum nach Ende der Bestellung: gibt es keinen neuen verantwortlichen Beauftragten, fällt die Verantwortung wieder auf die ursprünglichen Träger zurück (zB die Geschäftsführer der GmbH).[1859]

7.3.3. Formfreiheit der Bestellung

Gem § 9 VStG ist die Bestellung verantwortlicher Beauftragter formfrei.[1860] Einc ausschließlich mündliche Bestellung ist jedoch keineswegs ratsam. § 9 Abs 4 VStG fordert nämlich die „Nachweislichkeit" der Zustimmung des Beauftragten. Die Rechtswirksamkeit der Bestellung tritt zwar bereits mit der zustimmenden Willenserklärung des Beauftragten ein, die auch mündlich erteilt werden kann, allerdings ist der „Zustimmungsnachweis" insofern für die Behörde maßgebend, als sie mangels Nachweises annehmen darf, dass es keinen Wechsel der verwaltungsstrafrechtlichen Verantwortlichkeit gibt.[1861] In der Regel ist ein schriftlicher Nachweis einfacher nachzuvollziehen als der Verweis auf die Aussagen von Personen. Zeugenaussagen als Nachweis der Bestellung haben außerdem den Nachteil, dass die Behörden sie nur anerkennen, wenn sie vor dem Tatzeitpunkt getätigt wurden (siehe sogleich Kap 7.3.4.).

7.3.4. Nachweis der Bestellung

Der VwGH sagt in ständiger Rechtsprechung etwas kryptisch, dass gegenüber der Behörde die Bestellung des verantwortlichen Beauftragten erst ab dem Nachweis von dessen Zustimmung wirksam ist.[1862] Die Geschäftsführer könnten die Behörde schon unmittelbar nach der Bestellung von verantwortlichen Beauftragten von diesem Umstand in Kenntnis setzen – idR geschieht so etwas jedoch nicht. Üblicher-

1859 *Lewisch* in *Lewisch/Fister/Weilguni*, VStG² § 9 Rz 26; *Kalss*, GesRZ 2015, 79; VwGH 4.10.2012, 2010/09/0225.

1860 ZB VwGH 24.3.1994, 92/18/0176, VwGH 23.3.2016, Ra 2016/02/0002.

1861 *Lewisch* in *Lewisch/Fister/Weilguni*, VStG² § 9 Rz 27.

1862 StRsp; *Walter/Thienel*, Verwaltungsverfahrensgesetze II² (2000) § 9 VStG E 184; VwGH 23. 5. 2005, 2004/06/0013.

weise gibt der/die belangte Geschäftsführer im Verwaltungsstrafverfahren bekannt, dass es einen verantwortlichen Beauftragten gibt. Nach der hM[1863] ist dies auch zulässig – wichtig ist nur, dass die Bestellung zum verantwortlichen Beauftragten bereits im Zeitpunkt der Verwirklichung der verfolgten Straftat Wirksamkeit erlangt hatte. Mangels Neuerungsverbotes[1864] muss der Nachweis spätestens im Beschwerdeverfahren erfolgen.[1865] In jedem Fall muss der Nachweis nach hM aus der Zeit vor der Verwirklichung des Straftatbestands stammen[1866] und den Tatzeitpunkt umfassen.[1867]

Das bedeutet, dass zwar eine Bestellungsurkunde, die vor dem Tatzeitpunkt datiert, einen ausreichenden Nachweis für die Bestellung des verantwortlichen Beauftragten bildet, nicht aber die Zeugenaussage einer Person, die bei der Bestellung (vor dem Tatzeitpunkt) anwesend war und die Bestellung im Verfahren (also nach dem Tatzeitpunkt) erstmals bezeugt. Dieser Nachweis (= Zeugenaussage) stammt dann nämlich nicht aus der Zeit vor der Tatbegehung und der Nachweis misslingt.[1868] Hat der Zeuge aber zB bereits in einem früheren Verfahren über die Bestellung des verantwortlichen Beauftragten ausgesagt, kann dieser Nachweis in Verfahren wegen späteren Verwaltungsübertretungen herangezogen werden.

Schon angesichts dieser strengen Rechtsprechung ist es unbedingt empfehlenswert, die Bestellung in Schriftform festzuhalten. In der Regel müssen Bestellungsurkunden nicht im Original vorgelegt werden, wobei der VwGH besagt, dass die Vorlage der Originale sehr wohl verlangt werden darf, wenn begründete Zweifel an der Authentizität der Kopie bestehen.[1869]

7.3.5. Sachliche Voraussetzungen der Bestellung

§ 9 Abs 4 VStG enthält diverse sachliche Voraussetzungen, die eine Person erfüllen muss, um verantwortlicher Beauftragter werden zu können:

- Beauftragt kann nur eine natürliche Person, also ein Mensch werden;[1870]
- die Person muss Anordnungsbefugnis für den übertragenen Bereich haben;
- die Person muss verwaltungsstrafrechtlich verfolgbar sein, einschließlich dem gemäß europäischem Recht abgemilderten Wohnsitzerfordernis;
- die Person muss nachweislich ihre Zustimmung zur Bestellung erteilt haben.

1863 Vgl nur *Stöger* in *Ratka/Rauter*, Geschäftsführerhaftung² Rz 5/15.

1864 Dh das verfahrensrechtliche Verbot, neue Tatsachen oder Ansprüche erst in einem Rechtsmittel geltend zu machen. Im Zivilverfahrensrecht müssen grundsätzlich alle wesentlichen Tatsachen schon im Verfahren erster Instanz vorgebracht werden – im Verwaltungsstrafverfahren gilt dieses Verbot jedoch nicht.

1865 VwGH 11.10.2000, 2000/03/0097, zuletzt LVwG Salzburg 27.03.2018, 405-7/440/1/7-2018.

1866 VwGH 24.3.1994, 92/18/0176 „Beweisergebnis aus der Zeit vor der Begehung der strafbaren Handlung".

1867 *Lewisch* in *Lewisch/Fister/Weilguni*, VStG² § 9 Rz 28.

1868 Vgl die stRsp bei *Walter/Thienel*, Verwaltungsverfahrensgesetze II² § 9 VStG E 188; VwGH 22.12.2008, 2004/03/0134.

1869 VwGH 29.1.2009, 2007/03/0092; 28.5.2008, 2008/03/0015.

1870 VwGH 16.5.2011, 2009/17/0185; 30.3.2006, 2004/15/0022.

§ 9 Abs 4 VStG gilt nach hM[1871] für beide Fälle des § 9 Abs 2 VStG (verantwortliche Vertretungsorgane und verantwortliche Beauftragte). Manche dieser Kriterien sind für alle Arten von verantwortlichen Beauftragten gleich (zB dass nur eine natürliche Person bestellt werden darf, die der Bestellung zustimmen muss), andere wiederum sind unterschiedlich auszulegen, je nachdem, ob es sich um ein Mitglied der Geschäftsführung oder eine sonstige Person als verantwortlicher Beauftragter handelt (vgl zB zum Erfordernis der Anordnungsbefugnis im Detail Kap 7.5.2.3.).

- **Strafrechtliche Verfolgbarkeit**: Der Gesetzgeber schreibt vor, dass Personen nicht bestellt werden dürfen, für die Schuldausschließungsgründe oder Verfolgungshindernisse bestehen oder die aus persönlichen Gründen im Falle einer Verwaltungsübertretung nicht verfolgt werden können (zB deliktsunfähige Personen, dh zB Personen unter 14 Jahren oder die wegen der geistigen Einschränkungen keine Einsichtsfähigkeit haben) oder Personen, die strafrechtliche Immunität genießen).[1872]
- **Hauptwohnsitz im Inland**: Verantwortliche Beauftragte müssen ihren Hauptwohnsitz im Inland haben. Aufgrund europarechtlicher Aspekte hat das Hauptwohnsitzerfordernis keine starke Geltung mehr.[1873] Denn EWR-Bürger sind von dieser Voraussetzung ausgenommen, sofern die Zustellung auch in den Staat ihres Wohnsitzes sichergestellt ist.

An den ausländischen Wohnsitz von EWR-Staatsangehörigen (und Österreichern) müssen Zustellungen im Verwaltungsstrafverfahren möglich sein, wobei maßgeblich ist, dass die Zustellung entweder mittels eines zwischen dem Wohnsitzstaat[1874] und Österreich geschlossenen Staatsvertrages oder anders (vgl zB § 9 ZustG) geregelt ist. Grds ist eine umfassende entsprechende Zustellmöglichkeit verwaltungsbehördlicher Schriftstücke durch das Übereinkommen über die Rechtshilfe in Strafsachen zwischen Mitgliedstaaten der EU normiert (BGBl III 2005/65).[1875]

7.3.6. Sonderbestimmungen

Es gibt einige Rechtsgebiete, die zusätzliche Voraussetzungen für die Bestellung von verantwortlichen Beauftragten vorschreiben.

Erwähnt seien in diesem Zusammenhang:

- § 23 Arbeitsinspektionsgesetz (ArbIG) und
- § 28a Abs 3 Ausländerbeschäftigungsgesetz (AuslBG).

1871 *Stöger* in *Ratka/Rauter*, Geschäftsführerhaftung² Rz 5/14.
1872 *Wessely* in *N. Raschauer/Wessely*, VStG² § 9 Rz 8; *Schulev-Steindl*, Verwaltungsverfahrensrecht⁶ Rz 513 mwN.
1873 EuGH 6.12.2001, C-472/99, *Clean Car*.
1874 Der nach *Wessely* in *N. Raschauer/Wessely*, VStG² § 9 Rz 8 jeweils auch ein EWR-Staat sein muss.
1875 *Köck*, ZAS 2016/52 (309); *Lewisch* in *Lewisch/Fister/Weilguni*, VStG² § 9 Rz 30; *Stöger* in *Ratka/Rauter*, Geschäftsführerhaftung² Rz 5/20 f.

§ 23 Abs 2 ArbIG grenzt die Möglichkeit der Bestellung insofern ein, als ausschließlich *„leitende Angestellte, denen maßgebliche Führungsaufgaben selbstverantwortlich übertragen sind"* zu verantwortlichen Beauftragten bestellt werden dürfen, wobei der Gesetzgeber auf die spezifische Leitungsfunktion innerhalb des Unternehmens abstellt, nicht den Einfluss auf die Unternehmensführung.[1876] Aus diesem Grund ist es auch möglich, dass Filialleiter als leitende Angestellte angesehen werden.[1877]

Im Gegensatz zu § 9 VStG[1878] tritt die Wirksamkeit der Bestellung eines verantwortlichen Beauftragten nach § 23 Abs 1 ArbIG (freilich nur bei Erfüllung aller sonstigen Voraussetzungen) erst mit der schriftlichen Anzeige an das Arbeitsinspektorat und unter Beilage eines Zustimmungsnachweises der bestellten Person ein. Eine Mitteilung an die Verwaltungsstrafbehörde muss nicht erfolgen. Die Beendigung einer Bestellung wird sofort rechtswirksam,[1879] auch hierüber ist das Arbeitsinspektorat zu verständigen.[1880]

Auch § 28a Abs 3 AuslBG setzt für die Wirksamkeit der Bestellung eines verantwortlichen Beauftragten voraus, dass die Bestellung samt Zustimmungsnachweis schriftlich an die zuständige Behörde (Abgabenbehörde) mitgeteilt wird.[1881] Der verantwortliche Beauftragte muss nach diesem Gesetz hingegen über keine besonderen Leitungsbefugnisse verfügen, die über jene in § 9 Abs 4 VStG hinausgehen.[1882]

Auch im Gesetz zur Bekämpfung von Lohn- und Sozialdumping schreibt § 24 LSD-BG vor, dass die Wirksamkeit der Bestellung von verantwortlichen Beauftragten von einer schriftlichen Mitteilung samt Zustimmungsnachweis an die Behörde abhängt. Diese Mitteilungen werden an das Kompetenzzentrum LSDB oder an die Bauarbeiter-Urlaubs- und Abfertigungskasse weitergeleitet, um eine zentrale Verfügbarkeit zu gewährleisten.

7.4. Verwaltungsstrafverfahren

7.4.1. Ermittlungsverfahren

IdR fehlen der Behörde Informationen zur Bestellung eines verantwortlichen Beauftragten. Daher geht sie zuerst nach den Bestimmungen des § 9 Abs 1 VStG gegen die von ihr zu ermittelnden statutarischen Vertretungsorgane, also die Geschäftsführer, bzw der Regelung des § 9 Abs 3 VStG folgend gegen den Unternehmensinhaber vor. Wird der Behörde ein aus der Zeit vor Begehung der Ver-

1876 *Walter/Thienel*, Verwaltungsverfahrensgesetze II^2 § 9 VStG E 209.
1877 VwGH 9.6.1995, 95/02/0046.
1878 *Wessely* in *N. Raschauer/Wessely*, VStG^2 § 9 Rz 21; *Lewisch* in *Lewisch/Fister/Weilguni*, VStG^2 § 9 Rz 24.
1879 VwGH 4.10.2012, 2010/09/0225.
1880 *Lewisch* in *Lewisch/Fister/Weilguni*, VStG^2 § 9 Rz 24.
1881 *Wessely* in *N. Raschauer/Wessely*, VStG^2 § 9 Rz 21.
1882 *Lewisch* in *Lewisch/Fister/Weilguni*, VStG^2 § 9 Rz 24.

waltungsstraftat stammender Nachweis vorgelegt, der die rechtswirksame Bestellung eines verantwortlichen Beauftragten belegt, stellt die Behörde das Verfahren auf den/die neuen Beschuldigten um.[1883] Anders geht die Behörde aber vor, wenn sie von vornherein Informationen über die Bestellung eines verantwortlichen Beauftragten hat. In diesem Falle muss sie ein Strafverfahren direkt gegen den verantwortlichen Beauftragten eröffnen.[1884]

Nach hM[1885] muss der Spruch eines Strafbescheids, also jener Teil des Bescheids, der die rechtlichen Anordnungen trifft (hier zB die Verhängung einer Strafe über eine bestimmte Person) dem Umstand Rechnung tragen, dass der Beschuldigte als verantwortlicher Beauftragter nach § 9 VStG bestraft wird. Es reicht nicht, dass der Beschuldigte „als Verantwortlicher" bezeichnet wird,[1886] sondern aus dem Bescheid hat hervorzugehen, ob eine Bestrafung der Person als Vertretungsorgan (Geschäftsführer) nach § 9 Abs 1 VStG oder als verantwortlicher Beauftragter nach § 9 Abs 2 VStG erfolgt.[1887] Der VwGH sieht aber keine Rechtswidrigkeit darin, dass der § 9 VStG nicht zitiert wird.[1888]

7.4.2. Verfolgungsverjährung

Gem § 32 Abs 3 VStG gilt eine Verfolgungshandlung, die gegen ein Mitglied des Vertretungsorgans (Geschäftsführer) gerichtet ist, auch als Verfolgungshandlung gegen die anderen zur Vertretung nach außen Berufenen und die verantwortlichen Beauftragten. Eine Verfolgungshandlung, die gegen den Einzelunternehmer gerichtet ist, gilt auch als Verfolgungshandlung gegen die verantwortlichen Beauftragten. Verfolgungshandlungen sind zB eine Ladung, ein Vorführungsbefehl oder die Vernehmung (vgl § 32 Abs 2 VStG). Die Verfolgung von verantwortlichen Beauftragten verjährt daher nicht, wenn die Behörde binnen der gesetzlichen Frist für die Verfolgungsverjährung (ein Jahr, vgl § 31 Abs 1 VStG) gegen eine zur Vertretung nach außen berufene Person bzw gegen den Unternehmer eingeschritten ist. Vice versa tritt diese Wirkung aber nicht ein.[1889]

7.5. Die einzelnen Fälle verantwortlicher Beauftragter

7.5.1. Bestellung vertretungsbefugter Organe als verantwortliche Beauftragte

Gem § 9 Abs 2, 1. Satz VStG sind die zur Vertretung nach außen Berufenen berechtigt, **aus ihrem Kreis** eine oder mehrere Personen als verantwortliche Beauf-

1883 *Stöger in Ratka/Rauter*, Geschäftsführerhaftung² Rz 5/15.
1884 *Lewisch* in *Lewisch/Fister/Weilguni*, VStG² § 9 Rz 31.
1885 *Stöger in Ratka/Rauter*, Geschäftsführerhaftung² Rz 5/23; *Wessely* in *N. Raschauer/Wessely*, VStG² § 9 Rz 22; VwSlg 12.375 A/1987; VwGH 28.3.2008, 2007/02/0147.
1886 VwGH 25.2.2005, 2004/02/0368.
1887 VwGH 28.6.1993, 93/10/0013.
1888 *Lewisch* in *Lewisch/Fister/Weilguni*, VStG² § 9 Rz 32; VwGH 28.3.2008, 2007/02/0147.
1889 *Lewisch* in *Lewisch/Fister/Weilguni*, VStG² § 9 Rz 33.

tragte zu bestellen, denen für das **ganze Unternehmen** oder für bestimmte räumlich oder sachlich **abgegrenzte Bereiche des Unternehmens** die Verantwortung für die Einhaltung der Verwaltungsvorschriften obliegt. Da es schon im Ausgangsfall der originären Verantwortung der vertretungsbefugten Organe gem § 9 Abs 1 VStG überschneidende Kompetenzen gibt, ist es auch zulässig, nach § 9 Abs 2, 1. Satz VStG mehrere Geschäftsführer als verantwortliche Beauftragte für das gesamte Unternehmen zu bestellen.[1890] Sämtliche Geschäftsführer haben an der Bestellung des/der verantwortlichen Beauftragten mitzuwirken – ein Beschluss durch die Geschäftsführer in vertretungsbefugter Anzahl genügt nicht.[1891] Die Haftung der übrigen Organmitglieder wird durch die Bestellung entsprechend dem Umfang der Beauftragung beschränkt.[1892] Wurde ein Organmitglied zum verantwortlichen Beauftragten für das ganze Unternehmen gem § 9 Abs 2, 1. Satz VStG bestellt, so kann dieser wiederum verantwortliche Beauftragte für abgegrenzte Bereiche des Unternehmens iSd § 9 Abs 2, 2. Satz VStG bestellen.[1893]

Da Mitglieder der Geschäftsführung von Gesetzes wegen vertretungsbefugt sind und ihnen grundsätzlich schon die strafrechtliche Verantwortlichkeit zukommt, muss ein Geschäftsführer bei seiner Bestellung weder explizit der Übernahme der verwaltungsstrafrechtlichen Verantwortlichkeit zustimmen noch muss ihm eine spezielle „Anordnungsbefugnis" eingeräumt werden.[1894] Diese Voraussetzungen werden hingegen bei der Bestellung anderer Personen besonders geprüft (vgl Kap 7.5.2.1. und 7.5.2.3.).

Die Geschäftsführer können nicht immer frei darüber entscheiden, ob sie verantwortliche Beauftragte bestellen. Sie sind gem § 9 Abs 2, 1. Satz VStG zur Bestellung eines verantwortlichen Vertretungsorgans verpflichtet, soweit es „sich zur Sicherstellung der strafrechtlichen Verantwortlichkeit als erforderlich erweist". Dies hat die Behörde solcherart zu verlangen, als sie einen Bescheid an alle Organmitglieder – nicht die juristische Person/eingetragene Personengesellschaft – zu richten hat.[1895] Auch im Fall des „Verlangens durch die Behörde" wird der verantwortliche Beauftragte nicht durch die Behörde, sondern durch die Gesellschaft bestellt.[1896]

7.5.2. Bestellung „anderer Personen" als verantwortliche Beauftragte

§ 9 Abs 2, 2. Satz VStG umfasst Bestimmungen zur Ernennung „anderer Personen" als verantwortliche Beauftragte für **räumlich oder sachlich abgegrenzte Bereiche** eines Unternehmens. Unter „anderen Personen" sind jene Personen zu

1890 *Kalss*, GesRZ 2015, 79; VwSlg 15.075 A/1999.
1891 *Lewisch* in *Lewisch/Fister/Weilguni*, VStG² § 9 Rz 34.
1892 *Kalss*, GesRZ 2015, 79; VwGH 29.1.2009, 2007/03/0092; vgl auch nochmals VwSlg 15.075 A/1999.
1893 VwGH 9.2.1999, 97/11/0044, zuletzt etwa VwGH 26.7.2018, Ra 2018/11/0081.
1894 *Lewisch* in *Lewisch/Fister/Weilguni*, VStG² § 9 Rz 34.
1895 *Walter/Thienel*, Verwaltungsverfahren II² § 9 VStG Anm l0; VwSlg 14.736 A/1997.
1896 *Lewisch* in *Lewisch/Fister/Weilguni*, VStG² § 9 Rz 35.

verstehen, die keine statutarischen Vertretungsorgane iSd § 9 Abs 2, 1. Satz VStG sind – in Frage kommen (leitende) Angestellte und Prokuristen. Eine solche „andere Person" kann jedenfalls nicht für das gesamte Unternehmen iSd § 9 Abs 2, 2. Satz VStG bestellt werden. Die Bestellung erfolgt auch hier nach hM[1897] durch alle Geschäftsführer gemeinsam.[1898]

Der VwGH setzt folgende Bedingungen voraus, die eine Bestellungsvereinbarung jedenfalls umfassen muss und die im Folgenden näher erörtert werden:

- Klare Zuständigkeitsabgrenzung;
- Übernahme der verwaltungsstrafrechtlichen Verantwortlichkeit;
- Anordnungsbefugnis.

7.5.2.1. Übernahme der verwaltungsstrafrechtlichen Verantwortlichkeit

Aus der Bestellung zum verantwortlichen Beauftragten muss klar erkennbar sein, dass es damit zu einer Änderung der verwaltungsstrafrechtlichen Verantwortlichkeit kommt.[1899] Die Bestellung und die Zustimmung haben daher derart zu erfolgen, dass keine Zweifel an deren Inhalt aufkommen.[1900] Von Bedeutung ist auch, dass sich der bestellte verantwortliche Beauftragte der rechtlichen Konsequenzen der Übertragung der strafverwaltungsrechtlichen Verantwortlichkeit bewusst ist.[1901]

Beispiele

- Die Person stimmt zu „für die Einhaltung der gesetzlichen Bestimmungen" oder für die „Überprüfung und Kontrolle" verantwortlich zu sein → laut VwGH unzureichend.[1902]
- Die Erteilung von Prokura oder Handlungsvollmacht reicht nicht aus, wenn nicht ein ausdrücklicher Hinweis auf die Übernahme von verwaltungsstrafrechtlicher Verantwortlichkeit damit verbunden ist.[1903]
- Die Benennung einzelner Aufgabenbereiche oder Tätigkeiten[1904] oder die Unterfertigung eines Dienstvertrages[1905] oder die ausschließlich faktische Wahrnehmung einzelner Aufgaben ohne explizite Zustimmung[1906] begründen keine Übernahme von verwaltungsstrafrechtlicher Verantwortung.

1897 *Stöger in Ratka/Rauter*, Geschäftsführerhaftung² Rz 5/13.
1898 *Lewisch* in *Lewisch/Fister/Weilguni*, VStG² § 9 Rz 36, *Kalss*, GesRZ 2015, 79.
1899 *Wessely* in *N. Raschauer/Wessely*, VStG² § 9 Rz 11.
1900 *Kalss*, GesRZ 2015, 79; VwGH 22.10.2012, 2010/03/0065, ZVR 2013/52.
1901 *Lewisch* in *Lewisch/Fister/Weilguni*, VStG² § 9 Rz 38; *Kalss*, GesRZ 2015, 79; VwGH 16.9.1998, 97/09/0150.
1902 VwGH 16.9.1998, 97/09/0150; VwGH 10.10.2007, 2004/03/0179.
1903 VwGH 14.12.2004, 2002/05/0209 (Prokura); VwGH 3.9.2008, 2004/03/0136 (Handlungsvollmacht).
1904 VwGH 27.6.2007, 2005/03/0140.
1905 VwGH 22.10.2003, 2000/09/0135; VwGH 18.5.2010, 2006/09/0235.
1906 VwGH 8.6.2005, 2004/03/0176; VwGH 22.10.2012, 2010/03/0024.

7.5.2.2. Klar abgegrenzter Bereich

Aus der Bestellung einer Person zum verantwortlichen Beauftragten muss die Identität der juristischen Person hervorgehen, für die die Ernennung vorgenommen wird.[1907] Außerdem muss die Bestellung auf einen „bestimmten räumlich oder sachlich abgegrenzten Unternehmensbereich“ Bezug nehmen. Die Verantwortungsbereiche von mehreren verantwortlichen Beauftragten nach § 9 Abs 2, 2. Satz VStG dürfen sich nicht überschneiden,[1908] weil die Bestellung sonst unwirksam ist, was dazu führt, dass die davor wirksame Verantwortlichkeit weiterhin in Geltung ist.[1909]

Die Abgrenzung soll einerseits in Bezug auf die einzuhaltenden Verwaltungsvorschriften geschehen und andererseits bestimmte räumliche oder sachliche Bereiche innerhalb des Unternehmens betreffen. Ausreichend genau definiert ist jedenfalls die Bestellung für konkret benannte Filialen.[1910] Zulässig ist zB auch die Bestellung eines verantwortlichen Beauftragten für die Einhaltung sämtlicher verwaltungsrechtlicher Vorschriften auf einer näher bezeichneten Baustelle.[1911] Die Übertragung der Verantwortung für die Einhaltung aller Verwaltungsbestimmungen, bzw all jener, die anwendbar sind,[1912] ist sowohl zulässig als auch wirksam. Die Aufzählung vereinzelter Materien bedeutet keine Limitierung auf die Gebiete und ist freilich nicht von Nachteil,[1913] wohingegen die unterscheidungslose Übertragung der Verantwortlichkeit für die Einhaltung sämtlicher Arbeitnehmerschutzbestimmungen auf verschiedene Arbeitnehmer für denselben Verantwortungsbereich nicht rechtswirksam ist. Für die in räumlicher, sachlicher und allenfalls auch zeitlicher Hinsicht abgegrenzte verwaltungsstrafrechtliche Verantwortlichkeit kommt immer nur eine von vornherein feststehende Person in Betracht.[1914]

Hintergrund der strengen Anforderungen an die Abgrenzung der Verantwortungsbereiche ist einerseits die Rechtssicherheit, weil die Behörde so leicht feststellen kann, wer zur Verantwortung gezogen werden muss. Andererseits soll auch sichergestellt sein, dass es einen Verantwortlichen gibt, der bestraft wird und nicht Straftaten ungeahndet bleiben.[1915]

7.5.2.3. Anordnungsbefugnis

Im Falle der Verwirklichung eines Straftatbestandes muss der Behörde die entsprechende Anordnungsbefugnis des bestellten verantwortlichen Beauftragten in

1907 VwGH 23.5.2005, 2004/06/0013.
1908 VwSlg 14.236 A/1995; VwGH 9.2.1999, 97/11/0044.
1909 *Lewisch* in *Lewisch/Fister/Weilguni*, VStG² § 9 Rz 37.
1910 VwGH 14.7.2006, 2005/02/0167.
1911 VwGH 7.10.1997, 95/11/0088.
1912 VwGH 24.11.1992, 88/08/0286.
1913 VwGH 14.7.2006, 2005/02/0167; VwGH 13.09.2017, Ra 2017/12/002.
1914 *Lewisch* in *Lewisch/Fister/Weilguni*, VStG² § 9 Rz 37; VwGH 7.4.1994, 94/02/0470.
1915 Vgl *Stöger in Ratka/Rauter*, Geschäftsführerhaftung² Rz 5/17.

Bezug auf den Zeitpunkt der Straftat nachgewiesen werden.[1916] Während die Geschäftsführer der GmbH, die gem § 9 Abs 1 VStG grundsätzlich strafrechtlich verantwortlich sind, von Gesetzes wegen über die „Anordnungsbefugnis" betreffend das gesamte Unternehmen verfügen,[1917] und daher sowohl für das ganze Unternehmen als auch für einzelne Bereiche bestellt werden können (vgl Kap 7.5.1.), kann eine andere Person nur für jene klar abgegrenzten Bereiche zum verantwortlichen Beauftragten bestellt werden, für die sie auch eine § 9 Abs 4 VStG entsprechende Anordnungsbefugnis hat.[1918]

Die Erteilung einer „eigenverantwortlichen" Handlungsvollmacht begründet allein noch nicht die Stellung des Bevollmächtigten als verantwortlicher Beauftragter iSd § 9 Abs 2 VStG.[1919] Eine entsprechende Anweisungsbefugnis liegt hingegen in der Berechtigung eines Filialleiters, einschlägige „Dienstanweisungen" zu erlassen.[1920]

Die Anordnungsbefugnis ist deswegen relevant, weil der verantwortliche Beauftragte schließlich die Mitarbeiter der Gesellschaft überwachen und anweisen können soll, damit diese die verwaltungsrechtlichen Vorschriften auch einhalten.[1921] Die verantwortlichen Beauftragten müssen das Verhalten der Mitarbeiter beeinflussen können,[1922] andernfalls wäre es nicht sachgerecht, sie für rechtswidriges Verhalten der Belegschaft haften zu lassen, das sie gar nicht verhindern können. Dazu reicht es nicht, wenn der (designierte) verantwortliche Beauftragte nur eine Meldebefugnis an die Geschäftsführung hat – er muss vielmehr selbst regulierend eingreifen können.[1923] Aus Arbeitgebersicht ist es von Vorteil, klarzustellen, dass dem Mitarbeiter diese speziellen Befugnisse nur in Zusammenhang mit der Funktion als verantwortlicher Beauftragter zukommen und bei Ende der Bestellung wieder erlöschen.[1924]

7.6. Verwaltungsrechtliche Strafbarkeit in allen Fällen des § 9 Abs 1–3 VStG

7.6.1. Grundlagen

§ 9 VStG regelt eine Umwälzung der Pflichten, die gesetzlich auf die juristische Person respektive die eingetragene Personengesellschaft Bezug nehmen. Diese Umwälzung betrifft die statutarischen Vertretungsorgane. Weiters normiert die

1916 VwGH 21.8.2001, 99/09/0061; dazu auch *Stöger in Ratka/Rauter*, Geschäftsführerhaftung^2 Rz 5/19; *Kalss*, GesRZ 2015, 80.
1917 VwGH 29.1.2009, 2007/03/0092; VwGH 22.5.2013, 2011/03/0139.
1918 *Lewisch* in *Lewisch/Fister/Weilguni*, VStG^2 § 9 Rz 39.
1919 VwGH 22.12.2008, 2004/03/0134; 22.11.1990, 90/09/0132.
1920 VwGH 19.5.1994, 92/18/0198; 12.8.1994, 94/02/0269.
1921 Vgl *Köck*, ZAS 2016/52 (309).
1922 VwGH 27.6.2006, 2004/05/0113.
1923 Vgl für weitere Beispiele *Stöger in Ratka/Rauter*, Geschäftsführerhaftung^2 Rz 5/19.
1924 Darauf sollten die Geschäftsführer bei der Bestellung jedenfalls achten.

Bestimmung, dass eben diese Rechtspflichten an bestellte verantwortliche Beauftragte delegiert werden können. Ein Regelverstoß, der der Gesellschaft zuzurechnen ist, begründet die Strafbarkeit des verantwortlichen Beauftragten oder des Geschäftsführers als Vertretungsorgan allerdings nicht automatisch, sondern nur aufgrund eigenen Fehlverhaltens. Die Strafbarkeit wird jeweils durch das eigene Verschulden begrenzt.[1925] Die am häufigsten begangenen Straftaten im Verwaltungsstrafrecht sind Ungehorsamsdelikte iSd § 5 Abs 1 VStG, dh Delikte, die durch ein Tun oder Unterlassen begangen werden, aber keine bestimmte Folge (in der Rechtssprache „Erfolg" genannt) haben müssen, um strafbar zu sein.

Beispiel

Wer eine Melde- oder Veröffentlichungspflicht gem § 130 BörseG 2018 nicht rechtzeitig erfüllt, obwohl er durch Erwerb oder Verkauf von Aktien bestimmte Beteiligungsschwellen unter- oder überschreitet, begeht eine Verwaltungsübertretung gem § 141 Z 2 BörseG 2018, unabhängig davon, ob durch den Verstoß gegen die Meldepflicht jemand geschädigt wurde.

Sofern die Verwaltungsvorschriften nichts anderes bestimmen, genügt fahrlässiges Handeln oder Unterlassen, um die Strafbarkeit zu begründen. § 5 Abs 1 VStG normiert für Ungehorsamsdelikte eine Verschuldensvermutung zu Lasten des Täters (Geschäftsführer, verantwortlicher Beauftragter): der Täter muss glaubhaft machen, dass ihn an der Verletzung der Verwaltungsvorschrift kein Verschulden trifft. Nach hM muss der Beschuldigte die ohne sein Verschulden nicht mögliche Einhaltung der gesetzlichen Regelung aufzeigen.[1926]

Seit 1. Jänner 2019 ist in § 5 Abs 1a VStG neu geregelt, dass diese widerlegliche gesetzliche Vermutung des Verschuldens dann nicht gilt, wenn die Verwaltungsübertretung mit Geldstrafe von über 50.000 € bedroht ist.[1927]

7.6.2. Compliance

Die Thematik der verwaltungsstrafrechtlichen Verantwortlichkeit ist dann von Bedeutung, wenn es zur Verwirklichung von Straftatbeständen im Unternehmen kommt. Ist dies der Fall, so muss der verwaltungsstrafrechtlich Verantwortliche (der gewerberechtliche Geschäftsführer, das statutarische Vertretungsorgan, der verantwortliche Beauftragte) hierfür einstehen. Das Einstehen ist insofern limitiert, als er dann nicht zur Verantwortung gezogen wird, wenn er durch entsprechende Verhaltensweisen Vorsorge getroffen hat, um rechtswidriges Handeln zu

1925 *Kalss*, GesRZ 2015, 79; vgl schon VwSlg 18.19A/1950; VwGH 19.9.1990, 90/03/0148.
1926 *Lewisch* in *Lewisch/Fister/Weilguni*, VStG² § 9 Rz 41; VwGH 19.9.1989, 89/08/0221.
1927 Vgl *Barbist*, ecolex 2018, 949 f.

vermeiden. Die Überwachung von Mitarbeitern (durch ein internes Kontrollsystem etwa) als Vorsorgemaßnahme muss der verwaltungsstrafrechtlich Verantwortliche nicht zwingend selbst durchführen. Es gibt auch die Möglichkeit der Einrichtung eines Regel- und Kontrollsystems zur Vermeidung der Verwirklichung von Straftaten.[1928]

Der rechtliche Vorteil der Einrichtung verwaltungsrechtlicher Compliance-Programme als Regel- und Kontrollsysteme ist jener, dass diese einerseits Schutz für die verwaltungsstrafrechtlich Verantwortlichen vor einer Bestrafung bieten und andererseits das jeweilige Unternehmen vor einer Solidarhaftung gem § 9 Abs 7 VStG für die den Verantwortlichen auferlegten Strafen bewahren können.[1929]

Zur Beurteilung der „Wirksamkeit" oder Tauglichkeit eines Regel- und Kontrollsystems wird ein „objektiver Maßstab" herangezogen.[1930]

Hier spielt der Begriff der „due compliance" eine nicht unbedeutende Rolle. Dieser entsprechend ist „*alles vorzukehren, wodurch bei pflichtgemäßer Aufmerksamkeit*"[1931] „*unter den vorhersehbaren Verhältnissen*"[1932] der Verstoß gegen eine Regelung „*hätte vermieden werden können*", wozu „*nicht nur ein ausreichend dichtes und zulänglich organisiertes Netz von Aufsichtsorganen, sondern auch dessen Überwachung*" zu zählen ist.[1933] Fehlt ein diesen Anforderungen entsprechendes System, trifft die Verantwortlichen ein Organisationsverschulden, das die Strafbarkeit der betreffenden Personen zur Folge hat.[1934]

Ein Fehler führt im Einzelfall nicht zur Strafbarkeit, wenn ein Vertretungsorgan bzw bestellter verantwortlicher Beauftragter in Erfüllung seiner Sorgfaltspflichten ein den objektiven Maßstäben entsprechendes taugliches Regel- und Kontrollsystem eingerichtet hat, das dennoch versagt.[1935]

Findet ein Wechsel in der Geschäftsführung statt, gewährt die Rsp zumindest einen gewissen Zeitrahmen (je nach denVerhältnissen im Einzelfall) für die Einrichtung eines effizienten Regel- und Kontrollsystems. Während dieser Vorlaufzeit kann dem neuen Geschäftsführer nicht vorgeworfen werden, dass es noch an einem Kontrollsystem fehlt.[1936]

1928 *Lewisch* in *Lewisch/Fister/Weilguni*, VStG² § 9 Rz 42; stRsp, zB VwGH 13.10.1993, 93/02/0181.
1929 *Lewisch* in *Lewisch/Fister/Weilguni*, VStG² § 9 Rz 42; *Lewisch*, Warum – und inwieweit – Compliance? in *Lewisch*, Zauberwort Compliance? Grundlagen und aktuelle Praxisfragen (2012) 1 ff; *Schneider*, Compliance im öffentlichen Recht, in *Napokoj*, Risikominimierung durch Corporate Compliance (2010) 239 ff.
1930 VwGH 27.2.1996, 94/04/0214; 9.12.1997, 97/04/0107; 2.6.1999, 98/04/0099.
1931 VwGH 25.11.1987, 86/09/0174.
1932 VwGH 7.3.1984, 84/09/0032.
1933 VwGH 25.11.1987, 86/09/0174.
1934 *Lewisch* in *Lewisch/Fister/Weilguni*, VStG² § 9 Rz 42; VwGH 26.6.2006, 2006/09/0004.
1935 VwGH 23.4.1996, 95/11/0411; VwGH 28.4.2000, 99/12/0260.
1936 *Lewisch* in *Lewisch/Fister/Weilguni*, VStG² § 9 Rz 42; VwSlg 17.467 A/2008.

7.6.3. Strafbefreiung durch ein wirksames Regel- und Kontrollsystem

Ein Regel- und Kontrollsystem muss derart gestaltet sein, dass man davon ausgehen kann, dass die gesetzlichen Bestimmungen eingehalten werden – insb bei Arbeitsschutzvorschriften *„auch dann, wenn die Verstöße ohne Wissen und Willen des verantwortlichen Organs begangen worden sind.“*[1937] Ein Regel- und Kontrollsystem muss anhand der anzuwendenden rechtlichen Bestimmungen konstruiert werden. Erforderlich sind jedenfalls Kontrollen, die über stichprobenartige Überprüfungen hinausgehen,[1938] Sanktionierungsmaßnahmen im Falle von Verstößen gegen die Bestimmungen und zur Gewährleistung der Befolgung der Richtlinien, Instruktionen und Schulungen von Mitarbeitern.[1939]

Nach der Rsp des VwGH sind die Anforderungen überaus strikt. Bis dato hat sich der VwGH noch für kein im konkreten Einzelfall befriedigendes Regel- bzw Kontrollsystem ausgesprochen; vielmehr liest man von „angemessener Kontrolltätigkeit“;[1940] er hat aber auch mehrfach – im Zusammenhang mit der Einhaltung des AZG – eine Verpflichtung des Arbeitgebers angenommen, die *„Einhaltung der in Betracht kommenden Arbeitszeit durch den Arbeitnehmer zu ermöglichen, sie zu überprüfen und alle sonstigen (bei Ausnutzung aller tatsächlichen und rechtlich im konkreten Betrieb zur Verfügung stehenden Mittel) möglichen und zumutbaren Maßnahmen zu treffen, die erforderlich sind, um die Einhaltung der Arbeitszeit sicherzustellen“*.[1941]

Der VwGH spricht zwar davon, dass weder die von den Leitungsorganen bestellten verwaltungsstrafrechtlich verantwortlichen Beauftragten noch die Führungsorgane selbst die Überwachung durchführen müssen; worauf das Gericht aber abstellt, ist, dass die verwaltungsstrafrechtlich Verantwortlichen unmittelbar involviert werden, indem eine durchgehende Kontroll- und Überwachungskette bis zur untersten Ebene vorliegt, die für die Sicherstellung der Einhaltung der entsprechenden Bestimmungen und Instruktionen sorgt. Unzureichend sind Anordnungen (Weisungen), Anweisungen und Schulungen ohne effiziente Kontrollen.[1942]

Aufgezeigt werden muss, *„welche Maßnahmen der an der Spitze der Unternehmenshierarchie stehende Anordnungsbefugte vorgesehen hat, um das Funktionieren des Kontrollsystems insgesamt zu gewährleisten, dh sicherzustellen, dass die auf der jeweils übergeordneten Ebene erteilten Anordnungen (Weisungen) zur Einhaltung*

1937 StRsp, VwGH 30.6.1981, 3489/80; 30.3.1982, 81/11/0080; *Lewisch* in *Lewisch/Fister/Weilguni*, VStG² § 9 Rz 43.
1938 VwGH 20.12.1996, 93/02/0306; VwGH 21.3.2012, 2009/16/0272.
1939 *Lewisch* in *Lewisch/Fister/Weilguni*, VStG² § 9 Rz 43.
1940 VwGH 30.6.1981, 3489/80; *Lewisch* in *Lewisch/Fister/Weilguni*, VStG² § 9 Rz 43.
1941 VwGH 26.5.1986, 86/ 08/0024; 27.9.1988, 87/08/0026.
1942 *Lewisch* in *Lewisch/Fister/Weilguni*, VStG² § 9 Rz 44; VwGH 19.9.2001, 99/09/0258; 30.6.1994, 94/09/0049.

arbeitnehmerschutzrechtlicher Vorschriften auch an die jeweils untergeordnete, zuletzt die unterste Hierarchie-Ebene gelangen und dort auch tatsächlich befolgt würden."[1943]

Im Rahmen der Mitwirkungsobliegenheit gem § 5 Abs 1 VStG muss ein Beschuldigter vorweisen, dass ein den Anforderungen entsprechendes Regel- und Kontrollsystem existiert und wie dieses im konkreten Einzelfall funktionieren sollte. Er hat zu erklären, wer zur Setzung welcher Maßnahmen und in welcher Form verpflichtet ist, damit das Regel- und Kontrollsystem als Ganzes Effizienz aufweist.[1944] Worauf auch abgestellt wird, ist die Angabe, „*auf welche Art, in welchem Umfang und in welchen zeitlichen Abständen Kontrollen durchgeführt worden*" sind.[1945] Wurde der Rechtsverstoß zB in einer bestimmten Geschäftsfiliale festgestellt, ist das Funktionieren des Kontrollsystems insb in Bezug auf diese Geschäftsfiliale aufzuzeigen.[1946]

Hinweis: Die überaus strenge Rechtsprechung des VwGH führt dazu, dass so gut wie nie ein Geschäftsführer sich vom Vorwurf eines Organisations- und Kontrollverschuldens freibeweisen kann.

Im Zuge der Einführung der neuen Bestimmung des § 5 Abs 1a VStG per 1. Jänner 2019 hat der Gesetzgeber in den Erläuterungen zu dieser Novelle zu erkennen gegeben, dass er diese strenge Rechtsprechung des VwGH kritisch sieht. Die Erläuterungen sprechen von einer Abkehr von der Rsp des VwGH und führen Beispiele für eine qualitätsgesicherte Organisation an: ein Kontrollsystem liege vor, wenn verlässliche Mitarbeiter geschult werden und Kontrollaufgaben wahrnehmen (interne Überwachung) oder externe Prüfungen stattfinden. Als Kontrollsystem nennen die Materialien das Vier-Augen-Prinzip, regelmäßige Stichproben etc. In diesen Fällen sei anzunehmen, dass die juristische Person ausreichend Vorkehrungen getroffen hätte, um die Verwirklichung von Verwaltungsstraftaten durch zuständige Mitarbeiter zu verhindern. Eine Strafbarkeit des verantwortlichen Organs sei dann ausgeschlossen.[1947]

Ob mit diesem Satz in den Gesetzesmaterialien tatsächlich eine Änderung der höchstgerichtlichen Rsp zum wirksamen Kontrollsystem bewirkt werden kann und soll, wird sich erst weisen.[1948] In einer Entscheidung des VwGH aus Mai 2019[1949] hat

1943 *Lewisch* in *Lewisch/Fister/Weilguni*, VStG² § 9 Rz 44; VwGH 20.12.1996, 93/02/0160; 26.1.2001, 96/02/0011; 19.12.1997, 96/02/0173.
1944 VwGH 19.12.1997, 96/02/0173; VwGH 6.11.2012, 2010/09/0041.
1945 *Lewisch* in *Lewisch/Fister/Weilguni*, VStG² § 9 Rz 45; zB VwGH 19.11.1990, 90/19/0413; sehr streng auch VwGH 28.3.2008, 2007/02/0147.
1946 VwGH 2.7.1990, 90/19/0109; VwGH 20.7.1992, 92/18/0197.
1947 ErläutRV 193 BlgNR 26. GP 5.
1948 Vgl *Barbist*, ecolex 2018, 949 (950).
1949 VwGH 21.5.2019 Ra 2019/03/0009.

das Gericht jedenfalls festgehalten, dass sich die Auffassung des Gesetzgebers „lediglich" in den Gesetzesmaterialien finde und darauf hingewiesen, dass diesen keine selbständige normative Kraft zukäme. Im konkreten Fall hatte die revisionswerbende Partei beim VwGH gar nicht vorgebracht, dass eine solche qualitätsgesicherte Organisation eingerichtet worden wäre, sodass sich der VwGH mit dem Thema nicht weiter auseinandersetzen musste.

7.7. Besondere Verantwortlichkeiten

7.7.1. Haftung bei Weisung gemäß § 9 Abs 5 VStG

Rechtsverstoß infolge „Auftraggeberweisung":

§ 9 Abs 5 VStG sieht besondere Regeln der Verantwortlichkeit für den Fall vor, dass ein verantwortlicher Beauftragter aufgrund einer besonderen Weisung des Auftraggebers eine Verwaltungsübertretung begeht. Unter Auftraggeber versteht man hier typischer Weise die Geschäftsführung der GmbH, die gegenüber dem gewerberechtlichen Geschäftsführer oder einem verantwortlichen Beauftragten weisungsbefugt ist. Ob auch die Geschäftsführer in den Genuss dieser Haftungsbefreiung kommen können, ist fraglich, weil sie ja aufgrund ihrer Eigenschaft als „zur Vertretung nach außen" berufene Personen (§ 9 Abs 1 VStG) für Verwaltungsübertretungen haften. Der Wortlaut des § 9 Abs 5 VStG nennt zwar nur verantwortliche Beauftragte als Weisungsempfänger – auch die Geschäftsführer der GmbH können aber gem § 9 Abs 2 VStG zu solchen bestellt werden. Auch in diesem Fall müsste uE eine Haftungsbefreiung eintreten, wenn die Weisung es dem Geschäftsführer unzumutbar macht, diese nicht zu befolgen und stattdessen rechtskonform zu handeln. „Auftraggeber" können im Verhältnis zu den Geschäftsführern nur die Gesellschafter sein – die Geschäftsführer untereinander sind zur Erteilung bindender Weisungen nicht befugt. UE müsste dies auch dann gelten, wenn der/die Geschäftsführer nicht eigens zu verantwortlichen Beauftragten bestellt wurden, sondern ihre Haftung sich allein aus ihrer Funktion als Vertretungsorgan ableitet.

Die Gesetzesverletzung führt dann nicht zu einer Strafbarkeit des verantwortlichen Beauftragten, wenn die Einhaltung der Norm nicht zumutbar war. Die Weisung bildet zwar keinen Rechtfertigungsgrund für den Gesetzesverstoß, sie kann jedoch im konkreten Einzelfall den Entfall des Verschuldens bewirken.

Der Entschuldigungsgrund der Unzumutbarkeit wird herangezogen, weil bei Vorliegen einer konkreten Auftraggeberweisung selbst von einer rechtstreuen Person ein normgemäßes Verhalten nicht erwartet werden kann. Straffreiheit kann aber nur dann eintreten, wenn der Weisungsempfänger einen erheblichen Nachteil zu erwarten hat, folgt er der Weisung zum Gesetzesbruch nicht. Die Androhung der Kündigung durch den Weisungsgeber reicht nach der strengen

Rsp des VwGH anscheinend noch nicht aus.[1950] Unzumutbar ist das rechtskonforme Verhalten außerdem nur dann, wenn der „Auftraggeber“ ein Handeln, das zur Begehung eines Delikts führt, konkret anordnet.[1951]

Anders verhält es sich, wenn der Auftraggeber (Geschäftsführer) zwar Ziele definiert, die nur durch die Begehung von Verwaltungsübertretungen zu erreichen sind, die Art, diese zu erreichen, jedoch dem verantwortlichen Beauftragten überlässt. In diesem Fall ist die Rechtsverletzung auf den entsprechenden Willen des Beauftragten zurückzuführen, eine solche zu begehen.

Beispiel

Der Geschäftsführer weist den zum verantwortlichen Beauftragten für Arbeitszeitbestimmungen bestellten Werksleiter dazu an, bis übermorgen eine große Bestellung fertig zu machen – entweder mit den Worten „Bis Donnerstag wird durchgearbeitet. Im Notfall müssen die Leute halt auf die Nachtruhe verzichten“; oder aber er sagt nichts dazu, aber aus den Umständen ist klar, dass die Fertigstellung nur unter Verstoß gegen Arbeitszeit- und Arbeitsruhevorschriften zu bewerkstelligen ist. Im ersten Fall bedeutet die Weisung des Geschäftsführers einen Entschuldigungsgrund, im zweiten Fall hingegen nicht.

7.7.2. Vorsätzliche Nichtverhinderung einer Straftat gemäß § 9 Abs 6 VStG

In der Praxis selten angewandt, regelt § 9 Abs 6 VStG, dass die nach § 9 Abs 1 VStG zur Vertretung nach außen berufenen Personen (Geschäftsführer) sowie Einzelunternehmer iSd § 9 Abs 3 VStG für die Begehung eines verwaltungsstrafrechtlichen Delikts die Verantwortlichkeit tragen – und zwar trotz der Bestellung eines verantwortlichen Beauftragten – sofern sie die Verwirklichung eines Tatbestands vorsätzlich nicht verhindern.

An sich gilt, dass der Beauftragende durch die wirksame Bestellung eines verantwortlichen Beauftragten die verwaltungsstrafrechtliche Verantwortlichkeit im Umfang der Bestellung nicht mehr innehat. § 9 Abs 6 VStG regelt allerdings die Strafbarkeit der Geschäftsführer (bzw des Einzelunternehmers) wegen Unterlassung.

Für die Strafbarkeit der Geschäftsführer nach § 9 Abs 6 VStG ist Voraussetzung, dass der verantwortliche Beauftragte selbst die Verwaltungsübertretung verwirklicht und der bzw die Geschäftsführer mit Vorsatz (Eventualvorsatz genügt – vgl dazu Kap 5.1.4.) die Begehung der Straftaten hinnimmt.[1952]

1950 VwGH 25.11.2004 2003/03/0297, RS 5, mit Verweis auf VwGH 19.9.1989 88/08/0158, VwSlg 12.985 A/1989.

1951 *Wessely* in *N. Raschauer/Wessely*, VStG² § 9 Rz 19; *Lewisch* in *Lewisch/Fister/Weilguni*, VStG² § 9 Rz 46.

1952 VwGH 2.7.1990, 90/19/0053; VwGH 31.5.2012, 2008/02/0320.

Strafbarkeitsvoraussetzungen:

- Tatbestandserfüllung und Rechtswidrigkeit wie auch Schuldhaftigkeit sowie
- mögliche weitere Voraussetzungen für die Strafbarkeit müssen erfüllt sein;
- Verwirklichung oder zumindest Versuch der Verwirklichung des Delikts.

Die Strafbarkeit der zur Vertretung nach außen berufenen Personen (Geschäftsführer) besteht in diesem Fall somit selbständig neben jener des verantwortlichen Beauftragten, der die Verwaltungsübertretung begeht.[1953]

7.8. Solidarhaftung der Gesellschaft gemäß § 9 Abs 7 VStG

Wird ein verantwortlicher Beauftragter oder ein Geschäftsführer zu einer Verwaltungsstrafe verurteilt, haftet gem § 9 Abs 7 VStG die juristische Person (Gesellschaft, GmbH) mit ihm solidarisch („Haftung zur ungeteilten Hand") für die Strafe, die Verfahrenskosten und sonstige in Geld bemessene Unrechtsfolgen.

Diese Solidarhaftung wird vom VwGH[1954] und der hL[1955] mit dem „sachlichen Zusammenhang aufgrund gesellschaftsrechtlicher Verflechtung", mit der „Möglichkeit der Einflussnahme" der Gesellschaft „auf das Handeln von Vertretungsorganen" begründet und mit dem Umstand, dass der Haftungsbeteiligte (die GmbH) aus der Tätigkeit des Beschuldigten wirtschaftliche Vorteile zieht.[1956]

Der VwGH nimmt die Solidarhaftung der Gesellschaft zum Anlass, die Gesellschaft dem Verwaltungsstrafverfahren gegen die Geschäftsführer oder die verantwortlichen Beauftragten als Partei beizuziehen.[1957] Ob für eine Solidarhaftung der Gesellschaft gem § 9 Abs 7 VStG ein expliziter Haftungsausspruch im Bescheid notwendig ist, war strittig, wird aber nunmehr ausdrücklich für notwendig erachtet.[1958] Die Behörde kann sich nach eigenem Ermessen aussuchen, ob sie die Strafe vom verantwortlichen Beauftragten bzw Geschäftsführer oder von der gem § 9 Abs 7 VStG mithaftenden Gesellschaft einfordert.[1959]

1953 *Lewisch* in *Lewisch/Fister/Weilguni*, VStG^2 § 9 Rz 47; *Wessely* in *N. Raschauer/Wessely*, VStG^2 § 9 Rz 18.
1954 VwSlg 15.527 A/2000.
1955 *Schulev-Steindl*, Verwaltungsverfahrensrecht^6 Rz 517; *Wessely* in *N. Raschauer/Wessely*, VStG^2 § 9 Rz 20; *Kalss*, GesRZ 2015, 80.
1956 Mit guten Argumenten anderer Meinung: *Lewisch* in *Lewisch/Fister/Weilguni*, VStG^2 § 9 Rz 49.
1957 VwGH VerstSen 21.11.2000, 99/09/0002.
1958 Auch der VwGH fordert einen ausdrücklichen bescheidmäßigen Haftungsausspruch; vgl VwGH 25.1.2013, 2010/09/0168.
1959 *Schulev-Steindl*, Verwaltungsverfahrensrecht^6 Rz 517 mwN.

Stichwortverzeichnis